本书由“江苏高校优势学科地方政府与社会管理”资助

政府理论(续篇)

乔耀章　著

苏州大学出版社

图书在版编目(CIP)数据

政府理论:续篇/乔耀章著. 苏州:苏州大学出版社,2013.12
ISBN 978-7-5672-0772-1

Ⅰ.①政… Ⅱ.①乔… Ⅲ.①国家机构－行政管理－研究－中国 Ⅳ.①D630.1

中国版本图书馆 CIP 数据核字(2013)第 319875 号

政府理论(续篇)
乔耀章 著
责任编辑 许周鹣

苏州大学出版社出版发行
(地址:苏州市十梓街1号 邮编:215006)
常州市武进第三印刷有限公司印装
(地址:常州市武进区湟里镇村前街 邮编:213154)

开本 787 mm×1 092 mm 1/16 印张 27.75 字数 676 千
2013年12月第1版 2013年12月第1次印刷
ISBN 978-7-5672-0772-1 定价:65.00元

苏州大学版图书若有印装错误,本社负责调换
苏州大学出版社营销部 电话:0512－65225020
苏州大学出版社网址 http://www.sudapress.com

自 序

本书冠以《政府理论(续篇)》的书名,是相对于《政府理论》一书而言的。21世纪伊始(2000年1月),由苏州大学出版社出版的《政府理论》一书,得到了当时国务院主要领导同志的关注,经江苏省新闻出版局赠送100本书进京,不久《政府理论》一书被教育部研究生工作办公室推荐为(2001—2002年度)全国研究生教学用书;同时,被学术界推荐为政治学博士生必读书目,不少高等学校政治学专业将该书列为政治学硕士、博士研究生的入学参考书目(如北京大学政府管理学院等院校还从该书中列出博士研究生的入学考试题)。随后,高等教育出版社的领导同志曾多次打电话要求我同意将该书转由高等教育出版社按统一版式出版。由于涉及版权问题,我向当时苏州大学出版社总编陈少英教授汇报,由于出版全国研究生推荐用书对于当时成立不久的苏州大学出版社来说是一种殊荣,尚无先例,因此引起社领导的特别重视,遂与高等教育出版社反复商量,经过技术处理,最终由高等教育出版社授权苏州大学出版社以"研究生教学用书——教育部研究生工作办公室推荐"的统一版式出版《政府理论》2003年版。为此,我曾为新的《政府理论》只写了简短的"改版弁言"。

自2000年和2003年版《政府理论》出版以来,已在学术界产生了一定的反响。在给硕士、博士研究生讲授政府理论与实践的课程时,不少学生、读者及友人积极建议我再版或修改出版《政府理论》。鉴于此,就有三种基本考量或选择:首先,再版或修改出版"补充说";其次,另构体系(上、下)"接着说";再就是,介于前两者纵向集成"与时俱进说"。直面这三种情形,我做出这样的权衡:一方面,由于作为名词性的"政府理论",十多年来,亦已成为文献,成为历史,为了保持它的原貌或本真,还是不做重要修改为好;另一方面,作为动词性的"政府理论",十多年来,无论是中国还是世界都发生了前所未有的变化,国内外学者关于政府理论与实践的研究产出了海量的成果,呈现层出不穷的新的研究趋向,对此,我还很难适时地较为充分地学习、消化、吸纳相关研究成果来丰富、完善我原初建构的政府理论体系。权衡的结果,我拟用现在的《政府理论(续篇)》书名,以表明它同《政府理论》的联系与区别。其联系主要在于它们都有共同的政府理论论域。其区别主要在于:《政府理论(续篇)》,其一,侧重于以时间或纵向维度,以问题研究的"文集"形式阐明政府理论各论域的"前后"关系;其二,侧重于以空间或横向维度,以问题研究的"文库"的形式阐明政府理论各论域的"左右"关系。读者可借此检视本书所体现的思想苦旅是否名实相符。

本书是自2000年1月《政府理论》出版至2013年这十多年间,在教学、科研及国内相关学术活动中,围绕政府理论与实践问题,在《管理世界》《学术界》《学术研究》《中国行政管理》等学术期刊上发表的近80篇学术论文中的一部分学术论文(58篇)编纂而成。可称之为“旧作新集”,因为我相信这些文章涉及的问题尚未过时,仍有出版价值。这些论文中的近一半篇次曾在《新华文摘》《中国社会科学文摘》《中国人民大学复印报刊资料》《中国高等学校文科学报文摘》《光明日报》等刊物上被全文转载、论点摘要或题录,其二次文献转摘率达30多篇次,近50%。这在一定程度上反映出这些论文所具有的学术价值或意义。这些学术论文中的主题内容如何组合呢?在原版《政府理论》的第三章宏观政府生态中,我论述了宏观政府生态安全链的八大关系,即政府与自然的关系、政府与社会的关系、政府与国家的关系、政府与政党的关系、政府与市场的关系、政府与企业的关系、政府与公民的关系以及国家间政府的关系。在此基础上,本书把这58篇论文的主题内容相对安排在政府与文化(这也是至关重要的问题,有待展开深入研究)论域以外的如下六组:政府与社会,政府与经济,政府与政治,政府与行政,政府与公民民主以及政府自身建设。其中:

一、政府与社会。这一组有12篇文章,主要涉及马克思主义与现实、中国社会多质态及其核心价值、和谐社会、社会管理格局及其创新等问题。在学术界率先提出和初步论证了“后新民主主义社会”、社会文明、社会纯净度等问题。认为社会若水,政府如舟。政府从属于社会;“主义”从属于社会;有什么样的社会就有什么样的政府,就会有什么样的“主义”。“中国特色”与“社会主义”密不可分,中国特色社会主义实质上应该是“中国特色科学社会主义”,对我国多质态的社会管理或治理应当遵循共同但有区别的原理与原则。

二、政府与经济。这一组有2篇文章,主要基于经济基础与上层建筑的相互关系原理,反思和比较了新中国建立初期的“三大改造”运动和改革开放以来构建社会主义市场经济实践,对于重构或重塑政府经济基础所具有的作用与意义。在学术界率先提出和初步论述了积极政府与消极政府以及所有制性质与形式对于政府的决定和支配作用等问题。认为不应该仅仅在分配问题上,而应当着重在所有制性质及其结构问题上做文章,做大文章。政府的所作所为是由所有制性质及其生产力发展水平和状态决定的。现实中国社会的多种所有制共存局面,客观上要求政府发挥积极主导的整合作用,构建振兴中华民族的经济命运共同体。既要唯物主义更要辩证法,即坚持唯物主义和辩证法的有机统一。有什么样的社会经济基础,就有什么样的政府、政治上层建筑。

三、政府与政治。这一组有16篇文章,主要论及社会转型中的政治生态、政治建设、政治发展及其历史方位、逻辑、方向和战略等。在学术界率先提出和初步论证了社会主义定向性、政治发展战略退却、吐故纳新、文明共振等问题。认为政府一定是政治的,但政治不一定是政府的。应当自觉处理好政府与政治、政府政治与政党政治、国家政治、社会政治的关系,尤其要处理好政府政治或官僚政治与民众政治或大众政治的关系,应当关注大众政治,即民主政治的建设与发展。

四、政府与行政。这一组有12篇文章,主要侧重于论述行政学发展中的现代化、社会化、科学化、民主化及道德化等问题。在学术界率先提出和初步论证了行政学中国化、行政美学、区域政府综合治理、官民互治、行政不仅仅是政府的事等问题。认为政府行政应当本土化、中国化、现代化、社会化,科学化、民主化、法治化、道德化。认为政府行政效能直接关系到民族国家的强弱与兴衰。认为依法治官吏比依法官吏治更为本。

五、政府与公民民主。这一组有9篇文章,主要围绕着政府与公民及民主的关系,在学术界率先提出和初步论证了普及民主、政务公开与直接民主、民主监督功能前置、公民自觉、谋权利及对“民政”即“人政”的新界定等问题。认为应该正确处理好政府与公民的关系,亦即“公仆”与主人的关系，正确处理好政府行政与民政人政的关系，正确处理好为民生“造福”与谋福、谋权利的关系，特别是应当把提倡为民谋权利作为政府行政的价值旨归。

六、政府自身建设。这一组有7篇文章，主要围绕着政府改革与现代政府制度、政府管理创新和政府建设等问题，在学术界率先提出和初步论证了政府自觉、政府和谐、政府的知识基础、政府的包容性等前沿性问题。认为作为国家机构的政府，是一个历史的范畴，在其产生、存在和发展的历史过程中，不断地从传统走向现代，从专制走向民主，从自发走向自觉，从被动走向主动等，这一切都有赖于政府的自身建设及其成败；有赖于政府能否自我革命及其程度。

需要指出的是，所选出的文章的排列组合具有相对性，往往同一篇文章论及几个相关主题，可列入不同的主题组，统涉于国家机构的政府。在《政府理论》第一章中，我曾从大历史观或宏观历史观视域把政府区分为“非国家机构的政府”和“国家机构的政府”两种类型。其中，国家机构的政府在现实社会生活中处于支配或主导地位，其作用与影响可谓无处不在、无时不有。本《政府理论(续篇)》则侧重于国家机构的政府，力图从总体上把有关政府的理论论证与政府理论的实际运用结合为有机的整体，以政府与社会的互动关系为逻辑起点，以发展经济社会、政治行政、公民民主等为自觉政府的基本功能与目的旨向，以加强政府自身建设为自为政府、积极政府、自觉政府的内在驱动力，从一个侧面展示了作为国家机构政府变迁的历史性主题。

还需要指出的是，本书所选取的文章，以2000年出版《政府理论》为时间的上限，以我独立写作与发表的文章为主，其中有9篇文章是我与研究生合作之作，是我或写作或选题或拟提纲共同讨论写作发表的，因与主题有关也收入其中。和我合作发表文章的博士生、硕士生主要有芮国强、姚尚建、孙枝俏、冯志峰、冀海英几位同学，在此我要真诚地感谢他们成为我的学术知己。此外，每组文章又以发表的先后时间为序。除了出于本书体例上的需要，删除文中的关键词，对文章的主副标题做微调外，当各相对独立篇章汇编成“文集”或“文库”后，难免有一点具体表述内容上的交叉，出于真实性与完整性的考虑，基本上保留了文章的原貌。

在本书付梓之际，我要感谢发表本书各篇论文的杂志社及责任编辑们，如果没有他们先前的劳动，也就没有本书。与此同时，也要衷心感谢苏州大学出版社总编沈海牧、袁勇志和责编许周鹣老师的大力支持，感谢我的硕士巩建青和他的学生们从期刊网上下载原文，做了大量的初步的编排工作。特别要感谢长江学者金太军院长，如果没有金教授的积极帮助，出版本书的多年理想是难以成为现实的。

鉴于政府理论和实践问题是多学科聚焦研究的“巨象”，要全面研究把握政府景观，其具有的难度、深度、广度等是显而易见的，由于本人的学识所限，本书对政府理论和实践问题触摸的局限性是客观存在的，欠妥之处，敬请广大读者批评指正！征途漫漫，我们仍将为实现中华民族的振兴梦想而上下求索！

目　录

Ⅰ政府与社会

Ⅱ政府与经济

Ⅲ政府与政治

Ⅳ政府与行政

V 政府与公民民主

Ⅵ政府自身建设

Ⅰ 政府与社会

对马克思主义与现实的浅解*

马克思主义原本不是地域性的,而是关于全世界无产阶级及人类解放的大历史科学。马克思主义的创立,即宣告了一个大时代:人类从资本主义社会向社会主义社会过渡的时代。当今的全球化时代是隶属于这个大时代的,各个不同国度的马克思主义各处于不同的发展阶段,面临不同的具体的历史任务,而且道路也多样,但有着共同的精神情趣与价值关怀,应当加强联系、合作和团结,增进了解与互信,求同存异。中国特色社会主义暂时不能被国外有些马克思主义(者)理解,是正常的。当年的中国革命也曾不被有些马克思主义(者)理解,但历史实践证明中国共产党是伟大、光荣、正确的。在国内,马克思主义理论工作者和实际工作者,应当加强在马克思主义的基本原理、基本立场、基本观点和基本方法上达成共识,共同推动马克思主义的与时俱进。

马克思主义本质上是发展着的。江泽民同志强调,要用发展着的马克思主义指导新的实践。马克思主义是随着时代不断发展的,有马列主义、有毛泽东思想、有邓小平理论、有"三个代表"重要思想,还有科学发展观等,它们都是依据一定国情的产物。马克思、恩格斯曾认为《共产党宣言》的基本原理没有过时,但基本原理的运用要随时随地以变化了的条件为转移,有些具体的论述、结论会过时。这应当成为我们对待马克思主义的科学态度。只有坚持基本原理,才能在发展马克思主义中坚持马克思主义,并在此基础上随着时代变化不断丰富自身的形式和内容,马克思主义才能与时俱进。

马克思主义本质上具有现实性。马克思主义中的现实性和现实中的马克思主义是联系在一起的。所谓现实,有三种时态,即历史的现实、现在的现实和未来的现实。马克思主义原本具有现实性。如果没有马克思主义,就不会有今日世界之现实的社会主义,也就没有今天现实的资本主义。现实已经注入了马克思主义理论之中。虽然自苏东剧变以来世界社会主义运动暂时处于低谷,但是,任何企图从现实中剥离马克思主义,任何对马克思主义持悲观的、无所作为的观点都是错误的和有害的。科学的社会主义是不会失败的,失败的不是科学的社会主义。没有社会主义的世界是不完整的世界。

马克思主义作为科学理论体系已经开始走向现实,现实也正在不断地趋向马克思主义。全球化的现时代特征表明,我们正处在马克思主义世界大发展的前夜。中国的马克思主义理论的春天已经来临。

---

* 本文是在2004年12月6日,由上海社会科学院主办、上海财经大学马克思主义研究院参办,《毛泽东邓小平理论研究》杂志社承办的"马克思主义与现实——中外马克思主义论坛"会议上的发言。原载《毛泽东邓小平理论研究》2004年第12期。

论政府社会管理中的政府、社会、公民三者关系*

完善政府社会管理和公共服务职能,是《中共中央关于完善社会主义市场经济体制若干问题的决定》中确定的完善社会主义市场经济体制的目标之一。温家宝总理曾在《提高认识 统一思想 牢固树立和认真落实科学发展观》一文中,就全面履行政府职能问题指出,在社会主义市场经济条件下,政府的主要职能是经济调节、市场监管、社会管理和公共服务四个方面。落实科学发展观,必须加快政府职能转变,全面、正确地履行政府职能。其中,关于政府社会管理,温总理指出,社会管理,就是通过制定社会政策和法规,依法管理和规范社会组织、社会事务,化解社会矛盾,调节收入分配,维护社会公正、社会秩序和社会稳定。可见,温总理已经对政府社会管理的基本内容作了比较全面的阐述。本文就政府与社会的关系以及政府管理与社会管理中的公民关系问题作初步探讨。

一

政府与社会(由于政府是国家的组成部分或表征,有时又指“国家与社会”)之间的关系是哲学、经济学、政治学、法学、社会学、管理学等多学科研究的基本理论问题。千百年来,许多政治家、思想家都在努力探求这一问题。通常,人们认为政府是同国家相联系的①,广义的政府视同整个国家机构,狭义的政府是国家机构中的执行机构。通常人们所讲的社会,是广义的社会,指的是以物质生产活动为基础的人类生活共同体,这种共同体在国家产生以前孕育着国家,在国家产生以后包容着国家。按照马克思主义的基本观点,社会不是单个个人的简单相加,而是人们之间的相互联系,是人们之间相互交往的产物,是全部社会关系的总和。人们的交往首先是在生产、分配、交换、消费中发生的经济交往,因此人们之间的基本关系是生产关系。生产关系是社会的基础和本质,是不以人的意志为转移的客观物质关系。生产关系与生产力的矛盾、上层建筑与经济基础的矛盾,是社会的基本矛盾,其不同内容和运动形式构成不同社会形态、不同社会制度以及人类社会发展不同历史阶段的特殊社会。研究表明,在政府与社会的关系问题上有四种基本模式,即弱政府—强社会;强政府—弱社会;弱社会—弱政府;强政府—强社会。前三种模式与我国的现代化和民主建设的目标相

* 原载《湖北行政学院学报》2004 年第 5 期。

① 我在《政府理论》一书中提出“非国家机构的政府”的问题,见苏州大学出版社 2003 年版第 1—10 页,谢庆奎教授在新著《当代中国政府与政治》中专门列“非国家机构政府”问题进行阐述,见北京高等教育出版社 2003 年版。在此基础上,我发表《论作为非国家机构的政府》一文,见《江苏行政学院学报》2004 年第 1 期,在学界已引起一定反响。

违。我国未来政府与社会的关系模式应该是一种既能保证社会的独立性和自主性，又能充分发挥政府作为社会总体利益的代表对社会经济生活进行统筹、协调和控制的强政府—强社会模式。具体可以从以下三方面进行认识：

（一）政府与社会之间的应然和实然关系

所谓应然关系，就是指从理论上或规律上应该实现的关系。我国的政府与社会之间的应然关系可从两方面来说，一是我国社会发展的客观需要，一是人们的愿望。从我国社会发展的客观需要来说，社会主义市场经济如同一般市场经济一样，不需要政府对社会有太多的干预，凡是市场能够做的，政府便不应插手。只有在市场无能为力的范围内，政府才应该充分发挥作用。唯有这样，才有利于经济的发展和社会的发展，才有利于民主政治建设。但从我国目前市场的实际情况看，市场的力量还相对弱小，而旧体制的残余和惯性还非常之大，市场运行所需要的必要规则还没有真正建立起来，政府权力违规进入市场所造成的垄断，多种非规范的社会势力对社会的掠夺，以及社会上的多种无序现象的存在等，都极大地阻碍着市场经济的发展和良好社会秩序的建立，所有这些情况都要求政府发挥强有力的作用。至于人们的愿望，总的说来应使之适应客观的需要。但是人们的愿望往往容易导致急于求成，从而把目前的需要和未来的需要相混淆，甚至完全不顾客观情况而企图一步登天。这些都不利于处理好政府与社会的关系。

所谓实然关系，是指在当前实际存在着的关系，即在向应然的方向努力之前，作为行为出发点的关系状况。不知道自己的实际出发点就无法去实现客观的需要。从实然的程度来看政府与社会的关系，就是要具体分析政府与社会这两种权力的实际状况，分析造成现实状况的各种因素，以及按照应然的要求，如何创造条件通过变革各种相关因素以改变这两种权力的力量对比和相互作用的状况。从实然意义上说，我国还将长期处在社会主义初级阶段，正是这种客观的社会存在决定和影响着我国政府与社会的关系。这是我国政府社会管理的一切立论和决策的前提与基础。

（二）政府与社会关系中的政府服从社会和政府管理社会的关系

在作为国家机构的政府存在的历史时期内，社会需要政府，政府也需要社会。问题在于，在政府与社会相互需要期间，有一个主从关系，这种关系可以概括为：建立在社会民主基础上的政府积极干预社会的关系，或民主制约下的政府主导干预社会关系。一方面，政府的理论基础是社会民主论，即主权在民论。由于政府是人民手中的工具，因此就决定了：其一，政府是“为民”的，目的是给人民办事，行动必须听命于人民；其二，政府是“民参”的，既然给人民办事，办的是人民的事，人民自然应该参与进来，不仅参与，有时甚至是“决定”；其三，政府是“共和”的，主要是指政府内部工作人员的“共和”；其四，政府是“民管”的，因为既然是人民手中的工具，人民自然应该监督它、控制它，对它违背民意的行为能够纠正，对不适合的工作人员能够撤换，对违背法律或纪律的工作人员能够惩罚或处罚。另一方面，政府在一系列社会工作中又不能消极被动，完全等待人民的“指挥”。它应以一种主动精神，积极开展工作。在这方面，单从社会民主理论中是找不到根据的。从积极政府或自觉政府上说，政府的要求应是：第一，主动适应社会，发挥创新精神，即政府应积极对社会进行研究、探索，发现社会的内在需要，主动提出办法、实现服务；第二，政府要对社会发挥“使能够”作用，即政府应帮助社会提高自己各方面的运行能力,为社会运行创造各种条件,使社会能更好地自我生存与发展;第三,政府应调控社会,节制社会中坏的东西,保持社会的公平与公正,它来源于对现实人性的思考,确认现实的人并不是完美的;第四,政府应引导社会,由于真理往往在少数人手里,在正常机制下,政府工作人员是社会推选的先进分子,他们理应对社会事务看得深一些、远一些,对社会起引导作用,从而减少社会发展的成本;第五,政府应整合与聚合社会,即由政府发挥一种核心或中介作用,把社会的上层部分或个人力量聚合到一起,获得规模效应与整体效应,从而促进社会更快地发展。以上这两方面缺一不可。一方面,政府要服从社会,并被社会管住,使政府真正成为民管的政府;另一方面,政府又要发挥积极主动精神,创造性地为民办事,政府管理社会。

(三)政府与社会关系中的价值取向是从“政府本位”到“社会本位”

政府与社会的区分源于国家的产生。一方面,作为社会主体的人随着社会发展被区分为统治阶级和被统治阶级,统治阶级从社会主体中分离出来,上升为权力主体,也即政府主体;另一方面,政府通过公共行政使统治阶级的权力固定化、合法化,统治阶级对被统治阶级的控制是通过其意志执行系统——政府对社会的控制来实现的,这样就使社会又从属于政府。因此,政府与社会的力量对比关系表现为“政府本位”或“官本位”,与之相适应,政府公共行政的价值取向也必然是政府本位。然而,随着人类社会的不断发展,通过政府的积极调控、引导,整合生产力的进步使社会日益强大起来,国家、政府必将以被社会吸纳和日益包容的形式而渐趋消亡。在政府与社会力量的对比中,重心逐渐向社会倾斜,所以,政府与社会的关系将逐步实现由“政府本位”向“社会本位”的转变。在社会主义历史条件下,由于建立了生产资料公有制,消灭了本来意义上的剥削阶级和剥削制度,建立了人民当家做主的国家制度,广大劳动人民既是社会的主体,又是国家权力的主体。这种“双主体”的性质决定着政府成为人民而不是少数人意志的执行系统,其宗旨就在于为全体劳动人民服务。因此,社会主义在本质上实现了国家利益或政府利益与社会利益的统一。所以,社会主义国家开始了由“政府本位”向“社会本位”转变的历史新时期。当然,这种转变的历程是漫长而又艰难的。

由此可见,社会是一个普遍性、规律性的领域,而政府则是一个特殊性、规范性的领域。所谓普通性领域,是指社会囊括了所有的利益者与利益关系在内,有着众多的利益主体、利益要求、利益动机、利益关系。所谓特殊性领域,是指代表特殊利益的非普遍性领域。政府所代表的是社会的共同利益,但不代表所有人的利益。政府作为社会一般利益的特殊反映,它无法囊括如此众多的利益。政府的主要任务在于制定一系列法律的、道德的、政治的、行政的、经济的规范,迫使人们去服从这些规范,按这些规范行事。政府作为一种规范力量,它通过这些规范去维护现存社会的稳定和经济发展。社会则是一个自然的历史发展过程,它按照自身的客观规律运行着,它是一个规律性领域,政府的规范性活动要以尊重社会的规律性活动为前提。政府不能盲目干预社会的活动力,社会的自我发展有一种巨大的内在动力,政府无须进行干预。坚持社会本位原则,逐步培育社会的独立性、自主性、自治性,树立政府为社会服务的观念,以及政府对社会依法适度干预的观念,实现政府与社会的依法整合,这就是政府与社会的正当关系。①

① 乔耀章.政府理论[M].苏州:苏州大学出版社,2003.81.

"政府社会管理"这个议题属于公共管理论域,大体可以分解为政府管理和社会管理这既相联系又相区别的两个方面。所谓政府社会管理,就是各级政府自系统能动地反作用于作为社会环境的各子系统,而不仅仅是能动地反作用于其中的任何一个子系统,如仅仅能动地反作用于生产力或经济系统、或政治系统、或文化系统、或狭义的社会系统。通过政府的管理活动,全面地能动地反作用于社会各子系统,来营造一个全面协调发展的小康社会。当然,应当从实际出发,要分轻重缓急。能否做到这一点,一个重要的因素就是取决于政府是否强大以及强大的程度如何。政府管理的主要职能是维护公民(自然人和法人)的合法权益,管理公共事务,生产公共物品,提供公共服务,满足社会的公共需求。以往,这些政府管理职能基本上和主要地是由各级政府独家垄断来履行或承担的。然而现在,这种独家垄断的局面已经被打破,作为一种新的历史趋势而出现的是大量的非政府组织(NGO),或非营利性的公共管理组织开始在政府之外承担起公共管理的职能,公共管理逐渐渗透到社会管理的各个领域,特别是一些私人组织承担一些公共管理的职能。正在形成"政府组织+非政府组织+私人组织"来共同承担公共管理、提供公共物品、提高公共服务质量的局面。虽然这还是一个相当长远路程之后的未来情景,但是政府通过能动地全面地管理社会,积极培育社会自主、自治能力,不断借助非政府组织甚至私人组织的智慧和力量来承担一定的公共管理职责,从而使政府从繁杂的公共事务中解放出来,亦即"解放政府",使之专司全局性、战略性的大事,这已是形成一个强政府的必然趋势和重要标志。

二

管理是相互的,管理的主客体是具有二重性特质的,政府与社会的公共管理尤其如此。

在我看来,所谓社会管理,具有多重性质。如果从社会学角度说,社会管理主要可指与社会成长相适应的社会自主、自治、自理,"自我"管理或社会自我治理。迄今为止,由于社会包容着国家,亦即社会包容着政府,因此,正是从这个意义上说,社会管理自然包含着社会管理国家、社会管理政府的内容。在这里,社会成了管理的主体,政府(或国家)则成了管理的对象或客体。正如上文所说,由"政府本位"转向"社会本位"。这是一个宽广的领域。仅就政府(或官方)和公民(或人民)关系问题上,则表现为从"官治民"走向"官民互治",即依法治官吏和依法官吏治。① 公民不仅要民主参与监督,而且要民主管理,在这层意义上把政府置于被管理的地位,即社会管理政府。诚然,目前这还是一种比较理想的未来情景。至关重要的问题在于,通过确认社会管理政府的理念,进一步处理好政府与公民的关系。

在政府与公民的相互关系中,处于主体地位的应当是公民,而不仅仅是处于主导地位的政府。在政治上,公民享有多种权利,是社会的构成主体。我国宪法明确规定的公民基本权利就有20多项,内容非常全面而具体。在所有这些权利中,占首要地位的是公民的参政权。要真正处理好政府与公民的关系,保障公民参政取决于两方面的自觉:一方面是公民的自觉。公民参政,是劳动人民在社会主义条件下有组织地实现自己解放自己(自我解放)的实际行动,应当呼吁公民意识,包括公民的自主意识、主体意识、民主意识、参政意识、公平意识、竞争意识、法律意识、社会公德意识,等等。只有唤起公民意识,吸引人民积极主动参政,

---

① 乔耀章.从治民到官民互治——行政现代化历程分析[J].北京行政学院学报,2002(2).

不断完善公民权利对公共权力的制约机制(真正的民治政府),才能保证政府正确反映民意,真正忠诚于人民或公民。一般而言,政府能否做到精干廉洁、高效,与公民意识和公民素质是成正比的。另一方面是政府的自觉。政府既不能脱离公民,颠倒主仆关系,又不能消极地甘当公民的“尾巴”。政府应该立于公民的前面,积极引导、组织和支持公民参政,努力培养公民的主人翁观念和权利义务观念,为公民提供优质管理和服务,改善公民的经济生产状况,提高公民的思想道德素质和科学文化水平,从法律上和制度上确保公民的自主权利,营造公民与政府之间的“绿色通道”,不断开拓公民参政的渠道,为公民参政创造政治、经济和文化条件,逐步促进公民参政从低级向高级,从非参与、不自觉参与和有限参与向自觉参与和完全参与方向发展,从而提高公民的社会积极性和对社会的关心程度,促进社会的公正与进步。

由此可见,政府自觉与公民自觉是政府与公民关系问题的两个方面,缺一不可,构建和优化政府与公民良性运作互动的关系取决于这两种自觉互动的方向及其程度。其中,政府自觉做到“还政于公民”、让“主权回归于民”,是历史演进的必然趋势。[①] 这在中国共产党领导下的中国特色社会主义国家应该也能够做得更好,并显示出中国特色、中国气派、中国风采。

---

① 乔耀章.政府理论[M].苏州:苏州大学出版社,2003.81.

和谐社会与“社会文明”*

中共十六大把社会和谐作为全面建设小康社会的重要内容。党的十六届四中全会进一步提出构建社会主义和谐社会的目标。后来,胡锦涛总书记又在中央党校省部级主要领导干部提高构建社会主义和谐社会能力专题研讨班上的重要讲话中,全面分析了当前国际国内形势和党所肩负的历史使命,深刻阐述了构建社会主义和谐社会的重大意义、科学内涵、基本特征、重要原则和主要任务。其中关于和谐社会的科学内涵做了“28 个字”的概括,即社会主义和谐社会的科学内涵应该是“民主法治、公平正义、诚信友爱、充满活力、安定有序、人与自然和谐相处”的社会。其中前 20 个字阐述的是人与社会的关系,即人与社会的和谐,后 8 个字是阐述人与自然的关系,即人与自然的和谐。我们认为,建设“和谐社会”是以胡锦涛同志为总书记的党中央作出的重大战略决策,是对马克思主义社会建设理论的重大创新,其实质上提出了“第四个文明”即“社会文明”建设的问题。

文明是相对于野蛮而言的,本指一种进步状态。社会文明,本指社会的进步状态。无论是社会还是文明抑或是社会文明又总是一个具体的、历史的、动态的、发展的概念。和谐,曾是一种古老的社会思想。在经历了漫长的不和谐的发展之后,今天的人终于又开始重新关注这个古老而又迫在眉睫的问题。按照马克思主义的基本观点,社会主义在本质上是一种和谐。但是,由于现实的社会主义革命都是在经济、政治、文化比较落后的国度取得胜利的,其社会成长、发展的程度都远没有达到马克思主义科学社会主义理论论证的程度,所以在被称为“社会主义国家”的社会生活中,不和谐的因素和现象也是历史地客观地存在着的。我国正处在并将长期处在社会主义初级阶段,尤其是目前处于全面建设小康社会阶段,种种不和谐因素和现象也是历史地客观地存在着的。以胡锦涛同志为总书记的党中央,解放思想,实事求是,与时俱进,将社会主义和谐社会的构建,置于中国特色社会主义初级阶段全面建设小康社会的历史背景之中,创造性地提出社会主义初级阶段建立社会主义市场经济体制的过程中,可以而且必须构建社会主义和谐社会这一战略任务,从而将解决中国特色社会主义理论和实践进程中的矛盾与问题同社会主义和谐社会的建设辩证地统一起来。

按照著名社会学家邓伟志先生的解读,认为和谐社会是社会资源兼容共生、社会结构合理匀称、社会行为规范有序、社会运筹科学得当的社会。和谐社会的和谐度有高、中、低之分。①而著名政治学家俞可平先生也认为,和谐社会是社会的各种要素和关系相互融洽的状态,这是一个内涵相当丰富的概念。它涉及人与人之间、人与社会、公民与政府、人与自然等

---

* 原载《领导理论与实践》2005 年第 4 期。

① 邓伟志. 和谐社会不是无冲突社会[N]. 新华每日电讯,2007-03-05.

多重关系,涵盖了人们的经济生活、政治生活、文化生活和日常生活。在不同的社会历史条件下,和谐社会的基本要素和评判标准也各不相同,因而可以从不同的角度去认识和理解和谐社会,并提出建设和谐社会的不同途径。他认为,和谐社会主要指八个方面,即和谐社会是一个理想社会,一个多元社会,一个合作和宽容的社会,一个公平的社会,一个诚信的社会,一个可持续发展的社会。因此,建设社会主义和谐社会,是与建设社会主义市场经济、民主政治和先进文化是不可分割地联系在一起的。① 由此可见,构建社会主义和谐社会是一个巨大的系统工程,涉及方方面面,不能一蹴而就,它既是一种奋斗目标,也是一种历史过程,更是一种社会文明的进步状态。

构建社会主义和谐社会战略任务的提出,进一步升华了我们党对建设中国特色社会主义事业的发展规律及其总体布局的认识,是对中国特色社会主义文明建设认识的深化。自1978年党的十一届三中全会确立改革开放的总方针20多年来,我们党对中国特色社会主义事业总体布局的认识主要经历了三个阶段,即第一阶段是以党的十二大为标志,基本确立了物质文明、精神文明"两个文明"一起抓的共识;第二阶段是以党的十五大前后为标志基本确立了"物质文明"、"精神文明"、"政治文明"协调发展的共识;第三个阶段是以党的十六大为标志,在统筹兼顾、协调发展及科学发展观理念的基础上,进一步提出构建社会主义和谐社会战略任务。这就生动有力地证明了我们党对中国特色社会主义文明建设事业的总体布局的认知是不断与时俱进的,即由社会主义经济建设、政治建设、文化建设、"三位一体"发展为社会主义经济建设、政治建设、文化建设、社会建设"四位一体"。同样,如果构建"和谐社会"或"社会和谐"可视为实质上的"文明社会"或"社会文明"问题能够成立的话,那么,我们党关于社会主义文明观已从"两个文明"一起抓,经过"三个文明"协调发展,进入到"四个文明"有机统一的新领域、新境界。

构建社会主义和谐社会与建设社会主义"社会文明",是同一个奋斗目标指引下同一个历史过程的两个方面。作为"社会文明"中的"社会"有广义和狭义之分。广义的"社会"包括社会的经济、政治、文化等各方面的内容;狭义的"社会"则是指与经济、政治、文化并列,特指社会关系、社会管理、社会环境或社会生态等方面的状况。构建社会主义和谐社会,意味着把其中的社会建设或"社会文明"从过去的经济建设、政治建设、精神文明建设三方面的建设中提炼、抽象、升华出来,放在更加突出的,与经济、政治、文化并列的地位,成为四大文明建设之一。虽然构建社会主义和谐社会或社会建设问题主要是针对社会领域中的重大利益、根本利益问题和其结构性问题提出来的,但要真正解决这些就离不开经济、政治、文化等方面的建设和正确处理人、社会与自然的关系。一方面,社会主义和谐社会建设或"社会文明"所涵盖的"民主法治、公平正义、诚信友爱、充满活力、安定有序、人与自然和谐相处"的科学内容,是社会主义经济建设、政治建设、文化建设或物质文明、政治文明、精神文明的科学内容所不能简单包含和替代的。所以,它们具有相对的独立性。而且,在社会主义的经济、政治、文化和社会建设或社会主义物质文明、政治文明、精神文明、"社会文明"建设过程中,各自都有各自的建设内容和建设规律,必须以科学的态度和科学的精神,严格按其规律从事各自的建设,决不能相互替代。另一方面,这四大建设、"四大文明"又是互为条件、互为目的,不可分离,缺一不可的。它不仅表现为四大建设相互之间一个都不能少,而且还表

① 俞可平.和谐社会八要素[J].党政论坛(干部文摘),2007(6).

现在社会主义经济、政治、文化建设或社会主义物质文明、政治文明、精神文明互动过程中，其中哪一项建设或那一个文明建设都离不开社会建设或“社会文明”建设中的任何一项内容。例如，“民主法治”是从政治上讲的，和谐社会应当是公民社会，没有民主就没有和谐，没有法治也没有和谐。“公平正义”就是社会的政治利益、经济利益和其他利益在主体社会成员之间合理的分配，它意味着权利的平等、分配合理、机会的均等和司法公正等。“诚信友爱”是从道德上说的，属于文化、精神文明范畴。“充满活力、安定有序”是对构建和谐社会的高要求，是和谐社会的前提。“人与自然和谐相处”是在社会主义经济建设、物质文明建设过程中辩证地处理人与自然的关系。所以，正是从这个意义上说，社会主义和谐社会建设或“社会文明”建设既是社会主义经济、政治、文化建设或物质文明、政治文明、精神文明建设的基础，又是社会主义经济、政治、文化建设或物质文明、政治文明、精神文明的生态；既是社会的经济、政治、文化建设或物质文明、政治文明、精神文明建设的出发点，又是社会主义经济、政治、文化建设或物质文明、政治文明、精神文明建设的归宿。

总之，和谐社会建设体现着中国特色社会主义社会建设的“总体建设”，“社会文明”建设体现着中国特色社会主义社会文明的“总体文明”。如果没有社会主义和谐社会建设，就没有社会主义的经济、政治、文化建设，同样，如果没有社会主义“社会文明”也就没有社会主义物质文明、政治文明、精神文明。因为社会主义和谐社会或社会主义“社会文明”是我们的理想社会和奋斗目标，我们所做的一切都是朝着这一理想目标而努力的。

和谐社会的现实基础论纲*

自从党的十六届四中全会提出建设社会主义和谐社会历史任务以后,社会上"和谐"之声不绝于耳,真可谓"改革、发展、稳定话中国,听取和声一片",这是对当今中国民生、民心、民意的历史性顺应。党的十六届六中全会审议通过的《中共中央关于构建社会主义和谐社会若干重大问题的决定》,已经清晰地表明,构建社会主义和谐社会已成为我党新时期治国理政的核心理念。这一核心理念是置于我国社会的现实基础之上的。这是新的中央领导集体以马列主义、毛泽东思想、邓小平理论和"三个代表"重要思想为指导,坚持实践基础上的理论创新所形成的可与社会主义初级阶段理论、社会主义市场经济理论相媲美的又一重大理论成果。①本文通过对和谐社会的解读,对和谐社会现实基础的解析,得出几点结论。

一、对和谐社会的字面、学理和方法论层面的解读

从字面上说,"和谐"一词是由"和"与"谐"组成的。和谐之"和"是由"禾"与"口"组成的,"禾"者,庄稼、粮食也,其功能之于人是填饱肚子;"口"者,嘴也,其功能之于人是吃与说。和谐之"谐"是由"言"与"皆"组成的,"言"者,说也;"皆"者,众、大家也,意即不能只是少数人或一部分人"说",还必须多数人或大家都能说。②可见,"和谐"对于人来说,是有饭大家吃,有话大家说,体现人的"吃"与"说"的统一,进而可以引申为:和谐关涉到人的物质生活与精神生活的统一,关涉到人的生存与发展的统一。一个人人有饭吃、人人都能说话的社会,这就是古代人所设想的理想的"和谐"的社会。"和"与"谐",除了形容词的词性外,还有动词性的词义。

从学理层面上说,和谐是各种矛盾和关系配合协调,使之相生相长,和谐社会则是社会系统中的各个子系统,各种要素处于一种相互依存、相互协调、相互促进的情势。对和谐社会我们可以从社会时态、社会状态和社会形态这"三态"视角进行理性解读,我们所说的构建和谐社会必须同时观照这三个方面。

所谓社会时态的和谐社会,主要是从时间的维度看,和谐社会是一种渐进的社会成长过程,表现为历史的社会、现实的社会和未来的社会之间的和谐,亦即表现为古人、今人和后来人之间的代际关系的和谐。这种和谐从根本上说是社会可持续发展所内含的自我否定式的

---

* 原载《领导理论与实践》2007 年第 5 期。

① 参见李秀潭. 我党新时期治国理政的核心理念[N]. 文汇报,2006 - 10 - 13.

② 参见韩雪选编. 从多元到和谐:和谐社会的构建[M]. 北京:中央编译出版社,2006.1.

和谐，是一种后浪推前浪式的承续性和谐，因而具有根本性质变的性质。

所谓社会状态的和谐社会，主要是从空间的维度看，和谐社会是指一种此在的社会关系的协调，一种此在的社会关系的相宜，一种此在的社会关系美的状态，表现为人自身的身心和谐、人与人之间的人际和谐、人与社会之间的群己和谐，以及人与自然之间的天人和谐，形容社会在特定发展阶段上所呈现着的不同领域之间、不同区域之间以及不同层级之间的和谐状况及其程度。这种和谐反映着人与人、人与社会、人类社会与自然界之间的共生性，因而作为社会状态的和谐，不是非此即彼，而是同时具有亦此亦彼的量的累积性质。①

所谓社会形态的和谐社会，主要是从时空维度的结合上、质量相互关系上看，和谐社会是指人类社会文明进步所达到的总体性和谐的一种境界。这种作为社会形态的和谐境界，不是在过去，也不是在现在，而是在将来。无论是东方还是西方，一些伟大的思想家、哲学家，包括空想社会主义者都有很多关于和谐的思想和构建和谐社会的社会理想。如中国古代的和文化，关于和合与和谐的思想特别丰富，但中国以往的社会并没有出现总体性和谐，并没有出现过和谐社会。尽管中国历史有过相对稳定和繁荣时期，有过文景、贞观、开元之治与盛世，但在社会生产力水平低下的前资本主义社会不可能出现奴隶社会或封建社会的和谐社会。即使在社会化生产力与科学技术高度发达的当代资本主义社会中，也不可能构建资本主义的和谐社会。这是因为资本主义社会基本的阶级关系和社会基本矛盾，决定着在资本主义社会形态范围内不可能构建一个和谐社会。至于发展中国家，如非洲、拉丁美洲、亚洲的一些国家和地区，在贫困、腐败、内战的困扰中，更不可能构建和谐社会。② 历史已经证明，即使在实行计划经济因而贫穷的"社会主义"社会，也不可能实现和谐社会③，因为即使选择了社会主义作为定向性发展道路④，也只是为实现作为社会形态的和谐社会提供了一种可能性而远非现实性。

再从方法论层面上说，和谐社会是相对于不和谐社会、矛盾社会、冲突社会、对抗社会、危机社会等相比较而言的，是不和谐社会、矛盾社会、冲突社会的另一种表达方法。唯物辩证法认为，社会是一个有机体，其矛盾和冲突无时不在、无处不有。然而问题的关键可能在于：如何立足现实，直面并解决或缓和实际矛盾和冲突。矛盾、冲突是一种要素，它存在于相互作用的期望之中。矛盾、冲突并非只是具有破坏性，它同样也具备建设性。矛盾、冲突作为表现和累积差别的要素，也可能成为社会健康的标志和进步的象征。正如美国动态行政管理理论家玛丽·派克·福莱特所说，从大千世界中我们便可以得出类似的结论：所有光亮的物品都离不开摩擦。小提琴之所以奏出动听的音乐，关键在于弓与弦的摩擦；同样，正是由于钻木取火，我们才得以结束茹毛饮血的时代。可见，问题的关键不在于是否存在矛盾、冲突，而是在于怎样使矛盾、冲突发挥建设性作用。为此，福莱特提出了三种处理矛盾、冲突的办法：其一，压服的办法，这意味着矛盾、冲突的一方战胜了另一方。这是一种最简单、最容易的方法，然而也是一种急功近利的方法，从长远观点看，这不是一种成功的方法，因为被压服的一方往往不服，会伺机反抗；其二，妥协的办法，这意味着矛盾、冲突的双方都作出一

---

① 乔耀章. 略论政府和谐[J]. 江苏行政学院学报，2006(2)；和谐社会与公民自觉[J]. 济南大学学报，2006(2).
② 参见陈先达. 马克思主义的社会形态理论与和谐社会的构建[J]. 马克思主义研究，2006(9).
③ 参见韩雪. 从多元到和谐：和谐社会的构建[M]. 北京：中央编译出版社，2006. 26.
④ 乔耀章. 论作为社会主义定向的政治发展[J]. 江苏社会科学，2002(2).

定的让步以缓和矛盾、冲突,从而使被冲突所困扰的活动能够继续进行,陷入冲突的各方都要放弃自己的部分期望去赢得暂时问题的解决,但这样往往会使得冲突的双方或各方都不是开诚布公而掩盖了情况的真相,使暂时的解决问题的方案常常带有做作的成分;其三,整合的办法,即把矛盾、冲突的双方或各方的利益和愿望结合起来,结果能够使双方或各方都得到充分的满足,任何一方都无须牺牲任何东西。这是一种创造性的方法,它常常必须引入某些新的想法,以便使冲突各方的要求能够得到满足。相比之下,整合的方法可以通过对问题深入系统的分析,找出真正的问题所在,进而找出使冲突各方利益结合起来的解决办法,从而彻底地解决问题,达到标本兼治的目的。① 可见,福莱特给予我们的启示主要在于:处理社会矛盾、社会冲突的办法也有三种,即压服的办法、妥协的办法和整合的办法,而作为一种方法的和谐社会的理念,要求选择整合的方法来解决或缓和社会矛盾、社会冲突,进而使社会内部各种力量凝聚成一种合力,达到和谐社会的稳定而不是非和谐社会的稳定。为此,应当把和谐社会的构建置于现实基础之上。

二、对和谐社会现实基础的解析

恩格斯在其《社会主义从空想到科学的发展》一文中指出,空想社会主义之所以是空想,主要是因为空想社会主义者没有把他们的学说建立在现实的基础之上。因此,为了使社会主义变为科学,就必须首先把它置于现实的基础之上。这个现实的基础就是马克思唯物史观和基于劳动价值论的剩余价值理论,由于这两个伟大发现,才使社会主义变成科学。现在首先要做的是对这门科学的一切细节和联系作进一步的探讨。② 我认为,恩格斯的这个科学论断所折射出的理性光辉至今尚未过时。我的基本观点是,变革社会主义从空想发展到科学,需要使之置于现实的基础之上,坚持和发展科学的马克思主义,也需要使之置于现实的基础之上。我们今天坚持马列主义、毛泽东思想、邓小平理论和“三个代表”重要思想,以人为本的科学发展观为指导,构建和谐社会,仍然需要使之置于现实的基础之上。那么,这个现实基础是什么呢?这个现实基础表现在理论层面、实际层面和制度层面这三方面的统一。

理论层面上,马克思主义认为,一方面生产力决定生产关系,经济基础决定上层建筑,另一方面,生产关系适合于生产力,上层建筑必须与经济基础相适应。这种决定、适合、适应的状态和过程,就是一种和谐的体现,否则,社会就不可有真正的稳定和持续的发展。一旦我们的实践行为背离这个理论层面的现实基础,就有可能出现可逆现象,重新陷入空想。这是我们构建和谐社会的第一个现实基础。

实际层面上,我国还将长期处在中国特色社会主义初级阶段。严格说来,和谐社会可分为:一是社会主义和谐社会;二是中国特色社会主义和谐社会;三是中国特色社会主义初级阶段和谐社会;四是中国特色社会主义初级阶段小康社会的和谐社会这四个层次。我们所说的构建和谐社会首先和主要的是指这第四个层次的和谐社会,即全面建设小康社会时期的和谐社会,其他几个层次的和谐社会的建设还是作为未来情景的一种预设。换句话说,我

① 参见丁煌. 西方行政学说史(修订版)[M]. 武汉:武汉大学出版社,2004. 135—136.

② 马克思,恩格斯. 马克思恩格斯选集:第3卷[M]. 北京:人民出版社,1995. 719—760.

们所构建的和谐社会是作为社会状态层面的和谐社会，远非社会形态层面的和谐社会，这在很大程度上是由新中国建立前中国的国情、社情决定的。这是我们构建和谐社会的第二个现实基础。

制度层面上，和谐社会的制度构建既由理论决定与指引，又由实际国情所决定与制约；既部分表现在和谐社会的社会状态层面，又部分表现在和谐社会的社会形态层面。社会状态层面的制度有待于通过改革自我完善；社会形态层面的制度则是一种根本制度，是一种更深层次的社会本质。我们构建的是社会主义和谐社会，因此，坚持社会主义制度与构建和谐社会本质上是一致的，如果离开社会主义制度的保证和坚持社会主义原则、道路和方向，就不可能构建和谐社会。这是我们构建和谐社会的第三个现实基础。

三、几点结论

通过对和谐社会及其现实基础问题的解析，本文得出的初步的结论是：第一，我们之所以提出构建和谐社会，正是因为现实的中国社会并不和谐，或者我们还不能说我们的社会已经达到或实现着和谐社会；第二，我们构建和谐社会是可能的，有其现实的基础；第三，我们构建和谐社会的基本路径是从社会状态的和谐走向社会形态的和谐；第四，我们构想和谐社会的“和谐度”是有限与无限的统一，尤其是社会主义初级的和谐社会的和谐度是有限的；第五，我们在构建和谐社会的历史进程中，能够使非和谐社会状态逐步得到根本改观，使和谐社会形态的理想逐步转变为现实，其依据的基本原理是：我们应当相信群众，我们应当相信党。如果怀疑这两条原理，那就什么事情也做不成了（毛泽东语）。

“社会主义核心价值体系”多重解析*

——兼对“社会主义”的新释义

党的十六届六中全会通过的《中共中央关于构建社会主义和谐社会若干问题的决定》中,明确提出建设社会主义核心价值体系的历史任务。由此产生一个新的热门话题,产生一系列的追问,如什么是社会主义?什么是社会主义核心价值体系,或社会主义核心价值体系是什么?社会主义核心价值体系同人类社会一般社会特别是资本主义社会价值体系是什么关系?在我国社会转型期及社会主义初级阶段社会主义价值体系应处于何种地位?社会主义文化价值体系的核心价值是什么,它在社会主义价值体系中的地位又怎样?等等。本文初步认为,所谓社会主义核心价值体系可作多重解析,可分以下四个层次:社会主义价值体系是人类社会价值体系的一种历史类型;社会主义价值体系在我国社会转型及社会主义初级阶段多种社会价值体系并存中应处于核心地位;社会主义文化价值体系在社会主义价值体系中应处于核心地位;社会主义文化价值体系的核心价值是以社会为本位及以人为本位。

一、社会主义价值体系是人类社会价值体系的一种历史类型

“社会主义价值体系”不同于“社会主义核心价值体系”。前者是相对于“非社会主义价值体系”而言的,后者则是强调社会主义价值体系自身更加凸显的价值部分。从字面上看,无论是前者还是后者,都是由两个部分构成的:“社会主义”与“价值体系”或“核心价值体系”。其中“社会主义”是价值体系或核心价值体系的共同的限制词、修饰语,我们只有搞清楚什么是社会主义问题之后,才能进一步解析价值体系与核心价值体系的关联性及其区别。因此,进一步追问什么是社会主义或社会主义是什么,比追问什么是社会主义的价值体系或核心价值体系问题更有价值。那么,什么是社会主义呢?这是我数十年来一直思考与追问的问题。

按照马克思主义的观点,社会是人们交互作用的产物,是以共同的物质生产活动为基础而相互联系形成的人类生活共同体。社会就是由社会的生产系统、经济系统、政治系统和文化系统构成的总体社会系统,发挥着总体社会功能。由此,社会价值就由社会的经济价值、政治价值、文化价值及社会价值这四个子系统构成总体性社会价值体系或总体性社会价值

---

* 原载《中共南京市委党校南京市行政学院学报》2007 年第 6 期。入选任平主编:《东吴哲学》,长春:吉林人民出版社 2007 年版。

系统。

社会因人而产生，人因社会而存在。作为社会的人，无时无处不生活在“主义丛林”之中。“主义”本指对于自然、社会以及学术等问题所持有的一种系统理论或主张。这种“主义”和“社会”的有机结合，构成“社会主义”，本指人们对社会所持有的较系统的思想、理论和主张，就是泛指坚守以社会为本位的价值导向、信仰和理念、理想，等等。从这个特定意义上说，社会主义及其问题是一个历史的动态的发展的概念，是同人类社会与生俱来的，并且同人类社会共始终的。只要有人类社会存在，就有相应的社会主义思想、理论和主张，如“原始社会的社会主义”，“奴隶社会的社会主义”，“封建社会的社会主义”，“资本主义社会的社会主义”，“社会主义社会的社会主义”，“共产主义社会的社会主义”。这个特定意义上的社会主义的直接对应面或对立面的概念不是“资本主义”而是“个人主义”（应当明确指出的是，一般社会主义也不同个人主义相对立，也有社会主义的个人主义，没有一定程度的个人主义也就没有社会主义，只是个人主义失度到了极端化、绝对化了的程度的时候就成为社会主义的对应面、对立面的概念）。从这个意义上说，社会主义及其问题，要比资本主义古老而久远得多，与社会主义相比，资本主义不能不显示出它的历史暂时性。人类社会不会终结于资本主义社会，如同人类社会并不起源于资本主义社会一样。① 然而，由于受社会生产力发展水平和科学技术发展水平的制约，只有当人类社会发展到资本主义产生发展的阶段，人们对社会所持有的思想、理论和主张才有可能比较系统，而且这种对社会比较系统的思想、理论和主张，自从马克思主义的科学社会主义学说创立以后，还有空想社会主义和科学社会主义之分、科学与不科学之别。

马克思主义认为，社会的发展是一个自然历史过程。社会主义要以资本主义作为历史前提，从整体或总体上说，人类只有经过资本主义才能发展到社会主义。② 由此可见，社会主义是一种多义性概念，它既指一种思想理论又指一种社会实践，还指一种社会制度和一种社会形态。社会主义首先和主要的是一种思想理论。社会主义就是关于社会的理论学说。社会主义以社会为本位，把整个社会价值的实现或者说把全人类的利益作为最高价值追求，以区别于以资本为本位的资本主义。正是从这个意义上，恩格斯曾经把社会主义看作是研究社会的学说，“社会”是马克思、恩格斯创立科学社会主义的逻辑起点了。③ 今天，我们建构社会主义价值体系中的“社会主义”，首先和主要的是指作为思想理论的社会主义。作为思想理论的社会主义价值体系，是由社会主义经济价值、社会主义政治价值、社会主义文化价值和社会主义社会价值构成的。它是人类社会价值体系的一种历史类型，它应当产生于并历史性地高于资本主义价值体系；它既来源于社会主义的实践，又积极能动地反作用于社会主义实践。马克思、恩格斯创立的科学社会主义学说是一种“人类社会主义”、“全球社会主义”、“世界社会主义”学说，对于世界各国人民的社会主义实践具有普遍指导意义。

二、社会主义价值体系在多种社会价值体系并存中应处于核心地位

是社会存在决定社会意识，还是社会意识决定社会存在，这个哲学命题学界早有基本定

① 乔耀章.科学社会主义的理论与实践[M].苏州：苏州大学出版社，2003.2－12.

② 列宁.列宁选集：第3卷[M].北京：人民出版社，1972.255.

③ 牛先锋.对科学社会主义学科逻辑起点的回顾与思考[J].社会主义研究，2006(5).

论,这两个"决定"情形在不同的时空论域中客观存在着。从唯物主义认识论视角看问题,第一个"决定"具有先在性,即是社会存在决定社会意识,而不是相反。同样道理,在"社会"与"主义"的关系问题上,是"社会"决定"主义",而不是相反。人们选择什么样的"主义",确认何种"价值体系"不是由其主观意志决定的,归根结蒂是由现实的"社会"状况决定的。中国特色社会主义及其价值体系乃至核心价值体系归根结蒂是由中国特色的社会现实决定的。那么,什么是中国特色的社会现实,或中国特色社会现实是什么或怎样呢?对此,我认为有以下三个相关问题要进行再认识。①

其一,旧中国的新定义问题。为了便于深入探讨中国社会发展的自然历史过程,更加科学地认识历史的中国,更加科学地认识现实中国与历史中国的联系,我们有必要从新的历史角度对旧中国的定义作重新界定。人们已经熟知把旧中国定义为:半殖民地半封建社会,可简称为"两个半"。这个定义是中国共产党人对近代中国国情的正确认识,是对马克思主义关于社会形态学说的发展,它正确地指导了新民主主义革命实践并取得胜利。但是,从今天的立场来考量,我把旧中国新定义为:半殖民地半封建半资本主义社会。可简称为"三个半"。其中,"半资本主义"包括帝国主义在华的资本主义("外资")、官僚资本主义("官资")和民族资本主义("民资")这"三资"。这个定义既表明旧中国的国家外部特征和国际地位,又表明旧中国完整的社会经济形态,其理论意义和实践意义是深远的。它终于使人们体认到:中国选择社会主义道路的历史必然性,中国社会主义的根是扎在旧中国"三资"这块贫瘠土壤之中的。

其二,不该忘却新民主主义社会问题。半殖民地半封建半资本主义的社会性质决定着社会的主要矛盾和社会革命的性质:反帝反封建及反官僚资本主义。反帝,谓之民族革命,争取民族独立解放和国家主权;反封建及反官僚资本主义,谓之民主革命,争取人民民主。反帝不能同时简单地等同于反对和拒绝外国资本主义;反封建不能简单地等同于不反中国的资本主义,特别是官僚资本主义。反帝反封建及反官僚资本主义是中国无产阶级通过共产党领导的人民大众的事业,这场革命的近期目的是在独立主权和人民民主的基础与前提上为中国的资本主义和社会主义的发展扫清道路。远期目的是通过建设新民主主义社会发展到社会主义社会,整个新民主主义革命实践的理论概括,体现在毛泽东的《新民主主义论》等著作中。我把新民主主义社会界定为"两个半",即"半资本主义半社会主义性质的社会",犹如一对"龙凤连体胎儿"。新民主主义社会中的社会主义和资本主义有着不可分割的历史联系与根本性质不同的区别,它们有着地位、作用和发展前途的不同,但是在一个相当长的历史时期内,它们必须相互共存,共同发展,构筑命运共同体。旧中国的历史选择了它们,它们也选择着历史,并创造着新中国的历史。

其三,社会主义初级阶段同新民主主义社会历史性接轨问题。历史上产生的必将在历史上消失,人为地消失的东西,也必将在新的历史条件下以新的质态再生。历史已经并且还将继续证明,我国新民主主义社会的建设和发展是极具中国特色的。1956年,它的结束带有很大的历史或然性。既然生产资料已经成为"公有"财产(这一历史变革过程仍有待再认识的很大空间),那么"社会主义"这个名词在这里也是可以用的,而且我们有信心有决心朝

① 乔耀章.中国社会主义特色纵横谈[M].苏州:苏州大学出版社,1996.352—363、246.

着社会主义方向前进,只要不忘记这还“不是”完全的社会主义。① 现在,越来越多的人逐渐在社会主义初级阶段问题上达到基本共识。然而,平心而论,社会主义初级阶段是从新民主主义社会脱胎而来的,它在政治、经济、文化及社会等方面还带有较浓厚的新民主主义社会的痕迹,我们还要在许多方面去努力完成新民主主义社会应该完成而实际尚未完成的历史遗留任务。中国特色社会主义初级阶段首先应当同自己的新民主主义社会进行历史性的接轨。历史常常会有惊人的相似之处。改革开放以来的现实,仿佛使人们感到转了一大圈之后又回到原来的历史起点上去了,甚至会有“低于原来的历史起点”之感,仿佛历史在同我们开玩笑:我们追求和向往的东西实现不了,而实现的东西又并非是原来我们所追求和向往的东西。这似乎是不依我们的意志为转移的,一切都应以时间、地点、条件为转移。但是,这种历史的相似现象绝不是一种历史的倒退,而是螺旋式的上升,是事物自身的否定之否定,是事物的不可逆性、不可超越性,以及定向性和合规律性的变化。“我们不能两次走下同一条河流。”历史的辩证法要求我们只能在新的历史条件下去做我们今天应该做而且也能够做好的事情,去努力实现中华民族的伟大复兴(我更倾向于“振兴”)。

有鉴于此,我认为,当今中国的社会是人类社会的大熔炉,活的历史博物馆,人类社会的多种社会形态及其要素,以不同的变量共生、共存于社会主义初级阶段。它们不可能属于任何一种纯粹或独立的社会形态,它实质是一种过渡性(型)社会形态,具有三种社会质态,即过去的遗迹、现实的基础和未来的萌芽②,亦即所谓转型社会。正如美国著名行政学家W.里格斯所分析的,过渡型社会具有异质性、重叠性及形式主义的基本特点。③ 正因为如此,社会主义初级阶段,社会价值体系并不具有唯一性,而是呈现多种社会价值体系并存的局面。主要有三种价值体系或价值观,即传统价值或封建社会价值体系,西方价值观或西方发达资本主义社会价值体系和与革命传统相联系的革命价值观,新民主主义社会价值体系,社会主义价值体系或一定成分的共产主义价值体系,它们依一定的条件共生、并存、互补,也可能依一定条件的变化而产生各种价值体系之间的矛盾与冲突。为着最广大人民的根本利益,为着国家和社会的长治久安,我们应当努力确保社会主义价值体系在整个社会主义初级阶段的多种社会价值体系并存中保持基础和核心地位,始终引领社会价值体系朝着社会主义道路的定向性方向发展。

三、社会主义文化价值体系在社会主义价值体系中处于核心地位

如上所述,总体性社会主义价值体系,分别是由社会主义的经济价值体系、政治价值体系、文化价值体系和社会价值体系构成的。它们分别对应着社会主义的经济建设、经济和谐、物质文明,社会主义的政治建设、政治和谐、政治文明,社会主义的文化建设、文化和谐、精神文明,社会主义的社会建设、社会和谐、社会文明这四大领域。其一,随着我国经济体制改革的不断深入,我国正在形成多元经济主体或市场主体,由多种所有制集成综合经济基础。经济和谐在生产关系上主要表现为公有制经济与非公有制经济之间的和谐,它们决定

① 列宁.列宁选集:第3卷[M].北京:人民出版社,1972.255.
② 乔耀章.中国社会主义特色纵横谈[M].苏州:苏州大学出版社,1996.246.
③ 丁煌.西方行政学说史[M].武汉:武汉大学出版社,2004.298—301.

并制约、影响着其他领域的社会和谐。其二,随着我国政治体制改革的不断深入,我国正在形成多元政治主体,传统的个人、阶级、阶层、群众、政党、社会团体等都在发生着前所未有的深刻变化,由此妥善处理和解决不同利益集团之间的矛盾、冲突和对抗,以保障最广大人民的根本利益,实现多元政治主体之间的和谐,就成为政治和谐的首要任务,从而为建设和谐社会提供有力的政治保障。其三,随着我国思想文化体制改革的不断深入,我国正在形成多元文化和多元意识形态,主要有传统文化和意识形态,西方资本主义文化和意识形态,马克思主义文化和意识形态,它们之间共生共存,实际形成“思想、文化市场的搏杀”和交锋。如何在马克思主义主流文化意识形态占主导地位的前提下,构建主流文化意识形态与非主流文化意识形态之间的和谐关系,就成为实现文化和谐的首要和根本的任务,进而为构建和谐社会提供理论支持和价值引领。其四,随着我国社会体制改革的不断深入,我国的经济、政治、文化运行存在着越来越社会化的趋向。与此同时,社会领域内的强势群体与弱者特殊群体之间的矛盾、落差日益凸显,民生问题日趋严重,危及着社会的长治久安。因此,从“大社会和谐”着眼,从“小社会和谐”着手,加强社会建设,实现社会强、弱群体之间的和谐,既是经济和谐、政治和谐、文化和谐的出发点和落脚点,也关涉到我们党和国家、社会性质的旨归。这样,我把上述经济、政治、文化、社会四位一体的建设、四位一体的和谐称之为“四个文明”建设及其和谐。其中,每一种建设、和谐、文明既是相对独立的个体,又是相互作用相互渗透的整体和总体。经济建设、经济和谐、物质文明是政治建设、政治和谐、政治文明和文化建设、文化和谐、精神文明的基础;政治建设、政治和谐、政治文明是经济建设、经济和谐、物质文明和文化建设、文化和谐、精神文明的保证;文化建设、文化和谐、精神文明又是经济建设、经济和谐、物质文明和政治建设、政治和谐、政治文明的内在动力与价值引领;它们要以社会建设、社会和谐、社会文明作“底子”,即社会建设、社会和谐、社会文明既是它们的基础,又是它们的生态,既是它们的出发点,又是它们的归宿。①

由此可见,在总体性社会价值体系中,社会主义文化价值体系起着不可忽视的举足轻重的作用。从辩证法的角度考量,社会主义文化价值体系建设得好坏直接制约和影响着其他社会主义价值体系的建设,应当把它置于核心价值体系的地位。根据党的十六届六中全会的决定,构建社会主义核心价值体系属于和谐文化建设论域,是关于社会主义精神文明建设的另一种表达法和发展形式。构成社会主义核心价值体系的基本内容包括:马克思主义指导思想,中国特色社会主义共同理想,以爱国主义为核心的民族精神和以改革创新为核心的时代精神,社会主义荣辱观这几个方面。这些基本内容的终极价值指向,是建设社会主义和谐社会,亦即中国特色社会主义现代化。指导思想、共同理想、民族精神、时代精神、社会主义荣辱观等相互作用、相互贯通,并通过一定的社会机制,形成社会的良性发展和有序运转。正因为如此,和谐文化或文化价值体系应当成为社会主义核心价值体系的内核,使之融入物质文明、政治文明、精神文明、社会文明建设的全过程,融入经济、政治、文化、建设的各个领域,使之成为全民族奋发向上的精神力量和团结和谐的精神纽带。正如马克思所指出的:理论一经掌握群众,也会变成物质力量。理论只要说服人,就能掌握群众,而理论只要彻底,就能说服人。所谓彻底,就是抓住事物的根本。但人的根本就是人本身。②

---

① 乔耀章.略论政府和谐[J].江苏行政学院学报,2006(2).

② 马克思,恩格斯.马克思恩格斯选集:第1卷[M].北京:人民出版社,1995.9.

四、以人为本在社会主义文化价值体系中处于核心地位

以和谐文化或文化价值体系为内核的社会主义核心价值体系，不仅作用于经济、政治、文化和社会生活的各个领域、各个方面，而且也对每个社会成员的世界观、人生观、价值观都施加着深刻的影响。我认为，只有将社会主义核心价值体系归结到以人为本的科学发展观理论才算是彻底抓住了事物的根本。这主要是因为，一方面，如上所说，社会因人而产生，人因社会而存在。社会主义是以社会为本位的思想理论和主张，归根结蒂是以人为本位的思想、理论和主张。另一方面，价值也总是社会的价值，总是人的价值。价值是一种人文现象、文化现象。价值只有在具体文化系统（体系）中才显现为价值。价值是从“人”观察社会、审视世界。正如马克思所说：“‘价值’这个普遍的概念是从人们对待满足他们需要的外界物的关系中产生的。”①既没有脱离社会而存在的价值，也没有离开人而存在的价值。以人为本的核心价值体系表明，价值的出发点和落脚点都是人的生存与发展，价值的主体、客体以及实现价值的手段和目的，都与人有关，因此正确认识人、人性、人的本质、人的存在形式与价值是极其重要的理论前提与基础。从这个意义上说，社会—人—价值是“三位一体”的。

以人为本的价值理论源于西方文艺复兴以来的人本主义思潮，其直接的理论根据是马克思、恩格斯关于人的本质及其人的自由而全面发展的学说。以人为本的对立面不是“官本”，也不是“民本”，而是“神本”、“物本”、“钱本”、“资本”。相对于“神本”、“物本”、“钱本”、“资本”而言，无论是“官本”还是“民本”都是“人本”。在马克思主义看来，以人为本就是既要尊重人的历史创造者地位，又要把人看成全部实践活动的价值目标。以人为本，就是以人为目的，坚持以不断满足人的全面要求、促进人的全面发展作为社会发展的根本目标和根本动力。既然“官本”和“民本”都是“人本”，无论是官还是民，他们都是人，他们都有相同的目的、相同的需求，这些相同的目的和需求又合成相同的目标和相同的动力。从马克思主义的阶级立场、阶级观点、阶级分析的方法看问题，“以人为本”实质上是一种阶级、阶层的超越与妥协，一种阶级、阶层的调和、合作、共存，它打破了官与民的分野与界限，在“人”上达成共识②，以利于官民共建共享和谐社会成果。

由此可见，以胡锦涛为总书记的党中央提出，树立以人为本的科学发展观和构建社会主义和谐社会理论本身就是构建总体性社会主义核心价值体系的具体而又生动的理论体现。当然，在价值与事实之间，价值并不能直接从事实或经验中产生，事实也不能以任何推理形式从价值中引出。社会主义的核心价值体系的理论、学术构建，还远非是社会主义核心价值体系的具体实现本身。为此，我们理论工作者和实际部门的工作者还要在社会主义核心价值体系的事实层面或现实性上狠下功夫！

---

① 马克思，恩格斯．马克思恩格斯全集：第19卷［M］．北京：人民出版社，1979．406．

② 乔耀章．从“造福”到“谋福”再到“谋权利”［J］．理论探讨，2005（5）．

“后新民主主义社会”*

——中国特色社会主义初级阶段的另一种表达法

一、理论只要彻底,就能说服人,掌握群众

一种理论能否说服人,能否掌握群众,变成物质力量,就看这种理论是否彻底,是否抓住了事物的根本,尤其是作为一种伟大旗帜的理论,就更应当如此。正如马克思在《〈黑格尔法哲学批判〉导言》一文中所指出的:批判的武器当然不能代替武器的批判,物质力量只能用物质力量来摧毁;但是理论一经掌握群众,也会变成物质力量。理论只要说服人,就能掌握群众;而理论只要彻底,就能说服人。所谓彻底,就是抓住事物的根本。但是,人的根本就是人本身。①中国特色社会主义理论是一种彻底的理论,因为它抓住了事物的根本,能够说服人,进而能够掌握群众并转化为推动科学发展,促进社会和谐,为夺取全面建设小康社会新胜利而奋斗的物质力量。中国特色社会主义理论是对中国特色社会主义道路实践经验的总结和理论升华,其具有的彻底性主要体现在以下三个方面:

其一,中国特色社会主义理论有其丰富的思想理论来源,有其历史根据。正如恩格斯在《反杜林论》和《社会主义从空想到科学的发展》两书中所指出的:任何一种新的学说,它必须首先从已有的思想材料出发,虽然它根源深藏在物质的、经济的事实之中。中国特色社会主义理论的直接思想理论来源有三个:马克思主义、列宁主义和毛泽东思想。马克思主义、列宁主义、毛泽东思想虽然产生于不同的时代或历史时期,各有其明显的时代特征,但它们关于哲学、政治经济学、科学社会主义等方面的基本原则是一致的,坚持运用辩证唯物主义、历史唯物主义分析观察事物的立场、观点和方法是一致的,所要实现的目标也是一致的。马克思主义、列宁主义、毛泽东思想是基础,是前提,没有马克思主义、列宁主义、毛泽东思想就不可能产生中国特色社会主义,没有中国特色社会主义也就没有马克思主义、列宁主义、毛泽东思想的丰富和发展。因此,中国特色社会主义和马克思主义、列宁主义、毛泽东思想是一脉相承的理论体系,是当今发展着的马克思主义、列宁主义和毛泽东思想的理论体系,绝不能把中国特色社会主义理论同马克思主义、列宁主义、毛泽东思想相割裂和对立起来。当然,中国特色社会主义理论的来源,不只是马列主义、毛泽东思想,还有中国传统文化(包括

---

* 原载江苏科技大学学报(社会科学版)2008 年第 1 期。

① 马克思,恩格斯.马克思恩格斯选集:第 1 卷[M].北京:人民出版社,1995.9.

从孔夫子到孙中山的有关思想)等。

其二,中国特色社会主义理论有其自身的理论体系,有其现实的根据。1982 年,邓小平同志在党的十二大上提出“走自己的路,建设有中国特色的社会主义”。当时只是一个“应对性概念”。后经党的十三大、十四大、十五大、十六大、十七大,其报告的题目分别是:“沿着有中国特色的社会主义道路前进”、“加快改革开放和现代化建设步伐,夺取有中国特色社会主义事业的更大胜利”、“高举邓小平理论伟大旗帜,把建设有中国特色社会主义事业全面推向二十一世纪”、“全面建设小康社会,开创中国特色社会主义事业新局面”、“高举中国特色社会主义伟大旗帜,为夺取全面建设小康社会新胜利而奋斗”。经过 30 多年改革开放、建设实践,尤其是提出以人为本、科学发展、社会和谐以来,中国特色社会主义理论被赋予了新的、深刻的内涵。至此,中国特色社会主义已经上升为“理论性概念”,形成“中国特色社会主义理论体系”,将改革开放 30 年来的一个又一个的创新理论都包括进去,比较简洁地表明了党的总体性指导思想。这个总体性指导思想,有三个组成部分,正如胡锦涛总书记在报告中指出的:中国特色社会主义理论体系,就是包括邓小平理论、“三个代表”重要思想以及科学发展观等重大战略思想在内的科学理论体系。这个理论体系,坚持和发展了马克思列宁主义、毛泽东思想,凝结了几代中国共产党人领导人民不懈探索实践的智慧和心血,是马克思主义中国化的最新成果,是党最宝贵的政治和精神财富,是全国各族人民团结奋斗的共同思想基础。在当代中国,坚持中国特色社会主义理论体系,就是真正坚持马克思主义。

其三,中国特色社会主义理论体系是不断发展的、开放的理论体系。中国特色社会主义理论有其未来态势。中国特色社会主义理论的发展和开放性主要表现在两个方面:首先,在表述细节方面。如从“建设”有中国特色社会主义到“发展”中国特色社会主义;中国特色社会主义事业总体布局由经济建设、政治建设、文化建设“三位一体”拓展为包括社会建设在内的“四位一体”;奋斗目标由“建设富强民主文明的社会主义现代化国家”拓展为“建设富强民主文明和谐的社会主义现代化国家”。其次,表现在理念方面。如中国特色社会主义理论体系同马克思主义、列宁主义、毛泽东思想一样,同样具备与时俱进的理论品质。从中国特色社会主义理论体系的形成过程看,如果对马列主义、毛泽东思想不坚持不发展,就没有邓小平理论的产生;如果对邓小平理论不坚持不发展,就没有“三个代表”重要思想的提出;如果对“三个代表”重要思想不坚持不发展,就没有科学发展观、社会和谐重大战略思想的提出。时代在进步,社会在发展,中国特色社会主义道路在继续向前延伸,作为理论体系的中国特色社会主义理论没有也不可能终结对时代、对社会、对社会主义道路问题的理性认识,因此,“发展中国特色社会主义”的理论,就为我们进一步解放思想,进行新的理论创新拓展了广阔的空间。也就是说,就整个中国特色社会主义理论体系而言,它不是一个故步自封的理论体系,不仅邓小平理论要坚持要发展、“三个代表”重要思想要坚持要发展,即便是当今发展着的中国特色社会主义最新理论成果科学发展观、社会和谐等重大战略思想,也仍然要在实践中不断发展,这是由其理论的彻底性品格所决定的。

二、坚持和发展中国特色社会主义理论需要进一步解放思想

中国特色社会主义理论是马克思主义中国化历史进程和当代中国社会实践中的最新成

果,表明中国共产党的战略思想和理论日臻成熟,其标志之一,就是把解放思想置于优先地位。党的十七大召开之前,胡锦涛总书记的"6.25"重要讲话①,其中"四个坚定不移"的第一个坚定不移就是解放思想,并把它看作是党的思想路线的本质要求,是应对前进道路上各种新情况、新问题,不断开创中国特色社会主义新局面的一大法宝。还应指出的是,解放思想是一个永无止境的过程,不同的历史时期对解放思想有不同的要求,创立邓小平理论时期的解放思想不同于提出"三个代表"重要思想时期的解放思想。当前,在贯彻落实科学发展观、构建社会和谐过程中的解放思想,理所应当有新的要求与内容,要有针对性。解放思想的目的,是提出认识事物的新理念,寻找解决矛盾和问题的新方法,探索突破旧体制约束的有效路径,所以,解放思想的过程必然要和人们头脑中固有的观念发生冲突,必然触动既有的利益格局,因而,解放思想绝不是轻而易举的事情。对此,上海社会科学院夏禹龙研究员认为,这次的解放思想与邓小平时代的解放思想不大一样。邓小平时代所倡导的解放思想,主要是讲要实践、要创新,但理论上不争论;而现在所要坚持的解放思想,既要有实践创新,还要有理论创新。他认为,目前不争论的时代过去了,因为过去的改革在理论上不争论,主要为争取时间,而现在则是在全面建设小康社会,要综合改革,如果没有系统理论的指导就要乱套,而且在搞社会主义市场经济改革之后,社会分化为不同的利益集团,它们有不同的利益需求,这必然要反映到理论上来,客观上不争论也不可能。在指出当前理论界争论存在的三种倾向以后,他认为,争论是不可避免的,但要加强争论中的建设性,争取一个比较好的结果,即争论要做到不同而和,能够在某些核心的价值理念上求得多数人的共识。②

社会主义问题是中国特色社会主义问题的核心概念。邓小平同志曾经指出:"社会主义是一个很好的名词,但是如果搞不好,不能正确理解,不能采取正确的政策,那就体现不出社会主义的本质。"③可见,完整、准确地理解和把握"社会主义"的基本概念是至关重要的。因为,搞清楚什么是社会主义是怎样建设社会主义的前提。

其实,社会主义是一个多义词,世界上关于社会主义有林林总总的定义和描述。从字面上看,"社会主义"一词是由"社会"和"主义"构成的专用名词。社会存在决定社会意识,有什么样的社会,就会有什么样的社会主义。马克思主义认为,社会是人们交互作用的产物,是以共同的物质生产活动为基础而相互联系形成的人类生活共同体。它由社会的生产系统、经济系统、政治系统和文化系统构成总体社会系统,发挥着总体社会功能。社会因人而产生,人因社会而存在。社会的真谛在于人的类本性。作为社会的人,无时无处不生活在"主义丛林"之中。"主义"本指对自然、社会及学术问题等所持有的一种系统理论和主张。这种"主义"和"社会"的有机结合,构成"社会主义",就是指人们对社会所持有的系统的思想理论和主张。这种思想理论和主张既可以是泛指的(如原始社会的社会主义、奴隶社会的社会主义、封建社会的社会主义、资本主义社会的社会主义、社会主义社会的社会主义和共产主义社会的社会主义),也可以是特指的,即相对于资本主义以后的社会主义社会,亦即后资本主义社会的社会主义。当然,由于社会生产力、科学技术及人的认识能力的局限

---

① 中共十六大通过的《党章》明确指出:"党的思想路线是一切从实际出发,理论联系实际,实事求是,在实践中检验和发展真理。"

② 刘吉,夏禹龙,邓伟志,等.坚定不移地进一步解放思想[N].社会科学报,2007-09-27.

③ 邓小平.邓小平文选:第2卷[M].北京:人民出版社,1994.313.

性，前资本主义社会人们的这种思想理论和主张是很难系统化的，最多也只能是相对的系统性，即使资本主义社会产生的早期，这种系统性也受到很大的影响和制约。特别需要指出的是，这种字面阐释的“社会主义”其直接对立（应）面概念不应当是“资本主义”，而是“个人主义”，社会主义不应当排斥个人主义，而应当是适度个人主义的和谐。只有当个人主义极端化、绝对化到不恰当的程度才可能发展成为社会主义的对立面，才可能成为资本主义的同义语或代名词。这种“社会主义”就是以“社会”为“本位主义”，其价值导向、信仰和理想是追求公共、公平、公正、正义，这种以社会为本位的“社会主义”，由于社会与人的本质关系，就可以转化为以人为“本位主义”。因此，社会主义就是“以社会为本位主义”，也就是“人本位主义”①。因此，以人为本是社会主义的应有之义，是社会主义的同义语、代名词。可见，科学发展观之所以是具有理论彻底性的战略思想，就在于它抓住了事物的根本——人。

一般还可以将社会主义的具体含义分为作为思想理论的社会主义、作为实践活动的社会主义、作为社会体制和制度的社会主义、作为社会形态的社会主义四个层次。这四个层次的内容是相互联系、不可分割的。社会主义实践产生社会主义思想理论学说，社会主义思想理论学说又能动地反作用于社会主义实践。从这个意义上讲，没有社会主义理论，便没有社会主义实践，因此，社会主义理论是极其重要的。在人类社会主义思想发展史上，曾经历了漫长的空想社会主义的发展历程。恩格斯指出，由于马克思的唯物史观和剩余价值学说的两大发现，才使社会主义从空想发展为科学，即科学社会主义，亦即马克思主义，又称科学共产主义，以1848年《共产党宣言》发表为标志。由于科学社会主义在马克思主义理论体系中处于核心地位，是马克思主义哲学、马克思主义政治经济学的落脚点和归宿，马克思主义的整个理论体系就是在揭示人类如何从资本主义社会发展到社会主义社会的客观规律，所以，科学社会主义赢得了马克思主义同义语的殊荣。马克思恩格斯理论论证的社会主义可以指导世界各国具体的社会主义实践，形成各种各样、各具特色的社会主义。如果各国具体的社会主义实践一旦离开了马克思主义理论论证的社会主义的正确指导，或背离了马克思主义唯物主义和剩余价值学说，就会重新陷入空想，就会遭到挫折或失败。而一个国家或一些国家社会主义实践的挫败，只能证明是这个或这些具体社会主义模式的挫败，而决不能说成是马克思主义理论论证的社会主义的失败。人类历史实践将证明，历史隧道的尽头是社会主义。当今世界，有多种多样的社会主义，没有社会主义的世界是不完整的世界。

关于中国特色社会主义。10多年前，我曾对“建设有中国特色社会主义”命题作出过阐述②，今天继续学习，有了很多新的体会和感悟。中国特色社会主义是多种社会主义模式中的一种；同时，中国特色社会主义也是指作为一种思想理论的社会主义、作为实践活动的社会主义、作为社会体制制度和作为社会形态的社会主义。其中，“社会主义”体现出共性，是体现马克思恩格斯理论论证的社会主义在世界各国都具有普遍适用的意义，只是要做到一切以具体的时间、地点、条件为转移。“中国特色”体现出个性，是体现马克思恩格斯理论论证的社会主义与中国具体国情和实际相结合而新生成的中国化的社会主义。也就是说，中国特色社会主义对外主要用于说明同其他民族国家社会主义的联系与区别；对内则主要用于说明自身发展的条件、进程和目的及发展程度与价值指向。这种个性特色涵盖了若干资

---

① 乔耀章.科学社会主义的理论与实践[M].苏州：苏州大学出版社，2003.4.

② 乔耀章.中国社会主义特色纵横谈[M].苏州：苏州大学出版社，1996.315.

本主义社会要素,甚至前资本主义社会要素,但是它的发展价值趋向一定是后资本主义社会的。从领域角度可以具体分为中国特色社会主义经济、中国特色社会主义政治、中国特色社会主义文化、中国特色社会主义社会,由此形成"四位一体"的改革、"四位一体"的开放、"四位一体"的建设、"四位一体"的和谐。所有这些方面有机统一为"中国特色社会主义旗帜"。胡锦涛总书记在党的十七大报告中强调指出,改革开放以来,我们取得一切成绩和进步的根本原因归结起来就是:开辟了中国特色社会主义道路,形成了中国特色社会主义理论体系。高举中国特色社会主义伟大旗帜,最根本的就要坚持这条道路和这个理论体系。由此可见,旗帜至关重要,人们可以从这面旗帜上解读这个国家和社会的性质与发展方向。

总之,高举中国特色社会主义伟大旗帜,就是要始终坚持和发展中国特色社会主义道路及其理论体系,这是统一历史进程中的两个方面,不可偏废。中国特色社会主义这面伟大旗帜告诫我们:应当对当代中国社会从何处而来,现在何处,向何处而去这个大是大非问题时刻保持清醒的认识!

三、"后新民主主义社会"是一个值得探讨和创新的理论问题

"中国特色社会主义"是一个完整的命题,是中国特色社会主义理论、实践、制度、社会的统一体,不可分割,尤其不能将中国特色与社会主义分割开来,因为说社会主义的不一定具有中国特色,说中国特色的不一定是社会主义的。随着对党的十七大文件精神的学习、领会、宣传和普及,有理由相信,中国特色社会主义理论共识,即共同理想将不断扩大,中国特色社会主义理论的说服力将会得到大大增强,因而也能够为越来越多的群众所掌握,转化为坚持中国特色社会主义道路的物质力量。

然而,中国特色社会主义理论的说服力仍有很大的拓展空间。有人说,中国特色社会主义是个筐,好坏都可以往里装,怎么解释都可以,咋说咋有理,尤其是现实生活中的非社会主义倾向问题的不断滋生,使得中国特色社会主义理论的说服力大打折扣。比如,当你说在搞"社会主义",有人会拿马克思、恩格斯书本上论证的社会主义标准来对照评估,说你远远不合格;也有人用西方资本主义现实发展程度跟你比,说你这也不是,那也不如;当你说是"中国特色",还有人会用别人的什么主义和你较量,把你说得一无是处,搞历史、民族、现实的虚无主义等。奏出这些不和谐音符的原因很多,也很复杂,但我以为,这也许同理论本身彻底性程度的欠缺有关。

中国特色社会主义理论体系中现有的三个组成部分:邓小平理论、"三个代表"重要思想和科学发展观,都有一个共同的立论基础,这就是社会主义初级阶段。正如胡锦涛同志在报告中指出的那样,科学发展观,是立足社会主义初级阶段基本国情,总结我国发展实践,借鉴国外发展经验,适应新的发展要求提出来的。强调认清社会主义初级阶段基本国情,不是要妄自菲薄、自甘落后,也不是要脱离实际、急于求成,而是要坚持把它作为推进改革、谋划发展的根本依据。我们必须始终保持清醒的头脑,立足社会主义初级阶段这个最大的实际,科学分析我国全面参与经济全球化的新机遇新挑战,全面认识工业化、信息化、城镇化、市场化、国际化深入发展的新形势新任务,深刻把握我国发展面临的新课题新矛盾,更加自觉地走科学发展道路,奋力开拓中国特色社会主义更为广阔的发展前景。为便于使这方面的战略思想说服更多的人,掌握更多的群众,我们有必要再回顾一下社会主义初级阶段与新民主

主义社会的关系,归根结蒂是社会主义与资本主义的关系。

马克思、恩格斯早在《共产党宣言》中指出,在实践方面,共产党人是各国工人政党中最坚决的始终推动运动前进的部分;在理论方面,他们比其余的无产阶级群众优越的地方在于他们了解无产阶级运动的条件、进程和一般结果。[①] 后来,他们设想了西方发达资本主义国家和东方经济文化相对落后国家如何进行社会革命的两种不同的历史进程。在《哥达纲领批判》中,把西方资本主义国家无产阶级社会主义革命胜利后的社会发展进程分为过渡时期、共产主义社会的第一阶段和高级阶段。列宁在《国家与革命》一书中基本上也认同马克思的这个发展分期。然而,十月革命以后,列宁从俄国的实际出发,着重探讨了经济文化比较落后的国家怎样向社会主义、共产主义过渡的问题。列宁在《共产主义运动中的“左派”幼稚病》一书中,把无产阶级革命夺取政权后的社会发展分为“最初阶段”、“低级阶段”、“中级阶段”、“高级阶段”四个阶段。当然,列宁所处的阶段还是在向社会主义过渡时期,即相当于列宁所说的“最初阶段”。那么,中国革命胜利后的社会发展阶段究竟是怎样的呢?历史已经证明,中国革命胜利后的社会发展阶段既不同于马克思的设想,也不同于列宁的实践(恭请有兴趣的读者参考我在1996年出版的《中国社会主义特色纵横谈》一书的第五章“第三节中国社会发展的自然历史过程”中的第三、四、五个目的相关内容[②])。

事实上,我国新民主主义社会还没有真正成为历史,当然我们并不能认为当今我国还处在“新民主主义社会”或“过渡时期”,因为,现实的社会已经在很多方面不同于以前的新民主主义社会或过渡时期。为了表达与新民主主义社会和过渡时期的不同,又要表达与社会主义初级阶段的联系与区别,用“后新民主主义社会”这一新概念作为“中介”,可能更加符合当今中国更深层次的社会实际或社会本质,因而会有更彻底的说服力。根据解放思想的要求,其主要理由如下:

第一,不能机械地照搬套用马克思、恩格斯关于五种社会形态和发达国家无产阶级社会主义革命以后的社会发展进程及过渡时期的理论。在中国不存在马克思语境下的资本主义社会,也自然不存在从资本主义社会向社会主义社会的过渡时期,中国也不存在马克思设想语境下的社会主义社会,中国只存在新民主主义社会。而且,如果把新民主主义社会视为马克思上述语境下的过渡性社会或过渡时期,这在本质上是对马克思相关思想的一种误读、误解。

第二,新民主主义社会理论从形成(以毛泽东的《中国革命与中国共产党》、《新民主主义论》等著作为标志)到发展变化(以党的七大刘少奇《关于修改党章的报告》、毛泽东《论联合政府》、党的七届二中全会和第一届全国政协通过的《共同纲领》为标志)再到放弃(以1952年6月6日毛泽东的讲话、1953年12月《关于党在过渡时期总路线的学习和宣传提纲》、1955年9月毛泽东把由“新民主主义走向社会主义”改为“资本主义到社会主义”过渡、1956年社会主义改造完成)新民主主义社会理论和中断新民主主义社会实践,这在理论与实践两个方面都应当花大力气总结经验教训。[③] 新民主主义社会本质上是想利用(中国的)资本主义来建设发展中国的社会主义,而完全放弃和中断新民主主义社会,实质上是转

---

① 马克思,恩格斯. 马克思恩格斯选集:第1卷[M]. 北京:人民出版社,1995. 285.

② 乔耀章. 中国社会主义特色纵横谈[M]. 苏州:苏州大学出版社,1996. 351—363.

③ 王树荫. 新民主主义社会理论研究述评[J]. 毛泽东思想研究,2001(3).

为通过消灭中国的资本主义来建设中国的社会主义。历史已无情地证明这是一种错误,至"文革"结束时社会主义经济濒临崩溃的边缘就是最好的例证。这说明我国的新民主主义社会尚未完全走出历史舞台。

第三,党的十一届三中全会以后,以邓小平为代表的中国共产党人认真总结建设社会主义的历史经验,并对新民主主义社会理论问题进行了深刻的反思,重新认识了社会主义与资本主义的关系,通过提出初级阶段论、市场经济论、本质论和主体论,在一定条件下学习和利用资本主义来为社会主义服务,建设社会主义,发展壮大社会主义,其最终目的还是要消灭资本主义。历史也雄辩地证明,正是以邓小平为代表的中国共产党人继起了新民主主义社会的未竟事业。

第四,中华人民共和国的国名、国旗等都与新民主主义社会有关,这些在中国特色社会主义初级阶段仍然延续。新民主主义社会中也有社会主义(重提新民主主义社会并不意味着完全改革或放弃社会主义意识形态),就如同社会主义初级阶段中也有资本主义一样。新中国建立后的新民主主义社会或"过渡时期"存在着五种经济成分:国营经济、合作经济、国家资本主义经济、私人资本主义经济和个体经济。现在的社会主义初级阶段的经济比新民主主义社会的经济更要复杂得多。此外,新民主主义社会的政治、文化与社会主义初级阶段的政治、文化仍有许多剪不断、理还乱的关系。从特定意义上说,随着改革开放的深入发展,当下中国社会性质或历史方位、现实基础正越来越酷似新民主主义社会而不是相反。当年我在《中国社会主义特色纵横谈》一书中把邓小平的社会主义观描述为"主体社会主义",可是现在,似乎转为"非主体化了"。袁恩桢研究员指出,2006 年,在全国二三产业的实收资本中,公有经济为 48%,非公有经济已占 52%;在全国 GDP 中,公有经济为 37%,非公有经济占 63%。而在 1995 年,这两组数字分别为:73% 与 27%;78% 与 22%。一降一升,10 年中变化极大,而且这一趋势还在继续。公有制为主体,如果作为长远方针,理论上还可以考虑。问题是作为现实,如此提法已难以立足,因为主体总有一个数量概念,一半以上已是非公有经济,何谈公有制为主体。国有经济为主导,这应该是社会主义经济体制改革的一条底线。否则,社会主义基本经济制度也就不能存在。经济基础决定上层建筑。皮之不存,毛将焉附。①

第五,几乎每隔 10 年,就会产生一次关于新民主主义社会讨论的热潮。如 1987 年,中共十三大后形成由新民主主义社会向社会主义社会过渡的讨论热点;1997 年中共十五大召开,高校政治理论课"中国革命史"改为"毛泽东思想概论",新民主主义社会理论再次为学术界关注,研究领域有所拓宽,新的观点不断出现。② 正是在这时,胡绳发表了《社会主义与资本主义的关系:世纪之交的回顾和前瞻》《毛泽东的新民主主义论再评价》等文章,标志着胡绳晚年的学术思想已经达到炉火纯青的境界。石仲泉先生把这种现象称之为"胡绳现象"。胡绳的文章确实回答了中国共产党如何发扬韬厉,以新民主主义为号召,以统一战线为依托,以艰苦卓绝的武装斗争打败了反动腐败的国民党反动派。但是,中国在走上新民主主义道路之后,为什么不从容地建设新民主主义社会而又很快进入社会主义呢?为什么在建设社会主义中又出现了那么多挫折和失误呢?胡绳在文章中没有回答这些问题。不过,

① 刘吉,夏禹龙,邓伟志. 坚定不移地进一步解放思想[N]. 社会科学报,2007-09-27.

② 王树荫. 新民主主义社会理论研究述评[J]. 毛泽东思想研究,2001(3).

胡绳在中国社会科学院的一次党组会上对他的同事说:“其实我不过回答了一半的问题,还有一半问题根本没有谈呢!”①那么,“还有一半问题”是什么呢?是否可以认为“回到新民主主义社会”或“后新民主主义社会”是“还有一半问题”的合理逻辑推论?又10年过去了,中共十七大召开之后,我谨以此拙文期待着更为热烈的讨论与争鸣!

本文的基本结论是:中国特色社会主义初级阶段是新民主主义社会的特定阶段,或称“后新民主主义社会”,“后新民主主义社会”是中国特色社会主义初级阶段的另一种表达法。所谓后新民主主义社会,在我国是相对于新民主主义社会而言的,有泛指和特指,泛指既包括新民主主义社会的后期,又包括后于新民主主义社会的社会主义初级阶段及社会主义社会等;特指是指后于新民主主义社会,先于社会主义社会的社会。因为新民主主义社会理论是毛泽东思想体系中最宝贵的财富,本指在新民主主义革命取得全国性胜利后,从旧中国社会中成长起来的既有社会主义又有资本主义而又避免发展成为资本主义社会的社会,而马克思主义理论论证的那种建立在被推翻的高度发达的资本主义社会基础之上的社会主义社会,对于当代中国的实践来说还属于未来情景。有鉴于此,后新民主主义社会是当今中国实际的社会历史方位。根据“后学”的思维逻辑,“后新民主主义社会”本应是在新民主主义社会基础上的穿越与重构,但是由于历史的原因,我国的新民主主义社会并没有得到应有的成长和发展,留下了许多历史任务要在现阶段完成。正是从这个意义上说,新民主主义社会还没有真正成为历史。

“后新民主主义社会”同新民主主义社会既有联系又有区别,主要集中在国内的社会主义与资本主义的相互关系及其质量、地位、作用和发展方向上,这些联系与区别也决定着“后新民主主义社会”同社会主义初级阶段的关系。也正是从这个意义上说,社会主义初级阶段是后新民主主义社会的另一种表达法,反之亦然。如果说新民主主义社会是新中国的起跑线的话,那么,“后新民主主义社会”则是当代中国(党的十一届三中全会为历史起点)②特色社会主义初级阶段的价值趋向之底线。这使新民主主义社会发展阶段中的社会主义意识形态更加扎根于历史的现实基础之上,从而更能说服人,更能掌握群众!而且,这也是符合马克思主义理论的。1886年,恩格斯致倍倍尔的信中说,马克思和他设想,共产主义社会低级阶段,即没有经过高度发达的资本主义社会过渡而来的社会主义,应当存在商品货币关系。③ 即像苏联和中国这样的社会主义,可以实行一种混合型的社会制度,在这种制度下,既有社会主义的成分,也有资本主义的因素。遗憾的是,由于马克思主义的原著翻译出版工作未能跟上我国形势的发展以及天不假年,毛泽东等老一辈革命家和理论家未能阅读到含有马克思这种设想的原著④,过早地放弃了与这种设想有惊人相似之处的富有创新魅力的新民主主义社会理念,给中国的社会主义建设带来了令人痛惜的损失。

---

① 石仲泉. 与时俱进:胡绳学术晚年的新辉煌[J]. 中共党史研究,2002(2);王文滋. 胡绳晚年学术思想述论[J]. 许昌学院学报,2003(6).

② 石仲泉. 中国特色社会主义理论体系:当代中国创新理论的科学体系[N]. 文汇报,2007－11－05.

③ 马克思,恩格斯. 马克思恩格斯全集:第36卷[M]. 北京:人民出版社,1974. 416—417.

④ 欧大军. 中国特色社会主义:回归正道的唯一选择[C]纪念卓炯同志诞辰100周年暨中国特色社会主义市场经济理论与实践研讨会. 广州:中共广东省委宣传部等,2008. 145—146(未刊稿).

社会管理格局中的幸福联盟*

——基于对苏州市沧浪区“邻里情”幸福联盟的调查

随着我国政府管理体制改革的深入,政府的部分社会管理和公共服务职能正在不断向社会基层组织转移,大量的行政性事务向社会基层延伸。苏州市沧浪区党委和政府为了深化社区管理体制改革,首创了“1+2+1”社区管理模式,即在社区坚持社区党组织一个领导核心,设置社区工作站和社区居委会两个办事机构,建立“幸福联盟”一个活动组织。2007年6月开始试点,目前在全区已经全面覆盖。

为全面反映“幸福联盟”的组建活动和发展情况,沧浪区政府委托苏州大学政治与公共管理学院乔耀章教授负责组建“邻里情”幸福联盟课题组。在沧浪区宣传部朱奚红部长的领导与关怀下,“邻里情”幸福联盟课题组自2007年底组建以来,已经开展了两次较大规模的调研活动。其中2007年底以走进社区、亲临幸福联盟为主题,课题组成员分阶段、分社区亲临其境地观摩幸福联盟的具体运作;2008年7月以走进街道、畅谈幸福联盟有效活动与功能为主题,课题组成员与社区领导及幸福联盟主席、联盟成员代表展开了讨论。在前期调研的基础上,从组织学习、研究相关文件和理论问题入手,我们对目前沧浪区“幸福联盟”运转的现状问题的相关资料进行了初步的整理、思考与研究,并提出了进一步改进“幸福联盟”工作的意见和建议。

一、“邻里情”幸福联盟的由来及其理论支撑点

“联盟”一词,《现代汉语词典》解释为:两个或两个以上国家为了共同行动而订立盟约所结成的集团;亦指个人或集体、阶级的联合。在我们的现实生活中,有国家联盟——欧盟、行业联盟、企业联盟、知识联盟、价格联盟等各种类型的联盟或组织。而“联盟”与“幸福”组成的“幸福联盟”,一般是指为了追求幸福生活的人们的结盟集团。如幸福联盟婚庆公司、安徽幸福联盟房地产开发与运营企业、幸福联盟论坛、幸福生活联盟、幸福社区足球联盟等。然而,沧浪区政府对基于“邻里情”基础上的“幸福联盟”则有着别样的期许。

(一)从“幸福社区”到“幸福联盟”

“幸福联盟”是在“邻里情”基础上发展起来的,又与“幸福社区”密切相关,建设“幸福

* 原载《华东经济管理》2009年7期。

社区”是沧浪区区委、区政府的一种实践创新,直接指导这种实践创新的是小康社会理论和构建和谐社会的理论。江苏苏州沧浪区委、区政府为了让沧浪区人们得到更多的实惠,真正享受到全面进入小康社会的幸福生活,于2004年底确立了“经济强区、文化立区、和谐沧浪、幸福社区”的16字工作思路,在全国率先提出了幸福社区的建设目标。为了使全面建设小康社会的发展目标落到实处,形成全国看江苏、江苏看苏州、苏州看沧浪的景观,2005年12月,沧浪区举办“小康社会,幸福社区”的沧浪论坛(第一届),围绕幸福社区与和谐社区的关系、幸福社区的内容和要求、建设幸福社区的具体途径等问题展开热烈讨论。对此,《人民日报》2006年1月16日进行了专门报道,引起了社会各界的关注和认可。时任沧浪区区委书记的宋文辉对“幸福社区”作了描述性的界定,所谓幸福社区,是指聚居在一定地域的人们对所组成的社区满意度高、归属感强、富有幸福感的社会生活共同体。也就是说,幸福社区是能够为社区成员追求幸福、创造幸福、获得幸福、享受幸福创造条件,提高机会的社区,是居民自治、管理有序、服务完善、治安良好、环境优美、文明祥和的社区。①

为了进一步落实“经济强区、文化立区、和谐沧浪、幸福社区”的16字工作思路,扎扎实实地推进幸福社区建设,2007年6月,沧浪区委、区政府举行了沧浪区关于社会科学界联合会成立大会暨“可持续发展、共创和谐”沧浪论坛(第二届),议题之一就是探讨创新沧浪区社会(社区)管理新体制,组建“邻里情”幸福联盟。

为此,沧浪区区委、区政府首创了“1+2+1”社区管理模式。这个社区管理新模式是在“邻里情”幸福社区基础上发展起来的。沧浪区委、区政府构想的幸福社区建设的基本流程是,通过小康社区建设、生态社区建设、平安社区建设、健康社区建设、休闲社区建设、数字社区建设、法治社区建设、文明社区建设,逐步建设成经济繁荣、生活富裕、环境优美、服务完善、管理规范、稳定有序、法制健全、民主公平、诚信友爱、守望互助的幸福社区。② 在其过程中,特别注重以社区服务网络给居民生活带来的便利,基本形成了一个品牌、两支队伍、三级网络和四个中心的总体格局。其中,一个品牌就是2003年沧浪区在全国首家向国家商标局申请注册“邻里情”社区服务公益性商标;两支队伍,即指“邻里情”社区工作者和“邻里情”志愿者队伍;三级网络主要是指区、街、居三级“邻里情”社区服务网络组织体系;四个中心主要是指“邻里情”互助中心、“邻里情”老年人服务中心、未成年人活动中心和“新苏州人”服务中心。③ 在“邻里情”基础上发展起来的“幸福联盟”是由社区社会群团、各类民间组织和各类志愿者队伍组成的联合体,用以整合社会管理资源,提高社会管理水平,保障公共服务质量,维护社区居民的切身利益。它的主要任务是承接政府购买的服务,培育和发展社区公益性或服务性民间组织,招募社区志愿者,协调、组织和发挥好各联盟成员的积极性,利用社区内的各种文化、体育设施组织开展文艺、教育、科普、娱乐、健身等活动,促进居民广泛参与社区活动,培养社区成员的民主意识和居民自治、互助的能力,提高居民的综合素质和生活质量。

可见,“幸福联盟”与“幸福社区”既有联系,又有区别。前者侧重于动态的组织活动,后者侧重于静态的空间场域。从提出的时序上看,前者是后者的“升级版”。

---

① 宋文辉.幸福社区:和谐社会的基石[M].苏州:古吴轩出版社,2006.39.

② 宋文辉.幸福社区:和谐社会的基石[M].苏州:古吴轩出版社,2006.44.

③ 宋文辉.幸福社区:和谐社会的基石[M].苏州:古吴轩出版社,2006.183—188.

(二)"邻里情"幸福联盟的主要理论支撑点

"邻里情"幸福联盟关涉的问题非常广泛而复杂,涉及政治学、经济学、社会学、法学、管理学以及文化人类学等相关学科和理论。除了党的领导理论、政府行政管理理论和基层民主等理论之外,"邻里情"幸福联盟的理论支撑点主要有:社会管理理论,小康社会、和谐社会理论,治理理论,社会自治理论等。

1. 社会管理理论方面主要包括社会管理的界定、主体、基本职能、基本体制及管理格局这几个问题

(1) 关于社会管理的界定:社会管理一般是指通过制定社会政策和法规,依法管理和规范社会事务,化解社会矛盾,调节收入分配,维护社会公正、持续和稳定的过程。①

(2) 关于社会管理的主体:一般有广义和狭义之分。广义的社会管理主体是指党领导下的政府、社会组织及公众。狭义的社会管理主体是指政府,它担负着经济调节、市场监管、社会管理和公共服务等基本职能。

(3) 关于社会管理的职能,大体分为三种:一是社会公共事务管理,包括公共环境、公共安全、公共卫生、公共教育等;二是居民公共事务管理,包括人口和计划生育、劳动和社会保障、优抚和社会救助等;三是对群众性、公益性、社会性事务的管理,包括依据政府出台的法规和政策,指导非营利组织、中介组织、社团组织的建设,为各类社会组织和群众参与社会事务管理提供支持等。

(4) 关于社会管理体制及管理格局:《中共中央关于构建社会主义和谐社会若干重大问题的决定》中明确提出:"必须创新社会管理体制,整合社会管理资源,提高社会管理水平,健全党委领导、政府负责、社会协同、公众参与的社会管理格局,在服务中实施管理,在管理中体现服务。"在社会管理体制及格局中,党委要充分发挥总揽全局、协调各方的领导核心作用,不断改革和完善党的领导方式,坚持科学执政、民主执政、依法执政,实现维护发展好最广大人民群众的利益;政府要按照建设服务型政府的要求,切实承担经济调节、市场监管、社会管理和公共服务的职能;社会自治组织、社团和行业组织以及社会中介组织在社会建设和管理中要发挥各自的作用;同时,要大力培育公众的参与意识,拓宽公众参与的渠道,真正实现人民当家做主。实行社会管理是协调社会各项矛盾、构建社会主义和谐社会的要求之一。

2. 社会自治及社区自治理论方面

一般说来,社会治理有社会管理和社会自治两种基本形式。社区自治有别于社会自治关于"社区自治"的含义,目前学界尚无统一的定论,大体看来,社区自治是社区居民(在农村是村民)通过采用民主协商、民主决策、民主管理的手段,动员社区内各种组织、成员共同为社区发展献计献策,真正实现居民自我教育、自我管理、自我服务,以满足社区居民和各种组织日益增长的需求,提高居民的生活质量。

社区自治组织一般可以分为法定自治组织和民间自治组织两类:法定的社区自治组织主要包括社区居民委员会、社区党组织、社区成员代表大会等;民间自治组织主要包括业主大会、业主代表大会、业主委员会等维权组织,社区志愿者协会、社区医疗保健中心、社区保

---

① 尹志刚.从中国大城市基层政府管理体制改革看城市管理及社会治理(上)[J].北京行政学院学报,2006(5).

障中心等公益性服务组织，各类文化体育艺术团体等文艺性组织。社区自治组织作为最常见的社会自治组织类型之一，是党和国家政权在城市的基石。我国法定的社区自治组织仅有城镇的居民委员会和农村的村民委员会。《城市居民委员会组织法》第2条规定：居民委员会是居民自我管理、自我教育、自我服务的基层群众性自治组织。《村民委员会组织法》第2条规定：村民委员会是村民自我管理、自我教育、自我服务的基层群众性自治组织，实行民主选举、民主决策、民主管理、民主监督。

有必要提及的是，现实中的城市"居民委员会"同城市"社区"近乎于同一语，农村"村委会"同农村"社区"也近乎于同一语。其实它们有着一些本质性的差异，有其历史演变的进程。本文不加以赘述。

二、"邻里情"幸福联盟运行现状

沧浪区"邻里情"幸福联盟自2007年6月开始试点来，目前在全区6个街道64个社区已经全面覆盖。下面以双塔街道、南门街道、胥江街道与吴门桥街道这4个街道的幸福联盟运行情况为例来说明。

（一）双塔街道幸福联盟运行情况

沧浪区双塔街道地处苏州古城中心区域，东起护城河，西辖人民路，南至竹辉路，北枕干将河，街道因其地理位置优越及经济发达而享有"中心街道"、"第一街道"的美誉。"邻里情"幸福联盟于2007年6月22日在大公园社区与二郎巷社区进行首批试点，7、8月份在街道各个社区陆续开始挂牌，发展至今街道所辖的10个社区呈现出不同的特色。例如锦帆路社区，党委书记陈芸华同时担任社区居委会主任、社区工作站站长以及幸福联盟主席。他根据本辖区党政机关比较多、贫困人员也比较多的特点，设立了"志愿者救助中心"，以辖区单位来牵头，扶贫救助，先后为20名困难家庭子女进行结对助学帮困；与此同时，由社区党委牵头，小巷总理主持"实话实说"，零距离地解决居民生活问题、难题。而定慧寺巷社区则是一个集旅游、餐饮、金融、医疗等为一体的功能齐全、服务完善、环境优美、文明和谐的特色社区。社区以营建"文化定慧、幸福家园"特色社区为载体，发挥社区党组织和党建共建作用，整合辖区资源；成立了幸福驿站，以社区党员、居民义工队伍为组织力量，建立了社区历史文化宣传员、幸福家园守望员、经济环境建设者、社区建设支持者等不同群体，培养社区归属意识；以亲情、友情、邻里情为互动建立"亲情沙龙"，营造和谐氛围；将展馆文化、园林文化、美食文化、家庭文化等多种文化相聚相融，使古城区充满现代活力，为社区居民创造幸福社区。

（二）南门街道幸福联盟运行情况

南门街道位于苏州古城区南端，素有苏州南大门之称。东起桂花公园，西连学士河，北与干将路相望，南临古运河景观。面积3.25平方公里。居民户数22 885户，常住人口68 102人。街道为苏州重要商业区和水陆交通枢纽、城区繁华地段之一。下设桂花社区、玉兰社区、养蚕里第一社区、养蚕里第二社区、竹辉社区、瑞光社区、东大街社区、西大街社区、佳安社区、金狮社区、吉庆社区、西美社区、道前社区，共13个社区。

以竹辉社区和道前社区为例，竹辉社区以家庭文化建设促进会为依托，以离退休群体为主体力量,把读书活动作为创建学习型文明社区的好载体,切切实实地实践了"知识就是力量,学习就是时尚"这一理念;社区妇联以维护妇女的权益为重点,成立了以女党员为主体的"话疗"服务队,解决了不少家庭的难心事;社区充分发挥健康志愿者队伍和辖区内健康教育宣称栏作用,2008 年获得苏州建设"健康先进社区"称号;为加强居民自治管理,举办居民自治听证会;为规范民间组织的活动,率先对辖区的民间组织实行备案制;社区开展"和谐邻居节"活动,营造了团结、互助、文明、祥和的氛围。道前社区辖区共有 60 岁以上老年人 1 216 人,青少年 400 余人,残疾人 80 余人。社区服务项目开展就业介绍、法律咨询、生活服务、扶贫帮困、环境整治、文化教育、心理咨询、健康服务、各类维修、康复训练服务等;"好管家"社区管理服务,通过探头对监控区域进行 24 小时管理,构建了以人防技防相结合的现代化管理模式;同时以此为平台,使独居老人足不出户便可享受到各种养老服务。并通过评议和评选,产生了"十大义工之星",他们为幸福社区的建设贡献了自己的力量。

(三)胥江街道幸福联盟运行情况

胥江街道地处苏州古城西南部,作为苏州市历史最为悠久、人文底蕴最为丰厚的中心区域之一,素有"银胥门"之誉。近年来,根据本地区实际情况,制定了"再创新佳绩,实现新跨越,建设新胥江"的发展思路,积极打造"文化胥江"、"诚信胥江"品牌。街道下辖胥虹社区、万年社区、三香社区、泰南社区、新沧社区、潼泾社区、胥江社区。

其中泰南社区位于苏州古城西南片,"邻里情"幸福联盟现有志愿者队伍 7 个、文体队伍 6 个共 285 人,辖区单位 17 个,参与社区志愿者互动 8 个。社区特色活动是:成立了业主委员会和楼院自治,开展居民自治;先后与胥江卫生服务站、泰南干洗店等签订了服务协议,设置了邻里互助服务卡;开通心灵绿洲谈心室,便利了居民;在与胥江中心小学联盟的基础上,推出了家、校、社联动活动,如发放环保袋、父亲节亲子活动。胥江社区主体为胥江新村、金桥新村、巴桥头新村、胥馨家园、盘景苑和胥江路 136 号小区等六个居民生活小区,社区围绕"一老一小"开展工作,以"夕阳康乐"为其特色展开工作。社区 2007 年 7 月成立幸福联盟,现有 18 个组织,其中,协会组织 8 个,民间中介组织 10 个(比联盟成立前新增了 2 个,下一步将继续发展 2 个)。社区幸福联盟利用了党员、居民、青少年志愿者的活动基地和完善的服务功能,建立了以社区服务为依托、群众互动为途径的一个服务体系,开展了助老、帮困、为民等一系列服务。社区依托"邻里情"幸福联盟,成立了"夕阳康乐"服务站,有老年食堂、洗衣站、医疗站、电子阅览室、乒乓俱乐部、健康长寿乐园等设施,推行了"居社养老"的新模式。社区幸福联盟为"夕阳康乐"银色家园提供更多的服务,先后成立了社区"老年日托站"、社区"老年食堂"、社区"老年洗衣站",解决了社区空巢、孤寡老人的吃饭难、洗衣难问题。为丰富社区老年人的文化生活,社区联盟创办了胥江书画社、老年健身房、健康长寿园、老年人乒乓俱乐部,充分发挥社区志愿者的作用,为老年人提供免费的优质服务。在居家养老工作的基础上,社区"夕阳康乐"为社区老年人举办各种法律、法规、健康、文化、科普等知识讲课 8 次,不同程度地提高了社区老年人的法制意识、维权意识、健康长寿意识、科学文化教育意识,充分体现了老年人老有所学、老有所乐。"邻里情"幸福联盟 2007 年依托共建联谊会、老年协会积极发挥共建优势,协力搭建共建平台,先后与苏州工商局机关党委、苏州军休所、沧浪公安分局、名车之旅等联盟单位联手共创"邻里情"幸福联盟活动,实现资源共享、互动共建。

（四）吴门桥街道幸福联盟运行情况

吴门桥街道是一个人口密集的居住型社区。街道最大的特征是新老社区并存、交汇；居民收入总体状况来说，普遍在中低收入水平，下岗失业人数较多；同时，社区中外来人口较多，占居住居民的三分之一左右；此外，街道每年患大病的人比较多，残疾人、孤寡老人以及空巢老人多，弱者特殊群体比较集中。街道辖有盘一社区、盘二社区、南一社区、南二社区、南三社区、湄长社区、内马路社区、兴隆桥社区、大龙社区、龙港苑社区、解放社区、金塘社区、何家塔社区、润达社区等14个社区，相继于8月份成立了幸福联盟。

例如，何家塔社区特色工作品牌是“新苏州人，新家园”。社区的工作目标：凝聚民心、奉献社会、务真求实，共建和谐、稳定、幸福的社区。社区地处原城乡结合部，人员居住环境复杂，目前外来流动人员有3 000余人。外来人员多，城中无地队多，安全隐患多。一些安徽籍、苏北籍、河南籍等外来人员自发组织起来，由他们当中比较有威信的新苏州人担任同乡会负责人，担负起安全和消防管理的责任，防止火灾等事故的发生。大龙社区于2004年度被评为三星级社区后，在区、街道关心与指导下，夺得区级“爱国卫生先进集体”、社区“党建示范点”、“五有五好先进单位”，在街道卫生星级社区的评比中被评为“环境卫生星级社区”四星级一次，三星级两次，并通过了“规范化劳动保障站”、“充分就业社区”的验收，目前正在开展“创建健康城市”活动。社区将努力建设成为管理有序、服务完善、环境优美、治安良好、文明进步的新型社区。

三、“邻里情”幸福联盟组建的主要问题

沧浪区委、区政府首创的“1＋2＋1”的社区治理模式类似于《中共中央关于构建社会主义和谐社会若干重大问题的决定》中强调的社会管理格局，前者是后者的具体落实、微观版或缩影，两者之间有对应关系。例如，社区党组织与党委领导相对应，社区工作站与政府负责相对应，社区居委会与社会协同相对应，“邻里情”幸福联盟与公众参与相对应。经过一年多的实际运作，已初步形成了一些特色。

所谓特色，一般在“自比”和“他比”中存在，主要表现为三个层次：区特色、街道特色、社区特色。区特色是由6个街道特色构成的，它寓于街道特色之中；而街道特色又寓于社区特色之中；社区特色与幸福联盟特色两者水乳交融，社区特色往往表现为幸福联盟特色，幸福联盟特色又表现为社区特色，两者不可分割。有鉴于此，我们对社区特色和幸福联盟特色不刻意加以区分，而“邻里情”幸福联盟组建中也出现了一些主要问题：

（一）幸福联盟发展的不平衡性

“邻里情”幸福联盟组织发展的不平衡性表现在三个方面：各个社区幸福联盟发展的不同步性、各个社区幸福联盟主席情况的多样性以及幸福联盟各个组织负责人情况的差异性。

1. 各个社区幸福联盟发展的不同步性。虽然在沧浪区全区6个街道64个社区中，目前都建立了“邻里情”幸福联盟，但各个幸福联盟组织发展水平不一。从社区参与队伍来说，社区参与队伍最少的是3支，最多的是42支，每个街道平均参加队伍集中8～25支不等，全区总体平均参加队伍13.4支；从社团组织的参与人数来说，社团组织参与人数最少的

是2人,最多的是342人,全区总体平均参与人数278人(见表1)。

表1　苏州市沧浪区各街道“邻里情”幸福联盟发展现状表

类别 街道	社区数量(个)	有效社区问卷数量(个)	有效社区人口数量(人)	幸福联盟参加队伍(支)	幸福联盟参与人数(人)	参加队伍/社区(支)	参加人数/社区(人)
双塔街道	10	10	63 115	87	2 887	8.7	288.7
南门街道	13	12	57 482	124	2 693	10.3	224.4
胥江街道	7	7	58 779	98	2 255	14	322.1
吴门桥街道	14	9	65 903	87	1 777	9.7	197.4
葑门街道	12	5	32 924	85	1 326	17	265.2
友新街道	8	8	67 224	201	3 266	25.1	408.3
全区	64	51	345 427	682	14 204	13.4	278.5

由此,我们可以看到,就目前状态的幸福联盟来说,社团组织处于数量偏少、规模过小的状态,社区居民的参与率较低,并呈现出:经济发展水平高、群众基础好的地方,“邻里情”幸福联盟组织发展水平越高、规模越大,组织队伍、参加人数就越多,呈正相关关系。

2. 各个社区幸福联盟主席情况的多样性。在调研的全区51个社区中,“邻里情”幸福联盟主席情况如表2所示:

表2　全区51个“邻里情”幸福联盟主席情况表

项目	类别	人数(人)	占总数比例(%)
性别结构	男	9	17.6
	女	42	82.4
年龄结构	21~30岁	3	5.9
	31~40岁	3	5.9
	41~50岁	28	54.9
	51~60岁	17	33.3
文化层次	初中	1	2
	高中	33	64.7
	大中专	17	33.3
政治面貌	群众	37	72.5
	团员	0	0
	党员	14	27.5
	民主党派	0	0
产生方式	任命	32	62.7
	推选	19	37.3
	自荐	0	0

从表2中，我们可以看到，在性别结构中，女性数量约是男性的5倍；在年龄结构中，四五十岁的占88%；在文化层次结构中，高中、大学层次是绝对主体，占总调研总数的98%；在政治面貌中，党员人数不足30%，一般群众占了主体；在产生方式中，任命的占62.7%，民主选举的占37.3%，自荐的联盟主席为零。这样幸福联盟主席呈现出：以女性为主体、年龄四五十岁化、中等学历化、群众化、任命产生而非民主选举的态势。

3. 幸福联盟各个组织负责人情况的差异性。在调研的全区51个社区的682个社团组织中，各个社团组织负责人情况各异，并呈现出：女性负责人居多，年龄集中在五六十岁，呈现老龄化态势；觉悟性较高，党员数量多；学历层次分散在初中、高中、大学三个层次；绝大多数由社区居民民主推选产生（如表3）。

表3 胥江街道"邻里情"幸福联盟社团组织负责人情况表

项目	类别	人数（人）	占总数比例（%）
性别结构	男	37	37.8
	女	61	62.2
年龄结构	21～29岁	0	0
	30～39岁	1	1
	40～49岁	11	11.2
	50～59岁	28	28.6
	60～69岁	38	38.8
	70岁以上	21	20.4
政治面貌	群众	50	51
	团员	0	0
	党员	48	49
	民主党派	0	0
文化层次	小学	0	0
	初中	23	23.5
	高中	36	36.7
	大中专	39	39.8
是否注册	是	49	50
	否	49	50
职　　业	社会在职	28	28.6
	社会工作者	7	64.3
	退休职工	63	7.1
产生方式	推选	92	93.9
	任命	1	1
	自荐	5	5.1
产生时间	2007年6月以前	78	79.6
	2007年6月以后	20	20.4

(二)幸福联盟自身结构不完善性

"邻里情"幸福联盟自身结构的不完善性主要体现在幸福联盟主席设置的多样性与自身治理结构的多样性。

1. 幸福联盟主席设置的多样性。就目前来看,幸福联盟主席完全由社区工作者来担任,其中62.7%由任命产生,37.3%由推选产生(如表1)。其中绝大部分是由掌管文化事务的社区居委会副主任来担任,有的社区是由社区党委书记或者居委会主任来担任,这样就造成了责任、义务的强加性以及重负性,主任、副主任一人多任、一肩多挑。

2. 幸福联盟自身治理结构的多样性。就目前来说,发展队伍比较多、参加人数比较多、开展活动比较频繁的社区开始探索幸福联盟自身的治理结构。有的社区设置了幸福联盟委员会,进而设置了委员会主席、副主席,委员则是由社团组织的负责人来担任,但其所谓的称谓比较混杂。而有的社区则没有相关的设置。

(三)幸福联盟自身定位的不清晰性

"邻里情"幸福联盟自身定位的不清晰性表现在社区工作人员对幸福联盟组织的定位不清晰和居民对幸福联盟组织的定位不清晰两方面。

1. 社区工作人员对幸福联盟组织的定位不清晰。社区工作人员主要是指社区的党组织成员、工作站的成员以及居委会的成员。在幸福联盟建设初期,幸福联盟的主席往往是由掌管文化事务的居委会副主任来担任的,幸福联盟组织的开展情况又被当作社区评比创建内容之一,从而使社区工作者把其活动的开展当作一项硬性任务来抓,也导致了社区居民产生抵触心理。

2. 社区居民对幸福联盟组织的定位不清晰。由于社会历史原因以及现实问题,居民往往把居委会这个社区自治组织,看作是政府的延伸机构,政府的形象代言人,而幸福联盟在实际操作中是由政府牵头、引导设立的,幸福联盟主席往往又是由"政府的形象代言人"——居委会的副主任来担任,再加上社区党组织、工作站、居委会在工作人员、任务、内容等方面存在交叉重叠。这样就给居民造成一种"三位一体"的"官治"机构色彩的感觉,从而使其参与率受到影响。

(四)幸福联盟组织缺乏自立性、自主性

1. 幸福联盟组织缺乏自立性。幸福联盟自立性不强主要表现为经费来源单一,由此表现为较强的依赖性。幸福联盟组织在运转初期,活动经费来源局限于政府的拨款,绝大部分没有会费的支持,没有国内外基金会等慈善组织的捐助,也基本没有个人或者企业的捐助。这样,幸福联盟组织自身造血功能偏差,从而使其活动受到了很大的限制,就其目前发展状态来看,仍然没有同政府断奶,仍在蹒跚学步。

2. 幸福联盟组织缺乏自主性。幸福联盟组织自主性不强主要是由经费不自立所致。政府"供血"、"输血"必然导致幸福联盟组织不能完全自主。目前,社区幸福联盟还是在社区党委以及幸福联盟主席的指导下任务式、计划式地展开活动,制订活动计划加以实施,并将实施情况作为居民委员会考核的重要标准,没有独立自主地引导组织的扩大和活动的开

展。有些加盟组织甚至带有官方色彩。

（五）幸福联盟组织活力的有限性

“邻里情”幸福联盟组织活力的有限性表现在幸福联盟组织群众基础较差、幸福联盟组织的有限性及开展活动的有限性。

1. 幸福联盟组织群众基础较差。每个社区的幸福联盟组织数量普遍集中在10个左右，也有组织队伍比较壮大的，达到42支，但是从居民参与率上来看，街道参与率集中在3%～5%，全区平均参与率在4.1%，可见参与率很低（见表4）。

表4 苏州市沧浪区“邻里情”幸福联盟调查表

街道名称	幸福联盟参与率（%）	街道名称	幸福联盟参与率（%）
双塔街道	4.6	葑门街道	4
南门街道	4.7	友新街道	4.9
胥江街道	3.8	全区	4.1
吴门桥街道	2.7		

2. 幸福联盟组织、活动有限。幸福联盟组织的有限性主要表现在幸福联盟组织性质以文体类为主，群众志愿性、服务性的组织偏少，每个社区平均拥有公益类、服务类的组织在3.2个左右，街道公益类、服务类组织所占比例集中在23.9%左右（见表5）。

表5 苏州市沧浪区“邻里情”幸福联盟调查表

类别 街道	社区数量（个）	有效社区问卷数量（个）	幸福联盟参加队伍数量（支）	公益类、服务类队伍数量（支）	公益类、服务类/社区（个）	公益类、服务类所占比例（%）
双塔街道	10	10	87	25	2.5	28.7
南门街道	13	12	124	23	1.9	18.5
胥江街道	7	7	98	33	5.5	33.7
吴门桥街道	14	9	87	24	2.7	27.6
葑门街道	12	5	85	17	3.4	20
友新街道	8	8	201	41	8.2	20.4
全区	64	51	682	163	3.2	23.9

幸福联盟组织活动的有限性主要表现在幸福联盟活动内容单调，开展的活动多数是文体活动，公益性、服务性的活动则相对较少，这主要由社团组织是由以文体组织为主体，公益类、服务类组织相对较少所决定的；另外，幸福联盟活动场地有限，绝大多数的社区活动场所主要集中在社区居委会的会议室、多功能音乐厅，面对上百人的组织队伍，活动空间明显不足，同时活动设施简单，这些在很大程度上不利于社区居民的积极参与。

（六）幸福联盟的闭锁性倾向

“邻里情”幸福联盟的闭锁性倾向主要表现在幸福联盟组织的区域性发展较强以及对

外联系普遍较少两方面。

1. 幸福联盟组织区域性较强。就目前来看,幸福联盟组织在名称上局限于“某某区某某街道某某社区幸福联盟组织”,在活动范围上局限在本街道、本社区中,在活动人员上局限于本社区的老年人、青少年,甚至是本社区的老年人、青少年中的一部分。在宣传影响范围上,知晓范围仅仅局限于本区、本街道、本社区,很大一部分没有“走出去、引进来”,仅仅是本社区居民的自娱自乐。

2. 幸福联盟组织对外联系普遍较少。就目前来看,幸福联盟组织虽然有一部分组织了重大的活动,其中的一些民间组织在社会上引起了非同寻常的影响,它们走出了社区、街道,甚至沧浪区。但绝大部分组织、活动仅限于本街道、本社区、本楼道,百姓耳熟能详的组织、活动少,所起的作用有限;社团间的横向联系也偏少,难以形成资源共享。这不仅存在于社区间的社团组织,而且存在于街道间的社团组织,甚至区间的社团组织。

(七) 幸福联盟与“1+2+1”关系模糊

在“1+2+1”的组织架构中,第一个“1”作为社区党委,是社区各组织和各项工作的领导核心;中间的“2”是社区工作站和社区居委会,社区工作站作为街道的“派出机构”,承接政府的行政性事务,社区居委会作为社区自治性组织,协助工作站开展行政性事务;第二个“1”作为幸福联盟,承接政府购买的服务,培育民间组织。在实际调研过程中,我们发现四个部门存在了四种关系模式,如图1、图2、图3、图4所示:

1. 在模式一中,社区党委的领导核心地位与作用得到了切实的发挥,在实际的工作过程中,社区党委、工作站、居委会、幸福联盟四部门真正地实现了相互配合、合作,可以说是“四位一体、不可分割”。

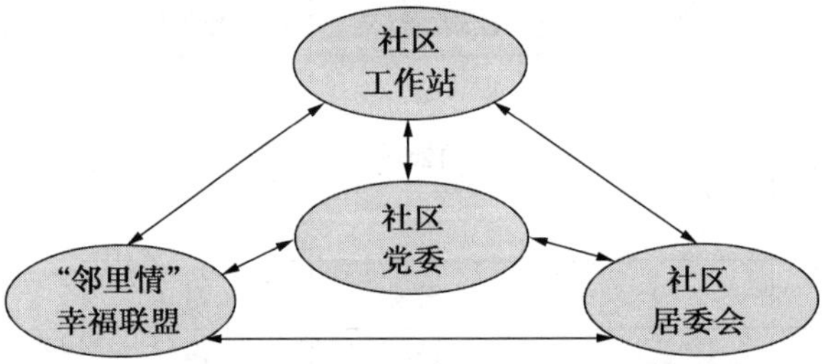

图1　模式一

2. 在模式二中,社区党委“凌驾”于社区工作站、居委会、幸福联盟之上,将它们间的指导关系定格为上下级的关系,同时将社区工作站、居委会、幸福联盟进行了条块式分割,从而使得这种治理模式演变成为类科层化的管理方式。

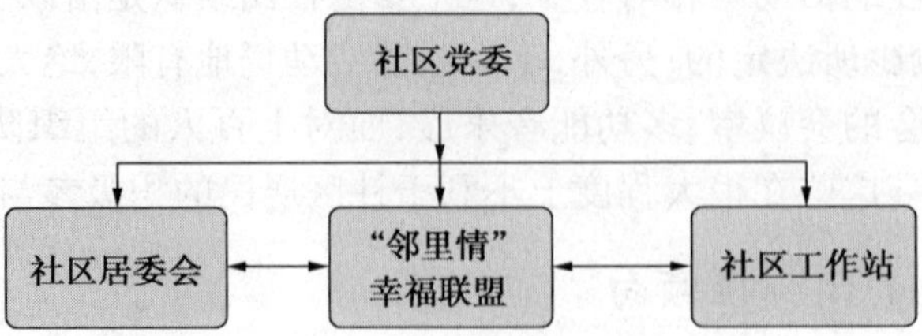

图2　模式二

3. 在模式三中，社区党委作为社区各组织和各项工作的核心，指导社区居委会与社区工作站工作的开展，而“邻里情”幸福联盟作为工作站的附属机构开展工作。

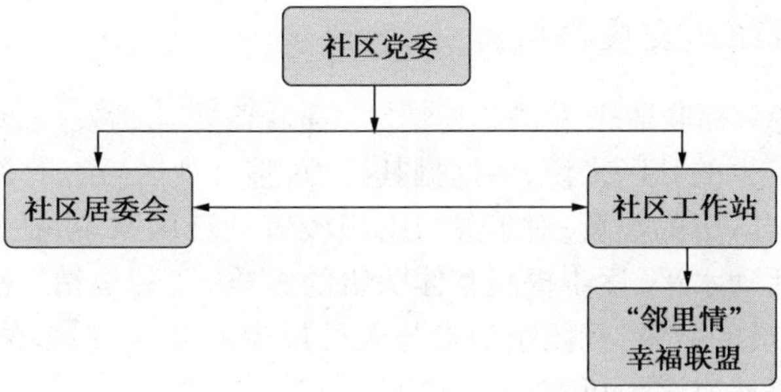

图 3　模式三

4. 在模式四中，社区党委作为社区各组织和各项工作的核心，指导社区居委会与社区工作站工作的开展，而“邻里情”幸福联盟作为一个社会团体的联合体，其职责权限范围属于社区自身事务，而非政府的行政性事务，直接受社区居委会的指导。

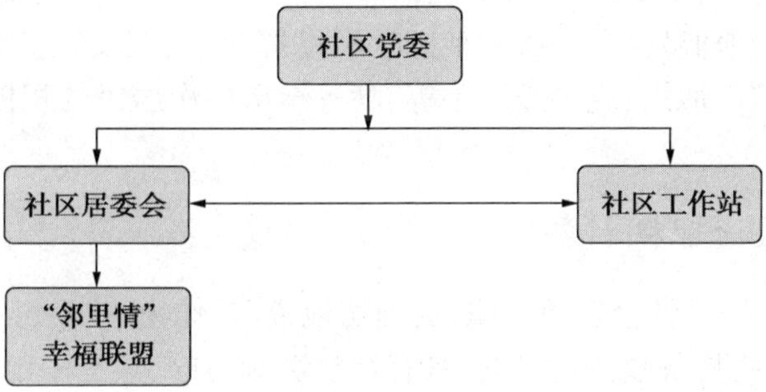

图 4　模式四

可见模式三和模式四很容易造成幸福联盟没有专门分离出来，使得幸福联盟在人员担任、活动范围、职能划分上与居委会、工作站发生了重叠，出现了分工不明确、职责不清晰的状况。

总体而论，文件预设可能有模式二的倾向，可在实际的运作过程中往往出现模式三、模式四的情况，这两种情形在不同的社区皆存在。我们认为，目前的设计应为模式一，把社区党组织作为一个指导核心，不应“凌驾”于其他之上，使社区四个组织真正实现“四位一体，不可分割”。

四、进一步推动“邻里情”幸福联盟发展的思考及建议

“邻里情”幸福联盟作为社区社会群团、各类民间组织和各类志愿者队伍组成的联合体，是社区居民自我管理、自我服务的组织，它的出现与发展，彰显了我国市民社会的成长与发展，体现了我国基层民主自治的发展。它作为社区自治发展的组织模式之一，让我们看到了“社会自治”进而实现“自由人联合体”的曙光。目前，作为沧浪区政府关于推进社区管理体制改革的一项重要举措，它的挂牌成立为社区管理注入了新的力量，在其继续发展过程

中,通过不断探索,以上问题将会不断克服,新的体制与运行机制也将会不断趋于完善。以下仅是对于解决幸福联盟目前运作中存在问题的对策与思考。

(一)幸福联盟组织发展要均衡

1. 对于各个社区幸福联盟来说,“邻里情”幸福联盟要均衡发展,就要扩大参与组织的数量,对于参与组织较少的社区来说,要挖掘其潜力,整合社区原有的资源,从文体队伍的建立入手,逐步扩大参与队伍的数量;对于参与组织较多的社区来说,在扩大参与队伍的基础上,提高服务质量与活动水平,逐步提高整体队伍的素质。“邻里情”幸福联盟要均衡发展,就要扩大参与组织人员的数量,社团组织参与人员最少的 2 人,最多的 342 人,对于参与人数较少的社团组织,仍然有潜力可挖。

2. 对于各个社区幸福联盟主席来说,“邻里情”幸福联盟要均衡发展,就要提高男性参与者的积极性,改变现有的不合理的性别结构;就要吸引中青年的积极参与,为幸福联盟注入新鲜的血液,增强其活力;就要吸引党员来发挥其模范带头作用;就要发动社区居民来民主推选自己的“代言人”。

3. 对于幸福联盟各个组织负责人来说,“邻里情”幸福联盟要均衡发展,就要鼓励男性居民的积极参与,鼓励他们发挥专长,为社区发展发挥余热;就要改变组织负责人的老龄化态势,鼓励中青年人积极加入;就要鼓励中等、高等学历层次居民的积极参与,提高联盟组织的文化素质。

(二)幸福联盟治理机制要健全

1. 幸福联盟作为一个社会自治组织,更确切地说,是作为一个社区自治组织,其盟主应该由盟员民主选举那些具备政治觉悟的、具有社会影响力的、具有一定组织能力的社会上的“能者”来担任。同时,幸福联盟在组织活动中要充分发挥其“电子眼”的功能,慧眼识人才,招募那些积极热心的能者的加入。

2. 幸福联盟作为一个社区自治组织,要有自身的治理结构。目前状态的幸福联盟依附性较强,就需要建立统一的治理结构,建立秩序化的管理层次与模式,实现对社区资源的有效整合,对社区组织的有效指导,对社区居民的科学引导。

(三)幸福联盟自身定位要清晰

1. 社区工作人员对幸福联盟的定位。幸福联盟作为社区社会群团、各类民间组织和各类志愿者队伍组成的联合体,其自身定性问题决定了社区居民对其定位。作为一名社区工作人员,要从服务社区居民的角度出发,从社区民众的整体利益出发,真正引导幸福联盟组织切实为社区居民建立,引导幸福联盟组织切实为社区居民开展。

2. 社区居民对幸福联盟的定位。社区居民对幸福联盟的定位很大程度上受社区工作人员对幸福联盟定位的影响。社区工作人员要通过宣传、教育提高社区居民的自觉意识、民主意识、参与意识、服务意识,变被动接受为主动加入;要引导社区居民认识到:幸福联盟是切实为社区居民服务的组织,是社区居民自我管理、自我服务的组织,要主动地参与幸福联盟,建设幸福联盟、建设和谐联盟、进而建设自己的幸福社区、和谐社区。

（四）幸福联盟组织独立性与自主性要提高

1. 资金问题在幸福联盟创建初期成为制约其发展的一个瓶颈，政府“输血”仅可解决一时之需，如何利用社会现有的资源，是其组织者应该首先考虑的问题。获取辖区共建单位的配合，社会上慈善组织的捐助，以及国内外基金会的支援，都可以作为途径选择。

2. 幸福联盟要自主地开展活动，避免社区硬性规划。在健全自身治理结构的基础上，在幸福联盟主席的引导下，各联盟负责人献计献策，并发挥居民集体的智慧，制订适宜的计划，有计划、有秩序地开展活动，丰富活动内容与形式，并对其活动的开展进行以居民考核为主、社区工作人员考核为辅的考察。

（五）幸福联盟组织活力要增强

1. 鼓励社区居民的积极参与。目前，全区幸福联盟组织的参与率很低，仅为4.1%。这一方面说明了社区居民的参与程度很低，社区居民的参与冷漠；另一方面也说明了幸福联盟参与潜力的巨大，可以发展的空间很大。因此，当前幸福联盟的任务之一就是引导社区居民扩大参与。

2. 不断丰富社区各群团、民间组织的类型。幸福联盟组织在发展初期在各种条件限制下，首先要考虑的是组织与整合现有的社区资源，譬如，把已有的书画社、舞蹈队等文艺团队整合到组织中。在此基础上，发展民间组织，壮大其参与队伍。其次才是鼓励新的组织的建立。随着幸福联盟的不断发展，要不断丰富幸福联盟的各项活动内容，通过内容的丰富性、娱乐性、服务性来吸引社区居民的加入。

3. 积极地招募社区志愿者，组织协调志愿者队伍的活动。目前，幸福联盟中的志愿者队伍在不断壮大，但各志愿者队伍人员相对数量较少，其自主性也不够。要更加积极地招募社区志愿者，进一步扩大志愿者的队伍，提高社区志愿者队伍的自主性和志愿者的素质。

（六）幸福联盟要实施“走出去，引进来”战略

1. 幸福联盟要突破区域性。“邻里情”幸福联盟的活动主体不仅仅是本社区的老年人，而且是本社区的居民，更是本街道、本社区乃至全社区居民的活动；幸福联盟各个组织的活动，不仅仅是本组织成员的活动，而且也是本社区居民的活动，更是本街道、本社区甚至是全社区居民的活动。

2. 幸福联盟要扩大对外联系。幸福联盟组织不仅仅要联盟本社区、本街道、本区的组织，更要联盟其他社区、其他街道、其他区的自治组织，在联盟组织、成员中倡导“你快乐，所以我快乐，大家快乐，才是真正的快乐”这样的健康、快乐的理念。同时，幸福联盟要扩大组织的横向联系，实现资源的共享。

（七）幸福联盟要明确与“1+2+1”的关系

幸福联盟组织作为一个自治组织，它与社区党委、工作站、居委会的关系如何，在很大程度上是彰显幸福联盟自治程度的重要指标。所以，在实际操作中，党委的领导核心作用不容忽视，与工作站、居委会的协同并进在工作中仍然需要积极合作探索。对于四个部门的两种关系模式的选择要依据本社区自身的发展状况，恰当取舍，并使其沿着模式一的方向演变。

(八)政府积极引导幸福联盟向着真实的“幸福”与“自治”的方向发展

1. 政府要加强对联盟组织的政策引导与资金扶持。政府首先制定相关政策,确定其存在与发展的合法性。其次,在幸福联盟发展初期,无论是从人力、物力、财力上都比较匮乏,因而需要政府资金的扶持,来注入生机和活力。同时,幸福联盟组织要正确处理好“造血”与“输血”的关系,防止惰性的产生。

2. 政府要有激励制度。公益活动的参与,一方面需要居民自觉意识的提高,另一方面则需要政府制度的激励,通过制度的激励,让居民参与到幸福联盟队伍中来,变被动参与为积极参与,从而为社区建设贡献自己的力量。

3. 政府要加强对联盟组织的监督和评估。监督是为了克服组织的惰性,管理是为了提高组织的效益,评估是为了提高组织的活力。监督管理体现在资金运作上,确保“费随事转”的原则,保障经费落到实处。政府评估主要体现在健全“邻里情”幸福联盟评估机制,一方面要确保评估主体的多元化,将政府评估、居民评议、社区评价三者有机结合起来,形成以居民评议为主、三方主体互动的社区工作考评体系;另一方面确保评估内容、方法的可行化、日常化、全面化、科学化,将日常工作绩效评定与年终综合考评相结合,将群众测评、实地考察与听取报告、查阅台账相结合,切实保障评估体系的客观性与科学性。

对中国特色社会主义社会管理问题的新认识*

——再论政府社会管理中的政府、社会、公民三者关系

笔者2004年曾在《湖北行政学院学报》上发表《论政府社会管理中的政府、社会、公民三者关系》一文，相对于本文，它可称之为"一论"。该文在国内虽然不是最早也算是较早论述社会管理，特别是政府社会管理的文章。自此，笔者对社会管理问题的拷问一直挥之不去。自拙文"一论"发表8年以来，无论是政界还是学界都非常关注社会管理问题的理论与实践，出台了许多相关文件，出版和发表了海量的调查、研究成果。概其要旨，这些相关文件与成果，都十分关注和重视社会问题、矛盾、风险或危机的解决、化解与应对，都十分强调政府应该加强、创新和完善对社会的管理，为我们进一步面对、思考、研究、应对和解决社会问题提供了丰富的文献与现实的基础。本文以社会管理的一般为逻辑起点，对中国特色社会主义初级阶段社会管理的概念、社会形态及其所处的社会历史方位、社会管理主客体的相互关系三个问题进行再认识。笔者认为，社会管理不仅是对狭义社会的管理，而且是对整个社会的经济、政治、文化和社会的管理；认为"社会管理"可分为社会管理、管理社会、社会管理社会、管理社会管理这样几个概念；认为要从时间与空间、实体与虚拟的维度对我国社会主义初级阶段社会管理中的"社会"进行再认识，认为"后新民主主义社会"是中国特色社会主义初级阶段的另一种表达法，我国的社会管理应当从这个最大的国情、最大的实际出发；在社会管理的主客体及其相互关系问题上，针对"传统"的政府、国家、执政党的"独家管理"，针对现实社会中比较流行的社会自我管理、社会自治以及根据治理理念所主张的政府、国家、执政党与社会的"共同管理"、"合作管理"，笔者初步提出并论证了社会与政府、国家、执政党"相互管理"的理论观点，特别是社会对政府、国家、执政党的管理（如监督、制约等），这是中国特色社会主义初级阶段社会管理的题中应有之义，是中国特色社会主义民主政治建设和发展的必然要求。管理者（机构、组织和人员）必须首先接受管理，没有超然于被管理之外不受管理的管理者。笔者认为，对社会管理的概念、社会性质以及主客体相互关系进行再认识，也是对加强、创新和完善社会管理的一种理论尝试，对全面推进我国的社会建设，构建中国特色社会主义初级阶段的和谐社会，有其理论意义和学术价值。

---

* 原载《湖北行政学院学报》2012年第2期。

一、关于"社会管理"概念的相关解析

管理同人及社会与生俱来,并同人类社会共始终。换言之,社会管理是人类社会十分重要的管理活动,成为人类社会的永恒课题。人类要生存,社会要发展,就要形成和保持良好的社会秩序,就必须有一定形式的社会管理。然而,不同的社会、不同的国家、不同社会和国家的不同发展阶段有着不同的社会管理。尤其是在今天全球化背景下的现代社会中,社会管理的地位与作用日益重要。然而,正如 2011 年 10 月 24 日在北京召开的"2011 中欧社会管理论坛"上,哈里·李斯特(中欧公共管理项目一期项目组长)在"社会治理与公共管理者的作用"发言中所说的那样,"社会管理"在各个国家有不同的表述,比如说在欧盟,很少用"管理",而一般用其他的词,比如"良政"。他自己就不用"社会管理",而用"社会治理"、"公共管理"、"公共服务"等。国内也有学者认为,当今我们所探讨的"社会管理"是一个颇具中国特色的概念,它是基于当今中国正处于社会问题、社会矛盾和社会风险凸显期、高发期的特定背景相关联的。由此可以推见,目前我国政界、学界和社会生活中日益成为热门话题的"社会管理"问题,既是一个理论问题更是一个棘手的现实实际问题。社会管理概念的提出和广为使用是出于政治需要,带有某种程度的"被动性"和"应景性"。基于这种认知,在实践中就有可能不同程度地将社会管理理解为政府单向度的对社会实施行政管制、政治控制。这里就关涉到对社会管理原初含义的理解或界定。

在政界,我国注重社会管理问题是进入新世纪以来的事。早在 2003 年党的十六届三中全会上,就将政府的职能定位为经济管理、市场监管、社会管理、公共服务这四个方面。这里明确不过地表明社会管理是政府职能之一。由"社会管理"变成"政府社会管理",实际上就是"政府管理社会"。其中,政府是主体,社会是客体、是对象,管理是政府与社会的中介、桥梁和纽带。

2004 年,党的十六届四中全会提出"建立党委领导、政府负责、社会协同、公众参与的社会管理格局"。其进步性的表现之一在于,对社会管理主体的认知从"一元"的政府到"多元"的党委、政府、社会、公众。他们在社会管理中处于不同的地位,发挥不同的作用。

2005 年 2 月,胡锦涛总书记在中央政治局集体学习会议上指出,要深入研究社会管理规律,更新社会管理观念,推进社会建设和管理的改革创新,尽快形成适应我国社会发展要求和人民群众愿望、更加有效的社会管理体制。这就高屋建瓴地强调要研究社会管理规律,更新观念,改革创新,建构社会管理体制问题。温家宝总理在十届人大三次会议的政府工作报告中指出,政府社会管理职能"主要包括政府承担的管理和规范社会组织、协调社会矛盾、保证社会公正、维护社会秩序和稳定、保障人民群众生命财产安全等方面的职能"。他在报告中再次强调了社会管理中的政府的主体性。

2006 年,党的十六届六中全会所作的《决定》指出,加强社会管理,维护社会稳定,是构建社会主义和谐社会的必然要求。必须创新社会管理体制,整合社会管理资源,提高社会管理水平,健全党委领导、政府负责、社会协同、公众参与的社会管理格局,在服务中实施管理,在管理中体现服务。这在社会管理问题上认知的进步性显而易见。

2011 年,胡锦涛总书记在省部级主要领导干部社会管理及其创新专题研讨班开班式上的讲话中特别强调"三个最大",即最大限度激发社会活力、最大限度增强和谐因素、最大限

度减少不和谐因素,以解决影响社会和谐稳定突出问题为突破口,提高社会管理科学化水平。至此,中央领导及相关文献对于社会管理的主体、对象、内容、目标的认知已很清晰。现在的问题就是要全面准确地理解和坚决地贯彻执行。

在学界,对社会管理理论与实践的研究已有海量的成果,但对社会管理的定义还未形成统一的认识。陆文荣先生在其《社会管理:作为实践和概念》一文中对学界研究社会管理的定义作了梳理,列举了具有代表性的四种观点。从所引文献的时间序列看,最早研究社会管理并对其界定的是王康主编的《社会学词典》(1988),认为社会管理是对社会生活的运转机制进行规划、指导、组织、调节、控制的总称。其中心是协调经济发展与整个社会发展的关系。后来,李程伟在《社会管理体制创新:公共管理学视角的解读》(2005)一文中提出,社会管理分为广义和狭义:广义的社会管理是对于整个社会的管理,即包括对政治、经济、思想文化、社会生活子系统在内的整个社会大系统的管理;狭义的社会管理侧重于对与政治、经济、思想文化各个子系统并列的社会子系统的管理。其后,郑杭生主编《中国社会发展研究报告2006——走向更讲治理的社会:社会建设与社会管理》(2006)一书,认为社会管理主要是政府和社会组织为促进社会系统协调运转,对社会系统的组成部分、社会生活的不同领域以及社会发展的各个环节进行组织、协调、服务、监督和控制的过程。再其后,丁元竹在《中国社会管理的理论建构》(2008)一文中指出,社会管理是指在一定的共同价值基础上,人们处理社会事务和提供社会公共服务的过程。其目的是实现社会公平、公正以及社会效率,其对象是社会事业、社会事务和社会价值,其主体是社会组织和政府,他们通过综合决策建立社会管理模式。在此基础上,陆文荣自己给出的定义是:社会管理是政府、市场和社会组织为了满足人类的各种需求,维持社会秩序,促进社会进步而通力合作对社会生活系统的组成部分进行组织和协调的过程,它以秩序、公平、效率、服务为基本价值取向,在不同的发展阶段表现出不同的主导价值。①

客观地说,包括作者在内的以上五种关于社会管理的定义各有千秋,他们没有也不可能穷尽对社会管理的界定。这些界定主要有两点值得商榷:其一,这些界定中恒定的管理主体少不了政府,似乎政府是没有、或不受任何管理和制约的;其二,这些界定大多从社会学角度认定的,存在一些学科的缺位现象。其实,社会管理问题是多学科聚焦的,包括自然科学、社会科学、生命科学,如哲学、法学、社会学、经济学、政治学、管理学、公共管理学、人学、心理学等。无论哪个学科给出社会管理的定义,其体现的原则都应当是一致的,即社会管理都应当以社会为本,进而以人为本,因为社会的逻辑起点是人的生命存在。笔者认为,作为理论,社会管理不应当是某一学科的"独唱",而应当是多学科的"合唱";作为实践,社会管理不应当出手"单拳",而应当出手"组合拳"。

需要说明的是,本文关于"'社会管理'概念的相关解析",不是"'社会管理'的相关概念解析",即不是指对诸如社会理论、社会实践、社会政策、社会运动、社会制度、社会理想、社会和谐、社会结构、社会过程、社会建设、社会改革、社会发展、社会文明、社会治理、社会服务、社会价值、社会纪律、社会权利、社会组织等相关概念的解析,而是主要侧重于对"社会管理"概念进行字面解读、辨析,揭示其新生成概念的转换性含义。"社会管理"概念可转换为"管理社会"、"社会管理社会"、"管理社会管理"等。如此看起来近乎是在玩"社会管理"

---

① 陆文革.社会管理:作为实践和概念[J].社会科学管理与评论,2001(2).

概念或字面游戏、玩社会管理的“概念魔法”。其实不然。笔者认为,如果玩好社会管理这一“概念魔方”,有利于加强或强化社会管理,有利于创新社会管理,也有利于完善社会管理。具体内容可见下文解析。

二、关于对社会管理中“社会”的再认识

提及社会管理,人们往往直奔社会现实问题如何管理的主题,似乎“社会”已是地球人都知道而无需再费口舌或笔墨了,其实不然。一定社会之所以存在堆积如山的问题以及如何对解决这些问题进行有效管理,都与人们对他们自己赖以存在的那个社会的认知及其程度有着密切的关联度。

一般说来,社会是同人与生俱来的,都是自然界的产物。社会是相对于自然的一种实存现象,是人们生产、消费、生活过程结成的有机共同体。凡社会问题除了自然因素以外都是人为因素造成的,也都需要人、需要管理去解决。由此,社会是管理的载体,是管理的前提与基础,管理是为着社会的存在和可持续发展。一切事物的存在都是时间与空间的统一。社会也是一种时间与空间统一的有机体。从时间维度考量,马克思主义认为,人类社会可分为原始社会、奴隶社会、封建社会、资本主义社会、社会主义社会和未来的共产主义社会;或蒙昧社会、野蛮社会、文明社会;或远古社会、古代社会、近代社会、现代社会、当代社会,或渔猎社会、农业社会、工业社会、知识社会、信息社会,或历史社会、现实社会、未来社会,等等。从空间维度考量,社会可分为“实体社会”和“虚拟社会”:实体社会可分为东方社会、西方社会,整体社会、全球社会、国际社会,局部社会、地区社会、区域(如我国的东、西、南、北、中)社会,领域(经济、政治、文化)社会,层级社会、基层社会,城市社会、乡村社会以及君主社会、臣民社会、市民社会、公民社会、民主社会、民生社会,生产型社会、消费型社会、生活型社会①,小康社会、大同社会,过渡社会、转型社会、和谐社会,等等;虚拟社会,亦即网络社会。正如国务院秘书长、国务委员马凯在“2011 年中欧社会管理论坛”上致辞所指出的:随着科技进步,特别是信息技术的快速发展和广泛运用,一个对现实世界发生重大影响的虚拟社会已经形成。虚拟社会极大地推进了全球一体化,促进了人类社会的发展和进步,同时也带来了许多新的社会管理问题。这就需要我们将现实社会和虚拟社会作为一个整体来把握,把对现实世界管理与对虚拟社会管理结合起来。②

本文主张对社会管理中“社会”的再认识主要是指要对当今中国的社会再认识。只有完整准确地认识当今中国社会,才能有加强、创新和完善的中国特色社会主义的社会管理。那么,中国的社会怎样呢?经过多年的思考和研究,笔者认为,可以从时空两个维度对当下中国社会进行再认识。

首先,从时间维度对当今中国的社会形态及所处的社会历史方位进行再认识。对此,目前具有相对定论性的观点是:我国是社会主义国家,中国的社会是社会主义社会,不过还处在初级阶段。在此前提下,根据马克思主义关于社会形态问题的理论论证,我们可以从研究问题的不同需要出发,运用不同的标准来划分社会发展的类型及其阶段,大体有四种:其一,

---

① 王雅林.“生活型社会”的构建[J].哈尔滨工业大学学报(社会科学版),2012(1).

② 马凯.在“2011 中欧社会管理论坛”上的致词[J].行政管理改革,2012(1).

以生产关系划分的社会经济形态，即“五种社会形态”；其二，以人的生存状态划分的社会形态，即“三大社会形态”；其三，以劳动交换方式划分的社会形态，即自然经济社会、商品（市场）经济社会、产品经济社会；其四，以技术发展尺度划分社会形态，即渔猎社会、农业社会、工业社会、信息社会。经过分析论证，我认为这四种社会形态划分的各种因子或元素都不同程度地集存于当今中国社会一体之中。可以说当今中国的社会是一个名副其实的“多质态”共存的社会，不可能属于任何一种纯粹的社会形态。其中，任何一种社会质态都不可能各自形成一种独立的社会形态，“过渡性社会”或“过渡型社会”更符合当下中国的社会实际。必须特别指出的是，第一，“过渡型社会”在本质上有别于当下盛行的“转型社会”或“社会转型”。因为“转型说”有可能模糊人们的视线，不利于人们清晰地认识与回答当今中国社会究竟从哪向哪转变，亦即当今中国究竟向何处去的问题，有某种开倒车走回头路之嫌。而“过渡说”则有明确的方向或价值指向，强调多质态社会中的社会主义的主体性、主导性，即以主体社会主义为主导，坚持社会主义定向性发展，坚持以社会主义价值为中国社会多种价值的核心。当今中国社会可谓“万物共生”而不唯“姓社”，但“万物归心”旨在“姓社”。第二，多质态的社会决定着多质态的社会管理。当今中国多质态的社会提醒人们要理性地处理好各种主义的关系，主要是社会主义同国内外的封建主义、资本主义的关系，处理好社会主义初级阶段与新民主主义社会的关系。从社会价值取向上看，各种主义之间的关系所呈现的不是简单的“断裂”而是“撕裂”这样一种历史画面。为此，笔者曾向政界和学界奉献“后新民主主义社会”这一创新性的理论命题。认为“后新民主主义社会”是中国特色社会主义初级阶段的另一种表达法，是对新民主主义社会的历史性“穿越”（不同于“超越”）与重构。①

其次，从空间维度对当今中国的现实社会领域进行再认识。基于时间维度的再认识，中国社会还是“不够格”的社会主义，其社会主义的性质、价值应成为中国社会多重价值构成体系的核心地位，成为现实中国社会定性和未来中国社会发展的前景。这种时间维度的中国社会不能不决定、制约着空间维度的中国社会。根据中共十五大精神以及后来关于社会建设的理论与实践，中国现实社会包括中国特色社会主义经济、政治、文化、社会四大领域。必须指出的是，如果只说“中国社会经济”、“中国社会政治”“中国社会文化”或说“中国经济社会”、“中国政治社会”、“中国文化社会”及狭义的“中国社会社会”，表明这些领域的特质不一定是社会主义的，而说“中国特色社会主义经济”、“中国特色社会主义政治”、“中国特色社会主义文化”、“中国特色社会主义社会”则表明这些领域的特质是社会主义的或坚持以社会主义为定向的。

以上是我们从时空维度对中国社会管理中的“社会”的再认识。这是统一不可分割的两个方面，时间维度的中国社会主要侧重在“定性”的制度方面，空间维度的中国社会主要侧重在“定量”体制或机制方面。我们所论及的“社会管理”，是“中国特色社会主义社会管理”，主要包括：中国特色社会主义社会经济管理、中国特色社会主义社会政治管理、中国特色社会主义社会文化管理和中国特色社会主义社会社会管理的“整体社会管理”或“总体社

---

① 我对“主体社会主义”、“主导性社会主义”、“社会主义定向发展”、“后新民主主义社会”等问题的思考和研究，可参见《中国社会主义特色纵横谈》（1996）；《江苏社会科学》2002（2）；《江苏科技大学学报》2008（1）；《阅江学刊》2011（6）.

会管理”,它不单指某“领域社会管理”或某“子系统社会管理”。它既不同于“中国社会管理”,严格说来也不同于“中国特色社会管理”,这关乎社会管理的性质,又不仅限于狭义的中国特色社会主义“社会管理”,而关乎社会管理的领域。

由此可见,社会管理中的社会是一个时空交错的纷繁复杂的有机体,基于社会的管理也是一个纷繁复杂的系统工程,有什么样的社会就会有什么样的社会管理,没有社会就没有管理,同样,没有管理也就没有社会,但不能就管理论管理、抓管理,必须统筹规划设计。虽然无论是社会还是管理都有其共性,但是,具体操作层面的社会管理还必须从个性出发,如果操作层面的社会管理是一样的或趋同、雷同的,那么简言之或极而言之,总体说来它们的社会性质就有可能没有本质的区别。既然如此,当今中国就不能简单搬用西方式的社会管理,就如西方不可能搬用中国式的社会管理一样,这是基于不同社会性质或社会价值导向的缘故,它们所体现的是共同但有区别的原则。如果能够搬用同样的社会管理,那么社会管理性质的区别就会另当别论。

三、关于社会管理的主客体及相互关系

社会为本,社会至上,管理是围绕着社会进行的。笔者认同这样的见解。从本体论角度看,社会是以生活为本体的;而从认识论角度看,社会是由以人的社会生活为内核、内容和它的存在形式(关系、结构、制度等)两大部分构成的,即社会概念的基本结构是由社会内容与社会形式两部分构成的。马克思历史唯物主义社会理论的贡献在于“发现生活”,指出人类社会就是现实生活的生产与再生产过程,只是在不同的时代人类的生活采取了不同的社会形态、社会方式和社会模式。① 相对于社会生活或生活社会而言,社会形态、社会方式、社会模式等等都属于社会管理范畴。社会管理的主客体涉及谁管谁、管什么、怎么管等问题。

关于社会管理的主、客体,在政界和学界或明或暗的观点、主张、见解主要有三种:一种可谓政府(国家、执政党)“独家管理”;另一种可谓政府(国家、执政党)与社会“共同管理”或“合作管理”、“共同治理”;第三种可谓“社会自理”或“社会自治”。这些观点都是值得商榷的。在此基础上,笔者所主张的是政府(国家、执政党)与社会的“相互管理”或“互管”、“互治”。

首先看“独家管理”。这种社会管理可以说是至今的传统,已成为一种思维定势、一种行为习惯。通常人们认为,“社会管理”就是国家管理社会,执政党管理社会,政府管理社会,社会的一切统属它们的管理。它们通常以“唯一主体”自居,视社会为客体和对象,常常通过自上而下的单向控制、统制的途径、方法和手段管理社会。其实,这里的国家、执政党、政府是“一家”的(从这个意义上说,关于“社会管理格局”中的党委领导、政府负责,本质上也是一家的),它们的管理本质上就是独家管理,由此滋生低效率及种种寻租现象。作为主体之一的国家、执政党、政府,通过管理作用于社会的“管理社会”已经不是原来意义上的社会管理,它们之间的“组合拳”也不是严格意义上的管理“主体际”的多元。关于这种思维、认知和行为方式在当今我国社会管理中还有相当程度的合法、合理、合情性。例如,上文提及的马凯同志在致辞中指出,“社会管理就是通过规范社会行为、协调社会关系、促进社会

① 王雅林.“生活型社会”的构建[J].哈尔滨工业大学学报(社会科学版),2012(1).

认同、解决社会问题、化解社会矛盾、维护社会安全、应对社会风险、为人类社会的生存和发展创造基础运行条件和良好社会环境"①。很显然,这个定义似乎无主体,但隐含其中的国家、执政党和政府的主体性作用是不言而喻的,也是其他任何主体所不能替代的。随着社会的发展,国家或执政党或政府作为唯一社会管理主体或独家管理的局面正越来越成为过去时。

其次看"共同管理"、"合作管理"、"共同治理"。相比"独家管理"而言,"共同管理"等已经开始从社会管理的"一元"主体向社会管理的"多元"主体发展,这是一种历史的进步。在人类社会发展过程中,共同管理的思想源远流长,特别是近现代以来,尤其是旨在坚持走社会主义道路的国家,更应该彰显共同管理的思想。如 20 世纪初,泰罗提出科学管理思想中主张的工人与雇主之间的"精神革命";又如 20 世纪 60 年代,毛泽东把干部参加劳动,工人参加管理,改革不合理的规章制度,工人群众、领导干部和技术员结合的"两参一改三结合"的管理制度称之为"鞍钢宪法",甚至与苏联的"马钢宪法"相对立;再如,20 世纪 90 年代,联合国全球治理委员会在 1995 年发布的《我们的全球伙伴关系》研究报告中,明确将治理界定为:治理是各种公的或私的个人和机构管理其共同事务的诸多方式的总和。社会管理的本质就是治理。共同管理或治理的基本特征主要是主体的多元性、客体或对象的共同性、活动的过程性及其协调性。共同管理特别强调的是政府(包括国家、执政党)和社会(社会组织、社会团体、公众)对社会公共事务的合作管理。北京市工会主席梁伟在"2011 中欧社会管理论坛"上的主题发言对社会管理所作的定义表达的就是这种理念,即"现代社会管理既是政府向社会提供公共服务、并依法对有关社会事务进行规范和调节的过程,也是社会自我服务并依据法律和道德进行自我规范和调节的过程"②。这种表述突出社会管理的现代性,强调政府服务社会、规范社会,强调社会的自我服务和自我规范。其美中不足之处主要在于:往往不是缺乏政府自我系统的优质服务而是缺乏正常有效的政府自我规范或自我约束;往往不是政府规范社会不可或缺而是有意或无意地忽视社会对政府所持有的有效规范。这些不足之处正是社会管理过程中需要加强、需要创新、需要完善的。

再次看"社会自理"或"社会自治"。主张这种观点的人往往坚持社会本位,主张自由主义的"小政府大社会",认为社会是社会的社会而非国家、政党、政府的社会,社会早于国家、政党、政府,国家、政党、政府源于社会,应该服务于社会。持这种观点本无需论辩。从社会统制走向社会管理、社会服务,再走向社会自理、社会自治是社会发展的自然历史过程和必然趋势。但是,在特定的情境下,不以时间、地点和条件为转移,一味强调社会的自理和自治,往往是对不可或缺的"独家管理"的一种"反动",也有某种"无政府主义"之嫌。在中国特色社会主义初级阶段的整个历史进程中,社会管理都应当防范这两种极端倾向,如果及时有效地改革"独家管理",这两种倾向就会有所改观,就有可能逐步淡出社会存在。

最后看"相互管理"。10 年前,笔者曾提出"从治民到官民互治"即从"依法治官吏到依法官吏治"。③ 8 年前,笔者又在《论政府社会管理中的政府、社会、公民三者关系》一文中,基于政府与社会的关系以及政府管理社会的不可或缺性,初步提出和论述了管理的相互性,

---

① 马凯. 在"2011 中欧社会管理论坛"上的致词[J]. 行政管理改革,2012(1).

② 马凯. 在"2011 中欧社会管理论坛"上的致词[J]. 行政管理改革,2012(1).

③ 乔耀章. 从治民到官民互治——行政现代化的历程分析[J]. 北京行政学院学报,2002(2).

社会管理主客体的二重性特质,政府管理社会与社会管理政府问题①。在此基础上,本文对社会管理主客体及其相互关系进行再认识。其一,“社会管理”中的“社会”是指实体社会,可指整体社会、层级社会、区域社会、领域社会,是管理的主体。这个主体主要是社会组织、社会团体、社会公众。那么,社会主体管理的主要客体、对象是什么?从社会与政府(国家、政党)“唯物”的视角来看,社会管理的主要客体、对象合乎逻辑的是政府、国家、政党,它们产生于社会,它们要管理社会首先要接受社会的管理。社会管理政府、国家、政党符合我国宪法第二条第三款的法理精神。这或许是社会主义政治民主的最高境界。其二,“管理社会”中的“社会”则是客体、对象,管理社会的主要主体是谁?由谁来管理社会?从政府(国家、政党)与社会“辩证”的视角来看,管理社会的主要主体是源于社会自身的产生物,即政府、国家、执政党,它们要对整体、总体社会的经济、政治、文化、社会生活进行全领域、全过程、全方位的管理,一个社会领域、一个社会组织、一个社会团体、一个公民都不能少。从这个意义上看,与其说是“政府社会管理”倒不如说是“政府管理社会”更为确切。其三,“社会管理社会”。这里的“管理”是词干,“社会”成为管理的前缀与后缀,它既是管理的主体又是管理的客体。社会管理社会的理想状态表现为社会的“五自”,即自觉、自主、自管、自理、自治。它所呈现的是一种社会管理社会化的发展态势,当然还是一种未来情景。社会管理社会化是否可能及其程度,不仅取决于社会自身的“五自”及其程度,同时还要取决于政府、国家、政党的自觉性及其程度。② 政府、国家、政党不但要自觉地接受社会的管理,不但要自觉地管理好自身,还要在此基础上自觉地管理好社会,所以政府、国家、政党要自觉培育、引导社会管理政府、国家、政党,自觉培育、引导社会管理社会。其四,“管理社会管理”。这里的“社会”成为词干,管理成为社会的前缀与后缀。管理作为“社会管理”的前缀修饰、限定社会管理,揭示管理社会管理的主体是政府、国家、政党,社会及其社会管理是政府、国家、政党管理的客体。这样从社会管理→社会管理社会→管理社会管理,形成一个有机的闭合体,实现社会管理主体和客体的相互转变,实现政府和社会“相互管理”的理想境界。这种“相互管理”不同于“独家管理”、“共同管理”、“社会自我管理”,同时也是在秉承社会管理自然历史过程中对“独家管理”、“共同管理”和“管理社会管理”的穿越。相对说来,“独家管理”渐趋成为过去时,“共同管理”逐步成为现在进行时,“相互管理”以及“社会自理”必将成为将来时。

马克思、恩格斯在《共产党宣言》中指出:“过去的一切运动都是少数人的或者为少数人谋利益的运动。无产阶级的运动是绝大多数人的、为绝大多数人谋利益的独立的运动。”③在社会管理的主客体问题上我们是否可以认为,过去一直都是少数人对多数人的管理和治理,即政府或国家或政党,或政府、国家、政党的“联合体”、“统一体”对社会管理或管理社会,即便是在中国特色社会主义初级阶段相当长的历史阶段也不会有根本改观。而现代社会管理,尤其是中国特色社会主义初级阶段社会管理变革发展的态势却是:其一,是多数人对少数人的管理和治理,即“社会管理”政府(国家、政党);其二,是多数人对自己或多数人对多数人的管理和治理,即“社会管理社会”;其三,是非传统的或新型、新式的少数人对多

① 乔耀章.论政府社会管理中的政府、社会、公民三者关系[J].湖北行政学院学报,2004(5).

② 乔耀章,芮国强.政府创新与政府自觉[J].学术界,2002(4);新华文摘,2003(2)全文转载.

③ 马克思,恩格斯.马克思恩格斯选集:第1卷[M].北京:人民出版社,1995.83.

数人的管理和治理，即政府、国家、政党“管理社会”；其四，是非传统的或新型、新式的少数人管理多数人和多数人管理少数人以及多数人对多数人的管理和治理，即政府、国家、政党“管理社会管理”，其基本职责是为社会供给公共制度、体制、机制，满足社会成员的物质和精神需求，营造公平、正义、和谐的社会人际关系，在取得社会公众认同与协助下，协调各种社会群体的利益关系、权利与机会平等关系、社会物质与精神资源的公平占有与分配关系，并为此制定相应的法制等。所有这些方面构成复杂的系统工程，各子系统之间有着很大甚至非根本性质的不同管理和治理方式、模式和范式。然而，人类社会管理已经为少数人（政府、国家、政党）的或者为少数人（政府、国家、政党）谋利益的管理社会积累了丰富的经验与教训，已经形成成熟的管理范式，而对多数人（社会大众）的或者为多数人（社会大众）谋利益的社会管理还缺乏比较完善的范式，还在不断的探索之中。

还应当指出，社会管理并不是目的本身。进入21世纪以来，党中央、国务院先后推出社会和谐、社会建设、社会管理三个方面的理论与实践课题。其中，社会和谐是目的，社会建设是途径，社会管理是社会建设的派生任务。目前，我国的社会管理已经进入新的历史阶段，我国的社会管理既富有成效，又面临新的挑战与机遇，不断加强社会管理，不断创新社会管理，不断完善社会管理就成为社会管理理论和实践的常青问题。甚至可以如是说，本文对社会管理“概念”的辨析，对社会管理中“社会”的再认识，对社会管理“主客体”关系的探究，就是为推进社会管理的加强、创新和完善所作的理论尝试。

多质态社会管理中的共同性与差异性*

从人与社会的产生、存在、发展的全过程来审视人与社会的关系,有着极其高密度的互联性。如果没有社会的人或没有人的社会同样是不可想象的。但是,也正如著名管理学家德鲁克所说的,没有人可能脱离社会而生存,然而有人的地方却未必有社会。他以笔下的沉船与恐慌为世人展示了一幅因无秩序而导致"社会崩溃"的图景。可见,社会是需要管理的,没有管理就没有社会。然而,认知社会确是社会管理或管理社会的前提与基础。大体说来,有什么样的社会就可能有什么样的管理。我以为,当今中国的社会管理诸多问题中居首的问题是要对我国多质态的社会进行认识、再认识,然后才能在其基础上,遵循"共同但有区别"的原则(转引自《联合国气候变化框架公约》)进行有效的管理或治理,才能做到事半功倍,进而在常态有序的范围内把每个人的价值理念凝聚到社会价值观念上来,真正过好作为人的事实(而并非只是价值)层面的生活。社会管理说到底是对人的管理,人是异化于社会管理的。社会管理社会化必将是社会管理的发展趋势和未来情景。

一、何谓多质态社会

所谓"质态",一般是指事物的性质、本质、特质的状态或表现形态。"多质态"一般不同于"等质态"、"同质态",即指事物包含着多性质、多本质、多特质的状态或表现形态。所谓"多质态社会"或"社会多质态",是指某一个特定社会由多种性质、多种本质、多种特质和状态构成的极其复杂的社会有机体。按照马克思、恩格斯的观点,社会是人们相互作用的产物。在一定生产力基础上由生产关系的总和构成所谓的社会关系,构成所谓社会,构成在一定历史阶段上的社会。社会不是一个固定的结晶体,而是一个能够变化、而且不断在变化的有机体,社会变化进程及其方向取决于社会生产方式的矛盾运动。多质态社会或社会多质态,归根结蒂是由具体人的本质的差异性和具体人居的自然、地理及其历史的差异性决定的。"多质态社会"或"社会多质态"的另一种表达法是"异质态社会"、"异质性社会",关涉到特定社会形态的"社会纯净度"问题。根据马克思、恩格斯关于社会形态基本思想和理论,我以为所谓多质态社会或社会多质态问题可体现在以下三个层面上:

其一,整个人类社会的多质态性。马克思对人类社会形态及其更替规律的发现,终于揭开了人类历史之谜,实现了人类历史观的伟大变革。然而,马克思社会形态理论的核心内容包括一个问题的两个方面,这就是:既强调各个民族的社会形态从低级向高级发展的规律是

---

* 原载《甘肃社会科学》2012 年第 4 期。

共同的，又强调各个民族的具体发展道路和模式是千差万别的。其中，前者，强调五种社会形态是一种总的历史趋势、总的历史规律或人类普遍性规律。这可视为一种“共同性的多质态”；后者，强调各个民族具体发展道路不是单一的、直线的和绝对的，在特定的时空条件下，不乏超常规的历史跨越，也不免有历史性的倒退或退却。这可视为一种“差异性的多质态”。这就要求人们在对待人类社会的多质态问题上，学会处理好客观规律性与历史选择性、普遍性与特殊性、渐进性与跳跃性、统一性与多样性的辩证统一关系。①

其二，西方社会和东方社会的多质态性。如果说整个人类社会多质态性具有抽象性，那么，西方社会的多质态性和东方社会的多质态性则具有具象性。一方面，前者的多质态寓于后者的多质态之中，有其共同性和差异性；另一方面，后者的多质态则是前者多质态的具体体现，只是西方社会的多质态与东方社会的多质态也有其共同性和差异性。我国主流的学术、理论研究，注意到了马克思的社会形态理论并不只局限于西方社会，也涵盖东方社会在内；注意到了在马克思看来西方社会的“马尔克制度”与东方社会的“亚细亚所有制”在本质上的相通性，并在此后发展进程中表现出的差异性；注意到了马克思对西欧资本主义起源的历史概述对于东方社会来说并不具有一般发展道路的历史哲学理论的意义，等等。但是，这些研究一般未从多质态社会的视角切入，而且往往出现两极化思维倾向，即要么过多强调西方社会，比较忽略东方社会，反之亦然；要么过多强调东、西方社会的共同性，比较忽略东、西方社会的差异性，反之亦然。概言之，这种两极化思维倾向都是在西方的资本主义发展道路和东方的非资本主义亦即社会主义发展道路问题上非此即彼，其实，真实的西方社会不完全是资本主义，真实的东方社会也不完全是非资本主义或社会主义。这就把极其复杂的问题简单化了，因而是值得商榷的。②

其三，我国现实社会的多质态性。在人类社会多质态的视阈中，无论是与西方社会的多质态相比还是与东方其他社会的多质态相比，中国社会更具有鲜明的多质态性特质。如果从历时态和共时态同时考究我国的社会，就会发现我国社会呈现着由过去的遗迹、现实的基础和未来的萌芽三种社会质态共存或并存的局面，仿佛人类社会的五种社会形态（原始社会、奴隶社会、封建社会、资本主义社会、社会主义社会、未来共产主义社会）的各种质态要素都聚集在我国的现实社会之中，尤其是社会主义质态和资本主义质态共生并存。我曾经将此景比喻为犹如“活的人类历史博物馆”或“大熔炉”，因此，“社会纯净度”较低。其中，作为现实基础的社会质态是至关重要的，它既是社会历史质态发展的结果，又是未来社会质态发展的母体。一种社会形态或性质之所以是“这种”社会形态或性质，而不是“那种”社会形态或性质，主要是由它的作为现实基础的社会质态决定的。本文所论及的多质态社会，主要是指作为我国社会现实基础的多质态性，因为它决定和制约着我国目前社会质态的性质和未来社会质态发展的路径和方向。我经过多年的思考和研究，初步提出和论证了“后新民主主义社会”问题，认为它是“中国特色社会主义初级阶段的另一种表达法”③，认为需要在相当长的历史时期内，在经济、政治、文化、社会等各个领域继续完成新民主主义社会应该完成而没有完成的历史任务。在我国，理想的合格的社会主义还是尚未实现的未来情景，实

---

①② 这方面具有代表性的相关讨论可见王伟光，靳辉明，洪光东，庞卓恒，李潇潇. 社会形态理论与历史价值观笔谈及会议综述[J]. 中国社会科学，2011(1).

③ 乔耀章. 中国社会主义特色纵横谈[M]. 苏州：苏州大学出版社，1996；江苏科技大学学报，2008(1).

现的还不是理想的合格的社会主义,所以我们要坚持社会主义,改革社会主义,建设社会主义,发展社会主义,完善社会主义。如果这方面的认知能够成立,那将既有利于我们防范对马克思主义关于社会形态理论的教条主义倾向,又有利于我们防范非"资"即"社"或非"社"即"资"的两极思维倾向,在整个中国特色社会主义改革、开放、建设的历史进程中,既防止"左"又警惕右,还真实中国社会多质态共时态并存之本来面目。

由此可见,当今中国是建立在多质态的社会现实基础之上的。无论是没有社会主义特质的中国还是没有资本主义特质的中国,都不是现实的真实的中国。现实的中国向何处去,最为关键的问题是是否始终坚持以社会主义核心价值为导向,这是至关重要并决定一切的。我国的社会管理应从多质态社会这个最基本的"社情"出发。

二、社会管理中的共同性

一般说来,"共同性"是相对于"同一性"、"统一性"或"一元性"而言的,也有别于"共质性"、"同质性"、"雷同性",其对应面概念是"差异性"。社会管理中的共同性是由"社会"所具有的共同性和"管理"所具有的共同性所决定的,可从多视角或多方面来进行审视和分析。本文的视角关注面只是其中之一,侧重于我国多质态社会的差异性管理中的共同性问题。

地球世界的人类社会实质上是一个命运共同体。社会本是自然的生成物。自然永远是彼岸的,以其规律支配着此岸的社会。无论哪种社会形态、何种社会发展阶段或社会发展层次上,人类要生存,就必须有生产、分配、交换、消费等,于是就有生产管理和管理生产、分配管理和管理分配、交换管理和管理交换、消费管理和管理消费等。人类要过经济生活、政治生活、文化生活以及社会生活,于是就有经济管理和管理经济、政治管理和管理政治、文化管理和管理文化以及社会管理和管理社会。人类及其社会既然是"自然之子",除了自我管理和管理自我以外,还要"管理自然",如人类不在管理自然中求得存续和发展,就会在破坏自然而遭到自然规律的惩罚(可称之为"自然管理"或"彼岸管理")中自我毁灭,这并非是非此即彼,而是二者必居其一。这便是对所谓"社会管理中的共同性"问题的一种至上性认知。这个层面社会管理的共同性问题,无论是对于人类社会还是对于具体的民族、国家、社会都是如此。

人类社会的共同命运需要各民族国家来共同担当,形成社会管理中的相对共同性。大体说来,西方社会自资本原始积累和资本主义制度确立以后的相当长的历史过程中,普遍奉行古典自由主义的"大社会小政府"的管理理念。到20世纪30年代资本主义世界的大危机,西方社会又普遍改奉行我称之为的"凯罗主义",加强政府对经济的普遍干预。再到20世纪七八十年代,新古典自由主义重新崛起,西方社会又普遍奉行社会治理理念,使社会管理更加具有包容性和解释力。相比之下,东方社会承袭"亚细亚生产方式"的历史传统,一直奉行"大政府小社会"的管理理念,形成相对集(极)权、专制、单向度的社会管理传统。应当指出的是,东西方两种类型社会管理所具有的共同性,是指各自所具有的共同性。东西方社会管理与其说是共同性,倒不如说是差异性更为确切,无论哪种类型的社会管理都不可能具有作用于对应面社会管理的"普世价值"。但是,一方面,在全球一体化的历史进程中,无论是使"西方社会管理的东方化",还是使"东方社会管理的西方化",都是不现实的。另一方面，在全球化的普遍交往、学习、借鉴中，东西方的社会管理更趋于"相互嵌入"的态势。以我所见，这种相互嵌入态势也是一种社会管理中的共同性，并且，这种"嵌入性共同性"往往既不是非此即彼，又不是二者必居其一，而是亦此亦彼。

我国的社会管理是属于东方社会管理类型中的一种。对于人类社会管理、西方社会管理和东方社会管理来说，我国的社会管理更具个性或差异性特色。然而，从全国一盘棋的全局观点来看，我国多质态的社会管理必须在其内容上呈现出一般性、共同性特色，这是历史的选择，也是现实的选择，还是未来的选择与定向。其共同性表征在多方面，我认为最主要的体现在两个方面。首先，我国多质态社会管理中必须坚持领导力量和指导思想的共同性。新中国建国初期，毛泽东就高瞻远瞩地指出：领导我们事业的核心力量是中国共产党，指导我们思想的理论基础是马克思列宁主义。当今中国社会客观存在着多元政治主体、多元思想理论并存的局面。在我国多质态的社会管理过程中，必须坚持中国共产党统一、正确、科学的领导，必须坚持马克思列宁主义、毛泽东思想及其最新发展成果——中国特色社会主义理论——邓小平理论、"三个代表"重要思想、科学发展观统一、正确、科学的指导。其次，我国多质态社会管理中必须坚持核心价值和思想路线的共同性。其中，关于核心价值，新中国建国初期，还是毛泽东高瞻远瞩地指出：只有社会主义才能救中国。我以为这是中华民族忧患意识在现当代的凝结，是关于社会主义核心价值思想的最初表达。社会主义救中国具体表现在三种时态：过去，赢得民族独立、国家政权和统一，建立新中国，依靠点之一是社会主义；现在，维护民族独立、国家主权和统一，巩固人民民主专政，建设富强、民主、文明、和谐的中华人民共和国，依靠的也是社会主义；未来，实现中华民族的伟大复兴和现代化，对人类做出更大贡献，依靠的依然是社会主义。在建设中国特色社会主义的整个历史进程中，应始终坚持社会主义的根本制度，这既是坚持领导力量和指导思想的共同性的必然要求，也是坚持以社会主义为核心价值的具体体现。关于思想路线。所谓"思想路线"，是指中国共产党的思想路线。早在1941年毛泽东在《改造我们的学习》一文中就对"实事求是"的内涵作了科学的解释，后来在此基础上逐步形成发展成为中国共产党的思想路线。最初思想路线的基本内容是：一切从实际出发，理论联系实际，实事求是，在实践中检验真理和发展真理。1978年党的十一届三中全会重新确立了这一思想路线，并载入党章。在多质态社会管理中坚持从我国不同层级、不同领域、不同区域的社会实际出发，避免社会管理过程中的简单模仿或雷同现象，进行有效的社会管理，进而形成中国特色社会主义社会管理的整体特色或总体特色。

我们认为，当今中国的社会管理要在两个层面上处理好社会管理共同性的问题：其一，处理好中国特色社会主义社会管理同人类社会、西方社会、东方社会的共同性问题；其二，处理好中国特色社会主义社会管理内部或自身不同层级、不同领域、不同区域社会管理的共同性问题。在这两个层面上，都应当处理好继续深化全面改革、全面开放、全面建设的共同性关系。对于中国特色社会主义社会管理来说，其领导力量、理论基础、核心价值、思想路线等共同性特质都是历史地形成的，尤其值得珍惜和重视，我们只是要在与时俱进中始终坚持，并使其更加科学、更加正确，进一步挖掘其自身已有的理论潜力、制度潜力、体制潜力、机制潜力，努力做到言行一致，表里一致，名实相符，而不是自暴自弃，改弦更张，另起炉灶。

三、社会管理中的差异性

社会管理差异性或"差异性社会管理"、"异质性社会管理"是以社会管理的共同性价值为前提的,如果没有社会管理的共同性,便无社会管理的差异性,社会管理的共同性寓于社会管理的差异性之中。

迄今为止,由于人类社会还长期处在从资本主义向社会主义过渡的历史时期内,当今中国是以社会主义为核心价值、为定向性发展的社会,同西方资本主义社会相比,在本质上属于异质性社会。因此,中国特色社会主义社会管理在本质上既有别于封建社会的管理,也有别于资本主义的社会管理,还有别于未来理想的合格的社会主义的社会管理。正是从这个意义上说,中国特色社会主义社会管理是一种"多质态的社会管理"或"异质态的社会管理",是一种"综合性社会管理"、"公共性社会管理"或"和谐性社会管理"。亦即在当今中国多主义、多质态并存的社会中,除了社会主义的质态需要社会主义的社会管理、非社会主义的质态需要非社会主义的社会管理以外,还需要超乎或介于社会主义与非社会主义之间或之上的那种社会管理,这是一种中国独具的社会管理,它不是"非资即社"式的社会管理,也不是"非社即资"式的社会管理,而是"亦社亦资"式的社会管理。多质态社会,差异性社会,必然要求综合性、公共性、和谐性的社会管理。既然如此,中国特色社会主义社会管理决不能简单照搬西方式的社会管理,就如同西方社会不能搬用中国特色社会主义社会管理一样,这是基于不同社会性质或社会价值导向的缘故,它们所体现的是共同但有区别的社会管理原则。如果能够在实际应用或事实层面可以简单地搬用、趋同、雷同西方的社会管理模式或做法,那么,所谓异质性社会管理的本质区别就值得另当别论。

我们直面多质态社会、异质态社会的现实,进行差异性、异质性、和谐性社会管理,不仅需要勇气,而且还需要大智慧,需要创新。目前,对我国社会管理中的差异性、异质性社会管理的认知还存在歧义,包括社会管理的体制机制、主客体、手段目的、内容形式以及学科的差异性等,需要达成相对共识。本文主要从层级管理差异性、领域管理差异性、区域管理差异性以及管理格局差异性等方面进行初步的考究。

关于层级社会管理差异性。社会是分层的。社会层级是社会结构理论与实践的具有刚性的组成部分。在常态性社会管理中,层级差异性是比较明显的。一般人们把社会分为上层社会、中层社会、下层或底层社会,把政府分为中央政府、地方政府、基层政府。所谓社会管理的层级差异性主要体现在:上层中央政府"顶天",从事宏观决策性管理,谋全局,顶层设计。不谋全局者不足以谋一域。下层基层政府"立地",从事落实性管理,对上层决策落实、落实、再落实。所谓最美丽的花朵在基层。中层政府,从事执行性管理,既"顶天"又"立地",既要"忠诚地上传"又要"创造性地下达",不做"顶门杠"。在层级性的差异性社会管理问题上,自上而下呈现出从宏观到中观再到微观的层级递减趋势。层级管理差异性要求我们应注重构建和谐层级社会管理,注意防范纵向社会管理中的雷同倾向,以及改革和调整社会管理体制上的"职责同构"现象。①

关于领域社会管理差异性。从社会是与自然界相对应、也同民族国家的范围相重合视

① 朱光磊,张志红.职责同构批判[J].北京大学学报,2005(1).

角看,社会及其管理是一个巨系统工程,包括经济子系统、政治子系统、思想文化子系统、社会生活子系统在内的整个社会大系统的管理。社会领域管理的差异性寓于全面社会管理之中。如果没有全面的社会管理,就体现不出社会领域管理的差异性。社会领域管理差异性是基于社会分工产生的。不同领域的社会管理各自有其特定的内容、形式及其规律,发挥着各自的功能与作用。虽然不同领域的社会管理可以根据具体的时间、地点、条件为转移,分轻、重、缓、急进行有效的领域管理,但是不同领域的社会管理之间是互为条件、互为目的的,既不能相互替代,也不能相互割裂。领域管理差异性要求我们应注重构建和谐领域社会管理,注意防范横向社会管理中的雷同倾向,以及克服和纠正非全面社会管理、非平衡社会管理等顾此失彼现象。

关于区域社会管理差异性。区域或地域是构成社会和国家最基本的空间要素。区域管理的差异性是中国特色社会主义社会管理的题中应有之义。我国幅员辽阔,各地域、区域之间的自然条件、政治、文化、经济社会发展水平差异很大,中国特色社会主义在各个地区的实践必然会因为地域条件的差异而差异。长期非均衡发展或梯度(如东、中、西部,东、西、南、北、中,沿海、沿江、边疆)发展,使中国特色社会主义逐步形成区域模式和地区样态,彼此之间具有相当大的差异。一方面,这些差异既是原区域社会差异使然,又是区域社会管理差异性助推的结果。另一方面,这些差异都有浓郁的区域社会特色和鲜明个性,共同展示着中国特色社会主义的无限生机与活力。区域社会管理差异性要求我们应注重构建和谐区域社会管理,注意防范和克服区域社会管理中的雷同倾向,即不能照搬照抄国外的社会管理经验和模式,避免犯"洋教条"错误,也不能照抄照搬国内的区域社会管理经验和模式,避免犯"土教条"错误,正确对待以往乃至现在依然坚持的"典型引路"的管理工作路线,因为区域社会管理的经验和模式往往不是无条件可以复制的。

关于社会管理格局差异性。社会管理格局受制于基本的社会结构。有什么样的社会结构就可能形成什么样格局的社会管理。费孝通先生在《乡土中国》一书中用"差序格局"来指称中国社会结构的特点。梁漱溟先生在《中国文化要义》一书中认为,中国的社会结构是"伦理本位"或"关系本位",有别于西方的"团体格局"。显然这是与社会管理说到底是对人的管理,本质上需要集体行动、合作精神、公共规则等价值引领是相悖的。所谓管理格局差异性,主要有两指:一指不同社会制度、不同社会结构管理格局的差异性;二指同一社会制度、社会结构的不同阶段管理格局的差异性,以及管理格局中各组成要素其地位、功能、作用的差异性,本文从后者。改革开放以来,我国新的社会管理基本格局正在逐步形成。2003年中共十六届三中全会提出政府社会管理问题,2004 年中共十六届四中全会提出"建立"党委领导、政府负责、社会协同、公众参与的社会管理格局,2006 年中共十六届六中全会又将"建立"改为"健全",并强调政府在服务中实施管理,在管理中体现服务。这说明我国正在形成并健全过程中的社会管理格局有四大基本要素构成,这就是党委、政府、社会和公众,由此构成"合力"社会管理格局,说明社会管理不仅仅是其中任何一方的事。但是,社会管理格局中的四大要素不是静态的、无差异的、均等的。其中,党委领导是前提,政府负责是根本,社会协调是依托,公众参与是基础。这是终于被发现的能够保证人民当家做主的有效实现形式。社会管理格局差异性要求我们应注重构建和谐社会管理格局,处理好社会管理格局中多种主客体际之间的关系①,逐步改革现存的“党政一体化”社会管理观念和社会管理体制、机制,在管理者必须接受管理的理念中,由党政“直接”管理社会到“间接”管理社会将是一个必然的趋势。

在整个中国特色社会主义初级阶段的历史时期内,多质态并存的社会现实将不会有根本改观,由此决定着社会管理问题上共同性、差异性存在的长期性、复杂性和可变性、多变性。如何将中国特色社会主义的改革、建设、发展和完善维持在良好的秩序范围内,我们确实需要有大智慧。其中,以社会为本,进而以人为本的科学、民主、法(制)治、道德的全面社会管理是须臾不可或缺的。我们是否可以从“政府规范市场,市场引导企业”(政府—市场—企业)的理论与实践中得到某种极其有益的启示:在党委和政府“一体化”(一家)体制尚未达到治本性优化的前提下,通过党政自觉并合力培育社会组织(公民社会),由成长着的社会组织或公民社会及其公众学会由间接到直接管理社会,即由社会管理社会(党政—社会组织—管理社会),逐步实现社会管理社会化的理想境界!

① 乔耀章.对中国特色社会主义社会管理问题的新认识——再论政府社会管理中的政府、社会、公民三者关系[J].湖北行政学院学报,2012(2).

"中国特色社会主义"概念再定位及前瞻性审思 *

一个志在走向现代化的民族国家,一定离不开创新,尤其是科学、理论的创新。而科学、理论的创新又离不开其术语的革命。正如恩格斯在《资本论》1886 年英文版序言中所指出的:一门科学提出的每一种新见解,都包含着这门科学的术语的革命。"中国特色社会主义"就是一种创新的理论,是一个"百科全书"式的纲领性命题。然而,自 1982 年这一科学命题创新、使用 30 年以来,其原初的含义已经开始丧失或转向了,大体有两种情形:其一是与时俱进地向前发展,呈现"溢出"效应;其二是有意无意或在不经意间被阉割其精神实质,呈现"缩水"效应。正如安东尼·吉登斯在其《社会理论和现代社会学》中曾经指出的那样:和自然科学相比,社会科学研究因为关注具体的社会生活,所以容易被误读误用。社会科学概念通过透进社会世界而具有建构性的意义,它们为普通行为者所掌握,进而融入社会活动实践中,当然成为社会惯例的熟悉内容,即使它们像自然科学那样具有鲜明的创新性,但等它们首次参与建构时,其原初含义就已经丧失。所以,我们应当对"中国特色社会主义"概念、理论的原初含义及其转向给予密切关注。由此,我们认为关注"中国特色社会主义",就是关注整体的真实的中国。

真实的中国是一个多面体、多棱镜的客观存在。如果从时间维度看,就有中国历史、中国现实、中国未来;如果从空间或领域维度看,就有中国经济、中国政治、中国文化、中国社会、中国内政、中国外交等;如果从生态、动态、抽象或旁观者的角度来看,就有中国特色、中国道路、中国经验、中国模式、中国奇迹以及中国发展、中国形象等。所有这些问题都可以从三个视角来审视:从中国看中国,从西方看中国,从世界或全球看中国。如果仅从中国看中国,可能会有"不识庐山真面目"或"雾里看花"之感,其实,中国不能完全自证;如果仅从西方看中国,可能会有不公平、不公正之感,会失却自信而只剩"他信",其实,中国也不能完全由他证;如果从全球或世界看中国,那就既需要超越中国也需要超越西方,才能做到比较全面、客观、公正,这就需要有制高点以及全局观点和战略眼光。2010 年 9 月,温家宝总理在出席联合国千年发展目标会议上,为世人亮出了一个真实的命题:让世界看真实中国。那么,真实中国或中国真实是什么,中国最本质的东西是什么,中国的发展态势有没有形成共识,中国的核心利益有没有明晰,中国相对稳定的价值观有没有形成,等等。针对这些问题,不仅国外人士众说纷纭,而且国内人士的认知也往往大相径庭。美国《侨报》社论中曾作如是说:过去中国贫穷时,发达的西方国家担心中国会因饥饿、疾病、养不活自己等影响世界,

---

* 原载《南京社会科学》2012 年第 2 期;中国人民大学复印报刊资料. 中国特色社会主义理论. A3·2012(5)全文转载。

今天中国人的生活稍稍富裕了,又有人担心中国会“威胁”世界,形成所谓“穷亦忧、富亦忧”的格局。这也表明西方世界在对中国的认识上,一直陷入“无论穷富和进退,横竖都不是”的思维悖论中。因而该报主张要从历史与现实的交汇中认知中国。① 对此,我认为,应当从历史、现实与未来三维时态的交汇中,从中国、西方与全球世界的交汇中认知中国。当今中国,最为本质的东西、发展态势、核心利益、相对稳定的价值观应当是:中国特色社会主义。应当防范和避免将中国特色社会主义简(减)缩为“中国特色”,从而达到“去社会主义化”之目的的倾向。

一、“中国特色社会主义”的原义及其转向

在我国社会的日常生活以及传媒中,人们为了表达或宣传的方便起见,经常把党和国家正式文件中的有关理论命题简(减)缩化,可称之为“理论简(减)缩现象”,这使其原初的含义或“溢出”或大大“缩水”、大打折扣。

例如,党的思想路线。历史证明,党的思想路线正确与否至关重要。在我们党的历史上,党的正确的思想路线是逐步形成和发展起来的。早在 1941 年毛泽东在《改造我们的学习》一文中,就对“实事求是”的内涵作了科学的阐释,后来在此基础上逐步形成发展为党的思想路线。最初党的思想路线的基本内容是:一切从实际出发,理论联系实际,实事求是,在实践中检验真理和发展真理。这条思想路线是马克思主义中国化的重要成果,也是中国共产党革命、建设实践经验的马克思主义化,是毛泽东思想的精髓。党的十一届三中全会重新确立了这一思想路线,并且丰富和发展了这一思想路线。这条思想路线已写入党章。这条思想路线有其完整科学的内容,不应该被简(减)缩、被误解。可是在许多场合却被简(减)缩为党的“实事求是”的思想路线,后来又被冠以“发展”而转向为“解放思想,实事求是”、“解放思想,实事求是,与时俱进”、“解放思想,实事求是,与时俱进,求真务实”。其实,从严格意义上说来,通过这样的简(减)缩或“发展”就与原初的含义已经不一样了。

再如,中国特色社会主义。最初是 1982 年邓小平在中共十二大开幕词中首先提出来的:“把马克思主义的普遍真理同我国的具体实际结合起来,走自己的路,建设有中国特色的社会主义,这就是我们总结长期历史经验得出的基本结论。”在这里强调了四个问题:第一,强调把马克思主义普遍真理同我国的具体实际相结合。其中涉及对马克思主义,对普遍真理,对我国的具体实际以及如何结合的理解与把握等问题。第二,强调走自己的道路,这是做到第一点的必然要求与结果。从走西方人的路到走俄国人的路再到走自己的路,这是自 1840 年以来中国社会发展的基本历史轨迹。走自己的路给人们的启示主要在于:必须要有坚定正确的政治方向;必须立足于社会现实的基础之上;必须合乎时代的潮流;必须善于处理好独立自主、自力更生与借鉴别国经验的关系;必须准备走曲折的路。第三,强调建设有中国特色社会主义,其基本含义包括:建设,相对于革命;中国特色,有别于中国特点、中国特殊、中国特征、中国特别等概念;社会主义,本指马克思主义的社会主义或科学社会主义,它既指社会主义的思想、理论,又指社会主义的实践、运动,还指社会主义的制度、社会形态;有中国特色的社会主义,这层含义表明中国特色社会主义与马克思主义的社会主义以及与

① 从历史与现实的交汇中认知中国[N].[美国]侨报,2010-09-24—30.

其他民族、国家的社会主义的联系和区别。第四,强调这是总结长期历史经验得出的基本结论,历史的结论会给人们许多有益的启示:历史的结论是对过去历史经验的总结,它可以使我们鉴往知来,但历史结论不能简单地作为新的实践和历史进程的出发点,就像原则不能作为出发点一样;历史结论是否正确及其正确程度如何取决于历史结论是否符合历史实际及其符合历史实际的程度如何;历史结论既是历史的也是现实的,它要受到新的历史经验的检验和再检验;历史结论的真正价值在于提醒人们要向历史学习,自觉避免重演历史。这四个问题是统一不可分割的整体。然而,在后来的历程中被人们“斩头去尾”简(减)缩为“建设有中国特色的社会主义”,“建设有中国特色社会主义理论”,“中国特色社会主义理论体系”等,以致去掉“建设”去掉“有”,直接用“中国特色社会主义”。人们认为,“有”表明只有一些特色,表明其数量少,只是“有”而已,而去“有”,则表明程度在加深,不仅仅是有一些,而且在数量上全然是了,直接用中国特色社会主义,表明在提法上更加成熟。其实,从另一个视角来审视,总的说来这些提法、用法与说法同原初的含义已不完全一致,主要呈现与时俱进向前发展的“溢出”效应。

但是,应当需要特别指出的是,最近几年来,在政界、学界及日常生活中出现“一多一少”现象。其中,“一多”是指人们越来越多地使用“中国特色”、“中国道路”、“中国经验”、“中国模式”、“中国奇迹”等概念。一般善良的人们认为这些概念都差不多,无论是“中国特色”,还是“中国道路”、“中国经验”抑或是“中国模式”、“中国奇迹”等,只要是中国的,都可以称道,都可以认同,都可以接受和使用。“一少”是指人们越来越少地使用“中国特色社会主义”这个概念。有意无意地“去社会主义化”,用“中国特色”取代中国特色社会主义,从而使社会主义淡出“中国特色”。这是一种值得注意或警惕的现象。这里主要涉及两方面的问题,一方面,是关于中国特色、中国道路、中国经验、中国模式、中国奇迹等概念的使用及其相互关系问题(限于篇幅不再分别论说);另一方面,主要是关于“中国特色”与“社会主义”及其关系问题。1982 年,邓小平在中共第十二次代表大会所作的开幕词中首次明确使用“中国特色”一词是同“社会主义”这一概念紧密联系在一起的,以前很少有人使用,属于理论概念的原创。然而从那以后,“中国特色”这个概念便频繁地出现在报端及人们的日常生活用语中,用“中国特色”反映林林总总、形形色色的中国问题,其中有积极的,有消极的,有正面的,也有负面的,什么都有,就如人们所说的“中国特色是只筐,什么东西都可以往里装”。与此同时,人们往往把“中国特色”与其后的“社会主义”分割开来,致使人们至今对这一特定概念、术语的理解仍然歧义横生、莫衷一是,使其越来越远离它的原义或本义。事实上,“中国特色”、“中国道路”、“中国经验”、“中国模式”、“中国奇迹”等几个相关概念,在一定的语境中都是可以作为形容词、定语或修饰语而使用的,但它们一般不能相互等同、相互混淆,更不能相互替代。相比较而言,它们所形容、所限定和修饰的对象可以是“社会主义”,也可以是“资本主义”,还可以是其他什么主义,如“中国特色社会主义”,“中国特色资本主义”,“中国特色封建主义”,“中国特色市场主义”……当然,我们的主观愿望是用这些概念形容、限定、修饰的是“社会主义”,而不是别的什么主义。于是就有“中国特色的社会主义”或“中国社会主义特色”;“中国道路的社会主义”或“中国社会主义道路”;“中国经验的社会主义”或“中国社会主义经验”;“中国模式的社会主义”或“中国社会主义模式”;“中国奇迹的社会主义”或“中国社会主义奇迹”等。当然,除了“中国特色社会主义”这一特定概念而外很少有其他相关概念。还需要指出的是,当这些概念用于形容、限定、修饰“社会主义”时,这里的“社会主义”既不是马克思主义的社会主义,也不是其他民族国家的社会主义,而是目前和今后相当长时期内中国的社会主义。这种社会主义之所以叫“中国特色社会主义”,主要是因为它还处在初级阶段,还不完全是原本的马克思主义的社会主义,即还是“不合格的社会主义”,这种“社会主义”还要同其他“主义”尤其要同国内外的非社会主义,主要是资本主义成分和因素长期合作共处。在其整个历史进程中,占主流或主导的、定向性的、核心价值导向的只能是社会主义。

由此可见,鉴于“中国特色社会主义”已成为我们的旗帜和道路,是指导我们思想的新的理论体系,它作为理论、概念、术语已经约定俗成,所以,我们在正式文献或正式场合中还是应该使用“中国特色社会主义”这个概念为好! 因为“中国特色”这个概念太宽泛了,“中国特色社会主义”只是“中国特色”概念的其中之一。凡“中国特色”的不一定是“社会主义”的;凡与之相联系的“社会主义”则一定是“中国特色”的。这是一个是非问题,含糊不得。如果通过宣传、教育、普及工作,使中国特色社会主义理论已经掌握群众,中国特色社会主义已经大众化,使其内化与“中国特色”成为同义语,那么这种“简缩”是一种与时俱进的发展、溢出和升华。否则,就应该警觉,对“中国特色社会主义”理论概念的转向效应保持密切注意。

二、中国特色社会主义之“特色”的主要表征

正如上文所示,我们对“中国特色社会主义”这一严肃的理论、概念、术语应当力戒随意性的解释。那么,什么是“中国特色社会主义”? 中国特色社会主义或“中国社会主义特色”表现在哪些方面呢? 按理说,“中国特色社会主义”与“中国社会主义特色”这两种表述是有区别的。在我国政界、学界没有或鲜有人用“中国社会主义特色”概念、命题。早在1996年,我在《中国社会主义特色纵横谈》一书中,就初步分析论证了“中国社会主义特色”问题,认为中国社会主义特色可具体表现出“命题特色”、“理论特色”、“实践特色”、“制度特色”和“发展特色”这五个方面。① 为叙述方便起见,本文对“中国特色社会主义”和“中国社会主义特色”这两个概念不作具体辨析,主要从“整(总)体特色”、“外部特色”、“内部特色”三方面概述中国特色社会主义的主要表征。

关于“整(总)体特色”。即从总体上审视中国特色社会主义的具体表现。中国特色社会主义的整体特色或总体特色、综合特色是由其具体特色有机组成的,犹如一朵玫瑰花,其芬芳是由每一片花瓣的芬芳散发出来的一样。如前所述,由于世人包括国际国内的人们对“中国特色社会主义”这个大概念、神圣命题的认识、评价众说纷纭、褒贬不一,对其具体特色是什么,也不可能有相对共识,他们都做出合自己胃口的解释。正如中央党校陈雪薇教授在一篇文章中介绍的那样,在国外,如英国的一家战略研究所的一份报告称,与其说是中国特色的社会主义,不如说所有中国特色的资本主义;美国前总统克林顿的顾问曾说,中国特色社会主义实质上是中国特色资本主义;俄罗斯前总统叶利钦的顾问也说,中国搞资本主义比俄国聪明,说是搞“特色”社会主义,而不说搞资本主义。国内也有人认为,中国特色社会主义是褪色的社会主义,实际上是搞新民主主义,就是把已打倒的资产阶级和资本主义又请

① 乔耀章.中国社会主义特色纵横谈[M].苏州:苏州大学出版社,1996.401.

了回来。我们如果把这些不同声音进行归纳,合并同类项,就是一个共同问题的不同表达法,这个共同问题就是:中国搞的是资本主义。那么,人们不禁要问,自从资本主义来到这个世界上有像中国这样搞资本主义的吗!显然,这是所有的有历史感、有现实主义的正直和正义感的人们所难以置信的。退一万步讲,假如中国真的像他们所希望的那样搞起资本主义来,那么,中国以外的资本主义世界也未必消停,当然,历史是不能假设的。然而,究竟什么是"中国特色社会主义"或"中国特色社会主义"是什么,它们具体表现在哪里,这确实是值得我们认真思考和研究的问题。这里所谓的整体特色不是指超越中国人自我认识加西方人认识之和意义上的整体特色,而主要是指中国特色社会主义这一客观存在体内外表征的有机统一。

关于"外部特色"。即从外部审视中国特色社会主义的具体表现。中国,是人类的中国,是世界的中国,是全球的有机组成部分,而且是日显其重要作用和责任的部分。风景,还是中国这边好。1848 年 2 月《共产党宣言》的发表,马克思、恩格斯宣告了人类从资本主义向社会主义发展的大时代,社会主义开始从空想变为科学。自 1917 年十月革命,社会主义开始从理论、理想变为实践、现实,时至今日之世界,总体上是"一球两制"的世界。当今世界还处于从资本主义向社会主义过渡的大历史时期,不要仍然用资本主义一统天下的短视眼光与狭窄的心胸来审视这个世界。虽然目前处于强势的资本主义制度和处于弱势的社会主义制度在相当长的历史时期内还处在非对称、非均衡的状态,更谈不上社会主义战胜资本主义的战略反攻。虽然这期间出现过苏联东欧的剧变和中国的"文化大革命"这样暂时的挫败与失误,但是,正如苏东剧变后举办的一次国际性的学术会议上有学者指出的那样:隧道的尽头是社会主义。我们认为,如果说没有社会主义的世界是不完整的世界,那么,同样,如果没有中国特色社会主义的世界也是不完整的世界。我们可以从国家与社会以及事实与价值两个层面来审视中国特色社会主义的外部特色。

在国家层面上,"外部特色"表现为:独立自主。"中国特色社会主义"是全球化时代逐渐形成"全球特色"的有机、重要的组成部分。世界历史已经证明并且将继续证明,世界必将以不同的方式走进中国,同时,中国也必将以不同的方式走向世界。选择"独立自主"是一种最理想、最有民族尊严的方式。自 1648 年《威斯特伐利亚合约》签订以来的世界历史反复证明:一个国家如果没有真正的独立,就没有真正的自主;如果没有真正的自主,也就没有真正的独立。很难想象,如果没有一个真正独立自主的中国,就不会有今天的"中国特色社会主义"问题之纷争的存在。自 1840 年中国进入近代以来至 1949 年中华人民共和国成立前被称为"旧中国",旧中国的国家特色就是"半殖民地",到后来日本帝国主义蹂躏中国时的"殖民地",中华民族丧失了真正的独立和主权。中华民族为彻底改变这种局面,争得在这个世界上的平等待我之民族的权利地位,曾经付出了难以想象的、极其高昂的代价,先后进行了由孙中山领导的旧民主主义革命和由共产党领导的新民主主义革命,终于取得了反帝斗争的胜利,建立了中华人民共和国。当然,在其过程中,如果没有十月革命给我们送来的马克思列宁主义的社会主义理论和价值的引领,要取得反帝斗争的胜利和建国是不可能想象的。从特定意义上说,整个中国革命尤其是新民主主义革命的直接目的或目标,按其自然历史过程,首先就是为了恢复中华民族的独立自主而战,其次是新民主主义社会,再次,才是社会主义社会。由此可见,独立自主或独立主权是"中国特色社会主义"的首要外部特色。这是必不可少的历史前提和基础。如果没有独立自主,就没有新中国,就没有后来的"社会主义改造"、"文化大革命"、改革、开放、建设、发展、稳定的中国,就没有"一国两制"

下的香港、澳门的顺利回归,就更没有“中国特色社会主义”。正是争得和恢复了中华民族的独立自主,才有了以后中国的一切！中国在独立自主的基础上,一贯高举和平、发展、合作的旗帜,坚持独立自主的和平外交政策,坚持走和平发展道路,坚持互利共赢的对外开放战略,即通过争取和平的国际环境来发展自己,又通过自身的发展促进世界和平。1952 年周恩来总理提倡的互相尊重主权和领土完整、互不侵犯、互不干涉内政、平等互利、和平共处五项原则,2005 年胡锦涛主席倡导的“和谐世界”理念等,就是独立自主这一“中国特色社会主义”之外部表现的具体体现。尤其是和谐世界理念中的“和谐共处”是对“和平共处”原则的超越与升华。当下,我们正在以中国内地的独立自主为坚强后盾,海内外的炎黄子孙正在为台湾的顺利回归,为中华民族的完全统一而齐心协力。我们全体中华儿女正在以实际行动践行着“中国应当对于人类有较大的贡献”这一庄严的诺言！

在社会层面上,“外部特色”表现为:“社会主义性”(不同于“社会主义化”)。这既是一种历史性的引领,又是一种历史性的选择。按照马克思主义的观点,社会发展是一个自然历史过程。这一历史过程的长短、快慢等,取决于纵向的和横向的、内部的和外部的历史环境。这种历史环境对一个民族、国家的发展道路的影响表现出整体限定效应,亦即整体制约或限制局部。马克思主义认为,虽然历史发展常常表现出跳跃性,但是,社会历史发展的常规却可分历时态和共时态两种情形。其中,历时态的情形,如资本主义产生于封建主义社会,社会主义产生于资本主义社会,它们在互动过程中此消彼长。作为历时态出现的资本主义是人类社会历史发展链条上不可缺少的环节。共时态的情形,如封建主义社会与资本主义并存,社会主义与资本主义社会并存,甚至封建主义、资本主义社会和社会主义国家(或国家社会主义)并存,这种共时态的并存是一种“异质态”、“多质态”社会的并存,一般它们不能相安无事,它们之间能否相安无事及其程度如何,则要取决于各种质态的成长度、发展度、文明度。作为共时态的资本主义也不仅仅是作为“恶”而存在,它在人类社会历史上起过非常革命的作用而独领风骚数百年。根据马克思主义的基本理念,当今世界,乡村从属于城市、东方从属于西方、社会主义国家从属于资本主义国家的基本格局还远没有根本改观。当今世界是多样、多元、多质态的社会共时态地并存的世界,正因为如此,构建和平共处、和谐世界才成为必要与可能。由此可见,如果我们科学地对待马克思主义的世界历史理论,热心冷眼看中国,脱胎于半殖民地、半封建、半资本主义的旧中国的中华人民共和国,是经历新民主主义社会建设的社会主义性质的国家,“社会主义初级阶段”是其另一种表达法。①

关于“内部特色”。即从内部审视“中国特色社会主义”的具体表现。中国特色社会主义的内部表现属于内政,不用别人干涉,不要别人说三道四,应当由中国人自己的理性来认知。我们通常说,世界之大,“世界特色”无奇不有,我们是否也可以说,中国之大,“中国特色”也无奇不有。中国特色社会主义或“中国社会主义特色”是一种客观的社会存在,然而,同样的社会存在却会有不同的社会意识。中国特色社会主义究竟有哪些具体特色,国内学术界有很多人在探讨,但总是难以达成共识。这些纷争,除了不同人、不同立场、不同观点引起的以外,可能与不同的视角和方法有关,而不同的视角和方法又可归因为利益的偏爱不同。我在 1996 年出版的《中国社会主义特色纵横谈》一书中,把中国特色社会主义的内部

① 我在《中国社会主义特色纵横谈》一书中论及旧中国新定义,不可忘却的新民主主义社会。后来分别在《江苏科技大学学报》2008 年第 1 期、《阅江学刊》2011 年第 6 期创新提出和初步论证“后新民主主义社会”的理论问题。

特色分为“领域特色”和“区域特色”或“地域特色”这两个方面。

“领域特色”的具体表现。社会是一个巨大的系统，该系统由各个子系统及其相互关系构成。如果按唯物主义视角，中国特色社会主义的特色可分为“经济特色”、“政治特色”、“文化特色”和狭义的“社会特色”；如果按辩证的实际运行视角，中国特色社会主义的特色可分为“政治特色”、经济特色、文化特色和社会特色，由此构成中国特色社会主义的“特色系统”或“特色体系”，它不仅限于其中的一个领域。我认为，党的十五大关于“中国特色社会主义的经济”、“中国特色社会主义的政治”、“中国特色社会主义的文化”，以及后来强调加强全面建设中的“社会建设”，就是属于从不同的领域认知中国特色社会主义之特色的尝试。事实上，每个领域的特色，它们又往往互为条件、互为目的。其中，经济领域特色，主要有多种所有制并存（这是最为根本的），多种分配制度并存（如果人们只停留在几次分配问题上做文章是非常片面和幼稚的），劳资关系，等等；政治领域特色，主要有既有的各项政治制度，科学、民主、法治、道德，官民或干群关系，等等；文化领域特色，主要有马克思主义与中国化的马克思主义等多种“主义际”的关系，中国特色社会主义与人类文明、资本主义文化，从孔夫子到孙中山、毛泽东、邓小平、江泽民、胡锦涛，等等；社会领域特色，主要有民生问题，社会民主，社会自治，社会道德，等等。每个领域特色都应当从各自的“域情”出发，符合各自的发展规律，根据社会即人们的认知程度与承受能力，分轻、重、缓、急地去创造各自的领域特色。在此基础上协调、互动产生整体的“综合特色”。

“区域特色”或“地域特色”的具体表现。区域特色是由“区情”决定的。中国的国土面积大，地域差别显著，发展极不平衡。这就要求我们贯彻落实和忠诚于党的思想路线，根据全球化的“世情”变化，从“国情”、“区情”、“地情”出发，建设营造自己的特色。如“长三角特色”、“珠三角特色”、“环渤海特色”、“沿海特色”、“内地特色”、“东、中、西部特色”，等等。发展不平衡规律是绝对规律。区域经验、区域模式也不能照搬，区域特色也不能一刀切，不能搞区域特色雷同或结构同构。有学者也指出：中国之泱泱大国，地域之间自然条件、文化、经济社会发展水平差异很大，中国特色社会主义在各地区的实践必然会因为地域条件的差异而差异。长期的发展使中国特色社会主义形成地区样态和区域模式，彼此之间具有相当大的差异，各种经验和模式不能照搬照抄。广东模式、温州模式、苏南模式、胶东模式等都成为中国特色社会主义的地区模式，它们都有浓郁的地方特点和鲜明个性。① 例如，苏南特色社会主义或社会主义的苏南特色，正是在苏南独特的历史和区位中，由苏南人从自己的本土实践与文化出发，在积极探索中国特色社会主义的伟大实践中形成、发展和成长起来的。

由此可见，中国特色社会主义之特色是由整体特色、外部特色、内部特色、领域特色、区域特色有机构成的。通过发展领域特色、区域特色、地区特色来共同展示中国特色社会主义的整体特色，展示中国特色社会主义所具有的无限生机与活力。

三、多质态的中国社会应以社会主义价值体系为核心

如前所论，当今中国是一个多思想、多质态的社会，犹如人类社会的“大熔炉”和活的“历史博物馆”，各种特色、特质纷呈。一方面，为着中华民族的伟大复兴，各种质态的思想

① 任平. 东吴哲学(2006 年卷)[M]. 长春：吉林人民出版社，11.

都应当和谐相处、共存;另一方面,主要矛盾的主要方面决定事物的性质,中国特色社会主义是"中国特色丛林"之一,其中,社会主义决定着当今中国社会的根本性质和发展方向。

任何社会都有自己的核心价值体系,当今中国社会当然也不例外。党的十六届六中全会的《决定》第一次提出建设社会主义核心价值体系的战略任务,这无论对于深化中国特色社会主义本质的认识,还是对于大力推进和谐文化、和谐社会建设,都具有十分重要的意义。自那以后,社会主义核心价值体系成为人们的热门话题,已批量生产出海量的研究成果。这些成果当中,有的成果与时俱进,溢出或发展了《决定》的相关精神,有的成果却使《决定》相关精神的原初含义产生转向。随着宣传、研究的深入,值得商榷的问题也愈加显现。我认为其中的问题之一,究竟是"社会主义核心价值体系"还是"以社会主义价值体系为核心"抑或是"以社会主义为核心价值体系"?

《决定》中把社会主义核心价值体系的基本内容规定为四个方面,这就是:马克思主义指导;中国特色社会主义共同理想;以爱国主义为核心的民族精神和以改革创新为核心的时代精神;以"八荣八耻"为主要内容的社会主义荣辱观。若从逻辑角度考量,一般说来,相对于其他事物生态而言,"核心"往往直指某一个事物"而居其所,众星拱之"。进而言之,《决定》中四个方面的每一个方面都可视为核心价值,由此构成"核心价值体系"。然而,"社会主义核心价值体系"中的"社会主义"是什么,是一般的或"普世"的,还是中国特色的,不管是一般的还是中国特色的,它们同"核心价值体系"中的"马克思主义"、"中国特色社会主义"又有什么关系,等等。

关于社会主义核心价值体系,我认为要继续深入研究的问题主要有:什么是社会主义,什么是核心、价值、体系、核心价值、价值体系、核心价值体系,社会主义与核心价值体系的关系,社会主义价值体系与其他价值体系的关系,社会主义核心价值体系与中国特色社会主义的关系,社会主义核心价值体系与中国特色的关系,以及什么是社会主义价值,社会主义的价值体系是如何构成的,社会主义的价值及价值体系有没有核心,如果有,那么社会主义价值及其价值体系的核心价值又是什么呢?

我的初步研究认为:在价值层面上,社会主义是以"社会"为本位进而以"人"为本位主义(是"人本主义"的历史升华),社会主义核心价值在于社会、在于人;社会主义由经济价值(追求劳动者与生产资料的结合)、政治价值(追求平等)、文化价值(追求文明)、社会价值(追求公平)构成社会主义价值体系;以人为本是社会主义核心价值,或社会主义价值体系的核心是以人为本。在事实层面上,由于当今中国还长期处在社会主义初级阶段或"后新民主主义社会"的特定阶段,还要继续完成新民主主义社会应该完成而尚未真正完成的历史任务,其社会主义还是"不合格的",一些非社会主义的存在还是挥之不去的现实事实。因此,价值不能等同于事实,价值不可能无条件的就是事实,一方面,价值层面的社会主义不能不是事实层面社会主义发展的未来情景;另一方面,事实层面的社会主义要实现价值层面的社会主义,还有很长的路程要走,还要进行新的长征。

正因为如此,为了中华民族的伟大复兴,为了中华人民共和国的长治久安,在并不太平的世界格局中我们应当坚守以独立自主为核心;在多质态的中国社会(特色)格局中我们应当坚守以中国特色社会主义为核心;在建设中国特色社会主义的历史进程中我们应当坚守以人为本为核心!这就是本文的基本结论。

多质态社会行政价值散论*

——兼论“中国特色科学社会主义”

行政价值是价值及其观念在行政领域的具体体现。价值对于行政来说既不无涉,也并不中立,而具有其多元性、时态性、领域性、地域性、层次性以及包容性等特质。行政价值是自在的、自为的而不是独立的,有其行政价值生态。经济价值、政治价值、文化价值以及狭义的社会价值,亦即总体社会价值或社会总体价值构成行政价值生态。其中,政治价值是行政价值的直接生态:一方面,总体社会价值决定着政治价值,进而决定着行政价值;行政价值又能动地反作用(正向或逆向)于政治价值和社会总体价值;另一方面,社会存在决定社会价值、社会意识,社会意识也能动地反作用(正向或逆向)于社会存在、社会价值。当今中国,处于主流和主导地位的社会意识是“中国特色社会主义”。中国特色社会主义是发展着的马克思列宁主义、发展着的毛泽东思想,是马克思列宁主义、毛泽东思想的当今中国版。本文拟以中国特色社会主义及其发展形态——“中国特色科学社会主义”为理论前提,对我国多质态社会及其行政价值的诸层面特质问题作初步的探讨。

一、立论的理论前提

从理论具有反哺实践、实际的功能视角看,研究我国的行政价值问题应当理论先行。我国行政价值研究的理论前提是中国特色社会主义,换言之,中国特色社会主义本身就是一种价值,而且是一种核心价值,是一种统领性价值。

中国特色社会主义只是社会主义的一种,但又不是一般的社会主义。那么,什么是社会主义?什么是中国特色社会主义呢?正如邓小平曾经深刻地指出的:“什么叫社会主义,什么叫马克思主义?我们过去对这个问题的认识不是完全清楚的。”他又说:“我们总结几十年搞社会主义的经验。社会主义是什么,马克思主义是什么,过去我们并没有完全搞清楚。”他还说:“社会主义是一个很好的名词,但是如果搞不好,不能正确理解,不能采取正确的政策,那就体现不出社会主义的本质。”①古往今来,这个世界上有多种多样的社会主义。自从1848年《共产党宣言》的发表标志着马克思主义的科学社会主义诞生之后,各种各样的社会主义就可分为马克思主义的科学社会主义与非马克思主义的社会主义两种历史类

---

* 原载《学术界》2013年第1期;收入高小平、颜佳华、靳江好主编:《行政价值》,湘潭:湘潭大学出版社2013年版。

① 邓小平. 邓小平文选:第2卷[M]. 北京:人民出版社,1994. 313.

型。前者,按照马克思、恩格斯的说法,科学社会主义也只是同空想社会主义相对立时才使用的。这就说明科学社会主义同空想社会主义既有联系又有区别:一方面,空想社会主义也只是其思想理论体系的空想,不否认其具有科学真理的因素,由此成为马克思主义科学社会主义的主要思想来源之一;另一方面,科学社会主义也只是其理论体系的科学,不否认其某些具体的思想理论观点也要随着社会实践的发展而不断地修正、补充和发展。历史事实已经证明并且将继续证明,空想社会主义绝不会因科学社会主义的创立而退出历史舞台,它还会以新的形式顽强地与科学社会主义相伴而行,而科学社会主义如果丢失其与时俱进的理论品质还有可能重新陷入空想。后者,非马克思主义的社会主义也不一定都是空想社会主义,它有的或有时候是一种介于马克思主义的科学社会主义与空想社会主义之间的社会主义,这种社会主义往往不是非科学即空想的非此即彼而是亦此亦彼的社会主义。

作为社会主义一种的中国特色社会主义中的"社会主义",究竟是一种什么样的"社会主义"呢?当然,从我们最初的主观愿望或价值取向上看,应当是马克思主义的科学社会主义。对此,邓小平曾揭示了这种社会主义的本质在于:解放生产力,发展生产力,消灭剥削,消除两极分化,最终达到共同富裕。① 不过,对于我国来说,要真正实现社会主义的本质,还需要经历一个相当长的历史过程,理想的社会主义还是一种未来情景,因为相对于马克思主义科学社会主义本质的规定性来说,今天中国的社会主义还远"不够格"(列宁、邓小平语)。在我国,中国特色社会主义既是一面旗帜,又是一种理论体系,还是一条道路。其中,作为旗帜,中国特色社会主义这面旗帜上同时镶嵌着马列主义旗帜、毛泽东思想旗帜;作为一种理论体系,中国特色社会主义理论体系是以马克思列宁主义、毛泽东思想作为理论基础和直接的思想理论来源,它们都是发展着的;作为一条道路,中国特色社会主义是作为立国之本的四项基本原则中首要的或第一的基本原则,虽说这些基本原则是一个有机整体不可分割,但相比较而言,首要或第一基本原则是"皮",其他基本原则则是"毛",皮之不存,毛将焉附。

中国特色社会主义是马克思主义科学社会主义在中国的一种历史类型。1982 年,邓小平在党的十二大开幕词中第一次明确提出"中国特色社会主义"概念。他指出:"把马克思主义的普遍真理同我国的具体实际结合起来,走自己的道路,建设有中国特色的社会主义,这就是我们总结长期历史经验得出的基本结论。"②这是完整的一段话,强调把马克思主义普遍真理同我国的具体实际相结合;强调走自己的道路;强调建设有中国特色的社会主义;强调这是总结长期历史经验得出的基本结论。这就比较完整准确地描绘出"中国特色社会主义"这一新概念的语境或"生态"。起初,最广泛意义上的中国特色社会主义我们理解为应包括:中国特色社会主义革命、中国特色社会主义改造、中国特色社会主义建设、中国特色社会主义改革、中国特色社会主义开放,中国特色社会主义理论、中国特色社会主义实践、中国特色社会主义制度,中国特色社会主义经济、中国特色社会主义政治、中国特色社会主义文化,此外,还包含了中国特色社会主义体现着民族社会主义和世界社会主义的辩证统一等的内涵。③ 30 年来,随着可持续地宣传、教育与广泛传播,"中国特色社会主义"概念已经被越来越多的人所理解和接受。在其过程中,有几点变化值得指出:其一,把邓小平的完整的这段话简缩成"中国特色社会主义";其二,把"建设有中国特色的社会主义"简称为"中国特

①② 邓小平.邓小平文选:第 3 卷[M].北京:人民出版社,1993.373,3.

③ 乔耀章.中国社会主义特色纵横谈[M].苏州:苏州大学出版社,1996.2—3.

色社会主义”;其三,把中国特色社会主义进一步简(减)缩为“中国特色”或“特色理论”。对这一现象,我们已经做出了初步的分析,敏锐地指出这种简缩现象潜藏着某种“去社会主义化”的倾向,值得警惕;其四,把中国特色社会主义理论体系明确为由邓小平理论、“三个代表”重要思想和科学发展观三个部分组成,这从一定的意义上“割裂”了“中国特色社会主义”同马列主义特别是同毛泽东思想的直接关系与联系,虽然我们也注意到了中国特色社会主义理论同马列主义、毛泽东思想一脉相承等类似的表达法,但毕竟在意境上有所不同。为此,党的十八大报告特别指出:中国特色社会主义理论体系,就是包括邓小平理论、“三个代表”重要思想、科学发展观在内的科学理论体系,是对马克思列宁主义、毛泽东思想的坚持和发展。

应当指出的是,虽然“中国特色社会主义”概念创始至今已经30年,但是人们对之的认识、评价众说纷纭、褒贬不一。如在国外,英国的一家战略研究所的一份报告称,与其说是中国特色的社会主义,不如说是有中国特色的资本主义。美国前总统克林顿的顾问曾经说,中国特色社会主义实际上是中国特色资本主义。俄罗斯前总统叶利钦的顾问也说,中国搞资本主义比俄国聪明,说是搞“特色”社会主义,而不说搞资本主义。在国内,也有人认为“特色社会主义”是一个不伦不类、不明不白、不清不楚、不阴不阳的概念。认为社会主义要么是科学社会主义、要么是空想社会主义、要么是资本主义,要么是红色社会主义、要么是黑色社会主义、要么是白色社会主义,中国的社会主义只能是红色社会主义。认为“特色社会主义”修正了马克思列宁主义、毛泽东思想,是资本主义在中国复辟的思想理论基础。针对这些认识与评价,我们应当通过加强理论学习和深入社会实践与实际,不断提高理论辨析力,不断增强社会实践与实际的解释力。在理论与实践、实际有机结合的基础上,为了避免人们对“中国特色社会主义”的误读、误解甚至有意歪曲,一方面,在理论或价值层面上,我们主张将“中国特色社会主义”概念发展为或回归到“中国特色科学社会主义”。加上“科学”二字,一则有利于突出马克思主义“科学社会主义”对我国社会主义事业总体性的价值引领,二则有利于突出与马克思主义中国化的最新成果——“科学发展观”相适应。习近平同志在新进中央委员会的委员、候补委员学习贯彻党的十八大精神研讨班开班式上的重要讲话中指出,中国特色社会主义,是科学社会主义理论逻辑和中国社会发展历史逻辑的辩证统一,是根植于中国大地、反映中国人民意愿、适应中国和时代发展进步要求的科学社会主义,是全面建成小康社会、加快推进社会主义现代化、实现中华民族伟大复兴的必由之路。另一方面,在实践、实际或事实层面上,我们主张对我国的社会形态及其历史方位进行再认识,有利于我们对行政价值的研究建立在我国现实的社会基础之上。

二、多质态的社会基础

鉴于行政与政治、社会的关系,我们认为行政价值取决于政治价值进而取决于总体社会价值或社会总体价值,归根结底取决于现实的社会存在。有什么样的现实社会存在就有什么样的社会总体价值、政治价值和行政价值。对我国现实存在的社会形态及其历史方位进行再认识,对于研究我国的行政价值是非常必要的。我国当今的社会形态及其历史方位是一种客观存在,但是由于人们的主观认识不同,同样的社会存在往往会产生不同甚至截然相反的社会意识及其认知。为了尽可能缩小认知差距,增进共识,我们以为要注意三方面的问题。

其一,走出非"左"即右、姓资姓社、非此即彼的极化思维困境,做到超越"左"右、亦此亦彼。关于是"中国特色社会主义"还是"中国特色资本主义"的分歧,在认识论上属于不同思维视角的分歧。自从文明社会产生以来,任何一种社会都不可能是单一的或同质性的社会,而只能是复杂的或异质性的社会,由此我们曾提出"社会纯净度"问题。① 我国的社会处于社会转型期,亦即美国行政学家费雷德 · W. 里格斯所说的过渡社会或棱柱型社会就更是如此。既然如此,目前我国在社会主义与资本主义之间就不可能是二者必居其一,而只能是亦此亦彼的"复合主义"、"综合主义"、"混合主义"社会。但是,究竟以何种"主义"为价值导向,则是一个大是大非问题,含糊不得,这是一个无须争论的问题。坚持"中国特色社会主义"或"中国特色科学社会主义"对此已经做出了肯定的回答。坚持各种主义和谐共处的前提是必须以社会主义价值为核心、为导向。

其二,正确认识和处理好"远"与"近"的辩证关系。那种认为中国实际上搞的是资本主义而不是社会主义的观点,除了要么反对资本主义,要么反对社会主义以外,就是认为资本主义离我们比较"近",社会主义距离我们还比较遥"远"。照此逻辑,如果将"中国特色社会主义"发展为或回归到"中国特色科学社会主义",那社会主义距离我们就更加遥"远"了。其实,这不只是一个空间距离、道路的远近问题,实质上是一个社会、国家发展的价值导向问题。对此,列宁曾经在《政论家札记》一文中,用攀登高山的比方,来形容对社会主义道路的选择、坚守与执着。他指出,假如有一个人正在攀登一座还没有勘察过的非常险峻的高山,假定他克服了闻所未闻的艰险,爬到了比前人高得多的地方,不过还没有到达山顶。现在,要按照原定的方向和路线继续前进不仅困难和危险,而且简直不可能。他只好转身往下走,另找别的比较远但终究有可能爬到山顶的道路……找到一条比较可靠的绕行的道路,可以沿着这条路更大胆、更迅速、更直接地再次向前走,向上爬,登上山顶。② 列宁的这一比方给我们以极大的启示。过去,我们搞清一色的社会主义计划经济达到了一定的"高度"和"远度",可是,如果按照原定的方向和路线继续前进、走下去,不仅困难和危险,而且简直不可能。1978 年开启的改革开放,实质上是在另找别的比较远但终究有可能达到山顶的道路(共同富裕的目标)。这与其说是我国"复辟资本主义"、"倒退到解放前"(其实,中国没有资本主义可复辟,现实中国是被逼上梁山的,没有回头路可走),倒不如说是中国在"转身往下走",真正脚踏自己的国情大地(就如同安泰和自己的母亲大地的关系一样),走自己的路。对于这一路径,我们曾经定性为:是一种告别政治浪漫主义的"政治发展战略退却"③。我国改革开放的这一"绕行"的退却路线,足以证明我国对于马克思主义科学社会主义理想(战略)目标的选择初衷——矢志不移、痴心不改! 习近平同志在新进中央委员会的委员、候补委员学习贯彻党的十八大精神研讨班开班式上的重要讲话中指出,改革开放前和改革开放后这两个历史时期,是两个相互联系又有重大区别的时期,但本质上都是我们党领导人民进行社会主义建设的实践探索。

---

① 乔耀章. 多质态社会管理中的共同性与差异性[J]. 甘肃社会科学,2012(4).

② 列宁. 列宁选集:第 4 卷[M]. 北京:人民出版社,1972. 594—595;列宁选集:第 4 卷[M]. 北京:人民出版社,1995. 637—638.

③ 乔耀章. 政治发展还是"政治退却"——新中国政治发展战略退却思问[J]. 阅江学刊,2009(1).

其三,践行党的思想路线,不唯书、不唯上、不唯他、只唯实。党章对党的思想路线做了权威性的载明:一切从实际出发,理论联系实际,实事求是,在实践中检验真理和发展真理。其他溢出性的阐发都应当以此为基准。在理论、实践、实际的三者关系问题上,理论联系实际比理论联系实践更为根本。这里的唯书、唯上、唯他,都是指的一种教条主义的倾向。主要包括对待马克思主义,对待上级领导,对待别人的教条主义倾向。例如,对待马克思主义的社会形态理论、过渡时期理论等的理解与实践仍然存在着某些教条主义,对待中央有关的文献定论的理解与执行仍然存在着某些教条主义倾向,对待西方的有关文献及其经验的借鉴存在着明显的"洋教条"倾向,以及对待自己经验的"土教条"倾向等。这里的唯实,主要是指唯我国社会之实。我们主张应重新发现我国社会之实。应当因社会而"主义",因国家而"主义",因社会、国家而"主义";而不是因"主义"而社会,因"主义"而国家,因"主义"而社会、国家或国家、社会。从这个特定意义上说,各种主义(一定程度的封建主义、资本主义和占主导的社会主义及值得提倡的共产主义)的"和合",是当今中国最大的实际。

基于对这些问题的思考与研究,我们主张针对实际攀附马克思主义的社会形态理论、过渡时期理论以及社会主义初级阶段等已有的理论"定论"要进行再认识,以揭示我国多质态的社会特质。本文论及的多质态社会,主要是指我国社会现实基础不是"单质"而是多质态的,多质态的"社会纯净度"决定和制约着我国目前社会质态的性质和未来社会质态发展的路径和方向。经过多年的学习、思考和研究,我们初步提出和论证了"后新民主主义社会"问题,认为它是"中国特色社会主义初级阶段"的另一种表达法,认为需要在相当长的历史时期内,在经济、政治、文化、社会等各个领域继续完成新民主主义社会应该完成而实际没有完成的历史任务。在我国,理想的合格的社会主义还是尚未实现的未来情景,实现的还不是理想的合格的社会主义。所以,我们还是要坚持社会主义,改革社会主义,建设社会主义,发展社会主义,完善社会主义。如果这方面的认知能够成立,那将既有利于我们防范对马克思主义关于社会形态理论的教条主义倾向,又有利于我们防范非"资"即"社"或非"社"即"资"的两极思维倾向,在整个中国特色科学社会主义改革、开放、建设的历史进程中,既防止"左"又警惕右,还真实中国社会多质态、共时态并存之本来面目。无论是没有社会主义特质的中国,还是没有资本主义特质的中国,都是不现实的不真实的中国。现实的中国向何处去,最为关键的问题是是否始终坚持以马克思主义科学社会主义核心价值为导向,这是至关重要并决定一切的。①

三、行政价值诸层面特质

价值是满足人与自然、人与社会以及人与人关系中需求的一种体现。行政价值是价值及其观念在行政领域的具体表现。关于行政价值问题的研究,我们曾经在《行政哲学基本问题探索与对话》一书的第四章,专门探讨了行政价值的嬗变与构成问题,其中就行政价值范畴,西方行政价值的历史嬗变,当代中国行政价值的异化,当代中国行政价值体系的构成

---

① 乔耀章."后新民主主义社会"——中国特色社会主义初级阶段的另一种表达法[J].江苏科技大学学报(社会科学版),2008(1);乔耀章.多质态社会管理中的共同性与差异性[J].甘肃社会科学,2012(4).

问题,阐述了我们的一些基本见解。① 本文仅就行政价值的一些基本特质问题做些进一步的探讨。我们认为,我国行政价值的特质主要表征在以下几个方面:

其一,行政价值主体的多元性。不同的行政主体决定并影响着不同的行政及其价值诉求。价值的主体是人。行政价值的主体是行政人及其人格化了的行政组织(可分为"专司行政"的行政组织,如狭义的政府和"兼司行政"的行政组织,如非政府的人大等)。一般说来,行政价值的多元性是由行政需求的多样性进而是由行政主体的多元性决定的,而行政的主体又是由行政的性质决定的。那么,行政主体是什么或有哪些呢?在我国学术界尤其是行政法学界,认为行政主体就是指狭义的政府自系统。在我国,上到国务院及其办公厅、组成部门(如外交部等)、直属特设机构(如国资委)、直属机构(如海关总署等)、办事机构(如侨务办等)、直属事业单位(新华通讯社等),下到地方各级人民政府(一般地方政府、民族区域自治地方人民政府、特别行政区人民政府),地方各级人民政府的派出机关、职能部门及其派出机构,以及法律、法规、规章授权的非行政机关组织。如果从行政组织自系统及其关系或环境来说,这些可称之为"元"行政主体系统,但是如果从对行政的界定或政务的担当来说,行政不仅仅是狭义政府的事。行政本指政务的推行执掌。问题正在于:何谓政,谁之政,谁来行,如何行,行其果等,这些是我们解说行政的几个前提问题。在我看来,行政的客体主要是指国家事务(国务)、社会公共事务(社务)和行政机关的内部事务(内务),简称为"三务"。其中,除了内务以外,担当国务和社务的主体应该还包括政党、人大、司法等系统或部门在内,只是它们各有分工,各有侧重,各司其职而已。换句话说,国家事务、社会公共事务是政党、人大、政府、司法等部门的共同的公共事务。通过它们的共同但有区别的行为活动满足需求以便实现共同的行政价值。我们以为,这正是具有中国特色"分工制衡"的行政主体。如果我们在这一点上能够达成基本共识,那么,所谓西方三权分立的"分权制衡"的行政主体,在中国就会缺少市场。

其二,行政价值的时态性。不同的时空条件制约并影响着不同的行政及其价值诉求。行政价值的时态性,主要是指行政价值的时间性与空间性的统一,表现为历时态的行政价值和共时态行政价值的切合。所谓历时态的行政价值,主要侧重于时间维度。我国社会的多质态性表明,我国正处在由传统社会向现代社会转型或过渡时期。与一般的转型社会不同,我国的社会转型或过渡带有某种纵向的"双重性"或"复合性"。即一般将"传统社会"界定为前资本主义社会,"现代社会"界定为资本主义社会,所谓社会转型就是由前资本主义社会向资本主义社会转型。我国的社会转型却是从半殖民地半封建半资本主义社会向社会主义社会转型。过渡性社会决定着过渡性的行政价值,即既有封建社会行政价值的遗迹,又有一定程度的资本主义、不合格的社会主义行政价值的现实基础,还有蕴含着合格社会主义行政价值的未来萌芽。其中,作为遗迹和现实基础的行政价值属于阶段性行政价值,而作为未来萌芽的行政价值则是终结性行政价值。可见,所谓历时态的行政价值表现为传统行政价值与现代行政价值和阶段性行政价值与终结性行政价值的有机统一,构成纵向的"复合性"行政价值。所谓共时态的行政价值,主要侧重于空间维度。我国社会的多质态性表明,当今中国社会因各种主义"在场"或"此在"的各种行政价值具有某种共生性、共存性、主从性以及博弈性。如果从行政生态或行政价值生态视角观察,共时态的行政价值可分为两方面,即

① 芮国强,乔耀章.行政哲学基本问题探索与对话[M].长春:吉林人民出版社,2006.157—207.

行政自系统的行政价值和行政外(他)系统的行政价值(如不同领域的行政价值,不同区域的行政价值);本土的行政价值和外来的行政价值。可见,所谓共时态的行政价值,是这两方面行政价值的有机统一,构成横向的“复合性”行政价值。值得注意的是,行政价值的时态性的两个方面都不是孤立存在的。作为共时态的行政价值是作为历时态的行政价值的一个“中间站”,属于当下、此在、在场的行政价值,它是由过去的行政价值发展而来的,又决定着未来行政价值的发展趋向。因此,能否兼顾历时态的纵向复合性行政价值同共时态的横向复合性行政价值两者之间的和合、和谐与协调,直接关系到行政价值向何处去及其能否可持续发展的问题。行政价值的发展应同作为行政价值载体的社会同步进行,既不能滞后,也不能人为地超前。

其三,行政价值的领域性。不同的社会领域决定并影响着不同的行政及其价值诉求。行政价值不仅仅是行政的或政治的。行政价值的领域性取决于多元行政主体所涉及的领域及其各自的诸方面。本文所论及的行政主体主要是指各级人民政府。基于总体社会的“系统性”和政府职能的“全能性”的基本理念,所谓行政价值的领域性,主要是指行政价值的经济性、行政价值的政治性、行政价值的文化性和政府行政价值的社会性。从一定意义上,与其说是行政价值的领域性还不如说是行政价值的全面性,由此构成一种行政价值体系,如经济性行政价值、政治性行政价值、文化性行政价值、社会性行政价值。其中,行政价值的经济性在行政价值体系中具有决定性作用,行政价值的政治性在行政价值体系中具有保障性作用,行政价值的文化性在行政价值体系中具有引领性作用,行政价值的社会性在行政价值体系中具有基础性作用。各领域的政府行政价值有其各自的规律性及其实现路径,在行政实践活动中,既要遵循各领域行政价值自身的规律性及其实现路径,不能相互替代;又要相互联系、相互协调、相互促进,不可相互割裂;既不能“孤军奋战”,又不能“顾此失彼”。例如,一项经济性的政府公共政策的出台、施行及其绩效,不仅仅具有其经济性的行政价值效应,其行政价值效应会外溢到政府行政的政治价值、文化价值和社会价值。其他领域的情形亦然如此。也正因为如此,政府的每一项公共政策的出台与施行,都应当慎之又慎,都应当做到科学、民主、法治和道德。这或许是党中央强调要科学发展的根本原因。所谓科学发展,即是政治、经济、文化、社会与自然的、协调的、全面的和可持续的发展。行政价值都应当体现在科学发展的所有领域和方面。

其四,行政价值的区域性。不同的地域或区域决定并影响着不同的行政及其价值诉求。行政价值的区域性是行政价值的主体性、时态性、领域性在一定行政区域的具体化。一个国家的政府会根据该国的自然、地理、历史、政治、经济、文化等条件,将其统辖的国土分为若干行政区域,便于有效统治、管理或治理。我国目前的行政区域就划分为:一般行政区域、民族自治区域、特别行政区域三大类别。在国家大政方针统一的前提下,这三大类别的行政区域在各自的施政过程中,都应当根据党的思想路线,从各自的行政区域的实际或区情出发,各展其独具特色的行政内容、行政形式及其行政价值诉求。如是做的实际价值与意义主要在于:尽可能避免在三大类别行政区域之间,甚至在同一个大的行政区域类别(特别是一般行政区域)内部实际存在着的某种行政内容及其价值表现形式上的雷同现象或“同质化现象”,在行政可持续发展过程中,不断丰富和创新行政价值发展的内容及其实现形式,从而有利于构建既超越具体行政区域又区别于“复合行政”①的中国特色社会主义行政价值体系。

其五,行政价值的层级性。不同的行政层级决定并影响着不同的行政及其价值诉求。行政价值的层级性涉及行政区划、行政层级和行政幅度的调整与改革等问题。比如改革开放以来,设立海南省,建立重庆直辖市,地、市合并,废人民公社建乡,撤乡建镇,合并村、乡、镇,建县级市,省直管县,强县扩权,扩权强镇,城市区与县、市区划调整,以及大部制改革等。所有这些改革举措正在改写传统的行政区划、行政层级和行政幅度的历史,相对减少行政层级,增量行政幅度,这是其必然的趋势,势必决定和影响着不同行政层级的行政及其行政价值诉求。在行政价值与行政层级的关系上应当相匹配,即有什么样的行政层级就应有什么样的行政价值。如在人民政府为人民的共同行政价值基础上,中央政府的行政及其追求的行政价值,就一定不同于地方政府,更不同于基层政府。一般说来,行政性质与行政层级成正比,行政层级越高就越具有行政性质,较少具有管理性质,而行政层级越低就越具有管理性质,较少具有行政性质。行政是谋全局、谋宏观的。在实际行政过程中,经常出现的不同政府行政层级、不同行政部门之间推诿扯皮的现象,大多与在理念上没有处理好行政价值层级以及行政与管理的角色定位关系有关。② 研究行政价值的层级性问题,有利于明晰各级人民政府的角色定位,依照共同但有区别的原则,各司其职,科学分解、落实总体行政价值,兑现人民政府为人民的总体诺言!

---

① 王健,鲍静,刘小康,王佃利.“复合行政”的提出——解决当代中国区域经济一体化与行政区划冲突的新思路[J].中国行政管理,2004(3).

② 郭济,高小平,何颖.行政伦理导论[M].哈尔滨:黑龙江人民出版社,2006.18—20.

论社会治理原理与原则*

在我国,注重社会管理和社会建设问题是自1978年改革开放特别是进入新世纪以来的事。然而,在党的十八届三中全会通过的《中共中央关于全面深化改革若干重大问题的决定》(以下简称《决定》)中,确有不少新的表述、新的思想和新的观点。譬如,在第一部分、第四部分和第十三部分,分别指出"推进国家治理体系和治理能力现代化","科学的宏观调控,有效的政府治理","创新社会治理体制","改进社会治理方式",等等。这在改革开放以来的党政重要文献中使用"治理"概念还是第一次,特别需要指出的是,《决定》中使用了"国家治理"、"政府治理"、"社会治理"三个很有定力的政治术语,各有其所侧重的意旨:国家治理——重在推进;政府治理——重在增效;社会治理——重在创新。本文侧重于研究"社会治理",兼涉社会统治、社会管理,不刻意区分社会统治、管理、治理的词义,也不刻意在论及社会管理和治理主体时政党、国家和政府的先后词序。学术界研究社会治理问题已经有多年,并且取得了较为丰硕的研究成果,现在决策部门接受了社会治理概念,并将社会治理概念写入《决定》中,也在一定程度上体现出学术研究对于现实政治的影响力。那么,什么是"社会治理",它与人们相对熟悉的"社会管理"是什么关系,社会治理或社会管理有没有规律可循,有没有或有哪些相关的基本原理,社会治理或社会管理有没有或要遵循哪些基本原则,本文拟就这些问题作初步的探讨和研究。

一、社会治理中的统治与管理

社会治理的时代正向我们扑面而来,与"社会治理"概念相联系,比社会治理更为古老或久远的概念还有"社会统治"、"社会管理"等,我们可以把这几个概念整合为两个相关的问题,即社会和统治、管理、治理及其相互关系问题。无论是社会统治,还是社会管理,抑或是社会治理,人们首先都要基于对有关"社会"的认知。党的十一届三中全会以来,特别是党的十八大以来,关于什么是社会,重新认识社会,重新发现社会,重新认识和重新发现中国社会;什么是中国,什么是真实的中国,如何读懂中国,等等,已日益成为人们关注的议题。因此,我们要研究社会统治、社会管理和社会治理问题,就应当首先认知和正确处理社会之一般与中国社会之个别的关系问题。

关于社会之一般。常识告诉我们,人类社会是社会与人或者人与社会分不开的。一般

---

* 原载《阅江学刊》2013年第6期;本文系江苏省社科基金重点项目:中国特色社会主义政治发展道路研究(13ZZA001)的阶段性成果。

地说,凡有人的地方,必有社会,反之亦然。而人与社会又是同自然(自在的或人化的)融为一体的,都是自然的产物。马克思主义认为,社会是一个历史的范畴,社会和人是与生俱来的,是人们交互作用的产物,人们的社会历史始终只是他们个体发展的历史,而不管他们是否意识到这一点。社会是相对于自然的一种实存现象,是人们生产、消费、生活过程结成的有机的时空共同体。从时间维度看,人类社会可分为原始社会、奴隶社会、封建社会、资本主义社会、社会主义社会和未来的共产主义社会,或蒙昧社会、野蛮社会、文明社会,或远古社会、古代社会、近代社会、现当代社会,或渔猎社会、农业社会、工业社会、后工业社会、知识社会、信息社会,或传统社会、转型社会(过渡社会)、现代社会、后现代社会,等等。从空间维度看,人类社会可分为"实体社会"和"虚拟社会"。其中,实体社会可分为东方社会、西方社会,或阶级社会、无阶级社会,或人治社会、臣民社会、专制社会、君主社会、民主社会、法治社会,或民族社会、国家社会、国际社会、全球社会,或整体社会、局部社会,或地区社会、区域社会(如我国的东部、西部、南部、北部、中部社会)、领域社会(如经济、政治、文化社会),或高层社会、中层社会、基层社会、农村社会、城市社会,或异质性社会、多质性社会、差异性社会,或资本社会、市民社会、公民社会、民生社会,或生产型社会、消费型社会、生活型社会,或小康社会、大同社会,或冲突性社会、对抗性社会、稳定性社会、和谐性社会,等等;虚拟社会亦可视之为时空实体交织的网络社会,正如马凯同志在"2011 中欧社会管理论坛"上致辞中所指出的:随着科学技术的进步,特别是信息技术的快速发展和广泛运用,一个对现实世界发生重大影响的虚拟社会已经形成。虚拟社会极大地推进了全球一体化,促进了人类社会的发展、进步,同时也带来了许多新的社会问题,这就需要我们将现实社会和虚拟社会作为一个整体来把握,把对现实世界的管理与对虚拟社会的管理结合起来。①

以上关于社会的一般常识告诉我们,人类社会是一个非常复杂的有机体,人类在其产生、存续和发展的历史过程中,自始至终都存在着两大关系或矛盾:一是人类同自然,即天人的关系或矛盾;一是人与人,即人类本身的社会关系或矛盾,由此构成为唯一的科学或历史科学,一方面是自然史(表现为人改造自然),一方面是社会史(表现为人改造人)。马克思、恩格斯认为,自然史和人类史这两方面不应当是对立的,而是密切相连的,只要有人存在,自然史和人类史就相辅相成、相互制约。② 有文字记载以来的历史已经证明并且还将继续证明,人类对自然的狭隘的功利关系引发他们人与人之间的社会冲突关系,而他们人与人之间的这种社会冲突关系又妨碍了人类与自然界的共生关系。究其复杂的原因之一,大体上与人或人类对社会及自然的统治或管理的失度有关,其出路可能有赖于人或人类对社会及自然的适度的治理。

关于中国社会之个别。人们常说中国需要世界,世界也需要中国。中国社会是人类社会最重要的有机组成部分之一。毛泽东曾经说过,中国应当对于人类有较大的贡献。确实,中国曾经在几千年的历史中对于人类的存续与发展做出过重要贡献,改革开放以来的中国仍然继续对当今世界的人类社会进步事业做着不竭的贡献。我们主张对因历史悠久而特别复杂的中国社会的解读要基于三种时态,即过去时、现在时和未来时。

首先是对作为过去时的历史中国社会的认知。要对历史抱有珍惜和敬畏之心,回顾中

---

① 马凯. 在"2011 中欧社会管理论坛"上的致辞[J]. 行政管理改革,2012(1).

② 马克思,恩格斯. 马克思恩格斯选集:第1卷[M]. 北京:人民出版社,1995. 66.

国社会是从何而来的。如果从时间维度历时态地解读中国社会是属于过渡性或转型社会。这可以以三个时间点为参照系。其一是以1840年为界，是由传统中国向现代中国转型，此次转型是从封建社会向半殖民地半封建半资本主义社会转型，如果从其所有制私有性质来看是属于“同质性的社会大转型”；其二是以1949年为界，是由旧中国开始向新中国转型，此次转型是从半殖民地半封建半资本主义社会向新民主主义社会转型，其社会性质大体属于从一种社会向另一种社会的“异质性社会的中转型”；其三是以1978年为界，是由新中国向“新新中国”或向新中国新发展阶段的转型，此次转型是1956年从新民主主义社会向中国特色社会主义初级阶段或“后新民主主义社会”的转型，其社会性质大体属于“同质性社会的不同历史发展阶段的小转型”。通过改革开放这种独特的“社会转型”形式，恰好从历史的层面上验证当时我国通过“改造”以实现“消灭”生产资料私有制这种历史实践行为在多大程度上合历史的规律性、合理性及合情性。这种验证过程与其说是“社会转型”，倒不如说是一种“自我调适”或“自我修正”的过程，探寻走新中国自己的历史必由之路。

其次是对作为现在时的现实中国社会的认知。要对现实坚持正视和公道之心，体认中国社会现在所处的社会方位。我国的宪法和党政正式文献确认中华人民共和国是社会主义国家，我国现在并仍将长期处在社会主义社会的初级阶段。然而实际上，如果不单从价值层面而是从事实层面上，现在的中国社会是一个名副其实的“多质态共存的社会”，不可能属于某种纯粹的社会形态。正是这种多质态的现实社会基础，所以才提出构建和谐社会的现实要求，所以才提醒着人们要理性地处理好各种主义之间的关系，主要是理性地处理好社会主义同国内外封建主义、资本主义的关系，理性地处理好社会主义初级阶段与新民主主义社会的关系。从现实的价值取向上看，各种主义之间所呈现的不是简单的“断裂”而是某种“撕裂”开着的一种具有命运共同体性质的历史画面，这种画面显示出它同新民主主义社会有割不断理还乱的关系。所以我直面当下的中国社会现实，经过多年的思考和研究，认为可以用“后新民主主义社会”来描述作为中国特色社会主义初级阶段的另一种表达法，她不是也不可能是对“新民主主义社会”的历史回归，而是对新民主主义社会的历史性“穿越”与在新的历史起点上的重新建构。正是基于此，我坚持认为，今日之中国，如果没有马克思主义的科学社会主义指导的中国，是不完整不真实的中国；同样，如果没有适度的非社会主义或资本主义因素存在的中国，也是不完整不真实的中国。尤其重要的是，应告别各种各样的教条(洋教条、古教条、马教条、土教条)主义，坚持走中国特色社会主义道路。①

再次是对作为未来时的明天中国社会的认知。要有勇于和善于开拓未来的清醒头脑和自信心，展望未来中国将向何处去。虽然新中国成立以来我们选择了以社会主义为定向的发展道路，因为只有社会主义才能救中国；虽然35年来的改革开放完善和发展着中国特色社会主义制度，因为只有改革开放才能发展中国、发展社会主义、发展马克思主义。但是，由于现实中国正面临着社会转型，可能会面对各种各样的“转型陷阱”(预设的、他设的，甚至一不小心自设的)；又由于现实中国是多质态并存的社会，各种质态的主义、力量之间的矛盾、竞争、冲突、较量，甚至激烈斗争是不以人们的意志为转移的，亦即难以避免的，等等。正因为如此，我们对社会主义的历史选择不可能是一劳永逸的事，会有各种变数影响和制约着

---

① 乔耀章。社会转型陷阱生成的政治生态分析[J]. 中共四川省委省级机关党校学报，2012(6)；中国人民大学复印报刊资料，中国政治，2013(2).

我们在与资本主义竞争中赢得中国特色社会主义初级阶段的比较优势。由是观之,我国全面深化的改革开放仍然在新的长征途中艰难地跋涉着!

无论是社会之一般,还是社会之个别,都离不开一定形式的统治、管理和治理,特别是处于人类社会之一般中的中国社会之个别,如何在适度的社会统治、社会管理、社会治理中谋求社会秩序和全面可持续发展,这的确需要党和全国各族人民的大智慧和正能量!然而,在我国似乎有一种比较流行并潜在的见解或观点认为,"社会统治"充满着政治色彩,往往与"阶级"、"斗争"相联系,应该而且已经成为"过去时",现在的中国社会已经不需要或应当告别"统治",以为"社会管理"则是一个比较"中性"的可以接受的概念,而且,随着社会治理时代的到来,社会"管理"亦已渐行渐远,也日益从"现在时"变为"过去时",认为"社会治理"的理念和概念已成为日益时尚的"现在进行时"和"将来时"。其实,这些见解或观点是值得商榷的。

统治(control;rule; dominate)一词由"统"与"治"构成,本有统率治理、支配、控制等意思,一般用以指称阶级统治或政治统治。统治中的"统"有统一、统率、总括、全部、统管等含意。通常统治是建立在外在的强制力量基础上的控制方式,当社会秩序的维护者运用强制性的手段迫使他人去遵守规范时就表现为统治,统治表现在社会生活的各个方面,在阶级社会里,主要是表现为政治统治。政治统治是一个非常复杂的现象和过程,它主要包括国家统治和阶级统治两方面。其中,国家统治是统治阶级运用国家机器对被统治阶级进行的统治;阶级统治是统治阶级运用本阶级的一切力量,并运用各种手段对被统治阶级实行控制和压迫。统治侧重于强制性的"统"或"一体性",社会文明进阶愈是相对落后,往往统治就愈加强烈。在现代社会中,虽然基于阶级对立的国家、阶级统治并不那么明显,但是只要阶级、国家存在,那种基于阶级、国家的统治就不可能真正退出历史舞台,只是以新的表现形式寓统治于社会管理或社会治理过程之中。在我国,愈是强调社会主义初级阶段的历史方位,就愈要明确这方面的意识。

管理(manage)一词由"管"与"理"构成,通常是相对于统治而言的。一般用以指称企业管理等,较少用于社会管理,在统治成为强势话语的社会情境中尤其如此。管理中的"管"既含有疏通、引导、促进、肯定之意,又含有限制、规避、约束、闭合之意;管理中的"理"的本义为剖析,含有道理、规律、合理、顺理之意。所以,管理就是一种合理地疏与堵的思维与行为过程。广义的管理是指运用科学的手段安排组织社会的经济活动、政治活动、文化活动和社会活动;狭义的管理是指为保证组织的全部活动而实施的一系列计划、组织、协调、控制,以及决策、执行、监督、评估等活动。管理的基本要素包括:管理主体、管理客体、管理目的、管理环境或管理条件等。这些基本要素要回答的主要问题是由谁来管理、管理什么、为什么要管理以及在什么条件下进行管理等问题。

治理(governance)一词是由"治"与"理"构成的。治理中的"治"本有统治、管理、处理、整理、惩罚、从事等意思。有研究表明,在西方,治理一词最早可追溯到14世纪末英格兰国王亨利四世就用"治理"一词来表明上帝授予国王对国家的统治之权。16—18世纪法国的启蒙学者用"治理"表达政府与市民社会结合的要素。1955年《牛津英汉字典》把治理定义为"统治的行为与方式,被管理的状态"。20世纪80—90年代,治理的学术定义出现在国际关系和公共行政领域。在政治学领域,通常是指国家治理、政府治理、地方治理、社区治理等。治理有各种各样的形式和模式,如元治理、协商治理、科层治理、市场治理、网络治理、多中心治理、公共治理、合作治理、全球治理、运动式治理、场景式治理、权宜式治理、源头治理、中端治理、末端治理、积极治理、消极治理、碎片化治理、综合治理、系统治理等。与治理相应的概念是“善治”(good governance),本意是指良好的治理,是使公共利益最大化的社会管理过程。国内学者俞可平先生比较早地引进和推介了治理和善治术语,并对治理和善治的词源、西方治理和善治兴起的原因、基本特征、基本要素及其实现的条件等都作了比较系统地研究。① 其中,善治要体现出十大要素,即合法性、法治性、透明性、责任性、回应性、有效性、稳定性、廉洁性和公正性。可见,不是所有的治理都值得称道的,治理不就是善治,好的治理才是善治,善治是治理的升级版或理想状态(特别提请注意的是,所谓的“善治”有一定的意识形态色彩)。由治理与善治的关系能否给我们以某种启示,即可以联想到统治也不是绝对的“坏”,也有“好的统治”或“善的统治”(good control ;good rule ;good dominate)。同样管理也可以分为三六九等,不一般的管理是否也可以称为“好的管理”(good manage)呢? 我以为又何尝不可呢! 我们主张不能过分远离“统治”和“管理”的原义或引申义来对“治理”作出随意性的解释。

我们通过对“统治”、“管理”、“治理”概念的简单梳理可见,社会统治、社会管理、社会治理模式的嬗变归根结底是由社会及其社会变迁的情境决定的。如果将人类社会的发展史划分为前工业社会、工业社会和后工业社会这三种社会发展阶段,那么大致说来,与前工业社会相适应的主要侧重于社会统治,与工业社会相适应的主要侧重于社会管理,与后工业社会相适应的则主要侧重于社会治理。但这丝毫并不意味着前工业社会就没有社会管理和社会治理;工业社会就没有社会统治和社会治理;后工业社会就没有社会统治和社会管理。历史的事实往往是:前工业社会的管理和治理寓于社会统治之中,是一种统治性的管理和统治性的治理;工业社会的统治和治理寓于社会管理之中,是一种管理性的统治和管理性的治理;后工业社会的统治和管理寓于社会治理之中,是一种治理性的统治和治理性的管理。因此,当今人类的社会统治还远没有完全成为过去时,社会管理也还远没有完全从现在时转为过去时,社会治理也还远没有完全成为现在时或现在进行时。我们的深度思考和研究表明,从特定意义上说,随着人类社会的变迁和发展,传统的社会统治与社会管理的形式和模式正在日益淡出,从而被新的社会统治与社会管理的形式和模式所替代,这种新的形式和模式之一或者趋势就是社会治理。从纵向历史的时间维度看,“治理”可以解释为统治的“治”和管理的“理”的历史进阶与组合,治理的外延包含着统治和管理,但是,无论是统治还是管理都不能涵盖治理。由此看来,社会治理是人类的社会统治和社会管理模式的当代最新版,其治理方式或模式演进的基本线路图是从历史的深处走来:从社会统治——经过社会管理——再走向社会治理。再从横向历史的空间维度看,特定社会的统治、管理和治理往往表现为一种分层次的双向互动的共时态存在。如果我们把社会划分为上层(高层、顶层)社会——中层社会——基层(底层)社会,那么我们可以认为,上层社会主要侧重于社会统治(全局性、系统性、总体性、整体性的管理或治理),所谓不谋全局者,不足以谋一域——中层社会主要侧重于社会管理(既承上又启下,既“通天”又“接地”)——基层社会则主要侧重于社会(区)治理。俗语说得好,基础不牢,地动山摇。最美丽的花朵盛开在基层社会的社区治理。从社区治理着手,这是一切关于社会治理,亦即社会统治和社会管理问题的出发点和归宿

① 俞可平.治理与善治[M].北京:社会科学文献出版社,2000.

点。不同层次社会治理合力的重心将有不断下沉(例如,关于废止劳动教养制度,健全社区矫正制度就最近最典型的实例之一)的发展趋势,这将有利于总体社会的可持续性成长和长治久安。

以上基于对社会之一般和中国社会之个别以及对社会统治、社会管理和社会治理之时空维度的辨析,是我们进一步深入探讨社会治理原理和原则的前提。

二、互补不对称:社会治理原理

"原理"(maxim;principle; tenet)是一个多义词。原理是对规律的诠释。规律亦即法则,一般是指事物之间的内在的必然联系,它决定着事物发展的必然趋向。根据现有的科学分类,所谓规律,大体分为自然规律和社会规律。无论是自然规律,还是社会规律,都是经过大量的观察,在反复实践的基础上,通过分析、推理、演绎、归纳、总结概括而得出的,既用以指导实践,又经得起实践的检验。社会治理是有其规律的。社会治理规律是社会规律的有机组成部分和具体体现。那么,社会治理规律、社会治理原理有哪些或是什么呢?这在学术界还是一个探求不多、知之甚少的问题。

在我国,学术界早于政界关注和研究社会管理、社会治理问题。在研究中较少关涉社会统治而较多研究社会管理、社会治理的现象,大致存在着两方面倾向。一方面,较多地把社会管理解读为政府(广义的大政府)单向度地对社会实施行政管制和政治控制;另一方面,较多混用社会管理、公共管理、公共服务、社会治理等概念,似乎治理优于管理,似乎社会治理好于社会管理。我国政界关注社会管理是进入新世纪以来的事。比如,早在2003年党的十六届三中全会,就将政府的职能定位为经济管理、市场监督、社会管理和公共服务这四个方面,这里的社会管理准确地说是"政府社会管理"。2004年,党的十六届四中全会提出建立"党委领导、政府负责、社会协同、公众参与的社会管理格局",表现为认知的进步性主要在于,从对社会管理由"一元"的政府到"多元"的党委、政府、社会和公众。2005年2月,胡锦涛总书记在中央政治局集体学习会议上,强调要深入研究社会管理规律,更新社会管理观念,推进社会建设社会管理的改革与创新,建构社会管理体制。在此后的主要领导人有关讲话以及相关文献中有不少论述,强调要不断提高社会管理科学化水平。党的十七大,尤其是党的十八大对社会管理的认识又提到了新的高度,对社会管理有了新的定位、新的提法、新的出发点、新的目标、新的要求、新的路径等。特别是把社会管理格局由党委领导、政府负责、社会协同、公众参与发展为"党委领导、政府负责、社会协同、公众参与、法制保障"的社会管理格局,强调要加快形成政社分开、权责明确、依法自治的现代社会组织体系,加快形成源头治理、动态管理、应急处理相结合的社会管理机制。一年后,在党的十八届三中全会的《决定》中强调要在全面深化改革中,推进国家治理体系和治理能力的现代化,增强有效的政府治理,创新社会治理体制。由此我们可以有理由认为,自党的十八大特别是十八届三中全会以后,我国社会管理的重心将由"一元"的管理转向"多元"的治理。我们可以从中进一步揭示社会管理或社会治理的主要原理。

2002年、2004年、2012年,我发表了《从治民到官民互治——行政现代化的历程分析》《论政府社会管理中的政府、社会、公民三者关系》《对中国特色社会主义社会管理问题的新认识——再论政府社会管理中的政府、社会、公民三者关系》等文章。① 在这些文章中,我对“社会管理”的主客体及其相互关系做过大致的梳理,认为“社会管理”概念可以转换成“管理社会”、“管理社会管理”、“社会管理社会”等,由此形成几种管理模式。

模式之一,由政党、国家、政府(三合一或三位一体)作为社会管理主体的“独家管理”。通常人们认为所谓的“社会管理”实质上是“管理社会”,管理的主体是执政党、国家和政府三位一体,社会包括公众是被政党、国家、政府管理的客体、对象,常常通过自上而下的单向度控制、统制途径、方法和手段管理社会,出现较为明显的位势差。很显然,这种“管理社会”的情景已经不再是原来意义上的“社会管理”了,但是,这种独家管理在特定的历史阶段是不可或缺的。随着社会的发展,这种传统的由政党、国家、政府三位一体为主体的“独家管理”的局面将越来越成为过去时。

模式之二,以社会作为管理的主体,把社会管理理解为社会自我管理,称为“社会自理”或“社会自治”。其实,在未来一个相当长的历史时期内,这种模式还只是一种设想或理想,还远不可能是现实的,未来的趋势限于条件还不就是当下的。虽然从传统的社会统治、社会管理、社会治理,走向社会自理与社会自治,是社会发展的自然历史过程和必然趋势,但是必须坚持一切以时间、地点和条件为转移,防范某种极端化思维,走向具体国家特定历史阶段具有某种不可或缺的“独家管理”现实的另一极端,避免无国家、无政党、无政府、历史虚无主义之嫌。还应当指出的是,如果仅把“社会”作为社会管理的主体之一,把社会管理理解为社会治理或社会自治也是不够全面的,因为除了原来由国家、政党、政府处理的社会公共事务可以转由社会自理和社会自治外,国家、政党、政府作为社会的生成物也应当成为接受“社会”主体的管理和治理的对象。这是下面模式之四需要探讨的问题。

模式之三,由社会管理的“一元”主体发展到“多元”主体的“合作管理”、“共同管理”、“共同治理”。在人类社会发展过程中,共同管理的思想源远流长,如20世纪初泰罗倡导的科学管理思想,就主张工人与雇主之间以合作为主的“精神革命”,以提高企业的生产经营效率。又如,尤其是指在坚持以社会主义道路为发展方向的国家,更应该彰显共同管理的思想。20世纪60年代,毛泽东就把干部参加劳动,工人参加管理改革不合理的规章制度,工人群众、领导干部和技术人员结合的“两参一改三结合”的管理模式称之为“鞍钢宪法”,虽然这是一种企业治理,但它同样对国家治理也具有启发意义。再如,20世纪90年代联合国环球治理委员会在1995年发布的《我们的全球伙伴关系》研究报告中,明确将治理界定为:治理是各种公的或私的个人和机构管理其公共事务的诸多方式的总和。据此,社会管理的本质就是共同管理、共同治理,其基本特征就是表现在主体间(际)的多元性、客体或对象的共同性、治理的过程性及其协调性。在国家和社会层面,共同管理特别强调的是政府包括国家、政党和社会组织、社会团体、社会公众对国家和社会公共事务的合作管理、合作治理。这种合作管理和治理既是政府向社会提供公共服务、并依法对有关社会事务进行规范与调节的过程,也是社会自我服务并依据法律和道德进行自我规范和调节的过程;亦即既强调政府服务社会、规范社会,又强调社会的自我服务和自我规范。当然,这种模式注重了不同管理或治理的主体对于他们面对的共同客体或对象而展开的共同管理或治理的行动,而比较疏忽了各种主体之间同样需要相互管理或治理这一客观事实,这就需要加强、创新、完善管理

① 参见北京行政学院学报,2002(2);湖北行政学院学报,2004(5)、2012(2).

和治理。

模式之四,在理想和现实条件有机结合的基础上,逐步形成国家、政党、政府与社会之间的“互管——相互管理”、“互治——相互治理”。这种模式与以上三种模式不仅有“管理”和“治理”的联系(一般人们把管理视同治理总是相互的),而且更为重要的是强调“相互”与“共同”或“合作”的区别。

其一,社会管理中的“社会”是指实体社会,可指整体或总体社会、领域社会、区域社会、层级社会等,是“管理”的主体。这个主体归根结底主要是指社会组织、社会团体、社会公众,可称之为“原生性主体”;国家、政党、政府等则是社会原生性主体的“生成性主体”或“派生性主体”。作为社会的原生性主体,其管理的客体或对象大致有两类,其中一类是一般性的社会公共性事务,另一类是特殊性的社会自身的生成性或派(衍)生性主体。如果从学理上说,原来意义上的“社会管理”,首先是指原生性的社会主体对一般性社会公共事务的管理;其次,同时也是原生性主体对其自身派生性主体的管理,就如同教育者必须首先受教育(或治国先治吏)的道理一样,也就是说,作为派生性主体的国家、政党、政府要对社会及其公共事务进行管理,首先应当接受社会对他们的管理,哪有管理社会者不接受管理的,至少得接受观念、法律、制度的规约。但是,由于原生性主体与派生性主体具有主体与客体的二重性或不对称、不平等性,又由于原生性主体一直处于相对弱势地位而呈现“主体缺位”现象,所以既往的和现实中的社会管理所呈现的恰恰是派生性主体的“越位”——对原生性主体及其一般性社会公共事务的管理,由“社会管理”嬗变为名副其实的“管理社会”。

其二,管理社会中的“社会”则异位为客体和对象,其管理的主体则是源自社会的派生性主体的国家、政党和政府。他们三位一体对整体、总体社会的经济、政治、文化、社会生活进行全领域、全方位、全过程的管理,一个社会领域、一个社会地域、一个社会组织、社会环节、社会团体、社会公民等都不能少。上文所论及的“模式之一”就是如此,从这个意义上说,与其说是“政府社会管理”,倒不如说是“政府(包括政党、国家)管理社会”更为确切。将社会管理与管理社会叠加就成为“管理社会管理”。其中的“社会”是词干,管理成为社会的前缀与后缀,管理作为“社会管理”的前缀和修饰语,限定社会管理,揭示管理社会管理的主体是国家、政党和政府;管理作为社会的后缀,表明社会及其社会管理成为国家、政党和政府管理的客体与对象。这是不争的事实。

其三,社会管理社会中的“管理”是词干,管理前的社会是管理的前缀和主体,其主体既指原生性主体又指派生性主体,管理后的社会是管理的后缀和客体或对象,其客体或对象主要是指原生性主体和一般性社会公共事务。总体说来,社会管理社会的理想状态表现为社会的“五自”:社会自觉、社会自主、社会自管、社会自理和社会自治。它所呈现的是一种社会管理社会化的趋势。这种趋势是否可能及其实现程度,不仅取决于社会自身的自觉性及其程度,同时也取决于国家、政党和政府的自觉性及其程度。一方面,国家、政党和政府不但要自觉地接受社会的管理(主要是指宪法、法律、制度的规约),还要自觉、自律管理好自身;另一方面,国家、政党和政府还要自觉地管理好社会,既要自觉培育、引导社会管理国家、政党和政府,又要自觉培育、引导社会管理社会。在我国,这是政党、国家、政府的历史担当和神圣使命。

可见,有关社会统治、社会管理和社会治理的主体、客体各方之间实际上是不对称、不平等、不平衡或不守恒的。从社会管理——经管理社会、管理社会管理——到社会管理社会,是一个良性的闭合系统,该系统在与其生态环境的互动过程中不断地进行着社会管理和管理社会主体与客体之间的相互转换,实现国家、政党和政府与社会相互管理、相互治理,进而在政党、国家和政府与社会之间相互管理和治理的历史过程中逐步实现优势互补的理想境界。由此,我把这种社会治理的理想境界称之为社会治理的"互补原理"或社会治理的"互补不对称理论"①,它是社会统治、社会管理和社会治理基本规律的理论表现。有如习近平总书记在关于《中共中央关于全面深化改革若干重大问题的决定》的说明中指出的,经济、政治、文化、社会、生态文明各领域改革和党的建设改革紧密联系、相互交融,任何一个领域的改革都会牵动其他领域,同时也需要其他领域改革密切配合。如果各领域改革不配套,各方面改革措施相互牵扯,全面深化改革就很难推进下去,即使勉强推进,效果也会大打折扣。虽然这段话主要精神讲的是改革的"互动互补"问题,但我认为对社会管理、社会治理也同样具有指导意义,社会管理、社会治理也同样需要互动互补。

互补(complementayy)本意是指补足或补充,相互补充,可以弥补对方的缺陷,共同增值。合适的互补,能够使系统的功能高倍放大。对于社会系统而言,影响系统功效的因素是多方面的,系统内部的结构和机制与系统外部的环境因素及其相互作用直接决定了系统功效的高低。我之所以把"互补"作为社会管理、社会治理的基本原理,主要是因为互补性原理对于社会的统治、管理、治理来说,不仅是必要的而且也是可能的。

首先看必要性。人类社会之所以需要统治、管理和治理,是因为人类社会的存续和发展需要社会秩序使然(秩序的对应面是"无序",秩序分自然秩序和社会秩序,分别受自然规律和社会规律支配。当今中国的话语之一就是稳定压倒一切)。正如恩格斯在《家庭、私有制和国家的起源》一书中指出的,什么是国家,为什么需要国家?国家是社会在一定发展阶段上的产物,国家是承认:这个社会陷入了不可解决的自我矛盾,分裂为不可调和的对立面而又无力摆脱这些对立面。而为了使这些对立面,这些经济利益互相冲突的阶级,不致在无谓的斗争中把自己和社会消灭,就需要有一种表面上凌驾于社会之上的力量,这种力量应当缓和冲突,把冲突保持在"秩序"的范围内;这种从社会中产生但又自居于社会之上并且日益同社会相异化的力量,就是国家。② 既然国家的产生与存在是为了社会秩序,那么同样可以认为社会统治、社会管理和社会治理也为了社会秩序,而且这种社会秩序往往只有在社会统治、社会管理和社会治理的各方具有优势互补的情境中才有可能达致。

其次看可能性。社会统治、社会管理和社会治理的互补性有赖于社会分工与协作及其分工与协作的程度。社会分工协作的程度往往同社会统治、社会管理和社会治理所具有的互补性程度成正相关关系。只有在有效的社会分工与协作的基础上,才能增进社会统治、社会管理和社会治理的互补性,才能营造有效的社会秩序。从一定意义上说,正是由于社会分工与协作的程度不同,才决定了社会统治、社会管理和社会治理这些概念的分与别。一般说来,前工业社会的社会分工与协作程度较低制约着社会统治,工业社会的分工与协作程度较高决定着社会管理,后工业社会的分工与协作程度极大提高呼唤着的是社会治理。其侧重

---

① 我提出关于社会治理"互补原理"或"互补不对称理论"是受到了"宇称不守恒理论"的启发。1956 年杨振宁和李政道合作,通过实验并未证明弱相互作用中宇称守恒理论,他们提出弱相互作用中宇称不守恒的实验途径,这一理论预见在 1957 年得到吴健雄小组的实验证实。因此,杨振宁和李政道获得 1957 年诺贝尔奖。我在本文提出的社会治理的"互补原理"或"互补不对称理论",在人文社会科学中能否成立,还要求教于方家。

② 参见马克思,恩格斯. 马克思恩格斯选集:第 4 卷[M]. 北京:人民出版社,1995. 170.

点从社会统治——到社会管理——再到社会治理的演变,也勾勒出互补性由弱到强的基本历史脉络。中共十七大报告就强调要加强基层政权建设,完善政务公开,实行政府行政管理与基层群众自治有效衔接和良性互动。党的十八届三中全会《决定》中指出,创新社会治理体制的措施之一就是要加快实施政社分开,所涉及的就是社会分工与协作治理的问题。如果没有各参与治理主体的相对"自立独处",就谈不上真正有效的社会管理和社会治理。如果没有真正的政社分开,就难以有真正有效的政社互动。早在 2008 年,苏州市就在全国率先提出以"政社互动"为核心的社会管理创新模式,目前太仓社会管理中政社互动的成功经验正在向全省全国推广。①

有必要指出的是,在实际的社会管理和社会治理过程中,各参与主体之间的互动是非常重要和必要的,如果没有互动便没有互补。但是,互动并不等于互补,互动的不一定是互补的,互补的一定是互动的,只有那些积极的良性的互动才有可能是互补的。就我初步研究表明,社会管理、社会治理过程中互补性原理的实际运用大致有八种情形:国内治理互补、国际间治理互补、国内外治理互补、治理主体间(际)互补、治理客体间(际)互补、强强治理互补、弱弱治理互补以及强弱治理互补等,这些情形有待于我们展开深入的研究。

三、共同但有区别:社会治理原则

俗语说得好,没有规矩何成方圆。规矩也即一种原则(principle),本意是指人们看问题、分析问题、解决问题所依据的准则。原则是从自然界和人类历史中抽象出来的,正确反映自然和社会客观规律的原则才是正确的。然而,原则只能被依据和遵循,但不能用来作为出发点。社会生活有多少领域就有多少种管理,有多少种管理就有多少种管理原则。企业有企业管理原则,法国古典管理理论家亨利·法约尔曾总结出 14 项管理原则。公司治理有其治理的原则。一般企业管理和公司治理的原则对于社会管理和治理来说有一定的借鉴作用,但是社会管理和社会治理究竟要遵循哪些原则,学术界尚未见到有较为权威的系统研究。本文也只是初步提出问题,还不能解决这个问题,还有待于学界展开深入的研究。

党的十八届三中全会《决定》中指出,创新社会治理,必须着眼于维护最广大人民根本利益,最大限度增加和谐因素,增强社会发展活力,提高社会治理水平,全面推进平安中国建设,维护国家安全,确保人民安居乐业、社会安定有序。这些内容可视为总的原则和总的要求,但是在具体的社会管理和社会治理层面上需要加以细化。

1992 年,联合国制定了《联合国气候变化框架公约》,该公约对于全球气候治理都具有权威性约束力。我国也应当模范遵守这项公约,建设生态文明,建设美丽中国。该公约的核心内容是:提出了"共同但有区别的责任原则"。我们可以从这个原则解读出两方面的内容,一是共同责任原则,一是区别责任原则。前者,人类只有一个地球,每个国家都要承担起应对气候变化的义务,即共同担当的原则;后者,考虑到各个国家经济发展水平、历史责任和当前人均排放上存在差异,即有区别的原则:发达国家要对其历史排放和当前的高人均排放负责,他们也拥有应对气候变化的资金和技术,发达国家应率先减排,并给发展中国家提供

① 参见刘松汉,苗成斌,周兴年."政社互动"引领社会管理变革——太仓社会管理经验综述[J].学习时报,2011-09-05;苏州民政网,2012-06-26.

资金和技术支持;而发展中国家仍在以经济和社会发展及消除贫困为首要和压倒一切的优先事项,它们在得到发达国家技术和资金的支持下,采取措施减缓或适应气候变化。在此公约精神的启发下,我认为:"共同但有区别"应当成为我国社会管理、社会治理的一项基本原则。

关于"共同"性原则。这是相对于差异性的社会管理和社会治理的现实存在而言的,这一原则要求做到异中求同。为了社会秩序和国家的长治久安,应当对在社会管理和社会治理过程中必须遵循的共同性原则达成基本的共识,虽然人们认识的切入点各有侧重。对此,我曾在《多质态社会管理中的共同性与差异性》一文中认为,中国特色社会主义社会管理必须遵循的共同性原则有四个方面:共同的领导力量——中国共产党;共同的理论基础马克思列宁主义毛泽东思想中国特色社会主义理论;共同的核心价值——只有社会主义才能救中国;共同的思想路线——一切从实际出发,理论联系实际,实事求是,在实践中检验真理和发展真理。① 现在,我们的认识应当统一到中央文献中来。党的十八届三中全会《决定》的第十三部分提到了四个坚持:坚持系统治理,加强党委领导,发挥政府主导作用,管理和支持社会各方面参与,实现政府治理和社会自我调节、居民自治良性互动;坚持依法治理,加强法制保障,运用法治思维和法治方式化解社会矛盾;坚持综合治理,强化道德约束,协调社会关系,解决社会问题;坚持源头治理,标本兼治,重在治本,以网络化管理、社会化服务为方向,健全基层综合服务管理平台,及时反映和协调人民群众各方面各层次利益诉求。这四个坚持强调的是系统治理、依法治理、综合治理和源头治理,应当成为我国社会管理和社会治理必须遵循的共同性原则。这些共同性原则还将在社会治理实践中不断发展与完善。共同性原则是一种抽象,它要体现在区别性原则的具象之中。

关于"区别"性原则。这一原则要求从差异性社会管理和社会治理的实际出发,谋求有效的社会管理和社会治理,做到同中求异,以免社会管理和社会治理中的简单雷同现象。区别性原则与共同性原则既有联系又有差异。区别性原则不应当远离共同性原则,而应当是共同性原则的具体化、细化或落实。所谓区别性原则,可以表现在多方面,如本文论及的社会统治、社会管理、社会治理,严格说来应当遵循不同的原则;不同的社会形态(如不同的社会制度)应当遵循不同的管理或治理原则;不同的社会发展阶段(如新中国成立以来的不同发展阶段)应当遵循不同的管理或治理原则;不同的社会领域(如经济、政治、文化、社会、生态)应当遵循不同的管理或治理原则;不同的社会区域(如农村社区、城市社区、转型社区)应当遵循不同的管理或治理原则;不同的国家(如东方国家、西方国家、中国)应当遵循不同的管理或治理原则;统一国家的不同地域(如我国的东部、中部、西部、南部、北部)应当遵循不同的管理或治理原则;不同的层级(如高层、中层、基层)应当遵循不同的管理或治理原则,等等。区别性原则所体现的是多种多样的社会管理和社会治理的规律,它们既不能相互替代,也不能相互割裂,互为条件互为目的,共同体现社会管理和社会治理共同原则的生机与活力。

遵循共同但有区别的原则,有利于我们在中国特色社会主义社会管理和社会治理的历史进程中,坚持道路自信、理论自信和制度自信,防范各种各样的或形形色色的教条主义、历史虚无主义等倾向,确保我国有效的社会管理和社会治理。

---

① 乔耀章. 多质态社会管理中的共同性与差异性[J]. 甘肃社会科学,2012(4).

Ⅱ 政府与经济

论积极政府*

——市场经济条件下政府模式比较研究

纵观全球经济发展的进程,人们惊讶地发现,现代化的发展不停地以加速的步伐向前迈进。以现代化发展起步后人均产出翻番所需的时间来衡量,第一个现代化国家英国从1780年起整整用了58年的时间;后续现代化国家像美国和日本分别用了47年和34年;而第二次世界大战后一批后发型的现代化国家,例如巴西、印度尼西亚、韩国包括中国仅仅只用十几年的时间就实现人均产出的翻番。① 那么,究竟是什么神奇的力量导致了这种变化呢?人们在研究现代化国家(包括早生型现代化国家和后发型现代化国家)发展进程时发现:现代化步伐的加快往往伴随着政府作用的加强,“积极政府”成为引人注目的社会历史现象。

一、历史的回顾——两种政府观

简单地梳理一下从市场经济诞生以来的200多年历史,我们就不难发现,在这200多年中,权力和市场的关系总是在不断地变化的,而随之变化的是人们的政府观念。在20世纪20—30年代以前,人们追求的是亚当·斯密的“消极政府”的国家范式,主张的是最低限度的政府作用;20世纪20—30年代经历了一场市场浩劫后,使人们从亚当·斯密制造的神话中清醒过来,把目光重新投向了政府,凯恩斯的国家干预学说逐渐占了主流;到了20世纪60—70年代,许多西方发达国家都被冠以了“福利国家”的美誉;这一状况到了20世纪70—80年代又发生了变化,所谓物极必反,随着“大政府”带来的负面效益越来越明显,新一轮的市场自由化运动又开始了。这种趋势持续至今方兴未艾,事实上很多研究表明,鉴于80年代以来的经济自由化趋势,许多国家,无论是发展中国家、新兴工业国,还是发达工业国在现阶段都不同程度地采取了有利于市场机制的行政策略转变。在这场“策略转变”中,政府又要扮演什么角色呢? 在变化的政府观中,《1997年世界银行发展报告》因地制宜地提出各国要根据自己的实际情况建立一个与其能力相适应的有效政府的观点。从以上关于政府观点变化的线索中,我们至少可以把握两种政府观和两种趋向,即“消极政府”观和“积极政府”观及肯定和否定两种趋向,在“消极政府”观中,人们对政府在社会经济生活中的作用持否

---

* 原载《江南社会学院学报》2001年第2期;中国人民大学复印报刊资料·国民经济管理·F10·2001(10)全文转载。

① 程濑兰.世界银行发展报告20年回顾[R].北京:中国经济出版社,1999.111.

定态度,主张政府对社会经济生活的干预减少到“最低限度”,其发挥的极端就是“政府无用论”。而在“积极政府”观中,人们对政府的作用持肯定态度,主张完美的社会经济生活应建立在政府广泛参与和干预的基础上,其极端发展就成为“政府万能论”。其他各种众说纷纭的政府规则大多是在这两个极端之间摇摆。在现实的世界里,盲目地效仿只会导致发展的失败,导致像南亚、拉美的发展状态。最终人们发现,各国的发展背景、阶段、社会政治经济制度、文化底蕴等各种复杂的差异性决定了政府观念的区别,应该说正是这些差异决定了一个具体的国家的政府应该采取积极还是消极的姿态去求发展。关于这一点,我们从早生型现代化国家和后发型现代化国家的发展事实中也完全可以加以论证。

二、早生型现代化国家现代化进程中的政府发展趋势

在西方,从 18 世纪英国的产业革命为起点,欧洲经历了漫长的工业化过程,那时的英国及欧洲大陆自由主义传统十分盛行,人们相信市场能够自发地增进社会共同财富。洛克主张政府应该只管“法律和秩序”,而亚当·斯密则深信“看不见的手”的神奇力量。从 18 世纪到 19 世纪中叶,伴随着这种最低限度的政府作用,西方各国经历了自由竞争的黄金岁月,创造了辉煌的西方文明,在 19 世纪末已经形成一个世界范围内的资本主义体系。“消极政府”正是在这种自由主义经济发展模式下培育出来的一种政府观念。西方各国现代化的发展似乎得益于这种“消极政府”的作用。但实际上如果对世界上最先实现现代化国家,按照现代化先后顺序进行排列和对比分析的话,人们将不难发现,作为后续现代化国家的法国、德国以及再以后的日本等国都不得不愈来愈依靠政府这根“拐杖”的作用。① 它们的政府作用的范围早已超过最初的“英国范式”中的“守夜人”政府和“警察”政府作用的范围。人们把这种现代化起步较晚的国家对政府愈来愈强的依赖作用归之为现代化历史造成的差异性所致。在进一步对各类早生型现代化国家进行对比分析的过程中,我们发现早生型现代化国家对政府的依赖主要经历了两个阶段,或者说有两种情况。

第一阶段:产生于 17—18 世纪现代化发展初期的欧洲大陆和 19 世纪首批非西方国家西化的过程中,它们的共同点在于:处于现代化的差异的环境中和资本积累时期资本力量的薄弱使它们借助了政府这根“拐杖”的作用,有两种情形。

情形之一,它们都是在外部环境的压力或者刺激下,对此作出反应而逐步走上现代化的,确切地说在这个阶段正是这种现代化的差异所产生的压力使它们逐步走上现代化的。例如,欧洲大陆的现代化显然是在英国的影响下进行的,无论是作为欧洲大陆第一个迈入现代化的法国,还是作为后继现代化国家的德国以及非西方国家的俄国、日本都具备这个特点。像德国是在 1806 年拿破仑入侵后才在真正意义上解体中世纪形成的神圣罗马帝国,外来的推动力和英法可借鉴的高新技术使德国的后发优势十分明显。而 19 世纪中叶日本的明治维新显然是在西方强制性要求贸易开放的压力下被迫进行的。

情形之二,“资本力量的薄弱”和“现代化的差异”使它们不得不在旧的生产方式中寻找政府这根“拐杖”。显然,这与英国自发式的从下而上的现代化进程不太相同。例如,16—17 世纪的法国还拥有欧洲最强大的王权,这一方面使法国的现代化道路不可能与英国一

---

① 曹沛霖. 政府与市场[M]. 杭州:浙江人民出版社,1998. 222.

样,它走得十分艰难;另一方面,我们也看到“薄弱的资本”对“王权”的极大利用,像16—17世纪路易十四时期在经济上实行的“柯尔伯主义”,使法国以国家全面领导经济的模式赢得了较大程度的经济增长,还有1850年到1870年拿破仑三世独裁期间对经济的积极推动,使这一时期的法国开始获得真正广泛的工业经济。从中我们可以看出,法国市场经济的发展屡次借助于代表旧的生产方式的政府提供的这种“拐杖”作用。

第二阶段:进入20世纪,资本进入垄断阶段。在自由主义的发源地又产生了凯恩斯的国家干预哲学。应该说从20世纪20—30年代到70—80年代这一阶段国家(亦即政府)积极主义的盛行的根本原因不在于“现代化的差异”,而在于市场本身的缺陷,特别是垄断的出现是自由主义者们始料未及的,它打破了所谓市场自动均衡论的美梦,20—30年代的经济危机使人们至今还谈虎色变,从那个时候起,人们的政府观逐渐从一个极端走向另一个极端。政府由补偿市场不足的需要到去主导甚至主宰市场。人们开始用各种经济计划、财政、金融甚至产业政策、扩大国有企业所占的经济成分、国家参股、增加社会福利等直接的或间接的方式参与或干预经济,调节社会生活。例如,连号称“自由化程度最高”与“最低和最少程度的国有化及国家计划”的美国,也是以垄断性的大企业主导市场,其中国有经济在美国经济总体中约占25%,美国政府预算约占国民生产总值的30%。① 从中我们可以看出,美国政府对经济显著的影响力。

从以上两个阶段的分析中,我们可以清楚地看到,无论是市场力量发展不足,还是市场本身的缺陷都使早生型现代化国家具备了政府干预的理由。美国的马尔科姆·吉利斯在他的《发展经济学》里就曾经很透彻地说:“市场经济之需要干预,在很大的程度上还不仅是因为市场有其缺陷,而且因为社会使其肩负国家的目标,而即使市场的作用得以充分发挥,这个目标还是无法实现。”②显然在这方面,经济学家们有着更锐利的眼光,他们除了一般地看到了市场本身的缺陷需要政府干预外,还更深入地看到了国家整体发展目标这一因素,正是这一因素才能更合理地解释在工业化发展之初这一特殊阶段社会经济发展对政府、计划的特别需要,尤其是解释处于现代化差异的环境中政府在追求国家整体发展目标时所发挥的重要作用。我们想这是关于政府干预经济理由的一个很好的总结。

三、新兴工业国政府发展模式比较

第二次世界大战后,一批后发型国家的政府发展也正是基于这种现代化造成巨大的历史差异。战后,一大批发展中国家面临着发展的巨大的压力:一个业已形成的发达的市场经济国家的全球环境的压力。这种压力促使各国尽快地寻求生存和发展的出路,西方发达的市场经济所创造的现代文明成果,无疑成为发展中国家迈向现代化最初的诱因。战后,大多数欠发达国家都选择了资本主义的发展道路。但由于它们选择了不同的发展模式,最终导致了发展的巨大的差异。我们以拉美和东亚一些国家与地区的发展做个比较就可以看出这种差异。

拉美是一块独特的大陆,首先表现在它缺乏文化个性,缺乏自己本土宗教和统一的稳固的理念和信仰,再加上长期的殖民同化,使拜金主义的西方价值观在这里得到夸张的体现。

---

① 杨龙.权力与市场[M].哈尔滨:黑龙江人民出版社,1998.196.

② [美]马尔科姆·吉利斯.发展经济学[M].北京:经济科学出版社,1989.137—139.

再者,西方一直试图通过宗教的归依和北美自由贸易协定等计划把拉美纳入西化的轨道。在拉美的一些国家像巴西、墨西哥早就被西方人认为自由发展模式的成功典范而列为新兴工业国(1976 年经合组织将其列为新兴工业国),然而短暂的经济繁荣并没给拉美人民带来政治上长期的稳定。"自由市场"和"民主"的发展使这里到处充斥着黑市交易、巨额的走私贩毒、社会暴力和公开的腐败,社会经济发展长期处于发展不足、贫富差距扩大和政治动荡的恶性循环之中。根据《1997 年世界银行发展报告》显示,69% 的拉美人认为政府应该为缩小贫富之间的差距进行干预。65% 的拉美人对司法和警察缺乏信心,认为政府应该在维法和秩序方面起关键作用。① 一个政府不能保障基本的法律和秩序,不能保护财产权,在法规和政策上缺少预见性,这就是一些拉美国家政府的现状。一个可信度极低的政府直接损害了资本投资的信心和经济健康持续的增长,这也是拉美一些国家军人长期执政得到民众认可的原因。拉美的发展最终受制于一个低效的政府。

而第二次世界大战后,日本、东亚一些国家和地区走了一条与拉美截然不同的道路,并获得成功。学者们把日本经验以及 70 年代东亚其他国家和地区,如新加坡、韩国、中国的香港和台湾的"惊人经济表现"归之于一个统一的模式,即政府主导型模式的成功。这种政府主导发展模式有别于"西化"的拉美模式,也有别于计划经济下全能政府模式,最根本的区别在于:它是建立在以自由产权为基础的市场经济条件下的政府主导。

西方文明有着漫长的演变过程,自由主义经济发展是西方以个人主义价值观为导向的内生型文明发展到一定历史阶段的特有结果,拉美的例子证明,由于发展阶段的差距和文化的巨大差异,欧洲早期的经验已经不可能重演,就如同历史不会重复一样。而东亚的发展又促使人们去思考:首先,究竟是什么力量使东亚现代化发展如此迅速,使它能够在短时间内积累实现工业化所需的资本、技术、市场和熟练劳动力,而这一个过程曾经耗费了欧洲几百年的时间。其次,为什么资本主义工业化在东亚成效卓著而在拉美、非洲等其他第三世界国家却前景茫然。人们在研究影响后发型现代化国家发展实绩的诸多因素时发现:国际条件无疑是重要的,但是国内政策和强大机构能力却更为重要。

我们当然也不能否认,战后经济时机的独特性和地缘政治的补偿作用为东亚各国的现代化起步创造了机遇,70 年代以后东亚外向型经济的发展确实也离不开欧洲和北美的出口市场,以及国外的资金、技术引进和对世界市场的各种途径的有效利用。② 然而,当时不少后起国家都具备这些有利的国际条件,却并非都取得了东亚国家和地区惊人的发展实绩。什么原因能够解释呢?发展理论家认为,东亚之所以发展了,关键在于东亚政府的政策能力和权威性。在促进发展的诸多因素中,政府的能力始终是具有决定意义的。我们知道,在国际经济大舞台上,只能要求市场游戏规则的公平,而不能要求结果的平等,经济增长决不会由于提供了市场的机会而自动发生,资本也总是流向具有市场和劳动力的地区,因此一个国家对这些市场机会的反应能力才是至关重要的。"内因"永远是第一位的,只有通过提高政府的能力,发展本国的经济实力,才有可能在世界经济舞台上占有一席之地。显然,东亚的发展得益于积极政府的推动。

---

① 1997 年世界银行发展报告.变革世界中的政府[R].北京:中国财政经济出版社,1997.111.

② [瑞典]克里斯特·冈纳森.发展理论与第三世界的工业化——19 世纪的欧洲与第三世界工业化模式比较[M]//罗荣渠.现代化理论与历史经验再探讨.上海:上海译文出版社,1998.224—228.

四、变化中的政府作用

从80年代起,20余年的时间里,无论是早生型现代化国家,还是后发型的新兴工业国家,都面临着“政府过度干预”、“政府失效”、“政府合法性”的危机。在这种情况下,人们不得不重新思考政府的作用,尤其是政府在不同的经济发展阶段应起的作用。政府作用变化的根本原因在于现代化发展前提条件的变化,或者说经济发展阶段的变化。我们应该看到:早生型现代化国家与后发型现代化国家在发展中面临的问题有着根本的区别。

现代化理论家们把西方各国的现代化发展归结于自发型、内源式的发展,它先经历了社会的分化,再经过国家整合的力量来补偿由于分化而造成的各种社会问题。20世纪20—30年代,市场的失效导致西方各国普遍发生经济危机,才最终把政府推到了社会经济发展的前沿。此后,更由于市场发展带来的而又无法自行解决的社会公平问题、环境污染问题、经济行为的超国界问题等,社会经济生活复杂化逐渐导致了政府职能日益膨胀。政府自我扩张的需求更进一步加强了这种膨胀趋势。我们可以从西方现代化的发展进程中发现,从总的趋势上看,早生型现代化国家基本上都经历了一个政府功能不断成长并主导的转变过程,西方各国现代化过程由分化走向整合,这在政治上表现为行政权力的集权化过程。在西方经历了自由政府、无为政府到不断加强行政能力并最终形成“行政集权民主制”的变迁过程。虽然西方人十分热衷于“民主行政”的目标模式,但实际情况是行政集权仍在继续。①

而作为后发型现代化国家的东亚各国和地区则面临着“整合”后“分化”的阵痛。我们知道,东亚各国的政府主导发展战略曾经是十分成功的,它有力地推动了东亚各国的现代化进程。然而,80年代以后东亚的发展也出现了许多问题。在日本,80年代出现了泡沫经济,90年代初这种泡沫崩溃后经济一直处于低速徘徊之中。在东亚其他国家,80年代也纷纷开始了由政府主导型向民间型的转型,然而这种尝试似乎也不是十分成功,1997年的金融危机就暴露了它的许多弱点。东亚的发展究竟出了什么问题?发展理论家们认为,东亚的问题在于:随着现代化前提条件的变化,东亚已经步入像欧美一样的市场自律阶段,政府主导的发展模式已经完成了其历史使命,政府的角色和行为方式应该随之改变,进行“适度”的调整。

发展的事实再次证明:各国既需要市场来促进增长,也需要有能力的政府机构来发展市场,两者是相辅相成的,政府作用尤其是政府在为市场奠定机构基础方面更是具有决定性意义。因此,90年代以后,特别是90年代中后期,人们不再徒劳无益地在政府与市场之间进行抉择,转而寻求市场有效、市民社会有效、政府有效的“度”,并通过政府自身行为的调整来平衡各种“度”的关系,建立一种制度化的“良性互动”的关系。

五、中国政府发展模式探讨

研究东西方各国的经济发展中政府的作用旨在为转型中的我国政府发展提供一些有价值的参考。而我国的发展问题又存在其独特性。

首先,我国的发展处于一种独特的境地,即它将经历在全球后现代化氛围中实现现代化这样一个过程。我们知道,西方发达国家早已经历了工业文明,迈入了后工业社会,而我国

---

① 胡伟,王世雄.构建面向现代化的政府权力[J].政治学研究,1999(3).

自身仍经历着从农业社会向工业社会转变这个阶段。发展阶段的滞后性,一方面注定了中国现代化发展问题的长期性、艰巨性;另一方面,历史发展的规律,后来者居上。也就是说,由于发展的差异性又使我国的发展具备某些后发的优势,比如,全球经济一体化趋势下某些技术和信息资源的共享性,早发型国家某些体制的先进性都可能被有效利用,这一切能否被共享和有效利用及共享和有效利用的程度的前提取决于一个有能力的政府。

其次,我国的经济转型是从纯粹的计划经济转入社会主义市场经济,这与东亚各国从封建殖民经济转入资本主义市场经济显然有所不同。

再者,我们是一个社会主义国家,必须坚持社会主义根本制度这一基本前提。这一切都决定了中国特色现代化发展与西式的,甚至第二次世界大战后的东亚政府主导式的现代化发展有着根本的不同。

西方货币主义的创始人 M. 弗里德曼曾经认为,我国建设社会主义市场经济,实现公有制与市场的有机结合将是一个“谜”。前苏联、东德激进式改革失败了,急于与过去一刀两断的思维定势,使它们在新的市场机制规范化前就抛弃了所有的计划控制,然而这并未使它们“一步跨越深渊”。邓小平提出改革的另一种思路,实行“摸着石头过河”的渐进式改革,使中国在保持原有“计划”成分的同时,依靠政府的力量来推行“社会的分化”,即发展新的经济成分,培育市场的力量,积极实行对外开放,并随着经济形势的发展逐步地改变政府的管理,调整经济发展的方式,并以此来推进中国的现代化。①

今天,发展市场经济早已成为我们现实的选择,然而弗里德曼的谜底仍未完全揭开,转型中的我国面临着诸多的困惑。那么,在这一转型过程中我们需要怎样的政府,或者说政府怎样才能发挥其正面的、积极的价值取向的作用呢?

我们认为,一方面,首先,我国现代化起步较晚这一现实决定中国现代化过程应该是一种自觉的、有计划的过程,市场发展不足的先天的劣势,使政府必须关注社会、经济的整体发展目标,成为现代化身体力行的发起者和组织者、倡导者和推行者。其次,转型社会的“不稳定状态”,使得我国客观上需要一个“强政府”来有力地推行改革。亨廷顿曾经说过,必须先存在权威,而后才谈得上限制权威。社会可以有秩序而无自由,但决不能有自由而无秩序。这句话的内容仍然是十分深刻的,转型社会和改革社会尤其需要一个有权威的积极政府的支撑。然而,由于长期实行计划体制,我国政府似乎并不缺乏权威,缺乏的是怎样正确地运用权威。鉴于此,我们觉得,目前我国政府的权威应该体现在增强政府的可信度上,只有政府具备了良好的信誉,才是促进社会经济可持续发展的最有利的条件。另一方面,在强调积极政府的时候,我们同样不能忽视我国的积极政府发展必须以市场经济发展阶段为基本依据,并根据这一基本依据来确定积极政府的“度”。通过提高政府能力和有效性来体现政府的积极性。否则,积极的“过”与“不及”都会对经济产生消极作用。

综上所述,转型中的中国首先需要一个有能力的政府;一个主动求发展的积极政府,其次也要求这个政府是一个具备完善的民主机制,善于自我约束和把握分寸的政府。只有这样,我们才能最终结合新旧体制的优势,既不至于积极过头,产生专制,也不至于倒退到拉美型和南亚型那样市场经济发育之初的混乱和无序中去,而是在政府的主导下逐步实现由计划经济向规范的现代市场经济的过渡。

---

① 程瀬兰. 世界银行发展报告20年回顾[R]. 北京:中国经济出版社,1999.

重构政府经济基础*

——对转变政府职能问题的深度思考

一、问题的提出

中共十六届三中全会《决定》提出了加快转变政府职能，深化行政管理体制改革的历史任务，指出要切实把政府经济管理职能转到主要为市场主体服务和创造良好发展环境上来，加快形成行为规范、运转协调、公正透明、廉洁高效的行政管理体制。这就说明，在我国转变政府职能，深化政府行政管理体制改革，还是一项未竟的事业。20 多年来，多轮次的政府行政机构改革尚未成功的实践已经证明，转变政府职能是政府行政改革的核心问题，行政体制改革是政府行政改革的关键，新的行政管理体制能否形成，在很大程度上取决于转变政府职能能否加快和到位，而转变政府职能能否加快、能否到位，在很大程度上又取决于改革或转变、重构政府的经济基础能否到位。因为，根据马克思主义关于生产力与生产关系、经济基础与上层建筑相互关系的原理，政府作为社会上层建筑的重要组成部分，其现存的形式与运行模式是由其现实的经济基础决定的，归根结蒂是由社会现实的生产力发展水平决定的。政府经济基础是由生产关系的总和构成的，其中生产资料所有制的性质和结构形式、产权关系等起着决定性的作用。因此，是政府的经济基础（而不是计划或市场）决定着政府的职能，决定着政府行政管理体制，而不是相反，要加快转变政府职能，深化行政管理体制改革，最根本的问题在于重构政府经济基础。

重构政府经济基础，包括重构政府和重构政府的经济基础两个方面，在经济体制改革和政府行政职能与体制改革的历史过程中“毕其功于一役”。重构政府的动力主要来自生产力发展的间接推动、生产关系变革的直接推动和政府自我推动以及上层建筑中除政府以外其他政治力量的直接推动。重构政府的经济基础的动力主要来自生产力发展的直接推动、政府改革的直接反作用力推动以及上层建筑中除政府以外其他政治力量的间接反作用力的推动。重构政府能够直接能动地反作用于重构政府的经济基础，达到进一步解放和发展生产力的根本目的；重构政府的经济基础必然导致重构政府及其他上层建筑的政治体制改革。所谓重构政府经济基础，是指政府改革的主体根据马克思主义基本原理及新的理念和实践的要求，对原有的或既定的政府经济基础中的生产关系、所有制中那些不适合生产力发展要

---

* 原载《浙江学刊》2004 年第 4 期；《新华文摘》2004 年第 17 期题录。

求的部分,上层建筑中首先是指政府中那些不适应经济基础需要的部分进行重理、重组、重塑或变革和改变,重建具有充满生机和活力的经济基础,使之成为进一步解放和发展生产力,推动政府改革和政治体制改革的“结合部”。

重建政府经济基础,也要靠中国人自己的智慧和力量,走自己的路。20 世纪 70 年代末 80 年代初,伴随着全球化、信息化、私有化(一种解释就是在某项活动或者在资产所有权中,降低政府的比重或者提高私人部门的作用)以及知识经济时代的来临,西方各国进入了公共管理部门尤其是政府管理改革的时代,被称为“新公共管理”运动。各国不约而同地把私营企业行政管理的理论、方法和技术运用到政府机构中,以提高政府的行政效率和效益,提高政府公共管理水平和公共服务质量,逐步形成相应的产权理论、公共选择理论以及“治理”和“善治”的理论和模式等。它们对我国产生着日益广泛的影响。有人认为,西方的今天就是我们的明天,主张“引进”西方的这些理论与模式,而且认为这是势在必行的。也有人以社会主义、公有制、中国特色为由,认为中国不能搞“私有化”,不能“西化”,因此西方国家的这些理论与模式不适用于我国现实的政府公共管理。那么,中国政府公共管理的产权理论、新公共管理理论、公共选择理论以及“治理”和“善治”理论何以可能,何以不可能? 对此,笔者想起了马克思、恩格斯 1848 年《共产党宣言》中的一段话。他们指出:“法国的社会主义和共产主义的文献是在居于统治地位的资产阶级的压迫下产生的,并且是同这种统治作斗争的文字表现,这种文献被搬到德国的时候,那里的资产阶级才刚刚开始进行反对封建专制制度的斗争。德国的哲学家、半哲学家和才子们,贪婪地抓住了这种文献,不过他们忘记了:在这种著作从法国搬到德国的时候,法国的生活条件却没有同时搬过去。在德国的条件下,法国的文献完全失去了直接实践的意义,而只具有纯粹文献的形式。”①马克思、恩格斯的这段话,给我们的启示主要在于:在西方国家形成的产权理论、公共选择理论、“治理”和“善治”理论等是有其产生的“生活条件”的,对于我国目前来说,在很大程度上还“只具有纯粹文献的形式”,还不能直接具有指导现实的实践意义。如果要将其“引进”或搬到我国来,就要同时搬进其“生活条件”,然而,这种“纯粹文献”形式的理论,其赖以生存的“生活条件”是不可能简单地搬到我国来的。但是,如果要以科学的态度正视它对我国政府改革的借鉴意义,就要在逐步改变其“纯粹文献”形式的同时,逐步改变其赖以生成和存在的“生活条件”。这不仅是必要的,而且也是可能的和现实的。事实上,我国政府行政改革,转变政府职能所做的一切,最为关键的大事之一就是持续不断地有序地改变着政府“生活条件”,其基本路径就是从对生产资料私有制社会主义改造的再认识出发,经过对生产资料公有制的社会主义改革,达到对传统公有制最后的堡垒——国有企业的改制,创造以公有制为主体、多种所有制经济共同发展的基本经济制度,其实质就是在重构着政府经济基础,并用宪法修正案的形式将其固定下来。本文拟就这些问题作初步的探讨。

二、对原有政府经济基础的再认识

所谓原政府经济基础,不同于我们一般所称的“传统计划经济体制”,而主要是指 1956 年对生产资料私有制社会主义改造基本完成而创建的社会主义公有制的经济制度。这种经

① 马克思,恩格斯. 马克思恩格斯选集:第 1 卷[M]. 北京:人民出版社,1972. 277.

济制度使生产资料集中在国家手中,由原先多种经济成分变为只有公有制一种,实现了所有制的整齐划一,同时也逐渐形成和完善了一种以高度集权的、以行政管理为主要机制的计划经济体制。计划受生产关系制约,计划行为是所有权的行使和表现。计划经济体制以公有制为基础,公有制程度决定计划经济的完善程度,又被强大的计划所催生。生产资料公有制和计划经济体制相结合,将全部经济活动都纳入到政府协调的框架内,形成了全能型的政府职能体系。由此就形成原政府经济基础的基本特征:公有制经济制度、计划经济体制和全能政府的"三位一体"。无论是全能政府还是计划经济体制都完全受制于国家对生产资料的控制程度,所以,公有制经济制度是原政府经济基础的根本,是一切问题的聚焦点,这种局面一直维持到1978年以后才有所改观。

应当指出,从1949—1956年前后仅7年时间就在全国绝大多数地区基本上完成了把资产阶级的生产资料私有制和个体农民、手工业者的生产资料私有制,改造成为社会主义的生产资料公有制的历史任务,这是一种历史奇迹,是一个伟大创造。它有助于在短期内医治旧中国遗留下来的经济恶波动,以便顺利渡过经济困难时期,在经济发展水平低、建设资金严重短缺、国力有限的条件下,运用这种行政集权的计划经济体制,保证把有限的资源集中到重点建设上,奠定了国民经济良性循环的物质基础。然而,究竟如何评价新中国建国初这场构建政府经济基础的运动?对此,中共八大、十一届六中全会等重要的会议和文献曾经作出了历史结论。① 但是,对历史结论要进行历史性的思考,要经得起现实的追问。在思想理论界,对这个时期发生的问题的性质的判断,始终有不同意见。我以为有几个问题需要提出进一步研究。

第一,如何认识消灭私有制。从历史的和逻辑的相统一的角度来审视,中国在20世纪50年代初期选择公有制为定向的发展和现实的计划经济体制是有一定的历史必然性和合理性的。这种必然性和合理性是有多种因素合成的,其中有对马克思主义关于消灭私有制理论的解读,有对苏联经验的借鉴,有对革命战争年代传统的延续,有新中国建国初期比较特殊的国内外环境的影响和制约等。在这些因素的互动或共振作用中,我以为最主要的原因在于对马克思、恩格斯关于消灭私有制理论的误解。马克思、恩格斯在《共产党宣言》中分析了资本主义生产方式,指出这种生产方式所造成的社会化大生产,迟早要冲破资本主义生产资料私人占有的桎梏,建立与生产力的社会性相适应的生产资料公有制,这是不以人们的意志为转变的历史趋势和客观规律。正因为如此,他们指出,共产党人可以用一句话把自己的理论概括起来:消灭私有制。② 他们不仅回答了为什么要消灭私有制、消灭什么样的私有制,而且还回答了消灭私有制的必要条件,以及怎样消灭私有制等问题。他们认为,消灭私有制的必要条件是资本主义社会化大生产,他们所要消灭的是同这种社会化大生产不相适应的资本主义社会资产阶级的大私有制。一方面,非资产阶级的私有制用不着无产阶级消灭,它们在其历史发展进程中被资产阶级消灭了;另一方面,不消灭资产阶级私有制就不能解放和发展社会化的大生产。他们认为,要通过无产阶级革命斗争,消灭资产阶级私有制,逐步建立使劳动者同生产资料直接结合的社会所有制,不断增加生产力的总量。显然,这些思想对于没有经过资本主义社会长足发展的半殖民地半封建的旧中国来说,最多也只

---

① 参见乔耀章.中国社会主义特色纵横谈[M].苏州:苏州大学出版社,1996.2—7,158—176.

② 马克思,恩格斯.马克思恩格斯选集:第1卷[M].北京:人民出版社,1972.265.

能具有“纯粹文献”形式,具有理论层面的未来导向作用,而不能直接用于指导当时的具体实践,否则就会脱离当时中国的国情,犯本本主义、教条主义的错误。因为在我国还远没有达到完全消灭传统私有制及其传统私有制观念,实现两个“最彻底的决裂”的境界。根据当时的生产力水平,个体劳动者私有制和资本主义工商业私有制还不能消灭。历史将证明:私有制该消灭而且能够消灭的一定要消灭,不该消灭而且不能消灭的一定不能消灭,还要有待于创造条件才能消灭,一切应以时间、地点、条件为转移。正如马克思指出的:一个社会即使探索到了本身运动的自然规律,它还是既不能跳过,也不能用法令取消自然的发展阶段。①

第二,如何认识“两个提前”即“提前”向社会主义过渡,“提前”结束过渡时期,处理好“改造”与“消灭”的关系。根据毛泽东的新民主主义论,中共七届二中全会提出,使中国由农业国转变为工业国,由新民主主义社会发展到将来的社会主义社会的基本方向,即在新民主主义胜利到社会主义革命之间有一个新民主主义社会的建设阶段,这个阶段大概需要二三十年,搞社会主义还是这以后的事。但是到 1952 年,出于种种考虑,这种设想发生了部分的变化,把新民主主义社会与过渡时期等同视之,把原来所说的新民主主义建设阶段视同从新民主主义转变到社会主义的过渡时期,这是一个提前。第二个提前是同过渡时期的过渡期、过渡时速有关。原定过渡时期必须经过一个相当长的时间,并且规定必须逐步进行、逐步实现,这是考虑到我国原有的生产力发展水平低,只有经过长期努力才可能实现。所谓相当长的时间,当时估计需要三个 5 年计划,加上 3 年恢复时期,共 18 年,这是较为稳重的估计。为什么?因为过渡时期总路线是“一化三改”、“一体两翼”的总路线,“一化”即逐步实现国家的社会主义工业化,这是主体,这是指发展生产力;“三改”即逐步实现对农业、手工业和资本主义工商业的社会主义改造,这是“两翼”。“化”与“改”之间,“改”与“改”之间互相联系、互相促进、互相制约,体现了发展生产力和变革生产关系的辩证统一,是一条社会主义建设与社会主义改造、革命同时并举的路线。即把发展生产力和解放生产力有机地结合起来,这是完全符合当时中国既要改变贫穷落后的面貌,又要改革生产资料私有制的双重历史需要的。从工业化方面看,新中国的建设者们对生产社会化、对工业化的知识和规律还陌生,知之甚少,更谈不上对社会主义工业化规律的认知了。这些需要重新学习和探讨。再从所有制结构方面来看,当时的国营经济不是在社会化大生产基础上自然长成的,而是靠剥夺或没收官僚资本(包括帝国主义部分在华资本)人为创建起来的,它本身不能简单地同“社会主义”挂钩或画等号,国有经济的所有者、经营者一般还不懂得用社会化大生产的眼光,按照经济规律来驾驭国有经济。土地改革后重建起来的农业、手工业劳动者的个体私有制不同于资本主义条件下面临被资本的大私有制消灭的命运,他们既有自发倾向于资本主义可能,又有接受社会主义的可能,但无论哪一种可能都必须由他们自己亲自体验来选择。正如列宁曾强调指出的,我们既不能消灭也不能剥夺,只能与他们和睦相处,在我们农村中奠定共产主义的物质基础之前,把纯粹的和狭义的共产主义思想带到农村去,那么就是有害的和危险的②,这就需要时间来等待。资本主义工商业主要是民族资本主义工商业,由于它有其两面性,通过国家资本主义利用其有利于国计民生的积极作用和限制其不利于国计民生

① 参见乔耀章.消灭私有制的理性光辉不灭——纪念《共产党宣言》发表 150 周年[J].学术季刊,1998(2).

② 列宁.列宁选集:第 4 卷[M].北京:人民出版社,1972.679.

的消极作用，必然存在着利用与反利用、限制与反限制的矛盾和斗争，所有这些都需时间，都需要一个过程。但是，一条原本比较正确的过渡时期总路线由于种种原因没有得到正确有效的贯彻执行，实际结果却有违初衷，"改造"变成了"消灭"，"并举"变成了"单举"，割裂了发展生产力与变革生产关系的历史联系，只用3年时间便急急忙忙地完成了"三大改造"的历史任务，"三改"超前，而发展生产力，实现国家的社会主义工业化的历史任务却远没有完成。"一化"滞后这是一种历史性的"缺课"，即发展社会化大生产方面的历史性欠账，以致产生了"先进的社会制度与落后的社会生产力之间的矛盾"这种畸形的社会现象。这种现象容易给人一种错觉，似乎社会经济制度或生产资料所有制是能够脱离具体现实的社会生产力的制约而随意可以存废和超前发展的。今天看来，这"两个提前"表明，当初新中国的建设者们对发展工业化为标志的社会化生产力的长期性、根本性决定作用认识不足，对作为"三大改造"对象的农业、手工业、资本主义工商业私有制仍然对当时社会生产力发展所具有的容纳性、适应性认识不足，并且把"改造"视同"消灭"。历史将证明，实现国家的社会主义工业化的历史任务是不可或缺的，把生产资料私有制的社会主义改造视同"消灭"生产资料的私有制，是一种历史性的错失。它割断了自我发展的历史。针对第一个"提前"，我认为新民主主义社会不可忘却。① 针对第二个"提前"，我认为"改造"不等于"消灭"，被消灭的正是以后发展所需的必不可少的东西。

第三，如何正确认识政治上层建筑在构建政府经济基础过程中的强制性作用。由新民主主义社会向社会主义过渡属于一种社会转型期，在这个社会转型期，政治上层建筑往往打破常规，发挥着异常的作用，通过国家政权的力量和政治运动构建集权式的公有制计划经济模式，亦即"国家社会主义"模式。正如1954年宪法强调的那样"国家用经济计划指导国民经济的发展和改造"，依靠国家机关和社会力量保证逐步消灭剥削制度。从生产资料私有制社会主义改造的运作方式和轨迹看，政治上层建筑对经济基础的反作用表现在生产关系和生产力两个层面上，有不同的情形。中国共产党领导各族人民通过政治革命夺取国家政权，为了巩固政权，首先凭借国家政权的力量构建起政治上层建筑，并通过政治上层建筑直接反作用于生产关系，新建其赖以存在、巩固和发展的经济基础，即社会主义公有制生产关系的创建主要是由国家政权力量决定的，按国家政权的性质和面貌构建，而不是由生产力的性质和发展水平决定的。换句话说，是通过社会主义政治制度创建了社会主义经济制度，而不是相反。这是一种经济与政治关系的"倒转"现象，即这里不是由经济决定政治，而是由政治决定经济。在这样的历史情境中，政治上层建筑对生产力的反作用往往是非常弱化的，而且只是通过生产关系这个"中介"间接地反作用于生产力。由于国家未能按预期设想实现社会主义工业化，又由于政治上层建筑对创建社会主义公有制生产关系的强制作用失当，所以我国社会主义公有制生产关系创建当初就免不了对生产力存在着某种程度的不适应或是一种"胎里病"，这是一种"超前性"的不适应，它部分地潜在着对生产力发展的阻滞作用。然而，生产力具有天赋的革命性质，一旦把发展生产力当作一切工作的中心来抓，它就会立刻活跃起来"反抗"束缚它发展的力量，它首先"反抗"的是那部分超前性的生产关系，其次是反抗那些本来适应它的发展而后来变得不适应而显得滞后的那部分生产关系，而不是政治上层建筑。或者说，它首先要求改革的是束缚它发展的经济制度、

① 乔耀章. 中国社会主义特色纵横谈[M]. 苏州：苏州大学出版社，1996. 356—363.

经济体制,而不是政治体制。在这种情况下,合乎历史和逻辑的一般序列是:发展生产力(以经济建设为中心),改革经济制度、经济体制进而自然地推进政治体制改革,这是问题的一方面。但是,我国实际的经济关系、经济制度和经济体制又是通过政治关系、政治制度和政治体制而确立起来的,不改革政治体制就不能保证经济体制改革的深入和成功。很难想象,在一个帮助了创建经济体制的政治体制不改革之前会有成功的经济体制改革。因此,从我国政府经济基础创建的特殊路径看,要重构政府经济基础,解放和发展生产力,就必然要求改革政治体制,通过改革政治体制反作用于经济体制改革,重构政府经济基础,这是问题的另一方面。只有把握了生产资料私有制社会主义改造时期政治与经济的"倒转现象",才能把握此后中国社会运行的基本轨迹。然而,改革的历史证明,一般序列却成为现实的常态。

这样,我们可以把1956年对生产资料私有制的社会主义改造后创建的公有制、计划经济称之为"五六体制",它对于共和国来说实在是太重要了,以致共和国的成长、发展甚至曲折的"基因(DNA)"都是在这个奠基时期注入的,在很大程度上决定着共和国兴衰存亡的命运。在她凯歌行进的同时也遗留下许多问题,它们大多或多或少被觉察,可是来不及反复研究和慎重决策,就在改造的高潮中被掩盖起来。实际上,旧中国传统的剥削制度、传统的私有制即非劳动者私有制:封建土地所有制、官僚资本及帝国主义在华的部分资本,随着新民主主义革命的胜利,随着土地改革的完成,随着对官僚资本主义的没收或剥夺,已经被消灭,成为国家所有制,亦即全体劳动者"共有制"。在新老解放区土地改革后的农民重新获得土地,做到耕者有其田,是属于劳动者的私有制,这是一种"新私有制"或"新生事物",城乡手工业者的个体所有制也是劳动者私有制,民族资本主义工商业私有制是中国资本主义的次要部分,虽有剥削的面,但总体上还是属于共和国建设者的私有制。这些私有制是刚刚重建或获得新的发展的,虽然它们同社会主义国家所有制有一定的矛盾,但它们还是基本上适应当时社会生产力发展水平和要求的,它们同国家所有制一道共同构成共和国建设新民主主义社会和向社会主义社会过渡的经济基础,它们犹如一对"龙凤连体胎儿"①可以通过社会主义国营经济和国家资本主义引导和规范它们,与它们和睦共处,共同发展,构建一种命运共同体。如果过早地对它们进行社会主义改造直到消灭它们,既不利于实现国家的社会主义工业化,也不利于社会主义国有经济的发展。认真反思这段历史,有利于我们完整准确地理解和掌握马克思、恩格斯关于消灭私有制的科学真理,实事求是地评价这段历史实践,正视非社会主义、非公有制的存在和发展是不依靠任何人的主观意志为转移的客观事实,应重构政府经济基础,调适共和国自身发展的路径。它给予我们的启示主要在于:没有正确的理论,就没有正确的实践。历史是不能"硬拗"的,"硬拗"的结果是"硬拗"者受到历史的惩罚。生产资料私有制的社会主义改造可能是新中国建国以后需要清理的第一块、也是最后一块历史阵地,它自身以及参与其中的人们不能完全自我证明,其正确与否及正确与否的程度还有待于人们后来的"生产资料公有制的社会主义改革"的实践来证明。当然,人们不能因为后来发现它的致命缺陷而对它采取历史虚无主义的态度,连同计划经济一道全盘否定。

---

① 乔耀章.中国社会主义特色纵横谈[M].苏州:苏州大学出版社,1996.359.

三、重构政府经济基础的历史进程

"五六体制"创建以后,共和国的决策者们认为,今后全党全国人民的主要任务是搞经济建设,发展生产力,向自然开战。但是,一方面,毛泽东很快发现由于中国经济文化落后,单一的公有制结构并不能满足社会丰富多样的物质文化需要,探索要对刚刚建立的经济体制进行改革。1956 年 4 月《论十大关系》中的第四、五大关系就开始涉及经济体制的改革。1956 年 12 月,他约见民建、工商联负责人谈话就提出"可以消灭资本主义,又搞资本主义"的思想。1958 年 11 月中央第一次郑州会议,毛泽东要求与会同志一起学习斯大林《苏联社会主义经济问题》。他深刻分析了中国国情,从中国社会生产水平低、自然经济占优势的实际出发,第一次明确提出中国"很需要有一个发展商品生产的阶段",并把商品生产存在的终极原因归为"社会生产力的水平"。1961 年 1 月,中共八届九中全会提出"调整、巩固、充实、提高"八字方针,对三年困难时期后的国民经济进行调整。1961 年 6 月和 1962 年 9 月,毛泽东先后主持制定了《农村人民公社工作条例(草案)》和《六十条(修正草案)》,提出要实行"三级所有,队为基础"的所有制形式,恢复自留地、家庭副业、集市贸易,发展灵活多样的经营方式;与此同时,1961 年 9 月中共中央颁布了《工业七十条》,提出了工业企业管理体制的基本原则。1964 年 8 月,党中央、国务院批转了《关于试办工业、交通托拉斯的意见的报告》,这是工业管理体制上的一项重大改革。但所有这些早期探索都没有持续下去,这主要是由于毛泽东没有深刻认识马克思、恩格斯构想的经济模式与现实中国社会主义经济模式在建立前提上的重大差别,把单一公有制、计划经济和产品经济看作是社会主义的基本特征。所有这些探索不是根本改革"五六体制",而是强化"五六体制",在所有制结构上不断冒进,使之在很大程度上失去了活力,严重阻碍了生产力的发展。另一方面,当时国内外接二连三地出现了一些事件,阶级斗争问题在很大程度上转移了他的注意力,搞了一系列的政治运动,号召在思想战线上要"不断革命",直到"文化大革命",接二连三地在共产党内寻找斗争对象,揪党内一小撮走资本主义道路的当权派。从这个特定意义上说,以文化的形式发动的"文化大革命",虽然毛泽东已揭示出"实质上是一场政治大革命",但是其深厚的社会经济根源还在于 1956 年基本完成的"生产关系革命","文化大革命"只不过是把"生产关系革命",亦即对生产资料私有制的社会主义改造所遗留下来的问题一步步推向极致的结果。随着"文化大革命"的结束,对"生产资料公有制的社会主义改革"也就势在必行。

1978 年 12 月召开的中共十一届三中全会,实现了共和国自成立以后最有深远意义的伟大转折,在全面总结历史教训的基础上,果断地作出了把党和国家工作重点转移到以经济建设为中心的社会主义现代化建设轨道上来的战略决策,从而真正开始实现了从"政治方面的经济"的实践向"经济方面的政治"的实践的转变①,即以经济建设为中心的历史,它打开了一条一心一意搞经济建设的新路。会议指出,实现四个现代化,要求大幅度地提高生产力,也就必然要求多方面地改变同生产力发展不适应的生产关系和上层建筑,改变一切不适

① 我把中国特色社会主义的实践特色概括为从政治的经济到经济的政治。从马克思主义的经济与政治观着手,分析了 1840 年以来,特别是 1921 年以来中国的历史,认为大体上以 1978 年为界,在这之前为"政治的经济的历史",这之后开启的是"经济的政治的历史"。见乔耀章. 中国社会主义特色纵横谈[M]. 苏州:苏州大学出版社,1996. 145 – 224.

应的管理方式、活动方式和思想方式,因而是一场广泛、深刻的革命。这就是说,生产关系和上层建筑以至管理方式、活动方式和思想方式都是要改变的,但其改变必须适应于生产力发展的要求,必须有利于提高生产力。这就从根本上破除了过去那种不顾生产力发展的状况,肆意改变生产关系和上层建筑,实际上只是为了革命而革命的“左”倾的有害的观点,由此开始了共和国经济高速增长和制度变迁,特别是经济制度变迁的过程。

在我国重构政府经济基础的历程是从农村开始的。早在1978年前后,安徽省滁州市来安和天长县的农民为摆脱贫困的状况,首先打破三级所有、队为基础的体制,探索出包产到组和小宗作物田间管理负责人的办法,开始打破“人民公社制”的坚冰。后来凤阳县小岗生产队首创了包干到户的责任制形式。在有关地方领导有意识地维护和积极支持下,中国的制度创新由部分农民自发的诱致性变迁而成为局部地区自觉的诱致性变迁。而当这种制度创新被中国的决策层面所深刻理解后,制度变迁又转变成为对中国整体而言的诱致性变迁,对部分地区而言反而成为自上而下的强制性变迁了。农村家庭联产承包责任制作为农村公社改革的基本形式被推广到全国。① 农村家庭联产承包责任制的普遍实行,酝酿着农村人民公社体制的变革。1983年10月,中共中央、国务院发出《关于实行政社分开建立乡政府的通知》,规定建立乡(镇)政府作为基层政权,同时普遍成立村民委员会作为群众性自治组织。到1984年年底,全国各地基本完成了政社分设,至此,农村人民公社制度实际上已经不复存在了。家庭联产承包责任制的普遍实行,人民公社制度的取消,亦即随着农村生产关系的改革及上层建筑的变革,为农村商品经济的发展创造了条件。拥有几亿人口的中国农村,比较顺利地实现了如此深刻的社会变革,对于其他领域的改革都产生了深远的影响,因而成为我国改革、重构政府经济基础的“根据地”!

自中共十一届三中全会公报中第一次公开承认计划经济的缺陷,承认农村中商品经济的合法性以后,随着农村经济体制改革的推进,“计划”和“市场”的关系日益引起人们的关注(并且在长时间内以“计划”与“市场”的关系遮盖着人们对经济体制改革中更为根本的“公有”与“私有”或“非公有”问题,即所有制问题的关注)。1982年9月,中共十二大已经确认“计划经济为主,市场调节为辅”的原则,并写进1982年《宪法》。1984年10月,中共十二届三中全作出《关于经济体制改革的决定》,标志着我国改革的重点从农村转移到了城市。《决定》指出,改革计划体制,首先要突破把计划经济同商品经济对立起来的传统观念,明确认识社会主义计划经济必须自觉依据和运用价值规律,是在公有制基础上的有计划的商品经济。商品经济的充分发展,是社会经济发展不可逾越的阶段,是实现我国经济现代化的必要条件。这就表明,“计划”与“市场”的主辅关系已经发生变化,并逐渐向平等关系过渡。1987年10月,中共十三大完整地提出我国正处在社会主义初级阶段的基本路线,指出“社会主义有计划商品经济的新体制,应该是计划与市场内在统一的体制”。这就表明已不存在“计划”与“市场”谁主谁次的问题,它们同等重要,应平等看待“计划”和“市场”的地位。早在1979年11月,邓小平在一次谈话中就指出,说市场经济只存在于资本主义社会,只有资本主义的市场经济,这肯定是不正确的。1985年,他又说,把计划经济和市场经济结合起来,就更能解放生产力,加速经济发展。1992年2月,他在南方谈话中又指出,计划经济不等于社会主义,资本主义也有计划;市场经济不等于资本主义,社会主义也有市场。这

① 王志诚,史学军. 对中国改革的新制度经济学分析[J]. 经济研究,1999(5).

就为社会主义市场经济体制的确立扫清了理论障碍。1992 年 6 月,江泽民同志在中央党校的讲话中第一次公开使用了“社会主义市场经济体制”的概念。1992 年 10 月,中共十四大把建立社会主义市场经济体制确立为我国经济体制改革的目标,指出在建立社会主义市场经济过程中,计划与市场两种手段相结合的范围、程度和形式,在不同时期、不同领域和不同地区可以有所不同。把建立社会主义市场经济体制作为经济体制改革的目标,这是事关社会主义现代化建设全局的重大问题。1993 年 3 月,全国八届人大一次会议把“国家实行社会主义市场经济”写入了《宪法》。1993 年 11 月,中共十四届三中全会通过《关于建立社会主义市场经济体制若干问题的决定》,进一步勾画了建立社会主义市场经济体制的蓝图和基本框架,指出社会主义市场经济体制是同社会主义基本制度结合在一起的。建立社会主义市场经济体制,就是要使市场在国家宏观调控下对资源配置起基础性作用。要进一步转换国有企业经营机制,建立适应市场经济要求、产权清晰、权责明确、政企分开、管理科学的现代企业制度。1997 年 9 月,中共十五大指出,中国特色社会主义的经济,就是在社会主义条件下发展市场经济,不断解放和发展生产力。中共十五大对社会主义市场经济体制的所有制结构、公有制经济的含义、公有制形式的多样化等问题作了更为深入具体的阐述。1999 年 3 月,全国人大九届二次会议将“社会主义市场经济”正式载入《宪法》。2002 年 11 月,中共十六大提出完善社会主义市场经济体制,根据解放和发展生产力的要求,坚持和完善公有制为主体、多种所有制经济共同发展的基本经济制度。2003 年 10 月,中共十六届三中全会审议通过了《关于完善社会主义市场经济体制若干问题的决定》,明确提出了完善社会主义市场经济体制的目标、任务、指导思想和原则。其所具有的十分重大的意义,正如全会公报指出的:要大力发展国有资本、集体资本和非公有资本等参股的混合所有制经济,实现投资主体多元化,使股份制成为公有制的主要实现形式。这就进一步明确了完善社会主义市场经济体制的主攻方向,即对国有企业进行全面改制。全会认为,产权是所有制的核心和主要内容,建立归属清晰、权责明确、保护严格、流转顺畅的现代产权制度,有利于维护公有财产权、保护私有财产权,促进非公有制经济发展。根据《决定》和全会公报精神,我们认为这是在 20 多年改革开放实践基础上,对公有制实现形式,阐明所有制与产权制度之间关系的重大理论突破,为进一步完善社会主义基本经济制度和市场经济体制,提供了科学的指导思想。

用宪法规定国家的经济制度是我国社会主义宪法的一种特色。共和国成立以来,除建国前夕全国政协一届一次会议制定的《共同纲领》具有准宪法或临时性宪法外,先后有四部宪法,即 1954 年宪法、1975 年宪法、1978 年宪法、1982 年宪法。其中,在所有制问题上,1954 年宪法科学地总结了历史经验,全面准确地体现了人民民主和社会主义原则,规定我国当时的生产资料所有制主要有:国家所有制(全民)、合作社所有制(集体)、个体劳动者所有制、资本家所有制等。1975 年和 1978 年宪法是存在着严重问题和缺陷的宪法。1975 年宪法强调计划经济、公有制和按劳分配,国家允许在法律许可范围内不剥削他人的个体劳动,并引导他们逐步走上社会主义集体化道路。1978 年宪法基本保留了 1975 年宪法的内容。1982 年 12 月,由五届全国人大五次会议通过的宪法,形式上是对 1978 年宪法的修改,而实际上是以 1954 年宪法为基础,在党的领导下,经过民主讨论重新制定的新宪法,它把商品经济引入宪法,多种经济成分受到重视,开始注意企业的合法地位,承认城乡劳动者个体经济是社会主义公有制的补充。此后,为了保障宪法的稳定和与时俱进,学习和借鉴美国修改宪法的方法,分别在1988年4月七届全国人大一次会议、1993年3月八届全国人大一次会议、1999年3月九届人大二次会议和2004年3月十届人大二次会议先后四次对宪法部分内容作了修改。第一次宪法修正案确认了私营经济的宪法地位,规定私营经济是社会主义公有制经济的补充。第二次宪法修正案将"国家在社会主义公有制基础上实行计划经济"改为"国家实行社会主义市场经济",并将"国营经济"改为"国有经济"。第三次宪法修正案增写多种所有制经济共同发展的基本经济制度,个体经济、私营经济等非公有制经济是社会主义市场经济的重要组成部分。第四次宪法修正案在前一次基础上,更加突出国家保护非公有制经济的合法的权利和利益。国家鼓励、支持和引导非公有制经济的发展,并对非公有制经济依法实行监督和管理。公民的合法的私有财产不受侵犯。国家依照法律规定,保护公民的私有财产权和继承权。所有这些修改,是关系到国家发展和长治久安的重大问题,既反映我国社会主义经济制度的自我完善和发展,又反映全党全国人民对什么是社会主义,中国的社会主义现处在何处并向何处去,怎样建设社会主义这个根本问题认识的深化或根本改变,从而使宪法更加完善。通过历次制宪、修宪对生产资料所有制及其结构的调整和规定,表明了共和国在不同的发展阶段的经济模式以及对所有制问题,确切些说是对公有制问题不断再认识的程度,从中可以看出我国经济制度或政府经济基础变迁的基本轨迹:从新中国建国初期的多种所有制经济并存到1956年以后公有制经济的"一统天下",再到1978年以来逐渐形成的以公有制经济为主、多种所有制经济或混合所有制经济共同发展的基本经济制度,由此形成我所称的"综合经济基础"。经过半个世纪的风雨历程,仿佛又回到了新中国建国初期的生产资料所有制形式,除了所有制几经变化以外,共和国的名称、共和国的国旗、共和国的理想等都没有变,随着生产资料所有制的历史性"回归",仿佛今日中国才真正同共和国自己的历史接轨。然而,这却是共和国的一次重大的历史性跨越,是共和国自我否定之否定的曲折的前进过程,毕竟不可同日而语了。

在继承中发展,在发展中继承,从消灭私有制,到巩固和发展公有制经济,鼓励、支持、引导和发展非公有制经济这是小康中国的必然选择。用新的宪法修正案的形式将我国20多年来对生产资料公有制的社会主义改革的新成果、新经验肯定和固定下来,基本完成政府经济基础的重构和创新,具有十分重大的理论和实践意义,它将对我国的政府行政改革和政治体制改革产生重大而深远的历史影响。

四、综合经济基础与政府经济职能

为了叙述的方便起见,我对"综合经济"、"混合经济"、"总体经济"、"整体经济"这些术语不加严格的区别,原因之一是这些提法都不直接是宪法用语。宪法用语是"社会主义经济制度的基础","坚持公有制为主体、多种所有制经济共同发展的基本经济制度"。我所称的"综合经济"只是宪法用语指向的现实结合状态或状况。综合经济或混合经济有时可指整个国家的所有制结构状况,有时可直指某具体企业的投资结构或产权结构。然而,本文的"综合经济基础",一是指称"综合经济的基础",即在所有参与综合的多种经济中必有一种经济是它们的基础,这种基础性地位是其他种种经济所不能取而代之的,它是主要矛盾的主要方面,因而决定着事物的性质,如宪法用语中的"社会主义经济制度的基础"只能是"生产资料的社会主义公有制",如果不是以生产资料的社会主义公有制为基础,那么这种经济制度就不是社会主义的。二是指称作为整个政治上层建筑的经济基础是"综合的经济基础"，即不是专指或特指哪一种经济，即便是在其中起着基础性性质、地位和作用的经济，所能够支撑得起整个政治上层建筑的，要靠所有的经济构成的有机整体：综合经济基础，亦即宪法用语中的"坚持公有制为主体、多种所有制经济共同发展的基本经济制度"。可见，所谓综合经济基础，是我所指的宪法用语的另一种表达法，由此决定着上层建筑的政府的职能，尤指政府经济职能同综合经济基础的基本关系。从过去单一的公有制经济基础改变为综合经济基础，必然要改变着政府的经济职能。

根据宪法第六条的精神，综合经济基础与整个社会主义初级阶段同在。我国还将长期处在社会主义初级阶段，这个阶段是逐步摆脱贫穷、摆脱落后的阶段；是由农业人口占多数的、以手工劳动为基础的农业国，逐步变为非农业人口为多数的现代化的工业国的阶段；是由自然经济占很大比重的不发达状态，变为商品（市场）经济高度发达状况的阶段；是通过改革和探索，建立和发展充满活力的社会主义经济、政治、文化体制的阶段；是全民奋起，艰苦创业，实现中华民族伟大复兴的阶段。这五个方面的历史性变化就必然决定着社会主义初级阶段的主要矛盾不能不是人民群众日益增长着的物质文化需要同落后的社会生产力之间的矛盾；决定着社会主义初级阶段的基本任务不能不是以经济建设为中心，集中多种优势力量发展生产力，通过经济的社会化、商品化、市场化，逐步走向工业化和现代化；决定着社会主义初级阶段的所有制结构不能不是与多层次的生产力水平相适应的、以公有制为主体、多种所有制经济共同发展的所有制结构，也就是决定着我国社会主义初级阶段的经济基础只能是综合经济基础，不能有别的选择。历史已经证明并且将继续证明：承认综合经济基础，即以公有制为主体、多种所有制经济共同发展的基本经济制度，这是根据解放和发展生产力的客观要求所作出的选择，社会主义初级阶段是它的立论基础。正如江泽民同志在纪念中共十一届三中全会召开20周年大会上的讲话中所指出的：我们党用了30年的时间，经过正反两方面经验的比较，才开始认识到当今中国还处在并将长期处在社会主义初级阶段这个最大也是最重要的实际。

新中国建立以后的前30年，我们在建设社会主义的理论和实践中发生了严重失误，归根到底都是由于脱离了这个实际。而中共十一届三中全会以来这20年，我们在建设社会主义的理论和实践中取得了巨大成功，归根到底都是由于符合了这个实际。因此，是社会主义初级阶段决定着综合经济基础而不是相反。按照F. W. 利格斯关于政府行政的经济环境分类法，社会主义初级阶段既非融合型的农业社会，也非衍射型的工业社会，而是棱柱型的过渡社会，亦即"转型社会"。不过我国的这种过渡型社会或转型社会在本质上有别于一般国家的转型社会，而是一种"双重转型"社会：既涉及实现全面现代化由传统社会向现代社会的转型，又涉及向创新社会主义制度和体制的转轨；既要加速实现现代化，又要在实现现代化过程中建立、健全社会主义基本制度，即现代化 + 社会主义制度化 = 社会"双重转型"，这样西方社会学中"社会转型"的理念，显然不能完全适合我国社会主义初级阶段的社会转型的需要。① 这种"双重转型"的社会决定了在所有制关系和所有制结构方面的公有制与非公有制同时并存为综合经济基础这一基本格局。

随着社会主义市场经济体制的初步建立，公有制为主体、多种所有制经济共同发展的基

① 刘德厚. 广义政治论，政治关系社会化分析原理[M]. 武汉：武汉大学出版社，2004. 358—359.

本经济制度已经确立,我国的综合经济基础已经初步形成。它既是社会主义市场经济体制改革的结果,又是深化经济体制改革,完善社会主义市场经济体制的主要任务之一。改革开放20多年来,国有经济、集体经济、个体经济和私营经济以及外资经济都有了明显的增长和发展,总体经济结构发生了深刻的变化。从各种经济形式相对地位的变化来看,国有经济无论从量还是质的角度看,都存在逐步下降的趋势,集体经济有所提升,个体经济和外资经济上升较快。我国的所有制结构处于非平衡地变化发展着。在构成综合经济基础的多种所有制中,公有制的地位和实现形式问题日益凸显出来。中共十六大正确地指出:必须毫不动摇地巩固和发展公有制经济。发展壮大国有经济,国有经济控制国民经济命脉,对于发挥社会主义制度的优越性,增强我国的经济实力、国防实力和民族凝聚力,具有关键性作用。集体经济是公有制经济的重要组成部分,对实现共同富裕具有重要作用。中共十六届三中全会的《决定》也正确地指出:坚持公有制的主体地位,发挥国有经济的主导作用。积极推行公有制的多种有效实现形式,加快调整国有经济布局和结构。

要认识贯彻落实这些正确的决定,还有许多认识问题要解决,还有许多实际工作要做。比如,什么是公有资产,什么是公有制为主体,"主体"与"主导"是什么关系,公有制的有效实现形式有哪些,怎样才能切实巩固和发展公有制经济等。一般说来,所谓公有资产,是指国家和集体的资产。这两种公有制既有联系又有区别,它们分别适应不同层面的生产力发展水平,在发展生产力和国民经济中起着不同的作用。"主体"具有质和量的规定性,"主导"具有功能的规定性。"主体"主要是相对于非主体,即非社会主义所有制非公有制而言,无论是国有制经济还是集体所有制经济都是"主体",它们没有高低贵贱之分。但作为"主体"的两个部分在国民经济中的地位和作用是有所不同的,其中国有制经济在国民经济中发挥着主导作用,因此,"主导"首先和主要的是相对于公有制主体内部的集体所有制而言的,其次才是对其他所有制经济而言的,对于非公有制经济来说,"主体"与"主导"是没有根本区别的。不过在向未来社会所有制发展的过程中,国家所有制和集体所有制可能会发挥出不同的新的功能。① 公有资产、公有制可以有不同的存在形式。某种公有制实现形式的可行与否,主要看它是否符合生产力实际状况,是否有利于发展生产力,增强综合国力和提高人民生活水平,这是根本的标准。公有制实现形式除了原有的国有经济和集体经济(具体形式也是多种多样的)以外,还有股份制、股份合作制、社会基金所有制、社团所有制、合作经济所有制、资产经营责任制等。对此,中共十六届三中全会《决定》特别强调股份制,认为应当"使股份制成为公有制的主要实现形式",这是符合现阶段混合所有制经济实际的。我们认为,如果说坚持公有制的主体地位,发挥国有经济的主导作用属于"内容",那么,国有制经济、集体所有制经济、混合所有制经济、股份制经济等都属于"形式"。无论何时何地,具体"形式"的运用,都要为"内容"服务,一个重要的出发点就是公有资产的经济效益。只有实现公有资产的良好的经济效益,才能实现其主体地位应有的发展经济的主导作用,才能保证公有制经济长期处于主体和主导地位,才能保证社会主义经济的可持续发展。从这个意义上说,社会主义公有制经济是一种普照之光,它影响和支配着其他所有制经济的复生、存在和发展,它决定着我国社会的性质和发展方向。因此,政府对它不能无所作为,切实巩固和发展公有制经济也是我国各级政府的一项极其重要的经济职能。

---

① 乔耀章.中国社会主义特色纵横谈[M].苏州:苏州大学出版社,1996.254.

事物总是矛盾着的对立面的统一。在综合经济基础上，同公有制经济既矛盾、又对立又统一的是非公有制经济或私有制经济。它们在社会主义初级阶段你中有我、我中有你，谁也离不开谁，结成命运共同体。

如果客观地历史地看问题，由于对国情知之不多，共和国从恢复国民经济以后的"三大改造"至1978年的历史时期内，公有制有许多对不住非公有制的地方。1978年改革开放以来，特别是1993年中共十四届三中全会第一次提出了鼓励非公有制经济发展的政策以后，中共十五大又进一步提出非公有制经济是我国社会主义市场经济的重要组成部分。这一科学论断对私有制经济的新定位，使私有制经济从"制度外"进入"制度内"，由公有制经济的必要和有益的补充变为社会主义市场经济的重要组成部分，从制度层次上给它定了位、正了名，更加促进了私有制经济的发展，它既得到了公有制经济的支持与帮助，又得到的公有制为经济基础的社会主义上层建筑的支持与帮助。公有制以特殊的方式给私有制以"赔不是"、"认错"、"回报"。公有制为私有制的复生交出了改革制度的巨大成本。由此，私有制得到了应有的补偿。这样，在综合经济基础上，在社会主义市场经济的统一体中，公有制与私有制自然形成既对立又统一的关系。其对立的一面主要表现在作为竞争对手，二者的性质、目的及在社会经济生活中的地位、作用不同，而且私有制自身的历史性的弱点和缺点，会给公有制及公有制基础上的上层建筑和社会主义事业带来不可忽视的负面影响。其统一的一面主要表现在社会效益一致的基础上，二者相互依存、相互渗透、相互转化。在我国，公有制和私有制这种对立统一关系既是客观地又是长久地存在着的，我们既不能只看到对立的一面，不见统一的一面，也不能只见统一的一面而不见对立的一面。注意一种倾向掩盖着另一种倾向。处理二者关系必须注意以下几项原则：在我国社会主义初级阶段，公有制经济与私有制经济共处于社会主义市场经济的统一体中；坚定不移地贯彻社会主义初级阶段的基本纲领，自觉地坚持公有制为主体、多种所有制经济共同发展的基本经济制度；继续解放思想，更新观念，从制度创新、从历史发展、从新的时代这几个高度正确认识私有制；公有制为主体、多种所有制共同发展的基本经济制度是不可分割的；公有制与私有制在市场竞争中发挥各自优势，长期并存，共同发展。① 对这种对立统一关系，1995年我曾在一篇文中认为，中国社会主义市场经济是终于被发现的在社会主义和资本主义历史联系的基础上产生的能够使中国实现社会主义现代化的经济体制，并能够用以防止"左"警惕右的"中介物"，它既不是社会主义与市场经济的对立物，也不是社会主义和市场经济的简单相加，而是社会主义和市场经济有机的全面的结合，是独具特色的"树型"市场经济模式：它是一种以社会主义公有制为主体（主导）的多元利益主体平等竞争的多种经济成分优势互补的综合经济。中国社会主义市场经济之树的茁壮成长，必须扎根于中国大地，它的主干是社会主义公有制和按劳分配，它的枝干是在公有制基础上派生成的若干非公有制经济成分，在它的主干和枝干的基础上生成的多层次的枝叶吸收着市场经济之阳光、空气、雨露，进行光合作用，促进整棵树的新陈代谢。所有这些方面构成了中国社会主义市场经济之树的命运共同体。树大才能根深，根深才能叶茂。根深叶茂才能永葆中国社会主义市场经济之树常青。②

那么，怎么才能进一步巩固和发展公有制经济，鼓励、支持和引导非公有制经济发展，正

---

① 参见徐久刚.论社会主义市场经济公有制与私有制的矛盾[J].山西大学学报，2001(4).

② 乔耀章.中国特色社会主义市场经济与防止左、警惕右[J].南京社会科学，1995(5).

确认识和处理公有制和非公有制对立统一关系呢？一个十分重要的路径就是建立健全现代产权制度。随着我国建立现代企业制度改革目标的明确提出,产权问题便成为经济理论与实践的聚焦点,成为我国经济体制改革的关键,与此相关的西方产权理论——“科斯定理”、“诺思悖论”等成为热门话题,形成“多思(斯)(马克思、诺思、科斯、凯恩斯、吉登斯等)争鸣”局面,或“多思(斯)乱华”局面,各种解释不尽相同,取舍也存在分歧。占主流的观点认为,根据经济学理论,产权是对经济主体财产行为权利的法律界定。市场经济是一种不同利益取向的经济主体在产权明确界定的条件下进行公平自由交易的经济系统。在市场经济中,产权用以界定人们在交易中如何受益,如何受损以及如何补偿的行为权利。现代产权理论认为,产权的本质是一种排他性权利。在排他性权利制度中,各经济主体的权利边界是清晰的。各经济主体具有追求自身利益的权利,但要受到他人权利的约束,即人们的行为不能损害他人的权利。在这种对自己利益的最大化追求和受他人权利制约的制度的规制下,经济活动趋于有序和高效。强调制度因素是经济发展的内生变量,认为所有权是生产制度中的决定因素。现代社会依靠有效的产权制度,可以为经济增长和经济发展提供强有力的支持。在吸收“百家争鸣”学术成果的基础上,中共十六届三中全会《决定》第 6 款非常正确地指出:建立健全现代产权制度。产权是所有制的核心和主要内容,包括物权、债权、股权和知识产权等各类财产权。建立归属清晰、权责明确,保护严格、流转顺畅的现代产权制度,有利于维护公有财产权,巩固公有制经济的主体地位;有利于保护私有财产权,促进非公有制经济发展;有利于各类资本的流动和重组,推进混合所有制经济发展;有利于增强企业和公众创业创新的动力,形成良好的信用基础和市场秩序。这是完善基本经济制度的内在要求,是构建现代企业制度的重要基础。要依法保护各类产权,确立产权交易规则和监管制度,推动产权有序流转,保障所有市场主体的平等法律地位和发展权利。我们认为,《决定》对产权及产权制度作出如此深入透彻的阐述,反映了中国的经济体制改革已推进到产权制度变革的核心层面。它将为深化国有企业改制,完善国有资产管理提供理论支撑和制度安排。它同时又是一把巩固和发展公有制经济,鼓励、支持和引导非公有制经济发展的防止“左”警惕右的“双刃剑”。

以上从社会主义初级阶段,公有制的主体地位及其有效实现形式,公有制与非公有制(私有制)的对立统一以及产权制度角度对综合经济基础问题的几个重要方面进行了初步探讨,试图证明这样一个观点,即政府的大与小、政府的有限与无限、政府效能的高低等问题,主要不是取决于计划或市场,而是取决于经济基础,取决于所有制及其结构,取决于产权制度及其性质,归根到底取决于社会生产力发展状况和水平,有什么样的产权制度就有什么样的政府经济职能。比如,1978 年以前,我国的“全能政府”主要不是由计划经济的“计划”决定的,而是由通过对生产资料私有制的社会主义改造而建立的公有制经济并且日益推向极致的“公有制”决定的。当然,如前所述,改革开放以前的政府职能同计划经济和公有制是“三位一体”的,但是,只有抓准“公有制”才算是抓住了问题的根本。同样,西方国家建立在私有制产权理论基础上的政府治道、有限政府、法治政府等也主要不是由市场经济的“市场”决定的,而是由与经济全球化、科技信息化时代相适应的私有制决定的。因此,西方国家的政府公共管理、政府治理与善治理论、产权理论等对于我国来说具有“纯粹文献”形式,不能简单地无条件地持拿来主义。但是,自 1978 年改革开放来,我们一直致力于改善我国政府赖以存在和发展的“生活条件”,即重构着政府经济基础。由社会主义计划经济向社会主义市场经济转变的实质在于:由单一的社会主义公有制经济向以社会主义公有制经济为主体、多种所有制经济共同发展的基本经济制度的转变。从这个意义上说,转变政府(经济)职能实质上就是转变政府经济基础,转变所有制结构,转变产权制度。这是政府职能的核心问题,也是政府改革的核心问题。从 1988 年政府机构改革第一次提出"转变政府职能"这个关键命题,一直到中共十六届三中全会《决定》确认建立、健全现代产权制度问题,才算抓住了转变政府经济职能的关键或根本。① 有必要指出,被我称为综合经济基础中的公有制已经不是原来意义上的或马克思主义关于建立在社会化大生产基础上与社会所有制同义语的公有制,也不是传统意义上的即对生产资料私有制的社会主义改造后建立起来的公有制,而是一种具有中国特色的"新式公有制";被我称为综合经济基础中的非公有制(私有制)已经不是原来意义上的或旧中国存在人剥削人制度的私有制,也不是传统意义上或"三大改造"以前的所有制,也不是现代西方国家的现代国家垄断资本主义的私有制,而是在改革开放以后在传统公有制基础上或"母体"中恢复重建起来具有中国特色的"新式私有制"。因此,我所指称的"综合经济基础",是指独具中国特色的"新式公有制"与"新式私有制"有机统一于社会主义现代化和社会主义市场经济建设进程中的经济基础。它们应当而且也能够为振兴中华而和睦相处,构建命运共同体。

既然如此,在巩固和发展新式公有制的前提下,西方国家的政府公共管理、政府治理与善治理论、产权理论等对于我国来说也不完全属于"纯粹文献"形式,在引导"新式私有制"经济发展过程中还是值得学习借鉴的,可以持有条件的拿来主义。通过完善宏观调控和市场化的手段、途径和方式,为多元产权主体,亦即市场主体服务和创造良好的发展环境,实现在市场面前各产权主体人人平等的经济的政治的局面,对此,政府应该有许多作为。

---

① 这个观点是继我发表《政府行政改革与现代政府制度——1978 年以来我国政府行政改革的回顾与展望》(见《管理世界》2003 年第 2 期)一文后的首次较系统的阐述。正如马克思、恩格斯所说,理论只有彻底,才能说服人,所谓彻底就是抓住事物的根本。《马克思恩格斯选集》第 1 卷[M].北京:人民出版社,1972.9.

Ⅲ 政府与政治

略论作为社会主义定向的政治发展*

我国政治学界常把“政治发展”分为两个类别：其一是资本主义政治发展，其二是社会主义政治发展，并认为后者高于前者。这不仅有利于我们防止受“西化”或“欧化”的政治思潮的影响，而且还有利于我们对政治发展进行科学的比较和深入的研究，以加快我国政治发展的历史进程。但是，把我国的政治发展，尤其是21世纪初期我国的政治发展笼统地定格在“社会主义政治发展”，认为我国现阶段的政治发展直接就是或等于是社会主义的政治发展，它不仅在逻辑上而且在事实上也高于资本主义的政治发展，这是值得商榷的。因为“社会主义政治发展”这种提法本身可能在事实上还仍然没有摆脱过高估计我国社会主义和政治发展的历史发展阶段及其成熟程度的思维定势，并且还会在理论和实践层面上产生一定程度的误导，引起一些人的思想混乱。

根据江泽民总书记在建党80周年庆祝大会上的讲话精神，我认为，我国的政治发展只能是“社会主义定向的政治发展”，或者说我国的政治发展具有社会主义的定向性（这是由人类史、世界史、中国史发展的社会主义定向性决定的），它类似于“社会主义初级阶段政治发展”。一方面，若从意识形态的、宏观的、应然的、定性（质）的分析角度看，我国的政治发展应该是社会主义的政治发展；另一方面，若从社会现实的、微观的、实然的、定量的分析角度看，我国的政治发展的社会主义性质是逐步获得的而不是一次性获得的。在我国，社会主义绝不是天生的、自然而然的，而是一个不断成长的过程。根据马克思主义的基本原理，无论是社会主义还是政治发展都是自然历史过程的结果，而不是人们意识的或道德情感作用的结果。从一定意义上说，我国政治发展的现状及其前景如何，在很大程度上直接取决于我们对社会主义的认识和再认识的程度如何。不解决这个问题，便不能很好地探究中国政治发展的问题。①

一、政治发展

在我国，研究政治发展问题，可以从四个层面上展开，即政治发展，中国政治发展，中国

* 原载《江苏社会科学》2002年第2期；中国人民大学复印报刊资料. 社会主义论丛 · D1，2002(6)全文转载。

① 李景鹏教授在他的专著《中国政治发展的理论研究纲要》中说：通过对新中国建国以后50年的经验和教训的回顾，我认为有一个根本性的问题是无法回避的，那就是对理想的社会主义和现实的社会主义的关系如何认识的问题。不解决这个问题，便不能很好地探讨中国政治发展的问题。哈尔滨：黑龙江人民出版社2000年版，第101，1，22页。

特色社会主义政治发展,中国特色社会主义初级阶段政治发展①,在每一个层面上,政治发展都不同程度地与社会主义发生着关系和联系。

对于其他层次的问题来说,政治发展具有最普遍的意义。广义的政治着眼于人类社会政治生活的整个过程,与人类社会共始终。它有三个大的阶段构成,即由阶级、国家产生以前的政治,作为阶级国家的政治和阶级国家消亡以后的政治组成。通常可以把作为阶级国家产生和消亡前后的政治称为非阶级国家的政治。值得提出的是,作为非阶级国家的政治不仅仅历史地存在于作为阶级国家的政治的前后,即使作为阶级国家的政治存在时期并没有也不可能将所有的社会政治都阶级国家化了,在这个时期,作为非阶级国家的政治和作为阶级国家的政治是相互共存、相互作用的。无论是作为阶级国家的政治的产生还是作为阶级国家的政治的消亡,归根结蒂都是作为非阶级、国家的政治生活发展的直接结果。狭义的政治通常是指与阶级国家相联系的政治,亦即作为阶级国家的政治。政治与国家活动等同。在既往的政治学说史上,相对说来,人们对广义的政治提出并论及的甚少,而更多的是论及作为阶级国家的政治;对狭义政治的解释又众说纷纭、莫衷一是。马克思、恩格斯虽然没有给"政治"一词下过系统的完整的定义,但关于政治的基本内容都论及了,因而成为我国学者理解政治的科学依据。在此基础上,结合当代政治实践,我国学者也为科学地理解政治提出了自己的见解,其中以下两种关于政治的界定是得到许多人认同的:王浦劬先生认为:政治是人类社会的重要现象,它本质上是人们在特定的经济基础上,围绕着特定利益,借助于社会公共权力来规定和实现特定权利的一种社会关系;李景鹏先生认为:政治是特定的社会主体维护其根本利益的特定方式和由此而形成的特定关系。其中,所谓特定的社会主体,是指国家和与国家相联系的各种社会实体;所谓维护根本利益的特定方式,是指一种带有强制性、斗争性、支配性的行为方式;所谓特定的关系是指与上述行为方式相适应的各种权力关系。从这个意义上说,所谓政治,是指一种关系,一种社会关系,这种社会关系同特定的社会、利益和权力相联系。按五种社会形态划分说,政治的社会类型就有原始社会的政治、奴隶社会的政治、封建社会的政治、资本主义社会的政治和共产主义社会的政治,虽然这样分析和认识政治问题已经超出了狭义的政治论域。发展本是事物自我扬弃、自我否定的过程,即事物充分实现了自身的本性,就会走向自身的他物,即比自身更高的存在。发展意味着事物通过时间维度(主要的)和空间维度表现出来的一种上升的、优化的、进步的状态,使事物发展后的状态要好于、优于事物发展前的状态。

发展和政治构成的"政治发展"一词,当指发生在社会政治生活领域中一种上升的优化的进步的变化和运动状态。如同对政治有多种界定一样,目前国内外政治学界对政治发展的界定也是歧义横生、莫衷一是。下面这种关于政治发展的分析界定是得到认同的,即政治发展是指政治关系的发展,亦即政治关系的变革和调整。这种变革和调整通常采取政治革命和政治改革两种形式。政治革命是政治关系的根本性质变过程,是从根本上否定和彻底改变既存的根本政治制度或政治关系、政治体系与政治文化等,而用一种新的根本政治制度或政治关系、政治体系和政治文化模式取而代之,属于政治关系的质变;政治改革则是在保持既存的根本政治制度或政治关系、政治体系和政治文化的主体基本不变的前提下,针对现存政治关系、政治体系和政治文化的一些不足之处进行的自我完善和改进,属于政治关系的

① 乔耀章.迈向21世纪的中国政治学应当关注中国的现实政治[J].政治学研究,1999(1).

量变。① 政治发展是政治革命和政治改革这两种基本形式交替作用的过程。可见,从最广泛意义上说,政治发展是同人类社会发展并存的,没有哪一种社会没有政治发展问题,这是共性,只是政治发展的地域、阶段、内容、速度等存在着不平衡性和差异性罢了。研究政治发展的这种共性、不平衡性和差异性是政治学界的共同使命。

二、中国政治发展

从政治发展的普遍性已知,政治、政治发展本是人类政治生活始终面临的基本问题,是一种普遍的社会政治现象,是社会全面发展的一个重要组成部分。但是作为一个专业术语或学理概念的"政治发展"是直至20世纪50—70年代才由西方学者主要是美国的政治学者自觉地创造出来的新词汇、新概念。20世纪80年代传入中国,逐渐成为政治学界探讨的一大理论热点。但是,不能说在"政治发展"这个词汇被发明使用之前就没有或不存在政治发展问题。如果从时间序列上来考虑和分析问题,就会发现政治发展和现代化这两个问题并不能简单地相提并论。我们已知,在现代化之前的各社会形态就客观地存在着政治发展,而现代化之后的政治发展一定与现代化相联系。而现代是相对于传统而言的。多数学者认为,现代化是一个世界性的普遍进程,在时间和空间上都是从西欧开始,然后逐渐辐射和渗透到全世界,即指人类社会从18世纪后半期工业革命以来所经历的一切急剧的变革。它以工业化为推动力,导致传统农业社会向现代工业社会转变,并使工业化渗透到政治、经济、思想文化各个领域,造成世界性的历史转变进程。尤指第二次世界大战后发展中国家在社会政治、经济、文化各个领域进行改革,以迅速赶上发达国家并适应世界环境的发展过程②,亦即从传统社会向现代社会过渡转型的过程。在这个历史背景下,西方学者提出"政治发展"概念,其主观的潜在的意图是想把西方政治现代化的模式(或政治模特儿)泛化到西方以外的国家和社会,把西方国家政治发展的路径视为非西方国家政治现代化和政治发展的未来情景。然而,中国的政治发展是否接纳以及在多大程度上和范围内接纳西方政治发展模式,这不取决于中西方学者的主观意愿,而主要取决于西方政治现代化和政治发展本身所具有多大程度的普适性,取决于中国社会自身发育程度及其需要程度和吸收西方政治发展肯定成果的能力与程度。因此,中国的政治发展离不开世界政治发展(主要是资本主义政治发展)的文明大道。与此同时,中国的政治发展也应具有鲜明的中国特色。可见,中国的政治发展理应体现着政治发展的共性与个性、普遍性与特殊性的辩证统一。对外,表征着是中国的政治发展,而不是别的民族、国家的政治发展,如不同于英国的、法国的、德国的、美国的、俄国的政治发展。对内,涉及中国政治发展从何处而来,现在何处,向何处而去等问题。从时间维度看,具体可以表征古代中国的政治发展,近现代中国的政治发展③,新中国的政治

---

① 姚建宗.国外政治发展研究述评[J].政治学研究,1999(4).

② 杨旭明.西方政治现代化理论述评,萧超然.略论中国近现代政治发展的目标及其分期[M]//现代化进程中的政治与行政.北京:北京大学出版社,1998.66—67,30—46.

③ 杨旭明.西方政治现代化理论述评,萧超然.略论中国近现代政治发展的目标及其分期[M]//现代化进程中的政治与行政.北京:北京大学出版社,1998.66—67,30—46.

发展①,改革开放以来中国的政治发展②,世纪之交中国的政治发展③。此外,中国政治发展又是含混的包容性很大的提法,具有某种"中性"意义,即不问是姓"封"、姓"资"还是姓"社",不谈"主义",只讲"政治发展"。政治发展也是硬道理。以上分析说明,中国的政治发展问题是极其复杂的。中国政治发展的导向性问题是客观存在的,它取决于现实中国各种政治关系的相互作用及各种政治力量的对比和较量,最终取决于中国社会生产力发展的水平与性质。在中国政治发展的各种价值取向中,社会主义价值取向,即本文强调的社会主义定向性应占主导面。这既是中国社会历史的必然选择,也是世界历史发展的必然选择。因此,无论从逻辑的角度还是从历史的角度看,中国特色社会主义的政治发展应当是中国政治发展的题中应有之义。

三、中国特色社会主义政治发展

社会形态发展是多样性与统一性的统一。社会形态发展的多样性是指不同国家、不同民族在历史发展过程中,在经济、政治、文化上所具有的各具民族特色的发展形式和发展规律。社会形态发展的统一性是指不同国家、不同民族的历史发展又具有共同性、普遍性的发展形式和发展规律。社会形态发展的多样性是社会形态发展统一性的具体表现形式,而社会形态发展的统一性则存在于社会形态发展的多样性之中。④ 有鉴于此,马克思主义又认为,社会历史发展的不平衡性规律是绝对规律。历史常常是跳跃式地和曲折地前进的。在特殊的历史条件下,社会形态的演变过程往往会出现"跳跃现象"。例如,欧洲日耳曼民族没有经过奴隶社会,从农村公社经过征服奴隶制的罗马帝国,在此基础上建立封建社会;美国跨越了奴隶社会、封建社会直接过渡到资本主义社会。这些都是历史发展跳跃现象的有力例证。当然,这些跳跃现象之所以发生,都是有条件的。马克思主义经典作家根据发展的学说,根据对人类社会基本矛盾和资本主义社会基本矛盾的科学分析,认为资本主义必然灭亡,共产主义必然胜利(在社会形态问题上,马克思、恩格斯视社会主义和共产主义为同义语)。这就是说,在马克思、恩格斯那里,资本主义和社会主义、共产主义历时态地代表着前后两个不同的时代。因此,人类只有经过资本主义才能到达社会主义、共产主义,没有资本主义就没有社会主义、共产主义;资本主义的历史任务和历史使命就是为社会主义、共产主义社会的建立创造必要的经济、政治、文化的前提条件。当然,这是针对整个人类发展和世界范围而言的。在具体国家的无产阶级和劳动人民表现出极大的历史主动性面前,马克思又表示出极大的灵活性,如他对巴黎无产阶级的历史创举所持的激情就是证明。马克思晚年关于跨越"卡夫丁峡谷"的设想也是如此。后来,列宁创造性地发展了马克思晚年的这一设想,在没有西方无产阶级革命及其胜利的支持下,闯出了一条在经济文化比较落后的国家

① 谢庆奎.新中国五十年的政治发展[M]//王浦劬,时和兴.政治与行政管理论丛.天津:天津人民出版社,2000.31—68.

② 燕继荣.权力剥离——转轨期间的中国政治发展[M]//王浦劬,时和兴.政治与行政管理论丛.天津:天津人民出版社,2000.69—81;周光辉.当代中国政治发展的十大趋势;郑言.中国近20年的政治发展;王拙、孙力.中国新时期的政治发展[J].政治学研究,1998(1),(4);胡永佳.试析当代中国政治发展的逻辑线索[J].政治学研究,1999(1).

③ 桑玉成,袁峰.世纪之交的中国政治发展[J].政治学研究,1998(3).

④ 赵家祥等.历史唯物主义原理[M].北京:北京大学出版社,1992.420—468.

首先进行革命，然后再建设的社会主义发展道路，取得了社会主义革命的胜利，打破了资本主义一统天下的格局，开辟了人类实现社会主义的历史新纪元。“走俄国人的路，这就是历史的结论。”中国人民在试走资本主义道路失败后，在中国共产党领导下历史性地选择了俄国式的先革命、后建设的社会主义发展道路，取得了新民主主义革命的胜利，创建了新中国，全面确立了社会主义基本制度。这不能不说是中国各族人民在中国共产党领导下创造出来的历史性的奇迹。事实上，近代中国一直是在走自己的路，它以特有的方式结束了封建主义的历史，缩短了中国资本主义的发展过程，加快社会主义的发展速度和进程。①

必须指出的是，先革命、后建设这种俄国式、中国式的社会主义发展道路，虽然就全世界范围而言，不仅没有违背五种社会形态依次更替的规律，反而是以这个规律作为前提的，但是，它毕竟改变了资本主义与社会主义的时代关系，即把它们之间的历时态的分别代表着前后两个不同的时代变为两种不同质的社会形态之间的并存的同时代或共时代关系，从而造就出一系列的并没有超越资本主义的没有实现现代化的社会主义国家。在这些国家，本应由资产阶级、资本主义来承担和完成的历史任务（如现代化）现在都历史地落在了无产阶级、社会主义的身上，社会主义国家不得不在经济、政治、文化的“空地”上白手起家。社会主义国家也不能无代价地吸收资本主义创造的既定的成果，因此，这些社会主义国家往往在理论上陷入两个悖论②，在实践上陷入艰难困苦境地。不仅如此，事实上它还会招致资本主义国家无休止的仇视和敌意。对此，出路何在？出路在于寻找对策，在于处理好理想的社会主义与现实的社会主义的关系，在于坚定社会主义理想和信念，另找到一条比较远但仍然能到达理想境界的道路——建设有中国特色的社会主义。因此，中国特色社会主义（不是现阶段的社会主义）应当是马克思主义的社会主义中国化，或中国化的马克思主义的社会主义。它应当是高标准的够格的社会主义，它的未来目标应当同未来世界社会主义目标是完全一致的。由此可见，中国特色社会主义是世界社会主义的重要组成部分，主要区别于世界其他民族、国家的社会主义。同样，中国特色社会主义政治发展是世界社会主义政治发展的重要组成部分，主要区别于其他国家特别是社会主义国家的政治发展，对内是中国特色社会主义全面发展的重要组成部分，有别于中国特色社会主义经济发展和中国特色社会主义文化发展。由于中国特色社会主义发展是一个漫长的历史过程，现在还在初级阶段，因此，不能把中国特色社会主义与中国特色社会主义初级阶段混为一谈，也不能把中国特色社会主义政治发展与中国特色社会主义初级阶段政治发展混为一谈或相提并论。它们之间的区别主要表现在质的层次、发展阶段及其成熟程度等方面。可以如是说，更高阶段上的中国特色社会主义政治发展是中国特色社会主义初级阶段政治发展的未来前景。

四、社会主义初级阶段政治发展

如果说中国特色社会主义政治发展，主要是从理论上回答了我国的政治发展有别于其他民族、国家（包括前资本主义国家、资本主义国家和社会主义国家）的政治发展问题，那么，中国特色社会主义初级阶段政治发展，主要是从现实、实践、实际上回答了我国的政治发

① 乔耀章．中国社会主义特色纵横谈［M］．苏州：苏州大学出版社，1996．344，351—356，245—246．

② 李景鹏．中国政治发展的理论研究纲要［M］．哈尔滨：黑龙江人民出版社，2000．104—105．

展现在还处于中国特色社会主义政治发展的初始阶段。正如江泽民总书记在庆祝中国共产党成立八十周年大会上的重要讲话指出的那样:我们坚信马克思主义关于人类社会必然走向共产主义这一基本原理。共产主义只有在社会主义社会充分发展和高度发达的基础上才能实现。必须看到,实现共产主义是一个非常漫长的历史过程。过去,我们对这个问题的认识比较肤浅、简单。经过这么多年的实践,现在,我们对这个问题的认识要全面和深刻多了。我们对社会未来发展的方向可以作出科学上的预见,但未来的事情具体如何发展,应该由未来的实践去回答。我们要坚持正确的前进方向,但不可能也不必要去为遥远的未来作具体的设想和描绘。以往的经验教训已充分证明,这样做很容易陷入不切实际的空想。我国现在处于并将长期处于社会主义初级阶段。社会主义初级阶段是整个建设有中国特色社会主义的很长的历史过程中的初始阶段。随着经济发展和社会全面进步,将来条件具备时,我国社会主义建设会进入更高的发展阶段。应该说,对我国社会主义发展的目标及其过程的长期性、阶段性阐明得如此透彻,这还是第一次。这段讲话给人们的深刻印象是:共产主义变得更远了,社会主义变得更长了,但是更加科学了。这就要求我们进一步强化一切从社会主义初级阶段出发的意识。对此,江泽民总书记还指出,要坚持实践是检验真理的唯一标准,在党的基本理论指导下,一切从实际出发,自觉地把思想认识从那些不合时宜的观念、做法和体制中解放出来,从对马克思主义的错误的和教条式的理解中解放出来,从主观主义和形而上学的桎梏中解放出来。坚持科学态度、大胆进行探索,使我们的思想和行动更加符合客观实际,更加符合社会主义初级阶段的国情和时代发展的要求。根据以上讲话精神,我们必须对"社会主义初级阶段的政治发展"进行再认识。

作为我国政治发展定向性的社会主义,虽然现阶段也称"社会主义"(过去人们把它等同于马克思、恩格斯的社会主义,并认为既然我们搞社会主义,那我们的所作所为就都是社会主义的),但这种社会主义同马克思、恩格斯讲的社会主义不能等同视之。如前所说,它们之间的区别不仅在于马克思、恩格斯的社会主义主要是作为理论的、理想的社会主义,是共产主义社会的同义语,而我国的社会主义则主要是作为一种实践的、现实的社会主义,它们在发展阶段、本质和状态等方面都存在相当大的差别,它们之间的区别还在于,马克思、恩格斯的社会主义是指人类经过资本主义发展阶段之后的、高于资本主义的"历时态"的社会主义,它是资本主义社会"瓜熟蒂落"的产物。而我国的社会主义则是在半殖民地、半封建、"半资本主义"①的基础上经过中国共产党领导的人民革命战争建立的与世界资本主义并存的"共时态"的社会主义。历时态的社会主义与资本主义的关系是前后传承关系、代替关系。目前,这种关系还是作为历史的必然趋势而存在;共时态的社会主义与资本主义的关系则是共存、合作、竞争、斗争的关系,在这种关系中,社会主义虽然能够显示出与资本主义的比较优势,但在总体上当代的主流仍是资本主义,所以现实的社会主义并不能体现出高于资本主义的新时代。这样就可以比较客观地确定我国现实社会主义的历史方位:从世界范围看,人类至今尚处在并将长期处在从资本主义社会向社会主义社会的过渡时期,我国当然也不能例外。这个过渡时期是总体上衰亡着的资本主义因素同总体上生长着的社会主义因素彼此并存、合作、竞争、斗争时期,在一个相当长的历史时期内世界资本主义仍将占据主导面;从我国自身历史发展的进程看,我国已由半殖民地、半封建、半资本主义社会经过新民主

---

① 乔耀章.中国社会主义特色纵横谈[M].苏州:苏州大学出版社,1996.344,351—356,245—246.

主义革命斗争和新民主主义社会过渡到了中国式的社会主义社会，现在正经历着社会主义社会初级阶段向中国特色社会主义的下一阶段过渡。在这个过渡时期，社会主义的经济、政治、文化因素同必然存在着的非社会主义（尤指中国式的资本主义、外国资本主义，还指前资本主义的）经济、政治、文化因素将长期共存、合作、竞争和斗争。从一定意义上说，强调对社会主义初级阶段的再认识就是对非社会主义因素存在和发展的合理性、合法性及其程度的再认识，在此基础上构建中华民族的命运共同体。在整个过渡阶段，社会主义因素应当始终（还要经过不懈的努力）占据主导面。正是社会主义因素占据主导面才决定着我国仍然处于社会主义初级阶段的性质，也正是资本主义因素占据主导面才决定着当前世界仍然处于由资本主义向社会主义过渡的性质。由此可见，本文强调的社会主义定向性的对应面表达就是非社会主义定向性或非社会主义性。我国社会主义历史方位具体表现在三个层面上，同三种过渡相联系。第一个层面就是在世界范围内由世界资本主义向世界社会主义过渡的社会主义定向性。坚持这个层面的社会主义定向性，有利于我们坚持马克思主义的基本原理，坚定共产主义理想和社会主义信念，科学认识人类社会发展的客观规律，始终防范对马克思主义的错误的和教条式的理解与附加。第二个层面就是在特殊的国内外历史条件下，由旧中国向新中国过渡的社会主义定向性。坚持这个层面的社会主义定向性，有利于我们坚持把马克思主义的普遍真理同中国具体实际相结合，完整准确地理解毛泽东思想，坚信中国选择社会主义的历史必然性，科学认识中国革命和社会主义建设的不同规律，始终防范教条主义、主观主义和形而上学的错误。第三个层面，就是在改革开放的条件下由中国特色社会主义初级阶段向中国特色社会主义更高阶段过渡的社会主义定向性。坚持这个层面的社会主义定向性，有利于我们始终坚持马克思主义基本原理与时俱进的理论品质，完整准确理解邓小平理论和江泽民“三个代表”的重要思想，坚持党的思想路线，科学认识在社会主义初级阶段如何建设具有中国特色社会主义的客观规律，始终防范“左”的和右的错误。

在“社会主义初级阶段政治发展”的提法中，介乎其中的是“初级阶段”这个限定词，即不仅社会主义发展是初级阶段的，政治发展也是初级阶段的。一方面，它与社会主义组成社会主义初级阶段，如上分析，它是对中国社会主义的特质及发展成熟程度的限定，它同“社会主义定向性”既有联系又有区别。其联系是指可视它们为同义语，即社会主义初级阶段亦即社会主义定向性，无论从历史还是现实来看，我国的社会主义还是初步的、不发达的、不完全的、不完善的或不够格的社会主义，其现实的历史进程很难说比现实的资本主义历史进程高。其区别主要在于着眼现实和未来，社会主义定向性侧重于强调坚定不移地继续沿着社会主义发展方向和道路走下去，它突出了社会主义的主体性和主导性，强调社会主义可持续发展。而社会主义初级阶段侧重于强调我国社会主义的不成熟性和非社会主义因素的存在和发展的合理、合法性，从而在一定程度上淡化了社会主义的主体、主导性。另一方面，它与政治发展组成“初级阶段政治发展”，这又是对政治发展的限定，即我国的政治发展只是处于初级阶段，不可能高到哪里去。无论是指我国现在的政治发展，还是指我国社会主义的政治发展，抑或是指我国非社会主义的政治发展，都是如此，都只能是处在初级阶段。但是，“社会主义初级阶段政治发展”给定的内涵是指社会主义发展的初级阶段性和政治发展的初级阶段性两者的统一，并且，初级阶段的政治发展是受社会主义初级阶段性决定和制约的。如前所述，政治发展隶属于社会形态的发展。无论是社会形态的发展还是政治发展都是一种自然历史过程。但由此我们不能得出结论说，我国政治发展之所以处于初级阶段，就是由于我国选择了社会主义发展道路所致,如果我国不选择社会主义发展道路,我国政治发展的程度可能会更高些。这些结论是不能成立的,因为历史是不能随人们的主观意志来假设的。一般说来,政治发展取决于若干因素的相互作用,其相互作用的结果可以表现在政治发展的水平和政治发展的速度等方面。初级阶段的政治发展或政治发展的初级阶段性,大致属于政治发展的水平问题,而政治发展的水平问题又是一个历史的范畴。政治发展的速度问题则一般与社会制度紧密相关。也就是说,政治发展处于什么阶段或水平主要是由政治发展的历史前提决定的,具有不可比性,因为人们只能被历史选择而不能选择历史;政治发展的速度则与社会制度的优劣有关,具有一定的可比性。应当实事求是地承认,我国政治发展的历史起点即水平并不高,甚至很低。自秦始皇建立大一统中央集权帝国至中国共产党成立以前,中国传统政治发展的历史遗产只有人治政治、实力政治和官僚政治,仅此而已。① 至清末民初封建统治者丧权辱国,社会战乱不断,国家积贫积弱,人民饥寒交迫。自从中国共产党成立到1949年,中国共产党建立了一个独立、统一的现代民族国家,中华民族的发展从此开启了新的历史纪元。这是20世纪中国政治发展最突出的成就。此后30年中,新中国继续在某些方面推进了政治发展。特别是1978年中共十一届三中全会以来,我国社会主义初级阶段政治发展开始进入健康持续的快车道。可见,虽然我国政治发展历史起步比较晚,水平比较低,但是,一旦中国人民选择了社会主义的发展方向后,我国政治发展就进入自觉自为阶段,其速度就日益加快。历史已经雄辩地证明,正是社会主义定向性为我国初级阶段政治发展提供了强大而又持久的推动力。

鉴于我国社会主义的初级阶段性以及由此决定的我国政治发展的初级阶段性和社会主义定向性,进而决定着现阶段我国政治发展具有多质性和后发优势。根据马克思主义基本原理,任何一种社会形态,特别是过渡性的社会形态,都会有三种质态,即过去的遗迹、现实的基础和未来的萌芽。一种社会形态之所以成为"这一种"社会形态,而不是"那一种"社会形态,主要是由它的现实基础决定的。一方面,现实基础既积淀着过去的遗迹,并由"过去"萌发而来;另一方面,现实的基础又孕育着未来,当未来的萌芽逐渐成长、壮大成为新的社会现实基础时,原有的社会现实基础便成为过去的遗迹。一般说来,我国现在处于由传统社会向现代社会的转型期。与同时代其他国家的社会转型不同在于,我国社会转型包含有社会主义的特质,但不是社会主义的"全质"。根据上述分析,我国社会转型期的多质性主要表现在:多种所有制经济共存并相互作用;人与人的依赖关系、人对物的依赖关系与人的自主性全面发展关系要素并存且相互作用;自给自足的自然经济、社会化的商品经济与社会化产品经济要素并存且相互作用;农业社会的技术形态、工业社会的技术形态与信息社会的技术形态要素并存且相互作用,等等。对此,我把现阶段的中国比喻为一座大"熔炉"或活的"博物馆",几乎人类社会形态不同阶段、不同领域的各种要素,都共存于我国现实的社会之中。② 我国社会形态的这种多质性不能不决定和制约着我国政治发展的多质性。这种多质性,从历时态的维度看,作为过去遗迹的是封建社会政治发展要素;作为现实基础的是中国式社会主义和非社会主义的政治发展要素;作为未来萌芽的是下一阶段的中国特色社会主义政治发展要素和马克思主义的社会主义、共产主义的政治发展要素。作为现实基础的政

---

① 胡永佳.试析当代中国政治发展的逻辑线索[J].政治学研究,1999(1).

② 乔耀章.中国社会主义特色纵横谈[M].苏州:苏州大学出版社,1996.344,351—356,245—246.

治发展要素决定着现阶段政治发展的性质。根据矛盾论学说中主要矛盾及主要矛盾的主要方面决定着事物的性质的原理,作为现实基础中的社会主义政治发展要素与非社会主义政治发展要素相比,前者占主导面,所以它决定着我国政治发展的社会主义初级阶段性质,这也是本文论证社会主义定向性的立论依据之一。既然我国政治发展具有多质性,就不能主观主义地要求它在其发展过程中的"纯洁性"。根据政治发展也是一种自然历史过程的理念,我们应当在坚持社会主义定向性的前提下,注意政治发展的"历史性接轨",即既要同国际接轨,学习和借鉴国外特别是西方发达资本主义国家政治发展过程中一切积极有用的东西,又要同自己的历史接轨,科学地扬弃自己历史的政治发展遗产,包括1840年以前的政治发展遗产,1840年以来旧民主主义的政治发展、新民主主义的政治发展、新中国建国至1978年的政治发展遗产,甚至1978年以来的政治发展成果也应当进行科学的扬弃。在这两种接轨和扬弃中,后一种更为重要,因为它是我国政治发展安身立命的现实基础。这是我国政治发展的根。不能很好地同自己的历史接轨就不能很好地同国际接轨。可见这种政治发展的多质性,必然有一种政治发展所要求的"宽容性"、"包容性",这种要求与社会主义的定向性相结合,必然形成我国现阶段政治发展的后发优势。这种后发优势的形成得益于对资本主义政治发展既定的肯定的成果的学习与借鉴,得益于对自身传统政治发展精华与糟粕的科学扬弃和经验与教训的真正吸取,得益于坚持社会主义定向性而对政治发展规律的自觉认知和最大限度地调动政治发展的主体性力量及其主观能动性,等等。这种后发优势一旦形成,就必然会加速我国政治发展的步伐。

综上所述,政治发展是一个自然的过程,更是一个自觉的过程。前者侧重于唯物主义,后者侧重于辩证法。作为社会主义定向的政治发展能够将这两者有机地结合起来。不过,在政治发展资源既定的条件下,政治发展自然过程的长短、快慢及政治发展水平的高低则主要取决于政治发展主体自觉过程的有无、大小及其向度。社会主义政治发展的历史必然性能否或在多大程度上成为现实性,则有赖于社会主义政治主体的历史主观能动性能否正向发挥。

文明共振:略论作为社会主义定向的政治文明*

——我对“政治文明”探索的回顾与新解

文明是指一种社会的进步状态。政治文明是社会主义文明系统中的重要组成部分,是指社会政治生活的进步状态。这种政治生活的进步状态,是一种时间维度上的正向的政治变迁。从这个意义上说,政治文明同政治发展是同义语。

社会主义同文明是分不开的,没有文明就没有社会主义。一方面,社会主义是人类社会文明发展的产物,没有人类社会文明的发展,社会主义就不能产生,社会主义制度就不能建立;另一方面,如果没有文明的建设和发展,即使建立起来的社会主义也不能巩固和发展。也就是说,文明发展到何等程度,就可能有何种程度的社会主义;反之亦然,社会主义发展到什么程度,其文明也只能发展到什么程度。文明的发展程度决定和制约着社会主义发展的面貌。

社会主义文明是人类社会文明发展的一个新阶段、一种新类型。由于我国正处在并且还将长期处在社会主义的初级阶段,所以,我国社会文明必然是属于社会主义文明的初级阶段。社会主义政治文明是社会主义文明系统的重要组成部分。我国的社会主义及其文明的初级阶段性质自然就决定着我国社会主义政治文明的初级阶段性质。这就表明:我国的社会文明及政治文明是以坚持社会主义道路为发展定向的。亦即我国的社会文明是以社会主义定向的社会文明,我国的政治文明是以社会主义发展为定向的政治文明,就如同我国的政治发展是以社会主义为定向的政治发展①一样。在我国的社会文明和政治文明建设的整个过程中都应当自觉地防止“左”警惕右。

我对“政治文明”的探索,在今天看来,虽然起步比较早,但是很肤浅。比较集中的可以说有三次。第一次是1986年前后,中共十一届六中全会通过的历史决议和党的十二大明确把高度物质文明、高度民主、高度精神文明(简称“三高度”)建设作为党的新时期的战略任务、战略目标和战略方针,写进党的纲领,作为党的政治路线,载入宪法。然而在宣传中却普遍出现“两个文明”一起抓,针对这种情况,我就认为社会主义文明应当包括社会主义的物质文明、政治文明和精神文明,并以“三个文明”一起抓为题,初步论述了三个文明一起抓的问题。为了尊重历史,将原文部分转录如下:

首先,社会主义文明三方面的建设,各自都有内部关系和外部关系,无论处理内部关系

---

* 原载《沿海新论》2003年第4期。

① 乔耀章.略论作为社会主义定向的政治发展[J].江苏社会科学,2002(2).

还是处理外部关系都是在同一过程中进行的。如物质文明建设的内部联系,就是有其自身的经济建设规律,要按客观经济规律办事。但是,就物质文明建设物质文明只是物质文明建设的重要的途径之一,它还要发生外部关系,即发生同政治文明和精神文明建设的关系。既然同外部发生关系,那么物质文明建设就不能靠"纯经济的手段"来达到目的,还要靠发展科学文化、行之有效的思想政治工作和民主的发扬来满足。同样,精神文明建设也有其自身的建设规律,也要处理好科学文化内容的教育、科技、文学艺术等关系,处理好思想道德内部一般社会公德、伦理等同决定其社会主义性质的共产主义思想的关系;还要处理好科学文化同思想道德两部分之间的关系。这种就精神文明建设精神文明,只是建设精神文明的途径之一,此外,还要结成精神文明建设的外部关系,即精神文明建设同物质文明建设的关系,精神文明建设同政治民主建设的关系。对于前者,一般说来精神文明中的科学文化部分内容可以同物质文明发生较"直接"的联系,而思想道德部分内容,要通过政治、经济制度的中介作用"间接"地联系,因而时常显现出不平衡性来。同物质文明和精神文明建设一样,政治民主建设也有其自身建设规律,其内部关系有民主与法制关系,民主与集中关系,党政关系,"主""仆"关系,等等。健全各种民主制度,正确处理各种政治关系是高度政治文明建设的首要的和重要的途径之一,它也必然要同物质文明和精神文明发生联系,通过外部联系促成政治民主的日益完善。

其次,政治文明建设对物质文明建设的保证和促进作用。社会主义民主,作为一种政治上层建筑,对于社会主义经济制度的巩固和发展具有巨大的作用。社会主义物质文明建设是千百万人民群众的事业,要靠人民群众来建设,靠群众的积极性和创造性。列宁说:"生气勃勃的创造性的社会主义是由人民群众自己创造的。"①充分发挥人民群众建设社会主义的积极性和创造性,有赖于社会主义民主的发扬,使人民群众真正感到自己是国家的主人,使民主权力真正同他们的物质生产和物质生活紧密地结合起来,而不只是停留在法律条文上。人民群众一旦真正享受到民主就会焕发出无穷无尽的智慧和力量,勇于研究新情况新问题,勇于进行各种需要顽强努力的重大的创造文明和发现,从而推动物质文明建设的迅速发展。此外,社会主义物质文明建设需要有集中统一的领导,制定适合国情的经济建设方针政策;有适合物质文明发展的经济体制和政治体制。这些都需要政治民主的建设和发扬,把政治民主扩展到经济生产和社会生活方面,因此,没有高度的政治文明,便没有高度的社会主义物质文明。

再次,政治文明建设对精神文明建设的保证和促进作用。精神文明建设中的科学文化、文学艺术要繁荣,要"百花齐放";思想理论学术界要繁荣,要"百家争鸣",要把双百方针当作一项基本国策予以制度化、法律化,创造一个活泼的学术环境。把政治民主扩展到思想文化领域,让精神生产和精神生活按其自身的规律发展,本身就是民主问题。人民群众作为国家和社会的主人,掌握管理国家事务、管理经济、管理文化事业、管理社会事务的权利,这就是建设高度精神文明的根本前提。发扬民主,健全和发展民主生活本身就是社会主义精神文明建设的重要内容。从这个意义上说,不民主本身就是不文明的。因此,没有高度的政治文明,便没有高度的社会主义精神文明。

最后,政治文明建设也离不开高度的物质文明和精神文明。马克思教导说:"权利永远

---

① 列宁.列宁全集:第26卷[M].北京:人民出版社,1972.269.

不能超出社会的经济结构以及由经济结构所制约的社会的文化发展。"①社会主义民主建设受到双重的制约:一是受社会主义物质文明发展程度的制约。民主属于上层建筑,由经济基础决定,归根到底是由生产力决定的。在比较落后的生产力基础上,要充分发扬民主是很难做到的;一是受精神文明发展水平的制约。我国宪法规定,中华人民共和国的一切权力属于人民。要保障人民群众依照宪法和法律的规定,通过各种途径和形式行使当家做主的权利,就需要有相当高的文化水平和思想水平以及强烈的主人翁感、民主意识、良好的民主生活习惯。要在全社会形成文明的健康的科学的生活方式,摒弃那些落后的愚昧的腐朽的东西;要在全社会振奋起积极向上的进取精神,克服那些安于现状、思想懒惰、惧怕变革、墨守成规的习惯势力。这样的生活方式和精神状态是社会主义精神文明建设的重要内容,也是推进社会主义政治民主建设的巨大力量。列宁曾经尖锐地指出:俄国文化落后性贬低了苏维埃政权,影响了社会主义的政权建设。② 可见,在文盲充斥和科学文化落后的国家里,除蒙昧、迷信、无知、盲从而外,是没有什么充分的民主和健全的法制可言的。在此,"两个文明"建设也是政治文明建设的保证和条件。"两个文明"建设需要高度民主化,民主化建设也需要"两个文明"化。

总而言之,"两个文明"一起抓,还需有一个政治文明。它们三者之间是相互渗透、相互制约、相互促进的,既互为目的又互为条件,任何一方面的建设都不可能是"纯自身"的建设,都要受其他两个方面的作用;对任何一方面的忽视和削弱,都是对其他两个方面的忽视和削弱;任何一方面的发展遭到限制,其他两个方面的发展也会遭受阻碍和挫折;任何一方面遇到难题必须诉诸其他方面的"外力"才能解决。这种互相渗透、互相制约、互相促进的性质表明,社会主义的发展和完善,客观上要求社会主义文明三方面的建设要协调发展,保持相对同步的发展趋势。③

第二次是在 1999 年,上海社会科学院主办的《社会科学报》先后发表讨论制度文明的文章。从参论者的意图看,他们想突破但又囿于"两个文明"一起抓的定论,不敢直面说出"政治文明"问题,所以就提出和论证制度文明。针对这种情况,我以《"政治文明"不可或缺》为题发表的短文如下:

最近《社会科学报》展开了制度文明是否是第三种文明的讨论,笔者颇有兴趣参与一议。笔者认为,文明是指一种社会的进步状态,从这个意义上说,文明亦即社会文明,它表现在多方面多领域。从领域视角看,有经济领域、政治领域和文化领域等。经济领域的进步状态一般称为物质文明,文化领域的进步状态一般称为精神文明。如果把我们的视野只局限在物质和精神这两种文明形态下,那么,势必造成文明领域的"短缺"现象或文明的"空场"现象,并在事实上影响和制约着"两个文明"的建设。在这个问题上,不继续解放思想,不足以说服人。

制度文明一般是指社会经济、政治、文化等领域的进步状态的规范化、体系化,或者说,制度文明是规范化、体系化了的社会经济、政治、文化的进步状态。有多少文明的领域就有

① 马克思,恩格斯.马克思恩格斯选集:第 3 卷[M].北京:人民出版社,1995.305.

② 列宁.列宁全集:第 29 卷[M].北京:人民出版社,1972.156.

③ 见《淮阴师专学报》1987 年第 1 期第 5—9 页,原题为《论"三个文明"一起抓》,正式发表时,编辑改为《论"两个文明"建设》。

多少相应的制度文明，如社会主义初级阶段的经济制度文明、政治制度文明、思想文化制度文明三个基本方面。可见，制度文明的领域远远超出了政治制度、法律制度的范围而同时涉及经济、意识形态领域，它同物质文明或精神文明不是同一论域、同一层次的问题。因此，把制度文明作为独立的第三种文明形态与物质文明和精神文明相提并论是失当的。依据解放思想、实事求是的思想路线和学风的要求，人们的思想不能一直局限在"两个文明"上面。笔者认为，相对于物质文明和精神文明而言，"政治文明"是不可或缺的，应当及时加以重视，因为它是"两个文明"的中介，只有通过"政治文明"建设才能产生良性的互动效应，制度文明从而也得到发展。①

第三次是在 2003 年 4 月，江苏省政治学会在无锡市召开年会暨理论讨论会，我以《政治文明与治国方略——政治文明分析的新视角》为题向大会提交了一篇短文②，后来被收编在中国政治学会秘书处编的《社会主义政治文明研究导论》中。其中，我创列了一个公式：在收编时，编辑同志作了"技术处理"，把我对政治文明探讨的"历史"部分信息和论文后面构建的中国特色社会主义政治文明的公式给删去了。我认为这段"历史"是不应修改的，保留它可以证明我们的探索路径是怎样艰难地走过来的，这个公式不应删除，因为它毕竟凝结着研究者的方向，借此再次呈出：

坚持中国共产党正确有效领导 + 发展人民民主 + 依法治国 + 继承政治文明传统 + 借鉴人类政治文明成果 + + = 总和 = 中国特色社会主义政治文明

这个公式的主要观点是：中国特色社会主义初级阶段的政治文明，不可能搞纯而又纯的社会主义政治文明，但又不能偏离社会主义的发展方向。要善于处理好政治文明建设自系统的多种关系以及政治文明自系统与政治文明生态环境的多种关系。这些关系主要包括政治文明建设中的应然与实然的关系，传统的政治文明与社会主义现实政治文明的关系，社会主义政治文明与资本主义政治文明的关系；社会主义物质文明、社会主义政治文明、社会主义精神文明的关系；党的领导与人民当家做主的关系，人民当家做主与依法治国的关系，党的领导与依法治国的关系等。如果能够敢于和善于处理好这些关系，就能逐步构建"文明共振"体系，共同推动我国政治文明建设继续沿着社会主义方向前进。

---

① 社会科学报，1999－08－26(3).

② 这篇短文后来在《苏州大学校刊》2003 年 3 月 18 日第 2 版，《苏州日报》2003 年 4 月 25 日第 3 版部分发表。

用“发展着的马克思主义”政治学理论指导我国新的政治建设实践*

一、如何完整准确地理解“发展着的马克思主义”

2002年5月31日，江泽民同志在中央党校省部级干部进修班毕业典礼上的讲话中强调指出，否认马克思主义的科学性，丢掉老祖宗，是错误的、有害的；教条式地对待马克思主义，也是错误的、有害的。我们一定要适应实践的发展，以实践来检验一切，用发展着的马克思主义指导新的实践。这次重要讲话深刻阐明了马克思主义理论与实践的辩证关系，从而为党的十六大奠定了思想理论基础。在中共十六大报告中，江泽民同志再次指出，要善于在解放思想中统一思想，用发展着的马克思主义指导新的实践。后来在关于党章修改和第四次宪法修正案中都贯彻了这个思想。从此以后，在我国人文社会科学的学术术语中又创新了一个鲜活的概念，即“发展着的马克思主义”，而此前一直广为使用的是“坚持和发展马克思主义”这一提法。

然而，究竟什么是“发展着的马克思主义”？可以说有的认识并不是很完整准确的。有一种比较流行的认识认为，“发展着的马克思主义”就是指当代中国的马克思主义——邓小平理论和“三个代表”重要思想。我认为，这种理解和认识是对的，但要注意避免片面性，为此，有两个相互关联的问题值得深入探讨，一是如何理解“马克思主义”，二是如何理解“发展着的马克思主义”。

关于“马克思主义”，我的理解是，马克思主义有广义和狭义之分，也有一般与特殊之别。狭义的马克思主义，按照列宁的定义就是指马克思、恩格斯的观点和学说的体系，可称为“原来”的或“本来”的马克思主义，或称为“马克思主义一般”，它对世界各民族国家的社会主义理论和实践都有指导作用。广义的马克思主义，是指由马克思、恩格斯创立，并被他们的拥护者、继承者所坚持并发展的思想、理论，这包括马克思、恩格斯同时代的战友、学生以及在他们之后的马克思主义，尤指社会主义国家的马克思主义和非社会主义国家的马克思主义两大部分；这是把马克思主义同各民族国家的具体实际相结合而实现了各自民族化的马克思主义，呈现出马克思主义的一元多样性，或称之为“马克思主义特殊”，它对各民族国家都有相互启发和借鉴作用。需要指出的是，第一，我们应当关注并研究被传统观点所忽视的、非社会主义国家的各种各样的马克思主义，它们也在不同程度上为马克思、恩格斯以

* 原载《探索》2004年第6期；中国人民大学复印报刊资料·政治学·D0，2005(3)全文转载。

后的马克思主义的传播和发展作出了贡献，也就是说马克思主义不仅仅是同社会主义国家相联系；第二，我们所说的马克思主义，首先和主要的是指原来或现在仍然是社会主义国家坚持的马克思主义，尤其在我国表现为毛泽东思想、邓小平理论和“三个代表”重要思想；第三，狭义马克思主义（“马克思主义一般”）并不等于作为广义马克思主义（“马克思主义特殊”）的多种具体化、民族化了马克思主义的简单相加之总和。广义的、具体化、民族化的马克思主义之总和既可能“小于”、也可能“大于”马克思、恩格斯的“马克思主义一般”。所谓小于的情形，一般是指由于主客观条件的制约，马克思主义中涵盖的丰富的理论内容，还没有完全得到现今世界各国的有限实践的检验，所以仍然需要继续坚持马克思主义，开拓新的实践，进一步检验马克思主义；所谓大于的情形，一般是指各国在把马克思主义具体化、民族化的过程中，都不同程度地为丰富和发展马克思主义而增添了新的内容，显示出马克思主义所具有的无限生机与活力。这两种情形都存在于马克思主义同各国具体实践相结合的过程中，必然随着时代的进步和人们实践活动的发展而不断发展。① 这就涉及关于“发展着的”马克思主义的问题。

按照我的理解，马克思主义是一门多层面、多领域的大历史科学，可分为马克思主义的“理论论证”和马克思主义的“实际运用”两个部分。其中，马克思主义理论论证有不同的理论层次，具有高度超时空的抽象性，属于应然层面；马克思主义的实际运用有不同的实践场景，只能从具体条件出发，属于实然层面。同样的理论论证可以指导、作用于不同的丰富多样的实际运用，而某种暂时的具体的实际运用模式的成败不足以完全检验、证明其理论论证的正确与否。所谓“发展着的”马克思主义所要强调的问题主要是：马克思主义这门大历史科学本身具有与时俱进的理论品质，从马克思主义到列宁主义到毛泽东思想再到邓小平理论和“三个代表”重要思想，具有一脉相承性，但是，并不是特定历史时空条件下产生的马克思主义的全部内容都能够与时并进，都能够“发展着的”。无论马克思、恩格斯、列宁还是毛泽东、邓小平，他们的有些思想观点由于受历史的和认识的局限是不能“发展着的”，正如马克思、恩格斯在《共产党宣言》1872 年德文版序言中所说的那样：其一，《宣言》的一般基本原理整个说来直到现在还是完全正确的；其二，这些原理的实际运用随时随地都要以当时的历史条件为转移；其三，个别结论和意见在实践方面毕竟是过时了。② 所以，只有那些能够随实际运用的条件为转移的马克思恩格斯、列宁、毛泽东、邓小平及其后继者们的主义、思想、理论的基本原理，才是“发展着的马克思主义”。

因此，作为用于指导我国新的实践的基本理论的“发展着的马克思主义”，首先和主要的是指邓小平理论和“三个代表”重要思想，同时还应该理解为是发展着的马克思、恩格斯的马克思主义，发展着的列宁主义，发展着的毛泽东思想，发展着的邓小平理论，发展着的“三个代表”重要思想。只有这样理解，才能防范理论宣传上的片面性，用作为完整形态的“发展着的马克思主义”指导新的实践，以确保和证明社会主义事业的持续发展。不同历史阶段的发展着的马克思主义有着不同的相应的实践，“三个代表”重要思想作为当代中国最新的“发展着的马克思主义”，也还是要处于“发展着的”境界。正如江泽民同志指出的，“三

---

① 乔耀章.中国社会主义特色纵横谈[M].苏州：苏州大学出版社，1996.15—20.乔耀章.科学社会主义的理论与实践[M].苏州：苏州大学出版社，2003.34.

② 马克思，恩格斯.马克思恩格斯选集：第1卷[M].北京：人民出版社，1972.228—229.

个代表”重要思想是发展的、前进的。实践没有止境,创新也没有止境。我们要突破前人,后人也必然会突破我们。① 以胡锦涛为总书记的党中央正在率领全国各族人民认真贯彻着、实践着、发展着“三个代表”重要思想,如“以人为本”、统筹协调的科学发展观、和谐社会思想,等等。它们将从内涵的不断丰富和外延的不断拓展方面把“发展着的马克思主义”不断推向更为贴近现实政治生活实际的宏观的整合境域。

二、如何用“发展着的马克思主义”政治学理论指导我国新的政治建设实践

马克思主义是一个完整的科学理论体系,马克思主义政治学理论是马克思主义理论体系的有机组成部分。我国的政治学随着改革开放后恢复以来,经过学界同仁的共同努力取得了较丰硕的理论研究成果。据南开大学周恩来政府管理学院的不完全统计,单国内公开出版的政治学教材,就有93本,其中叫《马克思主义政治学》的就有4部;在翻译出版的24部国外政治学书目中有一部英国学者米利本德著的、1984年商务印书馆出版的《马克思主义政治学》。我国的政治学研究现在已进入全面发展的新时期,其重要标志就是目前正在实施的马克思主义政治学理论研究和建设工程。本文的论题是从“用发展着的马克思主义指导新的实践”这一用语引申而出的,主要论述如何用“发展着的马克思主义”政治学理论指导我国的政治建设问题。马克思主义政治学理论首先和主要的分别是指马克思、恩格斯的政治学理论,列宁主义中的政治学理论,毛泽东思想中的政治学理论,邓小平理论中的政治学理论和“三个代表”重要思想中的政治学理论。马克思、恩格斯的政治学理论主要集中在《共产党宣言》《1848—1850年法兰西阶级斗争》《路易·波拿巴的雾月18日》《法兰西内战》《哥达纲领批判》《社会主义从空想到科学的发展》《家庭、私有制和国家的起源》等著作中。他们论述的政治问题主要集中在:政治的本质、政治与经济和文化的关系、国家的起源与本质、国体与政体的关系,特别是关于阶级、阶级斗争、无产阶级革命、无产阶级专政以及包括无产阶级和劳动人民在内的所有人的人类解放的问题。列宁主义的政治学理论主要集中在《国家与革命》《共产主义运动中的“左派”幼稚病》及列宁晚年的“政治遗嘱”等著作中。列宁创造性地继承和发展了马克思、恩格斯的政治学说,并把他们的政治理论开始变为现实的社会主义政治,集中表现在:从“说服俄国”到“夺取俄国”再到捍卫和巩固苏维埃社会主义共和国,从政治的经济到经济的政治,发展党内民主和社会主义民主。列宁主义的政治理论以十月革命为界,以前侧重于对帝国主义的理论分析和无产阶级革命斗争的论述;以后则侧重于巩固无产阶级专政向社会主义过渡过程中新的政治问题的探索。列宁主义中不仅有关于理论论证的政治,而且有关于实际运用的政治。随着十月革命的胜利,开启了人类社会政治生活的历史新纪元。毛泽东思想中的政治理论体现在中国共产党领导的新民主主义革命和探索社会主义建设的历史过程中。毛泽东在《新民主主义论》《论人民民主专政》《关于正确处理人民内部矛盾的问题》《论十大关系》等著作中论述了政治的最基本问题,为新中国的建立和巩固奠定了政治理论基础,也为探索中国特色社会主义初级阶段的政治建设和政治发展开了先河。邓小平理论中的政治理论主要是在改革开放以后形成和发展起来

① 中共中央宣传部.“三个代表”重要思想学习纲要[M].北京:学习出版社,2003.15.

的，主要围绕着什么是社会主义，怎样建设社会主义及民主与社会主义、民主与社会主义现代化的关系问题上展开的，其主要思想集中在《邓小平文选》第二、三卷关于“四项基本原则”、“一个中心、两个基本点”的基本路线、民主法制和社会主义现代化、“一国两制”等问题的论述中。“三个代表”重要思想中的政治理念，是以江泽民为核心的党的第三代领导集体、继之以胡锦涛为总书记的党中央，高举邓小平理论的旗帜，围绕建设一个什么样的党和如何建设党这个主题展开的，非常突出党的领导、人民民主和依法治国的有机统一，非常突出共产党的党内民主、执政能力的建设和执政方式的改革与完善。这是中国当下政治建设的根本。可见，马克思、恩格斯、列宁、毛泽东、邓小平关于政治理论问题的论述，以及“三个代表”重要思想中的政治理念本来就是发展着的，充满了政治哲理和政治智慧，成为我们进行中国特色社会主义政治建设的世界观和方法论的基础。

用“发展着的马克思主义”政治学理论指导我国的政治建设新的实践，最根本的就是善于用“发展着的马克思主义”的政治立场、政治观点和政治方法观察思考与解决中国现实的政治问题。党的十六大将我国现实政治建设和政治体制改革新问题概括为九个方面，即坚持和完善社会主义民主制度，加强社会主义法制建设，改革和完善党的领导方式和执政方式，改革和完善决策机制，深化行政管理体制改革，推进司法体制改革，深化干部人事制度改革，加强对权力的制约和监督，维护社会稳定等。所有这些问题的提出和解决都离不开“用发展着的马克思主义”政治学理论来指导。用“发展着的马克思主义”政治学理论指导我国政治建设的新的实践，我以为要深入思考和处理好以下几个关系问题。

第一，政治及政治的层次性问题。

首先是关于政治的一般：什么是政治？政治同经济、文化的一般关系怎样？在关于政治的林林总总的界说中，邓小平认为政治就是国内外阶级斗争的大局，是中国人民和世界人民在现实斗争中的根本利害。[①] 对于我国来说，政治对内就是最广大人民的根本利益；对外就是整个中华民族的国家利益。按照马克思主义的观点，政治是经济的集中表现，政治同经济相比不能不占首位。政治是介于经济和文化之间的桥梁和纽带，脱离政治的经济和文化是不可想象的。其次是中国政治：这是政治的特殊、政治的个别，它同外国或别国政治有哪些共性和差别性？突出差别性主要是强调要从中国的政治国情出发；突出共性主要是强调中国的政治发展离不开人类社会政治文明发展的大道。再次是中国特色社会主义政治：它有别于历史中国的政治，其他社会主义国家的政治，特别是有别于资本主义国家的政治，它有两个修饰语，一是中国特色，二是社会主义。最后是中国特色社会主义初级阶段的政治：研究它同新民主主义政治与社会主义初级阶段以后的政治的关系，研究它同资本主义政治的关系。愈是强调社会主义初级阶段的政治就愈是要勇于和善于处理好社会主义政治与资本主义政治的关系。这应当成为研究现实中国政治问题的逻辑的和历史的起点。这是我们一切政治问题立论的基点。[②]

第二，研究政治的应然方法与实然方法问题。

马克思主义政治学理念认为，政治的逻辑与政治的历史应当而且也有可能是辩证统一的。政治学的应然研究亦即普遍主义研究或规范研究，一般搁置历史的和现实中各个政治

---

① 邓小平. 邓小平文选：第2卷[M]. 北京：人民出版社，1994. 179.

② 乔耀章. 论作为社会主义定向的政治发展[J]. 江苏社会科学，2002(2).

共同体发展的特殊经验,从应然价值出发,在一般普适的意义上进行逻辑思辨的推演,试图确立一个放之四海而皆准的普遍的政治价值标准或政治理想。马克思以前的政治思想家大多是从这一方法、范式来研究政治问题的。政治学的实然研究,亦即历史主义研究或实证研究,一般从溯源人类社会政治的发展历程,依据人类历史中各个政治共同体发生、发展的历史事实,揭示人类历史上政治出现的条件性、必然性和规律性。马克思主义的政治学说是这一研究方法和范式的典型代表。研究中国政治应从中国现实政治实际出发,从当前中国社会经济事实中寻找中国政治变革的始动因。一方面,当今中国社会的一切政治现象除了受制于当今中国社会的政治本质以外,归根结蒂是受当今中国社会经济性质决定的,并且规制着未来中国社会的政治变迁;另一方面,当今中国社会的政治格局也能动地反作用于中国社会的经济变革和市场走向。因此研究当代中国现实政治,不仅要从应然处着眼,更要从实然处着手。

第三,“政治之知”与“政治之行”的关系问题。

这个问题要求我们科学地全面地系统地而不是先验地、教条主义地、实用主义地解读马克思主义政治学理论,完整准确地把握而不是随意剪裁中国现实的政治实践、政治实际问题,并正确地处理好它们之间的关系。究竟是政治理论先行还是政治实践先行抑或是并行?要逐步纠正、克服和防范政治理论脱离政治实践的倾向和政治实践脱离政治理论的倾向,亦称“双脱离”、“两个脱节”现象。政治学理论工作者上既要顶天,下又要立地,不要做上不着天下不着地的“梁上君子”。诚然,光靠政治学理论趋向于政治实践还不够,还要求政治实践趋向于科学的政治学理论。要自觉实现政治学理论工作者和政治实践工作者的“双向超越”,争做政治学理论的知和行的统一论者。要使政治知识化,把政治实践、政治经验总结、概括、抽象、升华为新的政治学理论,在广大干部和群众中间普及政治知识,普及民主,只有这样,才能使多轮次的普法活动收到切实的效果。因此,普及政治知识,普及民主,应该提到当前中国政治的议事日程上来。

第四,官僚政治与民众、大众政治的关系问题。

在前阶级社会,政治总体上介于“社会政治”、“群体政治”;在阶级社会,政治大体上分为“统治政治”和“被统治政治”。在中国社会主义初级阶段,统治政治与被统治政治正在转型之中,其政治大体可分为“官僚政治”与“民众政治”。官僚政治不等于“官僚主义政治”,民众政治也不就是“全民政治”。在现阶段,官僚政治是“主导性政治”或“公仆性政治”;民众政治是“主体性政治”或“主人性政治”。这两者应体现在科学发展观所倡导的“以人为本”的“人本政治”观当中,体现在“统筹发展”的“和谐社会”政治理念之中。这种政治的人本性、统筹性、和谐性的本色在于其应始终具有的人民性!中国特色社会主义初级阶段的政治在本质上应该体现为官民互治。①

第五,中国最大政治、当前中国最大政治、主要政治的关系问题。

对此,邓小平同志有许多论述。比如,他认为中国最大的政治是社会主义现代化,当前中国最大的政治是党的基本路线和经济工作,当前中国主要的政治是政治民主和法制、科学

---

① 乔耀章.从治民到官民互治——行政现代化历史进程分析[J].北京行政学院学报,2002(2).

先进的管理、劳动人民的集体福利，等等。① 这几方面的政治是一个统属关系，是一个系统工程，是一个持续发展的政治过程。用发展着的马克思主义政治学理论指导当今中国政治建设实践的出发点和归宿点，应该是而且也只能是和必然是全心全意地实现好、维护好、发展好最广大人民的整体利益、根本利益、长远利益。正是从这个意义上说，中国社会主义初级阶段政治应当是最广大人民的政治，“代表中国最广大人民的根本利益”，是当今全中国最大的政治的具体体现，能否真正做到这一点，直接关系到中华民族的伟大复兴，直接关系到共和国的长治久安！

① 邓小平. 邓小平文选：第 2 卷[M]. 北京：人民出版社，1994. 234，194，150；邓小平. 邓小平文选：第 3 卷[M]. 北京：人民出版社，1993. 181，380.

论作为非国家机构的政府 *

概念是对一定阶段历史活动的描绘。随着历史活动的进步,概念不变,但内涵已经不同。要跟上历史的步伐,就不能不解析语义和运用概念。[①]清楚地定义每一个概念是进行社会科学研究的首要条件,概念不清楚就无法把被研究的现象与其他现象区分开来。[②]什么是非国家机构的政府?它同国家机构的政府、政治、政府体系、非政府组织、第三部门等问题是什么关系?本文拟就这些问题作初步的探讨。

一、问题的提出及其初论

2000 年,我在拙著《政府理论》[③],一书中探讨政府的定义时,曾提出两个值得注意研究的问题。第一个问题是,作为客观存在的"实体政府"和作为观念术语的"概念政府"问题。认为实体政府是人类社会发展到一定历史阶段的产物,而反映实体政府从而对实体政府进行抽象理念化为概念政府,要比实际存在的实体政府晚得多,也就是说在作为概念的政府出现以前,实体政府早就以各种形式存在着。据考证,在古代中国唐宋时期,在西方 14 世纪以后,作为术语、概念的"政府"才出现并被人们使用,而作为实体政府却早就历史地存在着了,虽然名称有多种叫法,也就是说,作为实体的政府要比作为概念的政府久远得多。第二个问题是,作为客观存在的实体政府是否仅仅同阶级、国家相联系?长期以来,在学术界对于政府的界定,占主流或主导面的传统观点都习惯于把政府与国家及国家机构相联系,无论是广义的政府论还是狭义的政府论,都没有超脱"国家崇拜"的理念。尤其是中国的学者都没有超出把政府作为国家的代理机构或作为国家机构的有机组成部分这个论域,由此形成两种思维定势:一种是只注重或侧重于政府的阶级性和政治性的定性分析,而比较忽视政府的社会性、科学性方面的定量分析;另一种是只注重或侧重于政府的社会性、科学性方面的定量分析,而比较忽视或有意回避政府的阶级性、政治性方面的定性分析。前一种情形比较集中表现在改革开放以前的中国学者那里,后一种情形比较集中表现在西方学者那里。这两种分析视角和思维定势都是由各国的历史社会制度以及认识的局限性决定的。要克服和

---

* 原载《江苏行政学院学报》2004 年第 1 期。

① 王沪宁. 比较政治分析[M]. 上海:上海人民出版社,1987. 23.

② 王绍光. 多元统一:第三部门的国际比较研究[M]. 杭州:浙江人民出版社,1999. 5.

③ 乔耀章. 政府理论[M]. 苏州:苏州大学出版社,2000. 5—12.

避免这些局限性，就需要把观察和研究政府问题的视界超出国家和国家机构的论域，研究非国家机构的政府及其与作为国家机构的政府的相互关系。

笔者之所以提出"非国家机构的政府"这一概念和问题，是基于这样的逻辑思考，即政府作为处理和执掌政务的地方和场所，"政府"是指政议之府，如同"朝廷"是朝议之庭一样，主要作为政议之府而存在。在传统上指的是"我们讨论和处理公共问题的机制"。如古代雅典人们在广场中集会讨论公共问题，这就是政府。但到后来，政府成了一种机构，有着专属的人员和手段，政府逐渐与公众相脱离，成了一种专门处理公共问题的社会单元。人们也逐渐忘记了除了"政府"外，还有其他的机构和机制可以或实际上在承担处理公共事务之责。[①] 政府与人类社会的公共事务和公共权力紧密联系着，只要有人类社会及其公共事务的产生和存在，就必然要有行使社会公共权力、处理社会公共事务的政府。它同人类社会与生俱来并同人类社会共始终。正是基于这样的思考与认识，我认为所谓"非国家机构的政府"是相对于"国家机构的政府"而言的。在私有制、阶级、国家产生以前，面对原始社会的公共事务而行使原始社会公共权的机构，如摩尔根在《古代社会》中描述的酋长会议、最高军事统帅、人民大会等就可以称之为"政府"，构成非国家机构的政府的第一个时期，我把这个时期非国家机构的政府用"非国家机构的政府 I"来表示。随着私有制、阶级的出现，国家的产生，社会公共事务扩展了，社会公共权力开始具有了特殊的性质，即恩格斯所说的产生了"特殊的公共权力"。一方面，作为"非国家机构的政府 I"，逐步演变为作为国家机构的政府，它是对作为"非国家机构的政府 I"的历史性否定、嬗变或蜕变，国家机构的政府逐步占据主导地位；另一方面，作为"非国家机构的政府 I"的主体性历史地位并没有因为逐渐被作为国家机构的政府所取代而完全丧失其历史主体性的存在，相反，它还以其顽强的生命力，不因人们经常有意无意地遗忘它而失去自我的存在和发展，并且以作为"非国家机构的政府 II"的形式对作为"非国家机构的政府 I"的第一次自我否定，并与作为国家机构的政府并存，相互作用，相互转化。当然，作为国家机构的政府与作为"非国家机构的政府 II"并存时期的主次地位和作用力的大小及其方向，在社会历史发展的不同时期是有所不同的。随着作为国家机构的政府及其特殊公共权力的发展直至消亡，作为"非国家机构的政府 II"及其公共权力的日趋完善，实现对作为国家机构的政府的历史性否定，同时也实现着对作为"非国家机构的政府 II"的自我否定，即对作为"非国家机构的政府 I"的否定之否定，人类社会将进入"非国家机构的政府"及其公共权力的新的历史时期，亦即马克思、恩格斯所说的"自由人的联合体"的境界，我用作为"非国家机构的政府 III"来表示。在那里，用以处理社会公共事务的社会公共权力将会在更高的历史阶段上属于(确切些说是回归)全体社会成员；在那里，每个人的自由发展是一切人的自由发展的条件。并且，我认为可以把"自由人的联合体"作为"非国家机构的政府 III"或"未来政府"、"世界政府"的另一种表达法。

基于上述分析，我把行使人类社会公共权力主体的政府分为"三段式"，其演示过程用图 1 来显示(其中，实线箭头表示决定性指向，虚线箭头表示互动性指向)：

① 张康之. 公共行政学[M]. 北京：经济科学出版社，2002. 347.

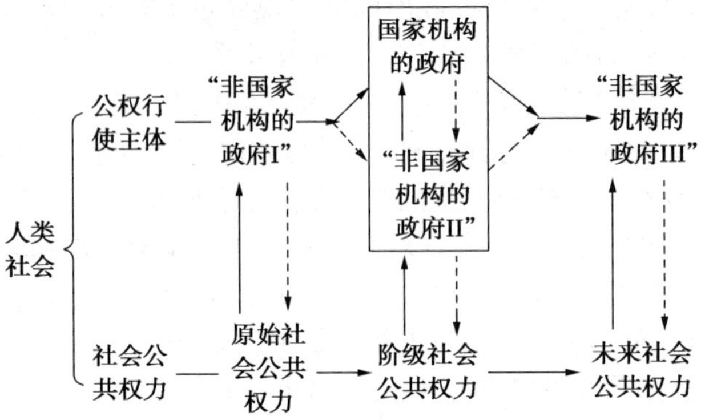

图1 人类社会政府演化示意图(1)

二、学术界的反响与回应

自从笔者提出"非国家机构的政府"问题以后,引起了学术界的一定关注和反响,其中,北京大学政府管理学院谢庆奎教授在他主编的《当代中国政府与政治》一书的第一章导论第一节中,就专门列出一个目,论证了"非国家机构的政府"问题。① 谢先生对这个问题的研究至少有以下三点值得笔者进一步学习和借鉴。

其一,在笔者的研究中,只是一般性地描述了非国家机构的政府,指出所谓"非国家机构的政府",顾名思义是相对于"国家机构的政府"而言的。它不与国家机构的政府"分庭抗礼",它只侧重于社会领域的问题,并没有能够对非国家机构的政府作一个规范性的定义。而谢先生的研究则弥补了笔者的不足。他写道:公共权力是人类社会与生俱来的,只要人类社会存在,就会有公共权力的行使。行使公共权力的主体或机构就是公共权力机构。这种公共权力机构是适应处理社会公共性事务的需要而产生的,它的基本作用是维持和协调整个社会生活的基本秩序,使社会免于瓦解,不至于陷入无休止的冲突之中。这是社会的共同需要。社会还有不同需要,公共权力机构本身也有自己的需要。这就使公共权机构在行使公共权力时出现了复杂的情况。既要满足某些社会集团或个人的特殊需要,还要满足公共权力机构本身的需要。由此出现了公共权力机构与社会的关系问题,以及公共权力机构内部的关系问题。这种由社会需要产生、凌驾于社会之上并为社会服务的公共权力机构,就是非国家机构的政府。

其二,在笔者的研究中,虽然绘制了非国家机构的政府的产生、变化和回归的示意图,初步描绘了社会公共权力由原始社会公共权力到阶级社会公共权力再到未来社会公共权力的发展轨迹,但是没有能够进一步提出和分析非国家机构的政府是如何向国家机构的政府转变、过渡及国家机构的政府又是如何向非国家机构的政府转变、过渡的过程。而谢先生的研究又弥补了笔者这方面的不足,提出并初步论证了两个"过渡阶段"。他写道:非国家机构的政府向国家机构的政府的转变,以及国家机构的政府向非国家机构的政府的转变,都有一个过程。在这两个先后交替的过程中此消彼长的情况是很复杂的,不仅在走向未来社会的

① 谢庆奎.当代中国政府与政治[M].北京:高等教育出版社,2003.8—10.

时候有这种情况，在走向阶级社会的时候也有这种情况。非国家机构的政府向国家机构的政府再向非国家机构的政府的转变，应该经历五个阶段，可称为“五段式”，如图2所示：

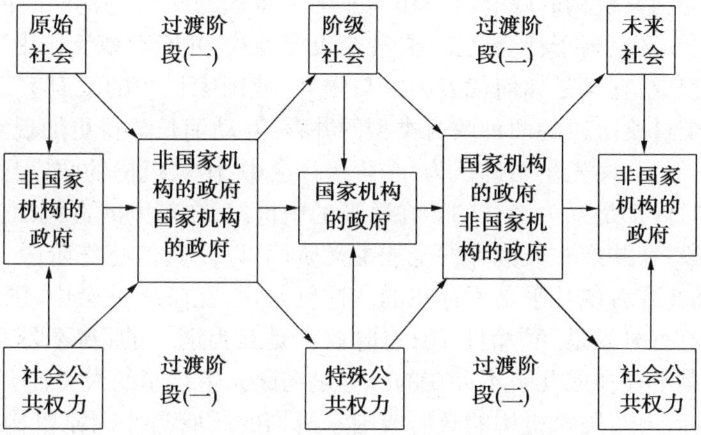

图2　人类社会政府演化示意图(2)

谢先生还进一步写道：非国家机构的政府与国家机构的政府并不是截然对立的或互不相容的。它们在过渡阶段是并存互动的、此消彼长的。在第一过渡阶段，非国家机构的政府起主导作用，国家机构的政府逐步形成，直至取而代之。在第二个过渡阶段，国家机构的政府起主导作用，非国家机构的政府逐渐升起，最后进入人类社会的最高境界——世界大同。这样，他就把从非国家机构的政府到国家机构的政府再到非国家机构的政府的两个过渡阶段的主次地位转换或易位动态地勾勒出来了。

其三，在笔者的研究中，只是着眼于非国家机构的政府与国家机构的政府在历时态维度中的演变和在共时态维度中的互动，尚未深入论及它们之间的异同，亦即联系与区别。谢先生的研究则弥补了这方面的“空白”。他写道：非国家机构的政府与国家机构的政府相比，同样都是行使社会公共权力的组织机构体系，同样要受到风俗、习惯、道德、法律（纪律）的约束，对于其成员违反习惯、道德法律（纪律）的行为同样具有惩戒力，其规则和公共权力也具有一定的权威性。但是，非国家机构的政府与国家机构的政府也有一些极为重要的区别，甚至是本质上的区别。首先，非国家机构的政府行使的是社会公共权力，而国家机构的政府行使的则是特殊公共权力，这种特殊性主要表现在公共权力是为特定的阶级或阶层服务的，首先要满足这些阶级或阶层的需要；其次，是暴力机关的设置和使用，如军队、警察、监狱等，这是国家机构的政府的突出特点，也是非国家机构的政府所不具备的重要机关；再次，在政府的本质特性上，非国家机构的政府更多地表现为社会性、公共性，为全社会服务的特质，而国家机构的政府则更多地表现为阶级性、为统治阶级服务，兼具社会性、公共性，兼顾社会公共利益；最后，在政府的合法性上，非国家机构的政府的合法性基础是传统、氏族、功绩，而国家机构的政府的合法性也有传统、功绩，但更重要的是选举，是民意的表达。特别是近代以来政党政治下的国家机构的政府更是如此。

除此以外，我要同谢庆奎先生商榷的问题主要是：在阶级社会，非国家机构的政府是否存在及其与国家机构的政府相互作用的问题。在我的关于政府演进的“三段式”中，力图说明的主要观点是：政府是一个不断成长、发展的有机过程，人们对政府的认识远没有也不可能穷尽。因此,我的着眼点、着力点不在于研究和阐释国家产生以前的政府,即"非国家机构的政府 I",也不在于研究和阐释国家消亡以后的政府,即"非国家机构的政府 III",而在于研究和阐释作为国家机构的政府或与作为非国家机构的政府并存期间的政府,它是如何随国家产生于社会,又凌驾于社会之上,受社会决定制约,并能动地反作用于社会,在国家存在的整个历史过程中,它又是如何代表国家与作为"非国家机构的政府 II"互动而此消彼长的。这比研究两个过渡阶段的两种政府类型的并存、互动消长显得更加现实,因而也就更加重要、更有意义。然而,谢先生明确认为,在阶级社会中,国家机构的政府与非国家机构的政府并不是在任何时候都是互为消长的。在欧洲的中世纪,在东方的古代社会,在资本主义世界的全面干预阶段,在共产主义世界的全能主义阶段,以及其他特殊阶段,作为非国家机构的政府是不存在的,或者说几乎是不存在的。这就是说,在阶级社会中,国家机构的政府与非国家机构的政府有时候是互为消长的,有时候不是互为消长的;在不是互为消长时期,非国家机构的政府是不存在或几乎不存在的。但是在谢先生绘制的人类社会政府演化示意图中,非国家机构的政府与国家机构的政府或国家机构的政府与非国家机构的政府的互为消长情形只存在于阶级社会前后两个过渡阶段,而在整个阶级社会是不存在非国家机构的政府的。因此,就不可能产生与作为国家机构的政府的互为消长问题。如果是这样,就存在阐释话语与示意图不完全符合的情形。如果按时序就会涉及过渡阶段(一)的起讫点问题,"非国家机构的政府 I"是如何被"消灭"的问题,国家机构的政府又是如何产生的问题;在阶级社会中,国家机构的政府的"独占"问题,非国家机构的政府的"中断"、"缺环"或"从有到无"的问题;过渡阶段(二)的起讫点问题,国家机构的政府是如何被"消亡"的问题,非国家机构的政府又是如何"再生"或"从无到有"的问题,等等。这些问题有待于进一步商榷和探讨。

事实上,在整个阶级社会,非国家机构的政府都是客观存在着的。根据"自然法"和"社会契约论",社会或公民不可能将所有的权利都让予国家机构的政府行使,依赖国家机构的政府处理所有的社会公共事务。在社会公共事务和公共权力方面,社会或公民有着属于自己的"自留地"或"保留地",即使在中世纪的欧洲,古代社会的东方,在资本主义世界的全面干预阶段,在共产主义世界的全能主义阶段,以及其他特殊阶段,虽然国家机构的政府被异常强化,非国家机构的政府相对弱化,以致弱化到使人们可以忽略不计的程度,但非国家机构的政府也还是在一定程度上或多或少地潜存下来,即使它处于某种"休眠"状态,也是一种存在,而不是"不存在"或"几乎不存在"。如果在过渡阶段(一)和过渡阶段(二)之间的整个阶级社会中,国家机构的政府存在时期,非国家机构的政府不存在某种连续性和可持续发展性,即上文所说的"中断"或"缺环"现象,不存在非国家机构的政府待机而发的"基因",如果国家机构的政府与非国家机构的政府之间的并存、互动、此消彼长只存在于两个过渡阶段,而在阶级、国家社会不存在,那么,过渡阶段(二)的非国家机构的政府又从何而来?或者说就难以"复活",总不能从"空地"上重建非国家机构的政府。一般说来,从国家机构的政府中是不能自发地自然而然地"生长"出"非国家机构的政府 III"来的。事实上,当作为国家机构的政府"甚嚣尘上"之时或使整个社会国家化、政府化的时候,非国家机构的政府的基因仍然在属于自己的园地里默默地潜存着、发展着。正是从这个意义上说,是否客观地承认阶级社会中同国家机构的政府并存着非国家机构的政府,即我称之为"非国家机构的政府 II"及其互动和此消彼长,这可能成为长期以来西方学者侧重于政府的社会性、科学性方面的定量分析，而中国学者则侧重于政府的阶级性、政治性方面的定性分析的一个分水岭或重要原因，由此也是导致中国和西方不同的政府治道、治理模式，进而造成不同的社会发展程度和发展质量的重要原因之一。

三、几个相关的理论问题

提出和研讨非国家机构的政府问题，涉及许多相关的理论问题。其中，最密切的就有关于非阶级、国家政治问题，关于非政府组织、第三部门问题，等等。

关于非国家机构的政府与非阶级、国家政治的关系问题。政府同政治是分不开的。既然非国家机构的政府突破了把政府仅仅视为国家机构的组成部分，甚至有时把政府视为国家代名词、同义语的传统，那么，势必要对政治作新的阐释。过去那种把政治视同国家历史范畴的传统也应当有所突破。例如，当伍德罗·威尔逊和古德诺把政府视同为行政时，曾作了“政治是国家意志的表达，行政是国家意志的执行”的经典表述。那么，究竟有没有“非国家政治”呢？根据近年来学术界的研究，回答应当是肯定的。在整个阶级政治或政治社会的历史阶段，非阶级性政治或社会政治还是仍然存在着的，只是不占主体或主导地位，它仍然同阶级政治、政治社会并存、互动和此消彼长。此种阐释并不必然导致“阶级政治泛化”，反而有利于严格限制阶级政治的论域，不使阶级政治扩大化，就如同阶级社会国家机构的政府同非国家机构的政府仍然并存、互动和此消彼长并不必然削弱国家机构的政府权威，导致无政府化或“政府泛化”，反而有利于严格限制国家机构的政府的论域，进而把有限政府置于现实的社会基础之上一样。从整体历史观来看，政府发展和政治发展是密切相关的。政府发展，在历时态的层面表现为从非国家机构的政府走向国家机构的政府（包括国家机构的政府自身由低级向高级阶段的发展）再走向非国家机构的政府的发展；在共时态的层面则表现为非国家机构的政府自身的发展以及“上收”到国家机构的政府与国家机构的政府自身的发展以及“下沉”到非国家机构的政府之间并存、互动消长的发展。其中，非国家机构的政府发展带有根本性，它决定着国家机构的政府发展，而国家机构的政府发展则能动地反作用于非国家机构的政府发展，主导着非国家机构的政府发展。同样，政治发展在历时态的层面，表现为从非阶级性政治（社会政治）走向阶级政治即政治社会（包括阶级政治自身由低级向高级阶段的发展）再走向非阶级性政治即社会政治发展；在共时态的层面则表现为非阶级政治自身的发展和阶级政治自身的发展以及非阶级政治与阶级政治并存、互动、消长的发展。其中非阶级政治发展带有根本性，它决定着阶级政治发展，阶级政治发展对非阶级政治发展起着能动的反作用、主导作用。在政府发展与政治发展的关系问题上，政治发展更带有根本性，它决定并制约着政府发展，而政府发展则能动地反作用于政治发展，主导着政治发展。

关于非国家机构的政府与非政府组织、第三部门的关系问题。如前所述，非国家机构的政府是相对于国家机构的政府而言的。在“政府体系”中，除了国家机构以外，其他组成部分均可隶属于非国家机构的政府之列。在这里，“非政府组织”、“第三部门”也可以作为与非国家机构的政府同国家机构的政府相对应。

首先，“非政府组织”（Nongovernment Organizations）与政府组织相对应，至少有三种指称。其一是指狭义政府以外的一切组织，包括同作为国家机构的立法、司法机关都可视为非政府组织;其二是指广义政府即国家机构的政府以外的一切组织,包括政党组织、企业组织、社团组织等都属于非政府组织;其三是指"政府体系"之外的一切组织,分布在广泛的社会领域。所以,狭义政府、广义政府即国家机构的政府、非国家机构的政府以及政府体系中除国家机构的组织以外,都可以叫做"政府组织",同"非政府组织"相对。因此,非政府组织是指列于国家机构政府和非国家机构的政府之外的其他社会组织。非政府组织要同政府组织发生关系和联系必须在以上三个层面上展开。但从其本意上讲,主要还是第一种指称。中国民政部将 NGO 分为社会团体和民办非企业单位。清华大学 NGO 研究所在组织形式和实际运作两个层面上将 NGO 分为:第一类,社会团体,在社会、文化领域开展各类活动的会员制组织,它包括各种学会、协会、促进会、联合会、志愿团体等;第二类,经济团体,只在经济领域里开展各种活动的团体,如商会、行业会、工会(其实将工会划入经济团体是值得商榷的,它与"无产阶级专政体系"中的工会有着不同的性质)等;第三类,基金会,如项目型基金会、资助型基金会、联合募捐组织等;第四类,实体性公共服务机构,如各种民办医院、学校、剧院、养老院、研究所、中心、美术馆、图书馆等。这些组织是通过行政法规合法登记开展各种社会公益活动的民间组织。除此之外,在当代社会转型时期的中国,还有第五类没有经过登记的 NGO。

其次,第三部门这个概念在 20 世纪 70 年代的西方开始形成并流行起来,目前已影响到各个社会领域,已引起我国学者们广泛的关注与研究,已有不少成果面世。但有关"第三部门"概念的释义种种。有学者就有关第三部门的多类组织进行归纳,主要有:企业组织的 NGOS,捐赠者组织 NGOS,与政府有关的 NGOS,政府组织的 NGOS,政府经营、组织的 NGO,基层组织,基层支持组织,国际 NGOS,中介组织,会员支持组织,非政府发展组织,非政府组织,非营利组织(Nonprofitorganizations),人民组织,民间志愿发展组织,民间志愿组织,准非政府组织(Quasi - NGO),自助组织、自助支持组织,跨国外政府组织(Transaction NGOS),乡村发展协会,志愿者非营利组织,志愿组织等。其实,第三部门古已有之,承认非国家机构的政府的存在就意味着承认第三部门的存在,之所以到了 20 世纪 70 年代才被凸显出来主要是有政府和市场"双失灵"这一社会历史背景。在政府失灵和市场失灵的情况下,寻找第三部门这个"第三只手"来调适政府与市场的互动关系。可见,第三部门与非营利组织的论域视同,它既有别于政府组织,又有别于市场或企业组织,囊括了非营利组织、民间组织、非政府组织、社团和民办非企业单位。然而,问题在于,当我们把第三部门概念引入文本以后,怎样进一步论证它同国家机构的政府与非国家机构的政府的相互关系。在政府、市场和第三部门的分析框架中,"第三部门"实质上可视为"社会"的代名词。政府、市场和第三部门的关系实质上就是政府、市场和社会的三足鼎立关系。如果把这里的政府视为狭义和广义的政府,亦即作为国家机构的政府,视为"政府组织",那么市场、企业、第三部门就统属于"非政府组织",第三部门中的非政府组织可指"政府体系"中的政党组织、民主党派、人民政协等。如果把这里的政府视为"政府体系",即视为国家机构的政府和非国家机构的政府的互动,那么第三部门中非政府组织一般就指"政府体系"之外的组织。但是,通常人们把政府、市场、第三部门(社会)关系中的政府视为广义或狭义的政府,即国家机构的政府,这样,第三部门和市场(企业)就具有了某种非国家机构的政府性质及其意义,特别是第三部门中非政府组织和"政府体系"中除国家机构以外的组成部分都具有一定的非国家机构的政府的性质。这样,政府同第三部门的关系实质上就是作为国家机构政府与作为非国家机构的政府关系。从一定意义上可以这样说,“非政府组织”、“第三部门”概念是西方式的话语,营造的是西方式的语境,而“非国家机构的政府”则是“非政府组织”、“第三部门”概念的中国化,营造的是中国式的话语和语境。

总之,我们提出并初步论证非国家机构的政府问题,把对国家机构的政府的研究现象同非国家机构的政府的研究现象区分开来,把国家机构的政府与广义和狭义的政治、政府体系、非政府组织以及第三部门等概念和理论问题进行比较与辨析,其主要目的和意义在于以学术上的独立自主精神创设一种新的概念和语境,为中国特色的政府治理和政治发展提供一种新的理论支持。

再论作为非国家机构的政府*

一、学理性再分析

人们通常习惯于将政府视同于国家或国家的重要组成部分之一,笔者却对政府作出了超国家的界定,认为政府本为行使执掌社会公共权力、处理公共事务的地方和场所。政府与人类社会的公共事务和公共权力紧密联系着,只要有人类社会及其公共事务的产生和存在,就必然要有行使社会公共权力、处理社会公共事务的政府。政府同人类社会与生俱来并同人类社会共始终。阶级、国家产生以前的非国家机构的政府Ⅰ,逐步嬗变产生出国家机构的政府,并同作为非国家机构的政府Ⅱ并存,它们相互作用的结果,国家机构的政府逐渐将其公共事务和公共权力回归社会,回归到作为非国家机构的政府Ⅲ而逐渐消亡,从而求证作为国家机构政府的历史暂时性。相对于非国家机构的政府Ⅰ,国家机构的政府不是原来意义上的政府,人类社会终将进入无国家机构政府的状态。无国家机构的政府,并不等于无政府。以谢庆奎先生主编的《中国政府与政治》一书为标志,表明学术界是认同"非国家机构的政府"问题的,确切些说是人类从无国家社会向国家社会和国家社会向无国家社会两个过渡阶段是存在着"非国家机构的政府"的。然而,笔者所强调的是,在国家机构政府存在的整个历史时期内,非国家机构的政府仍然存在,并尽可能描述它怎样逐步被国家机构的政府所"取代"而处于"休眠"状态,再到"复苏"、"复活",直至重新取代国家机构的政府的过程。如何客观地再现国家机构政府与非国家机构的政府Ⅱ的并存、互动的运行轨迹,这是需要我们着力研究的问题。

当我们从国家视域看政府时,常把"政府"视为国家的同义语或专属物,不习惯将"政府"用作别的指称物。其实,这是一种习惯或一种认识的历史局限性。当笔者始创"非国家机构的政府"这个概念时,紧接着在后面的括弧里还用了这样的别称——"非国家的社会公共机构和组织"①,作为"非国家机构的政府"的同义语或政府的同义语。事实上,这种非国家的社会公共机构和组织,早在国家产生以前就历史地客观地存在着,在国家产生以后,也是历史地客观地存在着的,只是为着更好地有利于说明问题和论述问题起见,笔者才把它视同于政府。这说明我们对政府的认知并不全面,只涉及政府问题的"一半",从某种角度说可能还不是最重要的"一半",就如同我们对国家、对政治的认知一样。在政治问题上,过去

---

* 原载《江苏行政学院学报》2005 年第 2 期。

① 乔耀章. 政府理论[M]. 苏州:苏州大学出版社,2000.6.

人们更多地只认同阶级的政治、国家的政治，即狭义的政治，而对广义的政治或非阶级、非国家政治的认知却比较忽略。① 在国家问题上，我们很少认真分析研究马克思、恩格斯的关于“政治国家”、“非政治国家”以及列宁的“原来意义上的国家”，“不是原来意义上的国家”，“非政治国家”、“半国家”等问题。马克思指出：国家制度只不过是政治国家与非政治国家之间的协调。② 在古代国家中，政治国家就是国家的内容，其他的领域都不包含在内，而现代国家则是政治国家和非政治国家的相互适应。③ 当把政治作狭义的理解时，国家不是政府的代名词。马克思这里的“非政治国家”与“政治国家”不是指由原来“非政治国家”发展为“政治国家”，而是指与“政治国家”相对应，具有共时态性，通常是指“市民社会”，也就是说，这里的“非政治国家”可以理解为“市民社会”。列宁在《国家与革命》中的“非政治国家”④意指不是原来意义上的国家（原来意义上的国家即一个阶级镇压另一个阶级、少数人镇压多数人的特殊机器），而是指正在消亡的国家在它消亡的一定阶段——过渡时期性质的国家，同马克思的“非政治国家”不能相提并论。笔者这里论及狭义政治与广义政治、“政治国家”与“非政治国家”问题对我们研究“非国家机构的政府”问题具有一定的启迪意义，但“非国家机构的政府”并不雷同于“非政治国家”。“非政治国家”主要是指有别于“政治国家”，而“非国家机构的政府”则主要是指有别于“国家机构”而不是有别于“政府”。

在我们提出和初步论证“非国家机构的政府”问题时，有一个很重要的学术概念就是关于“政府体系”问题。国内学术界较为系统地研究政府体系问题的当数中国政法大学的陈红太先生，他在《当代中国政府体系与政治研究法》一书中分析研究了政府体系问题。⑤ 他从列宁、斯大林关于无产阶级专政体系入手，分析了王惠岩先生在《当代政治学基本理论》一书中提出的“政治统治体系”概念和王沪宁先生在其《比较政治分析》一书中提出的“政治体系”概念，引入了曹沛霖先生参与主编的《当代中国政府理论研究丛书 · 总序》中明确使用的“政府体系”优化的概念，认为“政府体系”的内涵既包括行使公共权威的组织或机构，又包括相应的制度、体制，具体包括政府主体、制度、体制和行为过程等方面；政府体系这一概念是对当代中国政治组织及其相互关系或制度、体制的极高度的逻辑概括，政府体系实质上就是人民民主专政体系。根据陈红太的论述内容，我用图1来表示：

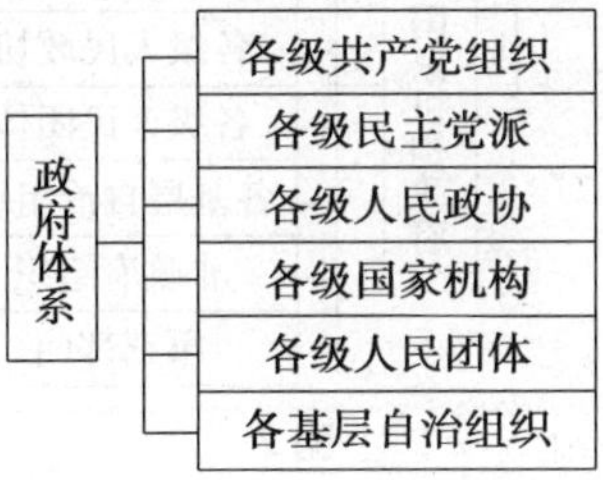

图1

① 刘德厚. 广义政治论——政治关系社会化分析原理[M]. 武汉：武汉大学出版社，2004.

② 马克思恩格斯全集：第1卷[M]. 北京：人民出版社，1972. 316.

③ 马克思恩格斯全集：第1卷[M]. 北京：人民出版社，1956. 283.

④ 列宁选集：第3卷[M]. 北京：人民出版社，1972. 224.

⑤ 陈红太. 当代中国政府体系与政治研究[M]. 北京：经济日报出版社，2002. 54—71，124—239.

陈红太认为,当代中国政府体系中的各主要组成部分各有其特定职能,如各级共产党组织的特定职能在于领导和执政;各级民主党派的特定职能在于合作与参政;各级人民政协的特定职能在于协商和监督;各级国家机构的特定职能在立法、行政、司法;各级人民团体的特定职能在于沟通和联系;各基层自治组织的特定职能在于自治。用"政府体系"概念替代"政府"概念,便于对当代中国政府的实际状况给以新的准确的理论抽象和概括。当代中国政府体系是一个动态的开放的有机体,构成当代中国政府体系的各组织系统不是一成不变的,而是随党和国家不同历史时期政治任务的不同和政治的定位或职能分工的变化而有所不同,政府体系的构成成分与结构将不断产生应变性调整。可见,"政府体系"和"非国家机构的政府"都在理论上或逻辑上超出传统的实体政府的视域。如果说"政府体系"的理论分析基本反映中国政府的实际状况能够成立并得到实证的话,那么"政府体系"作为一种思想理论概念形式就能够建立起来。其中,各级国家机构的组成部分或系统,构成所谓国家机构(广义和狭义)的政府,其他各组成部分或系统,就构成"非国家机构的政府"。换句话说,在当代中国政府体系中,除了各级国家机构外,其余的各部分都可以列入"非国家机构的政府"之中,它们是当今中国"非国家机构的政府"的主要载体,它们都在各自的领域行使、执掌着属于自己的公共事务和公共权力。正是从这个意义上说,调适各级共产党组织、各级民主党派、各级人民政协、各级人民团体以及各基层自治组织同各级国家机构,特别是狭义政府的关系,实质上就是调适非国家机构的政府同国家机构的政府的关系,这是构建"大社会"、"小政府",调整社会与国家关系的另一种表达。这就是说,政府体系由两个部分,即国家机构的政府和非国家机构的政府构成。笔者在"一论"①中曾把"非政府组织"(NGO)和"第三部门"(the Third Sector)大体上视为"非国家机构的政府",这样,它们的关系就可用图2表示。

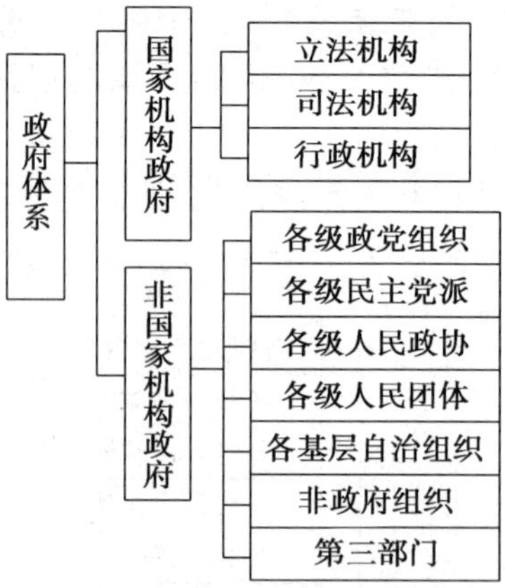

图2

① 乔耀章.论作为非国家机构的政府[J].江苏行政学院学报,2004(1).

二、对话何以可能

笔者在“一论”中曾认为:从一定意义上可以这样说,“非政府组织”、“第三部门”概念是西方式的话语,营造的是西方式的语境,而“非国家机构的政府”则是“非政府组织”、“第三部门”概念的中国化,营造的是中国式的话语和语境,换句话说,“非国家机构的政府”是可以与“NGO”、“第三部门”进行学术对话的。

“非国家机构的政府”理论的提出,是建构系统政府理论的必然要求,弥补了传统政府理论的缺憾。“非国家机构的政府”概念是一个极为重要的理论生长点,是其政府理论研究的一个副产品,是一个不经意的发现,因此,这一理论并未系统化,尚有非常多的空白点:如“非国家机构的政府”有哪些类型,其各自的生发和生长环境是什么?“非国家机构的政府”是怎样向国家机构政府过渡的?国家机构政府将怎样向“非国家机构的政府 III”过渡?在国家机构政府与“非国家机构的政府”并存且以国家机构政府处支配地位的情况下,怎样才能协调好二者的关系,以充分而有效地发挥国家机构政府的正面作用,如此等等。“非国家机构的政府”为我们进行国际学术对话提供了一个窗口,其基本含义相当于西方广泛使用的“非政府组织”、“第三部门”、“自治组织”等,虽含义上并不完全重合,只是交叉关系,但仍可对话,含义稍有不同的术语、概念的名词对话,是全球化时代文化多元化的必然现象。在这一点上,康德或许给了我们这种信念。康德的学术博大精深,整个批判体系术语众多,单就与“客观对象”一词相近的词语就有:实体、实存、本体、物自体、主体、自由意志……在不同的语境中使用不同的词,对非国家状态的社会的称呼也颇多:前国家社会、自然状态、原初状态、初民社会、原始社会、无政府状态……因此,“非国家机构的政府”完全可以进行对外交流与对话。

“非国家机构的政府理论”,以社会公共权力为主线,并分为三大社会历史阶段,这就把马克思主义关于阶级和阶级分析的方法在公共权力研究上得到独特的运用,以此为立论基础,考察不同的历史阶段社会公共权力的行使主体。“非国家机构的政府”这一概念的发现,使约定俗成的政府概念轻松地引导人们根据政治发展的现实构建起阶级社会作为国家机构的政府和“非国家机构的政府”的并存及相互作用的认识体系,并据此研究过去时和未来时,特别是现在时两种“政府”的关系,这是极富创见的。与同西方学者的“非政府组织”比较,“非国家机构的政府”概念涵盖了“非政府组织”,内涵和外延更宽广。“非政府组织”只是研究阶级社会中的政府机构的补充机制,具有典型的西方思维模式的局部、微观、具体的逻辑推理,而“非国家机构的政府”则是从人类社会发展规律的高度进行探索,具有东方思维模式的整体、宏观、抽象的思辨特征,它既是唯物的,又是辩证的,因而更具有生命力。当然,“非国家机构的政府”概念的提出,突破了人们对政府理论的认识与研究的视野,使我们对政府发展的总趋势有一个前后贯通的比较清晰的把握:随着社会的发展,政府的国家职能会逐渐减弱,而政府的社会职能却逐渐增强,直至未来社会全部还政于民。西方很多学者对政府的社会职能的研究已经相当深入和成熟,如市民社会、第三部门、非政府组织、非营利组织、治理善治、社会资本等与此相关的理论,怎样对这些西方的理论进行研究、借鉴交流,“非国家机构的政府”这一理论,应该说给我们提供了一个比较对话的学术平台和支撑点。

对话就是思想交流。思想的交流首先要有一个可供进行的平台。因此,在对话之前,我们必须认同并遵守一个共同的思维逻辑并且相信存在着对话的共通点,也就是说两个理论之间存在着通约性。其次,交流最起码是双方的,因此要想交流起来,必须至少有两个具有主体资格的事物存在。再次,思想交流的最关键之处是交流起来,即使有了对话的平台,但还是你说你的、我说我的,只在自己的理论中兜圈子,不去关注别人的话语,自说自话,那还是没法交流起来。必须同时满足以上三点,对话或思想的交流才能进行。从不同的角度对"非国家机构的政府"和"第三部门"理论之间的关系进行考察可以发现,两者不仅具有对话的可能性,也具有对话的必要性。

首先,从发生学来看,"非国家机构的政府"这一理论的产生模式是冲击——回应——创新式的。"第三部门"理论是近几年在西方兴起的一个理论,随着西学东渐,它也被传入中国,并在中国激起了多种回应。有的把西方"第三部门"理论直接套用于中国,有的对这一理论根据中国现实进行一些微调后应用。从生物学角度讲,这些回应只是简单的刺激—反应模式,只是"第三部门"理论在不同条件下的应用,没有自己的理论思考,因此也不具备与"第三部门"理论对话的主体资格。而"非国家机构的政府"与前面这些回应最大的不同就是它不是简单的复制,而是在中国语境中重新认识、综合并创新出来的,因此,它是一个全新的理论,具有与"第三部门"平等对话的主体资格。同时,由于"非国家机构的政府"理论是在"第三部门"理论对中国社会的冲击下发生的,是中国学者在冲击直接影响下所产生的思考,因此,从形成伊始,它与"第三部门"的理论就拥有共同对话的平台,它们就像是一对孪生子,同一个 DNA 的双螺旋结构。这样一种特殊的发生使得两个理论在先天上就联系紧密,不存在对话的不可通约性。

其次,把它放入现实中来看,这样一种对话是很具有必要性的。当下是一个现代化和全球化的时代,现代化是人类文明所共同面临的一个时代主题。"第三部门"理论是为了帮助人类社会应对现代化而产生的理论,它所关注的是如何进一步保障公民权利和促进民主,这同样也是中国现代化所面临的课题。当然,中国有自己独特的历史文化背景,中国的现代化要遵循自己的发展规律,不能照搬西方模式,表现在理论研究上就是要有自己的话语权,摸索出具有中国特色的现代化发展道路。但是,中国特色并不表示闭关自守、关起门来自己造车。人类文明是共通的,中国的现代化需要借鉴吸收别国现代化的理论和经验。在这全球化的时代里,对话和交流是人类团结起来,集合大家的智慧,来共同应对时代主题的最好办法,只有把本土化和全球化结合起来才能走出自己的特色道路。"非国家机构的政府"理论正是在这一背景下产生的,它在借鉴西方"第三部门"理论的基础上,将其导入中国现代化的语境中重新认识和创新,是中国学者在全球化背景下对中国现代化课题的自己的回答。"非国家机构的政府"理论是中国自己的话语,是对中国自己的现代化道路的摸索,但它同时也是在全球文化交流中产生的,也只有在全球文化交流中才能不断得到发展。

再次,理论本身的可持续发展需要对话。从政治生态学的角度来说,任何理论要想长盛不衰都必须保持与外部系统的互动,这一互动不仅表现在理论与实践的关系上,也表现在理论与理论之间的对话上。"非国家机构的政府"和"第三部门"理论具有相似的关注点和共同的时代课题,相对于其他理论而言,两者之间具有更多的借鉴意义,因此两者之间的对话对于这两个理论自身的发展是极其重要和不可缺少的。

三、不仅为着对话

我们提出和研究“非国家机构的政府”，构建与西方的非政府组织、第三部门等理论的对话平台，目的不在于为了研究而研究，为了对话而对话，而是通过研究和对话达到实际运用的目的。正如“一论”所说的，为中国特色的政府治理和政治发展提供一种新的理论支持。从本原上看，理论总是来源于实践；而从功能上说，理论总是要指导实践。不能正确指导实践的理论没有真正的价值，将理论束之高阁不指导实践就没有现实意义。探讨“非国家机构的政府”理论的实践价值和意义，也就是要探讨它的功能与作用。首先，“非国家机构的政府”是相对于国家机构政府而言的，它不与国家机构政府“分庭抗礼”，而只是侧重于社会领域的问题。这涉及两个方面的问题：一是“非国家机构的政府”的功能与作用只是国家构政府功能与作用的补充或辅助，是后者的延伸；二是“非国家机构的政府”的功能与作用是为社会服务。具体地说，“非国家机构的政府”的功能与作用应该体现在完善国家治理、实现社会稳定、反映并实现特定群体的需求、为公民参与政策决策提供平台和路径等方面。其次，“非国家机构的政府”发挥作用的空域。一是随着社会生活的日益多元化和复杂化，伴随“小政府，大社会”（这里的“政府”自然是指国家机构的政府）趋势的日渐明显，“非国家机构的政府”发挥功能和作用的领域必然广泛而复杂，它肯定要涉及政治、经济、文化、意识形态等各个层面；二是从地域上看，“非国家机构的政府”不仅在国家和整个社会层面上要发挥它的作用，体现它的功能，而且也必然要深入基层，在地方和社区生活中发挥功能和作用。此外，伴随着国家对外交往的扩大，全球化进程的加快，“非国家机构的政府”也必然要跨越民族国家的疆界，进入国际领域去发挥其功能和作用。再次，“非国家机构的政府”怎样发挥其功能和作用。“非国家机构的政府”不与国家机构政府“分庭抗礼”，维持和协调整个社会生活的基本秩序，使社会免于瓦解，不致陷入无休止的冲突之中的特性，决定了“非国家机构的政府”发挥其功能和作用的“非暴力性”，它主要通过协助、对话、协商、谈判、参与、宣传、游说，充其量还有和平的游行示威、静坐、抗议等方式发挥其功能和作用。最后，“非国家机构的政府”发挥功能和作用的条件。以上所述实际上涉及的是“非国家机构的政府”功能和作用的“应然”方面，在具体实践上，它还有“实然”方面的问题，即“非国家机构的政府”要发挥其功能和作用还要取决于实际社会生活中的各种条件。在不同国度、不同区域，由于条件不同，“非国家机构的政府”功能和作用的发挥也就会存在差异。如民主体制和专制体制的不同、充分民主制和不完善民主制的不同、经济发展程度的不同、公民的文化水平和参与热情的不同、传统和习俗的不同，等等，它们必然会对“非国家机构的政府”施加不同的影响，从而使其作用的发挥产生差异。因此，探讨“非国家机构的政府”的功能和作用，一定要考虑特定的时空条件，空泛地谈论“非国家机构的政府”的功能和作用，不具有真正的、现实的价值意义。中国传统的政府管理模式是基于革命根据地模式和对苏联的模仿建立起来的，是全能政府的一种极致。这种模式的根本缺陷就是政府对社会的高度钳制，由于社会对政府的依附性，伴随着政府职能的不断增加，政府规模也出现不断膨胀的趋势。传统的政府改革也是从政府规模缩减入手，但是由于没有解决政府职能的转移，因此历次改革也必然难以取得实效。“非国家机构的政府”的提出，可以从理论上有效地解决这一难题，即政府的改革不仅从作为国家机构的政府入手，更要从作为“非国家机构的政府”

入手,既要解决政府自身的问题,又要发挥社会组织和社会团体的公共职能,只有这样,才是科学的解决方案。我们研究“非国家机构的政府”,既是着眼于现实的需要,又是基于未来的思考。

我们提出和论证“非国家机构的政府”问题,主要目的在于处理好国家、政府与非国家、非政府组织,特别是政党组织、社会公民组织的关系,真正有利于中国特色的政府治理和善治。“治理”和“善治”的理论是20世纪90年代以来西方学术界最流行的理论之一。这种理论从更高的层面上强调了公民参与政府治理的重要性,主张用治理替代统治,以治理机制对付市场和政府的双“失效”,即认为治理可以弥补政府和市场在调控和协调过程中的某些不足。西方学者对“治理”作过许多界定,如罗伯特·罗茨就列举了“治理”的六种概念。全球治理委员会于1995年在题为《我们的全球伙伴关系》的报告中指出:治理是个人与机构、公家与私人治理其共同事务的诸多方式的总和,它是一个持续不断的过程。我国学者俞可平教授为引进、学习、借鉴西方治理理论作出了突出贡献,达到了目前对治理问题研究难以超越的一定高度。① 但是,治理也不是万能的,它也内在地存在着许多局限,它不能代替政府而享有政治强制力,也不能代替市场而自发地对大多数资源进行有效的配置。为了克服治理失效,西方学者同时提出了“善治”的概念。根据中外学者的研究,“善治”是一种“良好的治理”。如果说治理是强调公民参与政府治理的话,那么善治的理念更加强调的是公民直接参与政府治理中的作用。善治强调政府与公民之间对公共生活的积极而有成效的合作管理,在此基础上,善治强调政治国家与公民社会的良好合作,善治的过程就是一个国家政治权力向社会回归、还政于民的过程。善治只有在民主政治条件下才能真正实现,无民主便无善治。应当指出,西方学术界流行的“治理”和“善治”理论是当今西方后工业化社会存在和成长发展的反映,但是由于西方国家社会制度的根本性质决定了“治理”和“善治”理论在很大程度上还仅仅是一种设想、一种尚待实践的理想状态。然而,在我国,虽然暂时还缺乏西方后工业化社会所能提供的现实基础,但是,第一,间接或直接参与政府治理和善治过程的不仅仅有公民或公民社会,还有被我列入“非国家机构的政府”内容的其他载体;第二,我们有坚持以社会主义为定向发展的价值目标。这些是我国政府治理的真正的政治优势和资源优势所在。因此,政府治理不仅仅是作为国家机构的狭义的和广义的政府的事,而且也是包括各级共产党组织在内的“非国家机构的政府”的共同的事。这可能正是中国特色政府治理的一个最显著的标志。

① 俞可平.治理与善治[M].北京:社会科学文献出版社,2000.

和谐社会的政治逻辑*

一、对和谐社会的政治学思考

中共中央十六届四次会议通过的《中共中央关于加强党的执政能力建设的决定》(以下简称《决定》)中指出,和谐社会是一个充满生机和活力的社会,是能够促进社会公平和正义的社会,是具备法律意识和诚信意识的社会,是一个安定团结的社会。怎样从政治学的视角阐释和谐社会,和谐社会包括几方面的内容,以及它们之间的辩证关系怎样,这些是本文探讨的基本问题。中共四中全会的《决定》在全面回顾了党的执政经验之后,提出在今后一个时期,加强党的执政能力建设的主要任务是:按照推动社会主义物质文明、政治文明、精神文明协调发展的要求,不断提高驾驭社会主义市场经济的能力、发展社会主义民主政治的能力、建设社会主义先进文化的能力、构建社会主义和谐社会的能力、应对国际局势和处理国际事务的能力。并且指出,构建和谐社会的能力是巩固党执政的社会基础的要求,也是实现党执政的历史任务的必然要求。这一要求,顺应了当前我国社会结构调整和社会形态发展的迫切需要,对于我们党巩固执政基础,完成执政任务,具有重要的战略意义。

首先,构建和谐社会是巩固党的执政的社会基础的要求。《决定》指出,构建社会主义和谐社会的能力是党的经济、政治、文化、国际事务能力的社会基础。通常讲党的执政基础是指党的阶级基础,以及在此基础上衍生出来的群众基础、民族基础。这些基础应当统一在党执政的社会基础之中。只有建设好和谐社会,党执政的阶级基础、群众基础、民族基础才能得到巩固。这也是建设和谐社会的题中应有之义。

其次,和谐社会是实现党执政的历史任务的必然要求。江泽民同志在庆祝建党80周年讲话中指出:“在新的世纪,继续推动现代化建设,完成祖国统一大业,维护世界和平与促进共同发展,是我们党肩负的重要历史任务。”继三大历史任务提出之后,在上个世纪末本世纪初,党又先后提出社会主义物质文明、社会主义精神文明和社会主义政治文明协调发展,全面建设小康社会的明确目标。而构建和谐社会则是完成实现党的历史任务的进一步拓展,也是完成党的历史任务的基本保证。

从政治学的视野,和谐社会有深刻的内容。和谐社会是以承认社会主体的多样性、差异性、客观存在着的社会发展中矛盾性并交互作用为前提的。

---

* 原载《中共浙江省委党校学报》2005年第3期;收入第一次江苏省社科类学会学术年会荟萃《2005:发展·和谐·公正》,国家行政学院出版社,2006.

第一,社会是一个充满矛盾的大系统,在这一系统中,它还包括经济、政治、文化等子系统。在这一系统中,各政治主体、阶级、阶层和政治力量、利益集团存在差异性和矛盾性;在这一系统中,由于宗教、文化等背景的不同,个体价值取向也是有区别的。即使在同一时代同一国度中,由于"人们生活在不同的文化层次,几乎像是在不同的世纪"①。而差异性甚至由此产生的矛盾性也是存在合理性的,并成为政治发展的原动力,"如果完全没有政治冲突,政治制度便没有必要存在;如果完全没有社会和谐,政治制度也无从产生"②,正深刻地揭示了这一道理。马克思主义政治学也已经证明,社会的各种政治力量总是在进行交锋和碰撞,正是主要矛盾和矛盾的主要方面以力的平行四边形的作用规律决定着社会的发展方向。在矛盾的作用中,正如恩格斯所指出的,无序的社会力量是可怕的,"社会力量完全像自然力一样,在我们还没有认识和考虑到它们的时候,起着盲目的、强制的和破坏的作用。但是,一旦我们认识了它们,理解了它们的活动、方向和影响,那么,要使它们愈来愈服从我们的意志并利用它们来达到我们的目的,这就完全取决于我们了"③。

第二,社会主义社会也是充满矛盾的社会。一般说来,在剥削制度下,社会难以实现和谐,只能依靠剥削阶级的专政、国家机器的力量进行强制管理,使社会控制在一定的秩序范围内。但是区别于剥削制度,社会主义的社会应该是和谐的社会,这是由人民当家做主的国家的政治性质决定的。但是,由于我国正处于社会主义初级阶段,一定范围内阶级斗争仍将存在,社会矛盾甚至在一定程度上可能激化;同时,我国在小康社会建设中,在人均 GDP 进入一千美元的时候,与国际上的经验相似,中国社会也开始处于深刻的社会转型期,经济发展不均衡、文化认同危机、政治腐败现象相继出现,所有这一切都标志着中国社会开始出现结构性的矛盾,并呈现一定程度上的复杂性形态;此外,必须看到的是,国际上反华、西化、分化势力在一定程度上加大了社会的矛盾,增加了社会的不和谐因素。

第三,社会主义和谐社会的现实可能。虽然社会主义社会也是充满矛盾的社会,但是当社会矛盾出现时,如果听任矛盾发展和激化,社会将出现整体性灾难,也违背社会发展的自身规律。正是从这个意义上讲,我们构建社会主义和谐社会正在于顺应社会发展规律,既"使社会不致完全毁灭",又满足各种政治力量共同发展的内在需要。从我国现实看,我国构建社会主义和谐社会既是历史的必然,也具有现实的可能。这种可能首先基于中华民族的和合传统,其次基于以社会主义为定向的政治发展④,此外基于党的正确的路线、方针和政策以及人民的信任和支持,所有这些都从现实的层面揭示了和谐社会的现实可能性。

二、和谐社会的基本内容

和谐社会既是一种价值取向,也是一种政治自然状态。从政治学的理论视野,"政治理论家所要论述的政治自然状态是一种人为的组织结构或网络,它以某种方式把涉及的人、目的和事件同社会的共同利益或公共利益联系或连接起来"⑤。也正是从这样的意义上说,政

① [俄]尼・别尔嘉耶夫.俄罗斯思想[M].北京:三联书店,1995.240.
② [美]亨廷顿.变革社会中的政治秩序[M].北京:华夏出版社,1988.9.
③ 马克思,恩格斯.马克思恩格斯选集:第3卷[M].北京:人民出版社,1995.754.
④ 乔耀章.略论作为社会主义定向的政治发展[J].江苏社会科学,2002(2).
⑤ 乔治・霍兰・萨拜因.政治学说史:上册[M].北京:商务印书馆,1986.6.

治的行动者就是承担这样“联系人”或“连接人”的作用。① 在这种联系的过程中，必须对和谐社会这一政治自然状态有明确的认知。我们认为，构建社会主义和谐社会主要包括经济和谐、政治和谐和文化和谐等方面。

（一）社会主义的经济和谐

邓小平深刻地指出，社会主义的本质就是要消除两极分化。这里面包含丰富的经济和谐的思想内容。作为和谐社会的基础，社会主义经济和谐包括生产力的和谐、生产关系的和谐以及生产关系与生产力内在的适应性和谐等三个方面。经济和谐是由社会主义的本质决定的。从生产力的角度，在中国社会的现阶段，其发展水平是参差不齐的，先进的生产力和落后的生产力并存。在中国，既有基于大工业生产的先进生产力，也有广泛存在于广大农村以手工工具为生产工具的落后生产力。构建和谐社会必须尊重这一现实，在保证先进生产力方向性的同时，促进各种生产力的和谐。从生产关系的角度，现阶段的生产关系也必须处于和谐状态。应该允许各种所有制制度并存，允许各种经济成分结成命运共同体，具体来说，在构建和谐社会中，既要坚持以公有制为主体，也要积极发展非公有制经济。另外，基于在一定时期一定阶段生产关系不能适应生产力的现实，我们应该根据马克思主义基本理论，从生产关系对生产力的适应性出发，寻求二者的平衡。具体来说，就是要认识到一旦在生产力和生产关系发展处于不平衡状态时，生产关系的多元存在可以缓冲二者之间的紧张关系，并在动态的发展中实现动态的平衡。

在中国共产党获得政权以后，党对于社会主义经济的认识是以公有制为目标进行思考的。社会主义的经济和谐一度被认为是建立在公有制基础上的和谐，因此这种社会主义的经济和谐是摒弃其他经济成分的。在这一时期，党和国家是高度同构的，党通过行政手段，对其所掌握的所有社会资源进行配置，对经济生活和社会生活实行全权化管理。这种“党政一体化、政经一体化、政治一体化、政社一体化”②的经济模式又被称为“政治的经济”③。但是，由于回避了市场经济制度，这种通过1956年对生产资料私有制的社会主义改造，基于苏联模式建立的传统公有制在20多年的经济运行中很快暴露了其深层的基因缺陷：生产效率低下，生产方式落后，生产积极性不高，人民生活困难……所有这些都给致力于建设繁荣社会的中国共产党以深刻的思考。主观构建的经济格局并没有达到和谐的状态。

1978年，中共十一届三中全会决定必须对传统的公有制经济进行改革，即由单一的社会主义公有制经济向以社会主义公有制为主体、多种所有制经济共同发展的基本经济制度的转变，建立社会主义市场经济体制。以2003年中共十六届三中全会提出国企改制、建立健全现代产权制度和2004年第四次宪法修正案为标志，已初步形成以“新式公有制”与“新式私有制”为有机共存的综合经济基础。④ 综合经济理论的意义在于，它能够解决中国共产党在市场经济体制建立和对外开放的过程中，对执政的经济基础进行整合所面临的理论难题；它是在重新理解马克思关于社会所有制实现形式的论述，尊重中国人民社会主义建设的

---

① 乔治·霍兰·萨拜因.政治学说史：上册[M].北京：商务印书馆，1986.6.

② 王沪宁.社会主义市场经济的政治要求：新权力结构[J].社会科学，1993(2).

③ 乔耀章.从“政治的经济”转向“经济的政治”——邓小平政治思想主要之点初探[J].苏州大学学报，1997(4).

④ 乔耀章.重构政府经济基础——对转变政府职能的深度思考[J].浙江学刊，2004(4).

伟大实践中提出的;它既关注整体经济模式的社会性质,又关注公有制实现的内在规律。在综合经济中,中国共产党通过鼓励多种经济发展、股份制改造等政策制定促进了经济发展的多样性,为我国社会主义公有制的实现形式提供了鲜活的政治土壤;同时,承认在社会主义市场经济建设中的小业主、私营企业主的社会贡献和社会主义性质,并通过修改党章和宪法而把这些传统政治体制外的人群纳入政治体制内部,从而调动了他们的生产积极性,也赢得了更和谐稳定的经济形态。因此,社会主义的经济和谐是以先进生产力为导向的,以生产力的和谐、生产关系的和谐和生产关系对生产力的适应性和谐为内容的经济状态。

(二)社会主义的政治和谐

如果说,综合经济的命题解决了我国现代化进程中经济和谐的难题,那么在现代国家,如何把执政党的意愿转换为建立和谐政治的力量,如何体现《决定》中所指出的"促进社会公平和正义"政治命题,则成为又一个重大的理论课题。"我们建立这个国家的目标并不是为了某一个阶级的单独突出的幸福;因为,我们认为在一个这样的城邦里最有可能找到正义,而在一个建立的最糟的城邦里最有可能找不到正义。"①政治学在当代中国的重要任务是从保障最广大人民的根本利益出发,解决中国现代化进程中政治运行的体制性障碍,并致力于政治和谐的构建。

首先,要寻求政治体系外对抗的矛盾体的政治和谐。在我国政治权力格局中,从显性的角度,存在各种矛盾体的对立,除了在一定阶段客观存在的国家主人与专政对象的对立;也存在人民内部的干群矛盾、干部之间以及群众之间的矛盾。政治和谐首先在人民内部寻求政治的协调一致,以从广大人民的政治利益出发,发展我国社会主义民主政治;其次,即使在对抗性的矛盾体,如国家主人与专政对象的政治关系中间,也应该寻求一种政治和谐。主要体现在专政手段的改变上,要变传统的对抗性的政治手段为非对抗性的民主与法制手段,在二者之间寻求平衡和协调。

其次,要寻求政治体系内权力的纵向平衡。从历史的视角,在我国传统的政治权力流变中,中国共产党和国外的政党具有不同的特征。作为政治体制内的重要一员,党在新中国建国前的一段时期内拥有了全部的政治权力,因此解放区政府的运作过程在相当一段时期内是共产党的政党运行过程。但是,在国家建立以后,民主国家的建立和发展需要广大人民的积极参与。这种参与首先是必须建立人民主导的政府来行使管理国家和社会的权力,然而需要指出的是,在新中国建国后,战争时期积累的政治运行体系在国家建立后的一段时期也保持了其惯性,甚至是一种深层的思维定势。中国共产党缔造了共和国以及行使人民权力的政治机构——全国人民代表大会,并对其进行政治授权;人大又把其自身获得的政治权力授予其产生的政府。伴随着市场的开放,不同的社会阶层出现了,市民社会开始从国家中分离出来,社会自我管理的呼声和政府行政的低效率,构成了新一轮政府改革的动因。于是,政治权力又出现新的流动轨迹——那就是政府把一些本属于社会自我管理的权力归还给社会,使社会从而获得自治权力。因此,在中国的政治权力格局中,中国的政治权力在历史上呈现党—人大—政府—社会的权力层层授予过程,这种权力授予流程既是特定的历史阶段使然,也和中国历史文化沉淀有关。但是,伴随着社会主义民主进程步伐的加快,这种授权

---

① [古希腊]柏拉图.理想国[M].北京:商务印书馆,1986.133.

方式将发生重大的改变，党、人大、政府分别将通过现代政治手段首先从人民中获得权力，并各自对其权力产生主体负责，从而获得政治权力的平衡。

再次，要确定政治体系内权力的横向平衡。政治是作为一种妥协的力量而存在的。在当代中国，伴随着市场经济步伐的加快，社会分化日趋严重。在市民社会崛起的过程中，不同社会阶层出现，他们的利益主张表现在政治上体现为利益集团的生长。虽然在中国共产党执政以后，共产党获得了宪法上唯一执政党的地位，但是，执掌执政权力的方式是值得探讨的。我们认为，在当代中国，政治的和谐从横向的角度体现为政治权力的横向平衡，在保障共产党执政地位的前提下，需要重新认识我党创造的政治协商制度。

中国人民政治协商会议制度是中国革命胜利的产物，也是民主制度的产物。创建政治协商制度表现了党在取得全国革命胜利后和各种政治力量共同建设国家的诚意。1949 年 9 月 21 日，中国人民政治协商会议第一届全体会议在北京开幕。然而在今天，我们仍然要面对如何完善政治协商会议制度的问题。尤根·哈贝马斯认为，协商政治是为了解决利益冲突的问题。他认为，对于在主体之间受到分割的生活形式，这些利益和价值取向不具有根本性（构建性）。这些利益和价值取向相互冲突，根本没有取得一致的希望，而它们也需要一种平衡，但是这种平衡是通过伦理性商谈所达不到的，而只能通过协商政治。协商政治概念可以成为民主理论的充满规范内容的核心部分。① 而中国政治发展的现实条件、承担的历史责任和基本政治理念，决定了中国民主政治发展的程序选择必须以政治协商为价值偏好②，并在完善这一民主政治制度的过程中，实现社会主义政治权力的横向平衡。

因此，在建立社会主义和谐社会的过程中，必须妥善解决不同利益集团矛盾的对抗性问题，有效寻找执政党执政、政府行政和社会自治三种能力的合理边界以及不同利益主体之间的权力平衡，推行民主和法治，促进协商政治制度的完善，最终促进社会主义的政治和谐。

（三）社会主义的文化和谐

文化是经济、政治的反映。在当代中国，文化的和谐是和谐社会的重要内容，也是发展先进文化的内在要求。在文化的和谐中，既包括主流意识形态和多元文化之间的和谐，也包括社会主义因素的文化与中国传统文化、资本主义文明因素的和谐。

首先，构建文化和谐必须实现主流意识形态和多元文化的和谐。在我国，作为治国纲领的意识形态是一元的，作为一种唯一的价值取向，如何实现与多元文化的和谐是值得思考的。我们认为，首先应当承认意识形态必须实现与本土文化及多元文化的和谐才能赢得广泛的支持，才能实现抽象的理论“落地”的过程。在我国历史上，我们曾对中国传统的文化进行“破四旧”，最终结果证明，我们毁坏了意识形态与中国本土文化结合的载体，导致一定程度上的信仰危机。其次，意识形态和多元文化的和谐表现在必须实现意识形态的现代化，即既有包容性，又有足够的弹性张力。③

其次，构建文化和谐必须实现本土文化的和谐。我国本土文化是在农耕时代形成并长期封闭的文化体系。分散的马铃薯式的农耕经济生产方式（马克思语）是中国文化形态的

---

① http://www.cass.net.cn/chinese/s14_zxs/jiaoliu/habeimasi/010.htm.

② 林尚立.协商政治：对中国民主政治发展的一种思考[J].学术月刊，2003(4).

③ 王长江.政党现代化论[M].南京：江苏人民出版社，2004.230.

重要基础。在改革开放以后,传统的经济模式受到冲击,其基础上的单一的本土文化体系的封闭局面被打破,并出现了由于对经济、社会的适应而导致的文化发展的不平衡性。因此在相当长的时期,我们必须重新构建本土文化,并在文化发展中首先实现本土文化的和谐。在构建本土文化的和谐过程中,必须意识到中国传统文化的内在价值。中国传统文化的修身、齐家、治国、平天下四个环节是一个有机的整体,它体现出一个完整的思想体系。这个思想体系的核心是和谐,即以人际和谐为基础,进而实现群体和谐,最终达到天人和谐的理想目标。① 因此,在构建和谐社会的过程中,必须重视中国传统文化中的和谐思想,使个人的价值实现与社会的价值实现相统一。

再次,构建文化和谐必须实现国际文化的和谐。从全球视野,在全球化时代,文化的和谐将首先面临外来文化的冲击,面临全球文化变革,甚至"文化帝国主义"的挑战。亨廷顿曾经深刻地指出:"文化在世界的分布反映了权力的分布……文化几乎总是追随着权力。"②虽然其论断否认了普世性文化的可能性,但是我们仍然面临全球化时代的文化安全问题。因此,在构建和谐文化的时候,必须注意全球文化与本土文化的和谐,即在文化安全的前提下,构建社会主义文化与资本主义文明因素的和谐,一个基本的态度是"合理的全球文化应该是在尊重文化多样性基础上建立起来的一种'全球地方化'的文化"③。

三、和谐社会的辩证关系

构建社会主义和谐社会的过程是经济和谐、政治和谐和文化和谐的辩证统一,促进三种和谐也是将其作为"三位一体"的目标的。三种和谐体中,每种和谐既是独立的个体,又是相互作用、相互渗透的。在三者关系中,经济和谐体是政治和谐、文化和谐的基础,而政治和谐则是经济和谐、文化和谐的保证,文化和谐则是经济和谐、政治和谐的内在动力。

(一)经济和谐是政治和谐、文化和谐的基础

社会的和谐总是基于一定经济和谐之上的和谐。"一切社会变迁和政治变革的终极原因,不应当到人们的头脑中,到人们对永恒的真理和正义的日益增进的认识中去寻找,而应当到生产方式和交换方式的变更中去寻找,不应当到有关时代的哲学中去寻找,而应当到有关时代的经济中去寻找。"④

《决定》指出,社会主义和谐社会是能够促进社会公平和正义的社会,那么从经济的角度,它应该是生产方式和交换方式的和谐。在当代中国,它首先应该是多种经济生产的和谐,其次是产品分配的和谐。在过去20多年里,改革开放取得了巨大的成就,但是必须看到,由于经济的梯度发展等原因,在东部和西部地区,在城市和农村地区,由于收入差距、贫富悬殊等经济原因而导致的一系列社会问题正在凸显;在近年国资流失大潮中,又造成了企业倒闭、工人下岗、权力寻租等新的社会问题。这些问题从表面看,似乎属于经济发展的问

① 曹德本. 和谐文化模式论[J]. 清华大学学报(哲学社会科学版),2000(3).
② [美]亨廷顿. 文明的冲突与世界秩序的重建[M]. 北京:新华出版社,2002. 88.
③ 郁建兴. 全球文化变革与我国的文化政治策略[J]. 教学与研究,2004(2).
④ 马克思,恩格斯. 马克思恩格斯选集:第3卷[M]. 北京:人民出版社,1995. 742.

题，但是从本质看，恰恰是我们在改革过程中对经济发展公平原则、理性原则，对经济和谐目标的忽视而导致的，而由于经济不和谐产生的这些社会问题，也是一种文化问题和政治问题。

（二）政治和谐是经济和谐、文化和谐的保证

在充分竞争的社会中，市场起着重要的资源配置作用，并导致社会的内在和谐，亚当·斯密用看不见的手来形容这样的和谐："在各事物都听任其自然发展的社会，即在一切都听其自由，各个人都能自由选择自己认为适当的职业，并能随时自由改业的社会，情况确是如此。各人的利害关系必然会促使他寻求有利的用途，避开不利的用途。"①

但是，自由竞争不能必然导致社会的和谐，马克思、恩格斯对资本主义生产关系中个人利益和社会利益的根本对立进行了深刻的分析后指出，在资本主义社会中，每个人所追求的仅仅是自己的特殊的私人利益，公共利益是一种"异己"的、与个人利益不相符合的东西。"正是由于私人利益和公共利益之间的这种矛盾，公共利益才以国家的姿态而采取一种和实际利益（不论是单个的还是共同的）脱离的独立形式，也就是说，采取一种虚幻的共同体的形式。"②在当代中国，在社会转型期，社会不会因为经济的力量而必然走向和谐，作为一种不成熟的市场经济形式，社会和谐仍然需要政治的干预。正是从这一角度，我们认为，政治和谐能够发挥其维护社会和谐的重要作用，是经济和谐和文化和谐的保证。

（三）文化和谐规范经济和谐、政治和谐的发展方向

从文化的视野，任何政治的行动都是一种文化行动，任何政治行动也不能脱离文化的制约。在构建和谐社会的过程中，必须充分意识到文化的力量。中共十六大报告指出："当今世界，文化与经济和政治相互交融，在综合国力竞争中的地位和作用越来越突出。文化的力量深深熔铸在民族的生命力、创造力和凝聚力之中。"正如钱穆先生所指出的那样："当知无文化便无历史，无历史便无民族，无民族便无力量。所谓民族争存，底里便是一种文化争存。所谓民族力量，底里便是一种文化力量。"③从文化的视角，党的执政过程就是通过对文化的传承来寻找文化力量的过程，和谐社会必须是文化和谐的社会。在一种经济体和政治体形成以后，文化的和谐起着重要的维持作用，正是从这个意义上，我们说文化作为社会和谐的最深层次，往往发挥着隐性的规范功能。

和谐社会的构建是个深刻的政治学命题，这一命题在当代中国尤其有其现实意义。社会的和谐是党带领中国人民实现自身目标的最重要的社会基础，社会的和谐也将为我国社会主义事业的发展提供重要的动力。在构建社会主义和谐社会的过程中，只有充分研究党的执政规律，充分整合社会资源，坚持最广泛最充分调动一切积极因素，不断增强全社会的创造活力，才能建成全体人民各尽其能、各得其所而又和谐相处的社会。

---

① ［英］亚当·斯密．国民财富的性质和原因的研究：上卷［M］．北京：商务印书馆，1981．91．

② 马克思，恩格斯．马克思恩格斯全集：第3卷［M］．北京：人民出版社，1956．37—38．

③ 钱穆．中国文化史导论［M］．北京：商务印书馆，1994．16．

略论领导的综合治理理念*

——把综合治理理念引入领导科学

一、领导也是一种治理

领导是一个内涵非常丰富的概念。什么是领导或领导是什么?学术界至今尚未有统一的科学界定。在国内外学者对领导所给出的多种定义中,经常被人们提及和引用的就有:领导就是统治,领导就是管理或管理就是领导,领导就是服务,等等。这些界定都是针对特定历史时期、特定社会领导的侧重点而做出的,远不能用以表达领导概念的全部内涵。我则认为,领导也是一种治理,尤其是现代领导应当侧重于治理。现代领导应当摆脱那种"单一"为着统治或"单一"为着服务的(事实上也不可能是单一的)传统的领导模式,而将其统治、管理、服务的潜质寓于现代治理之中。从一定意义上说,从统治到管理再到服务和治理是领导历史性演进的先后序列,统治、管理、服务是领导的"历史式",是现代治理的历史性前提和基础,而现代治理则是领导的"现在式"和"未来式"。它们之间的复杂关系,暂可用这样的约等式来表达:**领导≈(统治+管理+服务)^{治理}**。

说领导就是服务,在阶级社会是一回事,在无阶级社会是另一回事。在阶级社会以前的原始社会,领导是为全体社会成员服务的。在阶级社会,领导首先和主要是为统治阶级利益服务的,统治和服务是领导过程的两个方面。在这里,领导的统治、管理和服务职能是三位一体的。领导兼具着统治、管理、服务的特质,只是它们在不同的社会发展阶段和不同的社会制度下,其程度和侧重点有所不同罢了。随着人类社会的发展和文明的进步,领导职能的重心不断地从统治转向管理,转向服务,转向治理,亦即领导职能重心演进的自然序列是由统治→管理→服务→治理。无论从理论还是从现实的实际看,社会主义社会(更不用说社会主义初级阶段)还不是也不可能是无阶级无国家的社会,所以倡导领导就是服务,必须以确保绝大多数人"统治"地位的同时强化管理功能为历史前提和基础。这还需要从领导与统治、领导与管理以及领导与治理的关系作进一步的说明。

统治,是一个历史的范畴,一般是指与阶级、国家、政党相联系的政治统治,它是从原始社会末期的领导嬗变而来的。从特定的研究视角来说,阶级、国家的出现,是原始社会领导异化的产物,是原始社会末期公共权力腐败的结果。在阶级社会,统治被发明出来以后,领

* 原载《理论探讨》2003年第6期。

导依然存在。不过,领导就开始由原来只是对物的管理和对生产过程的组织、指挥,发展成了对人的统治和对政治权力的运用,从此,领导的中心任务和重要内容已不是服务而是统治和剥削。为了掩盖其本质真相,历代统治者往往不以统治自居,而以"领导"、"管理"、"服务"自居,寓统治于"领导"之中,寓统治于"管理"之中,寓统治于"服务"之中。在漫长的阶级社会中,领导、管理、服务都不能摆脱统治的历史情结。只有当人类社会发展到一切生产资料不仅必须,而且也能够并且在事实上真正为全社会占有,劳动者真正同生产资料直接结合,在更高的社会发展阶段上"重建个人所有制",劳动者真正成为自然的、社会的进而也成为自己的主人的时候,领导的政治统治才会真正退出历史舞台,即变对人的统治和剥削为对物的管理和对生产过程的组织、指挥,也只有到那时,领导也才会在更高的历史阶段上以崭新的内容和面貌实现对原始社会领导的历史性回归。现实的社会主义国家的领导,我国社会主义初级阶段的领导就是以此为定向发展的目标的,只是其统治已失去了它原有的性质罢了。

从现代领导者是执政、行政、经营管理责任的承担者这个意义上看,领导也是一种管理。管理的理论、原理、原则、方法,同样适用于领导工作,领导由管理出。但是,领导和管理毕竟还是有区别的。在国内较早注意比较研究这个问题的是中山大学的王乐夫教授①,他指出:从广义或外延层次看,领导与管理两者有相等性;从狭义角度看,两者有本质差异,这种差异主要在于:领导就是决策,管理就是对决策的执行;从两者广狭义的混合关系看,领导是高层次的管理,管理是低层次的领导。具体区别主要有:其一,层次不同。领导处于高层次,主要是确定方向、目标,制定大政方针;管理处于相对的低层次,主要是根据目标、方针,处理和完成既定的任务。其二,工作对象不同。领导主要是做人的工作,对下属进行组织、动员和指导工作;管理则是对人、财、物、时间、信息等各种要素的调配和利用。其三,目标不同。领导要总揽全局,协调各方,追求整个组织乃至全社会的效能效益;管理则追求某项具体领域、部门的工作效率。其四,管理内外环境不同。领导必须致力于创造和利用良好的内外环境,尤其是外部环境,使之有别于自身事业的发展;管理则注意维持正常的内部秩序和规范。因此,管理处于微观层面,追求的是秩序,领导处于宏观层面,追求的是变革。领导是一种高层次的管理或管理的管理,它对发展方向负责。领导者的责任主要在于"出主意,用干部"这两件大事。毛泽东的话简明地指出了领导活动的主要特征。由此可见,领导与管理在其本质、地位和功能等方面是有区别的。管理应该是领导的一部分。管理强调理智和控制,是把一群人组织起来完成一个共同的目标。管理经常追问的是:什么是应该做的?应该如何去做?而领导经常追问的是:为什么要做这些事情,哪些人真正适合做这些事情?并激励这些人,完成个体成长,对他人做贡献,进而完成组织的共同目标。美国哈佛大学终身教授约翰·科特博士以企业领导为例认为,企业取得成功的方法是:75% ~80% 靠领导,其余 20% ~25% 靠管理,而不是反过来。② 我认为,这个百分比也适用于说明其他领域和行业的领导。

为进一步说明领导与管理的区别,我拟举行政管理一例。在我国行政学界,有个约定俗成的概念,即"行政管理(学)",西方行政学的中国化译法。有的人不同意并持疑义,说"行政"Administration 本有管理(management)之意,如果译成"行政管理",就是"管理的管理",

① 王乐夫.管理、领导概念异同辨析——对核心概念的基础研究[J].中山大学学报,1999(3).

② 约翰·科特.跨世纪企业领导特质[N].经济参考,2002-05-21.

是重缀。我在教学和科研中持这样的观点,认为“行政管理”这个概念很有中国特色或中国味儿,也很能形象地说明问题,这也是一种“创新”。其中“行政”就是我国的典籍中所解释的推行执掌政务、政事。在西方是属于政务类公务员干的事。在中国,是属于上级或主管领导,或行政领导、领导职务公务员干的事,他(她)们在相应的行政层次里抓大事,管战略、管全局之事,是一种对管理的管理,是一种“无为而治”,不必事必躬亲。而与此相应的“管理”则受“行政”的限制、制约,所形容,所修饰,是指对具体事务的处理、料理。在西方,是属于业务类公务员或常任文官干的事;在中国,是属于一般行政人员或非领导职务公务员干的事。而且,行政的性质与行政层级成正比,而管理的性质则与行政层级成反比,即行政层级越高就越具有行政性质,而较少管理性质,行政层级越低就越具有管理性质而较少行政性质。如果用“A”(administration)表示“行政”;用“M”(management)表示“管理”,那么,它们的内在逻辑关系可用图式来表示:①

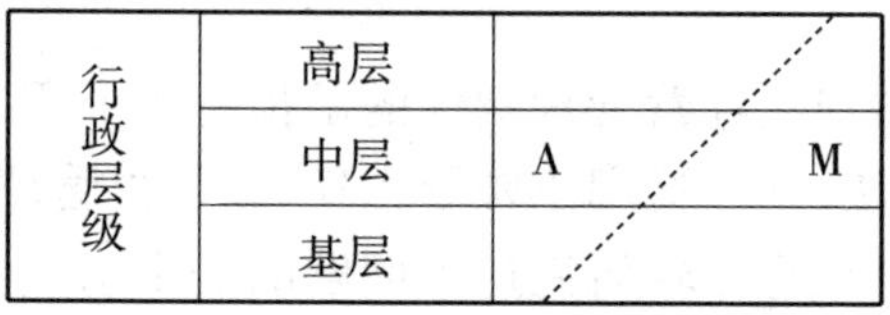

只有这样才能使行政领导者和行政管理者职责分明,各司其职,各谋其职,各务正业。

“治理”,本不是一个新名词。从词源上说,英语中的治理 governance 源于拉丁文和古希腊语,原意是控制、引导和操纵,长期以来一直与英语中的统治 government 一词交叉使用,因为它们非常接近,并主要用于与国家公共事务相关的管理活动和政治活动中。在我国,古代“治理”常用于治世(如“治世不一道”)管理、治办、治辨或治辩。孙中山先生在给“政治”定义时将“政”解释为“民众之事”,把“治”解释为“治理”。他认为,治理民众之事,就是政治。与此相应的权力就是“治权”,即政府治理国家的权力,亦称“政府权”或“五权”(立法权、行政权、司法权、考试权和监督权),与“民权”相对。在相当长的历史时期内,虽然人们也常用治理概念,但没有将治理理念化、理论化。自从世界银行在 1989 年世界发展报告中首次使用了“治理危机”概念之后,许多国际组织和机构开始在其多种报告和文件中频频使用治理概念,而在政治学、行政学、经济学、管理学等学科也纷纷引入治理概念,并加以理论化,涉及全球治理、区域治理、国家治理、中央治理、地方治理、公司治理、企业治理、学校治理、城市治理、乡村治理等众多的领域和方面。学术界认为,治理理论最初是由西方学者根据西方的社会政治现实提出的。治理理论的兴起是与政府的失灵和市场的失灵联系在一起的,是补充政府管理和市场调节的不足应运而生的一种社会管理方式。所谓治理,是指各种公共的或私人的机构和个人管理其共同事务的诸多方式的总和。治理强调政党、政府与公民社会的合作,如政府与非政府组织的合作、公共机构与私人机构的合作、强制与自愿的合作等。强调自上而下的管理和自下而上的参与合作,强调管理主体的多样性。在管理的性质上强调政府对公众的服务,在管理的技术上强调引入市场机制,不断提高管理的效率。充分发挥政府作为公共权力代表的核心作用,在有效地培育公民社会和市场的同时,逐步建立

① 参见乔耀章.公共管理体系与公共道德体系初探[J].学术研究(广州),2005(7);中国人民大学复印报刊资料·公共行政·D01,2005(11)全文转摘;收入郭济,高小平,何颖主编.行政伦理导论[M].哈尔滨:黑龙江人民出版社,2006.8.

起现代社会政治秩序。治理可以作为统治和管理的发展与替代,它同传统的统治或管理在管理主体和客体、对象的范围,管理的手段,权力的运行方向,追求目标及评价标准等方面都有所不同。治理理论描述的是一种比较理想的政治和社会管理形式,也是在政治、行政、管理改革中人们所追求的目标——作为长期前景的治理状态。治理的最终目标是实现善治(good governance),善治就是使公共利益最大化的社会管理过程。而善治的基本要素则有合法性、透明性、责任性、法治性、回应性、有效性、稳定性等。应当说治理或善治追求的目标同领导所应追求的目标是一致的。正是从这个意义上可以说,领导也是一种治理。

但是应当看到,西方治理由国内治理和全球治理两方面构成。西方国家的国内治理理论,对于发展中国家和社会转型时期的国家来说,作为一种改革的思路,具有重要的参考价值,尤其是对公民社会和市场作用的充分肯定至少开阔了这些国家公众和领导者、管理者的视野和思路,有利于正确对待发展中出现的新问题,并构建管理的公共权力行使框架。即使如此,发展中国家或社会转型时期的国家也必须从本国的实际情况出发,切不可机械地照抄照搬,也不可简单化为眼前就能够追求和达到的目标。至于西方治理理论中的全球治理部分,则存在着一种极其危险的倾向,这就是它可能成为某些国家及其跨国公司干预别国内政、谋求国际霸权的新的理论依据。因为所谓全球治理理论,是建立在政府的作用和国家主权无足轻重、民族国家的疆界模糊不清这一前提之上的,强调治理的跨国性和全球性,有削弱国家主权和主权政府在国内与国际治理中的重要作用的危险,为其推行国际霸权主义提供理论上的支持。对此,我们必须给予高度的警惕。

二、领导更是一种综合治理

领导不仅应当是一种治理,而且应当是一种特殊的治理,即是一种综合治理。我认为,无论是领导活动,还是治理过程都具有综合性这一特质;亦即综合治理本是领导的题中应有之义,任何领域、任何层次的领导都应当确立综合治理的理念;而且领导的层次越高,领导的职务越高,就越是具有综合治理的性质,就越是负有综合治理的使命。

在我国提起"综合治理",就自然会使人想起一种特殊的组织机构,即各级党政机构中的"综合治理委员会",简称"综治委"(与"中纪委"近音)。1983 年,根据当时严打斗争的需要,各级政府设立综合治理委员会,下设综合治理办公室,作为政府的非常设性议事机构。1990 年,根据全国人大和国务院的有关文件规定,将综合治理委员会由原非常设性机构变为常设性议事机构,与各级党委设立的政法委相对应,实行"一套班子,两块牌子"。其中,政法委属于党委领导,职责功能主要在于协调公、检、法、司等职能部门的工作,主要在于严惩打击各种犯罪活动。而"综治委"则受党委、政府的双重领导,但"独立"地开展工作,这从它发文的图章上既不是党徽,又不是国徽,而是五角星这一点可见一斑。其职责功能主要在于对外来人口的管理、青少年的教育、创建安全小区、矛盾纠纷的协调排查处理工作,做到"打"(专)、"防"(范)、"管"(理)、"教"(育)、"治"(理)、"建"(设)这六个字。所谓"综合治理",可能就由此而得名。政法委的职责功能重在打击,"综治委"的职责功能则重在防范,二者的有机统一,为我国的改革、发展、稳定事业保驾护航,做出了大量的卓有成效的工作。20 多年来,我国综合治理工作实践,提供了许多非常有益的经验,需要理论工作者进行认真总结和研究,使之上升到理论层面,形成综合治理的理念或理念共识,以便有利于进一步规范和指导综合治理的工作实践。

但是,本文所提倡和论及的关于领导的综合治理理念,主要是从领导的一般或普遍意义上提出的,不限于分管或实际从事综合治理工作的领导领域。事实上,综合治理理念对于任何一级领导机关的任何一个领导者来说都是应当确立的一种现代领导理念。综合治理,领导者人人有责。一方面,极端而言,如果所有的层级和部门的领导都能够确立综合治理的理念,并用综合治理理念指导领导工作,那么,就不会产生需要综合治理的众多问题,也不会产生处理这些问题的专门的综合治理组织机构。换句话说,综合治理组织机构的增建及其运作力度的加大和工作成绩的显著,正好从另一个侧面证明非综合治理组织机构或系统的领导的综合治理理念的薄弱,才导致产生日积月累的需要专门的综合治理组织机构来处理众多而且复杂的问题。另一方面,如果所有的层级和部门的领导都能够确立综合治理的理念,并用综合治理理念指导本层级、本系统、本部门、本单位的领导工作,那么,就会在"源头"上杜绝产生或少产生需要综合治理组织机构来处理的问题,那就是对"综治委"工作的巨大而有力的支持,并借鉴质量管理中的"免检"、"零检"理念和要求来指导整个综合治理工作,那就会从总体上减少或降低综合治理的总成本,直至"综治委"光荣完成它的历史使命而退出历史舞台,不再作为专门的组织机构而存在,既为政府"瘦身"、"减负"及构建"小政府、大社会"作出贡献,又能确保社会的长治久安。但是,这还是未来的情景。目前"综治委"的工作只能强化而不能削弱,因为需要综合治理的问题可以说成堆成山,非常严峻,而非"综治委"的领导的综治治理理念又较普遍地缺失就是重要的原因。所以在各级领导层强调确立综合治理理念具有十分重要的紧迫性和必要性,很需要领导科学的理论工作者参与鼓与呼。

确立领导的综合治理理念不仅是必要的,而且也是可能的。在这里,所谓领导的综合治理,不是指"综治委"的以"打、防、管、教、治、建"为主要内容的综合治理。领导的综合治理理念中的"综合"主要包括时间上的综合治理、空间上的综合治理和领域上的综合治理及其相互关系的综合治理。其中,时间维的综合治理理念,主要是处理好以下一些关系,即处理好历史上的或昨天的治理同现在的或今天的治理以及未来的或明天的治理的关系。也就是处理好古人的治理、今人的治理和后来人的治理的关系,亦即处理好前任的治理、现任的治理和后任的治理的关系等。只有处理好时间维的综合治理的各种关系,才能使领导的治理工作做到可持续发展,以确保社会纵向层面的稳定。所谓国家和社会的长治与久安,则主要取决于时间维的综合治理及代与代之间可持续发展的成与败、得与失。确立领导的时间维的综合治理理念,同时要求领导确立战略性、规律性、前瞻性的思维和理念,处理好眼前利益和长远利益、根本利益的关系等。空间维的综合治理理念,主要处理好国际、世界、全球治理与国内治理的关系;中央治理与地方治理的关系;沿海治理与内地治理的关系;东部治理与西部治理的关系;南方治理与北方治理的关系;港、澳、台治理与大陆内地治理的关系;省及省际治理的关系;市及市际治理的关系;县及县际治理的关系;乡、镇及乡镇际治理的关系等。只有处理好空间维的综合治理关系,才能使领导的治理工作做到平衡发展,以确保社会横向层面的稳定。所谓国家和社会的长治久安,还取决于空间维的综合治理的成与败、得与失。如果没有区域间的综合治理和平衡发展,就没有全国、全社会的综合治理和长治久安。确立领导的空间维的综合治理理念,同时要求领导确立战略性、全局性的思维和观念,处理好中国和外国及改革与开放的关系;处理好部门利益、地区利益与国家利益、全局即大局利益的关系等。不谋全局者不足以谋一役。领域维的综合治理理念,主要是处理好经济域的综合治理、政治域的综合治理、文化域的综合治理、社会域的综合治理关系及四大领域的综合治理关系;物质文明建设的综合治理、政治文明建设的综合治理、精神文明建设的综合治理以及“三个文明”协调发展的综合治理关系;政党的综合治理、国家及政府的综合治理和公民及社会的综合治理关系等。只有处理好领域维的综合治理关系,才能使领导的治理工作做到全面发展,以确保社会在纵向和横向交错层面的稳定。所谓国家和社会的长治久安,除了取决于时间维和空间维的综合治理的成与败、得与失以外,归根到底还要取决于领域维的综合治理的成与败、得与失。如果没有领域维的综合治理和全面发展,就没有全国、全社会的综合治理和长治久安。确立领导的领域维的综合治理理念,同时要求领导确立总体战略思维与总揽全局、讲大局、懂大局、谋大局、顾全大局的理念,全力构建立党为公、执政为民的命运共同体,以实现中华民族的伟大复兴。

事实上,自1978年转移党和国家的工作重心,实行改革开放以来,从中央到地方的各级领导在很多方面都在逐步形成并实践着综合治理理念。如在经济领域,先后确立以经济建设为中心,发展生产力,改革经济体制,建设社会主义市场经济体制,平息金融风波,发展物质文明;在政治领域,先后确立四项基本原则,适时提出行政体制和政治体制改革,坚持共产党领导,坚持人民当家做主,坚持依法治国,发展政治文明;在思想文化领域,先后开展真理标准大讨论,多次解放思想,重建党的思想路线,反对精神污染,进行思想文化教育体制改革,发展精神文明;在社会领域,先后调整国家和社会的关系,确立和坚持社会主义发展方向,构筑社会安全保障体系,战胜“非典”,全面建设小康社会,发展社会文明。从所有这些领域的总体实践中,可以看出我国正在不断地增进着领导的综合治理理念,同时也在综合治理理念的指导下探索出一些很好的综合治理的模式、做法和推进整个国家综合治理的形式。所有这些改革和探索,更需要我们进一步研究综合治理理论,为寻求和改善国家的良好的综合治理局面提供智力支持和理论指导。

需要指出的是,从确立和形成领导综合治理理论、理念到全面提升领导综合治理的能力,具体指导综合治理的实践之间还有一个需要不断学习的过程。其中,学习的一个重要内容就是要学习理论和党的重要文件,它们是根据新实践新经验所作出的新的理论。我认为,邓小平关于建设有中国特色的社会主义理论,党的关于“三个代表”重要思想,“三个文明”协调发展,全面建设小康社会等,都体现着丰富而鲜活的关于领导的综合治理的理念。从这个意义上说,确立领导的综合治理理念的过程就是进一步学习邓小平理论、“三个代表”重要思想的过程,就是物质文明、政治文明和精神文明协调发展、全面建设小康社会的过程。这就从客观上要求各级各类的领导和领导者们:走出“分管”的误区,克服各种闭锁的狭隘的心理和观念,勇于和善于处理好综合治理实践过程中的轻、重、缓、急以及非平衡治理等问题。做到完整准确地理解和贯彻执行邓小平理论,完整准确地理解和贯彻执行“三个代表”重要思想,完整准确地理解和贯彻执行“三个文明”协调发展的方针,完整准确地理解和贯彻执行全面建设小康社会的战略部署,从而把我国领导的综合治理理念提升到一个新的高度、新的境界。

综合治理与统筹兼顾*

中共十六届三中全会前夕,我在本刊(2003 年第 5 期)曾发表题为"领导者应当树立综合治理观念"的短文,认为确立有别于社会治安综合治理机构的"综合治理观念"是十分紧迫和必要的,认为综合治理,领导者人人有责,从中央到地方的各级各类的领导者都应当树立综合治理观念,而且领导层次越高领导的职务越高,就越是要具有综合治理的性质,就越是要负有综合治理的使命,并且认为领导者的综合治理理念主要包括时间段的综合治理、空间段的综合治理和领域段的综合治理三个方面。文章发表后不到一个月,人民日报社新闻信息中心给我发来通知函,说这篇文章被编入学习贯彻中共十六大精神的《学习与实践》一书(文号为 C447—207,由人民日报出版社出版)。恰好这时又传来党的十六届三中全会胜利召开的喜讯,全会作出了《关于完善社会主义市场经济体制若干问题的决定》,我觉得自己文章中综合治理理念同决定中关于"统筹"的思想有不谋而合之处。《决定》首次提出全面发展、均衡发展、协调发展和可持续发展的科学发展观,首次提出建立健全归属清晰、权责明确、保护严格、流转顺畅的现代产权制度,再次提出要继续改善宏观调控,转变政府经济管理职能和深化投资体制改革,以此作为建设统一开放竞争有序的现代市场体系和进一步完善市场经济体制的重要保证。这就标志着我国的改革已经超过了单纯的经济改革,而且已经开始向以政治体制改革与政治文明创新为重点的更深层次、更高目标迈进,同时,也进一步证明从中央到地方的各级领导都在逐步形成并实践着综合治理的理念。

《决定》指出,统筹城乡发展、统筹区域发展、统筹经济社会发展、统筹人与自然和谐发展、统筹国内发展和对外开放,简称为"五个统筹"。对此,温家宝总理阐释道:"五个统筹",实质上就是统筹兼顾。统筹兼顾协调好各方面的利益关系,调动一切积极因素,是我们党的一个重要历史经验,也是我们党在新的历史条件下要长期坚持的战略方针。我们必须适应新阶段、新任务的要求,更新发展观念,创新体制机制,转变政府职能,改进工作作风,完善政策措施,认真贯彻落实科学发展观。具体一些说,就是要努力提高贯彻落实科学发展观的自觉性,加强学习,正确处理好涉及全局的重大关系,把积极进取精神同科学的求实态度结合起来;要正确把握宏观调控目标,促进经济增长、增加就业、稳定物价、保持国际收支平衡;要全面履行政府职能,包括经济调节、市场监管、社会管理和公共服务;要树立正确的政绩观,必须大兴求真务实之风,抓紧研究制定统筹兼顾的相关政策和规划。①可见,在社会主义市场经济新的历史条件下,要提高各级党委、政府和领导干部的领导水平和执政能力,牢固树

---

* 原载《领导理论与实践》2004 年第 4 期。

① 人民日报,2004-03-01.

立和贯彻落实科学发展观，就必须做到统筹兼顾。

那么，为什么要统筹兼顾呢？我认为，涉及的问题比较多且复杂，这里主要说明两点。第一，这是坚持马克思主义辩证唯物主义和历史唯物主义，坚持解放思想、实事求是，一切从实际出发的思想路线的需要。"五个统筹"是在实事求是地承认和分析现实国情的基础上提出来的，是唯物主义世界观的反映，也是辩证法的杰出运用。事物发展的不平衡规律是绝对规律，这个规律在我国现阶段表现得尤为突出。因为我国现处在并仍将长期处在社会主义的初级阶段。这个阶段是逐步摆脱贫穷、摆脱落后的阶段；是由农业人口占多数的、以手工劳动为基础的农业国，逐步变为非农业人口占多数的现代化的工业国的阶段；是由自然经济占很大比重的不发达状态，变为商品（市场）经济高度发达状态的阶段；是通过改革和探索，建立和发展充满活力的社会主义经济、政治、文化体制的阶段；是全民奋起，艰苦创业，实现中华民族伟大复兴的阶段。在世界上，我国目前仍是一个争取市场经济地位、人均收入水平较低的只相当于"中下等收入国家"中的大国，全国农村仍有近 3 000 万人没有解决温饱，城镇有 2 000 多万人收入水平低于最低生活保障线，还有 6 000 多万残疾人需要帮助。因此，在这样的国情世情面前，突出存在着两个方面的发展不平衡，及国内发展不平衡和国际发展不平衡。仅就国内发展不平衡来说，主要表现在城乡发展过程中，农村经济发展水平与城市相比还有很大的差距，"三农"问题成了进一步发展的突出矛盾；在全国发展过程中，东部与西部、沿海与内地仍有较大的差距，在经济与社会发展过程中却相对滞后；在人均收入持续增长、人民生活水平不断提高的过程中，环境破坏、生态失衡也有目共睹、触目惊心，我们正在自尝苦果。所有这些问题，都要求各级党委、政府领导干部保持清醒的头脑，统筹、协调处理好这些矛盾和问题，唯有如此，才能消解"成长的烦恼"或"发展的烦恼"，继续推进城乡、区域、经济与社会、人与自然以及国际国内事业的大发展。第二，也是坚持邓小平理论和"三个代表"重要思想，全面建设小康社会的需要。关于社会主义本质的理论是解放生产力，发展生产力，消灭剥削，消除两极分化，最终达到共同富裕。因此，贫穷不是社会主义，富裕不一定是社会主义，共同富裕才是社会主义。然而，在社会主义初级阶段，城乡之间、东西南北中不同区域间还不可避免地存在着贫富差距，这就必然需要各级党委、政府和领导干部的统筹兼顾工作，通过物质文明、政治文明和精神文明的协调发展，通过全面建设小康社会，把这种贫富差距控制在社会可以承受的范围内，同时，这也是始终代表中国最广大人民根本利益的必要举措。正如毛泽东曾在 1957 年的《正确处理人民内部矛盾的问题》中所指出的：这里所说的统筹兼顾是指对于六亿人口的统筹兼顾。我们作计划、办事、想问题，都要从我国有六亿人口这一点出发，千万不要忘记这一点。由此可见，统筹兼顾不仅是一个理论问题，而且也是一个实践和实际问题；不仅是一个经济问题，而且也是一个政治问题。统筹兼顾既是由我们党的全心全意为人民服务的宗旨来决定的，又是由我国社会发展的社会主义定向性质决定的。

统筹兼顾作为我们党和政府工作的一个重要历史经验，在不同的时期有着不同的内容和形式。1956 年以后不同于 1956 年以前的统筹兼顾，1978 年以后不同于 1978 年以前的统筹兼顾，是同社会主义公有制"一统天下"的计划经济相联系的统筹兼顾，往往表现为长官意志、统调、平调、指令性的行政命令。这种统筹兼顾以其并存着的优、缺点曾经起过重要的历史性作用。在理论上的概括主要体现在 1959 年毛泽东所做的《论十大关系》中。这十大关系是：重工业和轻工业、农业的关系；沿海工业和内地工业的关系；经济建设和国防建设的关系;国家、生产单位和生产者个人的关系;中央和地方的关系;汉族和少数民族的关系;党和非党的关系;革命和反革命的关系;是非关系;中国和外国的关系。正确处理这十大关系,既是统筹兼顾的需要,又是对建设中国特色社会主义道路的最初探索。1978 年以来的统筹兼顾,特别是进入 21 世纪以来的统筹兼顾是同社会主义市场经济相联系的统筹兼顾,日益表现为善于运用市场经济的手段和方法、法制的手段和方法进行统筹。正如市场经济存在优、缺点,往往表现在滋生个人主义、享乐主义、金钱主义、地方保护主义等。针对市场经济的优、缺点,要做到统筹兼顾,邓小平一再强调要两手抓。江泽民同志也要求用发挥计划调节的优势来弥补、抑制市场调节的不足和消极作用,做好宏观经济的平衡,保证整个经济的全面发展。这在理论上比较集中地体现在他在 1995 年中共十四届五中全会闭幕式上的讲话中论及的十二大关系,即改革、发展、稳定的关系;速度和效益的关系;经济建设和人口、资源、环境的关系;第一、二、三产业的关系;东部地区和中西部地区的关系;市场机制和宏观调控的关系;公有制经济和其他经济成分的关系;收入分配中国家企业和个人的关系;扩大对外开放和坚持自力更生的关系;中央和地方的关系;国防建设和经济建设的关系;物质文明建设和精神文明建设的关系。在此基础上,中共十六届三中全会的《决定》又适时地提出"五个统筹",在我们党和政府的统筹兼顾的理论和经验宝库中又增添了崭新的内容,它昭示着我国社会发展的一种极其重要的战略思想,证明着共产党治国经验在不断地积累和丰富,执政能力和领导水平在不断地增进和提高。

统筹兼顾是综合治理理念的题中应有之义。领导者树立综合治理观念,就必然要求领导者做好统筹兼顾工作;反之亦然,做好统筹兼顾工作就势必要求领导者树立综合治理理念。无论是综合治理,还是统筹兼顾,都强调全国一盘棋。如前文所述,确立领导的时间维度的综合治理理念,要求确立战略性、规律性、前瞻性的思维和理念,处理好眼前利益和长远利益、根本利益的关系;确立领导的空间维度的综合治理理念,要求领导确立战略性、全局性思维和理念,处理好部门利益、地区利益与国家利益、全局利益、大局利益以及中国与外国的关系;确立领导的领域维与总揽全局、讲大局、懂大局、谋大局、顾全大局的理念。中共十六届三中全会的《决定》提出的"五个统筹",这里的统筹就是讲统筹兼顾,意在统揽、总揽、筹划,也是讲大局、讲引导、讲宏观调控、讲政府干预、讲政府调节、讲政府协调、讲平衡、讲整合,等等。统筹兼顾的核心问题就是要处理好各种利益关系。当然,综合治理与统筹兼顾两者并不能完全等同或混淆。如果说综合治理理念对于领导者来讲是侧重于理论、侧重于领导或"应该"如何的话,那么,统筹兼顾对于领导者来说则是侧重于实践、侧重于管理,或"必须"怎样,"只能"如何。不仅如此,如同综合治理不仅仅是综合治理机构的事,每个领导者人人有责的道理一样,统筹兼顾,各级党委、政府领导干部也人人有责。不能认为统筹兼顾只是中央领导的事或上级领导的事,与地方领导和下级领导没有关系;不能认为统筹兼顾只是城市的事或只是农村的事,也不能认为统筹兼顾只是东部地区的事,或只是西部地区的事,或只是南部地区的事,或只是北部地区的事,或只是中部地区的事。各地、各级党委、政府领导干部都要在领导管理经济社会发展工作中做到统筹兼顾、顾全大局。在统筹兼顾这个问题上,我们既要坚持两点论,又要突出把握重点论。或者说,事物的非平衡发展是常态,通过统筹兼顾工作,只能使事物非平衡发展调适为相对平衡发展状态,但绝不会达致平衡状态,而且这种统筹兼顾工作一定要在认识和把握被统筹兼顾对象的客观规律的前提和基础上进行。例如,要按照城乡发展的规律来统筹城乡的发展,有时统筹的重心在城市,有时统筹的重心在农村。要按照东、西、南、北、中不同区域的发展规律来统筹不同区域的发展，而且还要按轻、重、缓、急来统筹区域发展。例如，改革开放初期，通过政策安排，让东部沿海地区先发展起来，先富裕起来，通过东部沿海地区先发展、先富裕来带动其他地区的发展和致富，这是一种统筹兼顾；现在，通过政策和制度安排来推动和保障西部、中部和东北地区追赶发展起来，这也是一种统筹兼顾。要按照经济与社会规律来统筹经济与社会发展，过去侧重于统筹经济的发展，现在则侧重于社会发展和经济与社会的共同发展，这也是统筹兼顾。

总之，通过综合治理和统筹兼顾，要使治理和统筹的客体、对象获得新的和谐的发展，避免平均主义、“削高就低”、“劫富济贫”等倾向，既要善待穷者，又要关爱富者；既要扶弱济贫，又要支持强者；既要尊重人民群众意愿，又要注意帮助人民群众改造某些落后观念；既要让一部分地区发展得快一些，又要把共同富裕的理想融于发展过程之中。如果说树立综合治理理念的关键在于学习理论，那么统筹兼顾的关键在于实践，应处理好理论与实践的关系。根据历史的经验，要真正做到统筹兼顾，就必须运用经济手段、行政手段、教育手段、法律手段齐抓共管；然而，法律手段应当更为突出和重视，因为相比之下，法律手段具有更高的权威性、更强的可靠性、更大的普遍性。因此，综合治理、统筹兼顾，必须按客观规律办事，并诉诸民主和法制。

领导、执政、行政*

——中国共产党执政能力问题中的三者关系探究

中国共产党执政能力建设问题,是全党、全军、全国各族人民政治生活中的一件大事,除了中国共产党自身自觉努力外,还要诉诸于全军、全国各族人民政治智慧和政治力量。本文针对目前学术界存在的忽略同革命党价值追求相关的历史联系谈执政,忽略执政党的领导职责谈执政,以及把执政混同于行政等片面的认识,从革命党与执政党,从领导、执政与行政,从国体、政体与如何执政等方面做初步的探索和研究。

一、关于革命党与执政党的关系

革命,本指人们在改造自然和社会过程中所进行的重大变革。其中,人们改造社会的重大变革,即为社会革命。社会革命又以政治革命为前提和基础,通过政治革命的胜利实现社会革命。中国古人以为王者受命于天,故称王者易姓,改朝换代为"革命",亦即政治革命。政党是代表一定阶级、阶层或集团为维护其利益,实现其政治主张的执政或参与政权为主要目标开展共同行动的政治组织。它是近代社会的产物。从一定意义上说,近代以来政治的主体是政党,政党政治成为近代以来政治的基石。政党不会孤立存在,它同其他政党发生政党与政党的关系,它同国家发生政党与国家的关系,它同社会组织发生政党与社会的关系等。一般说来,革命党是指通过革命斗争取得国家政权为目的的政党,而执政党是指掌握国家政权、负责组织政府的政党。从学理上说,革命党同执政党两者之间并不存在对应关系,也不是对应的概念。革命党并不见得必然成为执政党,执政党也不一定是革命党。这在西方尤其是如此。因为在西方历史演进的序列中,一般是先有国家后有政党,政党是在国家体制内通过获得选票上台执政或参政的。例如,在英国,通常是在议会选举中获得多数议席的政党负责组织政府,而在美国则是在总统选举中获得胜利的政党负责组织政府。在实行"三权分立"的国家,执政党的主要标志是执掌国家的行政权。但是,在中国特殊的历史条件下,革命党和执政党之间存在着紧密的内在联系。在中国,是先有政党,尔后才执掌国家政权。中国共产党既是革命党,又是执政党。中国共产党作为革命政党时为着各革命阶级的联合执政,作为执政党时也为着继续革命,通过共和政体,构建和谐社会。

作为革命政党,中国共产党将中国革命分为两步走。第一步,先进行新民主主义的民族

---

* 原载《学习论坛》2005 年第 4 期。

民主革命,即顺应历史潮流,顺应民意进行反帝反封建的民族民主革命。民族革命是针对旧中国的半殖民地社会性质而言的,革命的对象是反对帝国主义,革命的目的是为了争取民族独立,争取国家的主权和统一;民主革命是针对旧中国的半封建社会性质而言的,革命的对象是反对封建地主阶级和官僚买办资产阶级,革命的目的是争取人民民主,正如《共产党宣言》中所说的,革命的第一步是使革命的阶级上升为国家的统治阶级,争得民主。这一步在中国共产党的领导下,经过28年的浴血奋战,终于取得了胜利,其标志是1949年中华人民共和国的成立,同时,也表明中国已从半封建半殖民地社会,通过新民主主义革命进入到新民主主义社会的历史阶段。必须指出的是,作为革命政党的中国共产党,从一开始就为着自己成为执政党而革命和努力奋斗,不过它并不是为自己的一党执政而革命和努力奋斗,这完全可以用毛泽东的《论联合政府》这一历史篇章为历史佐证。通过第一次和第二次国共合作,中国共产党愿意和中国国民党在抗战胜利后建立联合执政的政府。但是后来由于众所周知的原因,中国共产党不得不顺应历史潮流,从尚未成为现实的联合政府走向人民共和。还必须指出的是,一方面,作为反帝的民族革命,我们只是争得了祖国大陆的民族独立、国家主权和统一。中华人民共和国成立以后,特别是改革开放以后,在邓小平"一国两制"方针的指引下,香港、澳门先后回归祖国,台湾问题至今尚未真正解决,祖国的完全统一还没有最终实现,国际反华、反社会主义势力还在千方百计地阻挠祖国的完全统一,对我国继续实施分化和西化图谋。从这个意义上说,作为革命政党的中国共产党的反帝斗争的历史任务还没有真正完成。另一方面,作为反封建的民主革命,虽然我们初步建立了人民民主专政的国家制度,虽然我们开始走向共和,但是现实的真正的人民当家做主的政治制度和共和政体制度尚属有赖于切实建设和发展的未来前景。正因为如此,作为第二步的社会主义革命,还需要在一个相当长的历史时期内继续完成新民主主义革命,亦即民族民主革命尚未完成的历史遗留任务,作为执政党的中国共产党必然要继续承担起作为革命政党的历史遗留任务。正是由于作为革命政党的中国共产党承载着领导民族民主革命的历史使命及其遗留的历史任务,赋予了中国共产党长期执政和各民主党派长期参政的合法性的历史性基础。

毛泽东曾经指出,夺取全国胜利,只是万里长征走完了第一步,今后的路程更长、工作更艰苦、意义更伟大。新中国成立以后,中国共产党开启了第二步的社会主义革命的历史进程,将建设新民主主义社会和向社会主义过渡"毕其功于一役",1956年宣布进入社会主义社会,20多年后确定为进入社会主义的初级阶段。这是一个相当长的历史时期。这是作为执政党的中国共产党在通往社会主义的道路上,既要改造客观世界,又要改造主观世界,环境和人都将得到改造的历史时期,中国共产党还需要继续革命。如果说民族民主革命是为了革别人的命,即革帝国主义、封建主义和官僚资本主义这三座大山的命,那么,新中国成立以后,特别是改革开放以后,作为长期执政党的中国共产党所进行的社会主义革命,就主要侧重于在尽可能快地增加生产力总量的基础上,不断进行自我革命。正如马克思在《路易·波拿巴的雾月十八日》一文中指出的:无产阶级革命经常自己批判自己,往往在前进中停下脚步,返回到仿佛已经完成的事情上去,以便重新开始把这些事情再做一遍,它十分无情地嘲笑自己的初次行动的不彻底性……① 因此,从特定意义上说,我国现在正在进行的改革开放就是我国民族民主革命与社会主义革命的继续和深入。新民主主义革命已经证明"没

① 马克思,恩格斯.马克思恩格斯选集:第1卷[M],北京:人民出版社,1995.588.

有共产党就没有新中国”这个历史逻辑，社会主义革命也已经证明“只有共产党才能救中国、发展中国”的理论逻辑，它们共同成为中国共产党长期执政的重要政治基础和合法性依据。如果不谈革命党，或只谈执政党与革命党的历史区别，不谈执政党与革命党的历史关联性，就有可能漠视执政党的政治基础和合法性基础，进而就有可能由“告别革命”滑向“告别执政”。这个问题应该引起人们的高度重视。

二、关于领导、执政、行政的关系

毛泽东曾经指出，领导我们事业的核心力量是中国共产党，指导我们思想的理论基础是马克思列宁主义。历史已经证明并且将继续证明，中国共产党不仅是领导民族民主革命的核心力量，而且也是领导社会主义革命，领导改革、开放和现代化建设事业的核心力量，是我们的事业必定要胜利的根本保证。执政党首先和主要的是指领导党或党的领导地位，这在宪法修正案的《序言》中作了明确的规定。

领导，原义是指率领、引导、向导的意思。它是个多义词，有名词和动词之分。作为名词，领导就是领导者，即领导是担任党、国家、政府一定职务的一类人，通常称为“官”、“干部”；作为动词的领导就是领导活动，是指领导者所从事的一类事，表现为领导工作、领导活动、领导行为。虽然，在日常生活中人们常常把领导的动、名词含义加以混淆，但是在给“领导”下定义时，却常常把领导的动、名词含义结合起来。所谓领导，就是领导者在一定环境下为实现既定目标而对被领导者进行引导、统驭和率领的活动过程。它由三个基本要素构成，即领导者、被领导者和环境。其中，领导者是领导活动的主体和主导，被领导者是领导活动的客体，环境则是领导活动过程的制约因素。领导的重要目的在于确立发展方向、制定政策和决策。在谈到领导党或政党领导时，一般是指政党提出和运用正确的理论、纲领、领域、方针、政策与策略，在实现自身价值目标的过程中对本阶级群众和社会公众加以组织、引导与带动的政治行为。一旦政党的这种政治行为被本阶级群众和社会公众接受、认可，政党就取得了经济社会发展的领导权。政党的领导权是一种政治影响力，它是由人民选择的结果，而不是法律规定的结果。领导党或政党领导在其内部反映的是政党成员与政党组织、党员群众与党员干部、下级组织与上级组织，以及党员个人之间、党员干部之间、党的组织之间的政治关系及运作等内容。在其外部反映的是政党的外部政治关系及其运作。在我国，主要是指中国共产党与国家、中国共产党与其他各民主党派、中国共产党与社会的政治关系及其运作。所谓党的领导，主要就是中国共产党对民主党派的领导、对国家的领导、对社会的领导。这就是说，政党领导可以同时体现在国家体制内外。其中，中国共产党对民主党派的领导，表现为中国特色的党际关系。中国共产党不仅是执政党，而且是处于领导地位的、领导各民主党派的党，民主党派不仅是参政党，而且是接受中国共产党领导并与中国共产党长期合作的政党。党对社会的领导，主要表现为党通过自己的组织和成员，通过国家立法、司法和行政机构，贯彻执行党的纲领、路线、方针、政策，了解和贴近社情民意，协调利益关系，化解矛盾，通过政治调控，保持社会稳定与和谐发展。党对国家的领导，是党的领导的最基本的内容，主要表现为党与国家权力机关、司法机关和行政机关的政治关系及运作等。这就是通常所说的党政关系。在这种关系中，领导党与执政党具有同等的内涵。

执政，本指推行执掌政务与政事，亦即公共事务，国家产生以后，执政是指掌理国家的公共事务。《春秋左传·昭公十六年》指出“辟邪之人而皆及执政”。这里的执政与“辟邪之人”相关,意思除推行执掌政务与政事之外,还内涵“政者,正也”之意,亦即公平、公正、正义。正与邪对应,通过“执政”而“辟邪”以达“正”。可见,执政之意,内含政治伦理、政治价值观。然而,执政所指推行执掌的公共事务本身不能自行,它必须付诸公共权力亦即国家政权。那么,执政就可以理解为掌握国家政权,推行执掌公共事务。于是,对于执政的理解就内生出执掌政权与执掌公共事务的关系问题。笔者认为,它们的关系是手段与目的的关系。执掌政权不是最终目的,最终目的是推行执掌公共事务,通过掌握政权、推行执掌公共事务,把社会控制在秩序的范围内,为本阶级谋利益。从这个视角,有利于阐释党和国家的关系亦即党政关系。所谓执政党,是指掌握国家政权的党。执政党不必事必躬亲于具体的公共事务。国家是一部机器,它有“自转”的功能。执政党就是通过对国家的领导,驾驭国家机器,使之在执政党确定的发展方向内正常运行。不能以党代国,以党代政。那么,政党如何执政呢?政党执政与政党领导有什么不同呢?王韶兴教授在中国政治学会2004年年会上提交的论文中认为,政党执政是指政党通过一定方式进入国家体制并在国家权力体系中居于主导地位,借助于国家权力实现政党意志的政治行为,其本质上是一种国家权力的运作模式,是具有特定含义和属性要求的民主政治现象。政党的这种政治行为是包括本阶级在内的社会公众自觉选择并经法定程序认可的结果。如果说政党领导的是一种政治影响力的话,那么,政党执政就不仅仅是一种政治影响力,还是一种政治干预力,在根本上它是人民选择的结果,但同时还需要国家法律的认可。政党执政不是一般的政治行为,而是一种政党主张与国家意志相一致,政党法律与国家法律相协调的政党法治过程。对此,笔者表示认同。党的十六大报告中对中国共产党执政作出了明确的界定:中国共产党执政就是领导和支持人民当家做主,最广泛地动员和组织人民群众依法管理国家和社会事务,管理经济和文化事业,维护和实现人民群众的根本利益。因此,所谓执政,是指执掌国家全部的统治权(立法权、司法权、行政权、军权等)。党的执政行为,最为根本的就是对国家权力机关即人民代表大会的领导,以营造政治秩序和政治稳定。

行政,是个多义词,一般是指推行执掌政务、政事。行政不只是国家机关中政府行政机关的事,也主要不应该是政党的事。当我们把“政”作为政务、政事亦即公共事务和政权理解之后,就会明确行政往往是指对国家具体公共事务的推行和执掌。如果说执政是执掌政权而且是从属于领导的话,那么,行政则是从属于执政或政治领导的。行政是在党的领导和执政条件下推行执掌公共事务。按照威尔逊和古德诺的政治与行政的二分法解释,政治是国家意志的表达,行政则是国家意志的执行。他们所说的行政,侧重于国家的行政机关行使行政权,并且认为行政机关是行动中的政府。他们的学说对于构建相对独立的行政科学,提高政府行政效率,增强政府的美誉度起过积极的作用。但是,在我国行政有别样的情形。我国的政治具有人民性。从这个意义上说,我国的政治本质上属于人民政治。相比之下,无论是政党还是国家或是政府,对于人民来说,都具有工具性,它们都是人民手中的工具,通过它们的实际运作,实现人民的利益诉求。从这个角度分析,我国的行政可以分为政党行政、立法行政、司法行政、政府行政、军事行政等。分别行使着政党公共事务、立法公共事务、司法公共事务、政府公共事务、军事公共事务等。它们各司其职,共同依法行使着人民的公共事务,这种区分归根结底取决于社会成长和社会分工的发展程度。当我们使用“政党行政”概念时,是指有别于国家立法行政、政府行政、司法行政、军事行政,同“政党执政”、“政党领导”相一致。在这个论域内,政党领导、政党执政、政党行政并没有本质区别,只是强调的侧重点有所不同。政党领导侧重于正确的政治方向的选择与坚持,这是价值层面的问题;政党执政侧重于政治秩序、政治稳定,这是公平层面的问题,而政党行政则侧重于政治效率层面的问题。

因此,笔者认为,在执政党的执政过程中,一定要务自己的正业,即把自己的领导、执政、行政做好,不干预或尽可能少干预非领导、非执政、非政党行政的事务,使自己“瘦身”、“减负”,做到有所为有所不为。否则就会以党代政、疏于领导、荒于执政,削弱政党的领导能力和执政能力。

三、关于国体、政体与如何执政的关系

我国宪法明确规定了我国的国体和政体,从历史事实和历史要求出发肯定了中国共产党在国家和社会政治生活中的领导地位与执政地位。因此,在我国由谁执政,为谁执政,依靠谁执政的问题早已成为定论,不需争论。但问题的关键在于如何执政、怎样执政。中共十六届四中全会专门对此作出了《中共中央关于加强党的执政能力建设的决定》(以下简称《决定》)。这个《决定》是指引我们党作为执政党走向成熟的纲领性文献,对于我们加强执政党建设具有深远的指导意义。

《决定》在谈到55年来党执政六条主要经验中的第五条经验时指出:必须坚持科学执政、民主执政、依法执政,不断完善党的领导方式和执政方式。其中,在科学执政方面,强调要结合中国实际,遵循“三大规律”,即共产党执政规律、社会主义建设规律和人类社会发展规律,以科学的思想、制度和方法领导中国特色社会主义事业;在民主执政方面,强调为谁执政,依靠谁执政以及怎样保证人民当家做主的问题,要坚持和完善人民民主专政,坚持和完善民主集中制,以发展党内民主来带动人民民主,壮大最广泛的爱国统一战线;在依法执政方面,强调首先要依宪法治国,领导立法,带头守法,保证执法,不断推进国家经济、政治、文化、社会生活的法制化、规范化。这就表明:中国特色社会主义事业的总布局由经济、政治、文化的“三位一体”,扩展为经济、政治、文化、社会的“四位一体”;中国共产党已经把执政能力建设的探索,同改革党的领导方式和执政方式、领导体制和执政体制紧密结合起来,必须按照科学的思想、理论、制度、方法来执政,把加强党的执政能力建设建立在更加自觉地运用客观规律的基础之上。《决定》的第五部分进一步指出,坚持党的领导、人民当家做主和依法治国的有机统一,不断提高发展社会主义民主政治的能力。具体做到:推进社会主义民主的制度化、规范化和程序化,保证人民当家做主;贯彻依法治国基本方略,提高依法执政水平;改革和完善决策机制,推进决策的科学化、民主化;加强对权力运行的制约和监督,保证把人民赋予的权力用来为人民谋利益;按照党总揽全局、协调各方的原则,改革和完善党的领导方式。这一新思想生动地说明:中国共产党对为谁执政、依靠谁执政、怎样执政这个重大战略课题的认识和探索,正在达到新的境界。

科学是老老实实的学问,来不得半点的虚伪;民主本身具有公开性、透明性,对于社会主义是须臾不可离开的;法制是一种规矩。从这个意义上可以说,科学执政,也就应该是老老实实地执政,认认真真地执政;民主执政,也就应该是明明白白地执政,光明磊落地执政;依法执政,也就应该是规规矩矩地执政,公正无私地执政。不仅如此,科学执政、民主执政和依

法执政还有着密切的联系,是辩证统一的有机整体。第一,科学执政是基本前提,是民主执政和依法执政的向导,如果不按照科学理论、制度和方法执政,违背客观规律执政,就没有党的执政地位,就没有民主执政和依法执政;第二,民主执政是基础,是科学执政和依法执政的动力源泉,民主执政决定着我们党执政的性质,如果违背了执政的民主性质,党的执政地位就失去了合法性基础;第三,依法执政是规则,是科学执政和民主执政的可靠保证,用法律制度维护和实现人民当家做主的根本利益,如果无法可依,或有法不依,不按宪法和法律办事,规则不守,就不能保证社会和谐稳定和国家的长治久安;第四,科学执政、民主执政、依法执政各有其不同的功能,各司其职,但又不可分割,老老实实执政,明明白白执政、规规矩矩执政的任何一方面都不可或缺,三者共同构成我们党长期执政的基本理念、基本制度、基本机制、基本行为,统一于科学化、民主化、法制化的执政实践活动和历史过程之中。

中国共产党执政资源的节流与开源*

当今世界,政党政治已经成为普遍的政治形态。围绕国家政权的获得和运作,围绕各个政党尤其是执政党的兴衰成败,研究政党规律已经成为政党组织和政治学者的重要任务。作为社会主义大国的唯一合法的执政党,中国共产党也面临长期执政的考验。也正因为适应这样的时代要求,中国共产党在十六届四中全会通过了《中共中央关于加强党的执政能力建设的决定》(以下简称《决定》)。我们认为,在深入研究党的执政规律,加强党的执政能力建设时,必须十分重视中国共产党执政资源的研究。共产党的执政能力其实也是汲取政治合法性资源的能力,而执政能力又往往与执政资源的拥有程度以及对执政资源开源节流的有效程度成正比。在社会转型时期,在加强执政能力建设的过程中,亟须重新整合党的执政资源,既要"节流",更要"开源",不断增强我们党执政的政治合法性。

一、执政资源与执政合法性

在学界的一般论述中,多把执政基础和执政资源相提并论。我们认为,执政基础是指党执政的阶级基础,以及在此基础上衍生出来的群众基础和民族基础。但是我们提出的执政资源的概念是从领域角度探讨,因此不同于通常所说的关于执政基础的论述。党的执政资源,是指有利于党履行执政使命,提高执政效能的各种积极因素和条件。①执政资源包括执政的经济、政治、文化、社会等资源。在政党政治中,政治合法性作为核心的政治内容和政治资源有着天然的联系。"一种政体如果要达到长治久安的目的,必须使各部分(各阶级)的人民都能参加而怀抱着让它存在和延续的意愿。"②换句话说,执政能力源于执政资源的多寡及合法性程度。马克斯·韦伯认为,只要一种统治的合理性得到被统治者的认同,那么这种统治就是合法的。但是韦伯又认为,仅仅有合理性认同对于政治合法性来说是不够的。"一切经验表明,没有任何一种统治自愿地满足于仅仅以物质的动机或者仅仅以情绪的动机,或者仅仅以价值合乎理性的动机,作为其继续存在的机会。毋宁说,任何统治都企图唤起并维持对它的合法化的信仰。"③马克斯·韦伯提出了三种类型的合法性基础理论:一是基于传统的合法性,即传统合法性;二是基于领袖人物超凡感召力之上的合法性,即个人魅

* 原载《浙江社会科学》2005 年第 2 期;收入高全喜. 大国策:迈向大国之路的中国政治·新一轮"赶考"[M]. 北京:人民日报出版社. 2009.

① 夏兴有,章传家. 不断提高党的执政水平[N]. 光明日报,2001-10-23.

② 亚里士多德. 政治学[M]. 北京:商务印书馆,1996. 88.

③ 马克斯·韦伯. 经济与社会(上卷)[M]. 北京:商务印书馆,1997. 239.

力型的合法性；三是基于合理合法准则之上的合法性，即法理型合法性。

执政资源是执政合法性的基础。中国共产党的执政能力源于执政资源的多寡及合法性程度。在中国共产党的执政历史上，党首先通过新民主主义革命、社会主义革命和社会主义改造从而赢得了中国人民的政治认同，并取得了执政的合法性。由于共产党长期作为革命党的特殊性，党在领导中国人民进行武装斗争的同时掌握了大量的执政资源，这种来自于经济、政治、文化诸领域的资源保证了党稳固的执政地位。按照韦伯的合法性基础的划分，三种合法性都部分地并存于中国的政治实践，尤其是新中国建国初期的政治实践中。对此，白钢、林广华进行了比较详细的分析："中国共产党政权之所以能够持久，之所以能够由强力的统治变成权力的统治，除了强大的国家机器之外，还在于其他几个因素：一是长期武装斗争中产生的党和国家领导人的个人魅力，尤其是毛泽东的魅力；二是意识形态的魅力，马克思列宁主义、毛泽东思想作为指导武装斗争、解放全国人民、消除剥削和压迫等行动获胜的指导思想，获得了绝大多数民众的拥护；三是中国共产党在长期的武装斗争中积累了巨大的组织资源，这些组织资源包括完整的组织机构、成千上万的党员、大批忠心耿耿的干部、统一战线等。"①对于党的"合法化的信仰"（韦伯语）也成为中国共产党在相当长的历史时期的最重要的执政资源，也正是由于这种无保留的信仰，即使在党犯有严重错误的时期，中国人民仍然保持着对中国共产党的衷心的信赖和支持。

但是，政治合法性还是个动态的过程。不同的社会主体在不同的历史时期会有不同的利益诉求。"合法性实际上是不同社会依据社会本身的根本利益和内在原则对执政提出的本质要求。合法性的高低，就看执政符合这种本质要求的程度。对于执政党来说，执政围绕着这些本质要求所进行的执政努力将构成执政的合法性基础。因而，所谓的合法性基础，就是党在一定政治、经济和社会条件下实现稳固有效执政所必须努力形成的基础和条件。"②今天看来，传统的党的执政资源已经发生了很大的变化，今天的中国共产党也已经成为一个成熟的执政党，今天的人民对于党的执政不完全是凭感性的信仰，更多的是一种基于利益认同基础上的理性的政治支持。和新中国建国初期相比，这种资源具有不稳定性和易变性的特点，并且在一定的时空条件下有流失的可能。

二、传统执政资源的"节流"

中国共产党执政的历史是不断调整执政资源的历史。我们认为，执政资源本身是个有机体，有其内在的形成和自我流失过程，人口的增加与流动、经济的发展、社会的变迁、国际风云的变幻等，都会在一定程度上改变着共产党传统执政资源流转的过程和新增的轨迹。同时，由于人为的不当开发甚至恶性使用，党的执政资源可能在一定阶段出现不当或者恶性流失。因此在执政资源不断增长的过程中，中国共产党也始终面临着执政资源不断流失的问题。因此，我们所说的"节流"就是指对执政资源不当流失的节制，并构建对执政资源不当流失的预防、控制和整治的理念与制度平台。

① 白钢，林广华. 论政治的合法性原理[J]. 天津社会科学，2002(4).

② 林尚立. 中国共产党执政方略[M]. 上海：上海社会科学院出版社，2002. 26.

(一) 经济资源的"节流"

共产党执政的经济资源一般是指基于共产党执政的社会主义经济体系和制度基础上的生产力发展水平、党掌握的经济命脉的有效度、经济总量以及发展前景。在现代国家和社会中,任何居于统治地位的执政者,它的执政资源首先来自于经济增长和经济发展。因为,只有实现了经济的增长和发展,才能使执政者拥有日益增长的治理资源和治理能力,进而奠定治理国家和整合社会的现实基础。①

在共产党的经济资源的获得过程中,党主要通过一系列的经济政策来实现新中国的经济增长和发展的。在这一时期,党和国家是高度同构的。在这一时期,党通过行政手段,对其所掌握的所有社会资源进行配置,对经济生活和社会生活实行全权化管理。这种党政一体化、政经一体化、政治一体化、政社一体化的经济模式又被称为"政治的经济"。② 但是,由于回避了市场经济制度,这种通过1956年对生产资料私有制的社会主义改造,基于苏联模式建立的传统公有制在20多年的经济运行中很快暴露了其深层的基因缺陷:生产效率低下,生产方式落后,生产积极性不高,人民生活困难……所有这些都给致力于建设繁荣社会的中国共产党以深刻的思考。薄弱的经济基础也使党的执政资源面临枯竭。

对此,我党进行了历史性反思,以1978年中共十一届三中全会为标志,中国共产党决定对传统的公有制经济进行改革,即由单一的社会主义公有制经济向以社会主义公有制为主体、多种所有制经济共同发展的基本经济制度的转变,建立社会主义市场经济体制。但是由于我们缺少建设社会主义市场经济的经验,首先在如何处理庞大的国有资产方面遇到了挑战。许多地区采取了不恰当的资产处理方式,在对大量的国有资产进行压价评估后,出售给个人,其中绝大多数为原经营管理者,在一些地区甚至出现了把医院、学校都抛售给个人的错误行为,造成了国有资产的大量流失。在这场国资流失大潮中,又造成了企业倒闭、工人下岗、权力寻租出现等新的社会问题。这些加大了国家机关运行的行政成本,也造成了更为隐性的经济资源的流失。

在对经济资源节流的时候,党采取了一系列积极的举措,如健全现代市场体系,加强和完善宏观调控手段;建立国有资产管理部门,保障国有资产保值增值,规范国有企业改制行为,遏止资产流失;深化分配制度改革,健全社会保障体系,重视企业工人利益,在企业改制中不损害他们的合法权益。在建立廉价、廉洁政府方面,党在一些地区推行"阳光财政"、政务公开等政策,降低行政成本,从源头上寻找治理腐败的手段,这些措施已经取得了一定的成效。

(二) 政治资源的"节流"

共产党执政的政治资源,通常是指共产党执政的群众认可率、支持率,意识形态社会化的广度、深度和执政的有效程度,以及为了确保执政的政治手段和政治方法。中国共产党在长期执政的过程中,凝聚了大量的政治组织、宣传发动、意识形态、舆论导向等重要资源。党在政治社会化的过程中,不断加强政治资源的开发与建设。但是社会的转型凸显了传统的

① 蒋京议.政治合法性:共产党执政建设的重要课题[J].长白学刊,2003(6).
② 乔耀章.从"政治的经济"转向"经济的政治"——邓小平政治思想主要之点初探[J].苏州大学学报,1997(4).

凝聚政治资源的手段存在的缺陷,并出现了一定程度的政治资源流失。

首先,政治资源的流失来自传统政治管理方式的根本缺陷。在新中国建国以后的一段时间内,我们对于社会主义国家的政治运行多采用无产阶级专政的说法。马克思认为,所谓无产阶级专政,是一种过渡性国家的政治形式。“在资本主义社会和共产主义社会之间,有一个前者变为后者的革命转变时期,同这个时期相适应的也有一个政治上的过渡时期,这个时期的国家只能是无产阶级的革命专政。”①列宁则认为:“无产阶级的革命专政是由无产阶级对资产阶级采用暴力手段来获得和维持的政权,是不受法律约束的政权。”②不受法律约束的政权意味着政治权力将朝什么方向发展?或者说,无约束的权力是否存在异化的可能?这个答案已经为国内外众多的事实所证明,此处不必赘述。

其次,政治资源的流失来源于意识形态建设的缓慢。我国的主流意识形态是马克思主义社会主义,但是由于我们长期以来对马克思主义理解的闭锁性,妨碍了马克思主义的健康发展,并在一定的时期出现了实践超越于理论的政治行为。改革开放以前的社会主义意识形态是非现代化的马克思主义意识形态,具有较强的或纯粹理想主义色彩。一方面这种理想的社会主义理论脱离了中国国情或实际,缺乏说服人的力量;另一方面,现实的实践又往往脱离作为基本原理的马克思主义理论指导,造成所谓“信仰危机”,从而导致执政资源的流失。

再次,政治资源的流失来源于党自身建设存在的问题。长期和平执政使得党的一些思想理论建设、制度建设、组织建设、作风建设等出现下滑的趋势,这在党的基层组织建设中表现得尤其突出,这在相当程度上了导致了一些地方党组织管理的混乱。在一些地区,党员长年不过组织生活,不交党费,党员的先进性不能充分体现,并使党在补充年轻党员方面造成困难,在一定时间和地点还表现为党群关系紧张,造成了人民政治信仰的弱化。

在解决政治资源流失的过程中,党采取了一系列的对策和措施,坚持四项基本原则,坚持党的基本路线不动摇,进行政治体制改革,如深化行政管理体制和司法体制改革,针对传统的管理制度尤其是干部选拔制度、人事制度、权力监督制度进行有针对性的改革;针对党组织自身建设存在的问题,一方面加大反腐倡廉的力度,一方面支持基层组织建设,在外资、民资、农民工聚集的地方建立支部或流动支部,有效地整合了组织资源。

(三) 文化资源的“节流”

共产党执政的文化资源主要是指党在执政过程中建设先进文化的程度,以及以党的执政思想理念为核心的先进的民族思想文化的聚合程度。共产党执政的文化资源主要是指传统文化和社会主义自身的文化资源,这里主要是指传统文化资源。作为一种思想资源、一种历史真实,中国传统文化本身就是中国国情和客观实际的一部分。中国共产党的执政过程应当传承并弘扬传统的政治文化,但是在半个多世纪的执政历程中,传统的政治文化资源的流失也比较严重。

首先,传统的文化资源流失表现为文化“大传统”的丧失。从文化传统的角度,文化可分为“大传统”与“小传统”两类。人类学家一般把由学校或教堂培育出来的、占据社会主流

① 马克思,恩格斯.马克思恩格斯选集:第3卷[M].北京:人民出版社,1995.314.
② 列宁.列宁全集:第35卷[M].北京:人民出版社,1986.237.

位置的文化形态叫作大传统;把生长和存在于村落共同体的民间文化形态叫作小传统。①在改革开放以前,党的执政的文化资源中既有封建传统思想残余与资产阶级思想的影响,又有马克思主义的唯物史观。改革开放以后,外来文化的冲击,市场经济的发展,在一定程度上改变了传统的文化基因,在一定层面上形成了"文化冲突",并造成了年轻一代民族文化认同的困难,已在一定层面上表现为大传统的流失。

其次,中国传统文化的链条出现断裂。长期以来对传统文化的光"破"不"立"的批判手段削弱了传统的文化资源。从新文化运动以来的近百年的文化史中,中国传统的文化改造大概可以看作是一个动态的"破"的过程,这种心态在"文革"达到巅峰。中国传统文化的链条被无情地断裂,这种断裂往往使我们在寻找传统的文化资源中迷失方向,甚至表现为一定程度的数典忘祖。

再次,文化载体的流失影响了马克思主义和中国传统文化的结合。新中国建国以后,由于党的工作中心往往定位在政治、经济方面,对文化建设重视不够甚至轻视。从北京古城的破坏到传统剧种的消亡,传统的文化载体由于得不到保护正在迅速消失。同样,在对马克思主义的传播中,如果失去了中国的文化土壤,也会使得马克思主义与中国传统的进一步结合或再结合形成困难,反过来影响了马克思主义在中国的传播。

面对文化资源的流失,党在对文化资源进行"节流"的过程中,在传统意义的行政手段基础上,伴以市场的运作,如文化政策的制定、"五个一"工程的实施、鼓励各种以"两为方针"为政治定向的如"中国艺术节"、"民间祭孔"等文化活动的举办,来发展我国的传统文化,并引导传统文化走向现代,走向现代社会主义文化。

(四)社会资源的"节流"

共产党执政的社会资源往往是指共产党执政期间的各种社会结构配置的合理程度。我们认为,党的执政的社会资源即社会资本。社会资本,"简单地说,就是个人或组织间通过长期性交往而建立在信任和互助基础之上的社会关系网络及其所蕴涵的历史文化、价值理念和行为规范等的一种资源性力量"②。社会资本在中国位于社会转型期的时候可以看作是指独立于国家之外的社会中的人们与朋友、同事以及陌生人建立起联系的和谐程度。这种和谐包含着以共产党执政为中心的积极动态的发展中的稳定,蕴涵着健康的社会力量的汇聚与整合度。社会和国家是两种不同的人类组织形式,有着不同的角色定位与职能分工。但是无论在西方还是东方的历史上,都出现过社会被国家覆盖的情形。③ 在中国的历史上,分散的"马铃薯式的生产方式"(马克思语)使中国的现代社会形成成为困难,因此,中国传统的政治话语中,表现为社会对国家的依附。即使在 1949 年新中国建国以后,仍然在很大程度上表现为家国同构的政治形式。

因此,在对社会资源的节流中,中国共产党一方面要给社会松绑,改革户籍制度,逐步取消城市农村的二元管理模式;另一方面也要加快农村城市化进程,鼓励农民进城务工,完善社会保障体系,引入现代社会管理制度;还要从传统的社会组织形式和社会价值中寻找合理

① 夏建中.文化人类学理论学派——文化研究的历史[M].北京:中国人民大学出版社,1997.156.

② 颜烨.转型中国社会资本的类型及其生成条件与机制[J].西南师范大学学报,2004(1).

③ 孙晓莉.中国现代化进程中的国家与社会[M].北京:中国社会科学出版社,2001.37.

的因素，为党的长期执政寻找有效的资源。

三、新的执政资源的“开源”

中国共产党和西方议会制度党的根本不同在于，中国共产党承载着长期执政的历史使命。资源有限，创意无穷。执政资源既可以来自于传统资源的节约、整合和再生，更来自于适应时势发展，在动态的执政过程中不断开拓挖掘新的资源，使原有的执政资源得以充实和增量，从而巩固长期执政的基础。

（一）综合经济——中国共产党执政的经济资源

根据马克思主义关于经济基础和上层建筑关系的有关论述，经济资源既是党重要的执政基础，也是党执政的逻辑起点。我们认为，在中国，公有制仍然是中国共产党重要的执政资源。但是国有资产的实现可以有不同的方式，如社会保障、货币分配、公共设施、公共卫生和教育等，而未必要以国有企业的形式表现出来；其次，在中国的经济现实中，还存在由于过早消灭私有制带来的负面影响以及贫富不均、生产力标准不一的缺陷。我们正是在这个层面的理解上，提出开拓新的执政的经济资源。

我国政治运行的经济基础初创于 1956 年对生产资料私有制的社会主义改造，重构于 1978 年开始的对生产资料公有制的社会主义改革，以 2003 年中共十六届三中全会提出国企改制、建立健全现代产权制度和2004 年第四次宪法修正案为标志，已初步形成以“新式公有制”与“新式私有制”为有机共存的综合经济基础。① 综合经济的理论意义在于，它能够解决中国共产党在市场经济体制建立和对外开放的过程中，对执政的经济资源进行整合所面临的理论难题。传统的学术文章多从公有制必须占国民经济主体的视角来体现社会主义的性质，但是不能解决特定地区、特定时间公有制不占主体的经济现实。苏南模式与温州模式的不同之所以引起广泛的关注，从一定程度上也体现了传统理论的困惑。而综合经济的理论则是在重新理解马克思的关于社会所有制实现形式的论述，尊重中国人民社会主义建设的伟大实践中提出的，既关注整体经济模式的社会性质，又关注公有制实现的内在规律。

在综合经济建设中，中国共产党通过鼓励多种经济发展、股份制改造等政策制定，促进了经济发展的多样性，为我国社会主义公有制的实现形式提供了鲜活的政治土壤；同时，承认在社会主义市场经济建设中小业主、私营企业主的社会贡献和社会主义性质，并通过修改党章和宪法，建议把这些传统政治体制外的人群纳入政治体制内部，从而调动了他们的生产积极性，也赢得了更广泛的经济资源。

（二）民主法治——中国共产党执政的政治资源

在党的执政资源体系中，政治资源位于非常重要的逻辑层次。如果我们试图把党的执政资源作一纵向层次的划分，政治资源位于显性的经济资源之上、隐性的文化资源之下的中间层次；同时它也是经济资源和文化资源对执政发生作用的桥梁与纽带，经济资源和文化资源也往往通过这一环节发生互动作用。

---

① 乔耀章. 重构政府经济基础——对转变政府职能的深度思考[J]. 浙江学刊，2004(4).

第一,要开拓执政的民主资源。《决定》在论及社会主义民主政治建设问题时,突出强调了“推进社会主义民主的制度化、规范化和程序化,保证人民当家做主”等五个方面,这是对社会主义民主政治的实现路径和方式作了高度凝练的科学概括,反映了党在执政理念和执政方略上的重大飞跃。我们党是人民的政党,是人民利益的代表者,因此在社会主义国家的政治运行中,中国共产党应该始终代表人民的利益,吸收人民参与执政。民主出智慧,民主精神在中国就是体现为广大人民当家做主的过程。民主资源既是共产党执政的最重要的资源,又是最具有扩张空间的执政资源。那么,如何体现党执政的民主原则?列宁提出:“广泛民主原则要包含两个必要条件:第一,完全的公开性;第二,一切职务经过选举,没有公开性而来谈民主是很可笑的。”①相对于列宁的这两个要求,我们可以清醒地看到我们党扩大执政民主资源的途径,即首先要做到政治公开,改变传统的封闭式的政治运作,使人民能够参与政治运行的各个环节;其次,改革人事制度,认真完善党和各级权力机关的选举制度,确保政治运行中人民对权力的控制,并在人民充分享有政治权利的同时,最大限度地调动人民对党的执政的支持。

第二,要开拓执政的法治资源。需要指出的是,我们所说的法治不是中国传统政治中关于“法”的描述。中国历史上的“法治”是个人或少数人意志的制度化、法律化,是个人或少数人实行专制统治的一种形式和途径。从这个意义上说,儒家和法家的“德治”和“法治”作为两种治国方略,正所谓“运用之妙存乎一心”,并无实质性的区别。② 作为一个长期执政的政党,在取得政权以后,中国共产党也必须自觉置于法律之下,坚持依法执政,依法治国。“宪法、法律、法规都是在国家和社会生活中形成的,为大多数人所接受的规范,既是人们对国家和社会发展的认识逐步科学化、理性化的结果,也是民主政治发展的结果,所以,依法执政就成为党执政的一个基本方式。”③因此,党在民主执政的过程中,也应通过法律程序把党的政治意志转化为普遍遵守的法律规范,从而在执政过程中实现党纪国法的统一。

第三,要开拓执政的理论资源。除了民主、法制资源外,党的执政的政治资源还有一个理论发展和继承的问题。众所周知,我们党是以马克思主义为思想指导的无产阶级政党,马克思主义关于政党政治的学说是中国共产党重要的理论资源。在坚持马克思主义的同时,更要与时俱进,不断发展马克思主义理论学说,并通过科学的政治社会化的过程来加以强化,使之成为党长期执政的最重要的基石。

此外,党的组织、军事资源等都是党重要的政治资源。组织资源是党在执政过程中的内部动员力量,这种力量是否动员充分,是否还有更大空间的动员可能都是值得思考的。而军事资源作为党的执政的根本保证,其资源整合的有效性是非常关键的。党在长期执政的过程中,既不能放弃对军队的领导,又要改善党对军事力量的领导方式;既防止这一重要资源的流失与弱化,又要防止其由于僵化的领导方式导致资源的退化。

(三) 文化传承——中国共产党执政的文化资源

文化是民族的精神纽带,作为执政资源的潜在层次,文化资源对党的执政起内在决定作

① 列宁.列宁全集:第5卷[M].北京:人民出版社,1986.6.

② 乔耀章.从治民到官民互治——行政现代化历程分析[J].北京行政学院学报,2002(2).

③ 虞云耀.关键时期的重大战略决策——学习党的十六届四中全会决定的体会[J].理论动态,2004(总1649).

用。在文化资源的寻根过程中，我们既要从儒道释合流的自身传统中寻找，也要从马克思主义和人类共同的文化中寻找；既在对传统文化的扬弃中寻找，也要在世界先进文化的学习中寻找；既要在显性的文化推进中寻找，也要在隐性的文化趋势中寻找。

中共十六大报告指出："当今世界，文化与经济和政治相互交融，在综合国力竞争中的地位和作用越来越突出。文化的力量，深深熔铸在民族的生命力、创造力和凝聚力之中。"正如钱穆先生所指出的那样："当知无文化便无历史，无历史便无民族，无民族便无力量。所谓民族争存，底里便是一种文化争存。所谓民族力量，底里便是一种文化力量。"①从文化的视角，党的执政过程就是通过对文化的传承来寻找文化力量的过程，因此分析这些改造的过程对于整合党的执政的文化资源是十分有意义的。

第一，对传统的执政的文化资源的再挖掘。我国是一个具有长期大一统历史的中央集权的国家。有秦以来，中国的历史就是各民族在同一国家共同生活的历史，中央的权威得到高度的尊重，在版图之内，法令的实施是统一而有效的。历史上的土地分封制没有给中国带来市场经济的萌芽，正相反，国家的分裂给人民带来的是无尽的痛苦和灾难。因此，国家统一是中国最大的文化内核，在探讨中国共产党执政模式的同时，不应该回避这一重要的文化内核。另外，在国家的治理中，对于中国传统的文化，如儒家关于处理统治者与人民关系的"民为贵，君为轻"的阐释，如法家对国家依法治理的"奉法者强则国强，奉法者弱则国弱"的论断，如道家对于治理原则的"以正治国"的强调，等等，都需要作进一步的挖掘和阐释。由于中国传统文化伴随着儒道释三教的合流，因此我们更要从中国传统政治文化的精妙内核中，探索新的文化资源。

第二，对文化资源的马克思主义再传播。近两千年来，中国大规模的外来的文化传播主要有汉代的佛学传播、明清两代的基督教的传播和现代的马克思主义的传播。而其中对我们国家文化影响最为深远的就是马克思主义的传播了。马克思主义和中国文化的结合缔造了一个社会主义国家所需要的文化基础，也深刻地改造了我们文化传统的内核。同时我们认为，针对历史上的前两种文化传播，马克思主义的传播的历史还很短暂，应该客观指出的是，这种传播目前仍在进行中，而且已经取得了非常重大的效果。

第三，减少文化误读，学习借鉴人类共同的文化成果。由于文化距离的客观存在，在对一种文化进行解读的时候，总不由自主地带上了自己的文化烙印，总会有意或无意地用自身的文化标准去解读异质文化，这就是文化间际理解中的"前判断"或"理解盲点"，即文化误读。正如冯友兰先生指出的那样，无论我们是否思人生，是否谈人生，我们都是在人生之中。② 同样的道理，当我们在借鉴西方积极文化成果时，也必须认识这种误读的可能性，从而打破文化的自我闭锁，以开放的心态来对待并发展各种先进文化，发展我们的传统文化，既不妄自菲薄，也不盲目自大。在传统文化与马克思主义文化的对话中，在传统文化与国外各种文化的对话中，实现传统文化的发展，在发展中国传统文化中不断开拓党执政的文化资源。

（四）自治社会——中国共产党执政的社会资源

自治社会或社会自治是人类社会政治文明发展的必然趋势。在谈及自治社会时，我们

---

① 钱穆．中国文化史导论[M]．北京：商务印书馆，1994．16．

② 冯友兰．中国哲学简史[M]．北京：北京大学出版社，1985．4．

会遇到相应的西方新公共行政、新公共管理的一些理念,如非营利部门、非政府组织(NGO)、志愿部门、第三领域、第三部门和市民社会、公民社会等概念。对于这些概念,本文在这里不作区分。本文只是试图说明,自治社会不是生来就有的,它只是商品经济的产物,它作为我国社会转型期的一支重要的政治力量正在登上中国的政治历史舞台,并有可能作为党极为重要的执政资源。

在传统的政治权力格局中,作为政治体制内的重要一员,党在新中国建国前的一段时期内拥有了全部的政治权力,这在一定的历史时期有其逻辑的合理性。因为长期处于革命时期的共产党必须掌握包括政治资源在内的所有资源,才能确保战争的胜利,保障政权的顺利建立。然而需要指出的是,在新中国建国后,战争时期积累的政治运行体系也在国家建立后的一段时期内保持了其惯性,甚至是一种深层的思维定势。这种权力的集中是以社会长期依附于国家的政治格局而存在的,是以社会自主性的缺失作为代价的,这种缺失曾使我国社会改革付出了较大的成本。

市场的开放,社会资源的重新整合,使得传统的中国社会面临重构。不同的社会阶层出现了,社会也开始要求从国家中分离出来。社会自我管理的呼声标志着公民社会的觉醒,也构成了党执政的重要资源。而作为非政治中心的城市的出现、农村城市化的进程、网络社会的参与、知识分子对传统社会的改造等,都促成了中国自治社会的形成。仅以非政府组织(NGO)为例,首先,在中国,有相当一些没有被民政部注册,甚至没有认证的“草根”NGO,如地球村、自然之友等,已经发挥了积极的作用。其次,NGO 在国际经济中也发挥了积极的作用,诸如中国打火机协会等在国际贸易反倾销中已经发挥了巨大的作用。此外,《物业管理条例》的颁布,也在一定程度上促进了以维权为核心内容的社区自治进程。在过去的一年里,以业主委员会为原告、以物业公司为被告的系列民事诉讼时有发生。所有这些都标志着公民社会自治进程的加快。

除了 NGO 外,社团的力量正在得到重视。例如 2003 年年底,出于对民工权益的保护,北京市宣布将促成民工组建工会,根据时间表,2004 年年底 80% 的建筑企业都要建立工会,68 万民工将成为工会会员。① 另外,一些政治价值不同的社团也在社会中发挥了重要的作用。

自治社会作为一种政治力量走上中国的政治舞台是有重大意义的。首先,它能弥补社会治理力量的不足,并作为社会转型的减震平台,为维护社会和谐起着积极的作用。其次,社会自治的力量以社会各群体的利益表达者的身份出现,有其自我约束、自我发展的内在轨迹,并为政治民主化、法治化提供了宝贵的政治资源。而这些正是《决定》中提及的党在新的社会时期科学执政、民主执政、依法执政的题中应有之义。因此,党可以把社会的主张和自身的愿望在自治社会中得到完美的结合,并在自治的社会中不断拓展执政的资源。

虽然资源有限,但中国共产党执政资源不是无目的的盲目扩张。资源整合的目的是坚持社会主义道路,坚持党的领导基础。当然,党的执政资源远不止前文所说的四个方面,还应该包括其他方面,如人才资源、执政时机等。所有这些资源都将在执政党的有效整合下成为社会发展的动力,成为中国共产党长期执政的牢固基础。

---

① 章敬平. 拐点——决定中国命运的 12 个月[M]. 北京:新世界出版社,2005. 138—144.

吐故纳新　至关重要*

——略论保持共产党员先进性教育活动与党的先进性建设可持续发展

近代以来,先进性问题总是和工业化、现代化以及现代性紧密联系在一起,在不同的历史发展阶段有不同的先进性要求。实现现代化夙愿,是自1840年以来历代中国人所直面的历史性主题,它关涉着中国的社会建设、国家建设、政党建设等重大问题。一切顺应现代化,推进现代化历史进程的思潮、思想、理论和实践都具有先进性、进步性。现代化就其发展路径来说,有资本主义现代化和社会主义现代化两种历史类型。由中国特殊的历史和国情以及特殊的时代背景所决定,中国的现代化只能选择以社会主义为定向发展的历史路径。然而,中国选择社会主义是同共产党紧密关联在一起的,中国的新民主主义革命,中国的社会主义革命和改革开放、建设事业,都是在中国共产党领导下进行的,没有共产党,就没有新民主主义革命的胜利,就没有社会主义。因此,什么是社会主义,怎样建设社会主义,怎样发展社会主义,怎样完善社会主义;什么是共产党,建设一个什么样的党,如何建设党,就成为中国现代化建设历史过程中的两个主要的历史性课题。归根到底是要建设好共产党,永远保持共产党的先进性,这事关中国社会主义现代化建设事业的成败。正如毛泽东在1954年第一届全国人民代表大会上的讲话中所指出的:领导我们事业的核心力量是中国共产党,指导我们思想的理论基础是马克思列宁主义。它已载入了我国第一部宪法,使中国共产党具有了中国特色的政治合法性。从这个特定意义上说,保持共产党员先进性教育活动与党的先进性建设,关系着中华民族现代化的历史命运。

保持共产党员先进性教育活动和党的先进性建设,是共产党不断重新构造和丰富自己的认同,维护自己的特性、持续性和完整性的过程。从理念上看,这个过程是一种不断吐故纳新的过程,亦即新陈代谢的过程。吐故纳新,又称“吐纳”,本指中国古代道家的一种养生方法,后比喻为扬弃旧的,吸收新的,除旧更新。这里需要进一步思考和研究的问题是:一方面,何为“故”,何为“新”,判明为“故”和判明为“新”的客观尺度是什么,是否凡属“老”的、“古”的、“旧”的、“久”的即为故,皆属于该“吐”之列?如相对于“三个代表”重要思想和以人为本的科学发展观来讲,马克思列宁主义、毛泽东思想和邓小平理论是“老”、“古”、“旧”、“久”的,但不属于故。另一方面,是否凡属初次出现的或刚刚产生的即为“新”,皆属于进步的先进的东西列入该“纳”之列?事实上,那些新近出现的花样翻新的东西,其实质

---

* 原载《学习论坛》2006年第2期。

并不见得新。进而言之,那些真正属于故、属于新的事物,又如何吐,为何纳,是先吐后纳还是先纳后吐,抑或是边吐边纳?吐故纳新有自觉、主动与自发、消极、被动之分。我们提倡自觉、主动的吐故纳新,而不是消极、被动的吐故纳新。又如新陈代谢,又称"代谢",是生命体的基本特征之一。通过代谢,生物体同环境不断地进行物质和能量的交换,其方向和速度受着各种因素的调节,以适应生物体内外环境的变化。一方面,生物体将从环境中摄取的养料转换成自身的组成物质,并储存能量,被称为"同化作用"或"合成代谢";另一方面,生物体将自身的组成物质分解以释放能量或排出体外,被称为"异化作用"或"分解代谢"。以此循环往复,维持着生物体的生命,一旦新陈代谢失调就会产生疾病,代谢一旦停止,生命也就会终止。无论是吐故纳新,还是新陈代谢,都表明一切事物由于自身的矛盾性必然导致新事物代替旧事物的过程,这是宇宙间普遍的不可抗拒的趋势和规律。作为有机体的共产党也不例外。1921 年自中国共产党横空出世以来,她在同外在环境不断地进行着物质和能量交换的过程中,在选择社会主义、建设社会主义、发展社会主义、完善社会主义的历史进程中,同时进行着"合成代谢"和"分解代谢"的互动过程,不断地进行着自我重构与自我认同;她在仍然维护着自己原有特性的基础上,成长、发展为拥有 6 900 多万名党员(截至 2005 年)的当今世界第一大统一的共产党组织。这是值得世人称道的一大奇迹,也是整个中华民族的一种骄傲。

中国共产党的成长、发展和壮大,既是她所肩负着的为建设独立、统一、民主和富强的新中国,为中华民族新的崛起而奋斗的历史使命使然,更为她的先进性特质所决定。共产党是由先进、科学的马克思主义与先进、革命的工人运动相结合的产物。因此,共产党的先进性特质突出地体现在她来源于工人阶级的先进性和马克思主义为指导思想的先进性。具体说来,第一,共产党是由工人阶级的先进分子所组成的。新党章指出:中国共产党是中国工人阶级的先锋队,同时是中国人民和中华民族的先锋队。这说明党不是包括整个工人阶级的、全民的、整个民族的一般组织,而是由工人阶级中具有共产主义觉悟,愿为工人阶级的解放事业及人民和民族的解放事业奋斗终生的先进分子所组成。第二,共产党是以先进的理论即马克思主义武装起来的,马克思主义是关于自然和人类社会发展的一般规律的科学,是使共产党成为工人阶级先锋队的决定性因素和根本标志。正如马克思、恩格斯所说,共产党在理论上了解无产阶级运动的条件、进程和一般结果,在实践中成为工人阶级中最坚决、始终推动运动前进的部分。列宁也曾指出,只有以先进理论为指导的党,才能发挥先进战士的作用。第三,党是按照先进的组织制度建立起来的。工人阶级的力量就在于组织。共产党不是个人的、偶然的自由凑合,也不是党的多个组织的简单相加,而是根据党的纲领和章程,按照民主集中制原则组织起来的有组织的部队。这个组织制度就是少数服从多数,个人服从组织,下级服从上级,全党服从中央。这个组织制度有利于保证党的思想、组织、纲领和纪律的统一,有利于党组织发挥战斗堡垒的作用。第四,党是靠正确的路线、纲领、方针、政策凝聚起来的。政策和策略是党的生命。制定正确的路线、纲领、方针、政策,既是共产党先进性的集中表现,也是共产党实现自身先进性价值的重要前提和保证。以上四个方面涉及的是决定共产党先进性的阶级基础、思想理论基础、组织基础和路线基础等问题,集中表明了共产党的指导思想的合规律性,共产党员成分的特殊性,共产党组织制度的健全性、合法性和共产党路线、纲领的前瞻性与可行性。这四个方面是相互依存、互为条件的,无论是哪一方面出了问题,势必都会影响到整个党的先进性的存亡或实现。

先进不等于先进性。是否具有先进性,指的是共产党与客观现实存在的关系问题,一般表现为三种情形,即落后于客观现实存在;与客观现实存在同步;前瞻于客观现实存在。笔者所理解的共产党先进性,本质上是指那种同客观现实存在同步,尤其是指前瞻于客观现实存在的那种先进性。正如马克思、恩格斯所指出的,共产党人为工人阶级的最近的目的和利益而斗争,但是他们在当前的运动中同时代表运动的未来。这种先进性不是与生俱来的,不是一成不变的,也不是一劳永逸的,它既有获得,又有丧失。这两种情形都会表现在共产党员和共产党两个层面上。共产党员的先进性与共产党的先进性是既有联系又有区别的。共产党的先进性是靠每名共产党员的先进性来维系的,没有共产党员的先进性便无共产党的先进性;反之,没有共产党的先进性,也就没有共产党员的先进性。但是,个别共产党员是否具有先进性,尤其是个别共产党员不具备先进性,不足以证明共产党先进性的丧失。进而言之,个别国家共产党先进性的暂时丧失不足以证明共产党先进性的丧失。国际共产主义运动的历史证明,自 1848 年改组"正义者同盟"为"共产主义者同盟"(共产党最早的国际性组织)以来,各国共产党以及各国共产党的各个历史时期都不乏丧失共产党员先进性的人存在,至于由于丧失先进性而未能取得革命胜利的共产党,由于丧失先进性而丧失执政权力、执政能力的共产党也有很多事例。然而,严重的问题在于,如何防范这种先进性的丧失。在国际共产主义运动史上存在着正反两方面的经验教训。

在十月革命后,俄国共产党(布)上升为执政党的地位,一些非无产阶级分子为了给自己找出路,竭力企图混进合法的执政党内部。针对这种情况,在列宁领导下,俄共(布)为纯洁自己队伍的措施之一是进行清党。1919 年 3 月,俄共(布)八大通过了《关于党的建设》的决议,并开始清党。俄共(布)十大又通过了《关于党的建设问题》的决议,对清党问题作了进一步的规定,指出党的政策需要坚决加以改变,一方面吸收工人入党,同时根据情况和俄国共产党党员标准,实事求是地考察每个俄共党员,把非共产主义分子清洗出党。列宁还在《真理报》上发表《关于清党》一文。列宁指出,全部问题在于,以强健的有力量的先进阶级为靠山的执政党要善于纯洁自己的队伍,要清除党内那些只想从执政党党员的地位"捞取"好处而不愿肩负为共产主义忘我工作重担的人。还说,徒有其名的党员,就是白给,我们也不要。这次清党的结果,约有 17 万人被清除出党,占当时全体党员的 25% 左右。通过清党,使得苏维埃政权得以巩固下来,随后走上了经济建设的道路。列宁关于执政党建设的这些思想无疑成为国际共产主义运动中的宝贵财富。后来斯大林在执政党建设问题上也曾作出了重要贡献,但由于种种原因,他也犯了许多严重的错误,尤其是从 1933 年开始,持续 6 年之久的党内大清洗,严重地混淆了敌我,造成了肃反扩大化。斯大林本人也在 1939 年 3 月召开的联共(布)十八大报告中指出,决不能说在清洗时没有犯过严重的错误。遗憾的是,所犯的错误竟比原来预料的还多。毫无疑问,我们今后已不再需要采用大批清洗的方法了。斯大林以运动方式搞清党的错误在苏共和国际共产主义运动中造成了严重的后果,这是执政党建设中的沉痛教训,也在一定程度上成为苏联东欧各国执政的共产党垮台的一个历史原因。

在我国,就党的先进性问题曾搞过若干次运动,其中有成功的,也有失败的,甚至错误的。新中国成立以前有延安整风运动,新中国成立后有全党整风和反右派斗争以及"文化大革命"等。从 1942 年春开始的延安整风运动,其任务是反对主观主义以整顿学风,反对宗派主义以整顿党风,反对党八股以整顿文风。毛泽东作《整顿党的作风》的演说,这是中国共产党开展整风运动、加强思想建设的纲领性文献。这次整风运动的重大成果,是在党内外展开了怎样以从实际出发的观点而不是教条主义的观点来对待马克思列宁主义原理,怎样使马克思列宁主义的基本原理和中国革命的实际相结合等重大问题的讨论。通过这些讨论巩固了马克思列宁主义在党内外的阵地,使干部在思想上得到了很大的提高,使党达到了空前的团结并进一步成熟起来,具有重大而深远的意义。此后,1945 年中共七大把党在长期奋斗中形成的优良作风概括为三大作风,即理论和实践相结合的作风、和人民群众紧密联系在一起的作风和批评与自我批评的作风。1957 年开始的全党整风和反右派斗争,本以正确处理人民内部矛盾为主题,后来却转向反右派斗争,直至严重扩大化,反映到理论上,动摇和修改了中共八大一次会议关于我国社会主要矛盾的科学论断,这成为后来党在阶级斗争问题上一次又一次犯扩大化甚至无中生有的错误的理论根源,直至发生"文化大革命"。毛泽东将"文化大革命"定性为实质上是一场政治大革命,其重点是揪党内一小撮走资本主义道路的当权派。历史已经作出结论,"文化大革命"是探求中国自己的社会主义道路的努力走入歧途的结果,是在错误理论指导下的错误实践。它以尖锐的形式充分暴露出我们党和国家体制方面的严重缺陷。科学地总结"文化大革命"的教训,将使我们懂得如何正确地找出一条有中国特色的执政党建设和社会主义建设的道路,并且沿着这条道路胜利前进。

国际共产主义运动的经验教训给我们的启示主要在于:共产党员先进性和共产党先进性的获得与丧失都不是以哪个人的主观意志为转移的,要保持共产党员的先进性,加强党的先进性建设,诉诸"清洗"、"运动"甚至"革命"是不能解决主要或全部问题的,能否另辟蹊径,还有待于深入地探讨。2005 年 1 月 14 日,胡锦涛在新时期保持共产党员先进性的报告中,第一次以"教育活动"的名义提出了"党的先进性建设"这一重大的创新命题,标志着中国共产党对自身建设规律的认识达到了一个崭新的高度,是对马克思主义党的建设理论的继承和发展,对党的建设具有长远的指导意义。笔者以为,所谓"党的先进性建设"是指"共产党员先进性建设"和"共产党先进性建设"两个层面内涵的有机统一。根据上文对共产党员先进性与共产党先进性之相关性的理解,同理,共产党员先进性建设与共产党先进性建设也应当既有区别又有联系。前者侧重于共产党员个人自身先进性建设,后者则侧重于共产党组织整体自身先进性建设。党的十六大通过的党章规定,党的建设必须坚决实现四项基本要求,即"四个坚持":坚持党的基本路线,坚持解放思想、实事求是、与时俱进,坚持全心全意为人民服务,坚持民主集中制。这四项基本要求同共产党先进性所具有的阶级基础(包括人民基础、民族基础)、理论基础、组织基础和路线基础在本质上是一致的。这四项基本要求既是对每名共产党员的要求,又是对共产党组织整体的要求,当然也是对"党的先进性建设"的要求。

根据国际共产主义运动及我国执政党建设的经验教训,笔者认为,最为关键的问题是在党的先进性建设的历史进程中,能否做到自觉地吐故纳新,这至关重要。如前所说,自觉吐故纳新,是相对于自发、消极、被动吐故纳新而言的,主要包括两个方面的内容,一是指共产党员自觉吐故纳新,二是指共产党自觉吐故纳新。前者侧重于每名共产党员在思想观念上的自觉吐故纳新,主动告别传统的旧思想、旧观念、旧习俗,同传统的旧思想、旧观念、旧习俗彻底决裂。提倡每名共产党员首先要在思想观念上为共产主义奋斗终生,然后身体力行,并积极主动地同党的与时俱进的思想路线和指导思想的理论基础保持一致。坚持做到思想观念先行,因为思想观念的先进是其他方面先进的根基。共产党员的思想观念走多远,共产党员的行动才能走多远,就像闪电先于雷鸣一样。共产党员的思想观念和行动及作风,每时每刻都应该走在一般普通群众的前面,而不能甘当一般群众的尾巴,这是对广大共产党员自觉吐故纳新、保持先进性的最基本的要求。后者则侧重于共产党组织整体的自觉吐故纳新。共产党的组织整体犹如是每名"共产党员之家",理当成为不仅在思想观念上,而且也在实际行动上给为共产主义事业奋斗终生的每名共产党员提供组织关怀和"家"的温暖。所谓共产党组织整体上的自觉吐故纳新,主要是指建立健全严格的共产党"进、管、出"制度。首先,应当把好党员的"入口"关,规定更严格的入党条件,规范入党程序,为了纯洁共产党的队伍,要像列宁所强调的那样:"徒有其名的党员,就是白给,我们也不要。"从这个意义上说,保持共产党员先进性的预设前提就是已有先进性,或指原来具有先进性,现在的问题是由于客观形势发展了,党员的主观条件跟不上变化了的形势,需要保持先进性,做到与时俱进,而对那些极少数原来就不具有先进性而混入党内的人,那就不叫"保先",那是先进性的缺乏,对于这些人需要补先进性的课,或把他们清除出党。但为了保持共产党队伍的纯洁性,这种"补课"还是要不得的,因为它潜在着巨大的风险。其次,对"在册"的共产党员应严格加强管理,坚持党要管党、从严治党的原则,使党员和党的组织在实现自身价值转换的过程中,真正做到无愧于共产党这个光荣的称号。再次,应当疏通党员的"出口"关。做到像列宁所强调的那样:把混进党内的人驱除出去,只让有觉悟的真正忠于共产主义的人留在党内。笔者也赞成这样的主张:对那些对党丧失信心或已丧失先进性的党员,允许自愿退党;对不发挥先锋模范作用的党员实行劝诫退党;对落后党员实行预警制度;对那些蜕化变质的党员要坚决清除出党。可见,共产党员自觉吐故纳新与共产党自觉吐故纳新虽然有紧密的联系,但是不能等同视之。前者侧重于党员思想上的吐故纳新,后者则侧重于共产党组织上的吐故纳新。

必须指出的是,目前,就数量而言,全党 6 900 多万名党员这支队伍,既大也小,既多也少。说它小,说它少,是指相对于共产党肩负着中华民族伟大复兴事业而言的,它还需要发展、壮大;说它大,说它多,是指这支队伍的基本素质参差不齐,有些已丧失先进性,有些已经不能保持同党与时俱进,有些已经腐败、蜕化堕落为党的异己分子甚至敌对分子,有害于党的健康肌体。对于这些人,应当区别对待,做到适时、适度,有礼、有利、有节地进行吐故或清除。不吐故,就难以纳新;只进不出,也有违吐故纳新和新陈代谢规律。

还必须指出的是,一方面,不要以为我们在保持共产党员先进性教育活动和党的先进性建设过程中提倡必要、适度的吐故,就误以为我们又在搞列宁式的"清党"和斯大林式的"清洗"、反右斗争式的"运动"和"文化大革命"式的"革命"。其实,这里有着重要的本质的区别。同时,也不应忘记党的章程中正确指出的:由于国内的因素和国际的影响,阶级斗争还在一定范围内长期存在,在某种条件下还有可能激化,但已经不是主要矛盾。另一方面,也不要以为我们在保持共产党员先进性教育活动和党的先进性建设过程中提倡必要的和适度的吐故,就误以为我们的主张与维护政治稳定、社会稳定和建设社会主义和谐社会相悖。其实,这种担心大可不必。实行必要的和适度的吐故正是为了维护社会稳定和建设社会主义和谐社会,如果没有必要的适度的吐故,就没有真正的长久的政治稳定、社会稳定以及和谐社会的构建。虽然这次保持共产党员先进性教育活动和党的先进性建设不以"运动"、"革命"的形式出现,但通过必要的和适度的吐故,同样能够彰显"保先活动"所具有的内在权威性和震撼力。事实上,改革开放以来,各级纪检部门、各级司法部门和各级组织人事部门在这方面已经做了大量的卓有成效的反腐倡廉的吐故纳新工作,本文在这里只是做理论上的概括和总结,给人们以警醒,有着重要的理论意义和实践意义。

既然思想上组织上的自觉吐故纳新都是必要的,尤其是对每名共产党员来说,自觉从思想上吐故纳新更加重要,那么,怎样才能做到在思想上自觉吐故纳新呢?笔者认为,共产党员的先进性不是先验的与生俱来的,而是要通过勇于和善于学习来获得与维持。根据国际共产主义运动和我们党正反两方面的历史经验教训,以及笔者个人成长的体悟,为保持共产党员先进性和党的先进性建设事业的可持续发展,笔者建议有条件的地方开展共产党员十项学习活动,争做学习型共产党员。这十项学习内容初步设定为:

一是学习《宣言》。有学者认为,改变人类历史命运的有八大宣言:《宗教改革宣言》《独立宣言》《人权宣言》《共产党宣言》《解放宣言》《和平宣言》《世界人权宣言》《妇女宣言》。作为共产党员,首先和主要的应当学习"宣告了一个新时代"的《共产党宣言》。毛泽东、周恩来、邓小平等老一辈革命家都是通过学习《共产党宣言》,才获得并保持共产党员先进性的。毛泽东说他读了《共产党宣言》后才成为马克思主义者。邓小平说,《共产党宣言》是他的入门老师。笔者多次说过:没有读过《共产党宣言》的共产党员不合格!这话虽有失偏颇,但是事实可能是,在6 900多万名共产党员中,没有读过《共产党宣言》的党员,不知道《共产党宣言》的作者是全世界无产阶级革命导师的马克思、恩格斯的共产党员,不知道《共产党宣言》中阐明的至今还散发着真理光辉的基本原理的共产党员,恐怕绝不在少数!因此,学习《共产党宣言》是共产党员先进性的入门或进阶。

二是学习历史。共产党员先进性的获得和保持必须以史为镜、以史为鉴。共产党员要完成解放全人类的历史使命,必须首先把中国的事情办好。为此,应当学习人类史、世界史、中国史,学习世界政党史,《共产党宣言》发表以来的历史,1921年中国共产党成立以来的历史,1949年新中国成立以来的历史,1978年以来改革开放的历史等。通过学习历史,从而使共产党员的先进性自觉建立在合乎历史规律性的前提和基础之上。

三是学习党章。党章是共产党的一面旗帜、总纲。纲举才能目张。试想,作为共产党员,对本党的章程的总纲、第十一章、第五十三条的基本内容都不知或知之不多,怎样保持共产党员的先进性?!

四是学习党纪。党规党纪事关党的生死存亡。共产党员应该熟知(悉)党规党纪,分清该做不该做的界限,这是获得和保持共产党员先进性的起跑线。只要自觉遵守党纪,就会与众不同,就会体现出共产党员的先进性来。

五是学习理论。理论是思想的体系化和科学化。共产党员的先进性有赖于科学理论的武装。我们党的理论基础包括马克思列宁主义、毛泽东思想、邓小平理论、"三个代表"重要思想和以人为本的科学发展观。学习理论应提倡真学、真懂、真信、真用,防止出现"理论简缩"现象。

六是学习路线。路线是管是非、管方向、管道路、管原则的。国际共产主义运动的历史表明,即便是一个成熟的马克思主义政党,不犯错误是不可能的,但千错万错不该犯方向路线性错误。共产党员学习路线的内容主要包括党的思想路线、政治路线、组织路线、群众路线。共产党员应当争做学习党的路线、自觉执行党的路线的模范。

七是学习政策。政策和策略是党的生命,万万不可粗心大意。基本国策,大政方针,是共产党员发挥先锋模范带头作用的依据。共产党员应当自觉学习政策、宣传政策、执行政策，不断提高政策水平。

八是学习科学。科学是老老实实的学问，来不得半点虚假。共产党员的先进性是与科学性分不开的。科学包括自然科学和人文社会科学以及思维科学。共产党员应当带头学习自然科学和人文社会科学，它们犹如车之两轮、鸟之两翼，对于保持共产党员的先进性同样重要。共产党员应当争做自然科学自主创新的模范和人文社会科学自主创新的模范。

九是学习民主。民主对于社会主义是须臾不可离开的。民主的建设和发展是不平衡的。党自身要实现民主，就必须依靠广大党员学习民主、实践民主，让党员先民主起来。没有党内民主，就没有人民民主，就没有社会民主，就没有社会主义政治文明。没有民主，特别是没有党员学会民主，党内民主以及共产党员先进性就会大打折扣。

十是学习法律。法律是一种规矩。法治是一项治国方略。共产党员是否学法、知法、守法，是衡量共产党员是否先进以及先进性程度的重要的尺度。

以上十项学习内容可分为三个部分，一至四为第一部分，五至七为第二部分，八至十为第三部分。可组织力量，编辑成册，冠名为《共产党员必读》。

这次历时一年半、分三个阶段进行的保持共产党员先进性教育活动与党的先进性建设是自上而下展开的，是属于垂直的集中指导型的，还只是一个良好的开局。只有当广大共产党员都能够自觉学习，人人争做学习型共产党员，自觉吐故纳新，形成水平型的自下而上的民主基础上的保持共产党员先进性教育活动与党的先进性建设，与自上而下的集中指导型的保持共产党员先进性与党的先进性建设形成互动，才能真正得到可持续发展。这就是本文的基本结论。

中美宪法文本比较之技术路径*

一、问题的提出

宪法是一个国家的根本大法,具有最高的国家权力象征,是制定其他法律的基础。"宪法是一个为社会治理设立基本规则的书面文件,即宪法是一套规则和习惯,不管是成文的或不成文的、法定的或超法的,政府和个人都必须尊奉。"①

在现代世界,除了英国、以色列等几个少数国家以外,几乎每个国家都有成文宪法。宪法规定了政府的形式、机构、制度以及各种限制,还设立了平衡多数和少数利益的指导原则。

1787 年制定的《美利坚合众国宪法》②既是美国的第一部宪法,也是近代世界史上的第一部成文宪法。1954 年制定的《中华人民共和国宪法》③历经几次更替、修改后,目前采用的是 1982 年的版本。美国宪法的创制比中国早了 167 年,为什么美国宪法能使美国从一个地处世界文明边缘的弱国成为一个世界强国,直到今天不仅仍然是美利坚民族赖以生存和发展的根本法,而且还影响着当代世界许多国家的制宪运动和政治发展呢?中国宪法在社会主义的建设过程中也发挥了重要的作用,但其功能在实践过程中未能抵制住行政权力的侵蚀,宪法权威受到挑战并面临被边缘化的命运。因此,有很多学者和民众认为,造成此种现象的原因主要是中国的宪法制定得不够完美和专业化所致。上述观点正确与否,笔者将通过对中美宪法文本的比较来进行学理上的分析。

二、研究视角和研究框架

本文基于政治学视阈,主要以中美宪法的文本为研究对象,以技术处理分析为主要依据,通过对文本技术上的考察来对中美宪法进行比较是本文不同于其他同类文章的独特之处。

(一) 研究文献的来源

本文研究的文献来源主要由学术专著和期刊文章两部分构成。

---

* 原载《青岛大学师范学院学报》2008 年第 2 期。

① [美]迈克尔·罗斯金. 政治科学[M]. 林震,等译. 北京:华夏出版社,2001. 19.

② [美]汉密尔顿,杰伊,麦迪逊. 联邦党人文集[M]. 北京:商务印书馆,1989. 452—472.

③ 焦洪昌. 宪法学[M]. 北京:北京大学出版社,2006. 427—451.

1. 学术专著。该类文献来源是苏州大学图书馆馆藏资料,主要查阅的学科范围限于政治学和法学的领域。笔者认为,苏州大学的藏书比较符合专题调查的要求,主要是因为苏州大学政治学和法学研究自新中国建立以来一直处于我国政治学、法学研究的前沿,库藏图书较全,合乎比较专题研究设计的要求。

2. 期刊文章。我们查阅的期刊主要有《中国期刊网数据库》《万方数据库》《中文科技期刊数据库》和《中国学术期刊综合评价数据库》,查找的方式是输入"中美宪法比较"的"摘要"、"篇名"、"关键词"和"主题"等相关词,尽可能最大限度地扩大查找范围。

(二) 研究方法的选用

诚实和公正要求人们尝试为整个政治学作出说明①,此话对中美宪法文本技术比较的研究亦然。当然,这种尝试也不可避免地存有缺陷,毕竟在这个世界上不存在无可争议的客观的观点,因为个人的特质、意见及其选择的看法,都不可避免地会影响结论。

1. 研究的根本方法。为保证本论文写作具有正确的方向性和严谨的科学性,笔者以马克思主义辩证唯物主义和历史唯物主义的根本方法为指导,并将此方法贯穿于整个对中美宪法比较的专题研究过程,对中美宪法进行全方位、立体式的考量。

2. 研究的基本方法。在本专题研究的过程中,使用的基本方法是历史性的和解释性的,即从政治学研究的角度出发,把历史性的和解释性的方法作为了解中美宪法比较的手段,而不是为了方法本身或一般的方法。它假定,人们要了解中美宪法的异同,就必须对中美宪法的发展、变迁和文本内容有一个全面、深刻的领悟。宪法比较着力于文本的剖析,从技术角度结合思辨分析,考察中美两国宪法的异同。

3. 研究的具体方法。本文使用的具体方法是实证研究方法,即在采用描述性的手法揭示中美宪法文本内容的基础上,借助统计表格、数学计量等实证研究方法,在研究过程中为研究论证提供精确的数据支持,力求做到规范研究和经验研究相结合,以此确保该项研究的科学性。

本文在研究的根本方法指导下,采用的主要方法是立足于文本技术分析研究的具体方法基础上,借助研究基本方法揭示中美宪法的共性和特性。

(三) 研究框架的设计

本文的研究框架基于"技术上的角度"来考察中美两部宪法。全文主要分为七个部分。第一部分的"问题的提出"阐明了此项研究的意义。第二部分"研究视角与研究框架"阐明了全文的框架结构和如此安排的用意。在第三部分"相关文献"对有关文献的来源作了清晰的说明,以使研究有扎实的根基和资料支撑,不致失之偏颇。第四、五部分"中美宪法发展史"是在立足已有相关文献的基础上,对中美宪法的发展作了较为具体的描述,以此展现中美宪法发展的轮廓,方便后面"文本技术研究"部分的展开。第六部分按照技术标准的要求,对中美宪法从概况、明细和特征三个方面进行了比较,从中找出了中美宪法在文本上的异同,有力地支持了作者所作的假设。最后,在第七部分的"结语"中,对全文的主要论述作了一个全面的总结,同时呼应第一部分"问题的提出"。至此,全文的篇章结构形成"逻辑思

---

① [美]格林斯坦,波尔斯比.政治学手册精选[M].北京:商务印书馆,1996.4.

维过程的回归线或闭合系统”①,进而开辟了中美宪法比较研究的新途径、新视阈、新境界。

(四) 研究文本的选取

所谓比较,是指“认识事物的一种方法,根据一定的标准,把某些有联系的两种或两种以上的事物加以对照,确定它们之间的异同、优劣的相互关系,形成对事物的正确认识的正确过程”②。本比较专题研究所选取的文本主要是权威出版社出版的《中华人民共和国宪法》和《美利坚合众国宪法》及中美宪法的相关修正案,同时也选取了有关的参考文献,为研究的进行提供必要的工具书。

三、相关文献的述评

我们在苏州大学图书馆查到有关宪法研究专著11本,但没有一本专著对中美宪法进行专题性比较研究,其内容集中在宪法学和中美宪政发展史的相关介绍中。因此,笔者在此不对之进行统计,而只对在中国期刊网搜集到的文章进行了初步的统计和分类,制成表1。

表1　相关文献资料研究角度统计表

角度 / 数据	总体状况	适用法律	财产权益	妇女权利	税务征收	公民权利	宪法功能	多国宪法	合计(%)
数据	1	1	4	1	1	1	1	2	12
比重(%)	8	8	34	8	8	8	8	18	100

阅读表1可知,中美宪法比较的研究角度主要有宪法总体比较、适用法律比较、财产权益保护比较、维护妇女权利比较、税务征收比较、公民权利保护比较、宪法功能比较、多国间宪法比较等八个角度。表1统计数据说明,中美宪法比较研究尚处于零星的、各自为政的研究状态,表明学术界致力于中美宪法比较研究的学者很少。

同时,从宪法总体状况角度出发进行比较研究的学者聂资鲁③选用的研究对象是1947年《中国宪法》和1787年《美国宪法》,他通过对中美两部宪法在立宪理念、宪法内容、行宪结果及其原因的比较,认为契约精神在我国的推广将有助于推动我国宪政的完善与发展。尽管此项研究在国内首开中美宪法专题比较研究的先例,但存有如下不足:一是他所选取的研究文本是1947年版本《中华民国宪法》和美国的宪法进行比较研究,在选题上就缺乏现实意义。因为当今中国共产党领导制定的宪法与国民党领导制定的宪法在执政理念、执政基础、执政方式等方面都有很大差距;二是即使作为宪法文献比较,在聂文的研究中,其研究的着力点不是集中于文本的比较,而是从宪法理念、宪法性质等方面来论述,没有形成相关资料的证据,缺乏说服力。

因此,本文基于宪政视阈从文本角度对《中华人民共和国宪法》和《美利坚合众国宪法》进行技术方面的研究就显得十分迫切和尤为必要。

---

① 乔耀章.政府理论[M].苏州:苏州大学出版社,2003.5.
② 新华词典编撰组.新华词典[M].北京:商务印书馆,1980.44.
③ 聂资鲁.论1787年《美国宪法》与1947年《中华民国宪法》之歧异[J].河北法学,2004(3).

四、美国制宪简史

世界上第一部以成文宪法的形式表现的是1787年的《美利坚合众国宪法》,《美利坚合众国宪法》在文本上的智慧有其文本基础和思想渊源。

(一)宪法的文本基础

美国的宪法文本基础主要有两本,一是《邦联条例》,二是《美利坚合众国宪法》。

1.《邦联条例》

美国根据1781年的《邦联条例》建立了一个保持各州主权、自由和独立的联邦制美洲共和国。①

依据《邦联条例》,当时的联邦只是各州的友好同盟,联邦国会没有财权,也没有统一管理州际商业和对外关系的权力。实际上,这是一个没有总统、没有中央政府、没有统一税收的联邦国家。但此后几年的实践证明,作为主权国家,如此薄弱的政府体系无以承担协调金融贸易、保卫边疆、发展经济的重任,这迫使将必须建立一个强有力的联邦政府的考虑提到了日程上来。

2.《美利坚合众国宪法》

1787年5月,除罗德岛州外,12个州的55位代表集合于费城,讨论起草一个宪法,以试图建立一个强有力的政府,即美国联邦政府。此次制宪的发端,既有基于自由民主理念追求的成分,也有平衡当时各州之间的经济冲突的功利因素。在创制宪法之初,《美利坚合众国宪法》的制定也借鉴了各州宪法制定的经验,特别是弗吉尼亚州宪法的成功经验和版本以及宾夕法尼亚州激进民主主义的经验和教训。

整个制宪过程是一个争吵和妥协的过程。在政府权力必须受制约来保障公民的权利基本达成一致的前提下,最后在联邦与州权限的比例、立法机关的产生和议员名额的分配、北方和南方利益的分配等方面达成协议。

1787年宪法在1788年得到所规定的9个州的承认,从此合众国宪法开始生效。权利法案,即宪法修正案的前10条,是在1791年依法被四分之三州通过以后,成为美国宪法的一部分。迄今220年来,1787年宪法连同正式通过的28条宪法修正案,全部连续生效。

从文本上看,美国联邦宪法正是以"分权"和"权利保障"为主题展开的。现行美国联邦宪法包括1篇序言、7个条文和28条修正案。序言明确规定了制宪的目的,宣告人民主权原则。7个条文的第一条规定国会的组成及职权;第二条规定总统的职权和产生的办法;第三条规定联邦法院的组成及其职权;第四条主要规定各州的权限;第五条规定宪法修正案的提出和通过的程序;第六条主要规定联邦宪法和按照宪法规定的法律包括国际公约为全国的最高法律;第7条主要规定新宪法须9个州批准后才能生效。28条修正案第1~10条修正案,即权利法案,宣布公民享有宗教信仰自由,言论、出版、集会、请愿自由,并规定国会不得立法限制以上的自由。还规定公民有携带武器的权利;公民除非根据大陪审团的报告或起诉,不得受判处死罪或其他不名誉罪之审判;不得在任何刑事案件中被迫自证其罪;不经

① 焦洪昌.宪法学[M].北京:北京大学出版社,2006.117—136.

正当法律程序,不得被剥夺生命、财产或自由,等等。在此后的18条修正案中,美国纠正了种族歧视(第13、14、15条宪法修正案),给女性以平等选举权(第19条宪法修正案)。此外,还规定总统的限任制、总统副总统的选举事宜,有关国会组成职权等方面的内容。

(二) 宪法的思想渊源

美国宪法的思想基础与美国宪法制定者的思想是分不开的,其制宪理念有四大来源。

1. 基督教教义。美国宪法的思想源于英国。在17世纪初,有百余名英国清教徒为了建立一个自由民主之国度,他们相约前往北美洲建立殖民地并起草了"五月花公约"作为赴美建国的约法。美国人至今把这批清教徒称为"朝圣远祖",把此项约法称为美国宪法的始祖。美国的整个文明以及精神遗产来自宗教传统,尤其是新教伦理发挥了重大作用。"清教职业思想以及这种思想对禁欲行为的重视,直接影响了资本主义生产方式的发展。"①

2. 分权制衡观。卢梭、孟德斯鸠、加尔文等人的著作深刻影响了制宪者。其中加尔文的《论公民政府》、孟德斯鸠的三权分立思想及其法治学说的影响最为显著。美国制宪者普遍认为,制衡机制是从宪法上回应人性的败坏。约翰·亚当斯写道:"倘若还没有忘记希腊因不懂得分权制衡而造成的灾难,我们就要学会重视自由政府的制衡机制,即使是现代精英统治,也不例外。"②

3. 混合政府论。罗马哲学中的"混合政府"论直接影响了美国宪法对国家整体的建构。美国宪法设立的行政部门类似于君主制、司法部门类似于贵族制、立法部门则类似于民主制。结果,美国政府成了玻利比奥斯与西塞罗举荐的"混合政府"。

4. 人民主权说。美国宪法的起草受到"人民主权说"的牵引,主张政府的正当权力要经过被统治者的同意才能产生。如果政府损害人民的这些权利,"人民就有权利来改变它或废除它,以建立新的政府"。

联邦宪法是启蒙运动时代政治哲学和政治经验的产物,制宪会议代表启蒙运动理性至上的信念。各种不同利益和利害冲突根据理性,采用研讨和辩论的方式,获得合理的协议,再把协议订立契约,依法执行,从而达到制宪的目的。

五、中华人民共和国制宪简史

新中国建立以来,我国除了发挥临时宪法作用的《中国人民政治协商会议共同纲领》这一宪法性文件外,还先后颁布了4部宪法,即1954年宪法、1975年宪法、1978年宪法和1982年宪法。后三部宪法是对1954年宪法的修改。现行宪法及1982年宪法自颁布以来,作了四次修改,共通过宪法修正案31条。宪法如此频繁的修改与完善,是与中国共产党和中国政府对社会主义道路的不断深入探索分不开的。

(一) 中国人民政治协商会议共同纲领

1949年9月26日。中国人民政治协商会议第一届全体会议审议通过了《中国人民政

① [德]马克斯·韦伯. 新教伦理与资本主义精神[M]. 彭强,等译,西安:陕西人民出版社,2002. 158.

② [美]斯科特·戈登. 控制国家——西方宪政的历史[M]. 应奇,孟军译,南京:江苏人民出版社,2001. 269.

治协商会议共同纲领》。

《共同纲领》除序言外，分总纲、政权机关、军事制度、经济政策、文化政策和外交政策共7章60条。《共同纲领》在内容上和法律效率上都具有国家宪法的特征，起了临时宪法的作用。它对新中国建国初期的政治生活和社会生活发挥指导作用。《共同纲领》的许多原则在1954年宪法中得到了继承与发展。

（二）1954年宪法

1954年9月20日，第一届全国人民代表大会第一次会议全票通过《中华人民共和国宪法》，我国历史上第一部以社会主义为价值指向的宪法由此诞生。

1954年宪法除序言外，分为4章106条。4章分别为总纲、国家机构、公民基本权利和义务、国旗国徽和首都。它是在《中国人民政治协商会议共同纲领》的基础上产生，又发展了《共同纲领》。

宪法序言明确指出我国建设社会主义的目标，确认了从新民主主义社会向社会主义过渡时期的党的总任务，并规定了实现这个目标的具体方法和步骤。第一章总纲规定中华人民共和国是"工人阶级领导的、以工农联盟为基础的人民民主国家"，规定一切权力属于人民，人民行使权力的机关是全国和各级人民代表大会。第二章规定国家机构。设置有相当实权的国家主席建制。第三章规定了公民的基本权利和义务。15条的公民基本权利包括法律面前一律平等，选举权与被选举权，言论、结社、游行、示威、宗教信仰、通信秘密、人身、居住和迁徙的自由。除对选举权和被选举权作了必要的限制外，对其他公民权利和自由没有做出限制性的规定。

1954年宪法确认人民民主原则为其宪法原则。该宪法结构以及关于国家机构的基本框架，为以后几部宪法确立了模式。但此部宪法在宪法理念、自身定位、制度保障和法制观念上存有相当的局限，制约了宪法作用的发挥。

（三）1975年宪法

1975年1月四届全国人大召开，审议通过了1975年宪法。1975年宪法是对1954年宪法的修改，结构同于1954年宪法，除序言外也分四章，共有30条文。第一章总纲部分由原来的20条减为15条。第二章国家机构由原来的64条减为10条，并且删去了"国家主席"一节。第三章公民的基本权利和义务由原来的19条减为4条。从严格意义上来说，它仅是一个宪法大纲、一个政治纲领。

从内容上看，1975年宪法肯定了我国社会主义改造的成果，属于社会主义性质的宪法。但由于它是在"文化大革命"这一动荡时期制定的，不可避免地存在着严重的缺点和问题，它是一部偏离宪法精神、宪法理念的宪法，误导了当时我国政治、经济、社会的发展。

（四）1978年宪法

1978年3月5日，全国人民代表大会一致通过了1978年宪法。

从结构上说，1978年宪法与前两部宪法一样，条文则从1975年的30条增加到60条。

从内容上看，1978年宪法恢复了1954年宪法的一些基本准则，指明我国进入了社会主义建设的历史时期，规定了国家在新时期的总任务。在发扬社会主义民主、保障人民参加国家管理、恢复检察机关的设置、公民享有的权利和自由、公民的控告权和申诉权等方面作了明文规定。

但由于拨乱反正才刚刚开始,“解放思想、实事求是”和“实践是检验真理的唯一标准”的原则没有得到确认,同时,对“文化大革命”的定性、国家机构的命名、公民权利和义务的缺失等方面都存有不少问题需要解决。

(五) 1982 年宪法

中共十一届三中全会后,国家的政治、经济和文化生活发生了巨大的变化。1980 年 9 月,全国人民代表大会五届三次会议根据中共中央的建议作了《关于修改宪法和成立宪法委员会的决议》,决定对宪法进行全面修改。

1982 年宪法在具有确立四项基本原则为指导思想、强调以经济建设为工作重心、高度重视社会主义精神文明建设、坚持和完善社会主义经济制度和保障与扩大公民基本权利的基础上,同时在保护和扩大公民权利方面比前几部宪法有很大进展:一是宪法结构顺序调整。把“公民的基本权利与义务”一章由原来的第三章提前到第二章,置于国家机构之前,以此反映对公民权利的高度重视,与国际上对人权的重视相一致;二是公民的权利和自由的范围扩大。关于公民的权利和自由,1954 年宪法是 14 条,1975 年宪法只有 2 条,1978 年宪法是 12 条,而 1982 年宪法则增加到 18 条,增加了“人格尊严不受侵犯”、“公民有提出批评和建议的权利”等内容。三是强调公民权利和义务的一致性。四是开始注意国家机构的民主化和效率化。

自 1982 年以后,我国在宪法修改的方式上,借鉴国际上修改宪法的经验,以宪法修正案的形式对 1982 年宪法进行修改,以此保持 1982 年宪法的连续性和稳定性,又增强了宪法对现实的适应性,以便更有利于以宪法为核心的社会主义法律体系的建构。

中国制宪简史表明,1975 年、1978 年、1982 年的宪法沿袭了 1954 年宪法的立宪基本原则、宪法基本内容和宪法基本结构等,但由于经济社会的发展,上述宪法在经济体制的运行、公民权利的规定和法制建设的认识等方面存有较大的差异。1982 年的宪法是上述宪法中制定得最为完善的宪法,将之与美国宪法相比更有理论意义和实践意义。

六、中美宪法的比较

“政治是一个共同体面对一系列重大问题并在互相冲突的价值上进行选择的过程。”① 通常承担其象征功能和基础职能的是宪法。因此,宪法文本分析必须有两个标准:一个用于表明那些恒常不变的根本性问题的共同点,另一个用于显示那些因社会变迁而不断变化着的宪法条文的差异性。

为满足上述分析标准,我们主要通过对中美宪法进行概况比较、明细比较和特征比较等三方面的分析,对两部宪法作全方位考察,以此比较两部宪法的异同。

---

① [美]莱斯利·里普森. 政治学的重大问题[M]. 刘晓译. 北京:华夏出版社,2001. 36.

（一）概况比较

表2　中美宪法比较概况表（N=8）

项目 / 国别	历次宪法			现存宪法				
	更替次数	使用年限	更替频率	字数	款项	使用年限	修改次数	修改频率
中国宪法	5	54	9.2	16 286	138	25	4	16
美国宪法	1	325	0.3	6 389	21	320	16	5

阅读表2可知：

1. 从宪法更替次数来看。在历次宪法的更替过程中，中国宪法先后在1949年（共同纲领）、1954年、1975年、1978年和1982年更替过5次，更替频率指数为9.2，远远大于美国宪法更替指数0.3。美国只是在1787年以《美利坚合众国宪法》代替1781年的《邦联条例》，以后再也没有更改过。由此可知，中国的宪法较之美国宪法相比缺乏相对稳定性，从而在一定程度上导致宪法的权威性基础受到侵蚀。

2. 从宪法项目字数来看。中国宪法文本的字数、项目指数远远大于美国宪法同类指数。美国宪法只有7条，连同权利法案10条，只有17条。美国的宪法具有较大的概括性，不求面面俱到。而中国宪法制定得较为具体，力求缜密，导致中国宪法缩小了自身的弹性，解释空间较小。中国宪法应从内容和结构上予以完善。一是对宪法序言的完善。现行宪法序言的内容涉及过多，只需对制宪依据、制定原则作出规定即可。序言中国家的基本制度和政策方面的内容应以宪法的正文内容来规定。二是对宪法正文的完善。宪法正文应简化对政治制度的规定、思想层面的规定、重新审视公民基本权利和义务的界定，进一步确立审判机关、检察机关依照宪法独立行使审判权和检察权等。

3. 从宪法修改频率来看。在现行宪法的修改频率中，中国宪法的修改频率指数为16。中华人民共和国自建国56年以来，共颁布了5个不同的宪法版本，平均11年1个宪法版本。1982年版本的中国宪法共有138条，外加一篇1 956字的序言，共修改4次，每一届人大均进行修宪。而美国宪法的修改频率指数为5，从1787年到现在，历时118年，只有17次修改，每次修改只增加1条修正案；上述数据反映了中国宪法的修改具有较大的随意性，再一次说明中国宪法文本确立的不稳定性、不完善性。

（二）明细比较

在对中美宪法有了一个大体的了解后，我们就可以进一步从明细项目的比较中挖掘它们彼此之间的差异。

表 3　中美宪法明细项目比较(N=26)

国别＼项目	序言	国史介绍	立法权	行政权	司法权	国定原则	权力原则	根本制度	民族平等	言论自由	法治	农村体制	国有说明	个体经济	计划生育	宗教自由	特别政区	劳动权	国家元首	任职年限	自治机关	国旗国歌	政党制度	自治机关	首都	经济制度
中国宪法	★	★	★	★	★	★	★	★	★	★	★	★	★	★	★	★	★	★	★	★	★	★	★	★	★	★
美国宪法	★	★	★	★	★	★	★	★	★	★	★	★	★	★	★	★	★	★	★	★	★	★	★	★	★	★
备注	1. 列举的项目是能反映宪法概貌的概括性要点;2. 图中★表示有该类项目。																									

阅读表 3 可知:

1. 从项目的数量来看,在表 3 中所列的 26 个明细项目中,中国宪法都有涉及,只是详略程度有所不同而已。美国宪法只涉及 26 个明细项目中的 17 个,尚有国史介绍、农村体制、个体经济、计划生育、特别行政区、自治机关、国旗国徽、政党制度及首都 9 个项目未有涉及。

2. 从项目的差别来看。在共同的项目中,也因政治制度、历史背景、国情环境的不同导致中美宪法文本内容有极大的差异(详见表 4)。

表 4　中美宪法共同项目区别概况表(N=8)

类别＼项目	政府权力	机构制约	央地关系	政府主体	人民主权	制宪原则		违宪审查	人权规定
中国宪法	权威政府	议行合一	中央集权	技术官僚	国民主权	社会主义	人民民主	人大监督	公民权利
美国宪法	有限政府	分析制衡	央地分权	文官统治	主权在民	资本主义	资产阶级民主	司法审查	基本人权

阅读表 4 可知,在宪法制定原则方面,中国实行的是社会主义和推行社会主义民主;而美国推行资本主义和资产阶级民主;在政府权力方面,美国主张有限政府,将政府的权力置于人民的监督之下,而中国推行权威政府;在政府机构组织原则方面,中国实行的议行合一制,而美国则主张分权制衡的原则;中国沿袭的是苏联宪法的制定原则和马克思主义经典作家的设计理念,注重效率的提高。美国宪法着重对"人性恶"的控制,受益于启蒙思想家控制政府官员权力的理念,目的是创建有限政府。

在中央和地方政府的关系方面,美国实行分权制,是一个联邦共和国。而我国实行中央领导下的集权制,是统一的社会主义人民民主共和国;占据美国政府主导地位的是文官,实行文官统治,通过民选和考录进行。而在中国实行的是技术官僚统治,官员的任用主要是上级的任命和选拔;人民主权方面,中国侧重于保障国民主权,而美国强调个人权利的保护;对于人权的规定,中国侧重对公民权而美国提倡基本人权的庇护;实施违宪审查时,美国采取的是司法审查制度,而中国实施的是人大监督制度。但由于我国人大制度还不够完善,包括宪法监督的理论、宪法监督的程序缺乏可操作性。至于其余的一些有关政治体制和运行机制方面,则存有的差异就更多。

3. 从项目的解读来看。中国宪法某种程度上是在中国国情的基础上参照美国宪法并借鉴其优点制定的。可以说,在内容和项目上两者大体相同,未见有诸多异端之处,这就要求我们从两部宪法的特征上探求两者的差异。

（三）特征比较

在中美宪法的概况比较和明细比较的基础上，我们就可以进一步从中美宪法的特征比较中寻求它们的共同点和区别之处。

表5　中美宪法比较特征表（N＝6）

项目 国别	文字表述	文本修改	内容规定	理论追求	框架设计	实际运用
中国宪法	条理性	时代性	针对性	具体性	系统性	基础性
美国宪法	概括性	稳定性	适应性	抽象性	完整性	全面性

1. 从理念追求上来看。“宪法是宪政的依据，宪政是宪法的实施。”①1787年美国宪法所蕴涵的政治理念是民主共和、人权与对政府权力的限制，它指导着美国宪法对国家权力的配置、运行与宪法的实施，其实质是满足资产阶级社会中各利益集团方便控制政府的需要，从而，美国“三权分立”的权力结构是以牺牲政府的办事效率来平衡利益集团的要求冲突。而中国宪法的理念受马列主义有关学说的影响，采用“议行合一”的原则，目标是实现人民民主，最大限度地保证广大人民的利益。中国的“议行合一”权力结构在保证最广大人民利益的前提下，同时促进了政府行政职能的提高。

2. 从框架设计上来看。中国宪法的行文格式是“总—分”的布局格式，是在总括的条文下对各明晰条文进行分而述之。该种文本格式一是彰显国家对公民权利的关怀，二是将立法、司法及行政机关一并列入国家机构。中国宪法的序言对制定的目的和中国革命史作了简要的介绍。第一章总纲共32条对国家的基本国策作了简要规定。第二章公民的基本权利和义务共24条对公民的选举权、宗教信仰自由、人身自由、人格尊严、公民住宅、通信自由、劳动权利和义务、妇女儿童权利、依法服兵役及公民依法纳税等方面作了基本的规定。第三章共七节79条，对全国人民代表大会、中华人民共和国主席、国务院、中央军事委员会、地方各级人民代表大会和地方各级人民政府、民族自治地方的自治机关、人民法院和人民检察院等国家机关的性质、职能、定位作了阐述和说明。第四章共3条对我国的国旗、国徽、国歌和首都作了明确的规定，使国家符号具体化。此种安排体现了中国思维的整体性结构，侧重于归纳思维。

美国宪法主要采用“分—分”的行文格式，对宪法的主要内容平行式地阐述。美国宪法除前言外，共计7条，和13条的《邦联条例》相比较，尚少6条。该宪法的前言表明制宪的目的；宪法的第一条共十节，关于上下两院的产生和立法部权力的列举，都包括在内，并规定下院代表，依人口比例计算。第二条规定行政权力机关的组成共分三节，第一节为关于总统和副总统的选举方法，第二节属于总统的权力，第三节厘清总统和国会的关系。第三条规定司法部的组成，亦即三节。第四条规定州际间的关系，总共四节。第五条规定宪法修正案，第六条规定其他事项，第七条规定宪法的批准程序。于此体现出美国人思维的系统性和侧重于演绎思维。

3. 从文字表述上来看。宪法语言是经验性的、高度精练的、被注定的，是整个民族精神

① 陆德生. 中国宪政史纲[M]. 北京：中国长安出版社，2004. 39.

的流淌。同时,宪法是一种流动的语言,随着读者的切换、时代的发展、社会的变迁而含义不同,通过对宪法语言文字的比较可以透析宪法的许多内涵。

一是宪法文字的内涵比较。美国宪法非常概括,其中多数是关于各国家机构的权力设置及26条修正案方面的内容。由于美国宪法文本的制定具有相当的弹性,它就使自己可以根据时代的发展要求来做相应的解释以适应时代的不断变化。同时,宪法很大程度上依赖于当权者的解释。中国宪法文本的文字规定较为精准,具体操作主要依赖于上级的明令指示和相关文件,下级很少会怀疑上级行为的动机,更不会去直接察看当事人的行为是否违宪。以通过中央集权方式来推进工业化为例,就可表明中美宪法的区别:"美国用宪法的形式巧妙地确立了这种集权,而社会主义则用粗暴的方式来推行集权,尤其是苏联走得更远!"①

二是宪法用词的指向比较。美国宪法用得最多的词语是"不得"。美国宪法条文共有80个"不得",其中7条宪法有44个"不得",27条修正案有36个"不得";而中华人民共和国1982年宪法只有19个"不得"。用得次最多的词是"应当",美国宪法条文共有63个"应当";中华人民共和国1982年宪法只有17个"应当"。美国宪法中的"不得"与"应当"平均到每条有205个之多,所有这些"不得"与"应当"均指向"国家",包括"国家、国家机构、国家法律、国家工作人员"。"由于人民是权力的唯一源泉,政府各部门据于掌权的宪法来自人民。因此,必须在扩大、减少或重新确定政府权力,而且在任何部门侵犯其他部门的既定权力时,求助于同一原始权威完全符合共和政体的理论",导致人民通过自由的意志表达选举产生政府,并且将自己管理国家的活动予以实施。而中华人民共和国1982年宪法36个"不得、应当",无一个指向"国家",只有0.33个指向"国家机关",即宪法第三十六条:"……任何国家机关、社会团体和个人不得强制公民信仰宗教或者不信仰宗教……"其余35.67个"不得、应当"均指向"地方、组织、团体、公民和个人"。中国宪法在保障人民主权方面无疑与美国存有相当大的差距。②

三是宪法语言的明确比较。中国宪法由于语言的规定非常明确,对一系列问题也作了明文规定,因此很少有争议产生。而美国宪法由于措辞上的高度概括和用语的模糊,导致宪法的解释成为日常工作的一个重要组成部分。如美国宪法对于国家主权的规定不是很明确,导致各州对此项规定都作出有利于自己的解释。如1862年期间,美国北方国家主义派认为,联邦政府的主权超越各州之上,因为联邦宪法是由各州人民批准的,而不是由各州批准的,因为各州的代表是代表人民行使权力的。但南方各州认为,宪法是由各州批准的,各州应该采用各州的主权原则,来维护它们的经济制度,结果导致南北战争的爆发。"这场战争,对中央政府主权的怀疑和美国是否为一个主权国家的问题,来了一个彻底的和永久的澄清。"③因此,中国宪法具有语言的明确性。

4. 从内容规定上来看。就实质而言,中国宪法内容上与美国宪法并无多大区别,但在具体规定上中国宪法随时代进步而变迁,如宪法中关于市场的取向就经历了由计划经济—有计划的商品经济—市场经济为主、计划经济为辅—社会主义市场经济的发展历程。

---

① [美]阿尔文·托夫勒.第三次浪潮[M].北京:新华出版社,1996.60.
② [美]汉密尔顿·杰伊、麦迪逊.联邦党人文集[M].北京:商务印书馆,1989.385.
③ 李子欣.美国宪法[M].台北:正中书局,1970.95.

在美国，以个人主义为特征的西方民主传统在很大程度上是资本主义市场体系强调自由竞争的结果。“当市场经济经过一段时间获得成功后，要求民主的压力就不可避免地产生了。”①宪法的意义在很大程度上依据它被解释的方式。的确，两个不同的国家完全可以采用同样的宪法，却都可能有完全不同的政府形式，而且给予公民的权利也存在很大的差异。宪法上写明的东西在实际中不见得就一定发生，在任何国家都有宪法内容规定与现实运作相违背的现象，如文明世界的主导性观点是给予每个人平等的权利，但事实上权利和自由难于界定，而且所有的国家都以某种方式限制公民的言论和行动自由，尽管表达自由是任何标榜民主的国家的一个标志。

5. 从文本修改上来看。中国宪法较多体现的是“因地制宜、与时俱进”的精神，指导并服务于经济社会的发展，为经济社会发展清除障碍。梅因在《古代法》中也谈到：“社会的需要和社会的意见常常是或多或少是在法律前面的，我们可能非常接近地达到他们之间的接口处，但永远存在的趋向是把缺口重新打开。其功用在于，消除模糊、弥合缝隙、化解纷争、完善规范，最终达至打开规范的天窗，迎接宪法的阳光之目的。”当社会历史条件发生变化时，宪法就必须相应地作出修改。

美国宪法在实施200多年来，确立了国家机构依据宪法行事的理念和框架，除重大的突发事件外一直没有做任何修改，具有相当大的稳定性。但这并不能就表明美国宪法具有“超智慧”的能量，能预测当前社会的发展，不要忘记，南北战争的爆发就是由于对宪法的不同解释导致的。所以，任何一个国家都是根据实际的需要来阐释宪法。所不同的是，美国是利用宪法的概括性、适应性和抽象性来对宪法作了有利的解释，而中国宪法由于规定得较为刚性，解释的空间较小，则较多地体现为对宪法的修改。

但我国宪法修改频率较高，反映出国家社会经济发展的波动性，也反映出执政者急于通过宪法的修改以实施治国方略。同时，也反映出宪法本身内容的不完备，适应性比较差，前瞻性不够，缺乏稳定性。因此，提高宪法的文本质量是我国立法工作面临的一项紧迫的任务。

6. 从实际运用上来看。美国学者卡尔·罗文斯坦按宪法的实施效果，即实际运用将宪法分为规范性宪法、名义性宪法和语义性宪法。规范性宪法是指在规范条文上，也在实际生活中具有法律效力的宪法，宪法支配着政治权力的运行。名义性宪法是指内容远离实际生活，在生活中并未得到贯彻，实际上只是一种将来可能成为现实的宪法。

在制宪过程中，中美宪法都把国家的理想目标写入条文从而提供一种象征，其目标主要为大国家的理念、规定政府的结构和确立政府的合法性，但其实际作用的发挥取决于执政者的态度和具体的国情。

中国每次宪法的更改和更替都是为了使政治实践活动得以合法化或合法进行。因此，中国宪法在中国大抵发挥象征和指导国家大政方针的作用，其主要是凝聚人心，作为立法和执法基础而存在，可归为名义性宪法之类。美国宪法发挥作用的程度要远远大于中国宪法的作用，可归为规范性宪法之类。美国宪法除了发挥宪法的象征基本功能外，还作为立法和执法基础而存在，在社会生活中成为人们行为的准则，一切有争议的问题都可以依据宪法来作出裁决。“在美国，宪法是人民的政治圣经，几乎每个家庭都有一部宪法，而政府人员则

① ［美］彼得·伯杰. 民主主义不稳定的巨大胜利［J］. 民主季刊，1992（3）.

人手一册;每当对一项法案的原则或对任何一种权力的应用范围有争论时,政府人员便从口袋里取出宪法,把有关争议中的章节念一遍,这是司空见惯的。”①尽管美国宪法文本和制宪过程以及美国整个法律体制已有神化的趋势,但没有20世纪60年代的学生造反运动和马丁·路德·金领导的黑人民权运动,就没有今日的美国政治。因之,宪法文本永远是政治实践的意志的反映。

由此,我国必须从法的基本特性角度重新审视宪法所具有的规范性,维护宪法规范的至上性价值,用宪法统一、规范全国人民的思想和行动。

七、结　语

通过对中美宪法的概况比较、明细比较和特征比较可知,尽管中美宪法性质有别,在文本字数、项目数量、修改频率和实际运用等方面存有很大的差距,但从根本上来考察,中美宪法还存在诸多共同点,值得在制宪或修宪中予以高度重视。

1. 宪法的目标。中美宪法文本变迁表明,在政府权力和民众权利的博弈过程中,政府权力的控制渐趋减弱,民众权利的诉求日益增强,民主宪政的政府模式已经成为世界各国政府发展模式的最佳抉择。

2. 宪法的功能。宪法的目的并不在于对人权的不变的保护,也不在于勾勒政府的组织机构,而注重于把成文宪法看作目的和理想的表达。宪法是人民最高目标的体现,宪法的功能是象征性的而不局限于字面,其功用显然来自其普遍性,其最高检验标准是实践而不是文本。因此,用宪法来衡量一个国家是否文明或先进的观点是缺乏科学根据的。

3. 宪法的语言。宪法的语言应在可清晰理解的前提下,力求提炼出高度凝练、概括性的语言表述。如此,方可在避免宪法产生歧义的条件下使宪法的条文规定具有弹性,适应时代社会发展的要求,最大限度地减少宪法修改的次数,保持宪法条文的相对稳定性,从而维护宪法的权威。

4. 宪法的修改。宪法的修改本质上源于经济基础发生变化,对政治上层建筑的诉求日益趋增,在现实生活中表现为社会各利益团体权力或利益博弈的结果。因此,从某个角度而言,宪法只是确认经济或政治利益合法性的一种工具。

5. 宪法的实践。法律绝非天然神圣,法律是政治的产物。宪法被赋予至高无上的独立性,只不过是社会成员面对随时可能越界的政治权力,让利益博弈的圆桌尽可能保持平稳的现实需要。法律的成功不过是社会政治实践的副产品,真正的宪法是在社会政治实践中产生,并能动地反作用于政治实践,规范政治权力的运行。

要而言之,宪法的制定和修改是基于经济基础上的各种权力或权利相互博弈的结果。宪法的基础功能在于其象征作用。宪法象征作用的发挥及其作用的大小在于宪法文本在实践中的实施力度,而实施力度由执政者和国民的政治素质决定。但宪法文本对宪政实践亦有一定的影响,特别是在特定的时期,可能对一国的宪政发展起着生死攸关的作用。因此,提高宪法文本的修饰质量及其实施力度是当前我国立法工作的重中之重。

---

① [美]托马斯·潘恩.潘恩选集[M].北京:商务印书馆,1982.396.

“人民共和”的历史文化内涵与共和国的政治实践*

一个基本的社会事实是：无论是毛泽东时代，还是邓小平时代，抑或是江泽民时代、胡锦涛时代；无论是新中国建国时期，还是生产资料的“社会主义改造”时期，抑或是“文化大革命”时期和改革开放时期，我们国家的名称都叫“中华人民共和国”。虽然“社会意识”并非简单地等同于或就是“社会存在”；社会事实并非简单地等同于社会认识，更不是社会的“共识”。但要使这个社会事实达成社会共识，就需要我们的党、国家和政府在理论和实践方面加强“灌输”，使我们的“人民共和”真正“掌握群众”，变成人民改造世界、改造社会的物质力量。

一、“人民共和”是中华人民共和国的基本概念和关键词

在笔者的视阈中，共和国要做好的大文章有许多。比如，政党民主、中华民主和民族民主、人民民主、政党共和、民族共和、人民共和，共和国何处去？等等。其中，相比较而言，“人民共和”是核心，是关键，是基础，是根本，其他如“政党共和”、“中华共和”或“民族共和”都是限制、修饰“人民共和”的，是“人民共和”的定语。至于“共和国向何处去”，其中，社会主义还具有“定向性”的性质等。这些文章都是值得做，而且还应该认真做好的。

我在《论普及民主——共和国的民主不可或缺》一文中，曾经认为，中华人民共和国由五个基本政治元素构成，这就是共产党、中华或民族、人民、共和、民主，**中华人民共和国＝(共产党＋民族＋人民＋共和)^{民主}**。认为，在比较了“中华民国”和“中华人民民主共和国”两个名称后确认的“中华人民共和国”以后，不要以为有了“人民”就自然而然地有了事实上的民主，也不要以为有了“共和”就自然而然地有了事实上的民主。后来，我认为中华人民共和国的基本政治元素仍然还是五个，不过做了微调，将“共产党”改为“政党”，即这个公式表述为：**中华人民共和国＝(政党＋民族＋人民＋共和)^{民主}**。因为，“共产党民主”不等同于“政党民主”，就如同“共产党共和”不等于“政党共和”一样。在中国，政党是由共产党和其他八个民主党派或八个参政党在内的九个政党组成的。从一定意义上说，没有共产党的民主就没有其他政党的民主，没有共产党的共和就没有其他民主党派的共和。他们“肝胆相照，荣辱与共”，他们不可分割的联系与区别是显而易见的。

在我们的共和国里，共产党是领导党。从“辩证”的意义上说，共产党民主决定着其他政党民主，共产党共和决定着其他政党共和；共产党民主决定着中华民族民主和人民民主，

---

* 原载《领导理论与实践》2009年第6期。

共产党共和决定着中华人民共和和人民共和。但从“唯物”的决定意义上说,人民民主最终决定着中华民族民主和政党民主;人民共和最终决定着中华共和和政党共和。共和国即中华人民共和国,是政党共和、民族共和,归根结底是人民共和的产物。一般说来,是“人民共和”决定、影响与制约着民族共和、政党共和,有什么样的“人民共和”就有什么样的民族共和、政党共和。因此,“人民共和”及其程度具有决定性意义。

有必要指出的是,“中华人民”共和国,强调“人民共和”并离不开“民族共和”与“政党共和”,尤其是“共产党共和”,与“公民共和”、“和谐世界”也不无关系。但“人民”与“公民”不能混同。“人民共和”不同于“公民共和”。整体或总体的公民社会、“公民共和”、“和谐世界”是“人民共和”的未来情景,有待于建设,有待于发展。

二、“人民共和”表明中华人民共和国是国体和政体的有机统一

如前所述,一方面,“人民共和”是定语、限制词或修饰词,是民族共和、政党共和和共产党共和的载体。另一方面,没有共产党或政党共和与民族共和,就没有“人民共和”。正如毛泽东主席所述:领导我们事业的核心力量是中国共产党,指导我们思想的理论基础是马克思列宁主义。人民的团结,国内各民族的团结这是我们事业必定要胜利的根本保证。从这一意义上说,没有中国共产党领导的共和、中华民族的共和便没有“人民共和”。

但是,“人民共和”是“人民”和“共和”的组合。其“人民”是、也永远是“共和”的主体和国体。其“共和”是一种政体。“人民共和”是国体和政体的有机结合。没有“人民共和”便没有中华民族的真正共和,便没有真正的政党共和,也即没有真正的共产党内的共和。人民——是我们一切问题的出发点和归宿点。

“共和”既然是一种政体,是相对于君主“专制”等政体而言的。然而,不是所有的事物都能“和”的,只有与之“共”、与之“合”的事物才能“和”、“和合”。那么,哪些事物才能与之“共”、与之“合”,产生化和效应的“和”呢?只有承认参与“共”、参与“合”的人的财产、自由、自主、民主等的权利相对独立的个性,各美其美,美美与共,才能参与合作,谓之“共和”。我们现实生活中的“企业精英”、“政治精英”、“学术精英”各自以及之间的合作,应当看作是“人民共和”的重要组成部分及其表现形式。这符合让一部分人“先富起来”、“先发展起来”的方针政策。但是,不要遗忘他们各自及他们之间以外的最广大的民众们的社会生机,千万不要忘记“精英”们的社会责任、社会良心、社会道德,等等。社会最广大民众们的好才是“精英”及其“精英”们真正的好!因为这种真正的好是“人民共和”所不可或缺的。

“人民”,是一个阶级的、历史的、动态的概念,是专有的固定的政治术语,与“敌人”相对。“人”与“民”是有机的结合体,是个集合概念,它不同于公民、国民、市民、流民等,更不同于“刁民”。在西方,资产阶级反对封建的鸣锣开道者和卫道者们都把“人”抽象地表现为“人道主义”。这是马克思主义者坚决反对和批判的。其实,马克思主义者是最讲人道的,他们站在最广大的劳动者立场上,批判资产阶级抽象的人道主义。在东方,我们有关于“民本”思想的优秀传统。但现在有不少人将“民本”和“民主”思想相混同,这是我们共产党时代不允许的。我们的历史责任是要向人民讲清楚“民本”与“民主”思想的历史联系与本质区别。

“人民共和”是一种民主制共和国,是一种国家形式,是一种国家形态。马克思主义认

为,我们赞成民主共和制,因为这是在资本主义制度下对无产阶级最有利的国家形式。民主共和国是走向无产阶级专政的捷径。只有承认阶级斗争,同时也承认无产阶级专政的人才是马克思主义者。然而,我们接受马克思主义时,面临着三重任务:把马克思主义如何时代化、中国化、大众化。在中国这样的经济、文化相对落后的国家,通过新民主主义革命以后,选择了社会主义发展道路。现实的社会主义怎样才能批判地继承封建社会的“民本”思想和资本主义社会资产阶级的“人本主义”?这既要超越“民本”又要超越“人本主义”,确实需要大智慧。为着“人民共和”,以人为本,科学发展观或许就是这种最大的智慧。

关于国体与政体的问题,毛泽东主席早就做了理论论证。他认为,国体是强调国家政权的阶级性质,即由哪个或哪些阶级在国家占主导、领导、统治地位;政体是强调国家政权的组织形式,即这个或这些阶级是通过什么、或怎么实现他或他们的主导、领导、统治地位的。此后,党的“七大”,1946 年的“旧”政协、1949 年的“新”政协,又有了新的实际运用,设计出新的建国方略——建立“人民共和”。按新的设计规定:“人民”将是这个国家的主人;“共和”将是这个国家的最好的政权组织形式。新中国成立后所经历的一切的一切都是为着“人民共和”,人民实现着共和,人民正在走向共和!中华人民共和国的最初设计,经过 60 年的巨变,“人民共和”正面临着新的实践挑战。

三、“人民共和”是中华人民共和国的现实基础和出发点

1978 年以来,中华人民共和国的改革开放已 30 多年了,对此巨变评价不一,有人认为“好得很”;有人认为“糟得很”。历史自有公论。但从政治上说这不能不说是一种“政治发展战略退却时期”,是以某种“退”来谋取某种实际的进,使我们的理论、路线、方针、政策更符合实际。正是在党的正确领导下,在全国各民族人民的共同努力下,同一个中华民族才从弱走向“大”,走向“强”,这是社会历史事实。从一定意义上说,是“人民共和”选择了中华人民共和国的历史;也是“人民共和”确定了中华人民共和国的历史方位;更是“人民共和”及其人民的共和程度决定或影响着中华人民共和国的未来!

中华人民共和国的现实基础或最大实际是什么,出发点是什么,归宿点是什么?对此,人们的回答可能多种多样,但不要忘了,“人民共和”是其中具体的事实之一。如前所述,“共和”是政体,非“共和”是没有出路的,但“共和”的内容及形式是由“人民”这个国体决定的。人民是“共和”的主体,人民也是“共和国”的主体。

正是“人民共和”选择了中华人民共和国的历史。在新中国建国以前,我们选择“人民共和”国。中华人民共和国的国旗是五星红旗。其中,五星红旗之中的大星代表着中国共产党,她居其所而众星拱之!四颗小星星分别代表着工人阶级、农民阶级、城市小资产阶级和民族资产阶级之“人民”。60 年过去了,我们的“国名”没有变,我们的国旗没有变,我们的社会制度也没有变,可能唯独我们对“人民”的认识产生了变化。认为“人民”之中只有“工人阶级”和“农民阶级”,城市“小资产阶级”和“民族资产阶级”被“改造”了,成为“人民”一部分。但那时我们没有考虑这种历史行为与我们的“国名”、“国旗”和“社会制度”的矛盾关系。改革开放后,他们仿佛又回到了我们的身边。从此,我们的“人民”名副其实了,他们同国名、国旗乃至社会制度才一致起来。

我国的人民之“国体”及其共和之“政体”的现状决定着共和国的历史方位。那么,共和

国的历史方位到底是什么呢? 这当然有分歧。正统的说法,就是现处在中国特色社会主义初级阶段的建设建成小康社会阶段。其中,中国特色、社会主义、初级阶段、小康社会是其中的基本要素。这一阶段,要勇于和善于处理好马克思主义与现实中国,其他民族国家与现实中国,中国的历史、现状和未来或中国的昨天、今天和明天的关系,现实中国国内和国际社会主义与非社会主义的关系。现实的中国总是由历史的中国决定的,但现实的中国应当完成历史的中国应当完成而实际却没有完全真正完成的——新民主主义社会的——历史任务。为此,"人民共和"是不可或缺的。

"人民共和"还决定或影响着中华人民共和国的未来。中国向何处去? 这似乎不成问题。无论是历史的中国,还是现实的中国、未来的中国,马克思主义、科学社会主义都是我们的核心价值体系。可人们对"社会主义"的认知却难以达成共识。以为我们的理论、路线、方针、政策都是社会主义的。把现行的所作所为都与社会主义画等号。我国的人民包括工人阶级、农民阶级、城市小资产阶级,甚至民族资产阶级,以及非公有企业者,他们对社会主义及其核心价值体系的理解肯定与公有企业者的理解有所不同,即使同样是工人阶级和农民阶级及其知识分子,他们对社会主义核心价值体系的理解也有区别。所以,中国特色社会主义之"特色",在不同领域、在不同区域、在不同地区、在不同的人群那里,是有不同认知的。那种千篇一律的"雷同"或"同构"是有违党的实事求是的思想路线要求的,应该加以改正。因此,"人民共和"可具体体现为:农民阶级共和,工人阶级共和,城市小资产阶级共和,民族资产阶级共和;或工人阶级共和与农民阶级共和的"工农联盟"(如"农民工"就是新形势下工农联盟的具体表现之一,"五个统筹"之一等。)或城市小资产阶级共和与民族资产阶级共和的"共和",或社会主义公有制的共和与非社会主义公有制的共和,或工人阶级和农民阶级与城市小资产阶级和民族资产阶级的"共和",或"人民"在社会主义的价值体系基础之上的"共和"。这样,中华人民共和国=(政党+民族+人民)^{共和}。其中,"政党共和"(包括共产党的共和与民主党派共和之间的共和)与"民族共和"是"人民共和"的前提条件。从一定意义上是说,"人民共和"与"中国特色"应当是互为表里的。

政治发展还是"政治退却"*

——新中国政治发展战略退却思问

今天汇报的题目具有一定挑战性。大家都在一片赞誉声和莺歌燕舞声中来谈政治发展、民主建设、政治建设成就,而我的讲座里面却出现了一个比较刺眼的概念——"政治退却"。我想通过今天的汇报,能让大家对这个问题有一个比较正确的理解和把握。

一、问题的缘起与相关概念

正如亚里士多德在他的《政治学》里讲的:就其本性来说,人是天然的政治动物。因此,政治生活是属于人类特有的一种现象。

政治生活作为普遍的社会现象,一方面它是整个社会生活的构成部分,另一方面它又受人类社会的经济生活、文化生活以及狭义的社会生活的决定与制约。为什么呢?因为政治是经济的集中表现。所以政治及政治生活是随着人类社会生活的发展而发展的,但是"发展"和"政治"连成为"政治发展"这个概念,却是人类社会几千年以后的事。"政治发展"这个概念被人们创造出来显得有点姗姗来迟。

20世纪40年代第二次世界大战结束以后,"政治发展"这一概念由西方学者发明并逐渐普遍使用开来。西方学者创造这个概念,主观意图是想把西方发达资本主义国家的社会政治制度的一套东西泛化,把它普遍推广到发展中国家去,把西方的政治价值观、政治制度推广到其他国家。

政治发展可分为广义和狭义两种类型:广义的政治发展主要侧重于社会形态变迁过程中政治关系、政治体系、政治结构的变迁和发展;狭义的政治发展特指现代化进程中政治变迁、政治现代化问题。不同的历史类型、不同的社会性质、不同的发展程度或发展阶段的国家,有不同情形的政治发展,大体上有三种类型:一类是发达资本主义国家的政治发展,即便是当今西方国家,仍然有一个政治发展问题,政治发展不单属于发展中国家的事;其次一类是广大发展中国家,包括中国;第三类是其他社会主义国家。

所以,政治发展是不同类型的国家都面临的问题。那么,不同社会、不同国家,政治发展大体有两种基本路径:一是通过政治革命,一是通过政治改革或政治改良。政治革命是国家

---

* 原载《阅江学刊》2009年第1期;本文源于2009年4月1日下午在南京信息工程大学气象楼报告厅"阅江论坛"演讲录音节选。

政权性质发生根本的质变,而政治改革和政治改良是当一个国家政权性质发生质变以后的一个相当长时期内的政治量变,是对政治革命的一种消化。政治革命不常有,而政治改良和政治改革却是一种经常性的但并非是不间断的常态。不管是通过政治改革还是政治改良来实现政治发展,它的基本内容和基本目标都有某种相似性。政治发展的基本内容和基本目标就是政治民主化。西方资产阶级反封建斗争是政治发展的一个重要历史阶段和组成部分,其实质是资产阶级的民主。我们国家政治发展的目标是人民民主,也就是说政治发展的基本目标和基本内容都是围绕民主化进行的。

具体说来,怎么来界定政治发展呢?关于政治发展有多种表述,大体说来,政治发展是指为着既定的政治目标而推行的所有政治变革,包括政治革命、政治改良和政治改革。它是一个走向民主、法治和善治的过程。

二、从历史角度反思和考量新中国政治发展战略进攻问题

改革开放30年来,中国经济建设成就有目共睹,在政治上的成就同样是令人瞩目的。其主要体现在"人权"这个概念已写进《中华人民共和国宪法修正案》,法制和法治首次被当作中国政治发展的目标,并以宪法条款的形式加以固定。改革开放以后,中国历史上最大规模的自由选举,已在广大农村开始推行,一个相对独立的公民社会正在兴起,并在社会政治生活中发挥着越来越重要的作用。

尽管如此,中国政治发展的理念还不能不说有些滞后,这种滞后不仅表现在政治实践方面,而且还表现在学界。为什么呢?依据之一:在中国,不是学界而是政界,最早使用"政治发展"这个概念。党的十六大报告里首次引进"政治发展"这个概念;党的十七大报告着重论述了"走中国特色社会主义政治发展道路"问题。党的十七大报告对中国政治发展作了如下的强调:中国特色社会主义政治发展,也就是中国政治发展(严格说来这是不等同的概念),就是与中国特色社会主义现代化精神相适应的全部政治变革,是一个包括经济生活、政治生活、文化生活和社会生活在内的整体性的社会变迁过程。中国政治发展的核心目标是推进社会主义民主政治,建设社会主义政治文明。中国政治发展的理想状态是实现"党的领导、人民当家做主和依法治国"这三者的有机统一。这是改革开放30年以来,中国政治变迁和发展的一些令人鼓舞的成就。

既然30年来,中国政治发展取得的成就是令人瞩目的,那又为什么要提出所谓退却问题的"思问"呢?我想,当我们在实事求是地总结30年来改革开放的政治发展成就时,用30年政治发展的时空来说明30年的政治发展现实,是有一定局限性的。有比较才有鉴别。如果我们不引出前30年、60年,甚至前90年、100年的中国历史,都很难说明中国这30年的政治发展,也就是说,这30年政治实践本身不足以自我证明,只有和前30年相对应,才能揭示出这30年中国政治发展的真正轨迹。换一个角度来讲,30年的政治发展,还有待于30年以后的实践来证明。如果我们单从30年改革开放来看,这些政治成就是足以表明我们政治发展了,但是把它放到60年的时空去考察,这30年在我看来,用政治退却更能说明问题。

为什么呢?这就涉及新中国政治发展战略进攻问题。我们说的新中国60年,前30年和新中国建国以前的历史还要相关联,所以我方才讲的是90年,即与1911年辛亥革命以后或者是和中国共产党成立以后这段历史相关联。新中国政治发展战略进攻,有三件重要的

历史事件说明中国政治处在战略进攻阶段。

第一件是政治革命。上溯到辛亥革命，尤其是1921年中国共产党成立以来的政治革命，我们称之为新民主主义革命。这个革命是解决政治发展过程中国家政权的阶级性质转变问题，解决国家的独立、主权的统一以及人民民主专政这样一个历史性的前提；第二个大事件，新中国建立后的前七年（1949年到1956年）——新中国社会制度奠基时期，最重要的国内政治运动就是进行所谓生产资料私有制的社会主义改造，消灭几千年的剥削制度，这是前所未有的“社会革命”；第三件大事就是“文化大革命”。我们把这三件历史事件串起来看作是新中国政治发展的战略进攻阶段。

政治革命是解决国家政权的性质、解决上层建筑的政权性质问题。所谓社会主义对私有制改造的“社会革命”，是通过国家政权的力量来建构这种政权性质所赖以存在的公有制经济基础。国家政权问题解决了，这个政权赖以存在的经济基础问题解决了，那1956年以后干什么呢？毛泽东的政治实践主要侧重在思想、意识形态领域。夺取国家政权是政治领域的革命，解决生产资料私有制是经济、社会领域的革命，然后就是在灵魂深处、思想意识形态领域闹革命——“文化大革命”。然而还是毛泽东讲得明白，他说：“‘文化大革命’实质上是一场政治大革命。”这是毛泽东最权威的自我解释，是可信的。“文化大革命”实质上是以文化的形式出现的政治大革命。

这三次运动，我称之为“政治战略进攻阶段”，为什么呢？我们在寻找一条直接通往社会主义的道路，直逼社会主义政治发展目标，达到清一色的完全的纯而又纯的社会主义。我以为，这个阶段中国政治发展是沿着一条上升路线，侧重于政治逻辑，侧重于政治价值层面。后来形成的极“左”，是离开了当代中国社会历史现实的，所以这样一种政治进攻战略，在中国这样一个当时比苏联还要落后的国家，想直接跑步进入共产主义，实现社会主义政治发展目标，而事实上，我们的社会发展正逐步陷入极端的困境。所以改革开放之前的30年，在我看来，是属于新中国政治发展的战略进攻阶段，目标直指社会主义民主政治。当然，实现这个民主政治的途径或表现形式就是群众运动。“文化大革命”就是“大民主”——大鸣大放大字报。这种大民主有什么好的呢？历史证明这种大民主是可怕的东西，因为这种大民主有可能导致“多数人暴政”。

三、新中国政治发展战略退却

战略退却是相对于战略进攻而言的。如果说在战略进攻阶段，我们奉行的是“一大二公”纯而又纯的社会主义，那么，在战略退却阶段，我们搞的是不完全合格的社会主义。

我给研究生上课的时候问：“我们现在搞的是社会主义吗？”有同学回答：“是。”有的学生不敢回答，他没有思考。我说了一句俏皮话：“是也不是，不是也是。”怎么讲？要辩证地来看。邓小平就说过“我们搞的是不合格的社会主义”。所以战略退却阶段，我们不是把建立一个完美的社会主义国家作为目标，因为中国的现实不能搞这样的社会主义。所以，我们在政治上就开始了战略退却。从某种意义上讲，我把30年的改革开放在政治上看作是一个政治战略退却时期。政治战略退却是指怎么看待、从什么样的一个角度来看改革开放30年政治发展成就以及如何给它定位。我怕通俗地讲会引起大家的误解，把30年改革开放的政治发展同我们过去“直奔主题”的战略进攻这个目标相比较而言，它不是一个战略进攻时期,恰恰是一个战略退却时期。

战略退却这个概念是我学列宁的用语,我把战略退却问题和政治相联系,所以“政治战略退却”的提法是有一定的创造性。列宁当年讲由战时共产主义政策转向新经济政策是一种战略退却,当然经济上的战略退却也反映政治上的战略退却。1917 年十月革命以前,列宁的社会主义理念是接受马克思 1875 年《哥达纲领批判》里描绘的那个发展过程,可是十月革命以后,由于在特殊的环境下,列宁当时实施的是战时共产主义政策,把农民的余粮甚至种子都收集起来,不准拿到市场上去买卖,搞余粮收集制,一切为了前线,为了保住人类历史上的第一个新生苏维埃国家政权。战时共产主义政策,直接过渡到共产主义,采取共产主义的措施和政策。战争年代,人们可以勒紧裤带同仇敌忾,为了新生国家的生存,不计较利益得失,但是三年以后的 1921 年,新生苏维埃国家政权保住了,十四国武装侵略者被赶跑了,随即就发生了水兵暴动、农民暴动。战争结束以后人们需要休养生息了,还是采取战时杀鸡取卵的政策还怎么得了呢? 所以,列宁在这个时候停止实施战时共产主义政策,改为“新经济政策”,允许余粮到市场上去买卖,采取市场机制。

列宁这时候思想发生变化了,他说:“我们对社会主义的看法根本改变了。”列宁明确提出向资本主义学习,利用资本主义发展社会主义,允许外国资本家到俄国来投资,这些政策是列宁晚年的思想。他认为,这是一个“战略退却”。战略退却不是战略逃跑,不是换山头。他在《政论家札记》一文中打了个比方:

> 十月革命开创的是前无古人的事业,在探索前进的过程中往往不得不进一步退两步,就像一个人正在攀登一座还没有勘探过的非常险峻的高山,爬到了比前人高得多的地方,不过还没有到达山顶。现在,要按照原定的方向和路线继续前进,不仅困难和危险,而且简直不可能。他只好转身往下走,另找别的比较远但终究有可能爬到山顶的道路……必须像乌龟那样慢慢移动,并且是向后退,向下爬,离目标愈来愈远,而且他还无法知道这极其危险和折磨人的下山之路何时才能结束,是否能找到一条比较可靠的绕行的道路,可以沿着这条路更大胆、更迅速、更直接地再次向前走,往上爬,登上山顶。①

列宁这个比方发人深省,对于思考、追问中国政治发展战略退却问题颇有启迪意义。

列宁的政治战略退却思想有没有实施和完成呢? 没有! 斯大林接过第一把交椅以后,经济上使国民经济畸形发展,政治上没有民主,个人集权专断,没有把列宁的战略退却思想认认真真地付诸实施。所以,我曾表达这样的思想:斯大林过早地终止了新经济政策,停止了战略退却,这对苏联产生了极其深刻的负面的历史影响,甚至从特定意义上说,是 20 世纪 90 年代苏联亡党亡国的一个重要因素,和这种不彻底的战略退却不无干系。

从这个意义上讲,我国 30 年的改革开放,与其说是一种政治发展,倒不如说是一种政治发展战略退却,这就是列宁讲的“另找别的比较远但终究有可能爬到山顶的道路”。我以为:中国的改革开放走的就是这一条列宁设定的战略退却之路。只有这样来认识,我们对现实问题的认识才可能更加深刻。

1949 年新中国成立以后,社会政治形态依旧是沿着极“左”的上升路线不断地高攀的,

---

① 列宁. 政论家的短译[M]//列宁选集. 北京:人民出版社,1972,1995. 594,639—640.

表现为一系列的政治运动，先是直接向社会主义过渡，后来又跑步进入共产主义，直至“文化大革命”。所以到这个时候，中国的政治要按着原定的方向和路线继续前进不仅困难和危险，而且简直不可能。于是历史演进到了关键的转折点——1978 年党的十一届三中全会召开，标志着新中国政治发展进入了一个新的历史转折点——改变原有的政治战略进攻，转向政治战略退却。所以 1978 年，政治改革应运而生。从大的历史观来审视，这场政治改革既是政治发展的前进运动，又是一种政治发展战略退却。说它是一种政治发展的战略退却，主要是基于中国政治发展的战略起点、历史方位、历史形态和综合政治基础的考量。这种政治战略退却，与其说是退却，更可以理解为它是趋向于中国社会实际，着眼于中国历史事实，更着眼于中国政治发展的前提和基础性建设，使得我们更加脚踏实地地前进了。

四、新中国政治发展战略退却的底线

如果把“文化大革命”看作中国政治发展战略进攻的巅峰时期，而 1978 年以来的改革开放看作是政治发展战略退却的开始，那么我们在政治发展战略退却时期要做些什么呢？

在这个政治发展战略退却时期，从特定意义上讲，我们正在做战略防御和战略相持阶段的工作。所谓战略防御，就是在今天中国如何发展、中国向何处去的问题或者谁战胜谁的问题还没有真正解决。因此，在战略防御阶段，我们要防范两种倾向：防止“左”警惕“右”是战略防御期的两项重要工作，要贯穿在整个政治发展的进程之中。搞多党制，搞西方的三权分立，这是我们在战略防御阶段要防止的一种“右”的倾向。还是继续过去那种独断专行的专制主义传统政治，是“左”的倾向。要适度地发展民主，防止“左”警惕“右”，这是战略防御阶段要做的工作。

所谓战略相持，是指某种均势状态、战略均势甚至是势均力敌。从经济意义上讲，社会主义和非社会主义的成分并存或共存是不是战略相持呢？我把邓小平的社会主义观称之为“主体社会主义”①。邓小平说：“我们只要公有制占到 90% 以上就不怕。”我们现在不讲“主体”，而讲“主导”了，这是一个不小的变化。可是我们最近看到一个报道：非公经济在 GDP 中占的比重在解决就业问题等方面似乎都比公有制经济占绝对优势。这怎么看？是不是也处于非公有制经济的政治压力之下？当然在政治上，可能还没有到达相持阶段。非公有制经济是我们当今中国经济政治上的一个非常重要的力量，他们也是为人民办事儿，应该享受民主和法制的权利，但是我们要在政治上考量：防御和相持在一定时期会不会转变为新的战略反攻呢？是公对私的反攻？还是私对公的反攻？有没有可能？在这里我们不能不深度追问和反思“文化大革命”更深刻的社会历史根源在哪儿？在新中国建立后的前 7 年！我们现在讲，前 7 年的主要问题似乎只是改造和发展快了一点，但确实还有很多消极影响没有深刻地认识到。

所以在政治发展战略退却阶段，我们的底线是什么？从战略防御、战略相持这个角度讲，我们的底线仍然是社会主义。2002 年，我曾撰文《论社会主义定向的政治发展》②提出“社会主义定向”的观点，即我们不能把现在的所作所为都贴上社会主义的标签，有的不是

---

① 乔耀章. 中国社会主义特色纵横谈[M]. 苏州：苏州大学出版社，1996.

② 乔耀章. 略论作为社会主义定向的政治发展[J]. 江苏社会科学，2002(2).

社会主义本身的,这个阶段我们不得不允许非社会主义的存在,我们一定要把坚持社会主义作为发展方向,政治发展战略的方向是社会主义民主和政治文明,这是我们政治战略考量的实质内容。中国特色社会主义是一个价值取向,规定了大的方向,不能出轨,理想是这个,但并不是说我们现在所做的一切都是社会主义的,如果是这样,不但不利于社会主义的名声,反而会有损于社会主义的形象。

当今中国是一个多质态的社会,是一座活的人类社会历史博物馆,人类社会的五种社会形态的要素在我们的历史博物馆都有,进一步表示为"三质态":这里既有历史的遗迹,又有现实的基础,更有未来社会的萌芽。这三种质态共时态地存在着。历史遗迹将进一步成为历史,现实基础也将成为历史,未来萌芽将逐步成为现实,这就是乐观的历史发展论。

在这个多质态的社会中,社会主义一定要保证它对我们价值导向的引领。所以坚持四项基本原则,第一项是坚持社会主义道路,第二项坚持人民民主专政或者无产阶级专政,第三项是坚持共产党的领导,第四项是坚持马列主义毛泽东思想。这四项基本原则里融合了社会巨系统里的基本层次:经济基础、上层建筑、意识形态。四项基本原则的后三项都要基于前一项或第一项——社会主义道路。假如改革开放搞了半天把社会主义道路给丢了,那就是历史的罪人。所以,我们政治发展战略退却的底线是社会主义不能丢!

中国当今的社会历史方位——后新民主主义社会。① 我以为,这是中国特色社会主义初级阶段的另一种表达法。为什么?1840 年以来,近百年中国历史被认为是两个"半"构成的——半殖民地半封建社会,这对当时搞新民主主义革命是个理论武器,但是在今天看来,反思这段中国历史,这两个"半"不能构成完整的旧中国,应该是三个"半"——半殖民地、半封建、半资本主义。半殖民地是旧中国外部特征,它的对立面概念是独立主权国家和殖民地国家;对内除了半封建外还有半资本主义。半封建有两个时段,一个是奴隶社会向封建社会转型过程中,既非奴隶社会也非封建社会;另一个是在从封建社会向资本主义社会转型过程中,既非封建社会也非完整的资本主义社会。那么,中国的半封建是前者还是后者啊?是后者。所以旧中国是三个"半"的社会。而其中"半资本主义"又由"三个资"构成:第一个:外资。帝国主义是闯进来的,不速之客,今天的外资是我们请进来的,根本区别就是我们国家的性质不一样,我们请他们进来和他们闯进来是两回事,有天壤之别。这说明我们国家现在是独立主权的统一国家。第二个:官资。有人讲现在官资正在死灰复燃,还有买办资产阶级,这是少部分人的认识;还有就是民资——民族资本主义。这三资在旧中国的地位和作用是不同的,前两者是要消灭的。只有社会主义才能救中国,那中国社会主义的根扎在哪里呢?就扎根在外资和官资没收以后,转化成社会主义经济成分。这一点看来非常可怜,但是这一点证明了马克思主义的一条原理是正确的:人类只有经过资本主义才能发展到社会主义。中国社会主义根部的土壤是不肥沃的,怎么办呢?留给我们现在来建设,历史的重任落在中国共产党人的肩上。民资是不是该通过"改造"而消灭呢?不能!因为毛泽东在 1940 年《新民主主义论》里面讲:新民主主义革命成功以后建立新民主主义共和国,经济上有资本主义和社会主义,为这两种主义发展扫清道路。新中国成立以后,社会主义经济和民族资本主义经济就犹如一对"龙凤连体胎儿",这说明中国社会主义成分和非社会主义成分在相

---

① 乔耀章.后新民主主义社会——中国特色社会主义初级阶段的另一种表达法[J].江苏科技大学学报(社会科学版),2008(1).

当长的历史时期内是互为条件、互为目的的，是一个命运的共同体，它们有共同的命运，不到社会发展的一定程度，这两种因素其中的任何一种都不能被消灭，如果消灭了一方，那么对方就难以存在了。

1956 年消灭了私有制以后，"文化大革命"把我们的经济闹到快要崩溃的边缘。改革开放 30 年我们做了什么事情啊？我以为是对新中国建立后的前 7 年社会主义改造的一个历史性的修正、辩证性的扬弃。改革开放，对外，中国要同世界接轨，对内，要同自己的历史接轨。不同自己的历史真正接轨，你会迷失方向，找不到北啊。所以，1978 年以来改革开放 30 年就是和新中国建立后的前 7 年历史接上轨了，证明我们前 7 年所有制的"改造"是有历史性的过错，至少不该那样搞。用人类进化、人类发展不可逆性原理来解释这种历史现象，凡是事物发展过程中产生质变的事物，一定是这个质变已经完成了，不可能再出现逆态和"返祖现象"。

从消灭私有制到重新给私有制一个说法，这是历史的进步还是政治战略性退却？这是一种"返祖现象"吗？我们应该实事求是地予以说明：一方面从消灭了私有制到给私有制一个说法，这是符合中国国情的；但是要提醒人们注意，要时时刻刻捍卫社会主义公有制的阵地，要清醒社会主义的发展方向，社会主义质的规定性不能怀疑，不能放弃；要适当分清社会主义公有部分和非社会主义公有部分，让他们合法地来经营来发展，实现各种所有制的和谐共处。

今天，和谐社会归根到底或最本质的是公有制经济和非公有制经济的和谐，由此构成的经济、政治、文化、社会生活的多元的和谐。新民主主义社会强调经济建设，就是社会主义和非社会主义共同发展。这样一种分析，在今天看来还没有完全过时。在一定意义上讲，我们还正在完成新民主主义社会里应该完成而没有真正完成的历史任务。我们建设和谐社会，以人为本，贯彻落实科学发展观，但实际上是强调各种政治力量之间的一种谅解、一种和谐。所以，我们政治发展战略退却的底线，不能有违社会主义。

五、结　语

与改革开放之前最初的那段政治战略进攻相比较而言，现在应该用政治发展战略退却来描述更为合适。

政治战略进攻，脱离中国社会历史和现实的国情，追求完美的社会主义政治景观，这是一种超越现实的、罗曼蒂克式的政治发展。而从浪漫主义的政治发展经过改革、退却到不合格的不完全的社会主义政治，这是一种趋向于现实主义的政治发展。所以政治战略退却到立足政治生活实际，埋头苦干，找一条实实在在的政治发展道路，这是现实主义的政治发展；从多元政治主体关系中谋求以社会主义政治为主导和定向的政治变迁，这是一种理想主义与现实主义相结合的"和合主义"的中国式的政治发展战略。

中华人民共和国的社会形态、历史方位及其基本政治元素辨析*

"循名责实"是毛泽东在《新民主主义论》中阐述新民主主义的政治、新民主主义的共和国问题时使用过的命题,同样也可用来阐释今天的中华人民共和国。一般说来,名称是内容的概括,现象是本质的反映。社会孕育、产生国家,亦即国家源自社会,国家伴随着社会成长。国名或国号,即国家的名称至关重要,它是国家创建者首先要办的第一件政治大事。国家究竟取何种名称,一方面反映着国家创建者的政治立场、政治抱负,亦即政治价值取向。国名或国号就是公开树立起来的一面旗帜,外界就可以据它来判断这个国家的政治构成、政治方向、政治形象、政治力量。另一方面,国家创建者也不能随心所欲地确立国名或国号,因为它受制于特定社会形态的性质及其社会发展阶段与程度。换言之,虽然国名或国号具有相对的前瞻性和稳定性,但它总体上应与作为其载体的社会形态的性质、发展阶段与发展程度相适应。归根结底,人们应当从社会来认识国家,而不是相反从国家来认识社会,不能只见国家而不见社会。重新发现社会,有利于完整准确地认识国家。1949 年 10 月 1 日成立的中华人民共和国简称为"新中国",一般不宜简略为"中国",不仅因为中国有"旧中国"与"新中国"之分,而且更为重要的是中国还有"封建君主国"与"人民共和国"之别。新中国是当今世界上 196 个主权国家(据 2009 年统计)中的 125 个共和国之一。与其他众多的共和国有所不同的是,中华人民共和国是在殖民地、半殖民地、半封建、半资本主义的历史前提和基础上,经过无产阶级(共产党)领导之下的人民大众的反帝反封建反官僚资本的新民主主义革命和新民主主义社会缔造起来的,她是坚持共产党领导、坚持社会主义为定向的发展,坚持人民共和的社会主义国家。今天的中华人民共和国所处的社会形态、历史方位及其涵盖的基本政治元素有其鲜明的特色。

一、社会形态特色

社会形态理论是人文社会科学的逻辑起点,当然也是中国哲学人文社会科学的逻辑起点。这主要是因为社会形态理论是马克思主义的重要内容,是唯物史观不可分割的主要组成部分,是马克思主义经典作家以深邃的历史洞察力深刻剖析人类社会历史发展进程而收获的重要理论硕果。①

---

* 原载《阅江学刊》2011 年第 6 期首篇特稿。

① 王伟光,等."社会形态理论与历史价值观"笔谈[J].中国社会科学,2011(1).

根据马克思主义关于社会形态问题的理论论证,人们可以从研究问题的不同需要出发,运用不同的标准来划分社会发展的类型及其阶段,大体说来有以下四种:第一,以生产关系尺度划分的社会经济形态,即原始社会、奴隶社会、封建社会、资本主义社会、社会主义和共产主义社会;第二,以人的发展尺度划分的社会主体形态,即人对人依赖关系的社会、人对物的依赖关系的社会、自由人的联合体的社会;第三,以劳动交换方式尺度划分的社会交换形态,即自给自足的自然经济社会、商品经济社会、产品经济社会;第四,以技术发展尺度划分的社会技术形态,即渔猎社会、农业社会、工业社会、信息社会(又称后工业社会、知识经济社会)。应当指出的是,这几种社会形态划分的方法在本质上是一致的,它们相互嵌入。但是相比之下,由于生产关系对于生产力来说往往呈现出滞后性或前瞻性,因此对特定的国家来说,在特定的国内国际的主客观环境的相互作用下,其社会发展阶段乃至社会形态或许可以"超常规"、"跳跃式"地加速度发展,即在特定的条件下,社会发展阶段或社会形态可由较低级"跳跃"或"超越"某个社会发展阶段或形态而进入较高级的社会发展阶段或形态,这丝毫不违背马克思主义关于社会发展是一个自然历史过程的伟大洞见,反而是以此为前提而相互补充的。至于其他几种划分方法所确定的社会形态及其发展阶段对任何社会和国家来说,一般都是不可逾越的。

在马克思、恩格斯的理论体系中,社会分工、阶级、私有制是同义语,"社会主义社会"和"共产主义社会"是同义语。1875 年,马克思在《哥达纲领批判》中明确把共产主义社会分为第一阶段和高级阶段。前者是实行各尽所能、按劳分配的社会;后者是实行各尽所能、按需分配的社会。马克思设想的共产主义社会第一阶段就要消灭资本主义私有制,消灭旧式分工,建立生产资料的公有制或社会所有制,实行有计划的生产,不存在商品生产、货币和市场,已经消灭了阶级,国家将逐步消亡。这就为共产主义社会第一阶段,即后来被列宁称之为社会主义社会的社会形态定了"格",其中,最基本的本质特征就是消灭现代资产阶级的所有制,建立生产资料社会所有制。马克思、恩格斯在《共产党宣言》中曾经把"消灭私有制",即消灭现代资产阶级所有制作为共产党人所有理论的归结点。由于国际社会发展不平衡规律作用的结果,在马克思、恩格斯关于社会形态理论论证的实际运用方面,西方社会滞后于东方社会。不过,东方社会的实际运用过程至今在很大程度上仍然带有某种尝试性或试错性的性质。

早在十月革命前夕,列宁在《国家与革命》中,较为明确地把马克思、恩格斯关于共产主义社会第一阶段称之为"社会主义社会",被认为这是对马克思主义的一个发展。虽然现实情况同马克思关于共产主义社会第一阶段的设想产生了很大的质的区别,但是列宁还是始终坚持马克思关于共产主义社会第一阶段的标志"定格",例证之一就是他把社会主义描述为"消灭阶级",他把马克思关于共产主义社会第一阶段称之为"完备的社会主义社会"、"发达的社会主义社会"、"有稳固基础的社会主义"。他坚持认为,十月革命后的俄国还处在向社会主义过渡的最初阶段,处于"初级形式的社会主义"、"不完备的社会主义"、"不发达的社会主义"、"没有稳固基础的社会主义"阶段,甚至都不能称之为"社会主义社会",只能称之为"苏维埃社会主义共和国",如果把它说成是"社会主义社会",那只不过是表明我们有信心有决心过渡到"社会主义社会"去。历史雄辩地证明,列宁并没有急于要求赢得进入社会主义社会的殊荣。相反,他始终认为经济文化落后的国家,政治革命胜利后要经过相当长的过渡时期,特别是要经过各种形式的国家资本主义阶段,才能最终实现向社会主义社会的过渡。同样,列宁更没有急于要求赢得进入共产主义社会的荣誉。1920 年 4 月,他在《共产主义运动中的"左派"幼稚病》一文中,将共产主义社会分为低级阶段、中级阶段和高级阶段。认为在社会主义社会所需要的全部基础建设好以前,我们的社会主义是不完全、不完整的社会主义。他在《欧洲大战和国际社会主义》一文中,针对机会主义和改良主义的错误,特别使用过"不够格的社会主义"一语(后来邓小平也曾实事求是地认为中国的社会主义也是"不够格"的)。特别需要指出的是:1923 年 1 月,列宁在《日记摘录》中特别警醒人们,在我们农村中还没有实行共产主义的物质基础之前,把纯粹的和狭义的共产主义思想带到农村去,这样做对于共产主义可以说是有害的,可以说是危险的。可惜此后的人们并没有认真记住列宁的这一非常珍贵的政治遗嘱。列宁所坚持的关于社会主义社会的标准和"格",后来在斯大林的社会主义理论与实践中大大地降格了。1936 年,斯大林宣布苏联基本上建成社会主义,并准备向共产主义社会过渡。由此产生的消极后果,在一定程度上极大地损害了社会主义的形象,也极大地败坏了马克思主义的声誉,也在一定程度上铸成了日后苏联社会历史变革中的挫败,列宁开创的社会主义事业在其后的先"左"后右的历史演变中被葬送。

关于社会形态问题的理论论证与实际运用如何在中国实践,这是无法回避的问题,需要我们进行创新性理论研究与实践探索。马克思在《资本论》第一版序言中指出:社会经济形态的发展是一种自然历史过程。不管个人在主观上是怎样超脱各种关系,在社会意义上总是这些关系的产物。同其他任何观点比起来我的观点是更不能要个人对这些关系负责的。他还指出,即使探索到了本身运动的自然规律……它还是既不能跳过也不能用法令取消自然的发展阶段,但是它能缩短和减轻分娩时的痛苦。这就是说,社会形态的发展是一个自然历史过程,具有不以人们主观意识为转移的客观规律性,但人类面对这种自然历史过程又不是无所作为的。人类有意识、有目的的实践活动可以加速或延缓客观规律的实现,可缩短一种社会形态的发展进程或减轻一种社会形态诞生时的痛苦。但是这种有意识、有目的的实践活动,必须以一定社会形态所具备的历史条件为前提,人类不能主观地跳过(或超越、跨越)和取消一定社会形态的自然发展阶段。基于该理论的思维方法,1996 年我在《中国社会主义特色纵横谈》一书中初步研究认为:社会是一个开放的巨系统。任何一种社会形态,尤其是指过渡性的社会形态,都含有三种质态:过去的遗迹、现实的基础、未来的萌芽。一种社会形态之所以成为"这一种"社会形态,而不是"那一种"社会形态,主要是由它的现实社会基础决定的。任何一种社会形态的现实基础都是"活"的,它从历史走来,又告别历史走向未来。现实的社会基础既有过去社会的遗迹,并由"过去"萌发而来,又孕育着社会的未来,当未来社会的萌芽逐渐成长为新的社会现实基础时,原有的社会现实基础便逐渐成为过去的遗迹。这样就勾勒出人类社会链式发展过程图。并且认为,从动态的历史过程来考究,当今中国现实社会犹如一座"活"的人类社会形态的历史"博物馆"和"大熔炉"①,它既有过去社会形态的痕迹,更有现实社会形态的基础,还有未来社会的萌芽。上述四种社会形态划分的各种因子、元素都不同程度地集于当今中国社会一体之中。②

因此,可以说当今中国的社会是一个名副其实的"多质态"共存的社会,不可能属于任何一种纯粹的社会形态。其中,任何社会质态都不可能各自形成一种独立或独自的社会形

① 乔耀章. 政治发展还是"政治退却"——新中国政治发展战略退却思问[J]. 阅江学刊,2009(1).
② 乔耀章. 中国社会主义特色纵横谈[M]. 苏州:苏州大学出版社,1996. 255—314.

态，如果将其指认为“过渡性的社会形态”，可能更符合当下中国的社会实际。然则，这一种指认在本质上有别于当下正在流行的“转型社会”或“社会转型期”一说。“转型”说有可能模糊人们的视线，不利于人们清晰地认识与回答中国社会究竟向何处转去的问题。“转型”不应当成为开倒车、走回头路似的变迁。根据马克思主义的观点，决定现实中国社会性质和制约未来中国社会发展方向的当是社会主义的基本经济制度、基本政治制度、基本文化制度。我们主张“多质态社会”说，则应跃出非此即彼的“两极思维”或“等价思维”、“同质思维”的模式。一方面，当下的中国在以后一个相当长的历史时期内，非社会主义质态的存在不可或缺；另一方面，应同时强调“主体性社会主义”、“主导性社会主义”，以“社会主义价值体系”为核心，以“社会主义定向性发展”为导向。① 正是从这个特定意义上说，当今中国社会是多质态并存的社会形态，其中，必以社会主义质态为核心、为导向！

总之，当今中国社会所属的社会形态可谓“万象共生”而不唯“姓社”，但从应然与实然层面上考究“万物归心”旨在“姓社”。这就是当今中国社会形态之特色。

二、历史方位特色

如果说关于社会形态问题是侧重于人类社会的“共性”，属于宏观的历史方位问题，那么，关于历史方位问题则是侧重于具体民族国家的“个性”，属于微观社会形态的具体发展阶段或历史发展进程。如果说当今中国社会属于何种社会形态问题尚未达成令人信服的基本共识，那么，随着中国特色社会主义初级阶段理论的提出与普及，我们同样可以提出：当今中国社会究竟处于何种历史方位，即当代中国从何处而来，现在何处，向何处而去？回答这个问题应当成为理解和贯彻执行中国特色社会主义理论、路线、方针、政策以及哲学人文社会科学研究立论的历史性前提与立足点。然而，这个问题在关注的人群当中同样尚未达成共识。问题主要重叠在如何认识旧中国的社会性质、新民主主义革命、新民主主义社会、过渡时期、社会主义初级阶段及其相互关系上。

关于旧中国的社会性质问题。这个问题在20世纪二三十年代有过一次激烈的大争论。争论的理论成果反映在毛泽东的《中国革命与中国共产党》《新民主主义论》等著述当中，成为新民主主义理论的重要组成部分。1840年以后的中国逐渐演化为殖民地、半殖民地和半封建社会。其中，“殖民地、半殖民地”主要关涉中国国家主权的外部特征，“半封建”主要关涉旧中国内部的社会性质特征。对旧中国的国家及社会性质的这一定性，导引了反对帝国主义、反对封建主义、反对官僚资本主义的新民主主义革命直至胜利。对此，人们已有基本的共识，或许它早已成为“历史”，人们大多不去考究。但在今天看来，我们要对旧中国进行重新定义，加进“半资本主义”的历史与现实的基本内容，尤其是“民族资本主义”的内容，即旧中国的殖民地、半殖民地、半封建、半资本主义社会性质。

关于新民主主义革命问题。根据马克思主义的一般原理，社会性质决定国家性质，国家性质决定革命性质。在中外近现代历史上，民主革命即民主主义革命有新旧之分。17—18世纪欧美国家发生的资产阶级领导的，旨在推翻封建专制主义压迫，确立资产阶级统治的革命称之为旧民主主义革命。以1919年五四运动为界标，在此之前的近代以来的资产阶级民

---

① 乔耀章. 论作为社会主义定向的政治发展[J]. 江苏社会科学，2002(2).

主主义革命为中国的旧民主主义革命。1919 年五四运动成为新民主主义革命的开端,至 1949 年 10 月先后经历了第一、二次土地革命、抗日战争、解放战争四个时期。所谓新民主主义革命,新就新在:其一,新在指导思想——马克思列宁主义;其二,新在革命政党——中国共产党;其三,新在领导阶级——无产阶级;其四,新在革命理想——现代化和社会主义。由新民主主义革命的性质决定了新民主主义革命的直接的或首要的、第一的任务和目的不是也不可能是现代化或社会主义的,而是首先争得中华民族的独立、主权和统一,然后为中华民族的复兴、走向现代化和社会主义奠定历史性的前提与基础。对此,人们也已在总体上达成一定的共识,只是在"首先"与"然后"之间有没有时间差,或"先"与"后"的关系问题上还存在着分歧。那种以为新民主主义革命与现代化和社会主义之间可以"一气呵成"、"趁热打铁"、"毕其功于一役"等设想与认知,已经被历史的实践所斧正。

关于新民主主义社会和过渡时期问题。"革命"本是一个大字眼,是需要谨慎使用的。经过革命的事物会发生根本性的质变,由此推动事物不可逆性地向前发展。从社会是一个巨系统来看,革命可包括政治革命、经济革命、文化革命、社会革命。事实上,毛泽东的新民主主义理论所涵盖的内容可用一个公式表示:新民主主义理论 = 新民主主义革命 + 新民主主义国家 + 新民主主义社会。其基本的逻辑是,新民主主义革命首先是一场政治革命,其成败的标志是国家主权和政权发生根本性质的变化,然后用国家政权的力量构建新民主主义社会。我在《中国社会主义特色纵横谈》一书中认为,新民主主义社会是地道的中国的土特产,它也经历和遵循着自然历史过程。① 必须指出和值得商榷的是,学术界对毛泽东新民主主义理论中有没有"新民主主义社会"理论有不同的声音。其中,除了肯定存在新民主主义社会理论的声音外,还有两种声音:其一,认为没有新民主主义社会理论,并认为"'新民主主义社会理论'是个谎言"②,认为在第一代革命家、理论家的著作和言论里,从来没有"新民主主义社会理论"的提法和概念,认为吹捧"新民主主义社会理论"是别有用心地否定我国的社会主义革命和建设。其二,认为有新民主主义社会理论,但不是一种战略设想,而是在与国民党斗争中争取政治地位与领导权的一种策略考虑而已。因为是一种策略,所以后来毛泽东放弃新民主主义社会理论就毫不奇怪。③ 对于前者,只要潜心读读毛泽东的《中国革命与中国共产党》《新民主主义论》等原文,就可以肯定这是一种杂音。对于后者,认为是因为策略才放弃新民主主义社会理论,这与毛泽东最初设想的原意有相当的距离,因为战略与策略具有的相对性是由历史情境的变化而变化的。与这两种声音不同,我们认为新民主主义社会理论是毋庸怀疑的。一般认为 1949—1956 年是属于新民主主义社会。新民主主义社会的逻辑起点和历史起点同中华人民共和国的诞生同步。对之放弃,虽然有许多被动的缘由,但历史对这种放弃言行的否定将大于肯定。

关于过渡时期问题。一般有三个指向:其一是马克思、恩格斯所指的由资本主义社会到共产主义社会第一阶段的过渡时期;其二是我国从新民主主义革命到社会主义初级阶段的过渡时期;其三是从社会主义社会向共产主义社会的过渡时期。这里是指第二种情形,即指

---

① 毛泽东. 中国革命与中国共产党[M]//新民主主义论(一卷本)[M]. 北京:人民出版社,1970.

② 李伟. 新民主主义社会理论不能成立[J]. 探索,2008(4).

③ 新民主主义社会理论的几个讨论热点[EB/OL]. http://www.dzwww.com/rou//news/news/201004/120100419-6012685-1.htm.

新中国建立后的前7年或1952—1956年。在学术界，一直把过渡时期同新民主主义社会关联在一起并等质视之。承认过渡时期也就承认新民主主义社会，反之亦然。过渡时期或新民主主义社会一般被人们形象地描述为“在桥上”，即1949—1956年新民主主义革命最终胜利，这一社会主义社会初级阶段最终完成。特别值得一提的是，这一“过渡时期”绝不能等同于马克思、恩格斯论证的从资本主义社会到共产主义社会第一阶段的“过渡时期”。无论是在过渡前的社会形态的发展阶段，还是在过渡时期过程中的内容、形式及其路径，抑或是在过渡时期结束后的社会发展程度，都存在着质的差异，不可同日或同质而语。无视这一点，就会在事实上远离我国的实际，犯“唯书”、“唯苏”的本本主义或教条主义的错误。我们认为全部问题的关键可能在于：中国式的“新民主主义社会”或“过渡时期”是否真正成为不仅是逻辑的而且也是历史的过去？

关于社会主义初级阶段问题。这个问题与马克思主义社会形态之一般有着“间接”的联系，与中国社会形态之特殊有着“直接”的关联。正确认识我国社会所处的历史发展阶段，是建设中国特色社会主义必须解决好的重大理论问题。社会主义初级阶段理论是邓小平理论的立论基础，是我们党制定和执行正确的路线、方针、政策的根本依据，是我们党警惕右防止“左”的有力思想武器。针对过去超越阶段和脱离现实的失误，邓小平就指出：不要离开现实和超越阶段采取一些“左”的办法，这样是搞不成社会主义的。① 1981年制定的《关于建国以来党的若干历史问题的决议》中首次明确指出：我们的社会主义制度还是处于初级阶段。在党的十二大报告、十二届六中全会通过的《关于社会主义精神文明建设指导方针的建议》中，对社会主义初级阶段问题作过进一步的阐述，至党的十三大提出的党在社会主义初级阶段基本路线，标志着我们党的社会主义初级阶段理论正式形成。这一理论突出强调：我国已进入社会主义社会，必须坚持社会主义；我国的社会主义还处在不发达的初级阶段，必须从这个最大的实际出发，不能超越这个阶段。党的十五大对我国社会主义初级阶段从九个方面加以科学完整地概述与判断②，并指出这样的历史进程至少需要100年。目前，国内学术界聚焦在社会主义初级阶段与新民主主义社会（或过渡时期）的关系问题上大体有三种观点：第一，“回归论”，认为社会主义初级阶段理论是新民主主义社会理论在物质基础上的某种回归；第二，“超越论”，认为新民主主义社会与社会主义初级阶段的关系表现为后者对前者的继承与超越③；第三，“互补论”，认为严格意义上的“回归”，重新走新民主主义社会之路是不可能也不现实的，人为的或主观的“超越”也是有违新民主主义社会的

---

① 新民主主义社会理论的几个讨论热点[EB/OL]. http://www.dzwww.com/rou//news/news/201004/120100419-6012685-1.htm.

② 这九个方面的判断为：我国社会主义初级阶段是逐步摆脱不发达状态，基本实现社会主义现代化的历史阶段；是由农业人口占很大比重、主要靠手工劳动的农业国，逐步转变为非农业人口占多数、包含现代农业和现代服务的工业化国家的历史阶段；是由自然经济半自然经济占很大比重，逐步转变为经济市场化程度较高的阶段；是由文盲半文盲人口占很大比重、科技教育文化落后，逐步转变为科技教育文化比较发达的历史阶段；是由贫困人口占很大比重、人民生活水平比较低，逐步转变为全体人民比较富裕的历史阶段；是由地区经济文化很不平衡，通过有先有后的发展，逐步缩小差距的历史阶段；是通过改革和探索，建立和完善比较成熟的充满活力的社会主义市场经济体制、社会主义民主政治体制和其他方面体制的历史阶段；是广大人民牢固树立建设有中国特色社会主义共同理想，自强不息，锐意进取，艰苦奋斗，勤俭建国，在建设物质文明的同时努力建设精神文明的历史阶段；是在逐步缩小同世界先进水平的差距，在社会主义基础上实现中华民族伟大复兴的历史阶段。这样的历史进程至少需要100年时间。

③ 邓小平. 邓小平文选：第2卷[M]. 北京：人民出版社，1994. 312.

自然历史过程的。新民主主义社会既不可忘却,也更不可告别。今天的中国既不能"超越"或"跨越"新民主主义社会,只能"穿越"新民主主义社会,继续完成新民主主义社会遗留下来的而在过渡时期应该完成实际却没有完成的历史任务。换言之,应该始终坚持和面向社会主义,诚实补上新民主主义社会尚未完成的经济、政治、文化、社会建设的历史课程。基于上述多质态社会共存分析,我认为新民主主义社会与社会主义初级阶段之间所呈现的不是"断裂"而是"撕裂"这样一种历史画面,进而构成优势互补的共生关系。经过多年的思考与研究,我向学术界提出并初步论证了"后新民主主义社会"这一创新性的理论命题。①

马克思指出:理论一经掌握群众,也会变成物质力量。理论只要说服人,就能掌握群众;而理论只要彻底,就能说服人。所谓彻底,即抓住事物的根本。② 如果"后新民主主义社会"是中国特色社会主义初级阶段的另一种表达法能够成立的话,那么后新民主主义社会就是当今中国实际存在着的社会历史方位。根据"后学"的思维逻辑,所谓"后新民主主义社会",在我国是相对于新民主主义社会而言的,有其泛指和特指。泛指既包括新民主主义社会的后期,又包括后于新民主主义社会的社会主义初级阶段以及社会主义社会等;特指是指后于新民主主义社会,又先于马克思、恩格斯理论论证的,后来列宁恪守的"够格"的,对当代中国实践来说还属于未来情境的社会主义社会。本文侧重于泛指的"后新民主主义社会",它是在新民主主义社会基础上的穿越与重构。

由是观之,如果实事求是地说,我国的新民主主义社会尚未真正成为历史,它是新中国的起跑线;"后新民主主义社会"是中国特色社会主义初级阶段的另一种表达法,是一个值得探讨和创新的理论问题,是当代中国社会的历史方位和价值取向的底线,是一种更能说服人的理论,更能掌握群众,因而也更能赢得人心。

三、政治元素特色

如前所述,可用以阐明当今中国社会所处的历史方位的"后新民主主义社会",与中国特色社会主义初级阶段、进而同新民主主义社会(过渡时期)既有联系又有区别,是新民主主义革命的产物,也是旧中国国家特征和社会性质变迁的产物。正是新民主主义革命、新民主主义社会孕育产生着我国国名或国号以及物质载体和精神象征的国旗、国徽、国歌等。我之所以向学术界奉献"后新民主主义社会"这一理论命题,所依据的基本历史事实就在于此。我国的国名(是从三个名称"中华民国"、"中华人民民主共和国"、"中华人民共和国"中选出的)、国旗(是从近3 000幅国旗图案中胜出的)是在1949年10月确定的,那时正处在新民主主义革命胜利和新民主主义社会初创时期,至今我国的国名、国旗等象征并没有因为过渡时期结束、"文化大革命"、改革开放等重大历史事件而改变。既然国名、国旗等都没有变,那么产生它的国家、社会的根本性质也就不会根本改变,国名、国旗等依然反映着我国国家和社会的本质。因此,新民主主义社会还不可忘却,新民主主义社会还不能完全被告别而真正成为历史。中华人民共和国国名给人民民主政权的国家定位,见证着新民主主义社会的由来与发展。

我对"中华人民共和国"国名所含的政治元素的思考源于中共中央编译局俞可平先生

① 乔耀章.后新民主主义社会——中国特色社会主义初级阶段的另一种表达法[J].江苏科技大学学报,2008(1).
② 马克思,恩格斯.马克思、恩格斯选集:第1卷[M].北京:人民出版社,1995.9.

的启发。他在一次大型问卷调查中，就什么是"人民共和国"问题民调的结果使他大吃一惊，只有27%的人做了基本正确的回答。① 我对该问题的思考与研究有一个与时俱进的过程。最初，我认为中华人民共和国国名表征着民族性、人民性、政党性、共和性、民主性"五位一体"的政治属性。其中，民族性，即"中华"表明共和国是由多民族(56个民族)组成的大家庭；人民性，表明国家的根本性质、正义与发展的内在要求，国旗上的四颗小星就是人民性象征；政党性，表明共产党是共和国各族人民的领导核心，共和国国旗中的一颗大星是其政治象征，她似北辰，居其所而众心拱之；共和性，表明国家是公共的，为着公共利益，共和是一种选择、是一种走向、是一种目标，更是一种新式忠诚，即忠诚于各民族，忠诚于人民；民主性，表明共和国的民主不可或缺，民主性涵盖在民族性、人民性、政党性和共和性之中，民主性是民族性、人民性、政党性和共和性的幂或乘方，于是就有共产党民主、民族民主、人民民主、共和民主。这样，中华人民共和国国名就由五大政治要素构成：**中华人民共和国＝(共产党＋民族＋人民＋共和)^{民主}**。其中，我把民主分为"民之主"—"民知主"—"民自主"三大基本类型，并且强调并不因为在名称上有了"人民"，有了"共和"，而在事实上就自然而然地有了民主，具体的可体验的民自主还有相当长的路程要走。②

后来，在2009年11月北京香山会议上，根据会议的议题，我把涵盖基本政治元素的国名的简明公式微调为：**中华人民共和国＝(政党＋民族＋人民＋共和)^{民主}**。这次微调只有增质，没有增量。即共和国的基本政治元素还是那"五位一体"，但更加突出了中华人民共和国的政党，包括共产党和其他八个民主党派。在中国讲党内民主、政党民主，就要讲共产党民主、民主党派或参政党民主。"党内民主"有共产党的党内民主，也有民主党派的党内民主，以及共产党与各民主党派之间的民主或"党际民主"。因此，党内民主就不仅仅是共产党的事。从特定意义上说，共产党党内民主程度具有决定性的价值与意义。共产党党内民主在很大程度上决定着各民主党派的党内民主程度，决定着民族民主、人民民主、共和民主，决定着国家民主、社会民主和公民民主。③

现在，我对共和国国名中涵盖的基本政治元素又有了新的认识。上述所试列的两个公式只是侧重于中华人民共和国国家内部的政治元素，而忽略了中华人民共和国国家外部的基本政治元素，这不能不说是一大缺陷，现在加上必要的增量补充。1840年以后，封建的中国逐渐变成半封建、半殖民地的国家。中国人民为国家独立、民族解放和民主自由进行了前仆后继的英勇奋斗，终于推翻了帝国主义、封建主义和官僚资本主义的统治，取得了新民主主义革命的伟大胜利，建立了中华人民共和国，赢得了平等待我之民族的社会历史前提与基础。彰显中华人民共和国国家外部特征的政治元素主要有独立、自主、主权、平等等。其中，主权的统一不可分割最为重要。因此，我把共和国涵盖的内外基本政治元素的公式再次微调为：**中华人民共和国＝主权＋(政党＋民族＋人民＋共和)^{民主}**。这个公式力图做到将中华人民共和国国名中所涵盖的内外政治元素有机地统一起来。

中华人民共和国是中国的，也是世界的。以中国共产党十一届三中全会为历史坐标，今日之新中国已经或正在趋向发展为新新中国。我们应当同心协力做好建设新新中国这篇大文章！

---

① 俞可平. 共和国是什么[J]. 百姓月刊,2001(10).
② 乔耀章. 论普及民主——共和国的民主不可或缺[J]. 探索,2009(5).
③ 乔耀章. 民主不仅作民众的事——再论普及民主[J]. 理论探讨,2010(1).

社会转型陷阱生成的政治生态分析*

一、"社会转型陷阱"解读

人类社会是一个开放而复杂的系统,它的"黄金时代"不在过去,而在遥远的未来,然而通往未来的道路总是通过无数"试错"才能得以开辟。按照马克思主义的基本观点,社会是共同物质条件而互相联系起来的人类生活共同体,是人们交互作用的产物。社会孕育着国家、政府、政党,国家、政府、政党也能动地反作用(正向、负向)于社会。社会也产生着"主义",主义也能动地反作用或反哺社会。"社会"概念的基本内涵是由人的社会生活为核心内容和社会关系、社会结构、社会制度等社会存在形式两部分有机构成的。社会存在形式会随着社会生活内容的存在、变化、发展而存在、变化和发展,由此形成迄今为止人类社会的诸种社会形态。当然,所有这些都不会自然而然地发生的,因为没有什么是必然的、精确预言的东西,而主要是由于人及人类的主观能动性不断地增强并发挥其正向作用的缘故。据考证,古代汉语中的"社会"一词是带有祭祀意义的聚会,是"里社集会"的简称,又指群众结社组成的地方团体之意。作为现代意义上的"社会"最早出现在日本明治年间,由日本学者从西方翻译过来后被引进到中国。当"社会"特别是"社会主义"概念被引进或传送到中国以后,各路仁人志士、社会贤达开始运用"问题"与"主义"来解释社会、重构国家。其中,特别是中国共产党人开始寻找、接受、运用"社会主义"、"马克思主义"来解释现代中国社会,建构现代中国国家,改变着中国的社会、国家与民族的命运,实现着中华民族的伟大复兴,践行社会、国家和民族的历史性转型之使命。

转型是事物发展到一定历史阶段的产物,总体上属于质的螺旋式上升的进步状态,表现为多种样态或情形。如果某事物已处于定型化的"成熟"或"物极"状态,那么,该事物面临的"转型"、"必反"就为期不远了,否则,该事物就不会转型。在现实社会生活中,关于"社会转型"一词现已成为使用频度很高的词汇,我国大陆学界现已发表和出版了海量的研究成果,涉及社会学、哲学、经济学、政治学、法学等多学科领域。这些研究大多聚焦于"社会转型"的广义与狭义。广义的"社会转型",一般是指人类社会从一种社会形态转变为另一种社会形态,或从一种社会类型转变为另一种社会类型,尤其是指由传统社会向现代社会转

---

* 原载《中共四川省委省级机关党校学报》2012 年第 6 期;中国人民大学复印报刊资料 · 中国政治 · D4,2013(2)全文转载。

① 高放.社会主义的过去、现在和未来[M].北京:北京出版社,1982.58—84.

型,特别是指西方早发型国家由传统社会向现代社会转型所具有的广义性。狭义的“社会转型”,主要是指1978年改革开放以来中国社会结构的变化:从以阶级斗争为纲到以经济建设为中心,从计划经济到市场经济,从封闭社会到开放社会。这些研究比较集中在中国社会转型的趋势及其标志方面,主要有:从传统社会向现代社会转型,从农业社会向工业社会转型,从自给、半自给的产品经济向社会主义市场经济转型,从乡村社会向城镇社会转型,从封闭社会向开放社会转型,从同质单一性社会向异质多样性社会转型,从人治社会向法治社会转型,等等。① 所有这些研究成果对于我们认识当今中国社会不无裨益。但是,我们也不能不看到其中有些“拿来主义”的理论研究或探讨,把西方具有特殊性的社会转型经验当作普遍性的社会转型经验,硬套到我国具有特殊性的社会转型实践中来,这就势必在客观上造成我国某种程度的“社会转型陷阱”。

“社会转型陷阱”关涉到社会转型是否适度、适当、成败、复辟、倒退等问题。“陷阱”本指狩猎者为捕捉猎物而人为设置的伪装物,也比喻设陷、害人的阴谋。同样道理,“社会转型陷阱”不是自然的而是与人为有关,如果不是设计者有心有意所为,就是执行者乏力无为驾驭或被外力牵引,随从者无意识盲从的结果。笔者坚持认为,1978年我国开启的改革开放的历史新时期,在本质上是一种“试错”的历史进程,不可避免地会面临种种陷阱,能否避免这种种陷阱,则要完全取决于我们的智慧。30多年来,我们已经经历和正在经历着三个比较大的陷阱:其一,是“现代化的陷阱”;其二,是“中等收入陷阱”;其三,就是“社会转型陷阱”。其中,所谓“现代化的陷阱”,是因何清涟《中国现代化的陷阱——转轨时期经济社会问题研究》(原名《十字路口的中国——转轨时期经济社会问题研究》)一书而得名。正当不少人正陶醉、酣睡在改革的甜梦中时,该书首次较为系统地研究了中国经济繁荣的社会后果,较强有力地证明:在中国,少数人的暴富并不必然会改善社会状况,也未必引导中国走向民主。这使我们不得不重新思考——改革究竟意味着什么?笔者认为,从特定意义上,与其说是“现代化的陷阱”倒不如说是“改革的陷阱”,如果改革在实际上走向预先设计的反面,就尤为如此。“中等收入陷阱”概念是世界银行《东亚经济发展报告(2006)》首先提出的。其基本含义是:鲜有中等收入的经济体成功地跻身为高收入国家,这些国家往往陷入了经济增长的停滞期,既无法在工资方面与低收入国家竞争,又无法在高端技术研制方面与富裕国家竞争。按照世行的标准,2010年我国人均国内生产总值达到4 400美元,已进入中等收入偏上的国家行列。根据世行的定义和标准,我国人民论坛杂志曾在征求50位国内知名专家意见的基础上,列出了“中等收入陷阱”国家的十个方面的特征:经济增长回落或停滞,民主乱象,贫富分化,腐败多发,过度城市化,社会公共服务短缺,就业困难,社会动荡,信仰缺失,金融体系脆弱等。我国是发展中国家,此种陷阱的特征也困扰着我们国家,只是其性质有所不同罢了。所谓“社会转型陷阱”,是一个创新概念,是社会学家孙立平教授在其主笔的清华大学2011年度《社会进步系列研究报告》中正式提出的。他认为有别于“中等收入陷阱”,“社会转型陷阱”的主要症状是指在社会改革和转型过程中会造就一个既得利益集团,这个集团会阻止进一步改革,要求把过渡时期的体制定型化,形成使其利益最大化的“混合型体制”,由此导致了经济社会发展的畸形化和经济社会问题的不断积累,也因此,既得利

① 李培林.社会结构转型理论研究[J].哲学动态,1996(2);范燕宁.当前中国社会转型问题研究综述[J].哲学动态,1997(1);陆学艺.当代中国社会基础研究报告[M].北京:社会科学文献出版社,2002.

益集团用“维稳”的理由拒绝改革,绑架改革。也正是从这个意义上,笔者认为与其说是“社会转型陷阱”,倒不如说是“改革的陷阱”更为确切。由此我们提出一个值得深思的问题:所谓“社会转型陷阱”,是“自设的”还是“他设的”,抑或是某种“合谋”?这就关涉到非常复杂的政治生态问题。

“政治生态”是由“政治”与“生态”合成的概念,有别于“生态政治”。政治有广义政治与狭义政治之分,本文侧重于广义政治。生态,本是生物学概念,一般解释为“环境”并与环境连用为“生态环境”。政治又可分为一般或普遍政治、特殊政治、共性政治、个性政治、动态政治、静态政治等。政治生态还可分为政治自系统的相对于某个政治主体的政治生态和政治自系统以外非政治系统各要素所构成的政治生态环境两部分。本文论析“社会转型陷阱”的政治生态侧重于广义政治的“复合型”政治生态。

比较分析可见,“社会转型”、“社会转变”、“转型社会”、“社会形态转型”等概念是有所不同的(为了叙述方便起见本文不做区分)。所谓“社会转型”,是一个非常复杂的社会问题,涉及社会转型的类型、动力、形式、方式、起点、路径、目标等问题。就其类型来说,可分为:人类社会转型,西方社会转型,东方社会转型;宏观(大)社会转型,微观(小)社会转型等,本文侧重于宏观的大转型。在我国,所谓“社会转型陷阱”可称为“连锁性陷阱”。它们“异症同源”,都是社会存在的反映,都不是孤立存在的,只是各有侧重,表述有所不同而已。或者说,“社会转型陷阱”是我国改革开放的消极的副产品,它们正危及着我国改革开放的主产品。我们认为,导致“现代化的陷阱”、“中等收入陷阱”、“社会转型陷阱”的政治生态要素是多方面的,但如果不就形式而就其内容来说则是共同的,就是把“现代化”、“分配收入”、“社会转型”等概念、命题过于抽象化、中性化、一般化,并在表象上进行价值剔除,去除相关的社会性质或制度性质,而在事实上确认资本主义社会制度性质,以便暗含设陷的玄机,以售其奸。如果我们不加区别地照搬西方国家社会转型的模式,拿来主义地套用,就势必导致在理论和实践的层面上,可能实际偏离我国改革开放最初的、最高或顶层的、总体设计的理念,难以兑现最初向人民所许下的总体政治诺言。毛泽东曾在他的《中国革命战争的战略问题》一文中,从三个层面研究战争的规律问题,即战争的规律,革命战争的规律,中国革命战争的规律。这对于我们今天研究现代化问题,研究收入分配问题,研究社会转型问题都具有方法论的指导意义。其中,就社会转型而言,如果我们从社会转型的普遍或一般,从社会转型的特殊,从社会转型的个别视角切入,研究社会转型、社会主义社会转型、中国特色社会主义社会转型,就有利于我们比较准确地寻找“社会转型陷阱”形成的政治性成因,找到突破陷阱的有效途径。

二、社会转型的普遍性政治生态

社会转型原是西方社会结构功能主义学派现代化理论的一个特定的概念和基本范畴,它的原初含义是强调以社会自身结构为主体的社会整体性发展和结构性变动。社会转型的原初含义还可以具体化为“四个强调”:强调社会“自身”结构,不是“他者”;强调社会结构为“主体”,不是“客体”;强调社会“整体性”(“一盘棋”)发展,不是高度“统一性”、“集中性”或“局部性”、“碎片性”的社会发展;强调社会的“结构性”(包括政治结构、经济结构、文化结构、社会结构)变动,不只是社会某个领域的动能性的变动。与此同时,笔者还要特别指出的是,要准确解读社会转型问题时,还不能离开西方相关研究领域的"学术传统"。在解读社会转型问题上的学术传统主要有两个方面。一方面是关于社会与国家关系的理论传统。这一理论传统侧重在强调社会的先在性,强调社会主体性。与社会先在性、主体性理论传统对应的是"黑格尔主义"的国家至上性。另一个是基于社会的先在性、主体性,侧重于对社会进行"量态"而非"质态"(尤其是指社会性质或所有制关系)的分析研究。与此相联系的是自由主义一直是西方社会占据主流地位的价值观或理论传统。这两方面的学术传统事实上源于它的实际载体——社会的所有制传统,亦即私有制传统。正是从这个意义上说,与其说是"社会转型",倒不如说是"私有制转型"或社会"所有制转型",即在社会进化的历程中,逐步扬弃私有制的历史局限性,使其不断地趋向社会化,这本身就是一种更为深刻的社会转型。这可能也是一种预设,一种并不是必然导致消极的"社会转型陷阱"的预设。至于假借以"社会转型"名义来诱致某种正处在转型期的社会非正常地落入引诱者预设的"陷阱",此种情景则应另当别论。

为准确解读社会转型问题,还应当求教于马克思主义社会形态理论。社会形态理论是马克思主义唯物史观的一个核心思想。列宁曾指出,唯物主义历史观是科学思想中的最大成果,是唯一科学的历史观,是社会科学的同义语。① 根据马克思列宁主义社会形态理论,笔者试列出以下图式,即社会科学—唯物史观—社会形态—所有制关系—生产力—人。笔者所思考的基本逻辑是:社会科学是三大科学(中国社会科学院的李慎明同志主张把科学分为自然科学、生命科学、社会科学)分类之一,社会科学的同义语是唯物史观,社会形态理论是唯物史观的一个核心思想,社会形态以生产资料所有制关系为基础,由此决定着整个上层建筑,生产资料所有制关系最终决定于生产力发展的水平与状况,生产力不仅仅是物,而且还在于人,是"人物"的有机结合,不能只见物不见人。如果说实践是人与自然之间的媒介,那么,人则是生产关系与生产力之间的媒介。只有抓住了现实的人,才算是抓住了事物的根本。② 对于这个图式,我们着重从社会与自然、社会与人(社会形态)和社会与国家三个维度来解析社会转型问题的普遍性问题。

关于社会与自然。马克思论证了人类社会生产关系与生产力辩证关系发展的自然历史过程。认为早期的人类处于自然界的绝对支配之下,生活资料主要通过体力劳动从自然界中直接获得,此时的财产关系也更多地表现为直接的自然的统治关系。认为在资本主义大工业背景下,劳动的统治更多地表现为资本的统治,即积累起来的劳动的统治。这种统治造成了劳动的异化,也造成了劳资两极分化、阶级对立,以及社会再生产的中断,使自然界的物质代谢和循环发生紊乱。由此,资本与私有制的存在造成了破坏自然与社会有机统一体生态危机的深层次根源。③ 1972 年,美国麻省理工学院丹尼斯 · 米都斯发表题为《增长的极限》研究报告,发出振聋发聩的警告,在全球范围内产生了巨大的影响和广泛的争议。此后,联合国国际性组织提出可持续发展、包容性增长、包容性发展、改变增长方式以及倡导低碳生活等等理念与措施,为处理人类社会生存、发展与自然极限的矛盾,降解社会生态危机,

---

① 靳辉明等."社会形态理论与历史价值观"笔谈[J].中国社会科学,2011(1).

② 马克思,恩格斯.马克思恩格斯选集:第 1 卷[M].北京:人民出版社,1995.9.

③ 李龙强.《德意志意识形态》中的唯物史观与生态文明思想——从全统一性角度分析[J].湖北行政学院学报,2012(2).

构建生态文明,做了大量的工作。中国做出了积极的回应与有效的对策。因此,从最宽泛意义上说,所谓“社会转型”,首先就是人类社会与自然界关系问题上的转型。基于大历史观,迄今为止人类社会与自然界的关系经历了三大历史阶段和两次转型。所谓“三大历史阶段”是:自然支配、统治社会—社会“改造”、“征服”自然—社会与自然的和谐。所谓“两次转型”即:第一次转型是从自然对人、社会的统治到人、社会对自然的“征服”与“改造”(或对立),这次社会转型大体上“以资本来到世间”为标志;第二次转型是20世纪70年代以来,开始从人、社会对自然的“改造”与“征服”(或对立)到追求社会与自然的“合一”与“和谐”。这既验证了中华民族“天人合一”的传统智慧,也符合当今和未来人类社会的整体利益,人类还将长期处在第二次社会转型之中。这是其一。

关于社会与人。马克思主义关于社会形态理论主要有三种划分方法。其一,根据生产关系或所有制性质把人类社会发展过程分为:原始社会—奴隶社会—封建社会—资本主义社会—社会主义和共产主义社会。从所有制关系方面分为:原始公有制—私有制—社会所有制。这种划分贯穿着线性进化论,所引起纷争的问题不在于每一种社会形态的具体表现形式同中有异,甚至千差万别,而在于这五种社会形态在具体的民族国家发展过程中的不同步性和非平衡性,以及由此产生常规有序性或次第展开性与非常规无序性或发展的不无条件的跳跃性。其二,根据社会主体的人的发展把人类社会发展过程分为:人对人的依赖性社会—人对物的依赖性社会—人的全面发展的社会。它们分别同自然经济社会—商品经济社会—产品经济社会相联系,表现为一种社会自然历史过程,如果某种社会制度具有优越性,是指它可以比旧的社会制度所没有的高速度发展来弥补先前社会发展阶段的滞后性,但不可以随意跳跃或超越。其三,根据生产力和技术发展水平把人类社会发展过程分为:石器时代—铜器时代—铁器时代—机器时代—电子时代,其技术社会形态为渔猎社会—农业社会—工业社会—信息社会等,它所展示的也是一种社会自然历史过程。这三种划分关涉到生产方式中的生产关系和生产力两方面的有机统一,其统一性的程度关涉到社会发展的质量。如果社会质量高,社会就能够良好地自我运作和管理,解脱政府的重负;反之,政府就会陷入繁杂社会事务的管理之中,政府太累。由于生产关系决定于生产力,生产力诸要素中人的要素又具有十分重要的地位,所以,社会质量归根到底受制于人的质量,即受制于人的发展。因此,研究社会问题必须以研究人作为出发点和归宿,进而研究人与社会的价值互动。① 从这个意义上说,社会转型就是社会与人或人与社会关系的纵向或历时态的转型。如果基于大历史观,迄今为止整个人类社会的生产关系或所有制性质也经历了三大历史阶段和两次转型。所谓“三大历史阶段”是:原始社会共有、公有制——阶级、国家社会的所(私)有制——未来社会的社会所有制(重建个人所有制)。所谓“两次转型”即:第一次转型是从原始社会共有、公有制解体向阶级、国家社会的所(私)有制确立转型;第二次转型是从阶级、国家社会的所(私)有制向未来无阶级、国家社会所(公)有制社会的转型。确切地说,按照马克思主义基本观点,这次社会转型始于资本主义社会向社会主义的过渡。在理论上,一般以1848年《共产党宣言》发表为标志,宣告了一个时代的开始,使社会主义从空想发展为科学;在实践上,一般以1917年十月革命为标志,社会主义开始从理论变成现实。今后相当长的历史时期内,人类还将长期处在第二次社会转型之中。这是其二。

---

① 乔耀章.政府理论[M].苏州:苏州大学出版社,2003.144—145.

关于社会与国家。生产方式构成社会的经济基础,国家是社会的政治上层建筑。从政治学角度看,社会与国家是对立面的统一。其中,对立面是侧重于国家的阶级性,表现为统治阶级的特殊利益与被统治阶级的社会大众利益的对立;统一性则是侧重于国家的社会性,表现为国家作为凌驾于社会之上的"中介人"的地位,通过制定和实施公共政策来谋取统治阶级与被统治阶级的公共利益。把国家与社会的这种关系投放到历史动态的长河中去认知,它们并不构成两个对立的中心极,而是在互动中其重心不断此消彼长的过程。这个过程可概括为:从社会国家化到国家社会化。前者,社会先在于国家,国家从社会母体中生成、发展、增长至极,国家赢得至上性甚至吞并社会,以致人们只知国家而不知社会,如封建社会的国家就是如此。后者,在社会自身动力和国家导向作用力的互动下,社会不断发育、成长、成熟,内部分裂与冲突的因素逐步消除。一方面,国家开始自律,即在国家权力、能力、权威方面的自我限制,逐步还政于社会;另一方面,社会随之要逐步收回曾经让予国家以及被国家掠夺去的权力,直到社会获得自主性,社会逐步不再需要国家,实现社会自治。虽然这种情景距离我们还相当遥远,然而这的确是一种不容否认的大趋势。这种大趋势大体上始于资本主义社会制度最终确立以后。① 也正是从这个意义上说,社会转型就是社会与国家关系的纵向或历时态互动所经历的三大历史阶段和两次转型。所谓"三大历史阶段"是:社会产生国家或社会国家化—国家与社会共存互动—国家社会化或国家回归社会。所谓"两次转型",即第一次转型是社会向国家转型,亦即社会产生国家或社会国家化;第二次转型是国家与社会互动的历史进程中,社会日益成长,国家日益趋于社会化,国家逐步还政、还权给社会。人类还将长期处在第二次社会转型,即国家与社会此消彼长的历史进程中。这是其三。

由此可见,人类的社会转型是多种多样的,由传统向现代社会转型,只是社会转型的一种表达法。究其社会转型的普遍性或共性、一般性而言,任何民族国家都会直面一个该社会与自然、该社会与人、该社会与国家的关系问题,它们都有一个历时态的或纵向的从前者到后者的社会转型或社会过渡问题。如果从整个人类社会的总体性进程来说,当今人类社会还长期处在"第二次社会转型"的历史进程之中。即在社会与自然的关系上,从社会与自然的对立向社会与自然的和谐的转型;在社会与人的关系上,从私有制社会向社会所有制社会的转型;在社会与国家的关系上,从社会国家化社会向国家社会化社会的转型。人类社会共同面临的这种总体性社会转型,是一个不断社会转型与阶段性社会转型相统一、历时态社会转型与共时态社会转型相统一的历史过程。由于具体民族国家的历史、地理、环境等因素及其演变、发展不平衡规律作用的结果,各民族国家的社会转型背景迥异,具体处在何种历史方位或何种历史发展阶段,则是千差万别的,它们应当遵循共同但有区别的原则,这就涉及社会转型的特殊性问题。

三、社会转型的特殊性政治生态

人类社会转型的普遍性寓于具体民族国家社会转型的特殊性之中。对人类社会转型普遍性来说,社会转型可分为两大类,一类是早发型民族国家的社会转型,一类是后发型民族国家的社会转型。前者,通常是指西方发达资本主义国家的社会转型;后者,通常是指非西

---

① 乔耀章,政府理论[M].苏州:苏州大学出版社,2003.148.

方国家的社会转型。由于事物发展不平衡规律的作用,早发型民族国家社会转型所走过的道路、提供的经验与教训对于后发型民族国家的社会转型不可避免地具有相当的参考价值与示范作用。

中国的社会转型是人类社会转型总画面的有机组成部分。中国社会转型的历史坐标有不同的分类。一般说来,可以以三个时间点为参照系:其一,以1840年为界,是由传统中国开始向现代中国转型,此次转型是从封建社会向半殖民地半封建半资本主义①社会转型,虽然早期有不同的社会价值选择,但其社会性质大体属于"同质性"(所有制性质)的不同历史发展阶段的"大转型";其二,以1949年为界,是由旧中国开始向新中国转型,此次转型是从半殖民地半封建半资本主义社会向新民主主义社会的转型,其社会性质大体属于"异质性"的不同发展历史类型的"中转型";其三,以1978年为界,是由新中国开始向新新中国转型,此次转型是1956年从新民主主义社会向中国特色社会主义初级阶段或后新民主主义社会②转型,其社会性质大体属于"同质性"的不同历史发展阶段的"小转型"。其实,严格说来,根据笔者对"转型"的解说,所谓大转型、中转型可属于同一种历史类型的社会转型,因为它在社会性质及发展取向上开始着质的变化。而所谓小转型,其社会性质尚未定型化到需要根本转型的程度,尚需要自我调适与积极建构,由此应该警防"社会转型"过程中社会性质的蜕变(陷阱)绝不是多余的。可见,中国的社会转型有其鲜明的特色,主要表现在以下几个方面。

特色之一,是社会转型的独创性。与其他民族国家的文明相比,中华文明的突出特点在于,她历经五千年绵延不断地存在与繁荣,昂然挺立于世界民族之林。中华传统文明的特征主要有:以农耕文明为主轴,以草原游牧文明与山林农牧文明为两翼,并借助商业和手工业予以维系的复合型文明;以君主官僚国家政权体系为主轴,以血缘网络与地缘网络为两翼,并借助众多经济共同体及文化上高度认同而予以强化的大一统文明;尊德性,崇礼义,重教化,尚君子,以伦理为本位的泛道德主义文明;中华传统文明的主要局限与弊端也源于此。根据上文对"转型"的解说,中华传统文明是"成型"的。由此,中华传统文明向现代文明转型也是自然的。主要表现在:以现代工业文明、城市文明、信息文明为指导,以国内市场、国外市场为两翼,整个社会经济正经历着全面的转型;大一统国家继续居于主导地位,中央集权的官僚国家实际上统领和决定着整个社会转型进程,并在这一转型中自身也在转型;知性上升至主导地位,整个社会正在走向知识化;正在转型中的古代、近代、现代文明将长期并存共生。经过几代人的上下求索,峰回路转,终成社会转型的基本路径,以解决无法回避的三大问题,即外铄与内生相悖和对立;大一统国家权力全能化、绝对化与人的普遍自主自立相悖和对立;人的异化与每个人自由而全面发展相悖和对立。③ 这些独创性是总体性的。这些总体性的独创性特色正在进行时,就具体体现在中国特色社会主义的社会转型之中。

特色之二,是社会转型的"天人合一"性。天人合一是中国古代思想史的核心命题之一。其主旨认为"天"是世界的本原和法则,"人"在宇宙中居于特殊地位,自然、社会和人生具有内在的统一性,而"天"或"道"、"理"又是这种统一性的抽象。这种思维方式使"天"成

① 乔耀章.中国社会主义特色纵横谈[M].苏州:苏州大学出版社,1996.

② 乔耀章.后新民主主义社会——中国特色社会主义初级阶段的另一种表达法[J].江苏科技大学学报,2008(1).

③ 姜义华.中华文明从传统向现代转型及其路程的创新性[J].社会科学,2010(3).

为自然观与社会观、哲学思辨与政治思维的混成物,以致无论主张以天合人还是以人合天,其主旨都是论证一种理想的社会与理想的人生,其中心论题是政治。在古代文献中,"天"的内涵主要有三类含义:其一是自然之天;其二是义理之天;其三是主宰之天。① 本文的天人合一之"天"取自然之天之义,亦即引申为自然界;本文的天人合一之"人"与"社会"同义。这样,"天人合一"就成为"自然与社会合一"或自然与社会的统一、和谐。在极其漫长的自然支配、统治社会或人的历史岁月中,为了彰显人的实践主体性,古代中国智人还奉献了"人定胜天"的思想命题,成为后来人们通往现代化社会的历史进程中征服自然、改造自然的思想渊源之一。新中国成立以后,在"落后势必挨打"、"赶超发展战略"等驱使下,人们为着改变"一穷二白"的面貌,"向自然开战","人有多大胆,地有多高产","不怕做不到,就怕想不到"。由此,我们干了不少蠢事。平心而论,改革开放以来,我们在新的历史时期也继续干了不少蠢事,这一点我们的子孙们会比我们更有公论。自《增长的极限》敲响了人类生态危机的警钟以后,为了体现我们这代人的历史自觉,注重生态文明建设,联合国及相关国际组织先后提出"可持续发展"、"包容性增长"、"包容性发展"理念,召开环境与发展会议等一系列举措,成为人类社会与自然关系转型的重要历史标识。1994 年 3 月,中国政府颁发了《21 世纪议程——中国 21 世纪人口、环境与发展白皮书》,成为世界上第一个完成国家级《21 世纪议程》的国家。在此基础上,中国又提出"科学发展观"、"两型社会"(资源节约型和环境友好型)建设等理念。这些理念是古代中国"天人合一"智慧的当代版。在自然与社会的关系问题上,中国的社会转型所谋求的不是"先发展后治理",更不是"发展自己污染别人",而是"边建设边治理",或"建设与治理并举",甚至生态文明建设先于环境治理。这是当代中国社会转型特色所不可或缺的重要内容。她将为保护地球这个全人类共同的家园,为全人类的生存与可持续发展做出中华民族应有的当代新贡献。

特色之三,是社会转型的多质态性与包容性。一般说来,一种常态社会内涵过去社会的遗迹、现实社会的基础和未来社会的萌芽三种质态,当今中国社会也不例外,尤其是转型期的社会质态更加复杂多元。首先,表现在生产关系所有制方面。上文所说的五种生产方式的历史分期法,以及原始公有制—阶级、国家私有制—未来社会所有制三大历史阶段的逻辑建构,只是一种理论抽象,至今的人类现实社会中找不到按此理论进阶的实践范例,以致有人主张否定和放弃这种理论,这是不能令人信服的。但是,现实中既没有清一色的私有制,也没有清一色的公有制,而且无论是私有制还是公有制,都有其多种实现形式,尤其是私有制。比如,同样是私有制,就有奴隶社会私有制、封建社会私有制、资本主义社会私有制;同样是封建社会私有制,中国的不同于西方的;同样是资本主义私有制,就有私人资本、垄断资本、国家垄断资本、国际垄断资本等。在历史实践层面上,1840 年以前封建的中国没有转型为资本主义的中国,而是沦为半殖民地半封建半资本主义的中国,"外资"——帝国主义在华资本、"官资"——官僚资本、"民资"——民族资本,以及封建地主阶级土地所有制、城乡小手工业构成了中国社会经济基础。旧中国的第一要务就是反帝、反封建。其中,反帝,争得中华民族独立、国家主权、统一;反封建,争得人民民主。1949 年 10 月中华人民共和国成立,表明反帝反封建的政治任务或目的已经完成或达到。与此同时,在没收和剥夺"外资"和"官资"基础上,创建了带有社会主义成分或因素的"国有经济"(长期以来人们把它视为

① 中华文化通志编委会. 中华文化第 6 典(学术)政治学志[M]. 上海:上海人民出版社,1998. 39—40.

“社会主义公有制”是很值得商榷的),一方面,它部分地证明了马克思主义关于人类只有经过资本主义才能发展为社会主义的思想具有普遍真理的意义;另一方面,它同民族资本主义经济共同构成新中国社会赖以生存和发展的经济基础,我曾称之为“半社会主义”、“半资本主义”构成的命运共同体,犹如一对龙凤连体胎儿。① 它们成为新中国建立初期多种经济成分中主要的经济成分。后经“三大改造”,“消灭”了非社会主义经济,对中国社会产生了全面而深远的历史影响。1978 年改革开放以来,重构非社会主义经济的实践,验证我国“改造”、“消灭”历史实践行为的历史合理性。这种验证过程与其说是“转型”,不如说是一种“自我调适”、“自我修正”的过程。当然,如果这种自我调适和自我修正过程“失度”,正所谓矫枉过正,那么,势必会出现反复,就会有可能落入“转型陷阱”,虽然这种陷阱不一定是预设的。其次,表征在生产力方面。多质态的社会生产关系或所有制关系归根到底是由生产力性质和状况决定的。生产力主要包括物的生产力和人的生产力两部分。作为物的生产力主要是以生产工具为标志。正如马克思所说,生产工具是划分社会经济形态的指示器。人类社会的生产工具先后以石器—铁器—铜器—机器—电子等为标志,人类社会由此经历渔猎社会—农业社会—工业社会—信息社会。作为人的生产力主要是以人的发展程度为标志的。根据马克思主义的基本观点,人的发展经历人对人的依赖—人对物的依赖—人的自由全面发展阶段。与此相关联,人类社会大体经历自然经济—商品经济—产品经济社会及其相应的所有制关系发展的历史阶段。根据目前我国生产关系所有制现状,检视我国社会生产力发展参差不齐的现实,我国社会生产关系所有制与生产力的多质态共存是不争的事实,它们处于某种“混合”的或“混沌”的状态。笔者曾经将此情景比喻为犹如人类社会的“大熔炉”和“活的历史博物馆”。② 对此,我们似乎很难在是公有还是私有、是计划还是市场、是“姓社”还是“姓资”、是左还是右之间,做出非此即彼的判断与抉择。但是,主要矛盾的主要方面决定着事物的根本性质和发展方向。笔者以为,在中国社会转型的整个历史进程中,提倡“亦此亦彼”的社会包容性,并以中国特色的社会主义核心价值为导向,就是题中应有之义。这需要一种大历史观,需要一种至上的大智慧,当然也是中国社会转型的最大、最鲜明的特色之一。

特色之四,是社会转型的国家主导性。社会转型决定国家转型,国家转型主导社会转型。社会转型伴随社会发展,社会发展和社会转型是一个自然历史过程。自从社会产生国家以来,无论是社会发展还是社会转型都不是“自行”或“自发”的,亦即社会转型不“自传”,社会转型不仅仅是社会自己的事。此情此景,古今中外不会有例外。不过,古老的、后发外铄内生型的中国的社会发展与转型尤其如此。社会是一个巨系统,包括经济、政治、文化和社会四个子系统。社会发展就包括:社会经济发展,社会政治发展,社会文化发展和作为子系统的社会发展。社会转型就包括:社会经济转型,社会政治转型,社会文化转型和作为子系统的社会转型。社会各子系统的发展和转型,各有其自身的规律,必须按照各自的规律发展和转型,它们既不能相互割裂,也不能相互替代,而是相互联系,互为条件,互为目的。社会各子系统的发展和转型都应有相应的制度、体制和运行机制。就其功能而言,社会的经济发展、转型、制度、体制、机制具有基础性作用;社会的政治发展、转型、制度、体制、机制具

① 乔耀章.中国社会主义特色纵横谈[M].苏州:苏州大学出版社,1996.

② 乔耀章.中国社会主义特色纵横谈[M].苏州:苏州大学出版社,1996.

有关键性作用；社会的文化发展、转型、制度、体制、机制具有导向性作用；作为子系统的社会发展、转型、制度、体制、机制具有整合性作用，是整个社会经济、政治、文化的出发点和归宿点。其中，政治发展和政治转型又可细分为社会政治发展、转型和国家政治发展、转型两类（政治可分为社会政治和国家政治，这两种政治不能视同）。① 笔者坚持认为，凡国家的都是政治的（但凡政治的不一定都是国家的）。社会政治发展、转型能动地反作用于社会经济发展、转型和社会文化发展、转型。国家政治发展、转型又能动地反作用于社会政治发展、转型，并进而又能动地反作用于社会经济发展、转型和社会文化发展、转型。正是从这个意义上说，社会转型在很大程度上取决于政治转型，而社会政治转型在很大程度上取决于国家政治转型，而国家政治转型主要是从"全能政治"（垄断包括社会政治在内的政治）向"有限政治"（专司国家政治）转型，从必要的"权力集中"向对"集中权力"进行自身的和社会的有效制约转型，从"社会国家化"向"国家社会化"转型……笔者把国家政治的这些转型称之为社会转型中的国家主导性，以倡导重理国家与社会的关系。鉴于我国政党与社会和国家的密切关系，与其说是社会转型中的国家主导性，还不如说是社会转型中政党的主导性更为确切些。始终坚持中国共产党的正确领导，当然也是中国社会转型的最大、最鲜明的特色之一，值得展开深入的研究。

四、中国社会转型向何处去

中国现在何处？通过社会转型向何处去？这依然是一个有待小心求证的大胆设问。

社会转型是一个真问题。人类社会的转型问题，无论是从时间维度还是从空间维度看都是客观存在的。"从传统社会向现代社会转型"是人类社会转型问题的一种表达法，具有"普遍性价值"，但不是"普遍主义"的。一方面，人们对于传统与现代等相关问题的争讼尚无共识，由于传统和现代的多样性，决定着通向现代社会不只是先发国家的"华山一道"，硬要后发国家削自己之足以适先发国家之履这本来就不是文明之举。另一方面，社会转型的普遍性价值与特殊性价值实现形式的差异性、实践路径的多样性是"复合统一"的。这种复合统一不是对普遍价值之一般拿来主义的"克隆"和对特殊价值之个别保守主义的固守，而是一种"有机化合"的创新。本文认为，人类社会转型的普遍性价值主要体现在社会与自然关系、社会与人，特别是所有制关系以及社会与国家关系方面。中国社会转型的特殊性价值显然没有离开人类社会转型普遍性价值发展的文明大道。

我国社会是从什么型转到什么型？怎么转？转型能否成功？对此人们议论纷纷，莫衷一是。与众多论述"社会转型"问题的学者不同，刘德厚先生率先提出和论证了"双重转型"问题。他认为，中国社会面临双重转型：既要加速实现现代化，又要在实现现代化的过程中建立、健全社会主义基本制度。其基本内容是：现代化 + 社会主义制度化 = 社会"双重转型"。新型工业化 + 社会主义市场经济制度 + 人民民主国家制度 = 新型社会主义。② 刘先生的创新见解令人耳目一新，比较令人信服。理论只要彻底就能说服人。我们认为，基于大历史观来审视人类社会转型的大趋势是：从传统封建社会转向现代资本主义社会再转向现

① 刘德厚.广义政治论——政治关系社会化分析原理[M].武汉：武汉大学出版社，2004.218，358.

② 刘德厚.广义政治论———政治关系社会化分析原理[M].武汉：武汉大学出版社，2004.218—358.

代社会主义社会,亦即从封建社会到资本主义社会再到社会主义社会的转型。而中国社会转型的现实路径则是:从传统封建社会转向新民主主义社会再转向现代社会主义社会,亦即从封建社会到新民主主义社会再到社会主义社会的转型。该思维路径表明,我们不唯书,不唯上,不唯他,只唯实。中国传统社会转型的起点是1840年前的封建社会,转到什么社会呢?在西方,是直接转向资本主义社会,通过资本主义社会再转向初级阶段的社会主义和未来的社会主义社会。可是在中国,则既不是直接转向资本主义社会,也不是直接转向社会主义社会,而是通过新民主主义革命直接转向新民主主义社会,通过新民主主义社会再转向初级阶段社会主义和未来够格的社会主义社会。我们认为,这是符合我国真实国情的。我国社会还处在中国特色社会主义初级阶段。笔者曾经认为,新民主主义革命、新民主主义社会的理论与实践,是地地道道的中国的土特产,是加入到马克思主义理论宝库中最可宝贵的财富。在我国,我们能够坚持以社会主义为方向的发展和转型,我们就可能不犯或少犯对马克思主义的教条主义、对西方发达资本主义国家的教条主义、对其他国家社会主义尝试的教条主义以及对自己历史经验的教条主义错误,我们就可能少一点传统与现代、公与私、姓“社”与姓“资”、左与右等的纷争,我们就可能远离社会转型的陷阱。

今日之中国,如果没有马克思主义的社会主义为导向的中国,是不完整不真实的中国;同样,如果没有适度的资本主义因素的存在和发展的中国,也是不完整不真实的中国。是为本文的基本结论。

Ⅳ 政府与行政

行政学中国化与行政哲学思考*

我国的行政学是20世纪70年代末80年代初,随着政治学的恢复和重建而恢复和重建起来的。此后不久就有专家学者提出并关注行政哲学问题的研究。如欧阳雄飞在《中国行政管理》1987年第6期上发表的《试论我国行政管理学的学科体系》一文中构建的"十字网络型"学科体系,其中就提出"行政管理哲学"概念。《中国行政管理》2003年第1期发表了张康之的《发展行政学要重视加强行政哲学研究》、杜刚建的《构建行政哲学体系的几个理论问题》、吴刚的《行政哲学的定位与架构》,这组文章产生了积极而广泛的影响。2003年4月的首次全国行政哲学研讨会上,我曾以"行政哲学是关于行政问题的超越之思"为题作了主题发言,并在主持小组讨论的过程中又产生了一些新的思考。

一、行政学的中国化

行政学要不要中国化?行政学能否中国化?回答应当是肯定的。这个问题受伍德罗·威尔逊思想的启迪。他在1887年发表的《行政学研究》一文中指出,行政学这门科学是由法国和德国的教授们发展起来的,威尔逊不仅论述了为什么要使行政学美国化,而且也论述了怎样使行政学美国化的问题,其方法论应该说具有普遍性意义。在威尔逊的竭力倡导下,现代行政学终于在美国诞生了,而且得到了前所未有的迅速发展。100多年来,行政学的重大的理论发展,著名的行政学家及其代表作大多数产出于美国。事实上,美国行政学在世界行政学领域一直处于领衔地位,以至凡是论及行政学必称美国行政学。从这个特定意义上说,当今美国的综合国力与国际地位的一个重要原因与当年威尔逊倡导行政学美国化及当今发达的美国行政学不无一定的历史关联性和正相关关系。在我国,可能是由于没有足够重视"行政学美国化"重大意义的缘故,学术界一般不用"行政学中国化",而偶用行政学"本土化",建设"中国特色行政学"或"中国特色社会主义行政学"。这些提法本无实质性的区别。但有一点必须强调的是,"行政学美国化"的成功事例给予我们的警示在于:能否真正做到使现代行政学中国化直接关系到中华民族伟大复兴事业的成败。

基于对历史的认知,我国有的是丰富的行政管理经验和思想,而缺乏的是现代行政学及其最新发展形式:新公共行政学或新公共管理学。行政学中国化包括行政学的最新发展形式在内的行政学中国化,是一个循序渐进的过程。然而,要使行政学中国化,就必须开展行

* 原载《中国行政管理》2003年第8期;中国人民大学复印报刊资料·公共行政·D01,2003(6)全文转载。

政哲学的研究。事实上也是如此。前已论及,我国行政学恢复和重建初期就提出了行政哲学问题。张康之教授在他的论文中开宗明义地指出:多年来,我国关于行政学研究的大量成果都属于行政哲学方面的研究成果。这一点是中国行政学不同于其他国家的特色。它表明我们走了一条中国特色的行政学发展道路。只是我们的行政哲学理念没有突出,行政哲学意识比较薄弱罢了。

我本人是同意他的这种估计的。问题在于,行政学中国化为什么不仅需要而且事实上也是从行政哲学开始先行呢?我以为可从三个方面来解释:其一,经济上、政治上相对落后的国家往往可以在哲学上拉第一提琴,就像历史上落后于英国的工业革命和法国的政治革命的德国却发生了哲学革命一样;其二,我国行政学是在先行的西方行政学,尤其是美国行政学发展已有100多年历史的前提下恢复和重建的,完全有可能在吸收借鉴它们有益成果的基础上起步,即从现实行政学发展阶段高起点处出发,显示后发优势;其三,理论在一个国家的实现程度取决于理论满足这个国家对它的需要程度。我国的社会性质及其改革开放的伟大实践为行政哲学发展提供了广阔的天地。同时,行政哲学也能够回应或满足我国社会改革开放的伟大实践对它的需求。正是基于这样的理解,我们可以把行政哲学的研究作为行政学中国化及其发展的突破口,并把它作为赶超西方发达国家行政学发展的捷径。

在行政学中国化的过程中,我们之所以应当从行政哲学入手,除了我国行政管理理论与实践相对落后,需要急于赶超以外,主要是因为行政哲学是一种关于行政观的学问,是一种关于行政形而上的超越之思。这种超越之思,是一种舍弃了若干具体行政或行政具体的抽象之思。这种抽象的超越之思表现为三个跨越。其一是时间跨越。行政作为国家的一种组织活动,是一个历史的范畴。行政哲学要历时态地研究作为国家行政组织活动的整个历史进程及其共同的运动发展规律。其二是空间超越。行政活动是人类产生以后,是各民族、各国家、各地区共有的现象,行政哲学要共时态地研究各国家、各地区共有的行政现象的本质及规律性。其三是领域跨越。行政活动遍及人类社会生活的经济领域、政治领域和文化诸领域,行政哲学要研究人类社会生活不同领域共同的行政现象、行政本质及其行政规律。由这三方面的超越之思凝结为一种特定时代行政精神的精华,进而能动地反作用于行政理论,直至能动地反作用于社会实践体系中的行政实践,推进我国行政管理理论和实践的发展。

二、行政哲学的功能

行政哲学直面的是行政理论、行政实践和行政实际。就总体而言,在行政学中国化的过程中,既存在着行政理论滞后和脱离于行政实践与行政实际的倾向,又存在着行政实践和实际脱离行政理论的倾向。

为了面对和克服这两种共生的倾向,行政哲学在行政学中国化过程中的反思、批判和创新的功能就依次表现为三个层面:首先表现为对既有的国内外行政理论的反思、批判和创新;其次表现为对国内行政存在或行政实际和行政实践活动的反思、批判和创新;再次表现为对行政存在、行政实际、行政实践活动与行政理论相互关系的反思、批判和创新。通过这三个层面的反思、批判和创新,追求一种与时俱进的公共行政精神、公共行政理念。

在一系列反思、批判和创新的过程中,行政哲学既有别于行政科学,也有别于行政理论,还有别于行政思想,更有别于行政实践。其中,具体的行政实践要抽象或上升为行政哲学,必须经行政思想、行政理论(行政学)、行政科学这些“中介”,同样,行政哲学作用于行政实践具体,也必须经过行政科学、行政理论、行政思想这些“中介”。

通过行政哲学来思考行政学中国化的构建和发展,只是表征行政学、行政哲学的中国特色、中国风采、中国气派,无意自缚在地域观念或狭隘的民族、国家观念之中。我们坚信的是只存在由西方人提出来但对人类具有普适性的行政学、行政哲学,而不存在只适用于西方的西方行政学、行政哲学;同样,只有中国人提出来但具有普遍性意义的行政学、行政哲学,而不存在只在中国有真理性的特殊的行政学、行政哲学。如果中国化了的行政学发展成为行政哲学,它就必定具有普遍性意义。也只有具有普遍意义的行政哲学才真正值得人们去研究和了解。因此,如果中国行政哲学中具有普遍意义的内容,那它就不应只是中国的也不会只是中国的。反之,西方的行政学、行政哲学亦然。

把行政哲学定位在哲学的新兴的部门哲学,还是定位在行政学学科体系中基础性的分支学科及其体系构建等问题,尚可留下争鸣的空间。不过,在中国行政哲学初创阶段,一个符合国际标准的学术平台也是十分重要的,它要求我们在基础建设的环节上,从一开始就要做正确的事情,“入门须正”。但行政哲学体系的架构必须建立在充分研究的基础之上,不必过早匆忙创构。本着“双百精神”,我主张“先投入战斗,然后再见分晓”!

行政学中国化过程中的学科发展与方法体系*

要使行政学中国化，就必须开展行政哲学问题的研究，从现实行政学发展阶段的高起点处出发，可以认为这是中国特色行政学的发展道路和后发优势。行政哲学是一种关于行政观的学问，是一种关于行政形而上学的超越之思，这种超越之思表现为时间跨越、空间跨越和领域跨越三方面。①那么，行政学究竟怎样才能中国化，现实行政学发展阶段的高起点在哪里，如何构建公共行政管理学的方法体系，这是本文要初步探讨的问题。

一、怎样使行政学中国化

1887 年，伍德罗·威尔逊在他的《行政学研究》一文中，不仅论述了为什么要使行政学美国化，而且也论述了怎样使行政学美国化的问题，其方法论应该说具有普遍性，对于行政学中国化是具有启发意义的。他指出：对于美国来说，行政学是一门外来的科学，很少使用英国式或美国式的语言规则；它所使用的仅仅是外国腔调；它表达的只是与我们的思想迥然不同的观念；它的目标、事例和条件，几乎都是以外国民族的历史、外国制度的惯例和外国革命的教训为根据的；它是由法国和德国的教授们发展起来的。因此，其各个组成部分是与一个组织严密的国家的需要相适应的，并且是为了适应高度集权的政府形式而建立起来的。因此，为了与我们的目的相符，必须对它进行调整，使之适合于权力高度分散的政府形式。如果我们要应用这种科学，我们必须使之美国化，不只是形式上或仅仅从语言上美国化，而是必须在思想、原则和目标方面从根本上加以美国化。它必须从内心深处认识我们的制度，必须把官僚主义的热病从血管中加以排除。他又指出：如果有某种符合我们要求，可以加以利用的外国的发明创造，我们为什么不加以利用呢？我们以一种外来的方式应用它们是不会有危险的。我们引进了大米，但我们却不用筷子吃饭。我们的全部政治词汇都是从英国引进的，但我们却从其中淘汰了“国王”和“贵族”。他还指出：只要我们能够从根本原则上认识其在环境条件方面的全部根本差别，我们就能够完全和有益地引进他们的行政科学。我们仅仅需要用我们的宪法把它们加以过滤，只需要把它放在批判的文火上烘烤，并把其中的外国气体蒸馏掉。②显然，威尔逊所倡导的行政学美国化首先表现在行政学内容方面的美

---

* 原载《上海行政学院学报》2005 年第 2 期。

① 参见乔耀章：行政学中国化与行政哲学思考[J]. 中国行政管理，2003(8)；中国人民大学复印报刊资料. 公共行政，2003(6)全文转载.

② 彭和平等编译. 国外公共行政理论精选[M]. 北京：中共中央党校出版社，1997. 5—6，23—24.

国化，即不仅在形式上语言（或话语）上美国化，而且更重要的是在思想、原则、观念和目标方面从根本上加以美国化；其次表现在方法上的美国化，即从环境条件方面的根本差别出发，用美国的宪法加以过滤，用批判的文火加以烘烤，蒸馏掉外国气体、气味。这样，所谓的行政学美国化，就是使行政学从其内容到形式彻头彻尾、彻里彻外地美国化。威尔逊关于行政学美国化给予我们最大的启示可能在于：法国、德国与美国，甚至英国与美国，在理念上同属于一种性质的社会制度，由于不同的社会历史发展阶段和发展程度以及不同的政府形式，都不能简单地把行政学照搬到或拿到美国去，而一定要使之美国化，更何况不同的社会制度的国家呢?! 就更应该从本国的社会制度和国情出发，使西方的即法国的、德国的、英国的……美国的行政学本国化、本土化亦即中国化。

要使行政学中国化，要从两个主要的方面入手。首先，要区分行政学的不同层次。正如毛泽东在《中国革命战争的战略问题》这部著作中指出的：我们现在是从事战争，我们的战争是革命战争，我们的革命战争是在中国这个半殖民地半封建的国度里进行的；因此，我们不但要研究一般战争的规律，还要研究特殊的革命战争的规律，还要研究更加特殊的中国革命战争的规律。① 我们完全可以这样说：我们从事行政管理，我国的行政管理是特殊的中国行政管理，中国行政管理是以社会主义为发展方向和道路的行政管理，中国特色社会主义行政管理是在中国这个长期处在社会主义初级阶段的国度里进行的，而且中国特色社会主义初级阶段目前还处于全面建设小康社会阶段；因此，我们不但要研究一般行政管理的规律，还要研究社会主义行政管理规律，还要研究具有中国特色的社会主义行政管理规律，还要研究中国特色社会主义初级阶段行政管理规律以及小康社会阶段行政管理规律。特别是研究中国特色社会主义初级阶段全面建设小康社会的行政管理规律是行政学中国化的立论基础和出发点。其次，要在行政学的语言、术语上中国化，营造属于中国的行政学语境和话语体系，而且更重要的是要在行政理念、行政思想、行政原则和行政目标等方面从根本上加以中国化。此外，还要把西方的行政学，尤其是美国的行政学用我国第四次修改后的宪法把它加以过滤，把它置于批判的文火上加以烘烤，把西方行政学尤其是美国行政学的气体蒸馏掉，逐步营造行政学的中国特色、中国学派。

二、当代行政学的发展新形势

20 世纪 70 年代末 80 年代初，我国行政学随着政治学而恢复、重建以来，无论是在其实践和理论方面，还是在其学科建设、专业建设和学位建设方面，发展得都很迅速，取得了令人瞩目的显著成就。在行政学中国化的发展进程中，正在显现出从行政学、公共行政学到新公共行政学、公共管理学的发展态势。或者换句话说，公共管理学正日益成为现实中国行政学的最新发展形式。

行政学或公共行政学的发展经过新公共行政学发展为公共管理学或新公共管理学，在美国经历了约 100 年的历程。可依据“一元单线”的思维路径。所谓“一元”，是指公共行政作为相对独立的学科体系及其基本原理的独立性；“单线”，是指行政学伴随管理学理论的沿革而发展演进。公共行政经历了传统行政理论、科学行政理论、人际行政理论、系统行政

① 毛泽东. 毛泽东选集：第 1 卷［M］. 北京：人民出版社，1991. 171.

理论、决策行政理论、社会体系理论、数量理论、结构—功能理论等发展阶段。从1887年威尔逊发表《行政学研究》到20世纪40年代属于公共行政学的经典阶段;从20世纪40年代到60年代为行政学从一元发展转变为多线发展时期或阐释阶段;从20世纪60年代到80年代是公共行政学的应用阶段及该学科内部多元发展时期;从20世纪80年代开始为公共行政学的反思阶段,是公共行政学从多元发展重新向一元集中时期。伴随社会的进步和民主制度的发展,价值观问题已经受到人们的普通关注,政治和价值问题再度回到了公共行政学的核心位置,使公共行政学发展为新公共行政学。新公共行政学主张加强社会正义和社会公平;主张改革人世的、与实际过程相关的公共行政学研究;主张构建新型的政府组织形态;主张突出政府行政管理的"公共"性质;主张"民主行政",并以此作为新公共行政学的"学术识别系统"。新公共行政学的不少理论主张受到多方面有识之士的重视,从而为以后公共管理学的兴起作了理论铺垫。公共管理学的发展直接导源于20世纪80年代早期英国政府推行的公共部门改革,即新公共管理运动,西方各国先后进入了公共管理时代。新公共管理主张摒弃公共服务供给中传统的官僚制独占模式,引入各种市场机制和私营部门的管理技术和激励手段,强调公共服务中的顾客导向,注重结果甚于规则,以较少的成本建立一个高效率的政府。公共管理学即是关于研究公共管理的学问。目前,一些能为人们广泛接受的观点认为,公共管理所代表的是人类社会治理方式的根本性变革,它所意味着或代表着的是一种新型的社会治理方式,认为公共管理学是一种通过整合公共政策途径与企业管理途径的研究,是一种融合了公共政策途径和企业管理途径公共管理研究的一门新兴的交叉性的学科。人们对公共管理学的研究,从根本目标上看,是要创立一门全新的关于公共管理的科学。由此可见,公共管理学是在公共行政学研究的基础上的范式创新,从公共行政学到公共管理学,反映着公共部门理论与实证研究基础的充实、研究体系与内容的扩展、研究视野的开阔。公共管理学可以涵盖公共行政学,二者是内涵与外延,或内在功能与外部作用的关系。当我们论及公共管理时,公共行政作为一个必备的前提条件就已经蕴涵其中了,因为如果没有高素质的公共行政管理者和一个高效率的公共行政机制,良好有效的公共管理便无从谈起。①

应当指出的是,在行政学中国化的过程中,出现了"眼高手低"的情形。为了体现"后发优势",我们应当着眼于西方的公共管理和公共管理学,并且把它置于人类社会治理方式(而不只是政府管理职能)的历史进程中来加以把握,需要把它看作人类走向一种全新的社会治理模式的开端。然而,西方的公共管理学是在其自身的基础上,即新公共行政进而在相对成熟的公共行政学基础上形成和发展起来的,归根到底是在其实现工业化、后工业化以及新的科学技术革命基础上成长、发展起来的。当我们热衷于谈论、引进和研究西方的公共管理、公共管理学的理论文献的时候,我们却不能同时简单地引进和搬用其赖以生成和发展的工业化、后工业化、知识化、信息化的科学技术基础和前提条件。因为我们还将长期处在社会主义初级阶段,虽然在局部已出现工业化或后工业化的端倪,正是在率先引入公共管理,推动公共管理学的发展。但在总体上,我国距离工业社会或后工业社会的目标还很长远。我们还有很长的路要走,我们还需要时间、更需要智慧,去实现追赶。理想的公共管理理论和实践,对于我国来说还是未来的情景,就如同理想的社会主义还是作为定向性发展的未来

① 参见张康之,等.公共管理导论[M].北京:经济科学出版社,2003.11—34.

目标一样。我国公共行政学的恢复、重建和发展才20多年,西方,尤其是美国从公共行政到新公共行政再到公共管理经历了约100年的历程。我们用不到四分之一世纪的时间就跑完西方用100年走完的历史路程。如何才能在行政学或公共行政学中国化过程中同时加速实现公共管理学的中国化,搞"毕其功于一役",其有利因素和不利的困难因素同样多。然而,即使在这样的情境和条件下,我国公共行政管理学科建设还是大有作为的,这主要是归因于我们选择了社会主义作为价值取向的发展路径。因为社会主义在本质上是追求公共性、公平性、公正性、正义性和民主性的,体现了社会主义的优越性,这在理念上同行政、公共行政、公共管理的理念是契合的。我们不必在行政学或公共管理学中国化的进程中跟在西方发达资本主义国家后面亦步亦趋,而且当今的时空条件也不允许我们如此做。只要我们脚踏中国实地,坚持社会主义的价值导向,勇于和善于学习、借鉴他人的政治、行政、法治和管理的经验和成果,我们就能不间断地使公共行政学、公共管理学中国化,创造出中国特色的新公共行政管理学。不是也不可能用公共管理、公共管理学替代行政管理和行政学,而是也只能是给予公共管理学和公共行政学以同样的发展空间来共同发展,互为补充,通过公共行政(学)向公共管理(学)的发展过程,推进我国社会向全面工业化和后工业化社会转变的历史进程。

三、公共行政管理的方法体系

"公共行政管理",从实践层面解读为行政管理、公共行政管理和公共管理,而公共行政管理可以视为从行政管理到公共管理之间的过渡形态,它具有行政管理和公共管理的二重特质或属性,相应地从理论层面就可以解读为行政学、公共管理学和公共行政管理学;从学科层面可以解读为从行政学到公共行政学到公共管理学的发展。与这三个层面问题相联系的就是公共行政管理(学)的方法体系问题。公共行政管理的方法体系大体上是由不同层次性方法和不同领域性方法构成的体系。所谓不同层次性方法,这里不是指不同行政层级的行政方法(如中央政府行政方法、地方政府行政方法和基层政府行政方法当然有所不同,政府行政层级越高,越是要侧重于间接的宏观调控层面的方法,相反,政府行政层级越低,越是要侧重于直接的微观操作层面的方法),而是指公共行政的实践层面、理论层面和哲学层面的方法,由它们构成公共行政的方法体系,它们分别可称为具体方法、一般方法和方法论。所谓不同领域性方法,是指基于公共行政的实践、理论和哲学三个层面,各个层面都由一些具体的方法构成方法体系。

具体方法。公共行政实践层面的行政方法是指一定的行政组织及其行政人员,为开展行政工作、实现行政目标所采用的各种专门的方式、手段、措施和技巧的总称,大体上属于操作方法。如行政指令方法、经济方法、法律方法、激励方法、思想政治工作方法、技术方法,等等。行政方法受科学技术发展水平的制约,受行政任务和目标的制约,受行政原则的制约,受行政组织和行政人员的行政素质和水平的制约。行政方法的优劣,直接影响制约着行政效率和行政的成败。因此,随着社会的进步、国家的发展,行政的具体方法必须继承、革新和优化。

一般方法。公共行政管理(学)理论层面的方法,即理论研究的方法,它服从于公共行政管理的学科性质和研究目的,并随着学科内容和研究目的的变化而变化。公共行政的研究方法与公共管理的研究方法从内容到形式都有所区别。公共行政管理学是一门新兴的科际整合的交叉学科,这就决定其方法体系的显著特征在于研究方法的跨学科性、交叉性和多样性,其他学科的分析方法对于公共行政管理学也完全适用,并能显示出它的综合性学科优势和分析方法的优势。公共行政管理学或公共管理学常用的研究方法主要有:规范分析、实证分析、比较分析、系统分析、案例分析、实验分析、社会调查以及统计分析,等等。① 在公共管理学的研究方法中,管理学和经济学的研究方法的影响最为深远。

方法论。即行政哲学或公共行政管理哲学、公共管理哲学层面的方法。如果说一般方法是对具体方法的理论抽象,那么方法论是对一般方法的再度理论抽象,是对一般理论研究方法的超越。从这个意义上说,方法论是关于方法的方法。国内外学者对方法论的界说不一。我国学者一般将方法论定义为:是认识世界、改造世界的根本方法的学说,方法论同世界观是一致的,有什么样的世界观,就有什么样的方法论。我们在《行政哲学研究的对象及其领域》和《行政学中国化与行政哲学思考》的文章中曾提出:行政哲学是关于行政观的学问。② 那么,我们能否说有什么样的行政观就有什么样的行政方法论,或公共行政管理方法论?如果中国化了的行政观尚未真正确认,那么与此相应的中国化了的行政学方法论体系也就难以确认。不争的事实是,无论是国外还是国内,公共管理学作为一门独立学科体系的构建尚未完成,也就自然尚未形成专属的公共管理学的方法论体系。虽然目前还难以构建公共管理学的方法论体系,但是在构建公共管理学方法论体系的过程中,坚持和发展以下两种根本方法是非常重要的,即运用辩证唯物主义和历史唯物主义的立场、观点和方法,探讨和揭示公共管理实践活动的发展规律;运用理论联系实际的方法,探讨公共行政和公共管理活动中的理论与制度创新。

公共行政管理的具体方法,一般方法和方法论是一个有机的整体。具体方法的创新对于一般方法的创新和方法论的创新起着决定性作用,而方法论创新对一般方法创新和具体方法创新也起着积极能动的推动作用。通过公共行政管理方法的创新,有利于公共管理理论的发展,有利于公共管理制度的创新,最终也有利于公共行政管理事业的繁荣和发展。

---

① 参见张康之,等.公共管理导论[M].北京:经济科学出版社,2003.31—34.

② 郭济.行政哲学导论[M].哈尔滨:黑龙江人民出版社,2003.49.

公共管理体系与公共道德体系初探*

一、公共管理及其体系类型

一般来说，公共管理与公共管理学是有区别的，前者侧重于实践活动领域或指专业，后者则侧重于理论领域或指科学门类、学科，为了叙述方便起见，本文对此不作严格区分。在我国，“公共管理”这一概念广为人们使用，是近几年来的事。按照夏书章教授的说法[①]，新中国建立前就引进了行政管理学。新中国建立后，于 1952 年、1953 年全国高校院系调整，将政治学等学科撤销，行政学亦随之停止教学研究。至 1979 年底，邓小平发出政治学等学科要“赶紧补课”的号召后，行政学、行政管理学作为政治学的二级学科也随之恢复、重建、发展起来。行政学、公共行政学、行政管理学等学科名称至今仍有沿用。后来，国务院学位委员会修订学科专业目录，把行政学、公共行政学、行政管理学从政治学学科划转到公共管理学学科。管理学、公共管理学、行政管理学的学科隶属关系用图式表示（见图 1）：

科学门类	一级学科	二级学科
管理学	管理科学与工程 工商管理 农林经济管理 公共管理 图书馆、情报与档案管理	行政管理 社会医学与卫生事业管理 教育经济与管理 社会保障 土地资源管理

图 1

当我们提出和论及公共管理问题时，不仅关涉到如何解读“公共管理”及其体系的构成，而且关涉到行政管理或行政管理学、行政学、公共行政学与政治学的关系问题，还关涉到行政管理与公共管理的关系问题。至于行政管理或行政管理学、行政学、公共行政学与政治学的关系问题，自从学位委员会将专业目录调整归宿为公共管理和管理学门类以后，似乎已成为“合法”的“定论”，因此这个问题已不必在本文讨论。我们这里主要研究和讨论的是行政管理及其行政与管理的关系、行政管理与公共管理的关系以及公共管理体系这三方面的

---

* 原载《学术研究》2005 年第 7 期；中国人民大学复印报刊资料 · 公共行政 · D01，2005（11）全文转载；《光明日报》2005 - 08 - 18 转摘。

① 夏书章. 必须着力切实提高行政管理水平[J]. 中国行政管理，2005（5）.

问题。

第一,行政管理及行政与管理的关系问题。

人们一般认为,管理是伴随人类社会产生而出现的一种活动,而行政活动或行政管理活动则同国家和政府的历史一样悠久。也就是说,从发生学上讲,人类原始社会或前国家社会有管理而无行政。但是,这个观点是可以进一步探讨的。事实上,管理和行政都是人类社会活动同一过程的两个方面,只要有人存在,就要有管理和行政。但管理是一个非常宽泛的概念,其最微观的主体可以是个人即个人自我管理、自我料理;而行政也是一个非常宽泛的概念,一般指行政事务,推行执掌政务,行政的最微观主体至少有两个人以上,如丁口之家就有行政即家政。从这个意义上说,行政天生具有"公共性"特质。正因为如此,行政管理可以视同为"公共管理"。可见,原始社会或前国家社会是有行政、有政治的,只是同国家社会的行政、政治有着不同的性质、内容和形式罢了。即使是在国家社会行政、政治存在的历史时期内,非国家的行政、政治也还是存在着的。① 问题在于,当管理和行政普遍存在于人类社会或管理与行政同人类社会与生俱来时,它们是什么关系?尤其是国家存在时期的行政与管理的关系,是等同关系、并列关系还是互涵关系抑或是交叉关系?一般说来,管理是在特定组织内管理者通过计划、组织、控制等一系列活动来合理协调配置各种资源以达到组织既定目标的活动过程,它可以微观到具体事务的处理、料理。而行政则是一种特殊的管理,其特殊性在于它主要侧重于宏观性、全局性、战略性事务的处理。正如马克思所说:"行政是国家的组织活动。"②即国家在推行、执掌国家政务及社会公共事务过程中的活动,主要包括立法活动、司法活动和行政活动,其中立法活动和司法活动也同时具有行政性。此外,在政党政治的条件下,政党活动也同样具有行政性。根据马克思主义的观点,国家是从社会中产生但又自居于社会之上并且日益同社会相异化的力量③,因此,国家的行政具有宏观性和强制性等特点。它涉及何为政、谁之政、谁来行、如何行、行其果以及道德层面的行政,即行正、行公正等问题。④

当我们把管理定位在具体政务、事务的处理和料理,而把行政定位在重大的全局性战略性政务、事务的执掌和推行时,"行政管理"就有了全新的关系和特定的内容。在多年的教学研究中,我把"行政"与"管理"的关系界定为:"行政性质与行政层级成正比,而管理性质则与行政层级成反比。"即在纵向的不同行政层级上,我将行政管理中的"行政"解释为:行政性质与行政层级成正比,行政层级越高就越具有行政性质而较少具有管理性质;行政层级越低就越具有管理性质而较少具有行政性质。反之,我将行政管理中的"管理"解释为:管理性质与行政层级成反比,行政层级越高就越少具有管理性质而较多具有行政性质;行政层级越低就越具有管理性质而较少具有行政性质。在横向的不同行政部门或同一行政部门的不同行政职位上,领导职务公务员往往更具有行政性质,主要从事行政,力求宏观调控;而非领导职务公务员则更具有管理性质,主要从事管理,力求微观搞活。需要指出的是,"行政管理"(administration management)这一理论概念或学术术语颇有中国特点,它们既不是简单

① 乔耀章.论作为非国家机构的政府[J].江苏行政学院学报,2004(1);再论作为非国家机构的政府[J].江苏行政学院学报,2005(2).

② 马克思,恩格斯.马克思恩格斯全集:第1卷[M].北京:人民出版社,1956.479.

③ 马克思,恩格斯.马克思恩格斯选集:第4卷[M].北京:人民出版社,1972.166;1995.170.

④ 乔耀章.从治民到官民互治——行政现代化历程分析[J].北京行政学院学报,2002(2).

的并列,也不是同义的反复或叠加。其中的“行政”是统领、主导、规约、修饰或限制管理的,“管理”则是服从于、从属于行政的,而不是相反。古人云,“不谋全局者不足以谋一域”,在这里我们同样可以说,行政是谋全局的,相比之下管理是谋局部的,正是从这个意义上我们可以说:“不谋行政者不足以谋管理。”如果“行政”(administration)用字母“A”表示,“管理”(management)用字母“M”表示,那么“行政管理”在不同行政层级和行政部门中的角色定位就可以用图 2 表示为:

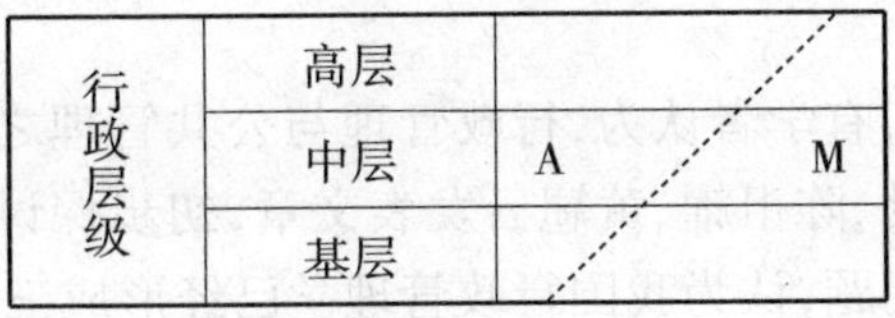

图 2

还需要指出的是,在我国政府行政管理的实际过程中,那种经常出现的政府行政管理管了许多不该管、管不了、也管不好的事,以及不同行政层级、不同行政部门之间推诿扯皮的现象,大多与在理念上没有分清和处理好行政与管理的角色定位关系有关。

第二,行政管理与公共管理的关系问题。

如果单从字面上看,这两个概念中的“管理”是共同的,只是管理的前置词不同,一个是“行政”,一个是“公共”。夏书章先生指出,行政管理学,初译行政学或公共行政学,实际上英文原文即公共管理学;而且,行政天生具有公共性特质,在英文 administration 前通常有 public 加以限制、形容和修饰。从这个角度看,行政管理与公共管理在本质上是一致的。但是,行政管理与公共管理在一些方面还是存在着一定的差异,这种差异较明显地表现为以下几点:

其一,如前所述,在现有的学科分类上,行政管理属于二级学科,而公共管理则属于一级学科,如果把它们等同视之显然是不合适的,它们的学科内涵和外延及主客体的内容是不同的。

其二,从“静态”维度看,无论是行政管理还是公共管理都有广义和狭义之分。在夏书章教授看来,行政管理学又称行政学,或公共行政学、公共管理学、公共行政管理学。他认为,行政管理有狭义和广义之别,前者指政府部门的行政管理工作,后者则指非政府机构中的具有行政管理性质的工作。公共管理也有狭义和广义之别,前者指政府工作的狭义的公共管理,亦即政府管理,后者指不限于政府工作的广义的公共管理。在管理的权威性、管理范围的广泛性和管理事项的多样性方面,广义的公共管理仍不及狭义的公共管理;而在管理的效率和效益方面,广义的公共管理又常常优于狭义的公共管理。①

其三,从“动态”维度看,有学者认为,行政管理或公共行政先在于公共管理,把公共管理视为行政管理或公共行政的发展形态或未来情景。如张康之教授在其《公共管理导论》一书中就列出“从公共行政学到公共管理学”一节内容,专门从动态角度论述了从公共行政学经过新公共行政学发展到公共管理学的问题。② 他认为,公共行政是在近代社会中成长起来的,管理型社会治理模式和未来服务型社会治理模式中的行政管理都属于公共行政的

① 夏书章. 行政管理学(第 3 版)[M]. 北京:高等教育出版社;广州:中山大学出版社,2005. 4.
② 张康之. 公共管理导论[M]. 北京:经济科学出版社,2003. 11—24.

范畴,然而却是公共行政发展的两个阶段。他把迄今为止的公共行政称之为管理行政,把未来的公共行政称之为服务行政。公共管理是由管理行政发展起来的,在未来的发展过程中,又会在公共管理中生成服务行政的形式和内容。鉴于公共管理与作为管理行政的公共行政之间的这种历史渊源关系,在谈论公共管理时,需要从公共行政的历史演进中去发现公共管理登上人类社会治理历史舞台的必然性。再如,高小平研究员在为苏保忠主编的《公共管理学》一书所作的序中指出:公共管理学是在传统的行政学、管理学基础上发展起来的,源于行政学又宽于行政学。①

其四,从价值取向上看,有学者认为,行政管理与公共管理之间存在着一些实质性的区别。中南民族大学的苏祖勤、陈祖耀、黄翘云发表文章,初步探讨了中国行政管理学派的形成、特征、内容及发展趋势问题,认为我国行政管理学已经形成三大学派,即夏书章学派——中国特色的行政管理学派;郭济学派——中国公共行政学派或公共管理学派;欧阳雄飞学派——中国行政管理学"+"字形学派。作者认为,郭济学派是近几年来形成并有较大影响的学派,在全国掀起了一阵"公共管理"热潮。此学派的代表作主要有:郭济主编的《中国公共行政学》,刘熙瑞主编的《中国公共管理》,汪玉凯主编的《公共管理》,张梦中主编的《中国公共管理评论》等。郭济学派认为,"行政"、"行政管理"概念有一系列缺失,而"公共行政"、"公共管理"一词内容要丰富得多,尤其比公共行政、行政管理更突出了多元主体性,主张用"公共管理"取代"行政管理",主张照搬西方国家的公共行政学、公共管理理论。作者对郭济学派的观点和主张进行了批评,尖锐地指出,所谓"公共管理",有"无政府"或"无政府主义"之嫌,并且认为世界上从来就没有什么"公共管理",古今中外,凡管理都是少数人对多数人的管理,或少数人对多数人的管制。后来,卢岳华、苏祖安对该文又作了评析,更强化了相关的意识。② 这种评判是具有其深刻性和警觉性的。

其实,从学理上看,行政管理与公共管理没有哪个"过时",哪个"入时",而只是论及的侧重点有所不同。公共行政与公共管理的共同点在于突出了行政或管理的"公共"性,不同点在于是"行政"还是"管理",正是基于"行政"与"管理"的不同,张康之教授才在2002年至2003年间先后编著出版了《公共行政学》和《公共管理导论》两部著作。③ 正因为"行政"与"管理"是有区别的,在指称"政府行政"或"政府管理"问题上,"公共"性是其行政或管理的题中应有之义,行政、行政管理与公共行政、公共管理并没有高低贵贱之分、"过时"与"入时"之别,不必加"公共"二字。加"公共"二字,一方面,强调它有别于"私人行政"、"私人管理";另一方面也提醒政府不必介入私人行政管理领域。那种认为提及"行政"、"行政管理"就一定是单一主体,政府独家管理、独家施政,而提及"公共行政"、"公共管理",就必然会突出"公共"性,就一定是多元主体、共同管理、共同施政,似乎有些牵强,是值得商榷的。公共管理的理念同行政、行政管理的理念一样,首先和主要的是在于它的公共性,即公共性管理或管理的公共性,而主要不在于突出多元主体的"共同"管理。如果无前提条件地将"公共管理"主要阐释为多元主体之间不分主次的平等的"共同管理",那么可能会在某种程度上

---

① 高小平. 作为公共管理的政府——公共管理学序[J]. 中国行政管理,2005(2). 111.

② 见苏祖勤等. 中国行政管理三大学派理论初探[J]. 改革与战略(广西),2004(12);卢岳华,苏祖安. "中国行政管理三大学派"评析[J]. 改革与战略(广西),2005(2).

③ 张康之,等. 公共行政学[M]. 北京:经济科学出版社,2002;公共管理导论[M]. 北京:经济科学出版社,2003.

导致淡化或削弱政府管理。

在我看来，从实践层面上，"公共行政管理"既有行政又有管理，可以解读为行政管理、公共行政、公共管理、公共行政管理，而公共行政管理可视为从行政管理到公共管理之间的"中介"或过渡形态，它具有行政管理和公共管理的二重特质或属性。相应地从理论层面上，"公共行政管理"可以解读为行政学、行政管理学、公共行政学、公共管理学、公共行政管理学，它体现出从行政学到公共行政（管理）学再到公共管理学的发展历程。① 从理论和实践相结合的层面上反映出我国的公共行政管理同时具有衰亡着的传统行政（管理）因素和生长着的现代公共管理因素彼此共存并相互作用的态势。我国的行政学、行政管理学发展的基本路径是：（公共）行政、行政管理→公共（行政）管理→公共管理。

第三，公共管理体系问题。

目前，我国学术界对公共管理的研究基本采取"游击战"的方式，即要么集中研究政府管理层面；要么关注公民参与层面；要么聚焦于非政府公共组织的"第三部门"层面。这三方面的研究在本质上都与公共管理密切相关，但又人为地将它们分置起来，各自强调其相对独立的内容方面。针对这种情形，陈庆云教授和他课题组的同仁们采用大兵团组合的"阵地战"，即在公共管理的大框架下，吸收治理理论的精髓，进行学理性的理论整合进而构建公共管理的新体系。他们认为，从一般意义上讲，公共管理是由政府、非政府公共组织和民众组成的管理体系，共同管理社会公共事务的活动。这种活动既不能简单地等同于以政府为中心的政府管理，也不能与社会多元主体合作治理直接画等号。他们认为从政府、非政府公共组织与民众这三大主体间关系以及各主体所承担的角色、作用看，可以把公共管理分为以政府为本位、民众和非政府公共组织依附于政府的三种政府管理模式，即政策管理的集权化模式、民主化模式、社会化模式；以社会为本位，政府、民众和非政府公共组织平等合作的两种社会治理模式，即社会治理的自主化模式、多中心模式。用形象的语言来表达，前三种模式为父子关系，后两种模式则是兄弟关系。这样不但使公共管理的全貌得以昭然，澄清了政府管理与公共管理的关系，同时也打通了政府管理、公共管理和社会治理等概念间的隔阂，整合了有关行政改革、非政府公共组织及公民社会的研究，理清了公共管理实践发展的脉络。② 我基本认同陈庆云教授等同仁的分析与结论。但是，就当下中国的现实来说，依然是以政府为本位的公共管理为主体、为主导，以社会为本位的公共管理还是属于应然层面、有待于提倡和建构的未来情景。在以政府为本位的公共管理向以社会为本位的公共管理过渡的历史进程中，政府管理为主体、为主导的历史使命还远未完成。

如前所述，在行政和管理前面加上"公共"两字，变成"公共行政"和"公共管理"，显然是相对于"私人行政"、"私人管理"而言的。一方面，相对于私人行政、私人管理而言，国家行政、政府行政，国家管理、政府管理就是一种公共行政、公共管理，私人行政管理事务不属于国家、政府行政管理范围，如果越出它的范围，就和它所具有的"公共性"相违背，侵"私"、犯"私"，国家或政府就会被送上被告席成为"被告人"。另一方面，社会生活中，若干属于私人行政、私人管理组织的结合体，以及非政府公共组织，也有相应的公共事务，对这些公共事务的推行执掌及其管理也可称之为"公共行政"、"公共管理"。借鉴陈庆云教授的公共管理

---

① 乔耀章.行政学中国化过程中的学科发展与方法体系[J].上海行政学院学报，2005(2).

② 陈庆云，等.公共管理理论研究：概念、视角与模式[J].中国行政管理，2005(3).

体系,我将公共管理大体上分为三种类型:第一种类型就是作为国家机构的政府的公共行政、公共管理;第二种类型就是作为私人行政、私人管理的组织的结合体的“公共行政”、“公共管理”;第三种类型就是非国家机构政府公共组织的“公共行政”、“公共管理”。这三种类型的公共行政、公共管理应当和谐共处于国家和社会的统一体中,构成“总体”或“整体”公共行政、公共管理。但是这三者不可相提并论,更不能相混淆。其中,第一种作为国家机构政府的公共行政、公共管理是关于整个国家、全社会的公共行政、公共管理,它最具权威性、广泛性和多样性。第二种类型的“公共行政”、“公共管理”实质上是放大了的“私人行政”和“私人管理”,也即是“私”的公共性。第三种类型的“公共行政”、“公共管理”实质上是介于第一种类型和第二种类型之中的“公共行政”、“公共管理”,具有“公私”二重性的公共性,它除了为非政府公共组织的“公共行政”、“公共管理”外,有时也为政府公共行政、公共管理,也为“私人行政”、“私人管理”。当然必须指出的是,第一种类型即作为国家机构政府的公共行政、公共管理也仍然具有二重属性,即体现阶级性、政治性的公共行政、公共管理和体现社会性、科学性的公共行政、公共管理。这是因为作为国家代表的政府公共行政管理的公共性只是自居于阶级和社会之上,但不可能是纯粹超阶级性的公共性。因此,正是从这个意义上说,我国政府的公共行政、公共管理同西方国家政府的公共行政、公共管理是不能同日而语、相提并论的,在公共性的内容和形式上有质的区别。我国目前和今后一个相当长的历史时期内,甚至可以说在整个社会主义初级阶段,首先和主要的还是第一种类型,即政府公共行政、政府公共管理占据主导面。严格说来,当今各国公共行政、公共管理发展趋势中的多元主体之间毕竟不能等量、等质齐观,公共行政、公共管理绝不是“无政府主义”的“共同行政”、“共同管理”。其中,政府的公共行政、公共管理仍将是公共行政、公共管理中的主导性的角色,发挥着公共行政、公共管理中其他参与主体不可替代的作用,正是它决定着公共道德的性质与水准。

二、公共道德及其体系

一般说来,道德可分为政治道德、社会道德、职业道德、家庭道德及个人道德等不同的领域或层次。通常人们将社会道德称为“社会公德”或“社会公共道德”或“公民道德”,简称“公德”。但是社会公共道德或公民道德、公德,不同于本文所探讨的公共道德,因为本文的公共道德是同公共管理相联系的。有什么样的公共管理就有什么样的公共道德,同样,公共管理的体系、类型也决定着公共道德的体系和类型。其中,政府公共行政、公共管理必然有相应的公共道德。政府公共道德是职业道德或行业道德的一种特殊类型。其特殊性主要在于政府公共行政、公共管理所履行的职能,包括直接体现国家意志的阶级统治和社会管理两方面的内容。这种集既体现出阶级统治职能的道德又体现出社会管理职能的道德于一体的“整合道德”,我特指为政府公共行政管理的“公共道德”或道德的公共性。它是一种行政道德、政府道德、官德,它在公共道德体系中起着率先垂范的作用,无论是积极的正面作用还是消极的负面作用,都是重大的。

张康之教授在其《公共管理导论》一书中指出,公共管理是建立在经济学基础、管理学基础和伦理(即道德)基础之上的。公共管理活动是一种特殊的职业活动,公共管理的目的是为了公共利益的实现。在一切社会职业活动中,公共管理是最直接服务于公共利益实现的目的的,所以,公共管理主体的道德素养也是一切职业活动中最具现实意义的因素,无论直接对于公共利益的实现,还是对社会生活的示范性影响,都能够发挥极其重要的作用。公共管理作为一种新型的社会治理模式,是德治与法治的统一。在公共管理活动中,致力于建立德治与法治统一、协调的公共管理运行机制,是制度安排的终极目标。在公共管理体系中存在着权力关系、法律关系和伦理关系,这三重关系的动态协调是公共管理有序、高效和公共物品充分供给的前提。正是公共管理体系中的伦理关系,决定了公共管理者必须把对道德责任和义务的承担作为开展公共管理活动的基础。① 他在《公共管理伦理学》一书中又指出,公共管理关系和行为规范有三条途径:一是科学的规范,二是法治的规范,三是伦理的规范。通过揭示公共管理中的伦理关系,实现公共管理制度的伦理化,同时唤醒公共管理者的伦理精神,使他们怀着道德信念投入到公共管理活动中来。公共管理的伦理规范是建立在对公共管理的科学规律认识基础上的,公共管理体系是包含着德治、法治和权治的完整的社会治理体系。对于公共管理而言,伦理规范与科学管理和依法管理是互为前提的,在具体的公共管理过程中,三者相互渗透,完整地体现在公共管理的制度和行为体系中,对任何一方面的忽视,都是错误的,也必将导致公共管理的畸形化。② 在该书出版之前他还在《寻找公共行政的伦理视角》一书中考察了西方国家行政管理的发展过程,认为人类已经发明了两种行政管理模式:近代以前的"统治行政",近代以来的"管理行政",现在迎来的是一种全新的"服务行政",这种服务行政要求政府通过自身的道德化去主动实现社会公共秩序的供给,在政府道德化的过程中构建一种新型的体现伦理精神的社会秩序,将公共行政真正置于道德基础之上,构建一个道德化的公共领域,以获得道德化的公共生活。③

以上对公共道德作了初步的界定。根据本文对公共管理概念及其体系的阐释,如果认同陈庆云教授构建的公共管理体系,那么,公共道德体系就由政府道德、非政府公共组织道德和公民道德这三部分构成。有必要指出的是,"公共管理"并不等同于"公共管理体系"。我在上文将公共管理大体上分为三种类型,同陈庆云教授的公共管理体系并没有本质的区别,只是部分内容在表达方式上略有不同。我将公民参与主体的道德这部分内容划归为第二种管理类型的道德,即作为与私人行政、私人管理结合体的"公共道德"。因此,从公共管理类型角度看,所谓公共道德体系,主要由两个方面构成:其一,就是相应由作为国家机构的政府公共行政管理道德和作为私人行政管理的组织的结合体的"公共行政管理"道德,以及作为非国家机构政府公共组织的"公共行政管理"道德这三部分有机构成"宏观的公共道德体系"或"宏观公共道德生态"。这说明公共道德的承担者因公共行政、公共管理的主体的多元化而多元化,就如同政府不再是公共行政、公共管理的唯一主体一样,政府也不再是公共道德的唯一载体,通过政府讲公共道德,私人、企业组织讲公共道德,非政府公共组织讲公共道德,三者互动构筑公共道德生态。但在这层"公共道德"体系中,政府公共道德仍然并且还将继续是公共道德的主导性载体或承担者,起着率先垂范的作用。其二,就是专指政府公共行政管理所承载的公共道德体系,这个层次的公共道德主要由四个方面的内容组成:这就是由公共道德化的政府理念、政府制度、政府体制,公共道德化的政府组织机构,公共道德

① 张康之.公共管理导论[M].北京:经济科学出版社,2003.144.
② 张康之.公共管理伦理学[M].北京:中国人民大学出版社,2003.3.
③ 张康之.寻找公共行政的伦理视角[M].北京:中国人民大学出版社,2002.4—6,152.

化的政府公共政策、决策,公共道德化的政府公共行政管理人员构成"微观的公共道德体系"或"微观公共道德生态"。所谓以德治国、以德行政,主要是指以德治人,尤其是指以政府公共道德治政府公共行政人员。只有有效依法治官吏,才能更有效地依法管吏治。[①] 但是,相对于公共管理人员(包括领导职务公务员和非领导职务公务员)的公共道德来说,公共道德化了的政府理念、制度、体制、组织机构、政策、决策更带有根本性。只有通过全面道德化的政府理念建设、制度建设、体制建设、组织机构建设和政策、决策建设,才能使政府公共管理人员真正置于现实的牢固的公共道德基础之上,为公民谋福利,为公民谋权利。

总之,无论是公共管理,还是公共道德,都是具体的和历史的。我们一切立论的基础都应当从我国社会主义初级阶段的具体国情出发,既要防范公共行政管理中的"私化"倾向,又要防范公共行政管理伦理道德构建中的道德理想主义倾向。一旦公共管理偏离其公共性所规范的公共利益最大化诉求,人们就很难凭借超验的道德理想走出现实公共管理所面临的公共道德困境。

① 乔耀章. 从"人法同治"走向依法治国[J]. 中国行政管理,1999(2);依法治吏更为本[N]. 社会科学报,1998-02-26.

区域政府管理问题初探*

2006年,两会通过的国家"十一五"规划纲要,根据我国资源环境的承载能力、现有开发密度和发展潜力,统筹考虑未来我国人口分布、经济布局、国土利用和城镇化格局,首次将国土分为四类主体功能区,即优化开发区域、重点开发区域、限制开发区域和禁止开发区域。这是中国在谋划区域发展方面制定的全新战略思路,根据不同资源环境的承载能力和发展潜力,逐步形成各具特色的区域发展格局。这四类主体功能区表现在两个层面上,一是表现在全国范围内的不同省份以及相关省份大体属于同一类主体功能区;二是表现在全国每一个省份不同地区以及相关地区大体属于同一类主体功能区。这种划分,同过去那种只是将国土粗略地划分为东部、中部、西部和东北,并描述为东部加快发展、中部崛起、西部大开发和振兴东北相比,在理念上有了升华,在实践上更有利于实际运行和操作,增强了规划的空间指导和约束功能,要求实施不同的区域政策,进而对区域政府管理提出了新的更高的要求。

一、关于区域政府管理问题的提出

"区域政府管理"这个提法,可指由"区域"、"政府"、"区域政府"、"区域管理"、"政府管理"等概念组合而成,其中具有创新意义的当属"区域政府"这个尚不多见的概念。它是一个相对性的概念,它同行政区划既有联系又有区别,它既不同于"地方政府",也不同于"区域行政"、"复合行政"或"区域公共管理"。为研究方便起见,本文对"区域"与"地域"不作严格区别,视为同义概念,对"政府"只取通用意义,即不作广义和狭义的区别,也不作"政府体系"意义上的分析,将区域政府视为"地域政府"。

学术界对什么是"区域"有不同的界定。其代表性的观点,如"区域是基于描述、分析、管理、计划和制定政策等目的而作为一个应用性整体加以考虑的一片地区"。①一般说来,区域是按照一定的参照系或标准(如自然地理、社会的经济、政治、文化、历史等条件和因素)划分为具有连续性、整体性特征的有限地域的空间范围,并随着其参照系或标准的变化而作出相应的调整。它在纵向上表现为不同的行政治理层级,而在横向上则表现为不同的地域。例如,在世界范围内,分为东、西、南、北不同的各大洲,以及地区性的多个国家的联合体,如欧共体、东盟等。在我国,表现为各省(自治区、直辖市、特别行政区)市、县(市)、乡镇等行政层级,表现为一般行政区域、民族自治区域、特别行政区域、城市行政区

---

* 原载《新视野》2006年第6期。

① [美]埃德加·M.胡佛.区域经济学导论[M].上海:上海远东出版社,1992.239.

域和农村行政区域等。从一定意义上说,区域实质上是一种行政区划,但是,区域又不等同于或就是行政区划。区域应该是指基于行政区划又超出于行政区划的带有"综合性"、"整合性"、"跨行政区划"的概念。一定的行政区域或行政区划是指该区域或区划的"行政半径",随着社会文明的进步和科学技术的发展,行政半径也会相应随之变化和发展。区域更多地是基于地理边界的性质的同质性领域,它可以越出法定的行政区划,而包括两个以上行政层级或行政区划的联合、结合体。正是从这个意义上说,区域也就越出了"行政区域(划)"的界限,而具有"区域行政"的性质和意义,从而在一定程度上冲破了行政区域(划)的行政性壁垒与局限性。由此可见:

第一,所谓区域政府或地域政府,是同全国性政府相对而言的,主要是指一定区域内的两个以上为促进区域发展而寻求相互协调与合作,进而促进区域公共事务综合治理而构建横向的政府组织机构的集合体。它和全国性政府是部分与整体的关系。它可分为"原生性"区域政府和"延伸性"区域政府两种类型。前者,就世界范围而言,指位于世界各大洲的各国政府及地区性的各国政府;就我国而言,指与原有的各行政层级、各行政区划相对应的各省政府、直辖市政府、民族区域自治政府、特别行政区政府、各市(州)和县市(旗)乡镇政府等。后者,主要是指正在发生和生成之中的水平型的跨行政区域(划)的各区域政府或区域间政府合作体制。这种情形,无论是在世界范围内还是在我国范围内都客观地存在着,相比之下,虽然延伸性区域政府或"实体性区域政府"尚未真正形成,但是它对于"原生性"区域政府所具有的那种重塑性或解构性也实属大势所趋。

第二,原生性区域政府的府际之间,一般都存在上下级隶属关系,正是这一显著特征决定着"区域政府"与"地方政府"之间有着本质性区别。地方政府一般是指由国家政府或全国性政府(中央政府)为治理国家一部分地域或部分地域某些社会公共事务而设置的政府单位。虽然地方政府也是一种区域性政府,但它同全国性政府是上下级从属关系,是中央政府的分支机构,即使是地方政府之间也有上下级隶属关系,如省、县、乡镇政府就是一种隶属关系。因此,它不完全等同于本文论及的延伸性的区域政府,如"长三角"、"珠三角"区域政府,它们不是上下级隶属关系,而是平等、合作、互利的伙伴关系。

第三,区域政府或延伸性的区域政府也不同于一般的"区域行政"、"复合行政"或"区域公共管理"。"区域行政"是我国改革开放以来,伴随着"区域经济"的产生而产生、发展而发展的。而区域经济又是在行政区域(划)经济形成发展的基础上形成和发展起来的。在治理理论和实践的视域中,区域行政亦即区域公共管理,它所侧重和强调的是在区域行政或公共管理中,除了区域政府联手合作外,主要的是各种民间组织、行业协会、非政府组织等的公共参与,是一种跨行政区划的行政合作。与区域行政有所不同的是,区域政府所侧重和强调的是区域政府在区域管理、区域治理、区域服务中的主导性作用。是突出政府,还是突出"行政"在区域管理或治理中的地位和作用,是"区域政府"与"区域行政"的主要区别之所在。

第四,区域政府同行政区划、地方政府、区域行政或公共管理的区划只具有相对性,但意义重大。如上所说,将国土分为四类主体功能区域表现在两个层面上,一方面,我们不能在全国范围内构建相应的四个区域政府,即优化开发区域政府、重点开发区域政府、限制开发区域政府和禁止开发区域政府;同样,另一方面,我们也不能在现行的每一种行政区域(划)内构建相应的四个类型的区域政府进行"合理分工",各司其职。

二、区域政府管理与中国特色

建设中国特色社会主义是一个“百科全书式”的纲领性命题，它是把马克思主义的基本原理与中国具体实际相结合的产物，是我国党和人民在如何建设社会主义问题上又一次新的选择和伟大的创造，是社会主义的共性与个性的统一，是社会主义基本原理与中国国情相结合的科学概括。就世界范围的社会主义而言，中国特色社会主义是一种社会主义的民族性，亦即社会主义的中国特色。自1982年，邓小平在党的十二大开幕词中第一次明确使用这个命题以来，它在我国已经家喻户晓，越来越深入人心。然而，不可否认的是，人们在广为使用、传播这一概念、术语时，对它所蕴涵的丰富内容理解得不是很全面和科学。正如欧洲两位哲人所说的，“人们谈论最多的东西，每每注定是人们知道得很少的东西”；“熟知的并非就是真知的”。一方面，“特色”本来有别于特点、特征、特殊、独特等概念。研究特色必须研究事物的普遍性即共性，同时研究它的特殊性即个性，它们是紧密相关联的。一般说来，特点、特性，就是差异性，共性就是联系性、同一性。特色包含共性，但不等同于共性；特色从属于共性，但又是个性的升华和发展。特点、特征就是差异性，而特色除了差异性的内涵外，还有自身的扬弃，自我肯定、自我创新、自我发展、自我完善、自我优化的能力等意义。由此，作为特色是不断发展的，人们追求特色的实践活动也不可能终结。另一方面，“中国特色”并不是指“中国特殊”、“中国特有”，并不是指体现中国国情的一切东西，也并不是在国际上独一无二。既不能把中国特色理解为全部是中国特有的，也不能认为凡是别国有的东西，就不再是中国特色，也不能把中国所有的优势、好坏等问题都说成是“中国特色”。中国特色具有整体表现的“单一性”、总体性和具体表现的多方面、多层次性，我们可以从多方位、多角度，从宏观、中观、微观方面考察中国特色的具体表现，从中外比较中，从普遍与特殊、共性与个性、一般与个别的关系中，从动态的、历史的、发展的观点看待中国特色，涉及中国社会主义的总体特色“领域特色”、“区域特色”①等问题。

从政府管理的角度看，中国特色社会主义的单一性特色、整体性特色或总体性特色，主要是通过全国性政府，即中央政府管理来掌控、营造和体现，通过中央政府的权威和宏观调控，实现全国一盘棋局面，政令畅通，统一高效力的管理，体现中国特色。它一方面有别于其他国家的民族特色，另一方面又有别于国内具体区域或地域性特色。中国特色社会主义的区域特色则主要是通过各地域性政府、区域性政府管理，通过创造性地贯彻落实中央政府的路线、方针、政策来具体表现。如东部特色、中部特色、西部特色、东北特色，珠江三角洲特色、长江三角洲特色、环渤海地区特色，北京特色、上海特色、广东特色、江苏特色，苏南特色、苏中特色、苏北特色，苏南特色又有苏州特色、无锡特色、常州特色、镇江特色、南京特色，苏州特色又有张家港特色（精神）、昆山特色（之路）、工业园区特色（理念），等等。中国特色社会主义的单一性特色、总体性特色寓于中国社会主义的区域性、地域性特色之中，中国特色社会主义的区域性特色、地域性特色，体现出中国特色社会主义的单一性、总体性、整体性特色，如果没有中国特色社会主义的区域性特色、地域

① 乔耀章.中国社会主义特色纵横谈[M].苏州：苏州大学出版社，1996.68—69.

性特色,也就没有中国特色社会主义的单一性特色、总体性特色和整体性特色,反之亦然。这就为每一个区域政府、地域性政府提出了自主创新的基本要求,以防范对某一个特定区域政府管理经验的盲目学习和照搬的教条主义错误,其中有效的办法之一,就是从各自区域政府所面临的具体区域实际出发,形成区域特色,避免不同地域政府管理过程中的不必要的行政管理或治理的雷同现象。

三、区域政府管理与党的思想路线

对不同区域进行功能划分,体现了实事求是的基本精神。既然中国特色社会主义的整体、总体特色有赖于中国特色社会主义的区域特色,这就要求各区域政府贯彻落实区域发展战略,根据不同的区域功能和区域实际,实行优化开发、重点开发,限制开发和禁止开发,建设和发展区域特色,这也是贯彻落实党的思想路线的具体要求和具体体现。

在我党的历史上,党的正确的思想路线也是逐步形成和发展起来的。早在 1941 年毛泽东在《改造我们的学习》一文中,就对“实事求是”内涵作了科学的阐释,后来在此基础上逐渐形成发展为党的思想路线。最初党的思想路线的基本内容是:一切从实际出发,理论联系实际,实事求是,在实践中检验真理和发展真理。这条思想路线是马克思主义中国化的重要成果,也是中国共产党建设实践经验的马克思主义化,是毛泽东思想的精髓。1978 年党的十一届三中全会重新确立了这一思想路线,并且丰富和发展了这一思想路线。1980 年 12 月邓小平指出:解放思想,就是使思想和实际相符合,使主观和客观相符合,就是实事求是。党的十四大报告中明确指出:解放思想、实事求是是建设有中国特色社会主义理论的精髓,是保证我们党永葆蓬勃生机的法宝。至此,党的思想路线就被概括为八个字:“解放思想,实事求是。”解放思想与实事求是,虽然在具体内涵上有所不同,但在新的历史条件下,解放思想成为实事求是的前提条件,实事求是成为解放思想的客观基础,两者统一不可分割,发展成为新时期党的思想路线。后来,以江泽民为核心的党中央又将党的思想路线概括为十二个字:“解放思想,实事求是,与时俱进。”并在此基础上逐步提出了“三个代表”重要思想,成为马克思主义在中国发展的最新成果,成为新时期党的指导思想的重要组成部分。

在明确不同区域的功能定位以后,势必要求中央政府及各地方政府、各区域政府在坚持和贯彻党的思想路线的过程中,坚持从本区域的客观实际出发,实行分类管理,制定区域政策,在财政政策、投资政策、产业政策、土地政策、人口管理政策等方面实行区别对待。与此对应的财政、产业、投资、土地、人口管理以及绩效评价和政绩考核等方面要制定分类管理的“差别化”区域政策,实行强、弱得当的“加减法”:对于那些优先开发区域,要强化经济结构、资源消耗、自主创新等评价,弱化经济增长(GDP)的评价;对那些重点开发区域,要综合评价经济增长、工业化、城镇化水平等;对那些限制发展、开发的区域,要突出生态环境的保护等评价,弱化经济的增长、工业化和城镇化水平的评价;对那些禁止开发区域,主要评价生态环境保护。以此逐步建立起科学的政府绩效评估体系,使过去那种以 GDP 和财政收入论英雄的局面大为改观。

四、区域政府管理与科学发展观

对不同区域进行功能划分,也是对科学发展观的具体实践。以胡锦涛为总书记的党中央在党的十六届三中全会上提出了以人为本、全面协调可持续的科学发展观。这个科学发展观是在总结了新中国建国以来,特别是改革开放以来中国社会主义建设的正反两方面的经验教训基础上提出来的,坚持了发展是硬道理的思想,同时又强调了科学发展。所谓科学发展观,内涵十分丰富,主要是指强调以人为本的发展理念,强调社会主义经济建设、政治建设、文化建设和社会建设"四位一体"全面协调发展的新要求,强调统筹城乡发展、区域发展、经济社会发展、人与自然和谐发展、国内发展和对外开放"五个统筹"协调发展的新理念,其实质是实现又快又好地发展。

科学发展观的重要组成部分是区域协调发展。根据"十一五"规划的具体要求,区域协调发展主要表现为城乡区域协调发展;东、中、西、东北"四个地区"的协调发展每个地区"四个区城"的协调发展;健全"四个机制"的协调发展以及"四种体制"改革的协调发展这五个方面。其中,"四个区域"的协调发展,表现为各个地区根据资源环境承载能力和发展潜力优化开发、重点开发、限制开发和禁止开发区域之间的协调发展。"四个机制"的协调发展,表现为市场机制、合作机制、互助机制和扶持机制之间的协调发展,打破行政区划的局限,促进生产要素在区域间自由流动,引导产业转移,鼓励和支持各区域开展多种形式的经济协作和技术、人才合作,形成以东带西、东中西共同发展的格局,采取对口支援、社会捐助等方式和按照公共服务均等化原则,加大发达地区和国家对欠发达地区的支援力度,加快"老、民、边、贫"地区经济社会发展,形成区域统一市场和全国统一市场。"四种体制"改革的协调发展,表现为经济体制改革、政治体制改革、文化体制改革和社会管理体制改革的协调发展,通过区域协调发展,把总体改革、整体改革推向纵深和横广方面发展。

由此可见,用科学发展观统领区域发展,区域政府管理必将大有作为。

五、区域政府管理与区域社会和谐

对不同区域进行功能划分,也是构建社会主义和谐社会的必然要求。科学发展是针对不科学发展而言的,区域协调发展是与区域内经济和社会的不协调发展相对应的。相比之下,科学发展、协调发展具有某种相对意义和暂时性,而不科学发展、不协调发展具有某种绝对意义和常态性。区域发展的历程往往表现为:不科学性—比较科学性—科学性—不科学性……的循环往复;区域不协调发展—区域比较协调发展—区域协调发展—区域不协调发展……的循环往复。其中,除了全国性的中央政府和地方政府的作用外,区域性政府的管理作用是至关重要的。"十一五"规划明确不同区域的功能定位,并制定相应的政府政策和评价政策指标,逐步形成各具特色的区域发展格局,其最终目的是让不同区域的人享受大体相当的公共服务和生活水平,让全社会共享改革、发展、稳定的成果,加快推进和谐社会建设。

所谓"区域和谐社会",主要是指统一国家范围内水平面的各行政区域内。例如,省、直辖市、自治区、特别行政区域内部的和谐,以及它们相互之间的或区域性政府际的和谐。这种和谐的基本理念在于国家安全、民族利益、国家利益至上。在同一行政区或区域政府内，整个区域行政的利益则高于该区域行政内各行政区、行政机构、行政机关的利益。

和谐社会本身具有内涵高远与厚重的目标。整个国家、社会的和谐有赖于局部、区域政府、社会的和谐。但是局部的区域政府、社会的和谐与整个国家社会的和谐并不一定存在着因果关系。区域社会和谐的建设与实现程度，在很大程度上取决于区域政府管理过程中使党的思想路线和科学发展观与区域实际相结合的程度以及是否显示区域特色的程度。正是从这个意义上说，谋求区域协调发展，建设区域和谐社会，是区域政府的守土之责，区域政府责无旁贷。

略论社会发展与公共政策之唯物辩证关系*

一般说来,“发展”(development)有别于“进化”(evolution),发展是指人类社会以及它的某一方面的质的演进过程,进化则指称自然界的演进过程。如果社会的演进过程长期处于阻滞状态而不能发展时,那么,“改革”(reform)或“再进化”(revolution),亦即社会改革或社会革命就会来临,从而为社会发展开辟道路。

社会有广义和狭义之分。广义社会是指一个基于一定生产力和生产关系、经济基础与上层建筑构成的宏大的巨系统,它由经济、政治、文化以及社会等子系统构成。狭义社会是指构成广义社会之一的社会子系统的社会。由此,社会发展就有广义社会发展和狭义社会发展之别,其中,广义社会及其发展由社会的经济发展、政治发展、文化发展以及狭义的社会发展等构成总体性的社会发展。总体性社会发展有赖于或寓于社会各子系统的发展之中,并通过各子系统的发展得以体现。各子系统的发展各有其独特的发展规律,它们既不能相互割裂,也不能相互替代,它们在非平衡的相互作用中,互为条件,互为目的。狭义社会及其发展主要是指以全体社会成员为对象的教育、科技、文化、艺术、医药卫生、体育等公共事件的发展,广泛涉及公共教育、公共卫生、公共交通、社会保障、环境保护、公共安全、妇女儿童、残疾人员权益保护、城镇化、外来人口管理等社会事业的发展,它们的发展决定、制约和影响着社会的经济发展、政治发展和文化发展,狭义社会发展是社会经济发展、政治发展和文化发展的出发点和落脚点。

社会发展在其纵向性,即时间维度上表现为社会的可持续发展和非可持续发展(断裂)的周期性的统一。其内涵是:一种自我否定式的发展,一种后浪推前浪式的承续性发展,因而具有根本质变的性质。这就要求作为社会主体的人们历时态地处理好社会的历史、现实和未来的相互关系,处理好古人、今人和后来人之间的代际关系,以谋求代与代之间的可持续发展与和谐发展。

社会发展在其横向性,即空间维度上表现为社会的协调发展或和谐发展与非协调发展或非和谐发展的周期性的统一。其内涵是一种共生性的非平衡式的发展,一种不是非此即彼,而是亦此亦彼的分轻、重、缓、急式的发展,因而具有量的累积的性质。这就要求作为社会主体的人们共时态地处理好不同社会地域或不同社会区域、不同社会领域(经济、政治、文化、社会)、不同国家(中国与世界)之间以及社会发展与自然界之间的关系,以谋求社会地域、区域、领域之间的和谐发展以及中国与世界之间的和谐发展。

社会发展是一个自然历史过程。它源于社会内部的基本矛盾运动,归根结底源于社会

---

* 原载《领导理论与实践》2007年第6期。

生产力与生产关系的矛盾运动。生产力的发展是一个自然历史过程,生产关系的产生、发展也是一个很漫长的过程,而且新旧生产力、新旧生产关系往往交织在一起,互相竞争,互相遏制,当然也有某种互相借鉴、互相学习、互相合作的情形。就社会发展动力而言,一方面是社会自身发展,另一方面则是社会政治上层建筑的国家政府、公共政策的发展。从特定意义上说,社会发展不自行。公共政策的发展是社会发展历史中一个重要组成部分,在很大程度上,社会发展都是在公共政策发展的推动下展开的。

总体性的社会发展或纵向的、历时态的社会发展,常常表现出非可持续发展,这种情形往往同社会制度的选择,同战略性、全局性的公共政策的制定与执行有关。这就需要政党、国家和政府适时地革新制度,调节相关的公共政策,从而体现公共政策的与时俱进,以保证实现和维护社会的可持续发展。

区域性、领域性的社会发展或共时态的社会发展,常常表现出非平衡性的发展,这种情形往往同社会体制、社会机制的运行,同策略性、局部性的公共政策的制定与执行有关。这就需要政党、国家和政府适时地改革体制、机制,调节相关公共政策,从而体现公共政策的职责重心的位移,以保证实现和维护社会的全面而相对平衡地发展。

既然如此,公共政策同社会发展的契合程度就显得非常重要。公共政策同社会发展的契合度往往表现为两种时态、三种情形。两种时态如上文所述,公共政策与历时态社会发展相契合,这种契合观照到社会发展的历史、现在和未来;公共政策与共时态社会发展相契合,这种契合观照到社会发展的不同地域、不同区域、不同领域等。三种情形:其一,公共政策滞后于社会发展,公共政策表现为一定程度的自发性、被动性;其二,公共政策基本同步于社会发展,公共政策表现为一定程度上的自觉性、主动性;其三,公共政策前瞻于社会发展,公共政策从自发转向自觉,从被动转向主动。伴随着人类社会从农业社会到工业社会再到后工业社会的发展,公共政策告别自发、被动状态而走向自觉、主动的节奏不断地加快提速,日益加快着社会发展的节奏。以至人们从辩证的而不是唯物的意义上形成这样的认识:是公共政策的决定、制约着社会发展的状态,有什么样的公共政策,才有什么样的社会发展,而不是相反。这是由于公共政策所具有的某种建构主义性质决定的。

既然公共政策之于社会发展是如此的重要以至不可或缺,那么,制定和执行什么样的公共政策对于社会发展来说就显得更加重要。关于什么是政策,什么是公共政策?国内具有普识性权威的《辞海》将政策定义为:国家、政党为实现一定历史时期的任务和目标而规定的行动依据和准则。国内学者一般认为,公共政策是党和政府用以规范、引导有关机构团体和个人行为的准则或指南,其表现形式有法律规章、行政命令、书面或口头声明和指示以及行动计划与策略。亦即公共政策是公共权威制定的社会生活的行为准则和行为依据,它是为解决公共问题,达成公共目标,经由政治过程所产生的策略。美国学者迈克尔·罗斯金等人在《政治科学》一书中,对政策是什么作了如下四个相关界定:其一,公共政策就是政府选择做什么或不做什么;其二,政策是政府所"做"的任何事情;其三,政策是政府正在"试图"去做的事情;其四,政策是政府试图要做的事情和实际发生的事情之间的一种关系。好的政策制定者会认识到政策需要不断修正以解决新问题,有些问题还可能是由以前的政策造成的。而且,罗斯金等人还认为,经济学是公正政策的基础。与其他公共政策相比,经济政策具有优先性,它影响着所有的其他政策,每一个政治学家在某种程度上都应同时是一个经济学家。

根据国内外学者对政策、公共政策的界定，我们似乎可见：第一，政策或公共政策对于政府（无论是广义的还是狭义的政府）来说是一个同义语，其共同性特质在于政策具有的公共性，亦即政治性，带有强制性、规范性和引导性。第二，社会生活及其发展在时间维度上涉及古往今来及其未来，在空间维度上涉及社会的所有方面和领域，公共政策在应然层面上理当全面关涉到，应处理好“全面”做、“选择”做、正在“试图”做的关系，不能因公共政策的缺位、不作为而造成社会的非可持续发展和非平衡、非协调、非和谐的发展。第三，要处理好“政策际”之间的关系，尽可能避免一项公共政策成为新的社会问题的根源，使新政策往往成为解决旧政策所造成的问题，而且，由于缺乏政策际之间关系的协调，造成政策与政策之间相互矛盾、相互冲突和资源耗损。第四，虽然（公共）经济政策具有优先性，它影响并制约着所有的其他政策，但是，公共政策毕竟不只有（公共）经济政策，还有诸如公共政治政策、公共文化政策、公共社会政策等非公共经济政策。就如同经济政策作为一项基础性的公共政策，它折射出公共政策的政治性、公共性，但毕竟不能视同为其他公共政策一样，公共政治政策、公共文化政策、公共社会政策由公共经济政策决定并能动地反作用于公共经济政策，但也不能直接视同为公共经济政策。政治政策、文化政策、社会政策也是公共政策的重要组成部分，没有或忽视、淡化非公共经济政策的公共政策是不完善的公共政策。

无论是广义的还是狭义的社会发展，无论是历时态的总体性的可持续与非可持续相统一的发展，还是共时态的各领域的平衡与非平衡相统一的发展，都是一个巨系统的自然历史过程，与此相适应建构起来的公共政策也是一个巨大的公共政策系统或体系，也具有自然历史过程性。如果本文所论及的公共政策系统分别由公共经济政策、公共政治政策、公共文化政策和公共社会政策组成能够成立的话，那么公共政策问题是一个既有当下性，又不乏历史性、未来性的问题，既是地域性、领域性又是全国性，而且在全球化背景下，更是一个全球性的问题。虽然政治学、公共管理学对这一问题讨论得最多，其实它还是一个涉及哲学、法学、经济学、文化学、社会学、历史学、伦理学等全学科的问题。相对于总体性社会发展来说，公共政策系统的每个子系统给予公共政策在其相互作用过程中的地位和作用及其演变态势是有着不同情形的。一般说来，在一个常态的社会发展中，公共政策重心运行周期往往是从公共社会政策向公共经济政策向公共政治政策再向公共文化政策直至向公共社会政策的回归。而在一个非常态或转型社会发展中，公共政策重心运行的周期往往表现为从公共政治政策向公共经济政策再向公共文化政策最后向公共社会政策的位移与回归。这同获得性政府职能及其重心位移趋向是相一致的。改革开放以来，我国社会发展的重心及其公共政策重心的位移及其变迁的轨迹大致如是。应当指明的是：社会发展的中心问题是经济发展问题，具有恒久意义，社会发展的重心问题则因应时空条件而转移。

总之，在谋求社会稳定和可持续、全面、均衡、和谐发展的历史进程中，政府不失时机地出台和不打折扣地贯彻执行与之相适应的公共政策体系是不可或缺的。为此，要求政府在制定和执行公共政策的过程中，尽可能防范工具理性、理性主义、实证主义、道德理想主义过度的倾向，立足于中国特色社会主义初级阶段小康社会的现实基础，走出公共政策的“去政治”、去理性的“唯科学”、“唯精英”、“唯实证”及公共道德缺失的困境，使公共政策体系的制定与执行不断地趋向科学化、民主化、法制化和道德化。

行政美学初探*

研究行政美学首先是基于理论的思考。马克思主义经典作家认为,作为公共权力机构的国家以及作为公共权力行使者的政府,必然把秩序的维持作为重要内容,秩序和平衡具有公共美。因此,政府就是通过国家职能实现国家行政的美。

研究行政美学又是基于公共行政实践对于理论背离的反思。在剥削阶级社会尤其是资本主义社会里,国家统治阶级的属性,使得作为公共权力行使者的国家和政府有可能失却公共性,成为统治阶级的工具。但是,随着社会的发展,在现代化过程中,作为国家机器的政府出现了全球性趋向,新公共管理运动的崛起深刻地改变了政府的传统治理模式,在一定程度上体现了向公共性、社会性的复归,也体现了向公共美、行政美的复归。在我国,社会主义国家及其政府阶级性、人民性相统一的特征,应该具有公共性,并具有公共美和行政美。但是,几十年的实践表明,即使是在人民国家,由于历史、阶级、认识的局限性,公共理念的缺失,人民政府有可能在实践上偏离公共性,同样失去公共美,产生行政违法,甚至行政腐败等现象,这些现象的产生也呼吁着行政"美育"的加强。

研究行政美学还基于行政学作为学科体系的发展需要。任何一门学科的发展都会有其不断创新的过程,行政学亦然。在国内学界,已经有一些文章涉及行政美学的若干问题,但尚未上升到独立学科体系来论及。为了将行政美学明确化、系统化,有必要展开行政美学的研究。

一、行政美学的研究对象和学科定位

行政活动的美是客观存在的。"毕达哥拉斯学派、柏拉图以及亚里士多德都曾提出,美是美的事物的客观属性;某种比例或排列其本身就是美的,而不是因为它们偶然间诉诸观看者或聆听者。"①行政美学的美客观地存在于行政审美的客体当中,是审美客体激发起审美主体的美感。同样,行政审美活动也不能没有审美的主体存在,行政审美主体对美的认知水平也在一定程度上影响着行政美的发掘。行政美学存在于行政审美主体和行政审美客体的互相作用的关系中,是二者互相作用的结果。

---

* 原载《北京行政学院学报》2007年第1期。

① 塔达基维奇.西方美学概念史[M].北京:学苑出版社,1990.176.

(一)行政美学的研究对象

行政美学就是关于行政美的学问和知识体系,是研究和揭示行政主客体在既定的行政生态环境中相互作用的本质和规律的科学,其研究任务和目的在于促进行政活动真善美的统一,在追求行政活动合目的性和合规律性的统一中促进公共利益的实现。

首先,研究行政美学要从行政主体着手。在新公共管理运动中,政府已经不是唯一的行政活动者,社团、企业都可能在一定的时间和地点参与到公共行政中,这促进了行政活动的民主化和公正性。但是,行政美学所讨论的行政主体首先限定在政府组织的范畴。这对于中国的行政美学的发展有一定的现实意义。在中国政府管理制度化不足的情况下,奢谈公共管理无济于加快中国行政改革的步伐,反而可能给政府扩大职能、继续推行强势政府、全能政府埋下隐患。作为行政美学研究对象的行政主体是个自在的系统,应当说,在世界范围,这一系统都是具有一定的封闭性的,中国表现得更加突出。作为行政美学研究对象的行政主体主要包括两个方面的含义,行政架构和政府过程即行政行为。它们都必须遵循一定的规律,这就是美的规律。

研究行政美学要注意行政客体的作用。行政客体是行政管理的相对方。它既包括个人,也包括企业和各种社会组织。传统意义上的行政管理活动是单向的,具有强制性,政府管理代表着国家的意志和权力,因此,行政管理是不可调解的。行政美学考察的行政客体不是抽象的物,而是具体的人。行政美学承认人在社会乃至整个行政管理中的核心的、被尊重的地位,他不依附于任何个人或组织,他必须是生动的、自由的、发展的人,一切行政管理活动都是为了人的自由实现和自由发展服务的。作为行政美学考察对象的行政客体是开放性的他在系统,人群和组织在这一系统中不停地分化与组合,一个和谐的组织总是按照美的规律创造的,组织成员在一个按照美的规律创造的系统内互相依存与共同发展。

其次,行政美学要从具体的行政活动中开展研究。行政活动是由行政主体基于公共权力提供公共产品、维护公共利益的活动。在行政活动中,行政主体和行政客体都指向公共的行政目标——公共利益,但是由于种种因素的存在,行政主体和行政客体的指向往往出现不一致性。那么,分析这种不一致性不仅要从公共利益的表面定义出发,更应该重视公共利益的指向过程。

再次,研究行政美学要关注行政生态的功能。行政生态学认为,公共行政不是独立存在的。当外部的环境,诸如经济、自然、社会、文化等因素发生变化时,政府的行政理念、行政模式必须相应地进行调整。众多因素作用于行政大系统,即行政主体和行政客体,使它们发生系统内的互动作用。例如在一定的行政生态条件下,行政主体可能成为行政客体,而行政客体可能通过分化组合,产生新的组织和利益集团,从而对行政管理活动施加影响。一些组织甚至直接进入政府体制层面,参与管理,从而直接成为行政主体系统的组织部分。

公共行政的目的是为了在人类社会建造适合生存和发展的物质和精神家园,行政主体和行政客体在行政生态中通过行政活动相互交往,从而构成了人类社会的平衡与进步。因此,行政美学的研究对象不是抽象的,而是存在于具体的行政系统和行政生态中。从宏观方面看,行政生态影响并制约着行政系统的运行,而行政系统也在一定条件下影响着行政生态的运行轨迹。从微观层面看,行政系统中的自在系统与他在系统也在不停地相互作用中,正是在这样的系统内、系统外的运行中实现和谐。

(二) 行政美学的学科定位

行政美学主要是作为行政学元理论的行政哲学的分支学科,而不是作为哲学门类的行政哲学的分支学科。行政美学遵循的发展路线是:首先,行政学理论是对行政实践活动的理论抽象,行政实践活动是行政学理论的研究对象;而作为行政哲学则是对行政学理论的哲学抽象;作为行政哲学的分支学科,行政美学是对行政学理论的美学抽象,其形式表现为行政哲学的拓展和延伸。同时,行政美学也直接使用了行政哲学和美学研究方法,从而对新的学科体系——行政美学的构成起到了重要的作用。同时,行政美学研究的目的在于通过行政哲学和行政学并以它们为中介,反作用于行政实践活动,对行政主体进行行政"美育",而这是行政美学研究的目的和归宿。

二、行政美学的思维逻辑

作为学科体系存在的行政美学首先是一种价值体系,是对工具理性的批判。自从19世纪行政学问世以来,行政管理活动的价值思考就始终存在于争议之中,近年国内行政哲学的反思可以看作是这种争议在中国的集中体现。行政美学的研究也自然遵循这一逻辑分析的框架,并呈现出独特的思维特征。

(一) 行政活动是行政主体按照美的规律的创造活动

马克思主义认为,人类社会的发展就是要达到一个目标,即使社会"由全体成员组成的共同联合体来共同地和有计划地利用生产力,把生产力发展到能够满足所有人的需要的规模;结束牺牲一些人的利益来满足另一些人的需要的情况";"使所有人共同享受大家创造出来的福利","使社会全体成员的才能得到全面的发展"。[①] 公共行政管理的目的就是在公平和正义的原则下行使这一公共利益分配的过程,从而使公共行政管理达到合目的性和合规律性的统一状态。

首先,行政活动是行政主体的社会实践活动。自从人类产生以来,历史就翻开了新的一页。人类的历史是实践的历史。正是由于作为类的存在物,人类社会的过程首先是"通过实践创造对象世界,改造无机界"[②]的实践过程。同时,伴随着人类社会的发展,公共物品开始出现,基于公共利益的维护和公共物品的分配,公共秩序的维持者——政府出现了,于是人类的一种崭新的社会实践活动——公共行政活动出现了。和人类对自然的改造不同,行政活动是以社会为对象并改造社会的实践活动。

其次,行政活动按照美的规律创造。和动物不同,人类的实践活动是人类意志的对象化实现的过程。在人类的创造过程中,"人却懂得按照任何一个尺度进行生产,并且懂得怎样处处都把内在的尺度运用到对象上去。因此,人也按照美的规律来构造"[③]。当然,在什么是人的内在尺度上,学术界存在争论。从行政学的视角看,这种尺度主要体现在对美的价值

---

① 马克思,恩格斯.马克思恩格斯选集:第1卷[M].北京:人民出版社,1995.243.
② 马克思,恩格斯.马克思恩格斯选集:第1卷[M].北京:人民出版社,1995.46.
③ 马克思,恩格斯.马克思恩格斯选集:第1卷[M].北京:人民出版社,1995.47.

的无限接近上，即行政管理就是要在这种无限的接近中塑造社会，也塑造人类自身。

行政活动是属于人的实践活动，它应该是合目的性和合规律性的统一。行政活动的“真”，就是行政管理活动的合规律性；“善”，就是行政活动的合目的性；而“美”就是行政活动的合目的性与合规律性的统一。正是在符合美的规律的行政管理的结果中，人的意志和行政的价值将得到充分显现。行政管理活动是利用公共权力提供公共产品、维护公共利益的活动，公共的利益不具有排他性，这种分配与维护必然带有公平和正义的特征。如何使公共行政能够实现这种公平和正义性，就在于行政主体在多大程度上掌握了行政活动的美的规律。

再次，和谐与秩序——行政活动的美的本质。行政活动的美在于和谐。在不同的审美客体与主体中，正是秩序与和谐才构成了行政活动的美。而和谐正存在于审美主体与审美客体之间的一种多重、复杂的关系之中。

行政的和谐与秩序体现了行政活动的真善美的统一，也成为行政活动的终极价值。而且和谐与秩序是一种动态的过程，在不同的历史阶段，社会会体现出不同的和谐和秩序。正是在行政活动的过程中，行政客体的权利主张和行政主体的权力维持达到和谐一致，“相宜”在于不同的审美主体对美的认识的无限接近，也促使行政活动的目的和价值趋向一致。在行政管理史上，行政活动确实有一个从追求权力行使的高效率到公民权利保护的流变过程，正义在行政活动中作为一种核心价值正在逐步得到重视。而行政活动的展开也正是伴随着这种行政的核心价值——善而逐步构建的。因此，考察一个政府组织行政活动是否符合美的本质，就在于考察它的外在行动与内在价值在多大程度上实现统一。

（二）现实行政实践活动对行政美的偏离与匡正

行政活动对行政美的偏离主要体现在两个方面。首先，表现为政府作为国家机构的一部分，对公共价值的偏离。从理论上说，在现代民主社会，作为被授权者，政府的利益应该与人民相一致。但是，行政管理的发展史却往往表明，政府恰恰更多地以大众社会的对立者身份在活动，尤其是在剥削阶级统治的社会里，国家的本质特征就是“和人民大众分离的公共权力”。作为剥削阶级国家机构的一部分，政府也不可避免地体现为公共行政权力对公共价值的偏离。其次，表现为行政活动的社会后果与行政生态相偏离。政府总是在一定的行政生态中存在与发展。当外部的环境因素发生变化时，政府的行政理念、行政模式必须相应地进行调整。自然界是人类社会存在与发展的前提，人类首先是作为自在的客观存在，然后才是自为的社会存在。所谓自在，就是指人所存在的他律维度，人只有在这种他律的规定性中才能形成自我。因此，在人类的实践活动中，人首先必须被自身存在的自然环境所决定，自然界是人类生存和发展的尺度。但是，在人类社会发展极不平衡的今天，人类的发展越来越依赖对自然界的攫取，这种行为在后发的赶超型国家往往表现为在政府领导下有组织的掠夺。行政机关在制定发展，尤其是工业化政策时，往往背离了自然的承受度。这种行政活动的社会后果直接与自然环境相偏离，造成了公共行政的主体与自然生态的紧张状态，甚至在一定程度上表现为一种生态灾难。

行政活动对美的偏离是行政美学面对的现实，行政美学就是在对这种偏离的匡正中得到发展的。首先，剥削阶级国家行政活动对美的偏离必须通过无产阶级专政才能得以实现。在马克思的理论分析中，剥削阶级的国家机器是注定要被打碎的，无产阶级专政的重要使命就是“把靠社会供养而又阻碍社会自由发展的国家这个寄生赘瘤迄今所夺去的一切力量，归还给社会机体”①，并且只有在社会主义国家里，社会权力才能被解放出来，国家权力才能结束自我异化，并和社会权力高度一致。其次，剥削制度的消灭并不意味着行政实践活动对美的偏离会自然消失。无产阶级专政只能解决政府作为国家机构的一部分对社会的异化，行政权力在特定阶段对公共价值的偏离并不能通过无产阶级专政彻底解决。剥削制度的消灭使行政活动的异化失去了坚硬的外在条件，但是由于种种历史现实的条件，这种偏离的存在必然是长期的，因此，这种对偏离的匡正也必然是长期而艰难的任务。在无产阶级专政建立以后，在社会主义政府体制里，这种匡正往往是通过自我完善、自我修正进行的。在主要的修正途径中，一些具有美学价值的概念，如“善治”、“行政参与”相继被提了出来。

三、行政美学的研究内容、方法与意义

作为研究行政活动美的本质和规律的学科，行政美学的研究意义在于人类社会的发展中，作为独特的人类实践活动——公共行政如何才能不断地消解否定性，增强亲和性。而中国政府在转型期的努力正是在于逐步保障社会的和谐发展，逐步完善政府的结构与过程。

（一）行政美学的研究内容

作为对政府行政价值的探讨，行政美学属于行政学与美学的交叉学科，隶属于行政学的元理论范畴，并和行政哲学存在一定的必然联系。行政美学主要是研究主客体在行政实践活动中的相互关系及其动态结构的知识体系，这其中包括行政的真（即行政实践活动对主客体目标是否一致的考察）、善（即行政实践活动对于目的性的探讨，也包括行政伦理和行政道德与行政实践活动的统一）、美（行政活动的目的性和规律性是否统一）。此外，也包括对行政实践活动的本质以及行政实践活动的规律的研究。

（二）行政美学的研究方法

行政美学的研究主要从以下两个方面展开：首先从纵向展开研究。人类社会总是逻辑地演变为不同的历史形态，不同的历史形态从行政管理的角度也呈现为不同的表现形式。应当指出的是，行政的规律与目的在不同的历史阶段也是有差别的。伴随着行政系统和行政生态的演变，传统上唯美的政府架构，如雅典政制、罗马帝制、议会制、总统制等都不同程度地被今天的人们所怀疑。同样，我们今天认为是唯美的政府架构，如多党制等也会被后来者所质疑。因为基于不同的审美客体，客观的行政的美在不同的时间纬度必然是有差别的。其次从横向展开研究。即使在同一时间里，对于不同的行政审美主体，行政的美也呈现不同的表现形式。因为，不同的人群对美的追求、对美的理解是不同的。这种不同的理解也涉及不同的行政客体和行政主体，在同一行政主体，又涉及不同的行政层级。所以，行政的美会有多元性表达，但是不同的表达仍然呈现一种互相接近的趋势，主观审美必须与客观美的存在尽可能保持一致，这就是美的一元性表达。而这种多元到一元的渐变过程就是基于公共利益的实现而逐步完成的。

---

① 马克思，恩格斯. 马克思恩格斯选集：第4卷[M]. 北京：人民出版社，1995. 57—58.

（三）行政美学的研究意义

首先，行政美学基于公共行政的存在问题而开展。对于美学，中国的视角是独特的。一般认为，中国传统的美学认知属于古典主义美学。儒道两家各有偏重又相互补充，相反相成地融合为共同的和谐美的思想。① 这样的分析方法是合理的。需要进一步指出的是，中国的行政管理活动源于家国合一的政治传统，宗法制度否认个人利益的存在，制度安排以权威的存在为保障。这种基于熟人社会的国家的制度安排必然是以矛盾的化解和回避为伦理原则的，但是一旦矛盾激化，传统的制度安排往往迅速崩溃瓦解，伴随着革命的爆发，新的伦理制度重新建立。作为架构在这种传统家庭秩序之上的政府机构，也体现了其独到的行为特征。中国传统的行政制度往往表现为外在的刚性和内在的柔性相结合。这种外在的刚性制度能有效地对百姓进行控制，而在行政系统内部，制度安排往往有自身的潜规则，并以柔性的变通来维护官僚群体的利益。同时，由于外在的行政行为往往与行政体系内部的人存在千丝万缕的伦理关系，内部的柔性行为往往也影响政府的外部行政行为，并以这样的行为维护统治体系的平衡。这就是研究行政美学的中国社会基础。

其次，行政美学的时代背景。在社会主义制度建立以后，传统的道德体系——诸如集体主义、共和主义仍然得到充分的重视，熟人社会的框架仍然被保留了下来。从一定程度上看，诸如人民调解委员会等机构的成立，可以看作是这种传统制度框架的沿袭。因此，行政管理活动仍然以刚柔相济的特点沿袭下来。注重调解、强调合作是中国社会活动的重要特点。市场经济地位的确立，使中国传统的熟人社会面临解构。随着利益的分化组合，传统审美的单一性必须让位给差异性和多元性。当代中国已经进入了一个快速发展的时期，在人均 GDP 进入 1 000 美元时候，与国际上的经验相似，中国社会也开始处于深刻的社会转型期，经济发展不均衡、文化认同危机、政治腐败现象的出现，所有这一切都标志着中国社会开始出现结构性的矛盾，并呈现一定程度上的复杂性形态。此外，必须看到，国际上反华、西化、分化势力在一定程度上加大了社会的矛盾，增加了社会的变数。

再次，行政美学对中国政府的内在要求。前文已经提到，在面临转型期的中国政府，行政美学要求中国政府必须加快从传统政府向现代政府的转型过程。第一，要扩大行政参与。中国传统政府的行为是排斥大众参与的，并以一种天然代表的地位进行管理。作为人民民主专政的当代中国，政府只有在不断扩大人民行政参与中才能更彻底地代表人民利益，实现行政的目的，即行政的善。第二，要加强权力控制。不受约束的权力必然导致腐败，行政权力必须"戴上镣铐跳舞"。在当代中国，这种法律控制主要体现在程序控制。行政程序的法律控制使政府的行为有可能更加符合社会发展和行政发展的内在规律——行政的真，并在此基础上实现了行政真和善的统一——即行政美的实现。第三，促进和谐行政。中国的行政发展植根于中国的社会土壤，也受全球化过程所影响。行政的真与善也不是永恒不变的僵化命题，行政活动的美也必然是一个开放的理论体系。在当代中国，和谐行政就是承认作为共同行政审美主体的行政主体和行政客体，对行政美本质的认识存在差异性，也承认这种差异性将会随着对行政美的本质的逐步揭示，在行政主体、行政客体的和谐共处与发展中才能得到消除。

---

① 马龙潜. 论易儒道交融的中国古代和谐美思想[J]. 周易研究，2003(5).

四、结　语

行政美学是一个崭新的研究领域,有许多问题亟须深入思考。

第一,行政美学与其他学科的关系。行政美学在多大程度上成为一门独立的学科,关键在于对行政学和美学两大学科的态度,不能机械地把两大学科,尤其是美学研究的所有理论与方法直接嫁接到行政美学的研究上,行政美学一旦形成,就应该形成自己的独立话语体系。它还要从其他学科中吸取营养。

第二,行政美学的研究内容及对象的界定。行政美学的研究对象包括行政主体、客体、活动和生态。这样比较广泛的范围在具体的研究开展中可以逐步厘清并分别展开。需要同时注意的是,在行政学中处于对应地位的行政主体和行政客体在行政美学中却可以同时构成行政美的审美主体和客体,而行政活动和行政生态只能构成行政审美的客体,这些问题在进行研究时,需要有清醒的认识。

第三,行政美是客观唯一的还是多元融合的?我们认为,属于人类共同价值目标的美是单一存在的,但是由于人类认识的自身局限和前判断的存在,人类对美的认识总是在不同程度上揭示了行政美本质属性的某一层面。因此,应该说都揭示了作为人类共同价值目标的单一行政美的特定属性,但是这种属性由于不同程度的被揭示,却在不同的人群和特定的时空条件先显示其多元性的外在特征。因此,作为价值核心的行政美的单一性和作为表现形式的多元性是不矛盾的。

第四,行政美学的建立与发展。行政美学的建立与发展首先依赖于行政学和美学以及相关学科的理论发展。但是从根本上,行政美学的发展依赖于行政实践活动的发展。由于认识的不同和社会发展的差异性,行政美学的发展也会存在不同。中国的行政美学目前的任务主要存在于体系构建和学科定位上,中国独特的思维习惯和丰富的传统底蕴有可能给行政美学的建立发展创造机遇。虽然在目前,中国的行政实践距离行政美学的要求还有相当大的距离,但是作为一个终极价值取向,合规律的、合目的的行政的美应该始终是中国政府和人民大众的价值追求,也是行政美学的价值追求。

行政学美国化:理论支点及其引发的批评与启示*

——为纪念伍德罗·威尔逊《行政学研究》发表120周年而作

一、行政学美国化:伍德罗·威尔逊的最大历史贡献

在学术界,一般将伍德罗·威尔逊1887年在美国《政治学季刊》上发表的《行政学研究》一文作为现代公共行政学独立学科创立的重要标志,这是值得肯定和永久纪念的。然而,在我国学术界,一般又将西方行政学视同为美国行政学,反之亦然,对它们不加较为严格的区别,并认为伍德罗·威尔逊的最大贡献是把行政学研究从政治学中分离出来,确立了传统公共行政(或古典行政学说)的独立研究领域。我以为这些是值得商榷的。因为对西方行政学与美国行政学不加必要的严格区别,不利于公共行政学研究的深入,不利于凸显美国行政学创立的个性特点,不利于充分肯定伍德罗·威尔逊对美国行政学乃至国际(世界)行政学发展所作的更具普遍意义的贡献,并很有可能通过对"政治与行政两分法"的曲解、批判或挑战来动摇或贬低伍德罗·威尔逊致力于使行政学成为一门独立的学科和专门的学问所作的贡献。

西方行政学不同于美国行政学,就如同美国行政学不等于西方行政学一样。从行政学研究来看,除美国行政学以外的西方行政学是美国行政学的"源",而美国行政学则是西方行政学之"流"。现代意义上的行政学研究在美国的兴起,无疑是受到美国国内要求变革政府行政管理、提高政府行政效率呼声的推动。但是从行政思想渊源这个角度讲,行政研究的最初源头并不出自美国本土,而是来自欧洲大陆,特别是德国。关于这一点,威尔逊本人在《行政学研究》一文中说得很清楚,对于美国来说,行政研究"是一门外来的科学",是舶来品。就欧洲大陆来说,有关行政的学说和思想源远流长。从古希腊柏拉图的《理想国》、亚里士多德的《政治学》,古罗马谢雪卢的《共和国》,文艺复兴时期意大利政治家马基雅维利的《君主论》,法国政治家让·布丹的《共和六论》,以及近代英国政治思想家洛克的《政府论》,法国启蒙思想家孟德斯鸠的《论法的精神》,卢梭的《社会契约论》等著作中,都蕴含着丰富的行政管理思想。这些早期的行政管理思想因缺乏系统化和理论化而未能成为一种专门独立的学科。相对而言,行政研究最早在德国获得发展,是德国高度集权、"开明专制"的

* 原载《湘潭大学学报》2007年第5期。

政治体制力图加强自身行政效率的反映。在这样的背景下,行政研究在德国得到了高度的重视和加强,并在众多学者的努力下走在了世界各国的前列。用威尔逊的评价来讲,它在当时“几乎达到了极其完善的程度”①。其中的杰出代表是德国学者施坦因,他于1865—1868年发表七卷本的《行政学》著作。从行政法的视角来看,他对行政研究的具体成果主要有两个方面:一是对“政治”和“行政”这两个概念作了清晰的划分,明确了“政治”和“行政”这两个领域之间的内在联系和区分;二是初步建构了行政研究的体系,将行政组织、行政行为和行政法规定为行政研究的主要对象。德国行政研究中对政治和行政的分离,对行政内容相对独立性的强调,以及对行政内部运行规律的关注,很自然地成为美国行政研究进一步展开的出发点,而德国学者在研究中体现出来的对于理论抽象和思辨方法的兴趣也在一定程度上感染了美国的行政研究同行。这样就使得美国行政学研究从一开始就站在了德国人的肩膀之上,具有较高的起点和基础。因此,明确地强调西方行政学,尤其是欧洲大陆德国的行政研究对于美国行政学研究的“源”与“流”关系是十分重要的。

然而,需要特别指出的是:面对德国行政研究取得的这些成果,德国行政研究自身未能继续冲破当时既定的行政法的思维定势,进而构建起真正完整的行政学科体系;同样属于欧洲大陆的法国和其他国家(甚至英国)也不能同时有如此作为;即使是在美国,开国之初联邦党人的著名代表、被誉为“行政天才”的汉密尔顿,虽然他很重视政府行政问题,认为决定行政管理是否完善的首要因素就是行政部门的强而有力,其所需要的因素是统一、稳定、充分的法律支持和足够的权力。② 虽然这些见解不失精辟,但因缺乏系统性而未能建构起行政学完整的体系。除了受诸多客观因素和条件制约以外,其中一个主要的因素和条件就是方法论的问题。面对德国行政研究的既定成果,面对美国和德国政治体制上的性质差异,美国的行政研究怎么办?如何作为?可不可以、应该不应该加以借鉴和吸收?对此,伍德罗·威尔逊作出了积极而又肯定的回答:使之美国化!他指出,对于美国来说,行政学是一门外来的科学,很少使用英国式或美国式的语言规则,它所使用的仅仅是外国腔调;它表达的只是与我们的思想迥然不同的观念,它的目标、事例和条件,几乎都是以外国民族的历史、外国制度的惯例和外国革命的教训为依据的;它是由法国和德国的教授们发展起来的。因此,其各个组成部分是与一个组织严密的国家的需要相适应的,并且是为了适应高度集权的政府形式而建立起来的。因此,为了与我们的目的相符,必须对它进行调整,使之适合于权力高度分散的政府形式。如果我们要应用这种科学,我们必须使之美国化,不只是形式上或仅仅从语言上美国化,而是必须在思想原则和目标方面从根本上加以美国化。它必须从内心深处认识我们的制度,必须把官僚主义的热病从血管中加以清除。他又指出,如果有某种符合我们的要求,可以加以利用的外国的发明创造,以一种外来的方式应用它们是不会有危险的。我们引进了大米,但我们却不用筷子吃饭。我们全部政治词汇都是从英国引进的,但我们却从中淘汰了“国王”和“贵族”。

显然,威尔逊倡导的行政学美国化,首先表现在行政学内容方面的美国化,即不仅仅在形式上、语言(或话语)上美国化,而且更重要的是在思想、原则、观念和目标方面从根本上加以美国化;其次,表现在方法上的美国化,即从环境条件方面的根本差别出发,用美国的宪

---

① 张铭.美国行政学研究发轫的特点[J].中国行政管理,1999(12).

② [美]汉密尔顿.联邦党人文集[M].北京:商务印书馆,1980.356.

法加以过滤,用批判的文火加以烘烤,蒸馏掉外国气体、气味。因此,只要我们能够从根本原则上认识其在环境条件方面的全部根本差别,我们就能够安全和有益地引进他们的行政科学。为了防范行政学美国化过程中的盲目性和教条主义,威尔逊特别强调世界性的"作什么"永远应该由美国式的"如何作"所支配。① 这种从实际出发,以实践为准绳,以本国具体实践为核心的思想,既体现了美国行政学研究的优良传统,也构成了美国行政学研究的一个鲜明特色。正是从这个意义上说,伍德罗·威尔逊最大的历史贡献,不仅在于他是行政学的奠基人,对现代行政学的发展起到了至关重要的作用,而且还在于他旗帜鲜明地提出和论证了行政学美国化。相比之下,后者的贡献对于行政学的建立和健康发展更具普遍的引领意义和价值,甚至可以认为如果没有后者的贡献,前者的贡献是不可能的,或者会大打折扣。

为了使行政学美国化,伍德罗·威尔逊从思维方式、学习态度、学习方法和学习目的等几个方面深入讨论了美国为什么要学习当时管理技术比较发达的德国,学习它的什么地方,美国自身的优缺点在什么地方,等等。他也很好地处理了国民在对外学习方面心理上不服输的问题,强调就事论事,认真分析,注重技术,明确学习目标。② 伍德罗·威尔逊关于行政学美国化的灿烂的思想之花,结出了丰硕的行政学理论和实践之果。在行政学理论方面,从时间维度看,他架设了沟通19世纪和20世纪行政学演变的桥梁;从空间维度看,他架设了欧洲大陆,特别是法国、德国行政研究与美国行政研究的越洋桥梁;从学科维度看,他架设了政治学、管理学、历史学、伦理学、法学、经济学等交叉领域、交叉学科间的桥梁,从而使行政学研究的中心从欧洲转向美国,涌现出一大批行政学家,可谓形成了"美国行政学学派",实现了西方(欧洲大陆)行政学美国化的夙愿,以至西方行政学说成了美国行政学说的同义语、代名词,进而为美国赢得20世纪的国际地位作出了突出贡献。在行政学界,似乎美国行政学者及其术语、见解无处不在、无时不有。比如,我们见到的两本《西方行政学说史》,一本是竺乾威教授主编,由高等教育出版社出版,另一本是丁煌教授著,由武汉大学出版社出版。前者,选介18位行政学家的行政思想学说,其中有12位是美国行政学家;有4位行政学家祖籍或生于欧洲、大洋洲、英国、日本的,但后来移居美国立业于行政学,后期的学术造诣也与美国紧密相连,如德国学者马克斯·韦伯;只有1名法国学者法约尔是美国以外的学者。后者,选介26位行政学家,其中有23位是美国行政学家,有2位是英国的,有1位是法国的。从一定意义上说,这两本书名是名不副实的,与其说是《西方行政学说史》,倒不如说成是"美国行政学说史"更为贴切一些。美国行政学理论方面的成就,对于美国以外的西方行政学或其他各国家的行政学研究来说,具有某种"反哺"的作用和意义。从这个意义上说,当今美国行政学不同程度地成为其他国家行政研究和行政发展的"源",而其他国家的行政研究和行政发展却成了美国行政学发展的"流",其他国家的行政研究同样面临着如何使美国行政学本国化的问题,就如同当年伍德罗·威尔逊倡导使欧洲大陆行政学美国化一样。在行政学实践方面,在美国的社会发展过程中,公共行政管理起到举足轻重的作用,而美国化了的公共行政管理科学的产生和发展,也随着社会发展的脉搏跳动。在美国建国初期,大多数人对公共行政管理认识不足,国家的发展过程出现了不少挫折。19世纪末,美国经济发展的无序和政府腐败现象的愈演愈烈,导致了科学、改革和进步运动的展开,人们开

① 彭和平.国外公共行政理论精选[M].北京:中共中央党校出版社,1997.1—27.

② 蓝志勇.美国公共管理学科的发展轨迹及其对中国的启迪[J].中国行政管理,2006(4).

始认识到培养有公共行政服务的职业道德精神,懂得用科学的方法来领导和管理公共事务的专门人才的重要性。美国社会百多年来的迅速发展,得益于他们行政学美国化的创新,得益于他们注重实践的管理教育,以及从事这些教育的星罗棋布的大规模的公立大学。① 美国行政实践方面的成就及其世界影响,同美国行政学理论的成就及在世界的影响一样巨大。几年前,我曾在首届全国行政哲学研讨会的发言中陈述了这么一个观点,即当今美国社会发展在世界的领先地位,取决于诸种因素,其中一个重要因素就是与伍德罗·威尔逊当年倡导的行政学美国化有很大的直接关联②。

二、行政学美国化的理论支点

恩格斯曾经指出:一门科学提出的每一种新见解,都包含着这门科学的术语的革命。而任何一种新的学说它必须首先从已有的思想材料出发,虽然它的根源深藏在物质的经济的事实之中。这就是说,在人类思想史发展的长河中,后人的思想都不是凭空产生的。此有两层意思:一层意思是指它必须以前人的思想"终点"或研究成果作为自己的思想的"起点",这是一种学习、研究、继承和扬弃的发展过程;另一层意思是指它必须以自己所处的时代、自己的社会存在作为基础,提出前人还没有提出的历史课题,或解决前人虽然提出但没有解决或没有解决好的历史课题。但是,后人怎样处理好已有的思想材料同现实的物质的经济的事实之间的关系呢?是以已有的思想材料作为出发点,还是以现实的物质的经济的事实作为出发点呢?显然,他们的思想应该扎根在时代的土壤之中。恩格斯还指出,历史从哪里开始,思想进程也应当从哪里开始。这说明,后人的思想进程,即逻辑起点必须同相应的历史进程相统一,而历史的起点也应是逻辑的起点。一旦逻辑与历史,亦即思想进程与历史进程发生错位,就会导致理论的错误和实践的失败。然而,思想进程与历史进程相统一,并不意味着思想进程必须处处跟随着历史进程。恩格斯又指出,历史常常是跳跃式地和曲折地前进,如果必须处处跟着它,那就势必不仅会注意许多无关紧要的材料,而且也会常常打断思想的进程,所以,思想进程的进一步发展不过是历史过程在抽象的理论上前后一贯的形式上的反映;这种反映是经过修正的,然而是按照现实的历史过程的规律修正的,这时,每一个要素可以在它完全成熟而且有典范形式的发展点上加以考察。③ 恩格斯的这些思想对我们研究行政学美国化(以及行政学中国化)的理论支点与挑战也具有方法论的指导意义。在美国行政研究发轫期,一方面注重从已有的思想材料出发,选择和确立行政学的理论支点,另一方面注重物质的经济的事实与投身政治改革,为现实的政治体制改革提供理论依据。学科创建中往往强调的是理论范式的创造,因而行政学初始时期在研究风格上带有很强的宏观、抽象的色彩。这种研究风格不仅和美国注重实证分析的传统不相一致,也和整个行政学研究后来强调的方法相去很远。因此,对行政学美国化所依据的理论支点的理解产生分歧、批判和挑战也在所难免。从学科发展的历史看,行政学是直接从政治学中分离出来而形成的一门独立学科。因此,其直接理论渊源是政治学和行政法学,其直接的理论支点主要是"政治

---

① 蓝志勇.美国公共管理百科的发展轨迹及其对中国的启迪[J].中国行政管理,2006(4).
② 乔耀章.行政学中国化与行政哲学思考[J].中国行政管理,2003(8).
③ 乔耀章.中国社会主义特色纵横谈[M].苏州:苏州大学出版社,1996.71—72.

与行政二分法”,其间接的理论支点主要是“三权分立”学说。以下对这两者略加分析比较。

“三权分立”学说有一个产生、发展的过程,其重心由阶级分权发展为阶级内部分权,由议会权力重心转向行政权力重心(行政国家)。早在柏拉图、亚里士多德的著作中,就有关于国家分工、政府权力分立思想。亚里士多德认为,国家政体其公职分配方式是由审议、行政和审判这三种机能构成的。与此相适应,由公民大会、议事会和审判法庭分别行使上述机能,由此构成一个国家权力机构系统,同时,他又认为,国家的三种机构及其机能有着密不可分而又相互平衡的内在联系,即相互限制或节制的思想。后来,波里比乌斯根据罗马共和国的历史经验,在理论方面直接传承柏拉图和亚里士多德的有关思想,在西方政治思想史上第一次较全面地探讨了国家三种政治权力分设的制衡问题,并着眼于奴隶主与自由民之间的阶级分权,对以后三权分立,尤其是政府权力分立、政治权力制衡学说产生了直接的影响。

到了西欧资本主义社会时期,在资产阶级革命中涌现出一批杰出的政治学家,他们提出和确立了天赋人权、社会契约、三权分立等思想,把政治学理论推向新的发展阶段,为资产阶级国家政权体制的建立奠定了理论基础。经过资产阶级革命和民族民主革命建立起来的资产阶级国家普遍采用立法、行政、司法三权分立并互相制约的政治制度。其中,以美国最为典型。在洛克那里,认为国家的立法权、执行权和联盟权(外务权)应该分立,由不同的人执掌不同的权力。在这三权中,立法权是最高权力,它应由民选国会掌握,即由资产阶级掌握,而执行权和联盟权则由国王掌握,属于贵族。这在本质上是属于一种阶级分权理论。洛克的分权政府,限制、约束行政权力的理论,对于将国家的政治、行政功能长期合二为一的传统来说是一次巨大的冲击。将国家权力看成是由两大类相对独立的权力而构成的思想,在后来政府的行政理论中占据极为重要的地位,对后来两种形式的分权理论具有巨大的影响。洛克的思想不仅在英国有突出的地位,而且经过杰弗逊和潘恩传到了美国,又经伏尔泰、孟德斯鸠和卢梭等人传到了法国、德国,因而不仅在资产阶级革命过程中发挥了巨大作用,而且在革命胜利后资产阶级上升为统治阶级,从阶级分权转变为阶级内部分权中也发挥着巨大作用。如杰弗逊认为,不仅要坚持三权分立,这三个权力机构中任何一方的权力也不可能不加限制,而且要防止权力过分集中在联邦政府手中,实行地方层层分权。汉密尔顿在分权问题上主张加强行政权,认为三权分立不能理解为三种权力绝对分开,而应相互联系、相互牵制和平衡。孟德斯鸠在资产阶级思想家中第一个正确地把国家权力划分为立法、行政、司法三个方面,从而为国家的权力结构奠定了理论基础。同洛克相比,孟德斯鸠至少在两点上与之有别,一是孟德斯鸠发展并完善了洛克的“二权分立”说,二是在立法权和行政权的地位上有了变化。洛克认为,立法权为最高权力,并用立法权制约行政权,奉行的是“议会至上”、“无法不行政”原则,因为洛克的使命是通过加强议会权力来削弱或架空王权。而孟德斯鸠的时代,英国王权已经被摧毁,行政权已被资产阶级掌握,如果不再限制立法权,统治阶级便有可能利用议会给资产阶级制造麻烦。这说明资产阶级在未取得国家政权之前需要议会限制行政权力,而在取得权力之后,则要求议会不干预它的统治。三权分立中权重于行政,反映了资产阶级新的政治要求,但难免国家诸权力之间的失衡。康德也赞成三权分立主张,但同时强调三权的合作对国家统治的意义,认为一个国家如果让一种权力实行完全独立于另外两种权力之外,社会就出现专制主义。

通过以上对“三权分立”学说的梳理可见,“三权分立”学说中的“分权”与“制衡”是同一个政治过程的两个方面,具有相对性意义。其中,分权学说中的“行政”是一个很复杂的分析对象,与政治法律的执行有关,它可以分别从职能(功能)、权力与机构的角度以及它们之间的相互关系和联系来加以把握。行政机关行使的职能从形式上看全部是行政职能,但是从实质上看可能涉及立法、行政和司法,也就是,没有一个国家的行政机关只局限于实质意义上(从国家职能的性质来说明行政的意义)的行政职能。①

研究表明,伍德罗·威尔逊致力于建立一门独立的行政学学科,使行政学美国化,是建立在"政治与行政二分法"基本认识的基础之上,其思想主要受益于德国政治学家布隆赤里和施坦因,其后又得到古德诺的推崇和发展。

布隆赤里认为,政治是重大而且带普遍性的事项方面的国家活动,行政则是国家在个别和细微事项方面的活动。因此,政治是政治活动家的特殊领域,而行政则是技术官员的事情。虽然政治若无行政的支撑便无所作为,但是行政并不因此就是政治。② 在施坦因那里,"政治"和"行政"已经在一定程度上得以划分。他认为国家是一种有机体,国家作为在一定社会秩序下的人格主体,具有心理学意义上的意志和活动的两相对立,具体表现为宪政与行政的关系。他认为,宪政是主体有组织的意志,行政则是主体依据意志的活动。宪政规定行政活动的轮廓,但行政的内容却不是来自宪政。他还认为,法规的制定,也即立法的最初步骤应由行政机关掌握,而最后的批准或否决的权力则在宪政手中。这是因为只有行政机关才真正熟悉法规的限度与性质。③

对布隆赤里和施坦因的思想观点,威尔逊极为赞同,领悟透彻,并转化为自己的独立见解。他认为,政治与行政既有联系又有区别。行政活动是政治活动的一个组成部分,但是行政活动领域是一种事务性的领域,属于技术范畴,而政治活动则要重大和复杂得多,政治领域内充满混乱和冲突,这远非行政活动所能相比。政治和行政是国家活动的不同范围,它反映了宪政制度和行政职能的区别。从历史的角度看,政治与行政的分离不仅是政治学研究的最新成果,而且也在很大程度上体现了美国资本主义经济发展的必然要求,认为政治与行政的分离已经是现代社会生活条件下不言而喻的事实。也正是由于对政治与行政两分观点所持的解释,使威尔逊站在了美国政治改革的前列。如同政治与行政的分离一样,政治学与行政学也必然是分离的,威尔逊认为,政治学主要研究国家的性质、政府的构成方式、主权的本质和地位、政治权力、政治制度等有关国家根本制度的基本理论,关注社会价值、社会公正;行政学则侧重于研究政府的具体行政管理过程,它主要运用政治学的基本原理研究政府组织、政府行为等行政现象,研究如何设置合理的组织体系,如何确定正确的组织目标和如何有效地达到目标,它主要关注的是具体化、技术性和应用性研究。正是从这个意义上,威尔逊才反复强调政治与行政的显著区别,并认为行政学已开始与政治学相分离,正在成为一门独立的学科。④ 威尔逊对政治与行政二分法这一理论的秉持与实践,奠定了他成为西方(美国)行政学开创者的历史地位。

对政治与行政二分法理论率先进行系统阐发的是 J. 古德诺。他在《行政学研究》一文发表 13 年以后的 1900 年出版了《政治与行政》一书,以抽象的方法对国家的基本功能进行

---

① 芮国强,乔耀章. 行政哲学基本问题:探索与对话[M]. 长春:吉林人民出版社,2006. 60—61.

② 芮国强,乔耀章. 行政哲学基本问题:探索与对话[M]. 长春:吉林人民出版社,2006. 62—63.

③ 丁煌. 西方行政学说史[M]. 武汉:武汉大学出版社,2004.

④ 竺乾威. 西方行政学说史[M]. 北京:高等教育出版社,2001. 8

了考察与划分,指出在所有的政府体制中都存在着两种主要的或基本的政府功能,即国家意志的表达功能和国家意志的执行功能。在所有的国家中,也都存在着分立的机关,每个分立的机关都用它们的大部分时间行使着两种功能中的一种。这两种功能就是:政治与行政。与威尔逊等人相比,古德诺对政治与行政分离观点的阐述更为系统、明确,并且他还纠正了人们以往对"分离"观点的一种僵化的理解。这种理解认为,由于实行权力分立的原则,一种国家功能只能由一种国家机构独立行使。因此,分权不是绝对地分权,政治与行政两种功能的分离,也不是绝对地分离。两种功能及其行使机关的联系是密切的,对功能的行使不是完全单一的,这就要求行使机关加强合作,要求两种功能以一定的方式取得协调。对政治与行政两种功能协调一致的阐述是古德诺对政治与行政二分论的重要贡献。对政治与行政二分理论的系统阐述,使古德诺成为这一理论的典型代表。他的思想不仅引导人们对18世纪美国建国初期的三权分立原则作更深入的思考,而且通过对政治与行政分离的分析说明,启发人们从新的角度去认识行政、研究行政,从而推动了新生的行政学的发展。①

从"三权分立"到"政治与行政二分法",反映了西方政治制度内部矛盾的发展,以及政府与外部环境关系的动态调适过程。三权分立学说所奠定的政治制度,为政治与行政二分法的提出与发展提供了政治结构方面的逻辑空间。如果没有三权分立的政治制度以及政党政治,政治与行政的二分法能否构建和发展起来还是值得怀疑的。与三权分立相比,政治与行政二分法对政府的行政管理职能持相对肯定的态度。虽然三权分立的原则依然为人们所遵循,但是政府行政部门的作用却已经变化了,主要表现为:在三权分立中的行政是"大行政",逻辑上既包括狭义的政府,也包括官僚制,但它对行政部门的角色认定却是消极的;政治与行政二分法中的行政则是"小行政",即不包括泛指的政府,只限于官僚制,但它对行政的角色认定却是积极的。对于这种变化,我们隐约可以发现西方政治权力重心的转移轨迹,即政治权力从议会转向行政部门,再从行政部门中的政治家转向常任文官(官僚制)。这些不同点和变化后来在新的历史条件下,引发了对"政治与行政二分法"——现代行政学理论基础的反思与批评。总之,伍德罗·威尔逊和古德诺主张政治与行政二分法体现了一种使行政摆脱政治干扰的努力,其目的是倡导在美国尽快创立一门行政科学,而不是认为现实中的政治与行政是可以截然分开的,强调的是其所具有的十分重要的方法论意义,其理论价值在于使行政学作为一门相对独立的学科的建立成为可能。② 因此,我们认为"政治与行政二分法"是使行政学美国化的直接的理论支点或逻辑起点。③

三、"政治与行政二分法"引发的批评与启示

正如上文所述,现代行政学的创立是以《行政学研究》一文的发表为标志的,实现了威尔逊使行政学美国化的夙愿。此后,现代行政学或西方行政学的发展实质上就是美国行政学的发展。现代行政学发展过程中的问题、争论、批评、挑战实际上主要是在美国行政学家之间展开的。世纪之交,作为美国国家公共生产力中心研究员的锡拉丘兹大学的张梦中博

① 吴春华.当代西方行政理论[M].天津:天津教育出版社,1998.28—29,35.

② 芮国强,乔耀章.行政哲学基本问题:探索与对话[M].长春:吉林人民出版社,2006.64,374.

③ 张康之.寻找公共行政的伦理视角[M].北京:中国人民大学出版社,2002.22.

士,曾以“美国公共行政学百年回顾”为题,论述了百年美国行政学发展的五大理论、三种模型和五大时期。其中,五大理论是:诚实、无党派及像企业一样的政府;经典管理模式;政治与政策制定;人类行为和项目的有效性。三种模型是派系冲突模型、派系规则模型和公共利益模型。而这三种模型又是基于三个假设或前提:成立美利坚合众国的奠基人多数将人看作是本质上易腐化的;涉及共和国的权力属性;预计到了个人与集体参与公共团体会带来的矛盾。美国行政学发展的五大时期分别是:创始初期(1887—1899);管理科学效率时期(1900—1929);研究的繁荣时期(1930—1959);重新调整时期(1960—1979);政府改革行政学发展新趋势(1980—2000)。该文涉及行政学范围内广泛的问题,其中最为关键的问题要数与本文相关的对“政治与行政二分法”的扬弃问题。他指出,当行政学正式从政治学中分离出来,且行政被等同于企业管理,行政学的主流观念就开始追逐像机器一样的效率,重心从公共行政在社会中的地位这样一个政治问题转移到了微观问题,即如何有效地管理组织问题,这不仅将行政与政治分离,而且包括了向私有部门学习最佳实践的努力。将政治因素从行政中分离出来之后,改革者们认为,科学的理性能够消除政治冲突。运用知识而不参与政治就会实现公众利益,达到各方面都更好的状况。另一方面,当行政学成为一门独立的学科建立起来,而且新兴福利国家开始广泛发展福利项目时,政治与行政的二分法就会再现,公共行政的一个主要趋势便是远离“中立”而靠向“政治”。尽管早期支持行政中立的学者主张行政官员仅仅是公共政策的执行者,但这种假设现在被认为是幼稚的。人们认识到价值观不仅从多重外部因素侵入行政,价值观同样存在于如政策执行这样被号称为是“中立”的内部决策中,像其他政策参与者一样,政府官员应当参与政策制定。① 由此观之,我们认为自古德诺以后的行政学发展历史中,“政治与行政二分法”面临两种并存的趋势或倾向。一是“行政”偏离“政治”,追求“效率至上”,逐渐流失“公共性”或“政治性”;二是“行政”讲“政治”,不断“走近”政治或“走向”政治或“走进”政治。这两个趋势或倾向往往是从怀疑、批判、挑战“政治与行政二分法”着眼或入手的,有异曲同工之妙。

在我国学术界,把这两种倾向概括为“管理主义”和“宪政主义”,认为西方公共行政思想史上历来存在着“管理主义”和“宪政主义”两种倾向,它们始终交织、盘旋着,分别支配着西方行政理论发展的不同路程。早期行政学(包括威尔逊、古德诺、泰罗、法约尔、马克斯·韦伯、古立克等)是以管理主义为中心的,关注的是行政学的科学性与效率,即行政的工具性与技术性问题,缺乏以价值理性和以价值问题为宗旨的行政伦理的指导维度。也就是说,“管理主义”主张按照企业的管理原则与价值取向来对公共组织进行管理,试图通过科学化、技术化的管理来实现政府管理目标,效率中心、技术至上、价值中立是其内容的概括。经过西蒙“事实—价值”的二分法及沃尔多的“民主”核心原则之后,西方行政学开始了以价值问题为宗旨的行政伦理探索,走上了以“宪政主义”为中心的“伦理救治”之路。“宪政主义”将公共行政视为政治体制和政治过程的一个组成部分,关注社会公正、平等、民主和回应性等。相对于“宪政主义”而言,“管理主义”倾向在西方行政学理论中一直占据着相对主导的地位,造成了公共行政学的价值偏颇和“公共性”的流失,日趋“非公共化”。其主要表现在:模糊了公共部门和私人企业的界限,将效率视为公共行政的终极目标,对政府的公共责任造成一系列冲击。事实上,“管理主义”对公共行政的这种“非政治化”、“非公共化”是

① 张梦中.美国公共行政学百年回顾(上)[J].中国行政管理,2000.

对威尔逊“政治与行政二分法”的曲解。为缓解这种失衡状态,“宪政主义”的觉醒与复兴及民主行政管理理论、新公共服务理论、行政伦理学的发展,逐步在价值取向上、制度构建上和伦理文化上更加注重体现和强调公共行政的“公共性”。① 其历史背景在于,随着西方国家政府的行政职能不断扩大和加强,人们开始关注行政在国家政治生活中所发挥的作用,由此成为政治理论和行政理论研究的重点。政治与行政两分离的理论受到越来越多的批判。在实践中,行政官员更多地为立法机构拟制法律草案或提出法案内容的具体建议,向立法机构提供经过他们筛选的情况和信息,行政对政治的“干预”明显加强,从而使政治与行政分离的界限愈趋混淆不清。行政活动“政治化”的现实和行政理论研究的“政治化”趋向,使得政治与行政二分离理论的影响大大下降。②

对此,有学者进行综观性的研究,认为西方公共行政大体经历了四个发展阶段,并带来治理理念和范式的四大转变,即从传统公共行政(TPA)的自上而下治理→新公共行政(NPA)的参与式治理→新公共管理(NPM)的绩效式治理→正在走向公共价值管理(PVM)的网状治理。与之相适应,公共行政的核心价值也从效率至上→公平主导→“三E”(经济、效率、效能)和质量取向→正在走向效率、公平与责任并重。事实上,每一种公共行政体系的实际运行中都要回答效率如何实现、责任如何保证、公平问题如何处理这三个核心问题,都在寻求回应效率、责任、公平三种核心价值,都具有优势和劣势。它们在迎接效率、责任和公平挑战的过程中,各种公共行政的价值都呈现出交叉并存的特征③,只是侧重点有所不同,这与百余年来西方工业革命、新技术和资本主义单一社会形态演进的复杂历史背景不无关系。然而,现实问题就在于:我们如何进一步深入地阐述“政治与行政二分法”面对批判、挑战后的理论影响力?在此基础上,如何进一步深入地研究“管理主义”与“宪政主义”这两根主线并列、平行、相交的情形和同时并举的可能性,进而进一步深入探讨公共行政核心价值呈现的从效率到公平再到经济、效率、效能而趋向效率、公平与责任相统一的价值回归与平衡特性,以及对于正确把握当代中国公共行政发展的价值取向所具有的重要的借鉴意义和现实意义。

现实的历史雄辩地证明着这样一个道理,即一个具有世界历史意义的重大理论的产生,一定是与一个或多个具有历史意义的重大社会现实问题相关,并为解决这些问题服务,只要这些问题依然存在,那么反映并要解决它的理论就不会被抛弃,虽然它的表现形式是多样化的。同样,作为现代公共行政理论支点的“政治与行政二分法”并不是一种纯粹的理论设想,它是有时代的客观要求和现实依据的。“政治与行政二分法”是西方社会政治发展的必然结果。“政治与行政二分法”是以西方政治文化为总体背景的,如“三权分立”等,但最为直接的原因主要是政治上的多党制和行政体系中的公务员制度建设这两个方面推动了政治与行政的二分。1883年,彭德尔顿法案创立美国公务员委员会,公务员制度的建立以及城市膨胀的需求催生了美国的公共行政学。威尔逊《行政学研究》一文提出了“政治与行政二分法”,古德诺《政治与行政》一书作了至今为止还是系统的阐发。根据西方政治体制的设置,政治与行政的二分实质上和实际上是政党决策与政府执行的分开,也就是说政治是决策的领域,政治活动是决策活动,而行政是执行的领域,行政活动是执行活动。这样,政治与行

① 刘祖云.行政伦理学:新世纪“显学”之端倪[J].学习论坛,2007(5).
② 吴春华.当代西方行政理论[M].天津:天津教育出版社,1998.36.
③ 汪大海.社会治理转型中的公共行政价值的回应与平衡[J].北京行政学院学报,2005(4).

政二分的前提就是两个:政党政治和公务员制度。它们的影响和作用是相互的。政党政治是公务员制度赖以产生的前提,而公务员制度也为政党政治的生成和发展提供了广阔的空间。从这个意义上讲,20 世纪 60 年代以来,“政治与行政二分法”所受到的批判,主要就是对西方多党政治与公务员制度的批评。“政治与行政二分法”的提出,一个直接的肯定的成果,就是使行政及其研究成为一个独立的领域,其积极意义在于最终使行政以公共行政的面目出现,确立了公共行政的边界,使对公共行政的研究成为独立的科学。但是这一二分法所展开的行政研究放弃了使社会其他公共领域恢复其公共性质的追求,或把这种追求看作是公共行政以外的与公共行政无关的生态因素。在二分法框架下所进行的行政科学化、技术化追求的消极面,在 20 世纪的后期越来越暴露出来。同时也让我们发现,“政治与行政二分法”是否可以成为一个普适性的原则,的确是一个值得怀疑的问题。① 或者说,如果我们不把“政治与行政二分法”放在具体的社会历史背影中加以认识,而是脱离这一二分法的适用背景,把它抽象出来,当做一个具有普遍意义的原则,就有可能引致一些消极的后果。

120 年来的历史实践已经证明,为创建美国现代行政学而提出的“政治与行政二分法”理论的目的已经达到或实现。它今天之所以被置于受批评的地位和引起争议,我们认为主要有三方面原因:其一,二分法当时具有某种总体科学性,只是在其后的实际运用过程中,一方面可能由于公共行政实践脱离二分法理论,实践尚未达到理念的要求,另一方面,可能由于公共行政的研究者和实践者对二分法产生一定的误解或曲解;其二,二分法本身存在着历史的和认识的局限,应该加以修正或补充,如在阶级社会中,政治包括十分广泛的内容,不仅仅是某些人、政党或集团的立法、决策行为,如果仅仅归结为这一点,就大大缩小了政治的界限;再如对国家意志的阶级性、社会性、人民公意性也没有科学的界定,企业、市场、所有制的私有性质作为无可争议的内设前提加以确认,国家意志执行活动也不仅仅是国家行政机关的事;其三,西方公共行政主要是在资本主义单一社会形态背景下演进的,但毕竟已有一个多世纪的时间差,资本主义社会也在内外因素的作用下缓慢地变迁着,“政治与行政二分法”也应当适时地扬弃,并朝着人类社会文明进步方向发展。从特定意义上说,公共行政思想演变历程中的“管理主义”和“宪政主义”都是不可或缺的,问题是我们怎样选择一条具体的符合国情的优势互补的发展路程。

在伍德罗·威尔逊行政学美国化精神的启迪与鼓舞下,我们面临着相似的历史任务,即要使行政学中国化!关于行政学中国化问题早在 20 世纪 90 年代就引起我的关注和思考,先后公开发表了 3 篇文章。② 我认为,行政本质上隶属于政治,是具体的、历史的,具有民族性、世界性及普遍联系性。如同当年伍德罗·威尔逊提出要使欧洲大陆行政学美国化一样,我们应当也能够提出和构建行政学中国化,即使中国传统的行政现代化,使西方和美国行政学中国化。但是应该有所不同的是,行政学美国化所依据的理论或逻辑起点是“政治与行政二分法”;而行政学中国化所依据的理论或逻辑起点只能是“政治与行政的和谐统一”,这是由我国的社会主义性质所决定的。我们不搞多党政治,不搞“三权分立”。我国国家意志及其执行应始终保持着社会主义的公共性特质和人民性本色!对此,我们仍有很多文章可做。

---

① 张康之. 寻找公共行政的伦理视角[M]. 北京:中国人民大学出版社,2002. 29—33.

② 乔耀章. 行政学中国化与行政哲学思考[J]. 中国行政管理,2003(8);行政学中国化过程中的学科发展与方法体系[J]. 上海行政学院学报,2005(2);行政学中国化与行政发展观辨析[J]. 长白学刊,2007(2).

行政学中国化与行政发展观辨析*

关于为什么要使行政学中国化，以及怎样使行政学中国化问题，我曾在第一、二届行政哲学研讨会上作了初步的探讨。①本文仅就行政发展观及其与行政学中国化之间的相互关系问题再发表点浅见，借以抛砖引玉。

相对于作为实践或实践哲学层面的行政发展而言，行政学中国化和行政发展观同属于理论层面或理论哲学层面的问题。关于行政学中国化，我们可以从两个主要方面加以理解与阐释。一是从社会科学的形成发展维度看，中国有几千年社会文明发展的历史，有着极其丰富的行政管理实践经验及其行政管理思想，它完全可能形成中国特色、中国气派的行政学，也就是说，中国应该有，必然有，也确实有中国自己的本土行政学。二是从社会科学相互交流、借鉴的维度看，现代行政学只能产生在西方，产生在美国，从这个意义上说，中国没有行政学，特别是没有现代行政学，行政学是外来货，所以要使之中国化、本土化。相比之下，通常人们更多的是持后一种理解和阐释，这是值得进一步商榷的。事实上，行政学中国化本质上是一种过程，即使中国"本土"的行政学和"外来"的行政学进行有机化合、整合的过程。因为行政本质上是具体的、历史的，具有民族性、世界性及普遍联系性。正是从这个意义上说，就如同当年伍德罗·威尔逊提出，要使欧洲大陆的行政学美国化一样，提出和论证行政学中国化问题，本身也是一种行政观、一种发展观、一种行政发展观。提出并研究行政发展观，必将进一步有利于推动行政学的中国化。

行政发展观是行政观和发展观的有机统一，是指对行政发展的基本认识和基本看法。不同社会发展阶段的国家（早发型国家和后发型国家），不同社会制度的国家（中国不同于美国），同一社会制度国家的不同历史时期（如改革开放以后的中国不同于新中国建国以后的中国），人们就会产生不同的行政观，不同的发展观，不同的行政发展观。这种基本认识和基本看法上的不同，归根结蒂源于不同的行政发展或行政发展的不同。一方面，行政发展观根源于行政发展，一般说来，有什么样的行政发展就有什么样的行政发展观，在这里，行政发展是第一性的，由此形成的行政发展观是具有从属性的，要求同具体的行政发展相适应、相一致；另一方面，行政发展观又能动地反作用于行政发展，自觉地指导行政发展，行政发展观决定着行政发展的程度、方向与道路，行政发展观应当先于行政发展。因此，研究和确立科学的行政发展观具有非常重要的理论意义和现实指导意义。

---

* 原载《长白学刊》2007 年第 2 期；中国人民大学复印报刊资料·公共行政·D01，2007(7)全文转载。

① 参见乔耀章. 行政学中国化与行政哲学思考[J]. 中国行政管理，2003(8)；行政学中国化过程中的学科发展与方法体系[J]. 上海行政学院学报，2005(2)；落实科学发展观的伟大实践：第四卷下册[M]. 北京：中国档案出版社，2006.

在国外社会科学领域,把行政发展作为热点问题进行研究,首先发端于20世纪60年代的美国。在我国,行政发展问题的提出是同改革开放以来的经济发展、政治发展、文化发展和社会发展紧密相连的。早在行政学界提出研究行政哲学问题之前,就有学者热心于行政发展问题的研究,其中卓越教授还较早出版了《行政发展研究》专著。在2003年首届全国行政哲学研讨会上,何颖、陈辉、卓越、张劲松等教授对行政发展作了专门性的研究①,主要集中在行政发展概念的内涵、行政发展的特征、动因、内容、原则;行政发展与非同一性思维;行政发展与发展行政,行政发展与行政效率、行政改革、行政现代化,行政发展与经济、政治、社会发展,以及在对传统公共行政批判基础上形成的公共管理理论对人的全面发展等问题上。他们的研究成果以及其他学者近几年来对行政发展问题的研究与探索,为行政发展观的深入研究奠定了宽广的理论和学术基础。

发展既相对于衰退,又不同于进化。一般进化指称自然界,发展指称人类社会。唯物辩证法认为,宇宙间的一切事物都以某种方式保持着相互联系、相互影响和相互作用,其联系、影响和作用又以运行的方式存在着,而运动必然导致变化。而变化又有两种基本方向:一是向着好的、进步的方向变化,一是向着坏的、落后的方向变化。前者称之为发展,后者称之为衰退。发展是指一个国家在一定的环境和条件下,使其政治、经济、文化、教育、科技、社会多方面协调共进,以推动该社会进步及现代化的过程。发展观既是一种价值观念,又是一种思维方式。一般说来,有什么样的发展观就会有什么样的发展道路、发展模式、发展战略,就会对发展的实际结果产生根本性、全局性的重大影响。第二次世界大战以后,西方学者在探究发展中国家从传统的农业社会向现代工业社会转变的过程中,曾提出过三种不同的发展理论。即发展=工业化=经济增长;发展=现代化=整个社会结构由传统向现代的转型;发展=以人为中心=综合发展(亦即可持续发展)。行政发展就是基于发展观或发展理论提出来的。行政发展是相对于行政衰退而言的,是指政府行为朝着进步、更高层次方向变化的过程。而政府行为包括抽象行政行为和具体行政行为两个方面。前者既有政府行政机关制定的法令规章,也有按照法令规章建立起来的行政制度、工作制度等;后者既有动作行为,也有心理行为,既有个别性行为,亦有集合性行为,既有实体性行为,也有方法性、技术性行为等。由此,所谓行政发展可以描述为:政府为满足本国经济社会发展的需要而采取科学方法,变革与健全行政体制及其制度,调整行政活动方式和行政关系,提高行政效能,以促进本国政治、经济、文化、社会各领域协调共进的行政活动过程。② 基于此,所谓行政发展观,是关于行政价值观念,行政思维方式,行政发展的本质、目的、内涵和要求的总的看法和基本认识、基本观点。在既定的行政发展的前提和基础上,行政发展观应当先行于行政发展,并贯穿于整个行政发展的过程之中。

在我们初步分析论证发展、发展观、行政发展、行政发展观问题之后,还要进一步分析论证的问题是:第一,行政发展有别于行政发展观。大致说来,前者主要指涉及行政实践问题,后者主要指涉及行政理论或行政哲学问题,而不宜将行政发展与行政发展观等同视之。第二,行政发展又有别于发展行政。卓越教授在介绍美国行政思想家的观点时指出:在他们看来,行政发展和发展行政是两个相对独立的学科,前者重在基础理论研究,探讨行政发展的

---

① 郭济.行政哲学导论[M].哈尔滨:黑龙江人民出版社,2003.206—305.

② 郭济.行政哲学导论[M].哈尔滨:黑龙江人民出版社,2003.231,208,374.

意义,行政发展现代化与政治现代化、社会变迁等多种因素的相互关系;后者是一种务实性的工作,主要研究如何改进行政技术、如何提高行政效率等。而卓越教授自己则认为,发展行政和行政发展是有所区别的。行政发展是指政府行为向好的进步的方面变化的过程本身。而发展行政则是指对政府发展了的行为进行的研究。发展行政的研究对象是行政发展。官员应致力于行政发展,而学者则要关注发展行政。这样的观点是值得商榷的。事实上,行政发展与发展行政两者各自的主客体是有所不同的,行政发展不仅仅是官员的事,发展行政也不仅仅是学者的事。第三,发展行政也不同于发展行政学,同样,行政发展也不同于行政发展学。发展行政学是研究发展行政的过程及其规律的学问(学科);行政发展学是研究行政发展过程及其规律的学问(学科)。第四,行政学中国化与行政发展观、行政发展学、发展行政学具有共同的学理基础,同属于行政理论哲学层面。无论是行政学,还是行政发展观,抑或是行政发展学与发展行政学都应当使之中国化,归入中国化之列。也就是说,在中国,行政学、行政发展学、发展行政学以及行政发展观都应当表征出中国风格、中国气派、中国特色。

为了体现行政发展、行政学、行政发展学、发展行政学以及行政发展观中的中国风格、中国气派和中国特色,我以为要处理好以下几对统一关系:

其一,从行政发展方法论上看,处理好价值与事实之间的统一关系。一方面,行政发展中的行政价值取向是由行政的公共性特质及其目的性指向决定的,行政价值不能直接从行政经验或行政事实中产生。另一方面,行政发展又是以行政事实为对象或以行政实际为根据的,具有进步性、整体性、现实性和多样性等特征,行政事实不能以任何推理形式从行政价值中引出。在行政价值与行政事实这对关系中,行政价值追问的是行政发展的预设性、应然性目的,即行政发展为什么的问题,而行政事实追问的是行政发展的现实性过程中的实然性,即如何行政发展或行政发展如何科学进行的问题。在实际辨别上,行政价值与行政事实的关系也可以从行政目的与行政手段的关系上加以考察。

其二,从行政发展动因上看,要处理好被动性与主动性之间的统一关系。唯物辩证法认为,任何事物的发展都是有动因的,行政发展也不例外。行政发展主要是指政府(广义或狭义)自系统的发展。其发展的动因主要来自外部动因和内部动因两个方面。行政发展的外部动因,主要由全球范围内的国家间,一国范围内的自然、国家、社会、政党、市场、企业、公民等生态环境因素构成。行政发展的内部动因,主要由政府行政系统的层级与部门、组织与人员、理念与制度、机制与行为等因素构成。我以为,在行政发展的外部动因与内部动因的关系问题上,存在着各种主、被动因素的关系,大体可分为六种情形,即正面的积极的主动因素与正面的积极的被动因素之间的互动;正面积极的主动因素与负面消极的被动因素之间的互动;正面积极的被动因素与负面消极的主动因素之间的互动;正面消极的主动因素与负面消极的被动因素之间的互动;主动因素中正面积极因素与负面消极因素之间的互动;正面积极的被动因素与负面消极的被动因素之间的互动;正面积极的被动因素之间的互动。① 如何处理好行政发展过程中的内、外动因中各种主、被动因素之间的关系,切实推动行政发展,在很大程度上取决于政府行政能否做到自觉及其自觉的程度。② 从归根结底意义上说,政

① 乔耀章.政府理论[M].苏州:苏州大学出版社,2003.38—41.

② 乔耀章,芮国强.政府创新与政府自觉[J].新华文摘,2003(2).

府行政自系统的自我发展,即行政发展并不是行政发展的目的本身,积极而又高效地回应行政发展的外部动因,实现行政的公共性的价值目标,推动人类社会全面进步,才是行政发展的真正目的之所在。

其三,从行政发展过程上看,要处理好阶段性与持续性之间的统一关系。唯物辩证法认为,发展是事物普遍联系、运动、变化的结果之一,发展是不间断地发展与发展的阶段性的有机统一。因此,阶段性的行政发展并非是政府行政过程中所追求的常态。当然,行政发展也并不简单地表现为行政扩张或行政膨胀、行政增量。为了防范行政发展过程中的行政自我衰退现象,应当处理好行政改革、行政发展与行政稳定的相互关系,以确保政府行政管理的可持续发展。①

总之,改革、发展、稳定是当今中国发展的大战略。为实现中国社会长期可持续发展,以胡锦涛为总书记的党中央提出了科学发展观,强调在坚持以人为本的前提下,实现全面发展、协调发展和可持续发展的有机统一。对此,行政学中国化进程中谋求科学的行政发展观责无旁贷。

① 乔耀章.应当把“可持续发展”思想引入行政管理[J].中国行政管理,1998(4).

"公共服务均等化"不只是政府的责任 *

本着公共精神，做好公共服务均等化，实现公共服务均等化，是服务型政府的一份基本责任，也是现代政府追求的目标，还是公民的一项基本权利和义务。对于公共服务均等化，在我国现阶段，亦即中国特色社会主义初级阶段全面建设小康社会时期，还只能是"追求"而不是已经"实现"。所谓"追求"，是一种"进行时态"，是指政府以公共精神为价值、为指导，逐步实现教育、医疗、社会保障、住房、就业等公共服务均等化的"过程"；而"实现"当然可指这一公共服务均等化的过程本身，但更多的是指这一过程已经实现的"结果"，是一种"完成时态"。为实现教育、医疗、社会保障、住房、就业等公共服务的均等化，依然是目前和今后相当长时间内老百姓呼声最高的改革诉求。①

追求或实现公共服务均等化问题，本应是政府的公平与效率或政府的效率与公平问题，尤其是政府的平等问题的有机组成部分。那么，什么是均等化，什么是公共服务均等化呢？

从字面上看，所谓"化"是指某种性质或状态，所谓"均等"亦即平等，一般是指享受平等的机会，而不是指享受平等的结果。由"公共服务"作为限制词、修饰语的"公共服务均等化"(the equalization of public services)，也就是指人人都能享受到公共服务，其享受的机会是平等的。可见，公共服务均等化是公共财政的基本目标之一，是指政府要为社会大众提供在不同阶段有不同标准的最终大致均等的公共物品和公共服务。

自作为国家机构的政府②产生以后，由于历史的、阶段的以及认识的局限性，人类社会就客观地存在着一定范围内的非均等的公共服务。但是，从19世纪末至20世纪70年代末，西方发达资本主义国家为克服自由资本主义的种种弊病，不断强化政府对国家经济领域的垄断地位，推动社会公共事业等行业的国有化，建立和完善政府公共财政体制，基本实现了公共服务的均等化或均质性。这些早发资本主义国家在实现公共服务均等化过程中积累了丰富的经验，为推动人类政治文明的发展起到了重要的作用。

20世纪80年代以来，公共管理改革运动席卷全球。亚洲国家的公共服务也面临着多种多样的难题，都在积极探索，"摸着石头过河"。由于种种历史原因，中国的公共服务均等化客观地存在着滞后现象。1978年改革开放以来，特别是近年以来，公共服务不均等现象有了很大改观。就我所知，早在2005—2006年，学界就有专家关注和研究公共服务不均等

---

* 原载《长白学刊》2010年第3期。

① 公共服务均等化：百姓呼声最高的诉求[J]. 半月谈，2010(4).

② 乔耀章. 政府理论[M]. 苏州：苏州大学出版社，2003.

的问题或现象。[①] 2006年10月,党的十六届六中全会通过的《关于建设社会主义和谐社会若干重大问题的决定》进一步提出,完善公共财政制度,逐步实现公共服务均等化。党的十七大明确指出,缩小区域发展差距,必须注重实现基本公共服务均等化。因此,基本公共服务均等化问题已成为我国经济社会发展中的一个重要的热点问题。此后,全国第一个基本公共服务均等化纲要《广东省基本公共服务均等化规划纲要》(2009—2020年)的诞生,就是一个有力的例证。但追求公共服务的均等化,不能忽视以下几点:

第一,关于基本公共服务均等化概念的使用问题。虽然有关学者较早地论及了公共服务非均等化的问题,但是,"公共服务均等化"概念还是党中央最先使用的。无论是党的十六届六中全会的决定还是党的十七大报告,有关公共服务均等化问题的措词都用了"逐步实现"和"基本"公共服务均等化这两个提法。前者强调时间、状态、过程,而不是已经达到的程度;后者是指程度、底线,是基本而不是全部"基本"即"基础"之意,谁都知晓"基础不牢,地动山摇"的道理。逐步实现基本公共服务均等化问题,事关着区域社会乃至全国社会的长治久安这样一个大是大非问题。

第二,关于基本公共服务均等化不能搞"一刀切"的问题。我国东、中、西部区域和城乡之间发展不平衡规律的作用以及各地政府间财政体制差异性等问题的存在,决定着公共服务均等化不能搞"一刀切"。基本公共服务均等化,并不等于平均主义化。[②] 基本公共服务均等化是一个相当复杂而又系统的巨型工程,是一个不断逼近目标的渐进过程,不可能一蹴而就。随着经济社会的不断发展,基本公共服务的标准日益提高,公共服务的范围也逐步扩大。而在我国,平均主义有着牢固的传统。这种传统会不同程度地影响到我们社会生活的各个方面。在有着各种差别或差异和矛盾存在的全面建设小康社会历史阶段,基本公共服务均等化并不是事实上的绝对平等化,并不是强调国家、政府对所有的公民都享有完全一致的公共服务,而是承认地区、城乡、个体或群体间客观存在着各种差别的前提下保障所有公民都享有一定标准基础上的基本公共服务。基本公共服务均等化更多的是指机会均等、制度共享的概念。在基本公共服务上搞平均主义,绝不是马克思主义的。

第三,关于基本公共服务均等化的横向与纵向及其互动关系问题。所谓横向关系,就是不同地区间、不同城乡间、不同人群间、不同群体间及其它们之间的基本公共服务均等化的关系问题,以及提供教育、医疗、社会保障、住房、就业等民生问题的基本公共服务均等化的关系问题;所谓纵向关系,一般是指上下层级关系,如党、国家、政府、民众、社会关系及它们之间的关系。所谓互动关系,一般是指横向的互动关系、纵向的互动关系以及横向与纵向之间的互动关系。在这些关系中,横向关系可侧重于领域或政治主体(导)及其生态问题。由于政党、国家、政府在特定意义上说是融为一体的,它们在纵向及互动关系中处于主体或主导地位,而民众、社会等问题则处于"被"的从属地位。但是从唯物的观点看,正是民众、社会对于政党、国家、政府等具有决定意义;而从辩证的意义上说,政党、国家、政府等却能动地反作用于民众和社会。正因为如此,基本公共事务从源头上说是民众、社会的事,而基本公共服务尤其是基本公共服务的"均等化"问题则不完全是政党、国家、政府的事。除了政党、

① 参见汝信.中国社会形势与预测[M].社会文献出版社,2005.56;叶盛南,等.区域间公共物品供给差距和地方政府能力分析[J].地方经济,2006(6).

② 参见南方网.2009-12-28.

国家、政府应该承担的那部分基本公共服务外，即由政党、国家、政府等不该管、管不了、管不好的基本公共服务则由民众、社会自己来管，即由民众和社会“自理”部分基本公共服务。基本公共服务均等化并不等于平均主义，却包含着部分基本公共服务的“自理主义”，这是基本公共服务“均等化”问题的题中应有之义，也是西方社会推行治理与善治问题的要义所在。

由此可见，追求基本公共服务均等化，这既是政府的一份责任，也是民众、社会的一项义务。我们要正确理解公共精神，正确理解服务型政府，正确理解政府责任，既做到政府自觉，又做到“公民自觉”①：一方面，民众、社会不能把所有的公共服务责任推给政府；另一方面，民众、社会也应该学会自(治)理，自觉承担那部分能够承担的公共服务责任。政府将通过这样的“均等化”过程，逐步还政于民众，还政于社会。

① 我称之为“双自觉”，即政府自觉、公民自觉。乔耀章. 和谐社会与公民自觉[J]. 暨南大学学报，2006(2).

论我国公共管理体系中政府的几个问题*

公共管理运动是一股汹涌澎湃的世界潮流,各国公共管理模式彰显着鲜明的特色。其中,中国特色社会主义的公共管理在世界公共管理大趋势中独树一帜。因幅员辽阔,中国各地域、区域的公共管理又精彩纷呈,凸显区域特色,"湖湘公共管理"就是一例。本文仅针对我国公共管理过程中客观存在着的弱化、虚化政府的地位与作用,片面强调政府的自然生态、职能;淡化政府的阶级性、政治性,片面强调政府的社会性、公共性及其"服务型"等问题,提出并初步论证了我国公共管理体系中的政府主导、政府生态、政府质态、政府形态这四个问题。

一、公共管理体系中的政府主导

公共管理是对社会公共事务的管理,公共事务是公共管理的逻辑起点和事实起点。有什么样的公共事务,就要求有什么样的公共管理。而公共事务是历史的、动态的、发展的,具有无限丰富多样性,这势必要求公共管理的基本理念、基本特征、基本性质、基本特点及其主体、客体、对象和目的与之相适应。从理论与实际的结合上看,我国的公共管理同时存在着衰亡着的传统公共管理因素和生长着的现代公共管理因素,彼此共存并相互作用的态势,对于构建什么样的公共管理体系、政府在公共管理中处于何种地位的问题,目前还存在较大的分歧。主要有三种情形:

第一种情形,基本采取"游击战"的方式,要么集中研究政府层面的公共管理,要么关注公民参与层面的公共管理,要么聚焦于非政府或"第三部门"层面的公共管理。尤其是后两者,假借公共管理中的"治理"或"多中心治理"发展态势,淡化政府管理,具有某种"无政府管理"(或政府虚无主义)之嫌。

第二种情形,采用大兵团组合的"阵地战"方式,主张公共管理是由政府 + 非政府公共组织 + 民众组成的公共管理体系来共同管理社会公共事务的活动。认为这种活动既不能把公共管理简单地等同于以政府为中心的政府管理,也不能把公共管理与社会多元主体合作治理直接画等号;认为从政府、非政府公共组织(NGO)与民众这三大主体间关系以及各主体所承担的角色、作用看,可以把公共管理分为以政府为本位、民众和非政府公共组织依附于政府的三种公共管理模式,即政府管理集权化模式、民主化模式、社会化模式,以及以社会为本位,政府、民众和非政府公共组织平等合作的两种社会治理模式,即社会治理的自主化

---

* 原载《江苏行政学院学报》2011 年第 4 期;中国人民大学复印报刊资料 · 公共行政 · D01,2011(10)全文转载。

模式、多中心模式。用形象的语言表达，前三种是"父子关系"，后两种则是"兄弟关系"。相关理论认为，这样做不但可使公共管理的全貌得以昭然，澄清了政府管理与公共管理的关系，同时还打通了政府管理、公共管理和社会治理等概念间的隔阂，整合了有关政府改革、非政府公共组织及公民社会的研究，理清了公共管理实践发展的脉络。① 客观地说，主张这种情形的观点，似乎将"公共管理"视为"共同管理"，因而也有值得商榷之处。

第三种情形，把公共管理体系大体分为三种类型：其一，就是作为国家机构的政府公共管理；其二，是作为私人行政、管理组织的结合体的公共管理；其三，是作为非国家机构政府的公共组织的公共管理。这三种类型的公共管理和谐共处于国家和社会的统一体中，构成"总体"或"整体"的公共管理。但是，这三者之间的公共管理也不可相提并论，更不可相互混淆。其中，第一种类型的公共管理是关于整个国家、全社会的公共管理，它最具权威性、广泛性和多样性；第二种类型的公共管理实质上是放大了的"私人公共管理"；第三种类型的公共管理，其实质是介于第一、第二种类型的公共管理之中，具有"公、私"二重性的公共管理，它除了是非政府公共组织的公共管理外，有时也是政府公共管理，有时还是私人公共管理。必须指出的是，第一种类型即作为国家机构的政府的公共管理，仍然具有二重属性，即体现阶级性、政治性的公共管理和同时体现社会性、科学性的公共管理。我国的政府公共管理同西方国家政府的公共管理（以市场为主导）在内容和形式上有着本质区别，我国的政府侧重于体现人民性，即与社会性的统一，西方国家的政府则更加侧重于阶级性或私有性。我们主张第三种类型的公共管理。

在当下中国，以政府为本位的公共管理为主体、为主导，以社会为本位或以公民为本位的公共管理还是属于应然层面的有待提倡和构建的未来情景。在从以政府为本位的公共管理向以社会或公民为本位的公共管理过渡（转型）的历史进程中，政府公共管理为主体、主导是历史决定的，因而不可或缺。公共管理发展趋势中的多元主体之间毕竟不能等量、等质齐观，公共管理绝不是某种程度的无政府主义的"共同管理"，政府在公共管理中"主导性的主体角色地位与作用，是其他任何参与公共管理之主体所不能代替的"②。马克思主义国家观有一种见解，即在作为历史范畴的国家消亡的具体条件具备以前，任何无政府主义状态都是十分危险的。因此，在政府、市场和社会相互介入和作用中建立起新政府主导或引导③的公共管理体系不但是可能的，而且也是现实的。

二、公共管理体系中的政府生态

在以后一个相当长的历史时期内，政府将是构成我国公共管理体系的一个不可或缺的主体要素，而且是一个占据主导地位和作用的主体要素。如果把政府看作是一个自系统，公共管理体系中的其他诸要素便构成政府自系统的"生态"。那么，究竟什么是"政府生态"，它同现在比较流行的"生态政府"或"生态型政府"是什么关系呢？

① 陈庆云等. 公共管理理论研究：概念、视角与模式[J]. 中国行政管理，2005(3).

② 乔耀章. 公共管理体系与公共道德体系初探[J]. 学术研究，2005(7)；郭济等. 行政伦理导论[M]. 哈尔滨：黑龙江人民出版社，2006.

③ 张康之. 建立引导型政府职能模式[J]. 新视野，2000(1).

所谓政府生态或称“行政生态”,是指政府自系统产生、存在和发展的外部环境诸要素和条件的总和。它不同于“生态政府”或“生态型政府”(目前,国内学术界大量的有关研究成果主要涉及“自然生态”与政府的关系问题,以为只要政府具有自然环境保护意识,并能够切实履行政府保护自然环境的职责、功能,就冠以“生态政府”或“生态型政府”。这是值得商榷和进一步深入探讨的问题)。自从1947年,美国公共行政学家约翰·高斯发表《政府生态学》一文之后,作为政府生存和发展的外部条件的政府生态问题,才逐步引起人们的广泛重视和研究。如果我们将政府界定为国家机构的政府,而不是界定为非国家机构的政府①,如果我们将政府自系统定格在中观层面,即狭义政府的层面,那么,政府生态就有广义政府生态和狭义政府生态之分。广义政府生态可谓之“宏观政府生态”,狭义政府生态可谓之“微观政府生态”。宏观政府生态,可视为“政府自然生态”和“政府社会生态”两方面的有机统一体,主要由自然(包括未经人工制作存在的地球环境和宇宙环境与“人化自然”两个方面)、社会(包括国际社会环境和国内社会环境)、国家、政党、市场、企业、社团、公民等要素构成政府管理的可持续发展和政府生态安全链,形成宏观政府生态理论的基本框架。有什么样的宏观政府生态就可能有什么样的政府的历史、政府的类型、政府的职能和政府的制度等。与此同时,政府自系统也能动地反作用于自然、社会、国家、政党、市场、企业、社团、公民、国际社会等政府生态环境。政府自系统对政府生态环境诸方面要素的能动的反作用力的大小及其方向和程度直接关涉到政府自系统存在和发展的理由、目的及其价值。② 由此可见,“政府生态”涉及的问题域远远超出“生态政府”或“生态型政府”所涉及的问题域的深、广度,自然生态只是政府生态链中的一个环节。尤其是在“政府社会生态”问题上,把政党、国家、市场、企业、社团、公民等要素也列入宏观政府生态问题的视阈来研究,是极有其理论价值和实践意义的。

至于狭义的政府生态或“微观政府生态”,主要涉及的是政府自系统内部的生态问题。从横向看,同级政府内部各部门之间的横向“府际关系”,就构成政府同级“自我生态”。如国务院、中央政府内部的各部委办之间的府际关系;中央政府与国际间各国中央政府之间跨国的“府际关系”,就是如此。再如,湖南省的地理位置位于长江中南部,大部分在洞庭湖的南边,谓之“湖南”,省内又有湘江贯穿南北,又谓之“湘”,“湖湘”由此得名。省外,东临江西,西接重庆、贵州,南毗广东、广西(两广),北连湖北;省内又有13个市和一个自治州组成。这样,就基本构成了“湖湘公共管理”的政府生态。从纵向来看,中央政府同地方各级政府之间形成自上而下的政府自系统的政府生态,以及最基层的乡镇政府同上级各级政府之间形成的自下而上的政府层级“自我生态”。这样,狭义的政府生态就是由横向的“同级政府自我生态”和纵向的“层级政府自我生态”这两部分构成的政府自系统的“政府生态”。

可见,所谓公共管理体系中的政府生态,一般包括宏观的、广义的、政府自系统以外的政府生态和微观的、狭义的、政府自系统内部的政府生态两个方面。虽然它们的区别是相对的,只是影响的方式、角度不同而已,但它们却构成了十分复杂的政府(自然、社会、自我)生态系统。从唯物主义视角看问题,是政府自然生态决定着政府社会生态,进而决定政府自我

---

① 乔耀章.政府理论[M].苏州:苏州大学出版社,2000.6－12;论作为非国家机构的政府;再论作为非国家机构的政府[J].江苏行政学院学报,2004(1);2005(2).

② 俞可平.政治学教程[M].北京:高等教育出版社,2010.84.

生态;但从辩证法的角度看问题,政府的自我生态却能动地反作用于政府的社会生态和自然生态。可以从政府的自然生态、社会生态反观政府的自我生态,反之亦然。政府自我生态的好坏,直接决定并影响、制约着政府的社会生态、自然生态的好坏,它们构成正、负相关关系。

三、公共管理体系中的政府质态

"政府质态"是指政府的性质、本质、特质、状态或表现形态。政府"质态"一般不是由政府自身决定的,它是由政府生态决定的,即主要由政府所处的社会生态(环境)和自然生态(环境)决定的。公共管理体系中的政府质态与公共管理体系中的政府生态有着不可分割的"互依性"①,有什么样的政府生态,就会有什么样的政府质态。公共管理体系中的政府质态与政府职能关涉度较大,表现在多方面、多层次。这些多层面、多层次的政府质态,首先或主要由其所处的社会形态决定,大体表现为"静态"的政府质态和"动态"的政府质态两方面。

关于"静态"的政府质态,可以从两个维度进行考量:其一是历时态维度,其二是共时态维度。前者,我们以为社会是一个开放的多元、多质态并存的巨系统,任何一种纯粹质态的社会都是不存在的。无论是从整个人类社会的总体考察,还是就某一个特定历史阶段的社会考察,都同时并存或共存有三种质态,这就是过去的遗迹、现实的基础和未来的萌芽。一种社会形态之所以是"这种"社会形态,而不是"那种"社会形态,主要是由它的现实基础决定的。一方面,现实基础既积淀着过去的遗迹,并由"过去"的萌芽发展而来;另一方面,现实的基础又孕育着未来,当未来的萌芽逐渐成长、壮大成为新的社会现实基础时,原有的社会现实基础便逐渐成为过去的遗迹,而"过去"的遗迹必将进一步成为过去,并且具有一去不复返的"不可逆性"。因此,任何一种社会形态的现实基础都是"活的",它从历史走来,又告别历史走向未来。现实基础是如此重要,以至于它既是历史发展的标的,又是未来发展的母体,它必将成为过去,成为历史。从这个意义上说,某一特定社会形态的特定阶段又具有历史、现代、未来的多重性社会特质。② 正是这种多重性社会特质决定着政府质态的三种基本形式:第一,与传统农业社会相联系的"传统型政府",这种类型的政府质态被美国行政学家弗雷德·W.里格斯称为"融合型政府",其行政管理效率极其低下;第二,与现代工业社会及"后工业社会"相联系的"现代型政府",这种类型的政府质态被里格斯称为"衍射型政府",其追求的是行政管理的效率与科学性;第三,主要指与由传统农业社会向工业社会转型相联系的"过渡型政府",这种类型的政府质态被里格斯称为"过渡型政府","异质性"、"重叠性"、"形式主义"是其突出特点。③ 基于上述分析,与社会主义初级阶段相联系,当今中国公共管理体系中的政府质态,主体属于"过渡型"的政府质态,但同时具有一定程度的"传统型"和"现代型"的政府质态。

后者,可以从两个层面展开认识。一方面,从作为国家机构的政府视角来认识,政府作为国家的重要组成部分与派生物,政府质态是由国家质态决定和延伸的,亦即政府质态不过

---

① 夏书章.行政管理学(第4版)[M].北京:高等教育出版社,广州:中山大学出版社,2008.26—27.

② 乔耀章.中国社会主义特色纵横谈[M].苏州:苏州大学出版社,1996.88—92.

③ 俞可平.政治学教程[M].北京:高等教育出版社,2010.246—247.

是国家质态的具体放大。按照马克思主义的基本观点,国家是一个历史的范畴,国家具有阶级性和社会性双重属性。而阶级性总是以其社会性为基础的,并在一定的社会历史条件下非平衡地互动、发展着。起先,即国家和政府最初是凭借着管理社会公共事务而创立和发展起来的特殊机构。当国家和政府异化成为统治阶级的主要的统治工具时,它也没有取消对社会公共事务的管理。国家和政府所具有的两重性中,以阶级性为主,以社会性为辅。随着人类社会的发展和政府历史类型的变迁,国家及政府两重性的侧重点有所变化,逐步由阶级性向社会性转化。到了以社会历史发展为必要条件建立起社会主义国家和政府时(注意并不就是现实中存在的),其阶级性日益从属于社会性,社会性的主导性与人民性的主体性才可能逐渐趋于一致。那时,国家和政府的阶级性逐渐转向社会性,国家和政府的社会性逐步转向社会,由社会组织或非国家机构政府来承担曾经作为国家机构政府所履行过的社会性功能。① 很显然,在长期处于社会主义初级阶段的我国,政府还尚未达到如此的发展程度。另一方面,从阶级社会国家和政府所拥有的双重属性的表现的具体领域来认识,政府质态应当是全方位的,主要包括政府的经济质态、政府的政治质态、政府的文化质态、政府的社会质态。这些方面的政府质态具有某种共同性,是不论传统型的政府,还是过渡型的政府,抑或是现代型的政府,都应当具有的基本质态,只是具体内容和表现形式的侧重点有所不同罢了。② 据此,笔者认为,应把"政府工作中心"与"政府工作重心"在逻辑与学理上作区别。工作的"中心"只有一个,而工作的"重心"则有多个。随着党和国家工作"中心"的转移,党和国家工作的"重心"将从政治转向经济,从经济转向文化,最后转向即回归到社会。

关于"动态"的政府质态。政府的质态是随着政府生态变化而变化、发展而发展的,即使是"静态"的政府质态,也不是一成不变的,因而具有相对性。从政府管理的动态或运行角度看,政府质态可表现在多方面。根据科学发展观及中共中央和国务院的相关文件精神,我们认为,动态的政府质态主要表现在政府科学管理、政府民主管理和政府依法管理三方面。政府科学管理就是按照客观规律管理,要充分尊重知识管理,老老实实管理;民主对社会主义来说是须臾不可离开的东西,政府民主管理就是保障公民参与权利,明明白白管理,光明磊落管理;法是一种规矩,依法治国是我们的基本方略,政府依法管理就是确立法治权威,规规矩矩管理,公正无私管理。政府质态的这三方面是密切联系、辩证统一的有机整体。政府科学管理是基本前提,是政府民主管理和依法管理的价值导向,如果政府不按照科学管理,违背客观规律管理,就没有政府合规律的主导地位,就没有政府真正的民主管理和依法管理;政府民主管理是基础,是政府科学管理和依法管理的最终动力和源泉,政府民主管理决定着政府管理的民主性质以及管理效率,如果政府违背了管理的民主性质,政府的主导地位就失去了合法性基础;政府依法管理,是政府科学管理和民主管理的可靠保证,如果政府无法可依,或政府有法不依,执法不严,违法不究,政府就不能保证国家、社会及政府自系统的和谐、稳定与长治久安。动态型政府质态的这三个方面共同构成政府公共管理的基本理念、基本制度、基本机制、基本行为,统一于政府公共管理的科学化、民主化、法制(治)化的

① 乔耀章.政府理论[M].苏州:苏州大学出版社,2000.19—20;论作为非国家机构的政府;再论作为非国家机构的政府[J].江苏行政学院学报,2004(1);2005(2).

② 乔耀章.论获得性政府职能及其重心位移[J].江海学刊,1996(4);政府理论[M].苏州:苏州大学出版社,2000.260—265.

实践活动和历史进程之中。

政府的质态归根到底是由相应的社会质态决定的（更侧重于表征政府的性质、本质、价值层面的意义）。政府质态在国家存在的历史范畴内表现为政府的阶级性和社会性两个方面，在其阶级性和社会性此消彼长的历史过程中，具体体现在经济、政治、文化和社会生活的各个领域性质态当中。因此，我们应当善于认识和处理好政府的二重属性及其与科学、民主、依法管理的关系，从而不断告别政府的自发性，不断增强政府的自觉性。

四、公共管理体系中的政府形态

"政府形态"主要关涉政府分类或政府的类型问题，但又不同于政府"分类"、政府"类型"。政府形态是由政府质态决定的，是政府质态问题的进一步拓展与具体化，是政府质态与"政府量态"之间辩证统一过程的产物。政府分类或政府类型的划分，与政府的定义、起源、属性及社会历史发展密切相关。亚里士多德、洛克、孟德斯鸠等人一般不从国家的国体，而从政府的政体方面区分政府的类型。里格斯 1961 年出版了《行政生态学》一书，将政府模式分为融合型政府模式、棱柱型政府模式、衍射型政府模式。美国学者戴维·奥斯本、特德·盖布勒在合著的《改革政府——企业精神如何改革着公营部门》一书中提倡建立 10 种类型的政府：起催化作用的政府；社区拥有的政府；竞争型政府；有使命感的政府；讲究效果的政府；受顾客驱使的政府；有事业心的政府；有预见的政府；分权的政府；以市场为导向的政府。美国行政学家 B. 盖伊·彼得斯在《政府未来的治理模式》一书中，作了比较全面的总结，将政府治理模式分为市场式政府、参与式政府、弹性化政府、解制型政府四种模式。国内学者对政府类型的研究也取得了相当的成果，主要集中在：按政府职能性质分为统治型政府、管理型政府、服务型政府；按政府对社会公共事务管理的范围分为小政府、大政府、有限政府、无限政府、万能政府、全能政府；按政府对国家和社会事务干预的功能程度分为积极政府、消极政府；按政府自律程度分为廉价政府、廉洁政府、腐败政府、寻租政府；按政府对社会公共事务的干预程度分为干预的政府、消极干预的政府、积极干预的政府、全面干预的政府；以及知识政府、电子政府、人治政府、法治政府、世袭政府、民选政府、分权政府、集权政府、国家型政府、行政型政府、治理型政府，等等。①

以上这些分类研究成果，对于我们更加深入地分析、研究我国公共管理体系中的政府形态，无疑很有启发，但是我们不能照搬或简单运用其中任何一种分类来称谓目前我国政府所属的形态。相比较而言，关于构建"服务型政府"的政治、学术性呼声甚高，以致产生一些误导，以为目前我国政府就是"服务型政府"了。对此，很有必要加以讨论。

首先，关于"服务型政府"（与"服务行为"视为同义语）问题的提出。提出并广为使用"服务型政府"这个概念的是我国学者和政治家，而不是国外学者，但这并不意味着在国外学者那里就没有相关的思想或理论。早在 1938 年，德国行政学者厄斯特·福斯多夫在其代

---

① 乔耀章. 论获得性政府职能及其重心位移[J]. 江海学刊，1996(4)；乔耀章. 政府理论[M]. 苏州：苏州大学出版社，2000.

表作《作为服务主体的行政》中就首次提出了“服务行政”这一概念。① 以后,西方先后出现的新公共管理、治理与善治理论,尤其是新公共服务理论,使服务的思想理论更加鲜明突出。尤其是珍妮特·V.登哈特和罗伯特·B.登哈特在《新公共服务:服务而不是掌舵》一书中,强调服务理念,对奥斯本和盖布勒在《改革政府》一书中提出的“掌舵而不是划桨”思想进行了大胆颠覆。

在我国,早在20世纪80年代中期,就有学者提出使用“服务型政府”等概念、术语。②张康之教授把历史上的行政模式分为统治行政、管理行政和服务行政三类,认为人类社会行政模式经历了从“统治行政”到“管理行政”再到“服务行政”的演进过程,而服务行政模式是人类行政发展的必然趋势。③ 刘熙瑞教授认为:“服务型政府就是在公民本位、社会本位理念指导下,在整个社会民主秩序的框架下通过法定程序,按照公民意志组建起来的以为公民服务为宗旨并承担着服务责任的政府。”④ 2002年,中共十六大第一次把政府职能归结为经济调节、市场监管、社会管理和公共服务四项内容。2004年,温家宝总理提出“建设服务型政府”之后,有关“服务型政府”的研究开始成为热门和焦点话题之一。

需要指出的是,其一,西方学者提出的“行政服务”、“公共服务”与我们提出的“服务型政府”在“服务”的内涵和外延及特质上不能同日而语;其二,“服务型政府”具有中国本土特色,体现了中国传统文化的“民本”、社会主义的特质、共和国的人民本色及中国共产党的宗旨;其三,它是“建设型政府”时期,即是以经济建设为中心时期提出来的,主要侧重于政府对“经济”、对“企业”、对“市场”等方面的服务;其四,人们对服务型政府概念、内涵等的认识尚未达成共识,政府的“服务性”还远未达到“服务型”的程度;其五,建设服务型政府“还是一种未来情景性的理想目标,还不就是已成为现实的唯一的政府形态”。

其次,政府的服务性质是与政府与生俱来的,它不因人们是否提出“服务”这个概念、术语而存在。但是,政府的服务性质在不同的历史时期,在不同的社会发展阶段,在不同的国家,其内容、形式、技术要求、方式方法等是不同的。政府的服务性质不是社会主义的中国所特有或独有的。不能说农业社会统治型政府,工业社会管理型、管制型政府,就没有政府的服务。当然,也不能认为后工业社会的服务型政府,就不存在政府的统治和管制。历史的真实是,在传统农业社会、工业社会和后工业社会的每个历史阶段都同时共存着政府的统治、管理、服务之质态,只是随着社会的发展、文明度的提高,其中三质态的侧重点有所不同,并由此构成三者共存的“政府形态”。统治型政府以统治为主,寓管理和服务于统治之中;管理型政府以管理、管制为主,寓统治和服务于管理、管制之中;服务型政府以服务为主,寓统治和管理、管制于服务之中。

再次,政府的统治性质主要是由政府所具有的阶级属性决定的,政府的管理、管制性质

① 张书克.“服务行政”理论批判[J].行政法学研究,2002(2);谭宗译、黎学基.服务行政阶段论——一种德国模式的研究进路[J].国家行政学院学报,2009(2).

② 王兴起,于永旭.转轨变型服务企业——试谈政府工业主管部门的改革[J].理论学刊,1985(3);俞童宗.谈谈我国的政治体制的改革[J].思想政治课教学,1996(10);赵伯林.关于改革物资流通体制的探讨——对建立唐山市物资流通新格局的设想[J].中国流通经济,1988(1);皮纯协,吴德星.90年代中国的行政体制改革与行政法制[J].行政法学研究,1993(2).

③ 张康之.公正行政是公共行政的新视点[J].南京社会科学,1998(5).

④ 刘熙瑞.服务型政府——经济全球化背景下中国政府改革的目标选择[J].中国行政管理,2002(7).

以及服务性质主要是由政府所具有的社会属性决定的。政府的统治性质、阶级属性归根到底取决于社会的所有制性质;政府的管理、服务性质及社会属性归根到底取决于其具有的公共性。一般说来,统治型政府主要以被统治阶级为其对象,而管理型政府和服务型政府则超出其阶级的局限,力求以社会的公众为其对象。此外,管理型政府(统治你没商量)和服务型政府的边界除取决于政府能力的大小、强弱,主要还取决于被管理者、被服务者的自理和自治能力的大小与强弱。如果公民的“自理”能力、“自治”能力强,政府管理的边界、服务的边界就相对窄一些,反之,政府管理和服务的边界就相对宽一些。①

我国目前尚处在由传统社会向新型工业化社会的转型期,还将长期处在社会主义初级阶段,因此,我国政府不能不长期处在“过渡型政府”的历史阶段,在政府管理中就不能不是衰亡着的统治因素与实际存在着的管理因素和生长着的服务因素彼此共存。这使政府带有“后统治型政府”、“后管理型政府”和“前服务型政府”诸种特质,也使“统治”有余,“管理”不足,“服务”不周或有限成为不争的事实。

① 中共江苏省委党校蒋婷撰文认为,公共事务的边界范围往往表现为:现代宽于古代,东方宽于西方,英美法系宽于大陆法系,国家统制型宽于自由市场型,社群主义宽于自由主义;中央财经大学政府管理学院刘庆乐则认为,如果以政府发挥作用的空间大小为标准对思想家们关于政府职能边界进行排序,比较有代表性的观点先后序列为自由主义(literalism)—干预主义(interventionism)—引导主义(directism)—全能主义(totalism)。参见中国行政管理学会第七届行政哲学研讨会暨“哲学与政治学视野中的行政学发展”研讨会《会议论文集》。

问政:新公共行政的逻辑起点*

自改革开放以来,我国行政(管理)的理论与实践可谓开始逐步进入“问政时代”。问政,谁问政、问谁政、谁听政(有别于听证),问什么政,怎么问政,为什么要问政,等等,这些问题都值得我们认真思考和研究。之所以需要问政,笔者认为,其主要原因之一就是因为执政者、施政者的智慧和力量是有限的,且不能过于自信或自负。正如党的十八大报告中所指出的:“坚持问政于民、问需于民、问计于民,从人民伟大实践中汲取智慧和力量。”就像习近平和李克强同志所说的:“人民群众是我们力量的源泉”,“万事民为先”。要真正做到全心全意为人民服务,就必须善下,走实群众路线,真心实意地拜人民为师,勇于和善于向人民学习!问政大体上可分为统一过程的两种情形,一是执政施政的组织和人员(本文侧重于行政组织和人员)问政,可谓“自问政”;一是执政施政组织和人员的相对人问政,可谓“他问政”。问政的途径、形式、方式方法是多种多样的,如领导视察、现场办公、市长热线、局长接访、机关开放日、网络问政、电视问政,等等。问政当不拘形式,重在内容与实效。本文着重对“新行政观”的提出和“行政治”、“行人政”、“行民政”和“行公正”等几个问题作初步的探讨。

一、寻回渐行渐远的“行政”

什么是行政,或行政是什么,依然是一个需要深入研究的理论与实际问题。据考证,“行政”这一概念,在中华文化的历史长河中已经沉浮了将近3 000年。“行政”一词最早是分离的“行”与“政”的两个字,见于春秋时代《左传》的“行其政令”、“行其政事”。在《史记·周本纪》中出现“行”与“政”连用的“行政”,有“召公、周公二相行政,号曰‘共和’”;“周公恐诸侯畔周,公乃摄行政当国”;“周公行政七年”。[①]所谓行政沉浮的景观之一可谓是,上可“顶天”,令人仰视的治国理政的殊荣,下可“立地”,泛化为勤杂事务及其管理的代名词。从一定意义上可以说,非现代意义上的“行政”一词或概念、范畴,是地地道道的土特产、中国货。

名称是内容的概括,现象是本质的反映。虽然中国有几千年的文明史,有着极其丰富的行政思想与实践,但就是没有能够使之系统化升华为一种理论、一种学术、一种科学或学科体系,从“行政”发展为“行政学”。现代行政学只能产生在以工业社会为背景的西方社会,

---

* 原载《行政论坛》2013年第1期。

① 张帆.“行政”史话[M].北京:商务印书馆,2007.6.

确切地说只能产生在美国。现代行政学在西方产生以后逐渐东进经日本引进到中国并得到重视和研究。有学者研究认为，在中国，行政学虽已走过百年，然而学界却始终未能摆脱疲于模仿和忙于追赶西方行政学研究的状态，以至无暇回首、仔细体会该学科这一路走来所经历的“得”与“失”，甚至对该学科的基础概念——“行政”一词都没有给予足够的重视，以致国内关于“行政”概念的言说还是十分琐碎、零散，有时甚至带有某些较为明显的错误。①

如果不是从一般的行政学说史或行政学发展史，而是从“行政”概念演化发展史来说，我国目前对关涉行政现象或行政规律的研究，已经发表或出版了海量的成果，其学术旨趣或争论的热点，从时间的维度基本表现为：行政（学）—行政管理（学）—公共行政（学）—公共行政管理（学）—公共管理（学）—新公共管理（学）以及后公共管理（学）、治理理论等。其中，可以“公共行政管理（学）”为其中介或转折点，在这之前还聚焦“行政”，在这之后就渐趋少见或不见“行政”了。八年前，在一次由中国行政管理学会主办召开的行政哲学研讨会上，笔者在大会发言中，曾经对该次会议的“公共行政管理”议题做过解释，认为“行政”是中心词或词干，而“公共”和“管理”分别是作为前缀和后缀，用以修饰、限定、强化“行政”的，说明“行政”是公共的行政，不是一般的行政；“管理”是行政的管理，不是一般的管理。公共行政管理（学）体现出从行政学到公共行政（管理）学再到公共管理（学）的发展历程，并从理论与实践的相结合上，反映出我国公共行政管理同时具有衰亡着的传统“行政管理”因素和生长着的现代“公共管理”因素彼此共存并相互作用的态势。但是，这种“态势”既不等同于当下的“形势”，也不等同于多元管理主体之间等量、等质齐观的某种“无政府主义”的“共同管理”。“公共管理”是一种“公共性”管理，是“公管理”与“共管理”的有机统一。一般说来，“共管理”的不一定是“公管理”的，而“公管理”的内涵与外延则要大于并体现着“共管理”。

然而，这种趋势客观地存在着两种去“行政”化和去“政治”化的倾向：其一，是在概念或字面上越来越去“行政”化，即在概念或字面上没有了“行政”二字，进而使“行政”渐行渐远；其二，是在形式上侧重于“行”，做足“行”，亦即行政主体的文章，进而在实质上使“政”渐行渐远，导致“行”少讲或不讲“政”，“行政”少讲或不讲“政治”。笔者认为，这两种倾向应当得到及时而有效的克服与防范。事实上，自 1887 年伍德罗·威尔逊《行政学研究》发表以来的现代行政学发展史表明，“政”与“行”既相分离又相互依存。“行”是离不开“政”的，而且“政”实际上先在于“行”，从特定意义上说，“政”比“行”更为根本。行政要讲政治，政治与行政分而不离、和谐统一，应当成为行政学当代中国化历史进程中的理论支点。②③

因此，本文是以问“政”而不是以问“行”为题，认为可以把“问政”作为新行政观的逻辑起点。对于这个观点，十年前的2002 年，笔者曾经在《从治民到官民互治——行政现代化的历程分析》一文中就已经论及，认为“何为政，谁之政，谁来行，如何行，行其果”是解说行政理论与实践问题的几个前提问题。④ 通过学习领会党的十八大报告中的相关精神，笔者更

---

① 张帆：“行政”史话[M]. 北京：商务印书馆，2007. 252—253.

② 乔耀章. 行政学美国化：理论支点及其引发的批评与启示——纪念威尔逊《行政学研究》发表 120 周年[J]. 湘潭大学学报，2007(5)

③ 黄显中，颜婷. “政行二分”理论的偏移与复归——纪念威尔逊《行政学研究》一文发表暨公共行政学诞生 120 周年[J]. 湘潭大学学报，2007(5).

④ 乔耀章. 从治民到官民互治——行政现代化历程分析[J]. 北京行政学院学报，2002(2).

加坚定了把“问政”作为研究新行政观逻辑起点问题的旨趣。

二、新行政观的提出及其基本内容

所谓行政观,是社会行政实践的产物,是指对行政的基本认识、总体认识或基本观点、总体观点。如果从历时态角度来考察,行政观分为三种时态,即过去的行政观、现在的行政观和未来的行政观。目前,学术界关于行政观的概述主要有“两个角度”、“三个角度”和“四个角度”。其中,两个角度考察行政的就是从“政治”与“管理”两个层面考察行政的政治行政观和管理行政观。三个角度考察行政的具体有四种情形,其一,是从“三权分立”的角度解释“行政”,从政治与行政分离的角度解释行政,从管理功能的角度解释行政;其二,认为国家的一切活动和作用都是行政,认为行政是国家意志的推行,认为行政是除立法司法之外的一切国家活动;其三,是分为狭义的行政观、广义的行政观和最广义的行政观;其四,狭义的行政概念,从“三权分立”视角解释行政,广义的行政管理,从政行分离视角解释行政,最广义的行政概念,从管理功能角度解释行政。四个角度考察行政的学者大多在三个角度考察行政的基础上,增加一个“综合行政的角度”①。

所谓“新”行政观,是相对于“旧”行政观而言的。相对于过去的行政观,现在的和未来的行政规则是属于新行政观。就我国而言,譬如,相对于毛泽东思想的行政观来说,中国特色社会主义理论体系所体现的行政观就是一种新行政观。一般说来,新行政观有别于现代行政观,就如同旧行政观有别于传统行政观一样。无论是新行政观还是旧行政观,无论是现代行政观还是传统行政观,都是在各自历时态的变迁过程中体现着前后(相互)之间的共同(或联系)但有区别(或差异)的情境。这就关涉到比较学或比较的方法。这种比较有不同的比较角度,或不同的参照系。这种比较一般有纵向比较和横向比较两个方面,并且以纵向的自我比较为主。譬如,以 1949 年为界,这之前的是旧中国的旧行政或传统行政,这之后的则是新中国的新行政或现当代行政;以 1978 年为界,这之前的是新中国的“旧”行政,这之后的则是新中国改革开放的“新”行政,或“新新中国行政”,体现出创新行政或行政创新。此外,还有许多其他的比较角度和参照系,譬如,十年前,我提出的从治民到官民互治就是一种新行政观。相比而言,仅把民众作为治理对象的“治民”实际上是一种旧行政观,而“官民互治”则是一种崭新的新行政观,这种新行政观要远比西方的治理理论深刻得多。至于横向的他比(尤其是不同社会制度国家的行政观的比较)则应当注意诸多方面的不可比性因素或参照系,而且,这种横比往往会陷入盲目的模仿、追随或拿来主义而难以创新行政观。限于篇幅本文不再赘述。本文侧重于“政治”行政观,主要从行政与“政治”,行政与“人政”、“民政”,行政与“公正”等方面来研究新行政观的基本内容。

关于行政与“政治”。如把“政”界定为政治、国家政治、社会政治,那么,行政就是行政治,行国家政治,行社会政治。可见,新行政观应当正确处理好行国家政治与行社会政治的关系。

在“行政”中,“行”是动词,“政”是所行之事。在人类社会的不同历史阶段,“行”的方式有变化,“政”的内容也有差异。“行”和“政”一旦结合就会发生交互作用。“行”的方式

---

① 张帆.“行政”史话[M].北京:商务印书馆,2007.258-259.

会由于“政”的内容的改变而改变,“政”的效果也会由于“行”的方式的不同而不同。① 行政,就其本性与功能来说,是应急的、应对的、对应的、对策的和策略的,是规范的、模型的、程序的,与战略不同。行政有两类形态:一是与业务对应的“行政”形态,一是与政治对应的“行政”形态。后者,又可细分为三个层面,其一是“操行”政治,其二是“运行”政府,其三是“执行”政策。其实质都是一个过程概念,都存在一些细节问题,它们一般都是在“政治”确立和确定之后所展开的工作,也是为了达到政治目的和完成政治人物所开展的工作。② 可见,行政是从属于政治的。大有“推行政治”,小有“实行政令”。有什么样的政治就会有什么样的行政,而不是相反。

《尚书·毕命》中有“道洽政治,泽润生民”。这表明约3 000年前,华夏民族已开始使用“政治”一词。“政治”一词的本义,在古代中西方有所不同。在西方,“政治”一词源于古希腊语的“城邦”一词。在中国古代,“政治”则主要指布政治事,所谓“政者事也”,“治者理也”。从现代意义上考究,中西方古代政治各有其特点或侧重,但就其所涉及的对象与范围并无大的差异。③ 其实,“政治”的要点在于“政”与“治”的巧妙结合与统一。它告诉人们,政治之“政”是内涵、内容和内核,标志着标准和方向,具有长远性、稳定性、价值性和目标性。政治之“治”就是治理之“治”,是方式、方法,标志着全局性、宏观性、整体性和协调性。④ 可以如是说,“政”是“治”之本,“治”是“政”之体现。

特别需要指出的是,学术界占主流或统治地位的传统政治观认为,政治即国家政治。这是很值得商榷的。笔者在《东吴政治学丛书》的总序中写道:政治是人类社会的普遍现象,政治生活是人类社会生活的不可或缺的有机组成部分,它随着人类社会的产生而产生,并随着人类社会的发展而发展。作为类的人的社会政治现象和政治生活有着基本相同或相似的质的规定性,而作为不同时代的人、不同社会发展阶段、不同社会发展的文明度或成长度、不同民族国家以及统一社会和统一民族国家的不同地域的政治形象和政治生活的内容与形式,则不可避免地存在着某种质的差异性。⑤ 据此基础上,现在笔者坚持认为:政治可分为国家政治和社会政治(为研究叙述方便起见,本文对国家政治与政治国家、社会政治与政治社会不做具体辨析)。一方面,国家政治对社会政治有巨大的能动的反作用。不可否认,国家是政治现象的基本形式,政治的根本问题是国家政权问题。各阶级、阶层之间的关系,特别是政治关系,都要通过国家结构表现出来。各种政治现象大多围绕国家这个中心展开。国家政治具有二重性,即阶级性和社会性。其中,国家政治的阶级性主要由统治阶级的性质决定的,并成为国家政治的中心或重心,这种中心或重心也不是一成不变的;而国家政治的社会性不同于社会政治,随着社会的发展和文明的进步,国家政治的中心或重心将由阶级性政治转向社会性政治,而当国家政治的中心或重心转向社会性政治时,国家的社会性政治将过渡到社会政治。另一方面,社会政治最终决定国家政治。国家政治是一个历史范畴,国家政治是社会政治的派生物,国家政治应以社会政治为前提和基础。社会政治则是同人类社会与生俱来并共始终。笔者坚持认为,凡国家的一定是政治的,但是政治的不一定是国家

① 张帆.“行政”史话[M].北京:商务印书馆,2007.265.
② 黄建钢.经济政治学:对经济及其发展的政治学解释[M].杭州:浙江大学出版社,2008.206.
③ 中华文化通志编委会.中华文化通志:第6典·政治学志[Z].上海:上海人民出版社,1998.1—2.
④ 黄建钢.经济政治学:对经济及其发展的政治学解释[M].杭州:浙江大学出版社,2008.208.
⑤ 芮国强,乔耀章.行政哲学基本问题探索与对话[M].长春:吉林人民出版社。2006.1.

的。政治是一种极其复杂的社会现象。国家政治并不能包纳所有的社会政治现象。从国家政治走向社会政治是一种必然的趋势。① 当今世界,国家政治还是一种此在的或在场的实景,而社会政治则主要还是属于人类社会的一种未来情景。然而,与其他国家有所不同的是,我国政治是坚持以社会主义为定向发展的政治。现阶段,我国的政治是国家层面的阶级性政治、社会性政治和社会政治的有机统一。②

在研究行政与"政治"的关系问题上,我们可以合并同类项,创造一个新概念"行政治"。其中,"政"是中心词或词干,"行"与"治"作为"政"的前缀和后缀。由此,行政可分为相互关联的共同但有区别的两类:一类是"行国家政治",其本来面目是"为政治国"和"以政治国",一类是"行社会政治",行政民主化或行政社会化是"行政治"的必然趋势。西方行政学从公共行政—新公共行政—公共管理—新公共管理—治理理论发展过程中的"去政治化"现象,表明渐行渐远的政治是"国家政治",而不是"社会政治",渐行渐近的政治则是社会政治。对于西方国家来说,从以"行国家政治"为重心到以"行社会政治"为重心的转移(或许有人认为,这与其说是西方的倒不如说是当下中国的情形更为贴切些)还是一种政治社会化的必然趋势。不过,与西方国家由"行国家政治"到"行社会政治"的运行序列不同的是,我国从新中国成立伊始就领先(或顶层)设计为侧重于"行社会政治"。如 1982 年宪法第一款规定:中华人民共和国是社会主义国家。即国家或国家政治是由"社会"、"社会主义"或社会政治所限定修饰的。这就表明我国的"行社会政治"早有宪法和制度的保障。当然,在事实层面上,由于种种原因,我国行国家政治往往优先于行社会政治。笔者认为,从社会政治到国家政治再到经过国家政治与社会政治的互动发展到社会政治或政治社会化,是政治发展或演进的基本逻辑。本文试图通过"问政"所要创设的与其说是"新行政观"倒不如说是"新政治观"。

关于行政与"人政"、"民政"。如果把"政"界定为"人政"和"民政",那么,行政就是"行人政"和"行民政"。可见,新行政观应当正确处理好"行人政"与"行民政"的关系。

行政的首要客体与对象就是与人打交道。而人亦即政治。其一,人,社会,政治,在其本质上是"三通"的。社会性、政治性,是人区别于自然、动物的最为本质的属性。只有把人视为社会的和政治的或把社会和政治视为人的理论,才算是抓住了事物的根本,才算是彻底的理论,进而才能掌握群众,变为改造社会、改造世界的物质力量。其二,依照伍德罗·威尔逊的说法,"行政机关是行动中的政府"。在我国,各级政府叫"人民政府"。这就意味着我国的政府首先是"人的政府",其次才是"民的政府",是把"民"视为"人"的政府。其三,"以人为本"是科学发展观的核心内容。其中,以人为本的"人",是现实的人、具体的人。在横向上是"全体人",不是"部分人"或"多数人";在纵向上是"多代人",不仅是"当代人";在内核上是"多需人",不是"单需人"。以人为本的"本",是超越了"神本"、"人本"、"资本"、"物本"以及"官本"、"民本"的历史局限,突出了包括官员在内的人的社会本位及其价值目标。可见,"人政"具有公共性、包容性、妥协性或和谐性。③ 从特定意义上说,所谓行政亦即"行人政"。

---

① 刘德厚.广义政治论——政治关系社会化分析原理[M].武汉:武汉大学出版社,2004.

② 乔耀章.略论作为社会主义定向的政治发展[J].江苏社会科学,2002(2).

③ 乔耀章.略论政府包容性[J].江苏行政学院学报,2012(6).

"民政"与"人政"及"官政"既有联系又有区别。"民"有"人民"、"民众"、"市民"、"公民",等等,本文不加以辨析。"民政"不同于作为政府职能部门之一的"民政部门"。笔者认为,凡"民政"的一定是"人政"的,但"人政"的不一定是"民政"的。最广义的"民政"是"人民政府"的缩略语,实为"政府"的同义语,人民政府去"人"去"府"即为"民政"。"民政"问题既关涉以人为本,又关涉以什么人为本,还关涉以人的什么为本等问题。以人为本,是以最广大人民群众为本。科学发展观中的以人为本的"人"主要是指最广大人民群众,在当代中国就是以工人、农民、知识分子为主体的劳动者,包括社会各阶层在内的最广大人民群众;以人为本中的"本"即指根本点、出发点、落脚点,在当今中国主要就是最广大人民的根本利益和长远利益("人民"这个概念是党的十八大报告中使用频率最高的概念之一,达140次之多)。"民政"与人政、政府(官政)、民本、民权、民生、民主等问题紧密相关。① 可见,从特定意义上说,行政首先和主要的是"行民政"。

关于行政与"公正"的关系。如果把"政"界定为"正"、"公正"、"公平"、"正义",那么,行政就是"行正"、"行公平"、"行公正"、"行正义"等。可见,新行政观应当正确处理好行政与"行正"、"行公正"、"行公平"、"行正义"的关系。

究竟何为"政"?在法理和德性层面上,"政"通"公"通"正"。演绎为公平、公正、天平、正义、正气、纠正、改正、正直、正道、公道,等等。在《礼记·哀公问》中孔子曰:"政者,正也。子帅以正,孰敢不正?"即主张为政者必须公道、公平、正义。"正"犹如一把尺、一杆秤。为政者应当以"正"来度量自身的"心正"、"言正"和"身正",具备与职位、职能、职责相适应的位置意识和能力,自觉养成自己的正义观、公正观和正气观。可以如是认为,"行政"的本义就是"确立正义"、"运作正义"、"实现正义"和"完成正义"。"政治"、"政府"、"政策"等也都因为有一个"政"字而必须围绕"正义"和"正气"存在和展开工作,并且还要在处处时时都在维护和修正"公道"和"正义"上下功夫,力求在社会运行中树立起正确的价值导向。② 当然,所有这一切都应当是具体的和历史的,都应当从我国现实的国情出发,都应当是现实主义的公正、公平、正义。

"人间正道是沧桑。"为此,党的十八大报告中曾30多次使用"公平"、"公正"、"正义"、"平等"等概念。其中,比较集中的一处:必须坚持维护社会公平正义。公平正义是中国特色社会主义的内在要求。要在全体人民共同奋斗、经济社会发展的基础上,加紧建设对保障社会公平、正义具有重大作用的制度,逐步建立以权力公平、机会公平、规则公平为主要内容的社会公平保障体系,努力营造公平的社会保障,保证人民平等参与、平等发展权利。

笔者以为,为确保我国的行政能够真正实现"行政治"、"行人政"、"行民政"、"行公正",就必须真正做到、做好科学行政、民主行政、依法行政、以德行政。是为本文的基本结论。

---

① 乔耀章.关于"民政"问题的理论探微[J].上海行政学院学报,2012(2);中国人民大学复印报刊资料·中国政府·D4,2012(6)全文转载.

② 黄建钢.经济政治学:对经济及其发展的政治学解释[M].杭州:浙江大学出版社,2008.

略论行政的社会性与社会化*

——行政不仅仅是政府的事

在行政学界,传统的或占主流的行政观点认为,行政与国家相联系,而国家即政治,或政治即国家,与国家政治相联系的行政,即与政治相联系的行政,似乎只是狭义政府的事。由此在我国的行政理论研究和行政实践中,人们往往比较关注行政与政治,公共行政和公共管理的效率、公平、正义以及行政现代化等问题,却较少或不够关注行政的社会性与行政社会化等问题。随着我国经济社会的迅速发展和服务型政府的建设及行政改革的不断深入,中共十八大提出全面建成小康社会、社会管理创新等问题,人们将愈来愈关注行政、行政的社会性、行政的社会化等问题。本文拟就这个问题展开初步研究。

一、关于行政

我国行政管理学的奠基人和开拓者夏书章教授坚持认为:行政惯指国家立法、司法以外的政务。实际上,任何公共和集体的办事机构都有行政工作,连立法、司法部门本身也不例外。①在此,夏老言简意赅地揭示出关于行政的学术真谛。他至少强调了三点:第一,所谓"惯指",即"行政"已经成为人们众所周知的,甚至是不可更改的定论,亦即认为行政是与国家相联系的,但不是国家的全部,而只是国家立法、司法部门以外的政府行政。但这不是夏老的观点。第二,从用语"实际上"可见夏老真正的睿智。夏老主张,任何公共办事机构,任何集体办事机构,都有行政,包括国家的立法和司法机构都有行政。第三,从用语"任何"可见夏老的行政观包括两个超越,即既超越了"政府行政",又超越了"国家行政"。行政即"行政务"、"行公共事务"。有政务,有公共事务的领域、地方和场所,势必就有行政。

其实,什么是行政,或行政是什么,这是一个常问常新、常解常新的问题。②笔者对"行政"已做的基本解析,主要是从"行"与"政"的关系,行政的前提及逻辑起点,行政与政治,行

* 原载《江苏行政学院学报》2013 年第 3 期;中国人民大学复印报刊资料 · 公共行政 · D01,2013(8)全文转载。

① 夏书章. 现代公共管理概论[M]. 长春:长春出版社,2000;中国社会科学报. 2013-02-20.

② 关于什么是行政问题,笔者曾经在《政府行政改革与现代政府制度》(《管理世界》2003 年第 2 期);《从治民到官民互治——行政现代化的历程分析》(《北京行政学院学报》2002 年第 2 期);余逊达主编《法治与行政现代化》(中国社会科学出版社 2005 年版,第 498—515 页);《公共管理体系与公共道德体系初探》(《学术研究》2005 年第 7 期);郭济等主编《行政伦理导论》(黑龙江人民出版社 2006 年版,第 17—30 页);《问政:新行政观的逻辑起点》(《行政论坛》2013 年第 1 期)等成果中论及。笔者所解析的"什么是行政"已被列入"百度文库"。

政与人政，行政与民政，行政与公正、公平、正义，以及行政现代化等视角入手的。在“行政”问题上，笔者所持的基本观点主要有以下几个层面：

其一，从字面上看，“行政”一词是约3 000年前中华民族伟大智慧的一大创新。从《左传》到《史记·周本纪》载明，“行政”一词最早从“行”与“政”的分离到“行”与“政”的连用，用以治国理政。其中，“行”是动词，“政”是所行之事。在人类社会的不同阶段，“行”的方式有变化，“政”的内容有差异。“行”的方式会由于“政”的内容的改变而改变，“政”的效果也会由于“行”的方式的不同而不同。“行”与“政”既相分离又相依存。“行”离不开“政”，而“政”又实际或实质上先在于“行”。从特定意义上说，“政”比“行”更为根本。一个国家的行政的根本问题首先在于对“政”的界说。

其二，从本义的或微观、狭义上看，行政即“行政治”，而且行政只是狭义政府的事。“行政”是指政府推行、执掌“政务”、“政事”。这种“政”务和“政”事尤其是指政治性政务、政治性事务等。由于国家机构的政府①是国家的当然代表，又由于传统政治观中的政治是指国家的政治，所以，所谓“行政”，就是作为国家机构的政府“行政治”，亦即作为国家机构的政府行“国家政治”。而且，从国家机构的职能分工上看，传统的国家政治观认为，行政只是国家机构之一的政府的事。诚如伍德罗·威尔逊所言，“行政机关是行动中的政府”。所以，行政是从属于政治的。政府“行政治”是从属于“国家政治”的。大有推行“国家政治”，小有实行“国家政令”。有什么样的国家政治，就有什么样的政府行政，而不是相反。“政治”之“政”是其“治”之本，“政治”之“治”是其“政”之体现。“政治”之“治”与“行政”之“行”具有异曲同工之妙。从“行政”的特定意义上，我们完全可以把“政治”解析为“治政”。

其三，从转义的或中观上看，行政又不仅仅是狭义政府的事。由于作为国家机构的政府是政治的，是“国家政治”（国政）的有机组成部分，又由于作为狭义的国家机构的“政府政治”不是“国家政治”的全部，除了“行政”以外，还有“党政”、“议（会）政”、“司（法）政”、“军政”、“外（交）政”或“国际行政”等。正是从这个意义上说，“行政”不仅仅是狭义政府的事。所以，在我国，政党、人大、政府、人民法院、人民检察院等政治或行政主体在行政过程中的“分工行政”、“联合行政”、“综合行政”、“合作行政”、“协作行政”、“复合行政”，或“分工治政”、“联合治政”、“综合治政”、“合作治政”、“协作治政”、“复合治政”等，就是在合情、合理、合法（或合法、理、情）之中的事。如果说，作为国家机构的狭义政府的行政是“专施（司）行政”，那么，国家机构的其他政治主体或行政主体，包括政党在内的行政则可谓之“兼施（司）行政”。进而言之，这种行政的情形可以列出一个公式来表示，即行政 = 人大行政 + 政党行政 + 政府行政 + 司法行政。这种各行政主体间（际）之和，可称为分工协作的“行政联合体”或“联合体行政”。

其四，从拓展的或宏观上看，行政还不仅仅是“行政联合体”或“联合体行政”的事。如果超越传统的或主流的政治观、行政观，即超越国家政治观和国家行政观，基于“社会政治观”和“社会行政观”的视阈，还可以“泛化”行政之“政”。除了政府之政、国家之政或“官（吏）政”外，还有“人政”、“民政”、“企政”、“家政”、“学（校）政”、“城政”、“市政”、“乡（村）政”、“邮政”、“路政”、“渔政”、“荒政”、“（风）险政”、“德政”等。这些关涉到社会生

① 乔耀章.政府理论[M].苏州：苏州大学出版社，2000；论作为非国家机构的政府[J].再论非国家机构的政府[J].江苏行政学院学报，2004(1)；2005(2).

活方方面面的行政,主要可概括为"经济行政"、"政治行政"、"文化行政"、"社会行政"以及"生态行政"等基本类型。如果将狭义的"政府行政"和"国家行政"或"联合体行政"称之为各行政主体间(际)的"主体行政",那么,对于超越国家政治行政之"政务丛林"的行政可称之为主体行政的"客体行政"或行政对象,从而成为各主体行政所要推行和执掌的公共性事务。由此可见,"行政"可划分为国家行政、政府行政、国际行政和社会行政四种类型或四个层面。所有这些层面对行政的划分或区分都具有相对的意义。不管哪个层面的行政,公共问题、公共事务都是其行政的逻辑起点。行政离不开社会,社会性或公共性则是各种类型行政的共同基础和基本内容。行政的社会、社会性、社会化是为本文研究的主要之点。

二、关于行政的社会性

社会性亦即人性。但是,社会性并不是人类社会专有的。社会性原本指生物作为集体活动的个体所表现的某种利他性、服从性、依赖性以及至上的自觉性。在自然界中,如蚂蚁、蜜蜂等生物堪比人更具有社会性。对于人类来说,社会性并不是与生俱来的,而是一个后天不断习得与内化的增量生成过程。人的社会属性包括社会性和反社会性。一般说来,作为哲学概念的"社会性"是抽象的范畴,而现实的"社会性"却是十分具体的,是以时间、地点、条件为转移的。从社会与人的关系上说,社会性有两个方面。一方面,人的社会属性是基于人的自然属性或生物属性(如食欲、性欲、自我保存能力等),并从自然属性日益趋向于社会属性;另一方面,人的社会属性中有一部分对人类整体发展有利的基本性质,称为社会性,也有一部分对人类不利的性质,称为反社会性。这种反社会性往往表现为更接近人的自然属性而远离人的社会性。不断增强人的社会性,逐步远离或告别人的反社会性,将成为不可阻挡的人间正道!这种人的社会性景观与现实的行政密切相关。

在行政与社会性的关系问题上,关键是对"社会"的界说。"社会"的对应面概念主要有两个:一是"自然"(自在自然和人化自然,主要是前者);一是"人"(作为个体的和类的人,主要是后者)。人生而是社会的。然而,很多人却不知"社会"为何物。按照马克思主义的基本观点,人与社会是同一个历史过程的两个方面。随着完全形成的人的出现而产生了社会。社会是以一定的物质生产活动为基础而互相联系的人们的总和。复旦大学曹沛霖教授在国家与社会的视阈内,把社会分为"广义社会"、"中义社会"和"狭义社会"三个层面。认为广义社会=广义国家(完全国家)=社会(中义社会)+政治社会(狭义国家)=经济社会+文化生活社会+政治社会=私域+公域=纯私域+特殊公域(私人社会一部分)+普遍公域(即政治社会)=纯私域+狭义社会+纯公域=个人+家庭+各类非官方团体、组织+国家(狭义)。① 可见,社会是一个构成要素极其复杂的有机体,需要学术界广泛而深入地研究。本文拟从整个人类社会、广义社会、狭义社会的角度初析行政的社会性问题。

行政与整个人类社会的关系。以笔者所见,有了人就有了社会,也就有了行政,由此,行政是同社会与生俱来、不可分离的。行政产生于社会并始终作用于社会。但是占主流的传统的政治行政观点则认为,行政不是从来就有的,而是社会发展到一定历史阶段的产物,亦即在国家产生以前是没有行政的,国家消亡以后也没有行政。同样的逻辑便是,在国家产生

---

① 曹沛霖.政府与市场[M].杭州:浙江人民出版社,1998.126—129.

以前是没有政治,没有政府的。按照这样的逻辑,国家亦即政治、亦即政府、亦即行政,从而形成"社会国家化、政治化、政府化、行政化"的历史传统。这些观念或观点至今仍然占据主流或统治地位。然而,在人类历史演进的事实层面上,又往往表现为社会与国家、国家与政治、国家与政府、国家与行政、政府与政治、政府(广义)与行政之间实际存在着的某种"分离"现象。近现代以来的西方社会演进的历史尤为如此。我国改革开放以来的实践也越来越证明这一点。自提出"非国家机构的政府"①命题以来,笔者坚持认为,有先在于国家的更具广义的政治、政府及其行政,坚持认为凡国家的、政府的一定是政治的和行政的,但凡政治的、行政的不一定就是国家的和政府的,而是社会的。换言之,人类有内在于社会而外在于国家、政府的政治和行政。"发思古之幽情往往为了现在。"提出这些新的认知,是为着更好地研究和阐释当下在场的和未来的政治、国家、政府及其行政是如何与产生于它们的社会相互动的。总体说来,国家和政府都是社会的发明物和创新物,国家和政府产生于社会,通过国家和政府对社会的相互作用以后,最终国家和政府回归于社会。国家和政府对社会的相互作用是一个漫长的历史过程。在其整个历史过程中,社会是"铁打的",而国家、政府则是"流水的";社会若水,国家、政府则如舟。社会与它的生成物——国家、政府相比,社会具有永恒性。由于社会是同人与生俱来的,人是自然的生成物,是"自然之子"。自然、人、社会三者是具体的历史的统一,其统一的基础是人的社会实践,通过社会实践使人与自然和社会共同进化。其中,社会进化除了社会选择以外,还有社会进化的自然选择,而且社会进化必然会终止于自然选择。人、社会产生于自在自然,又人化自然,在经历漫长的人、社会与自然的对立的历史进程后,必将进入人、社会与自然和谐统一或"合一"的境界。(自在)自然永远是彼岸世界,以其规律支配着此岸的社会。如果人类社会不能善待自然,不在管理自然中求得自身的存续和发展,就会在破坏自然而遭到自然规律的惩罚中自我毁灭,二者必居其一。各民族国家及国际性组织的生态行政就由此产生。为此,党的十八大提出了大力推进生态文明建设的战略任务,努力建设美丽中国,实现中华民族永续发展,为全球生态安全做出贡献。

行政与广义社会的关系。一般说来,社会是一个由其经济子系统、政治子系统、文化子系统和社会子系统构成的巨系统。每个社会子系统都有相应的本系统的公共事务、即经济公共事务、政治公共事务、文化公共事务和社会公共事务。对于这些公共事务的推行、执掌就有了对应的经济行政、政治行政、文化行政和社会行政。广义社会的行政就是推行、执掌整个社会的公共事务。具体分解为推行、执掌经济性公共事务、政治性公共事务、文化性公共事务及社会性公共事务。社会公共事务的各个子系统的公共事务的推行和执掌,虽然有条件的差异性,发展的不平衡性及其轻、重、缓、急等,但是每个子系统都各有其自身的规律,在推行、执掌相关行政的过程中,都应当互为条件、互为目的,既不能相互割裂,又不能相互替代,遵循分工与协作、共同但有区别等原则。值得一提的是,在行政与广义社会关系的知与行层面上,往往存在一定程度的两种忽略:其一是比较关注社会的政治子系统公共事务的行政,比较忽略经济、文化、狭义社会及自然生态等子系统公共事务的行政;其二是在政治子系统公共事务的行政中,又往往比较关注政府对社会公共事务的行政,比较忽略国家立法的、司法的及其政党的、社会组织的对社会公共事务的行政。其实,这两种忽略情形都说明

---

① 乔耀章.政府理论[M].苏州:苏州大学出版社,2000.6—12;论作为非国家机构的政府[J].再论非国家机构的政府[J].江苏行政学院学报,2004(1);2005(2).

人们对行政的社会性认知方面存在着不足。随着行政与广义社会互动历史进程的加快,这两方面被忽略的情形都在不断改观。主要表现在行政的领域、行政的主体、行政的客体或对象,以及行政的过程中的社会性正在不断地得到增强。①

行政与狭义社会的关系。这里的"社会"是指与社会四大领域的经济、政治、文化相并列的一个领域,主要涉及与人们日常生活密切相关的社会公共事务,亦即民生事务。主要包括:国民教育、科学技术、文化艺术、居住条件、社会保障、医药卫生、公共体育等公共事业。这类公共事务、公共事业与全体社会成员的切身利益和日常生活联系最密切,这部分社会公共事务的行政管理是直接以全体社会成员为实施对象,它所显示的社会性也特别突出和强烈。因此,狭义社会及其行政是整个社会包括广义社会及其行政的基础,成为国家行政、政党行政、政府行政的出发点和归宿点。从特定意义或未来发展态势上说,对于狭义社会层面的公共事务,与其说需要国家行政、政党行政、政府行政,不如说更需要广大社会底层成员的社会治理和社会自治更为恰当。这就需要国家、政党、政府坚持以培育社会为己任,不断增强国家自觉、政党自觉、政府自觉。通过国家、政党和政府自觉,以达到公民自觉。②

此外,从行政与社会对应概念的人、个人,以及社会与国家的关系进一步引申开来,还需要对关于行政的人性、阶级性、政治性、公共性,关于具体社会的社会分工、所有制、社会形态、历史方位、多质态社会以及差异性社会与行政的关系等问题展开深入研究。

三、关于行政的社会化

时间与空间是哲学的一对基本范畴。一切事物都是时间与空间的有机统一。地球上自人类出现以来,时间正所谓逝者如斯夫,不舍昼夜,是其发展演变的轨迹;空间是其载体,不断变化。时间与空间观念,特别是时空交织的理念,已成为当今人们认识世界的重要途径。在行政科学研究中,加深对时间与空间观念的认识,对于丰富学科研究内涵,发展学科理论,全面深入认识把握人类社会文明、政治文明、行政文明的成长,具有重大意义。

基于对社会性的认知,社会化则是取得或趋向"社会性"的过程。有研究认为,社会化就是由自由人到社会人的转变过程。每个人必须经过社会化才能使外在于自己的社会行为规范、准则内化为自己的行为标准,成为社会交往的基础。与社会性有所不同的是,社会化是人类特有的行为,是只有在人类社会中才能实现的。社会化主要涉及两个方面:一方面,社会对个体的教化过程;另一方面,作为个体的人与其他社会成员的互动,使自己成为合格的社会成员的过程。这个过程包括政治社会化、道德社会化、法律社会化、性别角色社会化,等等。如果我们把社会性与社会化问题归类为社会问题的空间范畴,那么,与此相联系的社会的现代性与现代化问题可归类为社会问题的时间范畴。根据 C. E. 布莱克的说法,"现代性"就是技术政治经济和社会发展诸方面处于最先进水平的国家所共有的特征,其本质是根据西方社会历史,特别是资本主义发展以来的西方社会历史概括出来的特征和价值观。

---

① 王乐夫.论公共管理的社会性内涵及其他[J].政治学研究,2001(3);王乐夫,陈干全.公共管理的公共性及其社会性之异同析[J].中国行政管理,2002(6).

② 乔耀章.政府理论[M].苏州:苏州大学出版社,2000.233;政府创新与政府自觉[J].学术界,2002(4);新华文摘,2003(2);和谐社会与公民自觉[J].济南大学学报,2006(2);高等学校文科学报文摘,2006(3).

而“现代化”就是取得这些“现代性”的过程。由此笔者以为,行政的社会性与行政的社会化问题侧重于行政的空间维度,行政的现代性与行政的现代化问题则侧重于行政的时间维度,这两个维度是交织在一起的,是同一个历史进程的两个方面。研究行政的社会性和行政的社会化,离不开研究行政的现代性和现代化,反之亦然。而且,这两个方面不完全是平等并列关系,从特定意义上说,行政的社会化应具有一定的先在性。行政现代化的不一定是行政社会化的,而行政社会化的则同时应该是行政现代化的。

然而,相比较而言,人们对行政的“现代性”和“现代化”问题比较重视(笔者十多年前发表过以研究“行政现代化”为题的文章),而对行政的“社会性”和“社会化”问题有所忽略。目前,学术界研究行政的社会性和社会化问题的成果较少。中国社会科学院白少飞先生在其《行政社会化的理念与路径》一文中,对行政社会化的内涵、行政社会化的主要内容、行政社会化的功能做了界定和分析论证。他认为,所谓行政社会化,就是强调行政观念的社会化、行政组织活动的社会化(行政职能的社会化和行政机制的社会化)和行政效果的社会化。行政社会化的主要内容包括:行政审批制度改革,规范政府采购制度,电子政府的实行与推进,行政听证制度的引进与推广。行政社会化的功能主要有:行政社会化有助于市场经济的发展与繁荣,有助于民主政治的发展与完善,有助于行政法治的发展与完善。① 该文为我们研究行政社会化问题提供了有益的尝试。

由于传统的或主流的政治与行政的关系,研究行政社会化问题可从研究政治社会化问题那里得到某些启示。相对于行政社会化,政治社会化是一个相对成熟的研究领域。一般认为,政治社会化是人们学习政治知识和技能的过程;是社会塑造其成员政治心理和政治意识的过程;是政治文化形成、维持、代代相传的方式及其变迁的过程。一方面,从社会成员个体视阈看,政治社会化是一个人通过学习和实践获得有关政治体系的知识、价值、规则和规范的过程,一个自然人转变为一个具有一定政治认知、政治情感、政治态度和政治倾向的社会政治人;另一方面,从社会整体视阈看,政治社会化是一个社会将普遍的政治知识、价值、规则和规范等政治文化,通过适当的途径传播的过程,将政治认知、政治情感、政治态度和政治倾向传输给新一代社会成员。在政治社会化与行政社会化关系问题上,还有一些问题需要深入研究。诸如,什么是政治,政治与社会是什么关系,社会与政治是什么关系,政治知识、情感、态度、倾向,政治价值、规范、规则、意识、文化,政治体系、技能等等是怎么形成的,是社会政治化,还是政治社会化,是社会政治还是政治社会,是社会政治,还是国家政治,社会政治与国家政治关系如何,政治是如何社会化的,或政治社会化的流程及流向怎样,政治社会化与政治现代化的关系怎样,政治现代化与行政现代化的关系怎样,等等。

作为行政社会性的获得和趋向过程,行政社会化相应地表现出以下几方面的发展态势:

纵向的或时间维度的整体社会的行政社会化。行政从自然性到自然性与社会性并存再到社会性与自然性的“合一”,或从非国家行政到国家行政与非国家行政并存再到非国家的社会行政。

横向的或空间维度的广义社会的行政社会化。一方面,在阶级、国家存在的历史范畴内,行政逐步国家化、政府化、政党化,行政逐步聚焦到社会的政治领域,产生国家政治、行

① 百度检索的相关文献主要有:行政权力社会化,公共行政主体社会化,经济行政社会化,从“行政化”到“社会化”等。白少飞直接以“行政社会化”为题发表了《行政社会化的理念与路径》一文。

政,政府政治、行政,政党政治、行政等,以至于"政治是国家意志的表达,行政是国家意志的执行"。另一方面,在阶级、国家逐渐消亡的历史进程中,行政逐渐淡出或溢出社会的政治领域,拓展到社会的经济、文化及狭义社会领域的公共事务。从国家政治、政党政治、政府政治逐渐消亡演变为社会政治,从国家行政、政党行政、政府行政逐渐消亡演变为社会行政,从而使国家与社会的关系、政党与社会的关系、政府与社会的关系发生根本性改观,直至国家、政党和作为国家机构的政府回归社会。

纵横交织或时空交织维度的狭义社会的行政社会化。随着社会的发育与成长,原来由国家、政党、政府独自推行和执掌的行政,开始"自我减负",逐渐变为由国家、政党、政府与社会联合、合作推行与执掌,谓之公共管理——共同治理。甚至就连国家立法、司法、行政、政党的部分职责范围内的公共事务以及自身内部事务也可以以市场的渠道向社会"借力"来完成,如政府招投标、政府雇员制等。还有的是事关民生的社会公共事务直接由社会公众自己来推行和执掌,自己的事情自己做,谓之公共自理——社会自治。

在全球化进程不断提速的时代背景下,我国行政社会化正从社会历史的深处走来,从社会历史的后台走到社会历史的前台。鉴于行政的历史和现状,行政的未来与其说是行政社会化,倒不如说是国家、政党、政府的政治与行政正逐步走向社会化更为确切。其中,政府行政(职能)社会化,是政府调整行政职能范围和履行职能的行为方式,也是将一部分公共职能交给社会承担,并由此构建起政府与社会的互动关系,以有效处理社会公共事务的过程。其实,早在世纪之交就有学者指出,政府社会化具有:政府职能市场化的趋向、增强公民自主性的趋向、拓展社会组织自治空间的趋向、强化与优化社会管理职能的趋向,等等。① 随着我国服务型政府建设与政府社会管理创新正能力的不断增强,我国的行政社会化正越来越向纵深(时间维)的现代化和横向(空间维)的社会化交织的方面发展,以营造良好的行政环境、提供优质的公共服务、维护有效的社会公平正义,实现对西方发达国家行政社会化的时空跨(穿)越。

润物细无声是理论的品质之一。行政的社会性与社会化是经济社会迅速发展并日趋复杂化,社会公共事务不断增多的必然产物,也是个静悄悄的自然历史过程。其中有理论有实践(运动)。究其理论而言,从 1887 年伍德罗·威尔逊发表《行政学研究》标志着行政学诞生以来,已经历了传统的公共行政学——新公共行政学——新公共管理学——公共治理学几个发展阶段。从该学科概念的演化史可见其研究重点的转移、研究方法的转换、价值取向的更替、理论基础的补充和丰富的过程,其间既有一脉相承的联系,又有理论发展和调整造成的重大改变。这些联系和重大变化恰恰是行政的社会性与社会化进程中的理论表现。这些理论如何中国化,指导中国特色社会主义行政社会化的实践,又如何将正在全国、全省、苏南、苏州范围内展开的社会管理创新、政社互动的实践经验,进行认真总结、升华为新的理论,有效推进中国特色社会主义行政社会化理论与实践发展的历史进程,仍将有赖于我们能否万众一心,积聚大智慧和正能量。

---

① 王乐夫,李珍刚.中国政府职能社会化的基本趋向[J].学术研究,2002(11);王乐夫等.公共管理学:原理、体系与实践[M].北京:中国人民大学出版社,2007.143—153.

V 政府与公民民主

从治民到官民互治*

——行政现代化历程分析

一、行政现代化释义

行政现代化是近年来提出并引起争议且尚无共识的问题。它涉及什么是行政,什么是现代化,什么是行政现代化,行政现代化同其他领域现代化的关系,以及行政现代化与法制的相互关系等问题。

什么是行政?自伍德罗·威尔逊创立现代意义上的行政学以来,对于"行政"概念的界定一直争议未果。①在西方,关于行政概念的分歧主要有:其一,"三权说",即从国家机构分工关系上确认行政的内涵,认为只有政府的行政部门所管辖的事务才是行政。其实这种见解解释不了国家立法、司法机关的行政活动的问题。其二,"二分说",即从政治与行政分离的角度来确立行政的内涵,认为行政是国家意志的执行。其实这种见解回避了政治的行政性和行政的政治性问题。其三,"功能说",即从管理功能的角度来确立行政的内涵,认为协调众人努力达到一定目的的一切管理活动都是行政。其实这种见解泛化了行政概念,撇开了行政活动中的政治因素,混淆了行政与管理之间的界限。在我国,也有三种观点:其一,行政即国家行政机关的行政活动,指狭义的政府行政;其二,行政即国家机关的行政活动,指广义的政府管理;其三,行政即包括政府、国家机关、企事业单位在内的行政管理活动。我认为,以上各种见解和观点因各有其不同的场景与论域亦都能成立。如果将国内外学者关于行政概念的界定进行比较,找出共同点,可依次将行政分为"微观行政"、"中观行政"和"宏观行政"三类。对于微观行政来说,中观行政和宏观行政是其运作的行政生态,微观行政最终取决于或受制于中观和宏观行政的运作状况。对于中观行政和宏观行政来说,微观行政对它们有巨大的能动的反作用,微观行政亦即作为狭义政府行政的好坏直接影响到中观和宏观行政,从这个意义上说,微观的政府行政应当居于优先地位。具体说来,行政,从字面理解就是行其政事,推行、执掌政务。政事、政务有是与非之分,大与小之别。大的政事、政务一般与国家组织相联系,因此,行政与国家组织活动,特别是国家的政府组织活动相联系。对此,下面的这种界定是可以接受的:行政是国家行政机关为实现国家目标和统治阶级利益

---

* 原载《北京行政学院学报》2002 年第 2 期。

① 孙学玉. 走出困惑:关于行政概念的再思与再认[J]. 江苏社会科学,1999(6).

依法对社会事务、国家事务和自身内部事务进行有效管理的活动。这个界定突出了行政的主体(行政机关)、客体(上述“三务”)、依据(法)及目的(目标利益)、价值(有效性)等内涵。我以为对行政活动的研究,要始终围绕这样几个问题展开,即何谓政(治),谁来行,如何行,终其果。这四个问题贯穿于行政管理活动过程的始终。其中最为重要和关键的问题是何谓“政”的问题,行政分析研究的起点是“政”,而不是“行”,如果这个立于首位的问题不搞清楚,不解决好,势必影响到其他几个问题的研究和解决。然而“政”或“政治”的定义林林总总,其要义莫过于一是“公”或“共”,二为“正”。所谓“公”,是指行政所推行、执掌的政事、政务具有政治、国家那种超越、凌驾于社会之上的“公共性”特质,它与社会整体利益的增进、分配、调适及其公共权力活动紧密相关。所谓“正”,是指与“公”、“共”,即公共性特质内在联系的并能外显的一种“德行”或“德性”,正如孔子曰:“政者,正也。”正是从说文解字意义上说,所谓行政即“行公”、“行正”,行政即行“公正”!可见,讲政治、讲公正、讲道德本是“行政”的题中应有之义。然则,与国家相联系的行政都是具体的、历史的、阶级的,推行、执掌政务的行政人都具有自然的和社会的双重属性,实际行政过程中往往会出现阶级的偏见和利己主义的私欲而扭曲行政之本义。办法只在于诉诸法律。无论是行“公”、还是行“正”,抑或是行“公正”,都要靠法与法律来维系。因此,法又是行政的题中应有之义。法律首先关注的是社会的普遍的公与正。但是,一定的法律只是将一定的阶级偏见和一定的行政人的私欲控制在一定的社会所能够承受的度以内。稍有历史使命感和责任感的研究者总是不应忘记提醒人们注意:只要有与国家相联系的法律存在,任何法、法律都不是也不可能真正成为实体意义上的公正与正义的代名词、同义语,因为在资源有限的情况下,法律总是具有既公而又非公的特质。无论是法律的公的特质,还是法律的非公的特质,法律都要求行政者必须行正。

行政现代化是现代化总问题中的一个分支系统的问题。现代化可泛指各种不同类别的前现代化社会向现代化社会的变迁,但一般主要是指从传统的农业社会向现代工业社会的变迁。作为一种世界历史的普遍进程,各个国家和地区都将或迟或早走上现代化之路,这是共同的趋势。但是,由于国情不同,各国现代化道路其特点、经历的途径及形成的模式会各有所不同。现代化最初是西方文明历史逻辑的产物。自 18 世纪后半期工业革命以来,以工业化为推动导致传统农业社会向现代工业社会转变,并使工业主义渗透到政治、经济、思想文化各个领域,造成世界性的历史转变过程。它也指第二次世界大战后,广大发展中国家在社会政治、经济、文化各个领域进行改革,学习世界先进国家,以迅速赶上发达国家并适应世界环境的发展过程。中国的现代化历程始于 19 世纪中叶。独特的社会历史背景,使中国逐步形成一条独具特色的独立、民主、统一、富强、文明的社会主义现代化发展道路。现代化不仅仅是生产方式的转变或工艺技术的进步,而且更是一个民族国家在其历史变迁过程中文明结构的重新塑造,是包括经济、政治、文化、社会诸方面在内的全方位的转型,于是就有经济现代化、政治现代化、文化现代化三个子系统,由此构成现代化的整体系统。它们各有其自身的发展规律,既不能相互替代,又不可分割,互为条件,互为推动力。其中,经济现代化是基础,在归根结底意义上起决定性作用;文化现代化是导向,它对经济现代化和政治现代化起着提升和引导作用;政治现代化是关键,它介于经济现代化和文化现代化之中,起着传输、桥梁、转换和制导作用。我们已把行政界定为政府即微观行政,自然属于政治上层建筑,而且是政治上层建筑的重要组成部分。政府行政现代化就构成政治现代化的一个子系统。

这样，现代化、政治现代化和政府行政现代化之间就形成三个层次的互涵关系。政治现代化亦可视为政治发展，其内在要求是政治的民主化，通过政治制度的更新和完善来实现从传统政治转向现代政治。政治现代化主要是通过政府行政现代化作为载体来实现的。行政现代化的一个重要标志就是“行政国家”的出现。行政是现代社会的一把钥匙，行政在整个国家和社会中的作用日益凸显，由此把政府行政推到了历史的前台。以至一个国家政府行政是否实现现代化，往往决定着这个国家和社会是否发达以及发达的程度。① 因此，行政现代化在一个国家的政治现代化乃至经济现代化和文化、社会现代化过程中至关重要，应当置于适当的优先地位。如果没有行政现代化也就没有政治现代化。

二、行政现代化与法治、法制

行政现代化可以直接理解为政府现代化，或行政管理现代化，是相对于狭义的政治现代化、经济现代化、文化现代化而言的。学术界已经将行政现代化问题提上研究的日程。比如，张梦中先生在《论公共行政（学）的起源与范式转变》一文中认为，近现代意义上的公共行政学经历了六次大的范式转变，分别是从传统的公共行政到管理科学到公共事务到政策分析到新公共行政再到新公共管理、公共治理。② 我以为，西方公共行政学范式的转变过程，实际上是西方行政现代化客观进程在行政理论上的反映和表现，而且主要是西方行政现代化在制度和具体运作层面上的理论反映和表现，当然也在一定程度上不自觉地涉及行政现代化的价值理论问题，如行政的社会公共性、公平性和正义性等。在国内，有学者认为，正确理解“行政管理现代化”概念的关键，是客观地界定我国“行政管理现代化”的范围，找出“行政管理”和“现代化”的内在联系，从国内外行政管理经验和行政发展趋势中，归纳、总结行政管理现代化的基本标志。这个基本标志主要包括法制（治）化、制度化、科学化和高效化，其中，行政人或政府人、管理者的现代化又是关键。③ 也有学者认为，行政管理现代化是广义的概念，它包容了一般意义上的行政管理或行政运行现代化，同时包容了指导行政实践的行政理论研究的科学化。行政运行现代化是在行政实践领域中，在行政运行过程中的行政理念、结构、功能、技术及运作机制向现代高效廉洁政府运行方向的变化，具体表现为行政管理的民主化、法制化、科学化和高效化。而行政理论研究的现代化是研究行政管理运行及其规律的，在其内容体系、研究方法上向更科学、更符合中国国情方向的变化，其具体体现为专业化、科学化、前沿化和现实化。行政运行现代化属于行政现代化的实践层面，行政研究现代化则属于行政现代化的理论层面。这两个层面的行政现代化是并行不悖、缺一不可的。行政运行现代化是行政研究现代化的实践和经验的基础，而行政研究现代化则是行政运行现代化的理论提升和思想导引，应当先行于行政运行的现代化。④ 虽然学者们对行政现代化问题的关注表述不同，观点各异，但有一点是相同或相似的，这就是行政现代化与法制是

---

① 我的一个观点认为，国家和社会的发展在很大程度上取决于政府行政管理的发展，尤其是对于发展中国家来说就更是如此。从这个意义上，我提出没有落后的社会，没有落后的国家，只有落后的政府及其行政管理。乔耀章. 应当把“可持续发展”思想引入行政管理[J]. 中国行政管理（北京），1998(4).

② 张梦中. 论公共行政（学）的起源与范式转变[J]. 中国行政管理（北京），2001(6)(7).

③ 马敬仁. 论中国行政管理现代化[M]. 北京：知识出版社，1996. 6.

④ 刘霞. 新世纪的中国行政管理[M]. 武汉：湖北人民出版社，2001. 172—174.

紧密联系、不可分离的。行政现代化内容涉及许多方面,在行政现代化的所有内容中,都把法制置于行政现代化的优先地位。无论是行政的前提和依据,还是行政的程序及其保障等都离不开法制。无法不行政。没有法制的行政是不可想象的。如果没有法制的现代化,也就没有行政的现代化。因此,行政现代化必须从法制和法制的现代化着手。

法制是一个庄严的话题,通常是指法律制度的简称,属于上层建筑系统。人们可以从法律—制度两个层次理解和把握法制,即理解的侧重点的不同,如果侧重于法律,那么法制就是法律制度或制度化的法律体系;如果侧重于制度,那么法制就是法律制度或法律的制度化。理解的侧重点不同、论域不同,自然得出的结论就会各异。人们还可以从法制的理论(价值)、法制的制度和法制的实践三个层面理解和把握法制,以免就事论事,防止片面性。

其中从法制的理论层面看,主要是对法律的认知和界定。法,本源于规律,是规律的同义语。研究法的规律是一门大学问,叫"法学",它是由理论法学、应用法学、技术法学等众多分支学科构成的法学体系。从汉语词汇的语义看,无论是"法"还是"律",都含有法则即规律的意思,将"法"和"律"组成"法律"一词,原意为法则或规律的复合,即"规律的规律"。从这个意义上说,"法律"是规律的另一种表达法。法律是规律的同义语,它与自然相联系,就是自然法(不同于西方的"自然法":一种法理念的事物,一种"理想法"),反映自然规律;它与社会相联系,就是社会法,反映社会规律。但是,当我说"律"是"规律的规律",前一个规律同"法";后一个规律同"律",当它被"规律"这个前置词所限定后,只有当它正确地反映"法"所显示的"规律"之后,这个"律"才具有"规律"的性质。进一步说,当我说法律是"规律的规律"时,其先决理念是只有当法律尤指纸上的法律,真正反映社会规律时才具有"规律"的性质,才是规律的同义语。因此,法律又不直接或简单等同于规律本身。规律具有客观性,只有当法律真正反映规律时,法律才具有规律所具有的客观性。规律又是发展变化的,社会及其规律是发展变化的,反映社会及其规律发展变化的法律也是在不断发展变化的。自从文字发明以后,以文字形态表达(或作为载体)的法律,具有主观意识和主观形式。由于立法者往往都是社会上占统治地位的阶级或社会群体,他们不能不受其具体的、历史的、阶级的和认识的局限性影响。所以,既往的文字形态法律都不能不深深打上占统治地位的阶级或社会群体的主观意志的烙印,而且社会愈原始这种烙印就愈深,这种烙印愈深,文字形态的法律就愈是飘移和远离社会客观规律本身,就愈具有"恶"法的性质而非"良"法的性质。为此,我将理论意义上的法制,即法律划分为两类:一是作为"客观形态的法律"(自在的彼岸的法律、抽象的应然的价值层面上的法律),二是作为"文字形态的法律"(现存的此岸的制度化的法律、具体的实在的实证的纸面上的法律)。以文字为载体的法律或制度化的法律所具有的至上性和权威性最终不取决于其条文的繁简、体系的完善程度、国家权力的强弱,而主要取决于它是否和在多大程度上符合作为客观形态的法律(规律),取决于是否把它置于具体的社会客观现实的基础之上,因为法律的唯一源泉和真正基础只能是社会生活本身。

从法制的制度层面上看,法制是法律的制度化,根据一定的法律理论和国家社会生活实际的结合,通过立法行为进行法律的创制,成为法律制度(成文的或不成文的),属于制度范畴。任何国家任何时期都有自己的法律制度。一个良好的法律制度,除了要求有法律理论与社会实际较好的结合外,还要表现出法制体系应具有的一些基本特征:其一,门类齐全,从宪法到一系列的具体法,全国形成一张法网;其二,结构严谨,层次分明;其三,众多法律内部协调一致，避免法制矛盾，此外，还有法律形式的统一等。法制一旦形成和生效，即具有实体工具性的作用。

从法制实践层次看，就是法制的实施、贯彻和落实，亦即有法可依，有法必依，执法必严，违法必究。现代法制的实践，要求国家机关及其工作人员在职权范围内严格执行法律，以保证法律的实现；一切国家机关、社会团体和公民个人必须依法办事，遵守法律。由法制的实践层面就会引出一系列的话题，如理想法治、现实法治、法治进化及其相互关系；有法、执法、遵守法律的社会是法治社会，与此相对应，无法或有法不严格执行遵守的社会就是"人治"社会；"法治"的社会不一定是民主的社会，它也可以是专制的社会；"法治"社会同时并存着"以法治国"和"依法治国"的问题，"法治"社会也同时存在着"治民"或"官治"、"民治"以及"官民互治"的相互关系问题，等等。

以上三个层面的问题是相互联系不可分割的。大致说来，如果法制理论不科学，缺乏真正的理性，哪怕是差之毫厘，也会引导法制的制度和法制的实践谬之千里；如果问题不在于法制的理论本身，那么问题就有可能出在法制的制度和实践上，导致不完善的法制制度和有害的法制实践；如果问题不在于法制的理论和制度上，那就要在法制的实践上下功夫。因此，当法制的理论和制度问题解决之后，法制的实践就是决定性的因素。如果忽略了法制的具体运作过程，那么法制的理论和制度就会功亏一篑。根据"木桶原理"，法制的任何层面出现问题都会影响其他两个层面的法制问题。但法制的制度层面大体上仍可属实践层面。无论是从法制的三个层面看，还是从法制的理论和实践角度看，其发展是不平衡的。既有法制的理论滞后于法制的制度和实践，也有法制的实践滞后于法制的制度和理论。相比较而言，法制理论方面的问题更重要。这里最主要的理论问题就是民主与法制或法治的关系问题。人们通常将民主与法制相提并论。民主是法制的前提和基础，法制则是民主的保障，有什么样的民主就有什么样的法制，反之亦然。因此，民主基础上的法制与法制基础上的民主就是同一历史过程的两个侧面，须臾不可分离。但是，民主和法制并不简单等同，它们并不自然而然地联系在一起，有法制没有民主、有民主无法制在历史上是常有的事。相比之下，法制常有，而民主(统治阶级的民主除外)不常有。而且法制覆盖整个社会，法制的边际远远超出了民主的边际。正因为如此，作为文字载体的法律制度总是伴随着自身的局限性和缺陷性而变化着发展着的，它总是同客观形态的法律保持着相当大的距离。在国家存在的历史时期内，受其赖以存在的经济基础制约，它总是不能普遍施惠于社会全体民众。正是由于文字形态的法律自身存在的这种缺陷性，就揭示出作为制度形态的法制的一个真正秘密在于：制定法制时往往就是不平等的，但法制制定以后的实施却要做到"法律面前人人平等"；以程序正义掩盖实体的非正义性，以"法律面前人人平等"掩盖事实上的不平等。诚然，这种不平等与其说是法律制度上的根本缺陷，倒不如说是社会发展的根本缺陷、人类自身的根本缺陷。因为无论人的发展，还是社会的发展，进而法律制度的发展都是一种自然历史过程，正是这种自然历史过程，才不断推动着从法治理想到法治现实的进化。在从理想法治向现实法治进化的过程中，将民主神化或将法治神化，都是片面的和有害的。①

---

① 程宗璋. 论法治思想的嬗变[J]. 广东行政学院学报(广州)，2001(1)；潘维. 民主与民主的神话[J]. 天涯，2001(1)；吴强. 法治与法治的神话[J]. 中国社会科学文摘，2001(4).

三、行政现代化进程的思维历程简述

基于上述对法制的几点理性认识,试简析东西方从"人治"走向"法治"的实例。对于客观形态的法律,亦即作为"自在的彼岸的法律"来说,作为文字此岸的文字载体的法律,有着相对滞后性。古代人类对客观形态法律的规律的认识带有很大的盲目性,自觉不自觉地存在着轻视作为文字形态的法律的创制和作用,而注重"人治"的作用。

在中国,自古奉行伦理至上的传统,法律是手段而非目的,其治国方略表现为"人治"和"法治"。"人治"思想是儒家重要的政治思想。儒家的"人治"主张通过"礼治"和"德治"体现出来。"礼"被认为是士大夫所必须遵循的由统治者为维护"三纲五常"和"尊卑有别"社会秩序而倡导并"教化"民众的正统的自上而下推行的道德规范。"礼义由贤者出","礼不下庶人"。儒家的"礼治"实际上是使法律道德化。"德治"则是政治道德化的产物。在儒家看来,"德治"与"礼治"并不完全是一回事。一方面表现为治者的德性善治,所谓"为政以德,譬如北辰,居其所,而众星拱之",就是其"德治"理论的经典名言。另一方面表现为以"积德"为宗旨、以善恶之报为法则的民间道德规范在民众生活中实际发生作用的"德治"。这两方面构成的"德治",以前者为主导,这种"德治"就是"人治",进而转化为"官治",最后归依到君主集权的专制主义。"为政在人","其人存,则其政举,其人亡,则其政息",就是"人治"的经典名言。这种"为政以德"的"德治"在一定条件下极易蜕变为"治德"。而一旦"治德"成为一种国家的治理方式,而非私人(个人)的行为,统治者就不会治自己的德,而要去治别人的德;不仅要用法律来管制被治者的外在作为,而且还要用"三纲五常"来管制被治者的内在思想,到头来,便只能由那些缺德者讲德,不仁者讲仁,腐败者讲廉政了。这是儒学的悲哀,"德治"的悲哀。当然儒家,尤其是孔子"德治"对治者的高素质要求不能完全否定。与"人治"相对称的就是"法治"。作为一种治国的理论原则,主张依法律的规定治理国家。我国春秋战国时期,法家主张"以法治国",反对儒家的"为政在人"的"人治"思想。法家强调法律在治理国家中的重要作用,把法律的地位提高到治国不二法门,"一断于法",而且强调"明"法——使"天下吏民无不知法者"和尚公——"刑无等级","不别亲疏","不殊贵贱"。在字面和形式上貌似"法律面前人人平等"。法家之法是朝廷政府制定的刑律(在古代文献中,刑、法、律是一个东西的不同称谓而已)。法家之法是"法"、"势"、"术"三位一体的,即集势以胜众,任法以齐民,因术而御群。法、势、术的主体都是君主,都是君主统治的工具。可见,法家的"法治"其实质仍然是"人治"。历史上的封建帝王,自称为朕,言出为旨,令行为法。因此,中国历史上的"法治"是个人或少数人意志的制度化、法律化,是个人或少数人实行专制统治的一种形式和途径。从这个意义上说,儒家和法家的"德治"和"法治"作为两种治国方略,正所谓"运用之妙在乎一心",并无实质性区别,皆为"人治",异曲同工,都是"官治",都是治民之策,仅仅在统治成本上,德治比法治更胜一筹。随着中国封建社会由盛至衰,到了近代,"德治"和"法治"逐渐走向它的尽头。民主主义先行者孙中山先生提出的民权主义,是中国近代以来先进的中国人创立的第一个比较完备的有民族特色的民主主义学说,从而完成了由传统的民本政治经民权政治向现代民主政治的根本转变。这是孙中山先生的重大理论创新和贡献,充分反映了19—20世纪之交中国人的民主觉醒意识和要求民主化的根本愿望。①

在西方,法治已成为国家政治生活和社会生活的常态,这一传统始自古希腊、古罗马,但似乎也同样经历着从"人治"到"法治"的过程。首先应当说明的是,在古代中国,"人治"和"法治"不是对立概念,如上所述,"法治"、"德治"均归途于"人治"就是证明。所谓"人治"和"法治"之别,不在人和法这两个字上,而是在维持社会秩序时所用的力量和所根据的规范的性质,那种把"人治"理解为有权力的人为所欲为,任凭一已之好恶来规定社会上人和人的关系,而没有一定的规范可守,这种"人治"事实上是不可能的。西方的"法治"则是与"人治"相对立的。在孔子逝世半个多世纪后出生的柏拉图在治国方略问题上,酷似孔子,又有别于孔子。说他们相似在于:柏拉图继承了苏格拉底的"知识治国"的主体,在其所著的《理想国》《政治家》等书中,提出"贤人政治"、"哲学王治国"的主张。他强调政府管理是一项专门化的工作,不是任何人都能胜任的,只有最高知识的哲学家才能担当,并主张通过长期教育、层层选拔、严格培训,使之成为合格的管理者、执政者,以实现权力与知识的结合。② 孔子强调治者的道德修养,而柏拉图强调治者的至善、知识和才能,很有相似之处。当然,柏拉图"哲人治国"的主张总体上也是"人治"的思想。说他们相区别在于:孔子的"礼治"、"德治"即"人治"思想顽固不化,始终如一,而柏拉图"晚节不忠",在晚年的《法律篇》中意识到法律在社会生活中的作用,明确把法治国作为未来理想国的方案之一。亚里士多德继承了其师柏拉图晚期的法治主张,进一步阐述了法治的优越性。他认为,法律至上的法治优于一人之治。因为法治从本质上是众人之治,即统治者与被统治者轮流对政府实行平等、民主的管理。每个公民都是平等的,都应具备既能统治又能被统治(本文称为互治)的品德,以共同管理国家和政府,这种轮流为治的制度就是法律,以这种制度为内容的统治就是法治。通过法治集中多数人的主张,避免君主专权腐败。可见,亚里士多德的法治理论不仅仅着眼于政府管理方法、途径等"治道"的探索,而且注重政府体制,即政府权力划分、配置以及管理主体权力行使等"政道"的研究,从而开启了贬抑君主专制,倡导民主共和,以便依法治政的先河。③ 亚里士多德主张的法治包括两重意义:已成立的法律必须获得普遍的服从,可谓"守法";而大家所服从的法律又应该本身是制定得良好的法律,可谓"良法"。在亚里士多德看来,法治就是"良法"和"守法"的结合。这是一种法治理想。同时,这种法治思想和理想暗含着对法律局限性或"恶法"存在的提示。因此,人们要在法治和人治、在良法之治和恶法之治之间作出正确的辨析与选择。后来,西塞罗进一步提出了在这良好的"法律面前人人平等"的思想。经过漫长的封建中世纪的黑夜之后,经过文艺复兴、启蒙运动,经过思想上或制度上的改良或革命之后,经过马基雅弗利、布丹、霍布斯、洛克、伏尔泰、孟德斯鸠、卢梭、潘恩、杰弗逊、韦伯、罗尔斯、哈耶克等西方思想家的传承和发展,欧美各国相继走上了以平等、自由、人权为目标的法治实践道路,法治逐步在西方国家成为制度并被固定下来,使法律在治理国家和社会中具有极大的权威性。由此可见,西方国家的法治作为一种学说和实践是经过漫长的历史积淀逐步形成的。

---

① 马戎. 罪与孽:中国的"法治"与"德治"概况[J]. 北京大学学报,1999(2);夏勇. 法治与公法[J]. 读书,2001(5);李冬. 法治如何理解[J]. 领导文萃,2001(2).

② 乔耀章. 政府理论[M]. 苏州:苏州大学出版社,2000. 97—110.

③ 乔耀章. 政府理论[M]. 苏州:苏州大学出版社,2000. 97—110.

现代法治是民主的制度化、法律化,是一种民主的形式和途径。法治的第一要义是约束政府,其核心词在“法”(rule of law),法是主权、民权的法律形式,以法律为最高权威,在法律之外不容许其他平行或更高的权威存在为原则。政府及其工作人员依法治国,严格在法定职权范围内依法定程序行使权力,不得违反法律的规定或超越职权范围,更没有凌驾于法律之上的特权,否则要承担法律责任。法治的其次要义才是“治”(rule by law),即法律是法律的执行者手中的工具,政府及其工作人员依法治国,依法实施对国家事务、社会事务及自身内部事务的管理,以法规范社会。正如西塞罗所说:因为法律统治执政官,所以执政官统治人民,执政官是会说话的法律,而法律是不会说话的执政官。

无论从法制的理论层面,还是从法制的制度层面和具体实践运作层面看,与古代中国的“德治”、“法治”相比,西方近现代的法治无疑是人类法制史的一个巨大的历史进步。虽然西方民主和法制的实质内容是建立在经济基础的私有制上的,其法治的治民性质没有根本改变,但是其法治的表现形式还是具有一定的普适性的,就像马克思、恩格斯反复强调的资产阶级民主共和国的政体形式所具有的普适性一样,值得后发型现代国家学习、借鉴,以至“拿来”为我所用,因为这是人类共同的政治财富。

四、中国行政现代化展望

1949 年,中国共产党在大陆执政以后,虽然有毛泽东关于人民民主专政理论成为中国民主与法制建设的指导思想,但是究竟采取什么方式治理国家和社会,还是一个重大的理论和实践问题,这个问题长期没有得到解决。改革开放使中国迎来了法制建设的春天,邓小平指出,要通过改革开放,处理好“法治”和“人治”的关系,处理好党和政府的关系。在此基础上,党的十五大前夕,江泽民就提出依法治国的思想。他在十五大报告中更加科学、完整、准确地提出了“依法治国,建设社会主义法治国家”的基本方略和基本目标。把治国方略和治国目标有机地结合起来,这标志着党在治国理念上的飞跃。1999 年 3 月的宪法修正案确立了这一基本治国方略和目标,从而标志着“依法治国,建设社会主义法治国家”已上升为国家的意志,具有极大的权威性,标志着中国的法制建设又迈出了坚实的一步,开启了从“人治”向“法治”转型的艰难历史。我把从“人治”向“法治”转型的特定阶段称之为“人法同治”时期,这个时期是衰亡着的“人治”因素与生长着的“法治”因素共生、共存并彼此斗争的此消彼长的时期。① 在这个非常时期,中国的法治及其现代化要做到“两个接轨”、“两个根本转变”。

两个接轨就是指首先要同中国的“德治”、“法治”历史接轨,批判扬弃糟粕,传承其中合理的符合时代精神的内容,因为“传统”与“现代”不是简单对立的二分法。中国的传统社会与现代社会不是截然对立的,而是前者是孕育后者的温床。法律的发展并非是现代法取代传统法,而往往是传统法与现代法以越来越复杂的形式表现出来的平面化的交错共存。② 其次,还要同西方的法治接轨。从理论上讲,社会主义高于资本主义的历史阶段,人类只能在资本主义基础上建立建设社会主义。从历时态看这种接轨是必然的,从共时态全球化开

---

① 乔耀章.从“人法同治”走向依法治国[J].中国行政管理,1999(2).

② 黄文艺.中国法律发展研究的两大范式[J].中国社会科学文摘,2001(1).

放格局看,这种接轨也是必要的。在接轨过程中需要吸纳、借鉴西方资产阶级民主、法制、法治的一些积极因素。但这种接轨不能把社会主义法治降低到或倒退到资本主义的法治,同时这种接轨绝对不是"并轨"。通过这两方面的接轨,在根植于中国特色社会主义初级阶段的土壤中进行独创性建构,把中国特色社会主义初级阶段的法的人民性落到实处,在努力坚持立法平等事实上的平等的前提和基础上做到"法律面前人人平等"。

为此,就需要在法律的价值层面、制度层面和具体运作层面上实现两个根本转变:其一,从"官僚法"到"民法"的根本转变。这个根本转变侧重于将民主、民权、主权由过去的"虚化"转向"实体化",把法真正视为民主、民权、主权在民的同义语,把"官权"从法中剥离出来,使法之权回归于民,实现权还原主——民,亦即上文所分析的(rule of low)。其二,从"官治"到官民互治的根本转变。这个转变侧重于将治权由过去的"虚化"转向实体化。过去一直视"治权"为官吏的专利,这是对法治的曲解和误解。无论是从法理上看还是从事实上看,治权可分解为:民治权和官治权。其中民治权是公民通过对立法、制法及其监督行政等政治参与活动表现出来的,对于公民来说就是"依法治官吏";官治权即政府及其工作人员通过司法、执法、守法、民主行政来"以法治国,依法行政"(rule by law),实现"依法官吏治"。[①] 当然,这两种治权的行使主客体、方式及途径等都是有所不同的。如果将治权作出这样的分解能够成立的话,并能够逐步进入官民互治的良性运作状态,那么,亚里士多德关于统治者和被统治者"互治"品德的理想,就会在社会主义的中国逐步变为现实,从而实现对西方法治的历史性赶超。当然实现这两个根本转变及其官民互治是一个漫长的历史过程。在这个历史过程中,要求官和民都能用自己的理性与知识真正理解和认同法治精神与原则,理解和认同依法治国,把法律不再看成是一种异己的统治、支配自己的外在力量,而是把法律内化为自己的知性选择,把维护、执行、遵守法律不再看成是一种强迫的义务,而是把法律看作既是一种利己的选择,又是一种道德义务。一旦这种法治精神和法治文化形成之日,就是中国社会真正走上法治之路和行政现代化之时。

在中国行政现代化历程中,究竟能否和何时并在多大程度上能够创造出官民互治的政治行政局面,这不仅取决于法律理论创新的勇气,法律制度的日臻完善,法律具体实施技术的提高,而且还取决于作为国家主人的官民关系的切实改观,人人守法,各得其所,更取决于整个中华民族现代民主与法治观念的增强和法律至上精神的弘扬。

---

① 乔耀章.依法治吏更为本[N].社会科学报,1998-02-26.

探寻政务公开的中国特色 *

——对优化政府职能及发展直接民主的意义

作为政治体制和政府行政改革的有机组成部分,政务公开已经日益成为直接现实的问题被提上日程,引起各级党政领导和广大民众及学术界的普遍关注。政务公开不仅是我国社会主义民主政治建设的需要,同时也是建设社会主义法治国家的需要。政务公开既是社会主义市场经济建设的基础性要求,也是预防、治理腐败和建设廉洁政府的现实需要,更是我国加入 WTO 迎接全球经济一体化和新的信息革命、知识革命的迫切需要。政务公开是历史发展的必然要求,也是当今我国人民的民主愿望,是我国走向民主、法治和现代化的必经之路。本文仅就政务公开的中国特色,对优化政府职能的要求及对发展直接民主的意义等问题作初步的探究。

一、"政务公开"界说与中国特色

政务,是一个具体的、历史的、阶级的、动态发展的概念。在人类历史上,政务可以说是常有的,它同人类社会与生俱来,并同人类社会共始终的,但是"政务公开"却是不常有的。这里首先涉及对"政务"及其"政务公开"的界说问题。从字面上看"政务"是个名词,一般是指政治事务,"公开"是个动词,一般是将某事某物"亮相"或公之于众,"政务公开"是将一个国家的政治事务以及治政、执政、行政、施政活动或行为在法律规定的范围内公之于众,使之广泛处于人们的关注与监督之下,成为"阳光政务"。然而,从学理层面看,问题在于:什么是政务、政治事务,为什么要政务公开,怎样才能做到政务公开,不同的社会历史时代、不同的民族国家的公务公开有什么相似、又有什么不同,等等。回答这些问题的关键在于对政治、政治事务的解读。

在我国的政治文化传统中,将"政"解释为"正",所谓"政者,正也",将"政"解释为"众"、"众人之事",引申为"公众"、"公正"、"公共"之事;将"治"解释为"治理"、"管理"、"执掌";将"政治"解释为"治理众人之事",亦可解释为"政务"、"政治事务"。可见,政治、政务的一个最显著的特质在于它的"公共性"。国内外学术界对政治万象有种种界说,我们倾向于将政治理解为:政治是关于人类社会的公共权威及公共权力对全局性的社会公共利益关系的决策和分配的活动。它随着人类社会的产生而产生,随着人类社会的存在而存在,

* 原载《中共福建省委党校学报》2004 年第 11 期。

并随着人类社会的发展而发展,随着人类社会的变异而变异。① 但是,政务和政治毕竟不是一个问题,它们之间的区别之一在于政治、政务的公共性与其阶级性的关系问题。同人类原始社会相对应的是人类原始政治,同这种原始社会、原始政治相适应的就是人类原始社会的政务,它将社会性与政治性原始地统一在一起。这种原始社会的政务是通过原始社会的政治组织形式推行、执掌的。但当人类社会进入阶级社会以后,政务的政治性就日益打上阶级性的烙印,以致这种打上了阶级性的政治、政务日益同社会性相分离,直至产生和发明了国家。自从国家产生以后,传统的人们习惯于把政治和国家等同起来或相提并论,政治、政务、政治事务就是国家,就是国家事务或国务。其实不然,原始社会中的政治并没有因阶级、国家产生而完全“阶级化”、“国家化”,原本意义上的政治就演变成“阶级、国家的政治”和“非阶级、国家的政治”,与此相联系,政务、政治事务就有作为阶级、国家的政务、政治事务和作为非阶级、非国家的政治、政治事务。但由于国家是以公共权力、物质的强制力量作为后盾的,并事实上起着主导作用,以致国家的政务、政治事务往往遮盖着一切,以致使人们常常忘却了作为非阶级、非国家的政治、政治事务的存在。因此,“政务公开”的“政务”一般就专指国家政治事务或简称国务。由此看来,所谓“政务公开”,可以表现在三个层面上。其一,最广义的政务公开是指作为非国家政治事务和国家政治事务的公开;其二,广义的政务公开就是指国家政治事务的公开;其三,狭义的政务公开是专指作为国家机构重要组成之一的政府行政机构的政治事务公开。这三个层面的政务公开不是孤立存在和进行的。从历史发展的实际进程看,一般是通过政府行政机构的政治事务公开来推动整个国家政治事务的公开。国家政治事务公开与非国家政治事务公开在互动过程中进行,而且政府和国家政治事务的公开程度又往往取决于非国家政治事务的发展以及社会的需要程度及其社会发育成长的程度。

从目前我国倡导和推行的政务公开实践看,人们对政务公开的理解和界说是多层次的。以1987年中共十一届三中全会为标志,我国社会政治生活进入新的历史时期,人们的政务公开意识逐渐形成。早在1987年中共十三大报告中就指出,要提高领导机关的开放程度,重大情况让人民知道,重大问题经人民讨论。这个时期对政务公开度的认识集中在党政“领导机关”的“重大问题”上。与此同时,在一些地方基层行政机关试行公开办事制度、公开办事结果,监督行政机关及其办事人员的“两公开一监督”。这是局部试点,而且在基层,在政府行政管理机关。1996年1月,中纪委全会确定要“实行政务公开制度”,县(市)乡镇及行政村,基层站所要实行政务公开制度,凡是可以公开的办事内容、办事程序和结果,特别是与群众利益直接相关的财务等事项都应公开,以便群众监督。1998年,中共中央办公厅发出《关于在农村普遍实行村务公开和民主管理制度的通知》。以此为开端,中央政府有关部门陆续出台了一些与政务公开相关的规定。2000年,朱镕基总理在《政府工作报告》中指出,要积极推行政务公开,鼓励人民群众依法对政府及其工作人员进行监督,并发挥舆论监督的作用。目前,我国政务公开之“政务”直接源于反腐倡廉之需要,涉及村务、国务,尤指狭义政府的政务、党务,等等。其中,村务属于非国家政治的政务,村务公开具有最基础性的“草根政务”的意义。党务严格说来也属于最广义的非国家机构的政治事务,共产党作为执政党的党务公开具有领导性、引导性意义。国家政治事务尤指政府政务公开具有率先垂范

---

① 乔耀章.大众政治学丛书[M].北京:人民出版社,2003.1.

的意义。由此可见,政务公开中的“政务”是一个“政务体系”,它由多种政务构成,如政党政务、人大立法政务、司法政务、政府政务、军事外交政务、民族政务、宗教政务、侨务政务、村政务、社区政务、社团政务,等等。如从时间维度看,就有过去的、历史的政务,现实的政务,未来的政务;从空间维度看,就有东、西、南、北、中的区域性、地域性,江苏的、上海的、福建的“政务”;从层级维度看,就有中央和地方各级政府之间的政务,亦即府际政务和部际(部门之间)政务;再从领域维度看,就有经济政务、政治政务、文化政务、社会政务,等等。如果所有这些政务都能够适时、适度、有序的(分轻、重、缓、急)公开,那么,就一定会有利于我国政务的统筹、协调、全面、可持续的发展。如果政务公开的原则与要求能够在执政党内部、国家机关、社会团体、公共事业部门和公共服务部门都得到提倡和推行,就会提高我国全社会的治理效率和民主风气。

当然,从我国改革开放的实际出发,政务公开首先和主要的还是政府政务公开。这不仅是由于在国家行政化的现时代,政府是行动中的国家,而且还由于是我国政府的人民性和国家及社会的社会主义定向性决定的。如前所述,政务是人类社会常有的一种政治现象,而政务公开则是不常有的,即政务公开并没有贯穿于迄今为止的整个人类社会政治生活的历程中。

自人类进入阶级国家社会以后,尤其是在奴隶社会和封建专制社会,作为国家的政治事务就被经济上占统治地位的统治阶级的自私自利性所独占、所垄断,封建专制统治者以秘密、封闭的政治统治方式来统治社会和民众,致使社会公众没有任何知情权,这是由封建专制统治者与社会大众之间的根本利益的冲突所决定的。世界公民马克思曾经深刻地揭示出这种政治的神秘性与专制统治之间的密切关联性时指出,国家机构的普遍精神是秘密,是奥秘:保守这种奥秘在官僚界内部是靠等级制组织,对于外界则靠那种闭关自守的公共性质,因此,公开国家的精神及国家的意图,对官僚机构而言就等于出卖它的秘密。① 可见,由于受国家的阶级性和社会性“二重属性”所支配,国家政治事务不可避免地内生着闭守性与公共性之间的矛盾。

在反对封建专制主义神秘政治的斗争中,孟德斯鸠、卢梭等资产阶级启蒙思想家率先喊出政务公开的口号。资产阶级启蒙思想家提出知情权理念并逐步发展成为一种公民权利,并用法律制度的形式将其固定下来。例如,据有关史料记载,1766 年瑞典就制定了世界上最早的有关行政情报公开的法律《出版自由法》,其中规定市民可以自由地获得行政文书。1789 年,法国《人权宣言》第 15 条指出:社会有权要求全体公务员报告其工作。宣言还提到公民有权利向公务员索取行政文书。这表明,社会公众有权利知道国家公务人员公开他们所从事的政务活动。大约 190 年以后,法国于 1978 年制定、1980 年实施《行政文书公开法》。美国开国元勋们,如托马斯·杰弗逊等人也力主政务公开,让人民知道政府工作情况。他在 1787 年 1 月 16 日从巴黎写给美国友人的信中就说:我们政府的基础源于民意,因此首先应该做的就是要使民意正确。为免使人民失误,有必要通过新闻,向人民提供有关政府活动的充分情报,进一步则要研究把新闻广泛地传递到全体人民中去。美国 1966 年制定《情报自由法》、1976 年又通过实施《阳光下的政府法》、1981 年芬兰颁布了《文件公开法》,1981 年日本发布了《情报权利宣言》。这些列举说明,政务公开是资产阶级反对封建专制政

① 马克思,恩格斯. 马克思恩格斯选集:第 1 卷[M]. 北京:人民出版社,1995. 302.

治统治,要求自由与民主的产物,是资本主义代议制条件下的必然要求,是资产阶级人民主权理论的必然结果,也是近现代民主政治的题中应有之义,其实质是以一种公民权利的形式通过法律的明确确认并使之规范化、制度化,从而成为政府实现公民权、保障公民权而必须作为的一项义务。对此,我们应当从我国国情出发,批判地学习和借鉴西方发达资本主义国家几百年来推行政务公开的历史经验和有益成果,积极推行具有中国特色的政务公开。一方面,我国仍有封建专制主义传统的深刻影响,又缺乏近现代以来资产阶级的民主法制传统,政务公开不能在"空地上白手起家";另一方面,我国又以坚持社会主义方向和道路为基本原则,现在仍将长期处在社会主义初级阶段,我们既不能照搬西方国家政务公开现成的内容与形式,又不能在短时期内构建和推行比较理想的政务公开模式。我国的政务公开,一切都在实践中。总的说来,我国的政务公开还处在起步阶段,中国政务公开的特点正在探索性的实践中开始逐渐形成。至于政务公开的中国特色具体表现在哪些方面,还有赖于政务公开的理论工作者和实践工作者共同努力去总结、去升华。有一点可以确认的是,政务公开程度同政府职能的优化程度成正相关关系。

二、政务公开与优化政府职能

关于政务公开与优化政府职能的关系问题还很少有人明确提出并给予较有说服力的论证,我认为原因之一,可能在于我们对政务公开的界说还没有达成共识或认同。2000 年 10 月 24 日至 25 日,中国行政管理学会和天津市行政管理学会联合举办"全国政务公开理论与实践"大型研讨会。会后,胡仙芝博士写了篇很好的综述,认为针对我国目前行政管理权能比较分散,政党、社团等公共组织都具有"泛行政化"的倾向和特点及非政府化的趋势,不宜将政务公开局限在政府机关,并认为要全面深化政务公开应做到 7 个结合,沿着 7 个方向努力:要与防治腐败相结合,保证政府行政的廉洁化;要与民心工程相结合,实现干群关系的协调化;要与民主建设相结合,实现政治参与的大众化;要与规范行政相结合,实现政务公开的制度化;要与依法行政相结合,实现政务公开的法制化;要与群众监督相结合,实现政务公开的群众化;要与政府上网相结合,实现政务公开的现代化。由于将政务公开作了泛化的理解,这里并没有明确提及政务公开与政府职能,尤其是优化政府职能的问题。事实上,在我国,国家政务公开与社会政务公开相比是后者(如村务公开)先行;上层政务公开与下层或基层政务公开相比是基层政务公开先行;政党政务公开与国家政务公开相比国家政务公开先行;国家政务公开与政府政务公开相比是政府政务公开先行;政府政务公开中的政治政务和经济政务公开相比也是经济方面的政务公开先行。依据这样的事实,我们可以将我国的政务公开大约分为两类:一类是政府政务公开,包括广义的政府政务公开和狭义的政府政务公开;另一类是非政府政务公开,包括村务公开、党务公开、社团政务公开,等等。这两类政务公开之间以及各自内部的政务公开是相互作用、相互影响的。在所有的政务公开中,虽然各有其内容、形式和功能,但我们主张狭义的政府政务公开应当先行,其道理是不言自明的。

在狭义的政府政务公开问题中,政务公开的前提和基础是政府职能的改革、政府职能的转变。只有改革和转变政府职能,优化政府职能,政府首先要搞清楚自己该干什么,不该干什么,才能将政府政务公开推向纵深和横广方面发展。政府该干什么,这才是政府的正当政务,是政府应该公开的政务;政府不该干的不是政府的正当政务,当然不在政府政务公开之列。要使政府政务公开,必先清除掉那些政府不该管、管不了、管不好的“政务”,使政府从“全能政府”转变为“有限政府”,使政府“瘦身”、“减负”,真正务正业,优化政府职能结构,实实在在地干好那些非从事不可的政务。政府管理政务是对从事政务和社会公共事务者的行为管理而不是事必躬亲,从事具体的政务和社会公共事务。管理政务和社会公共事务的行为与从事政务和社会公共事务的行为不是一个概念,即管理政务者与从事政务者不能混为一谈。在管理政务和从事或做政务问题上有几种模式:一是由政府直接采取行动做;二是社会做,政府给予管理;三是社会做社会管,政府不应干预;四是政府和社会共同做、共同管。其中,除了第三种模式外,其他三种模式的政务都应当酌情公开,即管什么、怎么管、管理效益怎样,都要及时公开。从事什么、做什么、怎么从事的、怎么做的,以及从事和做的结果、效益如何,都要及时公开。把原来不该管、管不了、管不好的事按一定规章放在下面,放在企业、事业、社会单位办;这既有利于政府集中精力,处理政务,提高效率,也有利于下放权力、扩大民主,把政务公开与“下放政务”有机结合起来。

如果从“政务公开”和“转变政府职能”这两个概念提出并被广为使用的时间序列看,也能说明两者有明显的相互关联性。如前所述,中共十三大报告已经较明确地提出“政务公开”的思想或理念,差不多同时出现了“转变政府职能”这个概念。一般认为,1988 年的政府机构改革一个突出的贡献就是第一次明确提出了“转变政府职能”这个关键性的命题,表明我们抓住了我国政府行政改革的核心问题。从此,随着转变政府职能的步伐的加快和深入,政务公开问题亦被逐步提上日益紧迫的日程。中共十六大和十六届三中全会提出了加快转变政府职能,深化行政管理体制改革的历史任务,指出要切实把政府经济管理职能转到主要为市场主体服务和创造良好发展环境上来。可见,加快和深化转变政府职能成为推进政务公开的主要动力之一。应当指出的是,加快和深化转变政府职能还不是推进政务公开的深层次的推动力。推进政府政务公开的深层次动力源于经济体制改革,源于公有制及产权制度的改革。历史已经反复证明,政府该干什么,不该干什么,政府的大小,政府的有限与无限,政府效率的高低等问题,主要不是取决于计划还是市场,而是取决于经济基础,取决于所有制结构,取决于产权制度及其性质,归根结蒂取决于社会生产力发展的水平和性质。有什么样的产权制度就有什么样的政府职能。从这个意义上说,转变政府职能实质上就是转变政府经济基础,转变所有制结构,转变产权制度,这是政府职能的核心问题,也是政府改革的核心问题。直至中共十六届三中全会《决定》确认建立健全现代产权制度问题,才算抓住了转变政府职能问题的根本和关键。建立归属清晰、权责明确、保护严格、流转顺畅的现代产权制度,有利于维护公有财产权,巩固公有制经济的主体地位;有利于保护私有产权,促进非公有经济发展;有利于各类资本的流动和重组,推进混合所有制经济发展;有利于增强企业和公众创新的动力,形成良好的信用基础和市场秩序;最终也有利于政府职能定位,优化政府职能结构,推进政务公开。

建立现代产权制度,重构政府经济基础,还只是为优化政府职能结构、推进政务公开提供了一种现实可能性,还不是现实性。因为,从静态的领域角度看,政府职能是一个有机整体体系,它由政治职能、经济职能、文化职能和社会职能构成,它们既相对独立,不能相互替代,又相互联系缺一不可。虽然政府不可能是“全能”的,但是政府应当是“全职”的,亦即政府这四方面的职能任何一方面都不可或缺。尤其不能把“以经济建设为中心”理解为“政府经济职能至上或唯一”,造成政府职能定位偏差,从而埋下政府职能“缺位”、“错位”、“越位”的种子。社会发展的不同时期有不同的需要，政府职能重心可分轻、重、缓、急，或在不同领域之间转移，或在同一领域不同阶段之间转移。因此，相应的政府政务公开就应该共时态地表现为：政府履行政治职能的政务公开，政府履行经济职能的政务公开，政府履行文化职能的政务公开，政府履行社会职能的政务公开，从而形成整个政府政务体系的公开。如前所述，政府该干什么，有管理和从事、做之别，政府具有管理政治的职能、管理经济的职能、管理文化的职能、管理社会的职能，是指政府对从事政治、经济、文化、社会建设实践活动的组织与个人有管理的功能、服务的功能，但不能理解为政府直接具有从事具体的政治、经济、文化和社会的职能。政府职能从厘清该做什么，不该做什么，这是优化政府职能的一大历史进步；政府职能再从厘清该管什么，不该管什么，这是优化政府职能的又一大历史进步。但总的说来，我国目前的政府职能转变及其政务公开基本上还处在前一个历史阶段，还基本侧重于政府经济职能及其经济职能方面的政务公开，而且管理职能、管理政务与从事做职能、从事做的政务仍处在难以分清或并举、并重阶段。从这个意义上说，经济体制和产权制度的改革直接推动政府职能的转变和政府职能的优化。政府职能的转变和优化直接推动着政府政务公开和政府政务公开的改革。政务公开有赖于政府职能的优化。政务公开和政务改革是政府改革、优化政府职能统一过程的两个方面，归根结蒂决定于政府经济基础的解构与重构。

中共十六大和十六届三中全会就全面履行政府职能问题指出，在社会主义市场经济条件下，政府的主要职能是经济调节、市场监督、社会管理和公共服务这四个方面。这就要求各级政府坚持科学发展观，全面、正确地履行政府职能，努力构建一个和谐的社会。这是目前和今后一个相当长的历史时期内优化政府职能的集中表现，也是全面正确推进政务公开的必然要求。

三、政务公开与发展直接民主

广义的政务公开属于政治民主领域，狭义的政务公开，特别是政府政务公开属于行政民主范畴。行政民主是政治民主或民主政治的集中表现，它有别于政党（党内）民主、司法民主、经济民主、文化民主、社会民主，等等。民主与专制（而不是与集中）相对应，作为一种制度，即民主制度，总是和国家政治生活的公开性联系在一起的。没有这种公开性，民主制度就不存在了。用列宁的话说：“没有公开性而来谈民主制是很可笑的。”①只不过在剥削阶级占统治地位的民主制度下，公开性只是限制在剥削阶级的范围内罢了。在资本主义制度下，不仅在资产阶级内部实行公开，而且也向全社会实行一定的公开。这是民主制度发展的必然要求，也是劳动人民长期斗争的结果。当然这种公开程度是极其有限的，政府和财阀集团的秘密交易、政府成员与财阀的私下交易，是不可能向全社会公开的。这种情形是由剥削阶级国家的本质所决定的。因为剥削阶级占统治地位的国家，即便是资本主义国家，资产阶级民主主要是一种政权的组织形式，而不包括国体的含义，剥削阶级民主之“民”只是剥削阶级的代名词。所以，资本主义社会资产阶级民主制表现的公开性在实质上首先和主要的表现为统治阶级的“内部”性。国内外学术界对民主有种种界说，我倾向于这种定义：民主是

① 列宁.列宁选集：第1卷[M].北京：人民出版社，1995.417.

在一定阶级范围内,按照少数服从多数的原则和平等的原则来共同管理国家和管理社会的一种制度。当民主发展到社会主义历史阶段,社会主义民主就是在广大劳动人民的范围内,按照少数服从多数的原则和平等的原则共同管理国家和管理社会的一种根本政治制度。它既表明了民主共和国的政权组织形式,又表明了人民当家做主的政权性质。社会主义国家的各级各类政府公务员对于最广大人民来说永远是少数,他(她)们应当始终服从人民绝大多数。这是法则,也是一种铁律。积极主动推行政务公开就是这种服从的具体体现,是对人民基本权力的忠诚,当然也是社会主义民主政治的题中应有之义。

民主、社会主义民主主要有两种基本实现形式:一是直接民主,其具体实现形式之一就是直接选举;一是间接民主,其具体实现形式之一就是间接选举。前者,一般公民直接行使立法权,决定和管理国家大事的一种民主形式。社会主义国家的一切权力属于人民,人民通过选举国家机关行使当家做主的权力。由于历史的原因和条件的限制,只在一些领域或方面或多或少包含有直接民主的成分和因素。在我国,不设区的市、市辖区、县、自治县、乡、民族乡、镇的人民代表大会的代表由选民直接选举产生。直接民主应该是社会主义制度民主的表现形式,其突出特点应该有:政治生活完全公开化,人民直接选举制及群众自己管理国家事务,人民真正能够毫无阻碍地集会、结社,亲自颁布法律,亲自选举和罢免一切负责执行法律并根据法律管理国家的公务员,有权了解和检查他(她)们的活动的每个细小步骤,建立由群众自己从下而上来管理整个国家的制度。直接民主的实现需要高度发达和成熟的政治、经济、文化和社会条件,这将是一个漫长的历史过程。后者,又称"代议制民主"或"代表制民主",一般由通过选举产生的人员组成各种代议机构管理国家大事的民主形式。间接民主发源于中世纪封建制国家的等级代表会议。资产阶级依据"主权在民"和"三权分立"的原则,发展完善了代议制,使之成为资产阶级民主制的核心。在坚持社会主义发展道路和价值取向的国家,代议制被批判地改造成为人民民主的形式。人民在共产党的领导下,通过各级议会或人民代表大会以及其他国家机关行使国家权力,管理国家和社会事务。社会主义国家在总体上实行间接民主制。在我国,全国人民代表大会的代表、省、自治区、直辖市、设区的市、自治州的人民代表大会的代表都由下一级人民代表大会间接选举产生。可见,社会主义民主是间接民主与直接民主的统一,并且又是一个不断由间接民主制向直接民主制发展的过程。我国目前还处于社会主义初级阶段或小康社会阶段,人民行使自己的权力的主要形式还是间接民主制,这是现阶段必然的、必要的和主要的民主形式,即人民代表大会制度。人民群众通过直接选举和间接选举两种方式,选举代表组成各级人民代表大会,按照人民的意志和利益行使管理国家与管理社会的政治权力,随着我国社会主义市场经济和社会主义现代化经济、政治、文化建设的发展,间接民主制将逐渐全面过渡到直接民主制。这种直接民主的具体实现形式之一或新型实现形式之一就是正在逐步推行的政务公开。

既然我国现阶段的民主表现为间接民主和直接民主的统一,而且发展直接民主又是间接民主的必然趋势,那么无论是间接民主还是直接民主,都应该探索和创新多种民主的具体实现形式。根据现代民主政治的发展要求,我们认为不管间接民主,还是直接民主,都体现于参政权,而参政先要议政,而要议政先要知政,即参政权源于议政权,议政权又源于知政权、知情权,而没有政务公开就没有人民的知政权。人民参与国家和社会管理,一个基本立足点就是政务必须公开,人民的民主政治参与意识及其程度取决于政务公开意识及其程度。从这个意义上说民主程度与政务公开成正比,有什么样的政务公开程度就会有相应的民主程度。没有政务公开,就没有老百姓的知情权、参与权、选举权、监督权等政治权利。其实,中共一直非常重视民主政治建设。例如,在理念上,中共十一届三中全会上,邓小平就强调民主是解放思想的重要条件。没有民主就没有社会主义,就没有社会主义现代化。中共十一届六中全会通过的《决议》就提出,逐步建立高度民主的社会主义政治制度,是社会主义革命的根本任务之一。党的十二大又提出高度民主建设问题,要把社会主义民主扩展到政治生活、经济生活和社会生活的各个方面。随后党的十三大、十四大、十五大都强调发展社会的民主政治是我们党始终不渝的奋斗目标。党的十六大更明确提出健全民主制度,丰富民主形式,扩大公民的政治参与,保证人民依法实行民主选举、民主决策、民主管理和民主监督,简称"四大民主"。在实施举措上主要有:下放行政权、转变政府职能、政企分开、政事分开、政社分开,推行行政听证制、行政公示制、社会服务承诺制、政府采购制等。政务公开制度就是在民主理念和民主实践中基于廉政建设战略考虑逐步发展起来的一项制度,是一项具有综合性、全局性、根本性的政治—行政体制改革内容。政务公开使行政民主由原则变为现实,变为可操作性的行政程序和行为规则。由此,政务公开成为政府行政管理现代化的立足点。尽管正在形成过程中的政务公开制度还很不完善,还有待于进一步制度化、法制化。

我之所以坚持认为,政务公开是终于被发现的实现民主,尤其是直接民主的一种新型的具体形式,主要是因为它是对原有民主制度及其实现形式是一种历史性的突破。我国人民代表大会制度是我国根本的政治制度。如前所述,这一制度将直接民主和间接民主有机地统一起来。或者比较形象些说,这种民主制度下端侧重于直接民主,上端侧重于间接民主,贯穿其中的是层层"报告制度",从特定意义上说也是一种"内部"性民主,或"体制内"民主。根据我国的宪法,各国家机关均向全国人民代表大会负责,受其监督的原则规定与具体的定期报告制度,这是实行"内部"政务公开的直接宪法依据。由人民代表大会向全体人民报告,这种层层报告制度可谓"路漫漫其修远兮"!其时间性、真实性、有效性不能不大打折扣。然而,与宪法规定的定期报告制度不同,政务公开不仅是一种更为经常的报告制度,而且还是一种不仅向人民代表机关而且是向全体公民的报告制度,从而大大缩短了由间接民主向直接民主过渡的历史进程,"密切了政府与公民、政党与群众、干部与群众的关系"。这种"零距离"状态,节约了宝贵的施政时间,增强了施政的真实性,提高了施政的有效性。从这个特定意义上说,政务公开是一种终于被发现的有利于公民民主政治参与、完善间接民主、发展直接民主的"绿色民主通道"和有效实现形式。再加上电子政务、政府网站等现代施政手段的运用,大大加强了政府与公民之间的互动。如政府网站,其功能不仅限于提供政策信息,市民、公民在这些政府网站上可以自由发帖,建言献策,提出问题,而且政府网站针对市民、公民关注的热点问题,不定期地邀请政府部门负责人与市民、公民直接对话,解答问题,使政府网站成为政府部门与市民、公民直接交流的窗口。政府网站的功能愈强大,其对政务公开、发展直接民主、建设直接民主的价值就愈大,从而将展示出扩大公民政治参与,保证人民依法实行"四大民主"的令人鼓舞的前景。

从“造福”到“谋福”再到“谋权利”*

——领导者自觉更新观念的几个问题

唯物辩证法认为,运动是事物的常态,凡运动、变化、成长、发展着的事物,往往表现为无限丰富的多样、参差不齐、不一律、非平衡现象。如植物世界中的秀出于林,鸟类世界中的出头鸟、领头雁,动物世界中的领头羊、狮王,人类世界社会群体中的杰出人物、领袖、干部、官员,等等。一般说来,他(它)们在同类事物中占有一定的成长、发展的先机条件,不管这些先机条件是怎样获得的,正是由于这些先机条件的获得、掌握和运用,其结果使得他(它)们与同类事物相比,常常处于领先地位,显示出某种特殊的质态,这种特质是其他同类事物暂时所没有而与众不同。同时,他(它)们也相应地承担着回应自然力或社会力的种种特殊的功能、职能或责任。基于这种体认,我认为,在我国经济、政治、文化和社会生活中居于领导地位的各级各部门的领导者们,同芸芸众生的人民群众相比,占有相对优越的发展先机条件,同时也应承担着相应的不可推卸的领导责任。比如,什么是福,什么是幸福,幸福与利益、权利是什么关系?对此,领导者应该如何作为,是“造福”还是谋福,谋什么样的福,怎样谋福,等等,这也是领导者的一种历史责任。本文拟就这个问题作初步的探讨。

一、对“幸福”、“福利”、“领导者自觉”的理解与界定

在日常生活中,关于“福”、“幸福”、“福利”,是人们老生常谈而又常谈常新的话题。从字义上看,福是幸福、福利的中心词,“幸”是福的前缀、限定和修饰语,“福喜之事,皆称为幸”;“利”则是福的后缀,它可以指利益,也可以指权利,从特定意义上说,权利也是一种利益,但权利高于利益,权利比利益更重要。按《辞海》(1999 年版缩印本)的解释,福是指幸福、护佑等,与祸相对。旧指福运、福气。《韩非子》卷六,将福界定为“全寿富贵之谓福”。古人侧重于以健康、财富、地位的程度或指数来衡量福。在农耕社会,福尤指有衣有食、有田有地、人丁兴旺等方面的一种生活状态(新中国建国初期,那种“三十亩地一头牛,老婆孩子热炕头”,也是属于农耕社会对福的理解)。在现代社会,福则是指与社会生活水平和生活质量相关的一种生存状态。有学者用“国民快乐总值”、“国民幸福指数”作为衡量国家成功与否的理念。按这种理念,福越出了物的层面,包括丰富的内容。需要指出的是,“生活水平”与“生活质量”这两个概念是有区别的。前者主要指社会提供给居民用于生活消费的商

---

* 原载《理论探讨》2005 年第 5 期;中国人民大学复印报刊资料·管理科学·C3,2005(12)全文转载。

品和服务的数量与质量状况，主要标志着居民物质需要层次的满足状况，用人均收入或人均消费水平等指标来衡量。后者主要侧重全面、综合反映居民生活多层次需要的满足程度，包括物质生活、精神生活、卫生与健康、文化教育及环境等方面。因此，生活质量一般是指社会提供人们生活的充分程度和人们生活需求的满足程度，是建立在一定物质条件基础上社会成员对自身及其自身环境的感受和评价。① 从这个意义上说，福，体现在个人和社会两个层面，是个人生活质量和社会生活质量这两个层面内容的有机结合与统一。生活质量是衡量现代社会生活福运的重要尺度，即“福度”或“幸福度”。

幸福，是一个古老而永恒的话题。一切人类努力的伟大目标在于获得幸福。幸福是人因自身需求得到满足而产生的一种积极的情绪体验。这里的关键是需求的内容及其层次，亦即什么样的需求。如果仅仅将幸福理解为一般的需求得到满足的情感体验，那么，幸福就不是人类社会所独有的，因为牛儿、羊儿找到草吃也是一种幸福。《辞海》(1999 年版缩印本)对幸福是这样阐释的，幸福是指人们在为理想奋斗过程中以及实现了预定目标和理想时感到满足的状况和体验。这说明，人类的幸福是内含着社会发展的规律与合目的的辩证统一，是作为事实的过程和作为价值的目标与理想的辩证统一，幸福是历史的具体的，也是发展的变化的。需要指出的是，“幸福”与“幸福感”也是不同的。幸福可理解为整体的生活质量，包括客观与主观两方面的良好状态，幸福是生命的一种存在方式、一种生活状态，常用于观察者对行动者的描述，有客观指标与评价标准；而幸福感则仅指幸福的主观体验，完全由行动者个人自己评价，即幸福感就是自身对这种幸福状态的感受和评价，或者说，幸福的本意在于创造幸福感。因此，幸福感主要是指人们根据内化了的社会标准对自己的生活质量的整体性、肯定性的评估，是人们对生活的满意度及其各个方面的全面评价，是主体与现实生活情境的协调及自我达到完满统一的自我认同及自我欣赏的感觉，并由此产生的积极性情感占优势的心理状态。② 根据亚伯拉罕·马斯洛的人的需求层次理论，人们的幸福及幸福感也是多层次的，表现在生理的、经济的、政治的、文化的及社会生活等多方面。当人的衣食住行等基本生理、生存的需要得到满足之时就会感到幸福；当人身安全、健康、就业等需要得到保障之时就会感到幸福；当得到别人的重视，获得与他人之间的友谊，即社交需求得到满足之时就会感到幸福；当个人的能力被人承认并受到他人尊重之时就会感到幸福；当自己的才智潜能得到最充分的发挥，实现自己的目标与理想，满足自我实现需求之时就会感到幸福。可见，幸福是人类社会生活的一种必需品，也是一种稀缺资源。人们对幸福的追求及其体验是一个从简单到复杂、由低级到高级、由有限到无限的相统一的渐进过程。

福利，可以解读为是福与利益和权利的统一。利益问题是一个涉及人的存在和发展的重要问题。马克思曾经说过，人们奋斗所争取的一切，都同他们的利益有关。然而，究竟什么是利益？有人将“利益”视同为某种物、某种产品，视为“好处”或“需要”，这是值得商榷的。其实，利益属于一种社会关系的范畴，表现为利益主体(个体、群体、社会整体)与利益客体(包括政治的、经济的、文化的等)之间的关系。依据不同的标准可以对利益进行不同

---

① 西方学者从 20 世纪 20 年代就开始研究生活质量问题，参见马洪，等. 经济与管理大辞典[M]. 北京：中国发展出版社，1989；周长城，等. 社会发展与生活质量[M]. 北京：社会科学文献出版社，2001.

② 高峰，等. 生活质量与小康社会[M]. 苏州：苏州大学出版社，2003. 130；苗元江. 幸福感，社会心理的“晴雨表”[J]. 社会，2002(8).

的划分。与义务不可分离的法律上的权利,是自然人或法人依法行使的权能和享受的利益。权利按不同的标准也可作多种分类。当个人或群体的具体的利益得到切实的实现、维护和发展时,当个人或群体的具体的权利得到切实的实现、维护和发展时,那么,这种利益和权利实质上就是一种现实的福、福利或感觉到的幸福。正是从这个意义上说,福,幸福,是现实的或此在的利益、权利,亦即福利的同义语、代名词。拥有或享受现实的或此在的利益和权利,事实上是同时拥有或享受着幸福。当然,相对之下,拥有或享受着现实的或此在的权利比拥有或享受着现实的或此在的利益更重要,因为如前所述,虽然权利也是一种利益,但权利高于利益,利益要诉诸权利才能得到保障,没有权利的利益是不牢固、不持久的。所以,对福利作超出一般利益的解读,突出和强调权利也是一种福利,有着特别重要的理论和实际意义。此外,"福利"还有放大的时代内涵。对于现代社会来说,福利更多的还是指一种带公共性的政策,一种制度性或体制性的安排。如在西方,第二次世界大战后,一些发达资本主义国家为了解决贫困、失业、社会不平等的矛盾,以福利经济学和凯恩斯主义为理论支柱,提出国家应积极承担社会责任,实行加大社会福利投入的政策,包括社会救济、劳动保险、儿童福利、老年扶助、医疗保障等社会福利计划和社会福利工作,由此自称或被称为"福利社会"、"福利国家"。当然,在以社会主义为发展定向的我国,在福利政策的制度化、社会化方面理应做得更好。这已经得到改革开放以来我国逐步健全完善着的社会保障制度实践的有力证明。

领导者,是领导的一个重要因素,同时也是一个集体或集合概念。按我的理解,领导是一种统治、一种管理、一种服务,也是一种治理,更是一种综合治理。随着人类社会的发展和文明的进步,领导职能的重心不断地从统治转向管理,转向服务,转向治理和综合治理。① 领导,本义是指率领、引导、向导的意思。作为名词的领导,通常是指领导者,即领导是担任党、国家、政府一定公职的,行使一定公共权力,管理公共事务,谋取公共利益,承担公共责任的一类人,通常称为"官"、"干部"。作为动词的领导是指领导活动,是指领导者在一定环境下为实现既定目标而对被领导者进行引导、统驭和率领的活动过程。其中,领导者是领导活动主导者,主要职能在于选择和确立发展方向,制定和实施战略、策略、方针、政策;被领导者是领导活动的客体,是领导者服务、治理的对象;环境则是领导活动过程中的种种制约因素。领导者的地位和作用是相当重要的,从理论上说,领导者绝不是遇事听之任之的自发论者,他们的言行事关领导活动的成败与得失。这就需要提出和研究领导者的自觉问题。所谓领导者自觉,是相对于领导者不自觉或领导者自发而言的,可以解释为领导者自己有所觉察,能够正确认识并掌握一定社会发展的客观规律并按客观规律进行有计划、有目的、有效益的领导活动。领导者自觉是领导者的主观能动性、积极性的正当表现,是领导的题中应有之义,如果没有领导者自觉,就不能担当起领导者的角色,从事率领、引导、向导的活动。在我国,各级各类的领导者,尤其是作为共产党员的各级各类领导者,虽然他(她)们应该做到没有自己的特殊利益追求,却要同时做到对自己有特殊的素质要求。如果把领导者视为"将",那么正如《孙子兵法·计篇》中指出的"将者,智、信、仁、勇、严也"。同被领导者与一般群众相比,他(她)们应当是由特殊材料制成的,他(她)们就是与众不同。这种领导者自觉与众不同,主要表现在他(她)们应具有高度的公共道德修养、深邃的智慧和综合治理能

① 乔耀章.略论领导的综合治理理念——把综合治理理念引入领导科学[J].理论探讨,2003(6).

力这三方面。[1] 作为领导者,任何时候都要比被领导者或一般群众站得更高一些,看得更远一些,永远走在被领导者、一般群众的前面,引领他们建设和发展我国社会主义现代化事业。领导者任何时候都不应该失却其自觉性,把自己混同于一般的老百姓,甚至甘当被领导者或一般群众的尾巴,更不应该站在被领导者或一般群众的对立面(我以为这是一种“非自觉”甚至“反自觉”的现象或倾向),如果不该发生的事发生了,甚至成为局部的常态现象,那是同我们党和国家的性质、宗旨以及科学发展观、构建和谐社会的理念相悖的。为了防止和克服这种“非自觉”甚至“反自觉”的错误倾向,我认为各级各类领导者都应当努力提高自己的道德素养、知识素养和能力素养,为着人民的幸福做到科学领导、民主领导、依法领导。能否真正做到这一点,是衡量领导者是否自觉以及自觉程度的一个重要的标志。

二、“造福”观念有其历史的局限性

“造福”、“为民造福”或“造福于民”、“造福中国人民”等,这是我国各级各类领导在日常领导活动中经常使用的、也是老百姓喜闻乐见的概念或口号。这从一个侧面反映着中国共产党人的性质和宗旨,反映着我国绝大多数领导者总是胸中装着人民,始终把人民的利益和幸福置于重于一切、高于一切的地位,也反映着领导者自觉的一种精神。这种精神能够在市场经济条件下得到可持续的弘扬和发展,这本身就是难能可贵的。但是,本着与时俱进的创新理念,来审视这种“造福”观念和“官”念就会发现有其历史的局限性。

根据上文对“福”的阐释,尤其是非物质层面的“福”不是“造”所能成就的。从字义上看,“造”本指制造、建立、造就等,还可引申为虚构。所谓“造福”的局限性,首先表现在对“福”作了片面的理解,即把“福”主要理解为物质层面的有形的东西,而非物质的无形的“福”不在视野之内,而且从物质的有形的“福”的生成途径来看,是通过制造来构建的。然而,这种“造福”往往带有主观片面性和非理性,使其造福者的主观愿望远离客观规律所许可的范围和条件,其“造福”的结果往往与“造福”者的主观愿望大相径庭,往往不是造成福,而是造成祸,或者是造成暂时的“福”,长远的则是祸。这种“造福”的局限性对现实生活的消极影响既是广泛的又是深远的。比如,因为要“造福”而“造市场”、“造路”、“造房子”、“造车”、“造广场”、“造中心”、“造剧院”、“造人才”、“造政绩”……造一切可造之物,往往都可以纳入广义的“造福”之列,包括那些实为虚构的“福”在内。从大历史观来审视这些人为造成的“福”,往往祸及社会和国家的真正复兴和可持续发展。

按理说,“造福”这一概念不是我们这个时代领导者们的发明,而是我国传统文明的一个发现。所谓“为官一任,造福一方”,当属“造福”这一概念的由来,但属哪一个朝代,何人之口,这已不可考。在漫长的封建社会,有极其少数的为官者能够做到为官清廉,体恤民情,顾及民意,能够做到“为官一任,造福一方”,历史上也确实不乏其人,也确实难能可贵,可敬可畏。然而,今天看来,“造福”观念有其历史的局限性,至少表现在三个方面。首先,表现

① 对此,我国先秦文献之一《礼记·大学》中的经典论述或许对我们仍有重要的启示:“古之欲明明德于天下者,先治其国,欲治其国者,先齐其家;欲齐其家者,先修其身;欲修其身者,先正身心;欲正其心者,先诚其意,欲诚其意者,先致其知,致知在格物。物格而后知至,知至而后意诚,意诚而后正心,心正而后身修,身修而后齐家,家齐而后国治,国治而后天下平。”虽然这种“圣王”思想在先秦时期乃至整个中国古代社会都与“人治”和“民本”思想紧密相连的。

为浓厚的“官本”思想,深深打上了“官”的烙印。其中“为官一任”中的“官”,是以君王或官吏为价值本位,信奉的是权力万能,官所做的一切都是为了“君”、为了官。民是君主和官吏的工具。“造福一方”的“造福”是指官为民做一些实事,但其目的往往是增加升官的筹码,这里的出发点和归宿点都是一任的“官”而不是一方的“福”。连同“当官不为民做主,不如回家卖红薯”之说,所吐露的只是一种“清官”的心肠,所说的一方的“民”仍是不能自己做主的治下之人。“造福一方”的基调是“民本”思想,所谓“民唯邦本,本固邦宁”。这里的“本”指的是国家的巩固、社会的安宁要靠“民”的生产、“民”的劳作,一切都要靠“民”之农事。所以“民本”并不意味着“民”已是国家和社会的主人,封建时代的“民”始终不过是“君”、“官”之治下的人。其次,表现为功能性的短视行为。“为官一任”中的“一任”是一个时间概念,所表明的是为官的任期或任届,而不能表明现任与前任以及后任之间的一种制度安排,也不能表明和保证前任、现任和后任在“造福”行为方面的可持续发展,这不利于处理好过去与现在、眼前和长远的关系,从而深深打上了“人治”以及为了眼前的政绩而“造福”的烙印。再次,表现为闭锁的狭隘心理。“造福一方”中的“一方”是一个空间、地域概念,所表明的是“造福”行为及其结果只局限于局部的地区或任职的行政区域,而不涉及全局或整体,它“只扫门前雪,不管别人瓦上霜”,从而不利于社会和国家内部区域之间的协调与全面发展,其缺陷是显而易见的。有道是“不谋全局者不足以谋一役”。此外,这种“造福”观念还蕴涵着似乎只有“官”才能“造福”,好像“造福”不是民自己的事。而且为官者把一方“民”作为恩赐的对象,把“造福”视同一种“赐恩”行为,进而期望一方的“民”对“官”报恩,把“官”称为“父母官”来效忠。所有这些“造福”观念的历史局限性都是由封建社会制度的历史局限性决定的。

现在的问题在于,直面人类21世纪全球化背景下的新环境、新形势,我们的领导者应该怎样解读、体认“为官一任,造福一方”这一古训?依我看来,基本上存在三种情形。第一种情形,是那些本着为官为民的理念,根据宪法及相关组织法要求,凭着良心,守土尽责,造一方幸福,保一方平安。第二种情形,是那些无视古训,无视党纪国法,不管最初动机和愿望如何,但最终结果都是为着升官发财的权钱交易、权权交易、权色交易的腐败堕落分子。第三种情形,是那些在第一种情形基础上又不满足于此,又不断更新观念,以体现共产党人先进性的各级各类领导者。应该认为,目前第一种情形属于大多数,第二种情形是少数,却是属于非常有祸害性的少数,第三种情形也是少数,是属于永葆共产党人青春与活力及先进性、人民性的少数。我们现在要做的工作之一,就是将第一种情形和第三种情形形成合力,更新“造福”观念,从理论、制度、体制、机制、行动上治理、扭转第二种情形,使之发生在最低的限度内。本文只初步论及更新“造福”观念以及更新“官”念或“官本”观念问题。

关于更新“官(本)”观念问题。这个问题分为更新“官”观念,“官本位”、“民本位”观念和树立“民主本位”、“公仆”观念两个方面。一方面,官同阶级国家相联系,本指担任国家和政府职务的人员,现在军队和外交界仍还沿用,如军官、武官、外交官。按照马克思主义的观点,官,一般同剥削阶级的国家和政府相联系,认为无产阶级社会主义革命胜利以后建立起来的人民当家做主的国家,官及其官员便逐渐淡出历史舞台,逐渐由公务员或公仆取而代之。从理论上说,既然我们搞社会主义,坚持社会主义道路和发展方向,坚持人民当家做主,我们各级各类的领导者就不应当继续以“官”自居(老百姓指称“官”,则另当别论),而应当代之以“公仆”、“公务员”或“干部”、“同志”自称或互称。这也是一种领导者自觉、自主和自律的要求与表现。

因此,领导者应自觉转变“官”观念,淡化“官”和“官”意识,尽量少讲或不讲“官”字和“官”话,自觉做到“为官”不言“官”,这既是一种思想境界又是一种精神境界。但是,从实际上看,我们是在东方比较落后的国家选择走上社会主义道路的,有几千年封建文化传统,又有全球资本主义的包围,更为重要的是,我国还将长期处在社会主义初级阶段,“官”观念,官本位、民本位观念还是根深蒂固的,要求我们所有的领导者与传统的“官”观念,官本位、民本位观念实行最彻底的决裂是不可能的,也不现实。我们只能相信和诉诸领导者自觉,真正从思想观念上淡出“官”观念,官本位、民本位观念,逐渐告别“官”观念和民本位观念,将自己的言行纳入“公仆”的理念规范,除此以外,别无他途。另一方面,随着“官”观念或“官本”观念的逐步更新和淡出,同时意味着与之相联系的“民本”观念的更新与淡出,逐渐树立“民主”观念:人民是社会的主人,干部或领导者是社会的公仆。有必要指出的是,“民本”与“民主”既有本质区别,又有一定的相同、相通之处,但从根本上说,“民本”已不符合现代政治发展的趋势,从“民本”走向“民主”是当代中国社会历史发展的必然选择。由此可见,更新“官”观念,由官本位、民本位观念转向公仆观念、民主本位观念是同一个历史过程的两个方面。

关于更新“造福”观念问题。这个问题也可以分为更新“福”的观念和更新“造福”的观念两个方面。一方面,如前所述,要对福进行多层面、多维度、多领域的理解和阐释。突出利益性的福,突出权利性的福,突出个人的福、集体或群体的福、国家和社会性的福及其相互关系,突出福的可持续性和协调发展性。在更新“福”观念问题上,有学者提出“福利”和“权利”并重的观点值得重视,富有启迪意义。这种观点认为,在前现代社会是以人民的“福利”为基点的,使人民的福利得到增进的政府、政策和官员,就是好政府、好政策和好官员,至于人民的“权利”则基本处于这些政府、政策和官员的视野之外。现代社会则关注人民“福利”的同时,还必须关注人民的“权利”。“福利”和“权利”是两个有重要差别的概念:“福利”更关注结果,强调利益预期的满足;其评价标准是自我导向的,因为每个人都是本人利益的最好判断者。“权利”则既关注结果,也关注过程,强调合理的利益预期以及利益的平衡,其评价标准是公共导向的。在中国社会的文化传统中,福利关切度一直很高,但权利关切度一直很低,以至于许多民众和官员还不习惯从权利的角度看待和评价利益、程序与制度,而是把福利当作唯一的评判标准。这意味着,在当代中国,建立和完善权利保障制度和机制将是一个渐进的和艰辛的过程,若急于求成,往往欲速则不达。① 可见,把权利视为“福”,纳入福的视野,从关注福利进而关注权利,这不能不说是“福”观念在理论上的一大历史进步。另一方面,我主张,淡化“造”福,少用或不用“造”福,而改用“谋”福。从“造福”到“谋福”再到“谋权利”,这是关于“福”观念的两次更新,因为“造福”很容易使人们联想到一些劳民伤财,实际是害民坑民的“政绩工程”。从“造”到“谋”只一字之差,就体现出完全不同的理念,“造福”的“造”字一般被人们理解为事必躬亲的行为,对政府来说就主要不是掌舵而是划桨。而“谋福”的“谋”字,主要是指计策、计谋、咨询、图谋等。凡事不必事必躬亲,自己动手。对于政府来说就主要不是划桨,而是掌舵和服务,从政府的权力本位转向公民的权利本位。“谋福”,准确些说,就是为人民谋利益、谋福利、谋权利,这就要求领导者学会抓大事,抓主要矛盾,牵牛鼻子,顾大局,谋全局,千方百计地做好战略、决策、规划工作,做到科学决策、民主决策和依法决策,使之与科学领导、民主领导和依法领导相一致。事实上,我们党的

---

① 郑成良.和谐社会与权利保障[N].文汇报,2005-05-23.

主要领导人从毛泽东到邓小平、陈云、江泽民、胡锦涛以及党的正式文献中,都很少用“造福”概念,而大多用“谋幸福”、“谋利益”、“谋福利”,“代表最广大人民根本利益”等。例如,毛泽东早在新民主主义革命时期就提出了“为人民服务”的理念,成为我们党和政府为人民谋利益的一以贯之的总的价值方针。《东方红》歌颂毛泽东(实质上是歌颂以毛泽东为领袖的中国共产党)“他为人民谋幸福”。如“三个代表”重要思想的核心和灵魂,就是为人民群众谋取切实的经济、政治、文化利益。又如,为纪念陈云同志百年诞辰,陈云经济思想研讨会的组织者精心选编了“陈云百字箴言”,其中第25~32字就是“真正为人民谋福利”。还如,以胡锦涛同志为总书记的党中央的施政宣言中就提出“权为民所用,情为民所系,利为民所谋”(人称“新三民主义”),就非常突出了为民谋利的理念,同时也内含着为民谋权利的理念,这在以人为本的科学发展观中进一步得到了体现。这些列举都有力地证明了我们党历来都是以为人民谋幸福、谋权利为己任的,现在的关键是言行一致,落到实处。

由此可见,适时更新“造福”观念,树立“谋福”、“谋权利”观念,是当今中国历史发展的必然选择,有其重要的理论和现实意义。因为社会主义是千百万劳动人民群众的事业,也是前无古人、后有来者的伟大事业。领导我们进行这项伟大事业的核心力量是中国共产党。中国共产党的领导是通过各级领导者、领导干部以身作则来实现的。共产党通过她的领导干部,领导人民当家做主,但不是“为民做主”、“替民做主”,不能颠倒主仆关系;共产党通过她的领导干部,领导人民谋幸福,领导人民、支持人民、调动人民群众的积极性、创造性,自己创造自己的幸福生活,但不是包办代替,就像领头雁并不能代替它的群雁的飞翔一样。换句话说,创造幸福是人民群众自己的事,而谋幸福则主要是领导者的事。正如《国际歌》中所说的:从来就没有什么救世主,也不靠神仙皇帝,要创造人类的幸福,全靠我们自己!

三、树立“谋福”观念是贯彻落实以人为本科学发展观,构建社会主义和谐社会的客观要求

如前文所说,所谓“谋福”观念,包含着两个观念的转变,即从“造福”观念到“谋福”观念的转变;从谋幸福、谋利益、谋福利到谋权利观念的转变。这两个观念的转变和实际上描绘的、所展示的是一幅国家和社会、政府与公民、党和人民、干部和群众、领导者和被领导者之间互动、合作、共创现实幸福生活的全景式画面,它同以人为本的科学发展观和建构社会主义和谐社会所体现的以人的幸福为指归的真谛是相一致的。

党的十六届三中全会通过的《中共中央关于完善社会主义市场经济体制若干问题的决定》中指出:“坚持以人为本,树立全面、协调、可持续发展观,促进经济社会和人的全面发展。”对此,我理解为既是一种全新的执政理念,又是一种全新的谋福观念。突出表现在:以人为本的科学发展观超越了“官本”的重要目标,彰显了当代中国共产党人崇高的价值理想,也是马克思主义“以人为本”,追求人的彻底解放与自由而全面发展的崇高目标在社会主义初级阶段的具体体现,也是我们党的“谋福”观念在新时代、新世纪、新阶段的具体体现。因而可以认为,构建社会主义和谐社会是为人民谋幸福、谋利益、谋权利的另一种表达法。

和谐社会是一个有机整体。从时间维度看,和谐社会是一种对人类生存共同体互相尊

重的意识、一种社会价值变迁的现象、一种构建社会秩序的行动、一种人与人相互关系的变革、一种社会可持续发展的过程。这种过程表现为历史的和谐、现实的和谐和未来的和谐及其相互关系,表现为古人、今人和后来人的代际关系,"前人栽树,后人乘凉",就是这种和谐代际关系、可持续发展的生动写照。从空间维度看,和谐社会谋求的是不同领域、不同区域、不同阶层的社会和谐以及统筹、协调发展问题。所谓社会领域和谐,主要是指社会经济领域、政治领域、文化领域及狭义社会领域各自内部的和谐,如经济领域各经济主体(公有制经济与非公有制经济)之间的和谐,政治领域各政治主体(个人、阶级、阶层、群体、政党、社会团体)之间的和谐;文化领域的主流文化与非主流文化(马克思主义文化、西方文化、传统文化)之间的和谐,社会领域内强势群体与弱者特殊群体之间的和谐以及这四大"领域际"之间的和谐。所谓区域社会和谐,主要是指统一国家范围内各行政区域内部及各行政区域之间的和谐,这种和谐的基本理念是国家安全、国家利益至上。

"民本"的历史局限性。"以人为本"的理论源于西方文艺复兴以来的人本主义思潮,其直接的理论根据是马克思、恩格斯关于人的自由而全面的发展的学说。"人本"的对立面是"神本"、"物本"、"钱本"、"资本",而不是"官本",也不是"民本"。相对于"神本"、"物本"、"钱本"、"资本"而言,无论是"官本"还是"民本"都是"人本"。在马克思主义看来,以人为本就是既要尊重人的历史创造者地位,又要把人看成全部实践活动的价值目标。"以人为本",就是以人为目的,坚持以不断满足人的全面要求、促进人的全面发展作为发展的根本目标和根本动力。既然"官本"和"民本"都是"人本",无论是官还是民,他们都是人,他们都有相同的目的、相同的需求,这些相同的目的、相同的需求又合成相同的目标和相同的动力。从马克思主义的阶级立场、阶级观点、阶级分析的方法看问题,"以人为本"实质上是一种阶级、阶层的超越与妥协,一种阶级、阶层的调和、合作、共存,它打破了官与民的分野与界限,在"人"上达成共识。当官与民产生矛盾对立时,我们的"以人为本"是"以官为本"还是"以民为本"呢?此时,一方面可以抽象掉"官"与"民"的不同而还原其官和民的"人本";另一方面,将"民本"转换为"民主",将"官本"转换为"公仆",构成一对新的"主人与公仆"的矛盾共同体。这样,人的幸福就成为"官"福和"民"福的有机统一。在福的生成问题上,官和民表现为不同的职能和地位与作用:官侧重于谋福或"掌舵"、"服务";民则侧重于具体创造福或"划桨"。此情此景,我把它抽象概括为"官"与"民"或领导者与被领导者、干部与群众"共创幸福论"。此外,以人为本的科学发展观大大拓展了福观念的空间,突出强调了人的全面、协调和可持续发展,经济的全面、协调和可持续发展,社会的全面、协调和可持续发展以及人、经济、社会、各自全面、协调和可持续发展过程中的相互关系的全面、协调和可持续发展,因而从理论和实践上向人们展示了"全福景观",可见,"以人为本"这一新的执政理念和新的谋福观念的提出,反映了我们党对执政规律认识的深化,从而自觉地同人民群众一起共同奋斗,创造美好的幸福生活。

党的十六届四中全会又提出了"构建社会主义和谐社会"。所谓层级社会和谐,主要是指统一国家范围内各级行政层级之间的和谐,这种和谐的基本理念是在科学民主的基础上的科学集中,处理好中央权威与各级地方自治的关系。这种和谐社会的基本特征是:民主法治、公平正义、诚信友爱、充满活力、安定有序以及人与自然和谐相处。可见,构建社会主义和谐社会,惠及社会每个成员的生存和发展的利益,它不会凭空而至,也坐等不来,它要靠社会每个成员的理性思考和实际行动。正是从这个意义上说,构建和谐社会人人有责,构建和谐社会应当从我做起。但从率先垂范意义上看问题,构建和谐社会应当从上面做起,从领导者做起,从干部做起,自觉做到惠己悦人,立己立人,达己达人,己所不欲,勿施于人。

总之,和谐社会是一种美,也是一种幸福。让我们团结在以胡锦涛为总书记的党中央周围,万众一心,共同去谋、去创造和谐社会之幸福生活。

和谐社会与公民自觉*

一、关于和谐社会

自从中共十六届四中全会提出构建和谐社会问题以来，在日常人们的谈资中出现频率最高的词语就是“和谐”、“和谐社会”，对此，人们有种种的解读。相比之下，我们政治学界应当加大和谐社会问题的研究力度。

从国际背景来看，人类社会正在进入全球化、全球主义时代。谈到全球主义，最早应追溯到1492年哥伦布远航美洲。正是从那时起，全球主义才算正式开始，开启了东西两半球的商业、文化交流以及全球性转向全球化的过程。全球主义自从诞生之日起就处在对财富掠夺、控制、再掠夺的循环往复的运动中，从这个角度看，全球主义是历史发展不可逆转的趋势。地球上的任何一个国家或区域要想独立于全球主义而自行运转，已经根本不可能了。而且随着科学技术的全球化，多种风险也必然全球化。用贝克教授的话说，知识经济也就是风险经济，知识社会也就是风险社会。科技全球性的世界已经形成全球风险世界。①郑必坚在2005年4月22日开幕的海南省博鳌圆桌会议上的主题讲演中指出：当前和今后一个时期，中国既面临“黄金发展期”，又面对“矛盾凸显期”。经济和社会发展领域带根本性的三大挑战：一是资源特别是能源的挑战；二是生态环境的挑战；三是经济与社会协调发展过程中一系列两难问题的挑战。应对之策可以归结为三大超越或三大战略，这就是：其一，超越旧式工业化道路，继续推进新型工业化（所谓新型工业化道路，即科技含量高、经济效益好、资源消耗低、环境污染少、人力资源优势得到充分发挥的发展之路），用100年时间跑完西方工业化250年走完的路程。其二，超越世界近代以来后兴大国传统崛起之路和以意识形态画线的冷战思维，继续深化全面改革，积极参与经济全球化。有学者认为，历史上的大国崛起有三种方式：一是鹰派外交政策，二是持久冷战，三是靠外交增强国力；今天又崛起中国方式：亦即参与经济全球化、在世界市场上竞争、承认互惠互利的世界体系，这是中国“和平崛起”的真正含义。其三，超越不合时宜的社会治理模式，继续致力于构建社会主义和谐社会。这三大战略归结起来就是坚持和平与和谐，对外和平，对内和谐，两者相互结合，相互促进。对此我的理解是：对外和平是对内和谐的生态环境、外在条件及其外在延续，是一种对外和谐；对内和谐则是对外和平的前提、基础和保障。家不和，被邻欺。从这个意义上说，对

---

* 原载《济南大学学报》2006年第2期；高等学校文科学术文摘，2006(3)转摘。

① 薛晓原，等. 全球风险世界：现在与未来[J]. 中国社会科学文摘，2006(2).

内和谐是一种对内和平,也是一种最好、最主动的对外和平。

从价值取向上看,和谐社会一直是人类追求的理想,是一种渐进的社会成长的历史进程,也是人类社会文明进步的一种状态,它在不同的时代、同一时代的不同历史时期有着不同的内容与形式。我们所说的和谐社会,应是社会主义和谐社会,其中"社会主义"是和谐社会的修饰语、限制词,它是人类"社会文明"的社会主义的历史类型,是同社会主义的物质文明、政治文明、精神文明相并列协调发展的"四个文明"。由于我国还将长期处在社会主义初级阶段,处在全面建设小康社会阶段,所以,如同其他"三个文明"协调发展一样,和谐社会还正处在构建和发展阶段。胡锦涛主席在中央党校的一次讲话中,阐述了构建社会主义和谐社会应具有的六个基本特征:其一,和谐社会是民主法治的社会,即人人享有充分的民主和权利,一切都依法行事;其二,和谐社会是公平正义的社会,即社会公平和正义成为人们秉持的一个基本原则(社会公平主要表现为权利公平、机会公平、规则公平、效率公平、分配公平和社会保障公平);其三,和谐社会是诚信友爱的社会,即人与人之间平等友爱,融洽相处,互帮互助,诚实守信;其四,和谐社会是充满活力的社会,即每个人的知识、劳动、创造和才能得到充分的尊重和发挥;其五,和谐社会是安定有序的社会,即百姓安居乐业,社会秩序良好;其六,和谐社会是人与自然和谐相处的社会,即富足的生活与优美的环境相得益彰。由此可见,构建社会主义和谐社会,惠及社会每个成员的生存和发展利益,它不会凭空而至,也坐等不来,它要靠社会每个成员的理性思考和实际行动。构建和谐社会人人有责,从率先垂范的意义上说,构建和谐社会应当从领导干部做起。

从系统论角度看,和谐社会是一个有机整体。构建和谐社会是一个巨大的系统工程。首先,从时间维度看,和谐社会是一种对人类生存共同体相互尊重的意识,一种社会价值变迁的现象,一种构建社会秩序的行动,一种人与人相互关系的变革,一种社会可持续发展的过程。这种过程表现为历史的和谐、现在的和谐和未来的和谐及其相互关系,表现为古人、今人和后来人的代际关系。和谐社会首先和主要关涉的是社会可持续发展的问题。其次,从空间维度看,和谐社会关涉到不同领域、不同区域、不同层级的社会和谐以及统筹、协调发展的问题。所谓领域和谐,主要是指经济领域、政治领域、文化领域、社会领域这四大领域各自内部的和谐。如经济领域的各经济主体(公有制经济与非公有制经济)之间的和谐;政治领域的各政治主体(个人、阶级、阶层、群体、政党、社会团体等)之间的和谐;文化领域内的主流文化意识形态与非主流文化意识形态(在当今中国有马克思主义文化、西方文化、传统文化三者)之间的和谐;社会领域内强势群体与弱者特殊群体之间的和谐,以及这四大领域之间即"领域际"的和谐,所谓物质文明、政治文明、精神文明以及"社会文明"协调发展就属于这种领域际的和谐。所谓区域和谐,主要是指统一国家范围内水平面的各行政区域内,如省、直辖市、自治区、特别行政区内部的和谐,及其相互之间的和谐。这种和谐的基本理念在于国家安全、民族利益、国家利益至上。在同一个行政区域内,整个行政区域的利益则高于该行政区域内各行政区的利益。所谓层级和谐,主要是指统一国家范围内垂直方向各级行政层包括各领域、各区域之间的和谐,这种和谐的基本理念在于科学民主基础上的集中,处理好中央权威和各级地方自治的关系。

此外,和谐社会还指理念层面的和谐、制度层面的和谐、行为层面的和谐和技术层面的和谐等。其中,理念层面的和谐要先行于其他层面的和谐。只有开出理念和谐之花,才能结出现实和谐之果。我以为,理念层面是否和谐是衡量和谐社会或社会和谐成熟程度的重要标志,也是构建和谐社会的首要和基本的条件。理念层面的和谐除了主流意识形态与非主流意识形态之间的和谐之外,主要是指要使社会的每一个成员都能够自觉意识到一切损人利己或损人不利己的事不能做、不能为,自觉做到"惠己悦人,立己立人,达己达人,己所不欲,勿施于人"。在此基础上,还要把和谐社会的理念落实到制度层面、行为层面及技术层面上,才能将和谐社会的可行性不断地转化为和谐社会的现实性。

和谐社会本身具有内涵高远与厚重的目标。"整体和谐"有赖于"局部和谐",但是"局部和谐"与"整体和谐"不存在因果关系。各具体领域和谐之"和",各具体区域和谐之"和",各具体层级和谐之"和"并不必然等于"和谐社会",各领域、各区域、各层级和谐之"花"同样无法结出"和谐社会"之果。这就要求我们不能将"和谐"滥用、泛化。

二、关于公民自觉

"公民自觉"与"政府自觉"命题几乎是我同时提出的一个命题。① 和谐社会不可能自然而然地形成,它取决于很多因素,如除了政党自觉、国家自觉、政府自觉外,其中一个很重要的因素就是公民自觉,即构建和谐社会最终取决于公民自觉及其自觉程度。

"公民"既不同于臣民、草民、暴民、刁民、顺民等,也不同于人民、国民、居民、市民等。其中"人民"是一个集合概念,与敌人相对称,是个政治、历史的范畴,不同时期有不同的内容。在我国古代文献中,人民是指平民、庶民、百姓,隶属于统治阶级。在古代希腊,亚里士多德《政治学》中的人民实际上是指奴隶主和自由人,而奴隶则属于奴隶主的私有财产而被排除在人民之外。在资本主义社会,资产阶级所讲的人民,实际上是指他们自己。马克思主义的历史唯物主义认为,人民的历史内容和阶级内容是辩证统一的。凡对社会发展起推动作用的一些阶级、阶层和社会集团、个人等都属于人民的范畴。历史上的剥削阶级在他们夺取政权之前,以及在取得政权后的上升时期,一般是推动历史前进的,因而属于人民的范畴。随着历史的发展,与奴隶阶级、农民阶级、无产阶级相对应的奴隶主阶级、地主阶级和资产阶级就相继向没落、反动的方面转化,成为阻碍社会前进的腐朽力量,从而变为人民的敌人。在我国社会主义初级阶段,人民的范围更加扩大了,除了工人、农民、知识分子以外,还包括一切拥护社会主义的爱国者和拥护祖国完全统一的爱国者,与之相联系的政府才真正具有人民性。②

"市民"一般是指城市居民,但主要是指与国家、政治社会相联系和相区别的市民社会。市民社会是市场经济的伴随物,它是以市场经济为轴心形成的一种经济社会形式,它与城市的形成、城邦国家相联系。在这种经济社会形式下,市场经济支配、制约和影响着人们,特别是市民的广泛的社会生活,形成人们特别是市场特有的经济、政治、文化和社会生活方式及观念、习性。市民社会有古今两种含义。古典含义与文明、公民、城市有共同的词根,常表示人类的一种文明的、政治的和法律的生活方式,与市民社会相对应的不是国家而是较原始、野蛮的部落生活。近代含义是市民社会始于 18 世纪的启蒙时代,表示国家控制以外的社会

---

① 乔耀章,芮国强.政府创新与政府自觉[J].新华文摘,2003(2);乔耀章.论政府社会管理中的政府、社会、公民三者关系[J].湖北行政学院学报,2004(5).

② 乔耀章.政府理论[M].苏州:苏州大学出版社,2000.227—228.

经济生活。它是指社会中的个人私人利益关系的总和，是国家政治生活亦即政治社会之外的所有社会秩序和社会过程，它通常只有把政治国家当作自己的参照物时才有意义。按照自由主义思想家的解释，政治国家代表“公”的领域，而市民社会则代表“私”的领域。全部社会生活按照公和私严格地分为两个部分。公共部分是指国家或政治社会，私人部分则被概括为市民社会。市民社会以个人活动和个人交往为内容，它既包括分工协作和贸易等经济关系，也包括言论、结社、迁徙和安全等社会行为关系。市民社会被视为个人的天地和自由的王国。在国家面前，这个领域是神圣不可侵犯的（所谓“茅屋，风可进，雨可进，国王不可进”，就十分形象地说明了这一点），但市民社会的成员却可以参与国家生活。由此可见，西方学者关于国家与市民社会的理论，主要是为资本主义政治社会制度服务的，但是他们关于处理好国家与社会的关系，关于国家活动的界限等，对于我们发展和处理国家与社会的关系仍然具有参考意义。① 至于中国的市民社会，以及社会主义市民社会问题，仍然是有待于学术界长期争鸣的问题。

公民，本指具有一国国籍的人。在历史上，“公民”一词曾有不同的含义。现在比较通行的含义始于17—18世纪欧洲资产阶级革命时期。在中国古代文献里，难以寻觅“公民”两字，这说明在中国漫长的封建社会里是没有“公民”概念的。在西方，公民概念源于古希腊、古罗马奴隶制国家。在亚里士多德的《政治学》中，公民是指凡参加司法事务和治权机构的人们，公民们都有充分的资产，能够过小康生活。资本主义出现以后，有了宪法才有了“公民”的广泛使用。所以，公民本是反映国家成员与国家之间法律关系的法律用语，是指具有某国国籍并享受宪法和法律规定的权利及承担相应义务的个体，不反映特定的阶级属性，具有真正“公”的特质。从一定意义上说，公民不仅是同一定国家相联系的，更为重要的是同民主宪政共生的。有学者把区别于政治国家的“市民社会”称之为“公民社会”。市民社会的形成过程，亦即公民社会形成的过程，或者说，公民社会是由非公民社会转型发展而来的。在本质上，公民是个个体概念，但公民不同于孤立自在的自然人。如在我国，作为农村公民中的个体村民，作为城市公民中的个体市民，作为农民的公民，作为工人的公民，作为知识分子的公民，作为群众的公民，作为干部的公民，等等，都是具有社会性的人或社会人。公民的概念意味着一个人与他人、国家以及社会在宪法上和政治上形成的良性互动关系。有学者认为，合格的现代公民应该是能够认识到这种关系，并意识到个人在宪法上的主体价值与尊严、公民权利与义务的宪法行为主体。传承宪法精神，步入宪政大道，需要公民领会自身的宪法价值，认识宪政理念，将宪法精神扎根心中。宪政意义上的公民必须具备以下几种意识要素：其一是主体意识。只有当群体中的每个个体都明确认识到自己在宪法上是一个自主公民，而不是谁的臣民，是社会政治生活和公民生活的主体，而不是无足轻重的客体，是国家法治建设的直接实践者，而不是法治治理的对象，这个群体才能构成一个宪政化的公民社会。其二是权利意识。权利意识泛指人们对于一切权利的认知、理解和态度，是人们对于实现其权利方式的选择，以及当其权利受到损害时，以何种手段予以补救的一种心理反应，它构成了公民意识和宪法精神的核心。其三是程序意识。程序作为“怎样做”的载体，是宪政走向具体法治的一个带根本性和方向性的问题。其四是责任意识。责任意识反映的是社会成员对自己所应承担的社会职责、任务和使命的自觉程度，它要求个人除对自己所做

---

① 乔耀章.政府理论[M].苏州：苏州大学出版社，2000.191—192.

的各种行为负责外，还必须对他所处的社会负责，这是法治社会有序、和谐运转的前提条件。① 我们可以把具备以上几种意识要素的公民称之为“自觉公民”或“公民自觉”。“自觉”是相对于“自发”而言的，是指人认识并掌握一定的客观规律时的一种活动，这是人们有意识、有计划、有远大目的的活动。在这种活动中，人们一般能预见其活动的后果。“公民自觉”与公民意识（不同于作为自然人的自我意识，自我意识为何物，这还是当代科学的四大难题之一）、公民自由、公民自愿、公民自主、公民自为、公民自立、公民自律、公民自治等问题相联系。从一定意义上说，如果没有公民自觉，公民意识、公民自由、公民自为、公民自主、公民自律、公民自治等便无从谈起，和谐社会便无法构建起来。没有公民个人的经济、政治、文化的相对独立、自由的空间，就不可能有真正的和谐社会。

三、公民自觉与和谐社会的三重关系

首先，构建和谐社会有赖于公民与公民之间的和谐，亦即公民自我和谐基础上的人与人之间的和谐。这是认识和构建和谐社会的核心问题和关键问题之一。人与人之间的和谐有赖于公民个人的自我和谐。自我和谐取决于个人自我修养，“养天地正气”。现代公民需要加强道德、学习、才智、能力、体魄、洞察、思维、胆略、创新、情感等方面的修养。我认为，人与人之间的和谐是一个非常重要的问题，源于对人、对人性的认知与把握。古往今来，古今中外，人们对人及人性的认知一直难以达成共识，主要在人性善与恶、人性利他与利己的二元论中徘徊，这个问题不解决，以人为本的问题也无法解决。是以人的善为本，还是以人的恶为本，抑或是人的善恶皆为本；是以人的自利性、利己性为本，还是以人的利他性为本，抑或是人的自利与利他皆为本？因此，社会的和谐与否以及和谐的程度都与人性有关，与人本有关。从哲学本体论角度看，我国哲学界关于世界图景主要有四种观点：一是“一分为二”的观点；二是“一分为三”的观点；三是“一分为多”的观点，亦即系统论的观点；四是“中介论”的观点。② 根据哲学界对世界图景的描绘，传统的关于人性的善与恶、人的自利与利他这种“二元论”，或我称之为非此即彼的极点论是有局限性、片面性的。中国历史上战国时期的孟子主张“性善说”，荀子则主张“性恶说”；汉代董仲舒提出“性三品说”，把人性分为“圣人之性”、“中民之性”和“斗筲之性”（同柏拉图将人分为金质人、银质人和铜质人相似）；唐代的韩愈继承了董仲舒的“性三品说”，把人性分为上、中、下三品。这显然是为封建等级制度辩护的。此外，还有汉代扬雄的“性善恶混说”，认为人之本性是善恶相混，修其善则为善人，修其恶则为恶人。这种说法也有一定的片面性，但它可以给人们以某种启示。从大历史观来看，无论是作为单个的自然人，还是作为单个的社会人，除了具有或善或恶或利己或利他的人性外，是否还有善与恶皆备，于己于他兼利或“双赢”、“多赢”的情形？我们应当用新时代的眼光来审视人的新的“性三品”，把善与恶、利己与利他看成是一个不断相互作用、相互转换、相互扬弃的自然历史过程，通过公民的成长，亦即人的成长来抑恶扬善，谋求既利己也利他，逐步构建和谐社会。在这一历史进程中，每个公民都回避不了一个共同面临的问

---

① 傅达林. 宪政意义上的公民[N]. 学习时报,2005－01－03.

② 参见刘茂才. 中介论与相吸论[M]. 成都：四川人民出版社,1996；聂暾. 两极论与中介论[M]. 南昌：江西人民出版社,2001；陈书栋. 基础论[M]. 郑州：河南人民出版社,2003.

题,即必须在善与恶、自利与利他及其相互关系中做出抉择。但有一点是否可以确认:在善与恶辩证统一、此消彼长的历史进程中,绝非是二者必居其一的。

其次,构建和谐社会有赖于公民,亦即人与社会发展的和谐,更确切些说,有赖于自由人全面发展的社会的和谐。人类社会的整个发展进程,既是由低级到高级的依次发展过程,又是遵循否定之否定规律的三级递进过程。马克思、恩格斯在《(1857—1858)经济学手稿》《资本论》《反杜林论》等著作中,根据人的自由发展情况,把人类社会历史发展划分为三种形态:"人的依赖性社会—物的依赖性社会—人的全面发展社会。"其中,第一种形态"人的依赖性社会",主要是指自然经济社会、原始公有制社会、原始无阶级社会、原始平等社会;第二种形态"物的依赖性社会",主要是指商品经济社会、私有制社会、阶级社会、不平等社会;第三种形态"人的全面发展的社会",主要是指产品经济社会、高级公有制社会、高级无阶级社会、高级平等社会,即自由人联合体的共产主义社会。人类社会从第一形态发展为第二形态,从第二形态发展为第三形态,这是人类社会发展的必然趋势。与此同时,人也相应地经历着三种形态,即"自然存在物"—"生产当事人"—"社会自由人"。① 然而问题在于:当今中国的人与社会处于这三种形态中的何种形态?对此,我在十年前是这样描述的:从动态的历史过程来考虑,中国现实社会是人类社会历史形态的"大熔炉"与活的历史"博物馆",它既有过去社会形态的遗迹,更有现实社会形态的基础,还有未来社会形态的萌芽。②用乌尔里希·贝克教授的话说就是:中国的社会转型是"压缩饼干",以历史浓缩的形式,将社会转型中的多种社会问题呈现出来,带来了前所未有的文明冲突和文化碰撞,历史与现实、传统与现代、本土化与西方文明多重因素交织在一起。这就是说,一方面,马克思主义关于人类社会发展的"三形态"对于我国来说是"全景式"的历时态和共时态的并存;另一方面,我国的社会及其相应的人同时处于"双重转型"之中,即同时从人的依赖社会向物的依赖社会转型,从物的依赖社会向人的全面发展的社会转型;同时人也从自然存在物向生产当事人以及从生产当事人向社会自由人转型。这种"双重转型"的社会深深打上了传统中国社会家族本位的"差序格局"的烙印。在这个"差序格局"中,人与人之间、个体与群体之间、上级与下级之间,通行的关系模式是一种依附与被依附的关系,一种建立在等级制度基础上的上下从属关系。一方面,个体通过这种依附和归宿关系安身立命,"在家靠父母,出门靠朋友",一生都在寻求并争取来自家庭和亲友等社会关系的支持,不断地从这些关系中获得力量或权势,用尽心力在自我与他人之间建立起各种复杂的社会关系网络;另一方面,对外部的依附和归属关系也为个体的生存提供了基础和保护伞。人与人相互间的依赖,以及上下等级之间的依附,造就了一个个以"我"为中心的家族与帮派的共同体。亲朋好友、门生故旧,彼此依赖,互相依存,缺乏真正的独立人格,个体完全被笼罩进一张巨大的社会关系网中,从而更加强化了个体对外在的各种社会关系的依附和依赖。③ 这种依附和依赖同上文所说的公民自觉应具备的公民意识、公民自由、公民自愿、公民自为、公民自立、公民自主、公民自律、公民自治等要求相去甚远。由此可见,构建和谐社会,有赖于公民与社会之间的互动与共同成长!

---

① 聂暾.两极论与中介论[M].南昌:江西人民出版社,2001.273—277.

② 乔耀章.中国社会主义特色纵横谈[M].苏州:苏州大学出版社,1996.240.

③ 陈科勇,等.组织化、自主自治与民主[M].北京:中国社会科学出版社.2004.208.

再次,构建和谐社会有赖于公民,亦即人类社会与自然的和谐。人对人的依赖,人对物的依赖,人对社会的依赖以及人的自由全面发展都挣脱不了对自然界的依赖。从天体演化和人类发展的角度看,人是自然界发展的产物。相对人而言,自然界具有无可置疑的时间先在性与彼岸性。作为有生有灭、有始有终的存在物,人对自然的依赖是不可摆脱的必然命运,自然界的时间先在性决定了人的被动性。但是从另一方面说,作为自然的一个组成部分,人又可以在有限范围内影响自然,获得对于自然的有限自由。所谓自由,有若干相关的含义:第一,自觉性,即人区别于动物,不但做,而且自觉去做,知道为什么做,在一定限度内知道自己行为的后果;第二,自主性,即在一定的环境中,人可以做也可以不做,可以这样做,也可以那样做,具有有限的自主选择的余地;第三,创造性,人按照自己的意愿改变世界(社会、自然),按照一定的目的创造世界(社会、自然);第四,超越性,人不满足于既定的创造,不断重新设计和创造世界(社会、自然),实际是在不断超越自身,迈向更高的人生境界。人的这种不同寻常的自觉性、自主性、创造性和超越性,是人的被动性和主动性的有机统一。①人与自然的关系并不是永恒不变的。从总体上说,人与自然的关系是一个历史发展过程,它是遵循着一个内在规律向前发展的。"从人服从自然"到"人与自然相对抗"到最后走向"人与自然相和谐",这是人与自然关系的必然发展趋势。如果将"天"作为自然的代名词,那么,人与自然关系的三形态就可称之为"人顺从天—天人对抗—天人和谐"。其中,人顺从天,是指人与自然关系的初始阶段,人还是"自然存在物",人类的生产、生活都不得不被动地顺从自然,服从自然的支配,人类被自然规律严格地规定在自然链条的确定环节上,受自然的支配和压迫。天人对抗,是指随着生产力的发展,特别是工业生产成为人类的主要生产手段以来,人类从自然的压迫中解放出来,独立于自然系统之外,并与自然相抗衡,人类不再是被动地顺应自然,而是以"征服者"的姿态出现在自然面前。人类试图主宰和统治自然,但是,自然并不完全被动地听从人类的征服,而是对人类进行种种反抗和报复,给人类造成新的灾难。天人和谐,是指当人类对自然规律和社会规律有了全面认识的时候,人类在与自然的对抗中醒悟过来,认识到破坏自然无异于毁灭人类自身。人类从"自我反省"开始,自觉地寻求同自然保持和谐统一的关系。这是在高度文明的基础上向自然的复归,也是向人自身的复归。这时人类不再是自然的奴隶,也不再是自然的征服者;自然不再是人类的压迫者,也不再是被人类任意破坏的对象,而是实现了天道和人道的和谐统一。目前,我们还仍然处在"天人对抗"的压迫阶段。②

最后,我们将人的发展的三种形态、社会发展的三种形态和人与自然关系的三种形态相对应的统一关系列表如下:

<table>
<tr><td>人的发展三种形态</td><td>自然存在物(生物人)→生产当事人(劳动为谋生手段)→社会自由人</td><td rowspan="3">和谐社会</td></tr>
<tr><td>社会发展的三种形态</td><td>人的依赖性社会→物的依赖性社会→人的全面发展的社会</td></tr>
<tr><td>人与自然关系的三种形态</td><td>人顺从天→天人对立→天人和谐</td></tr>
</table>

由此,我们可以得出简短的结论:和谐及和谐社会是一种人与社会的成长过程,一种历

① 王效民.论人的有限性与无限性[J].理论学刊,2005(3).
② 聂暾.两极论与中介论[M].南昌:江西人民出版社,2001.277—279.

史的进步状态,它首先是指个体人的身心(包括生理、心理)处于一种平衡、协调、满意的状态,以及人与人的关系处于平衡、协调、满意的状态;其次是指人与社会的关系处于平衡、协调、满意的状态;最后还指人与自然的关系处于平衡、协调、满意的状态。之所以是处于平衡、协调、满意的状态,而不是最好或最佳的状态,主要是因为相对自然界的时间先在性而言,和谐社会是一种有限性与无限性的统一,公民自觉也是一种有限性与无限性的统一。从特定意义上说,和谐社会的程度受制于公民自觉的程度,公民自觉的有限性制约着和谐社会的有限性,反之亦然。当然,在和谐社会与公民自觉的正相关的整个历史过程中,政府自觉对于公民自觉、对于和谐社会的构建作用是不可或缺的。这个问题有待于另文阐明。

论普及民主*

——共和国的民主不可或缺

什么是民主，为什么要普及民主，如何普及民主，这是我多年来思考的一个问题①，至今还没有思考成熟。在纪念中华人民共和国成立60周年之际，我愿把这点不成熟的思考奉献出来，请学术界和实际工作部门的同仁及读者们批评指正。

一

“民主”这个词的用法很多，其内涵歧义丛生，斑驳错杂。民主概念的复杂性传递了这样一个基本事实：不同的民族在特定的历史阶段对民主并没有形成一个统一的认识模式，民主观念的发展史本身就是一场争夺民主“冠名权”的思想史。人们越是满怀希望地想找到一种真正的民主，他们就越是茫然失望。②在我国，“民主”是一个使用频率极高但又十分敏感并且容易被曲解的概念和字眼。大体上存在着两种简单化的现象：一是，一说民主，好像就是多党制、三权分立、自由化，就是无政府主义，就是“多数人暴政”，就是有害于社会稳定；二是，一说民主，好像就是多数人的统治，就是政治民主，就是选举，就是老百姓说了算，领导听老百姓的。要么就是把民主与党的领导、民主与法治、民主与集中、民主与民生等问题对立起来，似乎二者必居其一。所有这些对民主的简单化的理解、曲解和误解，都应当在普及民主的历史进程中逐步加以纠正。

民主一词古已有之。它是一个具体的、历史的、阶级的、相对的、多义的概念。如果照字面理解，民主中的“民”本指百姓，以劳动群众为主体的社会基本成员，如民众、大众、国民、公民、人民等；民主中的“主”，本指与“宾”、“客”或“仆”等相对应的人。民与主构成“民主”一词，本指民众当事人、民众负责、民众主张、民众决定、民众主见或主意等，亦即民主本指以劳动群众为主体的社会基本成员为着自己的意志和利益自主地作出自己的选择的权利。作为法学、政治学、行政学等学科专有词汇的“民主”，是相对于“君主”、“官主”等而言的。一

---

* 原载《探索》2009 年第 5 期。

① “普及民主”概念是笔者在 2004 年中国政治学会年会论文《用发展着的马克思主义政治学理论指导我国新的政治建设实践》中首先提出来的。见《探索》2004 年第 6 期第 40—43 页，中国人民大学复印报刊资料《政治学》2005 年第 3 期第 55—59 页。

② 佟德志. 在民主与法治之间[M]. 北京：人民出版社，2006. 33—34.

般解释为人民的统治或多数人的统治,但这是一种“正确的片面”,它远没有揭示民主概念所涵盖的丰富内容。在此基础上,我们还可以进一步将“民主”解释为:“民之主”、“民知主”和“民自主”三种基本情形或理念、状态、形态。

“民之主”(“民的主”),亦如当官“为民做主”,此情形中的民与主处于“二元分离状态”。在这种状态下,无论是理论层面还是实践层面,民与主都不存在直接的、实然的关系和联系,这在制度层面上往往表现为代表制、代议制民主,代表者由民众中的一部分人授予他们的权力,代表民众当家做主。民之主是民主不得不经历的一种历史状态。代议制或代表制是民主不可避免的一种组织和制度安排。

“民知主”,可解释为“民知道主”是谁,是“彼”还是“己”。其中,民知主之“主”如果是“彼”,即“代表者”、“仆人”或当官的,民众就应当全面知晓(如通过政务公开、听证、选举、监督等渠道)这个“主”的德、能、勤、绩,不优或不被知其情者,不得授予或委托其权力,委以代表者重任;民知主之“主”如果是“己”,即民众自己,就应当知道自己何以可能作得主,如何做主,以及如何作好这个主。民知主中的“知彼”和“知己”两者不可偏废。相比较而言,民知主中的“知己”比“知彼”更加困难,也更加重要。知己者难,知己是一种自觉,知彼是一种觉他。自觉方能觉他,没有自觉也就没有觉他。但要知己,则首先要知彼,要觉他。从知彼到知己通常是民知主的一个自然发展过程。只有同时做到知彼和知己,才能将民主之“知”转化为民主之“行”,以及将民主的可能性转化为民主的现实性。

“民自主”,这是民主的真谛,民主的至高境界。没有民自主便没有真正的民主。显然,民自主是一个不断成长的历史过程。一方面,“民自主”是指民众共同体或群体中的每个个体的自我主张、自我愿望及其自主行为的彰显。个体自主是个体行使民主权利的前提,而个体自主的前提是个体的自由,而个体自由的基础则又往往取决于个体的财产状况。个体财产的有无与多寡及其性质,决定着个体自由的状况和个体自主的状况直至享有民主权利的状况。另一方面,“民自主”是民众共同体或群体中事实上存在着的可以公正、公平、公开地彰显个体自我主张及其行为的共同体的生态环境。这种生态环境要求群体范围内的每个个人都要让渡一部分个人的“自由”或“自主”,要求每个人受到一定的限制,让每个人都考虑他人的因素,以利于共同体意志和利益的和谐表达。可见,民主就其本质而论就是民自主(个体和群体的),民主的其他所有问题都是民主的这一本质的反映、延伸和拓展。人们可以通过民自主的状况或程度来检视民主的建设和发展的状况或程度。

民主的这三种情形既表现为民主的历时态的存在,也表现为民主的共时态的存在。前者,“民之主”侧重于民主的过去时和现在时,“民知主”侧重于民主的现在进行时,而“民自主”则是侧重于民主的未来时。从“民之主”—“民知主”—“民自主”,可能是民主发展进程中的几个必经的阶段,其进程可以加速,但不可以无条件地超越。后者,由于民众的个体的差异以及共同体生态环境的不同,使得“民之主”、“民知主”、“民自主”三种情形共处于同一个历史阶段,使民主非平衡地存在和发展着,形成民主梯度发展格局。这种民主梯度发展格局决定着民主建设不能搞一刀切,可以让一部分领域、一部分地域、一部分层级、一部分民众从客观实际的条件出发优先发展民主。通过优先发展民主来有效推进民主建设的整体进程。

二

我国的民主是人民民主，是以社会主义的逻辑与历史相统一的民主，现处在中国特色社会主义初级阶段全面建设小康社会的历史方位。根据党的十七大精神，人民民主是社会主义的生命。没有人民民主就没有中国特色的社会主义，就没有中国特色社会主义现代化。因此，我认为，人民是共和国的主人，主人应当具备民主的相关知识，普及民主是建设和发展人民民主的本质要求，也是建设和发展中国特色社会主义现代化的本质要求。我们可以从以下几个方面谋求共识。

其一，关于民主的领域。民主首先和主要的当然是政治民主或民主政治、国家民主，但又不仅限于政治民主、国家民主，此外还有经济民主、文化民主、社会民主。民主覆盖到社会生活的所有领域。人们往往对政治民主比较敏感，而对其他领域的民主比较弱感，甚至感觉不到它们的存在与作用。其实，这无益于政治民主和民主政治。中国特色社会主义民主应该是全面的民主，关涉社会生活的所有领域，包括中国特色社会主义的政治民主、经济民主、文化民主和社会民主这“四大领域民主”。其中，中国特色社会主义政治民主，主要表现为对劳动群众政治权益的保障，在共产党领导下，通过政治制度、政治体制、政治机制，实现对国家权力的有效掌握，有效实现人民主权。中国特色社会主义经济民主，主要表现为对劳动群众经济权益的保障，在坚持社会主义基本经济制度的前提下，劳动群众对不同性质的所有制经济企业及其相关经济活动进行有效的管理，实现其经济民主，保障其合法的经济权益。中国特色社会主义文化民主，主要表现为对劳动群众科学、教育、文化权益的保障，在坚持社会主义核心价值体系指导的前提下，劳动群众享有与管理多元文化和特色社会主义社会民主，主要表现为对劳动群众社会权益的保障，在党的领导和政府的协调下，劳动群众对基层社会公共事务进行有效自治与管理，实现劳动群众基本的社会民生权益。以上这四大领域民主各有其自身的规律，它们既不能相互替代、相互涵盖，又不能相互割裂，而是互为条件、互为目的。其中，经济民主是基础，政治民主是保证，文化民主是引领，社会民主则是其他三种民主的社会生态、出发点和归宿点，具有总体性、整体性、综合性的民主特色。不同领域的民主、同一领域民主的不同时期，以及不同社会生活领域的劳动群众民主是经济民主的集中表现，经济民主在最终意义上起着决定性作用，因此，从经济民主—政治民主—文化民主—社会民主，将是中国特色社会主义民主发展的一种基本趋势。经济民主与经济发展、政治民主与政治稳定、文化民主与文化繁荣、社会民主与社会和谐往往呈现着正相关关系。

其二，关于民主的区域或地域。相对于民主领域具有抽象性而言，民主区域或民主地域更有具体性，成为民主领域问题的载体。中国特色社会主义对于世界上其他民族国家来说，带有民族性、区域性、地域性色彩；同理，中国特色社会主义对于国内来说，是通过国内不同区域特色、地域特色体现出社会主义经济、政治、文化、社会和生态的建设，要想齐头并进，同步发展是不可能的。这种发展不平衡不仅表现在经济民主发展不平衡，政治民主发展不平衡，文化民主发展不平衡，社会民主发展不平衡，而且还表现在民主区域、民主地域之间发展的不平衡，如东、中、西部民主发展的不平衡，农村民主发展不平衡（这方面小岗村、华西村、南街村的实践留给人们许多沉思），城市民主发展不平衡，农村民主与城市民主发展的不平衡，等等。这些不平衡往往在民主观念、民主制度、民主体制、民主机制、民主力量、民主实践行为等方面呈现梯度发展趋势。我们应当勇于和善于根据不同区域民主梯度发展的现实差异，提出民主发展的具体路径。在劳动群众的素质较高，经济、政治、文化、社会和生态条件较好的地区，民主建设可以先行一步，根据条件相对成熟程度，或优先发展经济民主，或优先发展政治民主，或优先发展文化民主，或优先发展社会民主，并带动其他方面的民主进程。坚持从本国本区域的民主实际出发，既不搞西化民主的洋教条，也不搞本土民主的土教条。

其三，关于民主的层级。不同的民主层级有不同的民主要求，就如不同领域的民主有不同的民主要求一样。每个领域的民主都有不同的民主层级。一般将民主层级分为中央民主、地方民主和基层民主三个层次。相应的，就有高层（端）民主、中层民主、“草根民主”。此外，还有党内民主、人民民主、国家民主、社会民主、官僚民主（官主）、精英民主、大众民主等区分。把民主分为不同的层级，主要目的在于思考和研究、探寻民主建设和发展中的突破口及其互动态势。在这个问题上，目前人们的认识还没有完全统一，大体有两种思路：一种是主张从高端民主着手突破，走自上而下的路径，如优先建设和发展党内民主，通过党内民主来带动人民民主；另一种是主张从“草根民主”着手突破，走自下而上的路径，如 2007 年温家宝总理出访欧洲前的讲话中说的：考虑到中国很大，人口很多，经济不发达，发展又不平衡的国情，现阶段在更高层次上开展直接选举，条件还不成熟，民主建设特别是直选，要根据国情循序渐进。中国政府坚信，群众通过基层的直接民主形式管理好一个村，将来就可以管理好一个乡，管理好一个乡后，将来就可以管理好一个县、一个省，真正体现国家是人民当家做主。由此揭示中国的直选可由乡—县—省逐级递进的战略策略，这是一个大思路。事实上，这两种思路是统一民主历程的两个方面，两者有机结合，构成民主建设和发展的合力系统。试想，如果没有扎扎实实的基层民主建设，高层民主建设就会没有扎根的土壤，民主的根基不牢，高层民主就会地动山摇。同样，如果没有率先垂范的高层民主建设的引领与推动，基层民主建设就可能被滞缓到遥远的将来。民主建设，一万年太久，有条件的领域、地方，要只争朝夕。只有在高端民主与“草根民主”的有效互动中，才能不断地焕发出中国特色社会主义民主建设的生机与活力。

其四，关于民主的普及。这个问题是由普法（普及法律常识的简称）、科学普及、普及教育联想到的。作为改革开放产物的普法已经持续开展了 24 年，五年一轮，现已第五轮。其中“一五”普法（1986—1990）主要围绕维护安定团结、社会稳定大局展开；“二五”普法（1991—1995）为社会治安综合治理，社会主义市场经济体制的建立和发展推波助澜；在基本方略中做了大量工作；“三五”普法的主要任务，深入学习邓小平关于社会主义民主与法制建设的理论；“四五”普法（2001—2005）在建设社会主义政治文明中发挥了重要作用；“五五”普法（2006—2010）正在为努力落实科学发展观，建设社会主义和谐社会鼓与呼。每一轮的普法都围绕党和国家的中心任务展开，体现了普法的连续性，收到了一定的效果，根据已有的普法经验，普法活动还可能继续开展下去。但是，根据民主与法制（治）相互关系的理论与实践，只有普法，而没有普及民主或民主的普及，是难以想象的，如果没有民主的普及，普法的效果可能会大打折扣。因为，第一，对民主与法治的关系，我国学术界的基本共识是：民主和法治相互依存，不可分离；民主和法治相互渗透，彼此补充；民主与法治相互保障，彼此促进；民主与法治相互制约，彼此平衡。其中，互相依存、互相渗透、互相促进所强调的是民主与法治的和谐共生关系；而相互制约、彼此平衡则在某种程度上对民主与法治之间的紧张关系给予了重视。① 第二，民主法治≠法治民主，它们虽无轻重之分，但有先后之别。2004年9月，党的十六届四中全会通过的《中共中央关于加强党的执政能力建设的决定》明确提出构建社会主义和谐社会的任务是："民主法治、公平正义、诚信友爱、充满活力、安定有序、人与自然和谐相处的社会。"其中，首先提出的是："民主法治"而不是"法治民主"，更不是只有"法治"。所以，从特定意义上说，普法仍在进行时，而且还要大大加强，其有效途径之一就是必须普及民主。为了更好、更有效地普法，普及民主要赶紧补课。因为对于党和国家来说，如果科普（科学普及的简称）有利于科学执政，普法有利于依法执政，那么普及民主则有利于民主执政。另外，普及民主是科普与普法的中介和桥梁，普及民主如同科普与普法一样不可或缺！

其五，关于民主的教育。这是有感而发的。中央编译局的俞可平先生说，他在一次较大规模的问卷调查中，就什么是"人民共和国"这个问题做过调查。结果使他大吃一惊：只有27%的人作出了基本正确的回答。那么，共和国是什么？1911年辛亥革命前，中国是封建专制制度，辛亥革命创建"中华民国"。1922年中共"二大"提出"真正民主共和国"。1931年江西瑞金成立"中华苏维埃共和国"。1940年，中共提出"新民主主义共和国"。1949年10月1日，正式成立中华人民共和国。"中华人民共和国"国名（国号）表征着"五位一体"的政治属性：民族性、人民性、政党性、共和性、民主性。其中，第一，民族属性，即中华属性，表明共和国是由多民族（56个）组成的大家庭。第二，人民属性，表明国家的性质，发展的内在要求，及其真义。所谓人民性之"人民"就是包括工人阶级、农民阶级、城市小资产阶级和民族资产阶级，它们都围绕在中国共产党周围，共和国的五星红旗中的四颗小星就是人民性的政治象征。第三，政党性，表明共产党是共和国各族人民的领导核心，共和国国旗中的一颗大星是其政治象征，她似北辰，居其所而众星拱之。毛泽东在《关于正确处理人民内部矛盾的问题》一文中正确地指出：国家的统一，人民的团结，国内各民族的团结，这是我们的事业必定要胜利的基本保证。领导我们事业的核心力量是中国共产党，指导我们思想的理论基础是马克思列宁主义。第四，共和属性，表明国家是公共的，为着公共利益，国家各级政府机关的领导人不是继承的，不是世袭的，也不是命定的，而应当是自由、民主、公正的选举产生的。这是共和国必须具备的基本含义或基本准则。共和是一种选择，是一种走向，是一种目标，共和更是一种新式的忠诚，即忠诚于各民族，忠诚于人民。第五，民主属性，表明共和国的民主不可或缺。虽然共和国名称中没有"民主"只有"人民"（拟议中的国名曾用"人民民主"，后简略了"民主"），但是"人民"、"共和"并不能自然而然地同"民主"画等号，人民并不就是民主，共和也有"贵族共和"、"君主共和"等。然而，共和国的民主属性已经作为一种可能的现实性的政治性元素，涵盖在民族性、人民性、政党性和共和性之中了，民主性是民族性、人民性、政党性和共和性的幂或乘方。这样，中华人民共和国国名就由五大政治要素构成，由此形成一个简明的公式：**共和国＝（共产党＋民族＋人民＋共和）^{民主}**。通过共产党民主的建设和发展来带动民族民主、人民民主、共和民主的建设与发展。历史已经雄辩地证明，没有共产党就没有新中国，历史也证明并且还将继续证明，没有共产党民主就没有民族民主、人民民主、共和民主。

总之，民主最为关键也最为可贵的是民自主。就政治民主而言，我认同这样的观点：对

---

① 佟德志，在民主与法治之间[M]. 北京：人民出版社，2006. 27.

于社会的政治发展和民主建设而言,制度环境与公民的素质是相辅相成且同等重要的。纵使有最好的民主制,若公民没有良好的政治素质,民主政治也往往会流于形式。公民的素质是多方面的,其中最基本的要素之一就是以民主政治为核心价值的政治文化和政治认同,公民形成民主的政治认同和政治文化的主要途径是政治社会化过程,通俗地说,就是政治教育。共和国决不需要每个公民去热衷于当官,但确实需要每个人珍惜自己的民主权利;共和国决不需要人们天天谈论国家大事,但确实需要人们关心政治选举和监督;共和国决不需要空洞的政治说教,但确实需要扎实的民主教育。① 通过民主的宣传教育,普及民主常识,传播民主知识,弘扬民主精神,增强全社会的民主意识,学习民主、实践民主、体验民主,在亲历民自主的生活中学会民主、建设民主、发展民主和完善民主。

① 俞可平.共和国是什么[J].百姓月刊,2001(10).

基层民主:一个需要重点推出的“综合演兵场”*

基层民主以及基层民主建设,是中国特色社会主义初级阶段全面建设小康社会的重要组成部分。虽然学界已有很多学者分别侧重于从党的、国家的或政府的、或社会的诸方面进行研究,成果颇丰,但总的说来,对于这个问题尚未达成基本的共识,尤其是缺乏对基层民主进行综合性的研究。其实,基层民主是一个日久而弥新的问题,不仅关涉到农村基层民主问题,而且也关涉到城市基层民主问题;不仅关涉到党的基层民主问题、国家的基层民主问题、社会的基层民主问题,而且也关涉到经济基层民主问题、政治基层民主问题、文化基层民主问题等。因此,基层民主建设是一个需要重点推出的“综合演兵场”。

一、对“民主”的一般理解与描绘

民主,是一个多义词,非常复杂。在学术界,一般认为,一方面,民主是一个政治词汇,而且仅与一定的阶级、国家相联系。一提到“民主”,立马就想到了政治选举,就是多数人的统治。从来不谈民主的“非政治性”,比如经济民主、文化民主、社会民主等,虽然这些非政治民主对于政治民主的生成与建设起着基础性的,甚至决定性的制约作用。另一方面,认为我国的民主类型是属于“社会主义民主”。综合这两方面的意见,笔者以为这是把复杂的问题简单化的表现。

首先,民主问题关涉到民主的不同性质、不同阶级、不同层次、不同领域、不同区域或地域,等等。它不仅仅是个政治问题,同时还涉及经济、经济民主,文化、文化民主,社会、社会民主诸方面。

其次,党的十七大报告的第六部分“坚定不移发展社会主义民主”,在党的历史上第一次明确地提出“人民民主是社会主义的生命”。这是一个前无古人的庄严命题。对此,有的人就把“发展”社会主义民主,理解为“等于”、“就是”“社会主义民主”,进而把“人民民主”直接或简单地等同于“社会主义民主”。这是值得商榷的。一方面,“民主”的限制词、修饰语是“人民”。“人民民主”在本质上是属于社会主义的民主,但不就是或等于“社会主义民主”。从总体上说,“够格”的社会主义(社会)还是我国社会的一种未来情景。对于“人民民主”来说,我们应当做好两篇文章,即我们不但要做好“民主”这篇文章,而且还要做好“人民”这篇“大”文章。在我国,“人民民主”之“人民”,如果按共和国的名称解释,是指五星红旗上的四颗小星星,而“民主”即指工人阶级民主、农民阶级民主、城市小资产阶级民主、民

---

* 原载《江苏行政学院》2010 年第 4 期。

族资产阶级民主(即今日的非公经济、民营企业家的民主),讲"人民民主",只讲工人阶级民主、农民阶级民主等,是有问题的。另一方面,我们选择社会主义,只是表明我们有信心、有决心高举社会主义旗帜,走社会主义道路,建设社会主义,发展社会主义。而实实在在的人民民主才是社会主义的生命。作为社会主义生命的"人民民主",一是指一种"过程",二是指一种达到合格(够格)社会主义的"状态"或境界,或指一种过程与状态的统一。我们党所认知到的作为社会主义生命的"人民民主",则更多地是指"统一"意义上的过程。

民主是一个具体的历史的范畴,民主是一个具体的实践过程。我们对民主的界定和理解,应当从"民主"的社会性、历史性、动态性和具体性,与其政治性、阶级性、国家性或私有性相结合的关系上把握;从"民主"的历史的与逻辑的相结合的关系上把握。民主是相对于"君主"、"官主"而言的。它们之间的自然历史进程往往是从原始社会的直接"民主"到阶级社会间接的"君主"再到"官主",最后再过渡到直接和间接相结合的"民主"。当然,这种历史进程并不总是表现为历时态的,有时则表现为某种共时态的情形。其中,历时态与共时态的结合则表现出"民之主"、"民知主"、"民自主"三种情形,这是一种民主发展的自然历史过程,其中"民自主"是民主发展的真谛与最高形式。① 在"民之主"、"民知主"阶段,在组织、制度上往往安排"代议制"和间接民主形式。但是,我们在自然历史进程面前总不能坐等"民自主"的自发到来。中国特色社会主义初级阶段全面建设小康社会民主政治发展的不平衡规律作用要求我们:民主政治建设不能"等"、"靠"、"要";民主政治建设也不能"一刀切"。基层民主政治建设尤其如此,这是"中国特色"和基层民主的本质所要求的。普及民主,要从每个民众自己做起,从基层或底层做起。

二、不同系统或领域的基层民主的分类

所谓基层民主,可分为政党政治(政党尤其是指共产党)的基层民主、国家政治的基层民主和社会政治的基层民主这三个类型或系统。

中共十七大报告指出:"坚持国家一切权力属于人民,从各个层次、各个领域扩大公民有序政治参与,最广泛地动员和组织人民依法管理国家事务和社会事务、管理经济和文化事业。"这里涉及或突出了人民权力的"层次"、"领域"、"对象"或"客体"、"内容"等方面问题。其中,"基层",上到县、县级市,下到城市居民委员会、居民小组、城市社区,农村村民委员会、农村社区等。基层民主之"基层"涉及社会的基层经济、基层政治、基层文化以及狭义的基层社会等各个领域。关于"基层民主",中共十七大报告还明确指出:"人民依法直接行使民主权利,管理基层公共事务和公益事业,实行自我管理、自我服务、自我教育、自我监督,对干部实行民主监督,是人民当家做主最有效、最广泛的途径,必须作为发展社会主义民主政治的基础性工程重点推进。要健全基层党组织领导的充满活力的基层群众自治机制,扩大基层群众自治范围,完善民主管理制度,把城乡社区建设成为管理有序、服务完善、文明祥

① 所谓民主问题上,"新三民主义"是相对于孙中山的"旧三民主义",即"驱除鞑虏,恢复中华,建立民国";"联俄、联共、扶助农工"以及胡锦涛同志关于"情为民所系,权为民所有,利为民所谋"而言的。2009年12月9日,江苏省行政管理学会第九届年会在常熟理工学院召开。会议期间,中国行政管理学会副会长、秘书长高小平同志曾对笔者说:你把民主理解为"民之主"、"民知主"和"民自主"过程的表述很有价值,可谓民主问题上的"新三民主义"(参见《领导理论与实践》2009年4期;《探索》2009年5期)。

和的社会生活共同体。全心全意依靠工人阶级,完善以职工代表大会为基本形式的企事业单位民主管理制度,推进厂务公开,支持职工参与管理,维护职工合法权益。深化乡镇机构改革,加强基层政权建设,完善政务公开、村务公开等制度,实现政府行政管理与基层群众自治有效衔接和良性互动。发挥社会组织在扩大群众参与、反映群众诉求方面的积极作用,增强社会自治功能。”①这是对“基层民主”的全面解释。

摘其要者,第一,基层民主是增强“社会”自治能力的重要或有机组成部分,事关我们事业的长治久安。第二,基层民主是一种“直接民主”形式,涉及县级以下的城市和乡村的“各个层次”的群众自治问题。第三,基层民主涉及“不同领域”的群众自治问题。就县级以下各领域分为:党的(政党的、共产党的、各民主党派的)基层民主;国家的或政治、政权、阶级的基层政府的基层民主;社会的基层民主等。广义社会的基层民主,包括社会经济的基层民主;社会政治的基层民主、社会文化的基层民主;狭义社会的基层民主等,即“基层民主”可分为党的基层民主、基层政权的基层民主、社会的基层民主这三个不同领域、不同系统的基层民主。第四,基层民主关涉到不同层次的基层民主、不同领域基层民主的“互动”问题。在城市主要就是街道(理论上是设区的政府的派出机构)、居委会与该社区居民的基层民主的关系问题;在农村主要就是乡政府或镇政府与村民的基层民主的关系问题。这既不是简单的“党与政”的关系问题,也不是“社与社”的关系问题,而是“国家与社会”的关系问题或“国家与社会”、“政权与社会”的关系问题或“政府与民众”、“政与民”的关系问题,等等。这是“上”与“下”的互动。还有基层经济、基层政治、基层文化、基层社会之间的互动或“下”与“下”之间的互动。

可见,所谓“基层民主”之基层,一是强调“层次”;二是强调“领域”。政党系统(尤其是共产党系统)的基层民主,在具体的党支部(或部队的连队)层面;国家系统的基层民主,农村在乡或镇层面,城市在设区政府的派出机构;而社会系统的基层民主,则是村、村民或城市居民小组的基层民主或社会自治民主。因此,政党的基层民主、国家和政府的基层民主、社会的基层民主三者的有机集合,构成一个重要的基层民主建设的“演兵场”。社会系统的基层民主不等于“基层民主”。笼统地谈论“基层民主”是混乱的。谈论基层民主,首先和主要的是要明确哪个领域或系统的“基层民主”。

在我国,基层政权下至乡、镇。学界有学者主张我国基层政权要“上收”到县级。这可能是趋势之一,但远非是现实。如果实现这种设想,那么,社会自治在规模和程度上就不是现在这样。无论是城市还是乡村的基层民主,都要防范“街道行政化”、“居委会行政化”、“居民小组行政化”和“村行政化”的错误倾向。无论是现在的街道、居委会、居民小组,还是现在的乡政府、镇政府、村民委员会,它们均应“去国家化”或“去政权化”、“去政府的行政化”,增加社会性的基层民主的色彩,让基层民众“亲自”而又“自主”地处理各种属于自己的事务。这是基层民主的本义所在,这可能是真正的社会自治和未来社会发展的规律与大趋势或未来的定向性。

① 胡锦涛.高举中国特色社会主义伟大旗帜为夺取全面建设小康社会新胜利而奋斗——在中国共产党第十七届全国代表大会上的报告[M].北京:人民日报出版社,2007.28—33.

三、基层民主综合建设的战略意义

基层民主综合建设的战略意义,在于基层民主的本身,在于社会生活的本身,在于民主是基础,在于民主的“草根”性。“野火烧不尽,春风吹又生。”只要社会生活不终结,社会的基层民主就不会终结。我们之所以把基层民主建设比拟为“综合演兵场”,其原因之一在于基层民主具有某种“综合”性质。具体体现在不同层次“上与下”的综合;同一个政治领域不同层次的结合、不同领域不同层次之间的综合。综合建设好基层民主的战略意义或方法主要有以下几个方面:

首先,不同层次之间的综合。相对于“基层”的就有“上层”,即相对于“基层”的“中层”和“高层”。基层(或“基础”)不牢,“上层”(无论是“中层”还是“高层”)就会地动山摇。从这个意义上说,如果没有社会的真正的基层民主,就没有社会真正的中层民主,也就没有社会真正的高层民主。

其次,同一政治领域不同层次之间的综合。政治领域自身有不同的“层次”和同一“领域”的不同方面。对于社会的经济民主、社会的文化民主、社会的社会民主而言,社会的政治民主具有“被动”性元素。同时,政治民主具有不同领域的多方面性,如议会民主、国会民主、司法民主、行政民主等。

再次,不同领域之间的综合。主要是指政党领域、国家领域、社会领域这三大领域基层民主之间的综合。这种综合分两种情形:一种是“层级”情形,无论是政党领域基层民主,还是国家领域基层民主抑或是社会领域基层民主,都有“上”、“中”、“下”不同层级的互动问题;不同的是,按照现有的理论,政党领域的基层民主“下”到农村的村支部、城镇街道的居民委员会、居民小组的党支部、企事业的基层党支部(部队的党支部一般建立在连队),国家领域的基层民主“下”到农村的乡、镇政府,城市设区政府的街道办事处,社会领域的基层民主“下”到农村的村民社区、城市的居民社区以及企事业单位的社区等;另一种是“领域”情形,这种情形首先是同一领域里有不同的领域或系统需要“结合”,如党领域系统的民主就有共产党的民主和民主党派的民主,共产党内的基层民主就是共产党的民主的重要组成部分,而共产党内的基层民主又分不同的系统、不同的领域,这就需要结合。同样,国家领域系统的基层民主也有不同的领域,需要“结合”;社会领域系统的基层民主也有不同的领域,更需要“结合”。

最后,基层民主建设中的唯物主义和辩证法的关系考量。民主可分为不同“系统”、不同“层次”、不同“领域”,即党系统的民主、国家系统的民主和社会系统的民主这“三大系统”的民主。不管哪个系统的民主,都可分为不同层次、不同领域的民主。三大系统的民主都有本系统的基层民主。无论哪个系统、哪个层次、哪个领域的基层民主,都有其建设过程中必须遵循的唯物主义和辩证法的关系问题。这是两个“决定”与“被决定”的关系问题,前者更根本,即“下”对于“上”来说,更带有唯物主义的“决定”性意义;“上”对于“下”来说,则更带有“被决定”的辩证性的意义。不仅如此,就三大系统的基层民主的关系问题而言,理论上说,社会系统的基层民主对于国家系统的基层民主、政党系统的基层民主或国家系统的基层民主对于政党系统的基层民主而言,则更带有唯物主义的“决定”性意义,而政党系统的基层民主,尤其是共产党系统的基层民主对于国家系统的基层民主或社会系统的基层民主来说，则更带有辩证法意义上的“决定”性意义。因此，从这个意义上说，共产党系统的基层民主建设、国家系统的基层民主建设，对于社会系统的基层民主建设，直接起到率先垂范的作用，具有决定性意义。

民主不仅是民众的事*

——再论普及民主

一、中国谈论民主必须从基本国情出发

马克思主义认为,社会存在决定社会意识,社会意识能动地反作用于社会存在。但是,同样的社会存在却能产生不同的意识,这些不同的社会意识之间往往会产生分歧、矛盾,甚至斗争。这种社会意识的分歧、矛盾和斗争之所以存在,可能概出于对社会存在认知的分歧。自从邓小平提出解放思想及其运动以来,各种思想层出不穷,其中有的思想成为重要的思想资源,成为全党、全军和全国各族人民共同的智慧结晶。“普及民主”就是解放思想或思想解放的产物。民主及“普及民主”是一种社会意识,是社会存在的产物。那么,中国“人民民主”的社会客观的“存在”是什么呢?

中华人民共和国是从旧中国及半殖民地和半封建的社会历史发展而来的,经过生产资料的社会主义改造“过渡”到“中国特色社会主义的初级阶段”,现正处在中国特色社会主义初级阶段全面建设小康社会阶段,即“后新民主主义社会”阶段。① 这个阶段是一种多质态的社会,或异质态的社会。这种多质态或异质态的社会决定着现阶段的民主也是多质态或异质态的。

要认识我国社会民主的这种多质性或异质性,要从党的思想路线出发。党的思想路线是什么?学术界的说法不一。对此,从毛泽东到邓小平、江泽民、胡锦涛,多有一脉相承的继承和创新:实事求是;解放思想、实事求是;解放思想、实事求是、与时俱进;解放思想、实事求是、与时俱进、求真务实。但我还是认为《中国共产党章程》总纲中讲得好,党的思想路线是一切从实际出发,理论联系实际,实事求是,在实践中检验真理和发展真理。②

与其说是社会性质决定社会发展阶段,倒不如说是社会发展阶段决定社会性质。中国现处在社会主义初级阶段,这是我们最大的实际,也是我国的基本国情。这种最大的实际和基本国情就是我们所说的多质态的社会或异质态的社会。③ 这种“多质”、“异质”从社会形

---

* 原载《理论探讨》2010 年第 1 期。

① 乔耀章. 后新民主主义社会——中国特色社会主义初级阶段的另一种表达法[J]. 江苏科技大学学报,2008(1).

② 中国共产党章程[M]. 北京:人民出版社,2007. 17—18.

③ 乔耀章. 中国社会主义特色纵横谈[M]. 苏州:苏州大学出版社,1996.

态角度看，就是在我们的社会里同时具有原始社会、奴隶社会、封建社会、资本主义社会、社会主义社会，甚至共产主义社会的一些成分或要素。其中，原始社会、奴隶社会、封建社会的成分或要素属于过去的遗迹；资本主义社会和社会主义社会的成分或要素则是属于现实的基础；共产主义社会的成分或要素至多还属于未来的萌芽。在现实基础上主要是国内的资本主义和社会主义，国际资本主义和国内社会主义的并存、合作、矛盾、斗争。这种矛盾和斗争基本上属于人民内部矛盾和斗争。我们要学会正确处理人民内部矛盾的方法——用“民主”的方法——去处理大量属于人民内部的矛盾和斗争。什么是“人民”？我们认为就是国旗上的四颗小星星。谈论民主，除了政党（尤其是共产党民主）民主外，就是“中华”56个民族的民主，就是“人民”的民主，就是我们国旗上的四颗小星星的民主，就是四颗小星星之间的民主。这就是我们最基本的国情，这就是我们最大的实际之一。这是我们谈论民主问题时须臾不能离开的基本国情。所谓“人民民主”，就是指工人民主，农民民主，知识分子民主，现任干部民主，民营企业从业人员的民主，城乡民族企业资本家人员民主……谈论民主，只谈工人民主，只谈农民民主为“人民民主”是不够的，是值得商榷的。

二、对“民主”的另一种理解

笔者在《探索》2009年第5期上撰文《论普及民主——共和国的民主不可或缺》（以下简称为《一论》）中，曾一度认为，我对“民主”作了前无古人、后有来者的解释、认知和描述，认为“民之主”—“民知主”—“民自主”是一个漫长的过程，它们以“历时”态和“共时”态的形式存在和发挥着作用。作为民主的最高境界的“民自主”，总的说来还是一种未来的情形，还远不是现实的状态。我一直不停地思考着。“民自主”这一情形无论是现在还是过去都不乏个案。但是，问题之一在于，“民自主”以后怎么办？这涉及民主的实质内容和具体有效的形式问题。一方面，民众自己知道“自主”后怎么办？是不是民众不论在什么地方、什么时候都要使用直接民主的形式。另一方面，政府公务员在民众“自主”之前怎么办？在民众“自主”之后怎么办？之前，就一定要“管制”、“管理”型政府，之后，就一定要“服务”、“服务”型政府？问题的复杂性在于，在民众“自主”之前少不了服务型政府；在民“自主”之后也少不了管制、管理型政府。问题往往在于管制、管理或服务型政府必须有“度”。政府的公共政策应自觉地体现民众的自主性。千万不要以为总体上还处于人民或公民的“之”和“知”阶段，公共政策就不体现人民的自主性。在人民总体上越是还处于“之”和“知”的阶段，公共政策就越是要体现人民的或公民的自主性来。这单是“法制政府”不够，这单是“德治政府”也不够；只有民主、法治的政府才能是真正的人民政府！民主与法治有机统一的政府才是科学的人民的政府！其实，无论是“之”还是“知”阶段都会不同程度地体现出民“自主”的内容。如真正体现民意的公共政策，难道就不体现出一定程度的民“自主”的（DNA）某种元素吗？怎么才能让每一个人都能去“自主”呢？

第一，过去总以为民主是可以而且是民众自主的，其实不然。“民自主”无论是历史还是现实都是一种稀缺资源。“民之主”和“民知主”是民主的主流，“代议制”亦即间接民主形式是民主的主流或具体形式。但是，“民之主”、“民知主”怎样体现“民自主”呢？除了民主的法治（制）和德治的辩证统一，别无他途。

第二，既然“民之主”与“民知主”是当今民主的主流，那么“民自主”就是未来民主发展的大趋势和未来情景,具有“定向性”。任何超越民主的“之主”或“知主”阶段都是不现实的。

第三,民主首先和主要的当然是政治民主,是政治选举。但是,民主是分领域、地域、区域和层级的。这归根结底是由社会分工和社会发展不平衡决定的。所以,民主不仅有政治民主,而且还有非政治的经济民主、文化民主、社会民主;还有多种多样的区域民主、地域民主、层级民主等。非政治民主决定着政治民主,政治民主积极反作用于非政治民主。

第四,民主,尤其是政治民主,由于领域、地域、区域、层级等不同,其发展是极不平衡的,就不能搞“一刀切”、一二一齐步走,人为地搞“结构同构”,滋长“一等”、“二靠”、“三恩赐”的思想。这在总体上不符合中国特色社会主义之“特色”的要求。同时,也不能以任何借口为由消极地理解“中国特色”,认为我国现在还不具备实行民主的种种条件,将民主,尤其是政治民主,人为地推向遥远的将来。其实,政治民主尤其是共产党领导、社会主义制度具有前瞻性、优越性、定向性等特点,能够保证我国的民主,尤其是社会主义政治民主建设以旧社会所没有的速度向前发展。以政治制度和共产党领导的“政治优势”来弥补由于历史发展水平造成的差距。

如上所述,民主是分不同领域、不同地域、不同区域、不同层级的。民主既是历时态的,更是共时态的,是非平衡发展的。但是,不能认为,等非政治民主,即经济民主、文化民主、社会民主了之后再发展政治民主,或只有政治民主了之后才有经济民主、文化民主、社会民主。也不能认为只有“东部民主”了,才能带动“西部民主”或带动“中西部民主”,或者相反,等“中西部民主”了再来发展“东部民主”,都是值得商榷的。也不能认为只有基层民主了、“草根民主”了,才能“带动”高层民主、国家民主,或者相反,只有靠“政党民主”、“党内民主”、国家民主、高层民主了,才能“带动”基层民主或“人民民主”,这在观念上都是值得商榷的。比较准确的发展趋势是:非政治民主的建设往往具有政治民主性的功能,其他领域的民主,如经济民主、文化民主、社会民主,区域民主、地域民主、层级民主是与政治民主互动的。这里关涉到唯物论与辩证法的关系。但是,这丝毫不能否定,政治民主对于非政治民主,“东部民主”对于“中西部民主”,政党民主、“党内民主”、国家民主、“高层民主”对于社会民主、基层民主、“草根民主”、人民民主乃至“公民民主”有着率先垂范的作用。

当然,民主发展的历时态和共时态都是不平衡的,这种不平衡是社会及公众发展自身的不平衡所决定的,政党、国家、政府、干部、官员或“公务员”就应当根据这种不平衡制定和实施公共政策。在一些人民或公民还处于“之主”、“知主”阶段不能忘记“民自主”那部分人,不能忘记人的合理的“阳光经务”、“阳光政务”、“阳光文务”、“阳光社务”的诉求,他们积极性要极大提高。无论是管了许多不该管、管不好、也管不了的事,还是不负责任、昧着良心甩担子、丢包袱,让群众买单,都不合公共政策的出发点与归宿。要创造一种好的制度和体制及机制,让有思想的人解放思想,让有计的人献计,让有策的人献策。在今日之社会中,不是所有的人都有思想,不是所有的人都有计有策的。要承认这种非平衡的存在之现实。在大多数人还处在确实需要“之主”、“知主”的阶段,要尊重少数民“自主”的要求。在公共政策中发扬不同人群的民主,以求共识、共有、共享、共担的那种权为民所有、情为民所系、利为民所谋的和谐境界;在“差序格局”中谋求个性、积极性、活力与可持续发展。我们相信,只有自由、民主才能出智慧、出财富!最终将民主经“民之主”、“民知主”发展到“民自主”的新境界。“他律”及法律目前少不了,要强化,但也少不了“自律”及道德的辅助。然而,未来将是"自律"的天下！"自律"一定会出现战胜"他律"的情景。因为我们都是人民，都是公民，大家都是人，而作为人都是或总是要有点精神——自律——为尚哉！他"律"为"自律"让道，人间"自律"是沧桑！

三、对民主的再分类

把民主分为"民之主"、"民知主"和"民自主"三大基本类型，这是民主问题分类的一部分。在《一论》中基本准确地认为，中华人民共和国有五个基本政治元素，这就是党、中华或民族、人民、共和、民主。但严格说来这是民主的一种分类方法。它只强调抽象的民主，距离具体的可体验的"民自主"还有相当的路程要走。

在民主的分类问题上，在 2009 年 11 月 14—15 日北京香山会议上，有两点新思想，其一是政党民主；其二是建设民主。

前者，在《一论》中提到共和国的基本政治元素强调了党尤其是共产党、党内民主，在名称上有了人民、有了共和，而实质上就自然而然地有了民主。非公有制经济投资主体也是人民。共和也有"企业精英"、"政治精英"、"知识精英"等。在这次香山会议上，针对会议的议题，我把这个公式，共和国的名称改为"中华人民共和国 =（政党 + 民族 + 人民 + 共和）民主"，基本政治元素没有变化。特强调政党民主，包括共产党和其他八个民主党派。在中国，讲政党民主，就要讲共产党民主，民主党派或参政党民主。它不同于"党内民主"。"党内民主"有共产党的党内民主，也有民主党派的党内民主，以及共产党与各民主党派之间的民主或"党际民主"。因此，"党内民主"不仅仅是共产党的事。当然，从特定意义上说，共产党的党内民主程度是决定一切的。党内民主在很大程度上决定着各民主党派党内民主的程度；决定着国家民主、社会民主、人民民主和公民民主。没有政党民主，没有共产党的党内民主，民主及"民之主"、"民知主"、"民自主"是不健全的。

后者，在民主及其建设问题上，人们易把"基层民主"同"国家民主"、"社会民主"等混同起来，有误解之嫌。显然，上述几个概念是有其较严格的区别的，各有其特指的内涵与外延。其中，"基层民主"可指国家民主或社会民主。但对国家民主来说，共产党以前的"基层"是指县或"郡"，基层不下"县"。共产党的政权到乡、镇。严格说来，"基层民主"，在农村，"基层民主"叫"社区民主"或"农村社区民主"；在城市，"基层民主"叫"城市社区"或"城市社区民主"。

"社会民主"，或"社区自治"，一般是指"政党民主"、"国家民主"或"政府民主"以外的民主，当然，包括农村社区民主和城市社区民主在内，不包括乡、镇、设区的城市的街道之派出机构的民主。这种误区存在了多年，可惜现在还继续存在。剥离开"基层民主"后的"人民民主"的主体和实质是一致的。城市和农村的"基层民主"实际上是"人民民主"，也即"社会民主"的主体或载体。当然不排除其他分类民主的"社会"性、"基层"性和"人民"性。由此决定"基层民主"的"四大属性"是值得认真研究的。尽可能将"基层民主"和"国家民主"、"社会民主"等不混淆起来。它在多大程度上适应于"政党民主"、"国家民主"、"政府民主"，它同"社会民主"、"基层民主"、"人民民主"的实质民主是什么关系，尤其它同"社区自治"是什么关系，值得好好研究。对此，多数人的失语总不是正常现象。

四、两类民主的辩证关系

既然民主大体上可分为政党民主、国家民主、政府民主和社会民主、基层民主、人民民主或公民民主等两大类,那么它们的关系怎样呢?众所周知,在讨论自由问题时,赛亚·伯林曾区分了消极自由和积极自由。他的自由观主要侧重于政治的层面。我们是否将民主分为“消极民主”和“积极民主”两类呢?当然,有人认为由“文化大革命”时期的“大民主”、“多数人的暴政”的结果必然导致“消极民主”。我们并不简单地这样认为。

按照马克思主义唯物辩证法的基本原理,我们可以把民主的关系暂分为唯物的和辩证的两方面。其中,唯物地看,“政党民主”、“国家民主”、“政府民主”等属于“被动因素”,它们归根结底受“社会民主”、“基层民主”、“人民民主”、“公民民主”等具有主动因素制约,是它们决定、影响着民主的一般进程。一般说来,有什么样的社会民主、基层民主、人民民主、公民民主,就有什么样的政党民主、国家民主、政府民主,而不是相反。

辩证地看,政党民主、国家民主、政府民主等不总是消极被动存在着,它们要积极能动地反作用于社会民主、基层民主、人民民主、公民民主。如果它们不能发挥这样的作用,那么,人民还需要政党、国家、政府干什么呢?1998 年,我曾经在《中国行政管理》上发文说过,没有落后的社会,没有落后的国家,只有落后的政府及其管理,从而在学术界首先提出政府行政管理可持续发展思想。今日之中国,社会民主、基层民主、人民民主、公民民主以及社会自治等相对落后,正需要政党民主、国家民主、政府民主的建设用以大大地推进社会、基层、人民及公民的民主建设。我所持的“辩证民主观”是有别于所谓“新权威主义”的。

无论是唯物的还是辩证的都不能离开其统一体。不是唯物先行,也不是辩证先行,而是唯物与辩证相互通行的。我以为,这就是在民主问题上的东方特色,这也就是中国特色,就是中国风格、中国气派!

五、普及民主,从何做起?

应当特别强调的是,普及民主是一个真问题,一个真命题,一个积极的真命题。它是以承认民主的存在为前提的。每个领域,每个区域,每个地区,每个层级,都有以民主及民主问题存在为基础的,只是不尽如人意,因此需要普及。按照字面解释,所谓普及民主,就是将有关民主的民主知识、民主常识、民主精神、民主体验、民主建设、民主经验以及民主教育等方面传播、推广到各方面:民主的领域、民主的区域或民主的地域、民主的层级等。其中,不妨也提出“民主”建设要从“娃娃抓起”,从能够做的做起,从小事做起,从身边做起。

《一论》中,我说普及民主问题是由我国现今的教育普及、科学普及、法律常识普及等问题联想到的。改革开放以来,我们在普法、科普、教育普及等方面做了大量工作,收效很大,但实事求是地说,我们的科普、普法、普教等方面工作是打折扣的。这有多方面的原因,其中原因之一是与没有及时提出普及民主教育有一定的关联。所以,提出要普及民主,提出民主建设非平衡发展,民主建设不能“一刀切”,我们的民主建设“一万年太久”,要只争朝夕。所谓“治理”、多中心“治理”,实际上是民主的大趋势,普及民主的大趋势!

所谓普及民主,首先是横向的在同领域、同区域或同地域、同层级的普及民主,在同领域、同地域、同区域和同层级内，把相关民主推广、普及到该领域、该区域、该地域、该层级的各个方面，如政治领域内的政治民主要推广到各方面，如政党民主，首先要推广到每一个共产党员内部、每一个参政党党员内部，还有国家政治生活的方方面面，政府政治生活的方方面面，社会政治生活的方方面面，人民民主、公民民主、社会自治的方方面面的民主要普及。

所谓普及民主，其次是不同领域、不同地域或不同区域、不同层级间民主生活的普及，如政治民主、经济民主、文化民主、社会民主、基层民主等，即“领域际”、“区域或领域际”、“层级际”等民主。

不要讲民主就只讲政治民主，不讲非政治的经济民主、文化民主、社会民主等。不同区域、不同地域、不同层级的民主也要普及或者“灌输”。

所谓普及民主，还是指一种常态的生活方式，不是一种口头上的、不是“运动式的民主”。在人生的不同年龄阶段，处于社会的不同领域、不同地域或区域、不同层级和地位，所需要的民主是有着不同的内容和形式的。但有一点是相同的，即任何人对民主都不是生而自知的，都需要学习，需要灌输，需要普及，需要有自我体验。也许有人会说，“民主”无须普及，一切听其“自然”，或“无师自通”。有两个例子：其一是从“娃娃抓起”；其二是“国学院”的普及，现实中很多娃娃并不懂“国学”，先背诵下来再说，以后慢慢会懂得，长大了自然会知道的。其实，这些是很值得商榷的。民主除了上述划分外还有其他划分法，按照年龄段分，就有“学龄前民主”或“娃娃民主”、“幼儿民主”、“青年民主”、“中年民主”、“老年民主”等。在我们的日常生活中，似乎什么都要从娃娃抓起，有的如果不从娃娃抓起会危及生命。例如《文汇报》报道，上海儿童医学中心为 20 个月的宝宝实施手术，以拯救其性乃至生命。例如“足球从娃娃抓起”、“外语从娃娃抓起”、“电脑从娃娃抓起”、“民主从娃娃抓起”……幼儿园的选干等足以说明“官本位民主”已经弥漫到社会的每一个角落。但是，“幼儿民主”已经远不是幼儿的事。那么，“老年民主”就不该重视吗？最近过世的几位老同志：季羡林、任继愈、钱学森、贝时章、谷牧……他们已进入人生民主的最高境界了。活到老学到老，还有三分没学好。

可见，普及政治民主，普及非政治民主，普及政治民主和非政治民主有机集合的知识常识，非常非常之必要。无论从制度、体制、机制、知识到日常民主生活，我们还有多少事要做，还有多少路要走。正因为普及民主是我们自己的事务，也是一项公共事务，当然，有制度的安排，有上级党、国家、政府的支持，我们会做得更好！普及民主能够做到各种优势互补。

试论民主监督功能的前置*

——三论普及民主

现阶段,民主政治建设的任务异常重要,其中民主监督工作更是重中之重。对于民主监督,人们习惯于将其排在决策权、执行权和民主选举、民主决策、民主管理之后。根据产品质量管理中的"零检"、"免检"必须从源头或"高端"、"顶层"设计抓起的启示,反腐倡廉工作也应当从源头抓起,将监督(不是在结构、排序而是在功能上)提前到决策、选举之前,并对决策、执行、选举、管理履行功能性监督。本文拟就现阶段民主政治建设中的监督及民主监督功能的位置前移问题做点初步的探讨。

一、选举、监督与民主的关系

选举与监督,是两个概念,它们在结构、功能以及前后位置上既有区别又有联系。说联系,是指"选举"与"监督"都与民主相联系,或叫民主选举、选举民主,民主监督、监督民主,监督选举、选举监督等,无论是选举还是监督都是民主的一种表现形式。所谓民主,有多种界说,其本质是指人民大众有充分的决定权,既可以用"肯定"的选举来行使,也可以用"否定"的罢免来行使。熊彼特将民主界定为人民可以通过每隔几年一次的选举制度和政党制度来选出国家领导人。人民可以通过选举、公共舆论及其他制度来控制政府。①可见,在一个国家中,民主正在日益成为一种不可缺少的实际需要,民主离不开选举,但选举不等于民主;监督也绝不是民主本身。它们可与君主、专制相联系,如君主选举、君主监督;专制选举、专制监督。选举是一种政治活动现象,其广义是指一定的社会成员根据自己的意愿,按照一定的程序和方法,选拔、推选代表或主要负责人的活动;其狭义是指选民或代表根据自己的意愿,按照法律规定的原则程序和方式选出国家议会机关和权力机关组成人员的行为。中国古代选举,就是通过少数统治者来选择少数统治者;而现代的选举具有公认的规则和程序形式,人们据此从所有人或一些人中选择几个人或一个人担任一定职务。选举起源于英国,现在大多数国家和地区都执行选举制度。

监督,首先是指其本身的监督环节与内容,同时还指对整个民主过程的每个环节的监

---

* 原载《长白学刊》2012 年第 1 期;中国人民大学复印报刊资料 · 中国政治 · D4,2012(5)全文转载。

① 何包钢. 民主理论:困境和出路[M]. 北京:法律出版社,2008. 68;乔耀章. 论普及民主[J]. 探索,2009(5);再论普及民主[J]. 理论探索,2010(1).

督，即便是民主选举本身也要实行监督。有学者提倡“异体监督”①。作为民主的一种具体形式，监督与民主一样都是客观存在的，只是监督不仅仅取决于民主的有无、真假或民主的程度，而且取决于选举的有无、真假或选举的程度。如果用形式上的民主选举为事实上的不够民主、不是真正民主选举的内容服务，那么监督就会形同虚设，监督的效果就会大打折扣，这已被很多事实所证明。所谓监督，即监察督促，其基本解释是察看并加以管理监督，即对现场或对某一特定环节、过程进行监督监视、督促和管理，使其结果能达到预定的目标。监督广泛而普遍地存在于人们的经济、政治、文化生活及狭义的社会生活之中。由是，作为领域问题的监督，就有经济监督、政治监督、文化监督、社会监督等。其中，在我们的学术著作或教科书中很少有单列专题或章节分别论证相关领域的监督问题，而在有关行政管理学的教科书中却有“行政监督”的专章专节。例如，由夏书章先生主编的《行政管理学》（第三版）、张永桃先生主编的《行政管理学》②，他们分别在第十四章、第十章专论“行政监督”问题。其中所论述的行政监督，本质上就是政府监督。从学科视角看，行政监督介于政治监督和经济监督及其他监督之间。在我国，行政管理学的学科定位于政治学和（公共）管理学之间，由此，行政监督具有政治监督和公共管理监督的“二象性”功能，也即是说它不仅限于行政管理及其监督本身。再从我国现实的政治、制度或体制看，出于现行国家、政党及政府体制存续的需要，行政监督虽然不能替代其他领域的监督功能，但是，行政监督对于我国的经济、政治、文化、社会等领域的监督都有着全方位的、普遍的作用和意义，尤其对于政治民主监督更是如此。

基于民主、选举、监督三者的历史与现实基本关系的分析，可以得出如下基本共识：

其一，选举和监督都是民主的一种基本形式。但具体的选举、监督的实践行为过程并不必然同民主相关联。选举不等于民主，监督也不等于民主。

其二，民主的不同领域，对于选举、监督起着决定或引导的作用。通常政治民主对于政治选举和政治监督起着某种决定、引导或制约作用。具体行政监督方面的问题往往可能决定于政治民主、政治选举、政治监督等方面问题。正如美国弗兰克·J.古德诺所说：“政治与政策或国家意志的表达相关，行政则与这些政策的执行相关。”③

其三，民主、选举和民主监督分别是选举和监督的一种历史类型。

其四，民主、选举、监督是辩证统一过程的不同环节和方面。虽然作为实践活动的选举不常有，但作为民主、监督的功能却是常有、不可或缺的。特别是选举前的监督，亦即“监督选举”，选举过程中的监督以及选举结束后的监督都是不可缺少的，应努力做到监督功能的常态化，做到监督功能的可持续发展。

其五，正确处理好民主、选举、监督所具有的价值与事实之间的关系问题。无论在民主还是在选举抑或是监督之间，都客观存在着价值与事实之间的差别、矛盾、距离等问题。其中，民主、选举、监督具有既是价值又是事实的两个层面，事实上的民主、选举、监督与应然的、价值上的民主、选举、监督存在着不小的差距，这是不争的事实。正如邓小平所说，现阶

---

① 李永忠. 为了更好地监督[N]. 人民日报,2010-04-06.

② 夏书章. 行政管理学[M]. 北京：高等教育出版社、广州：中山大学出版社,2005；张永桃. 行政管理学[M]. 北京：高等教育出版社,2006.

③ 彭和平,竹立家. 国外公共行政理论精选[C]. 北京：中共中央党校出版社,1997.

段我们搞的社会主义,事实上是“不合格”的。① 从这个意义上说,特别是在整个中国特色社会主义初级阶段的全面建设小康社会时期,我们的民主、选举、监督,无论是价值层面还是事实层面都是不合格的或者说是不完善的。因此,我们要结合价值与事实两个层面,来思考和建设中国现实的民主、选举和监督。

二、民主监督功能应当前置

现阶段,我们要发展社会主义民主政治,切实保障人民当家做主的民主权利,就是要保障人民的选举权、知情权、参与权、表达权和监督权。我们权且称之为民主问题上的“新五权”。如果我们依据“结构功能主义”(是指在以孔德为代表的西方社会学的一个分支学科基础上,由美国社会学家 T. 帕森斯在 20 世纪 40 年代提出的一个新名词)理论进行分析、阐释,就会发现:其一,如果单从结构上看,“监督权”只是“五权”之一,而且位列最后。其二,如果从功能上看,“监督权”就会展现出不同的情形。因为民主是具有一定结构或组织化手段的系统过程,民主的各组成部分以有序的方式相互关联,并发挥着必要的作用,而民主的整体、系统过程是以平衡的状态存在着,任何部分的变化都会趋于新的平衡。

具体说来,在本文的论域中,民主的整体、系统功能是通过“五权”各自功能发挥的有机综合而成。虽然“五权”各有侧重,但如果不就结构,而就功能而论,选举权、知情权、参与权、表达权都应当在相关层面上不同程度地体现出监督权。这种监督权是置于前“四权”的前缀还是后缀,笔者以为是有一定的本质区别的。当然,民主过程的结构或环节中的前“四权”并非等同于监督权本身,我们只是要把民主中的监督权功能前置而已。

需要指明的是,体现民主整体功能之监督权的主体、客体、时间、路径、方式、方法等应该是有所区别的,它们应当在寻求互动中确保有效的监督机制。行使监督权的可以是制度、体制、组织、机构、个人,可以在任期前、任期间、任期后。还要指明的是,体现民主功能的“五权”是整体的、历时态的、共时态的、立体的存在着的,不是按照先后系列、有时间差的存在着的。其中,选举前的监督相当重要,具有治本及从源头上抓起、“零成本”的意义和作用。俗话说,“黄牛过河拽尾巴,没用”。老百姓认为,最大的腐败之一是用人的腐败。这是对选举、用人失察、失去真正的监督而存在的根本问题的揭示。现实政治生活中的选举镜像往往呈现百态,其中之一就是被选举之前是“公仆”,一旦选任之后就蜕变成了“主人”。因此,加强选举前的监督至关重要。如果选举前失检、失察或失监,把当选人看走眼,我们就应在选举中、选举后加强监督,把问题降低到最小成本的限度。从这个特定意义上说,2011 年“两会”期间通过的关于我国选举法的议案,就不乏具有某种选举前监督的功能、作用和意义。

三、 降低监督功能的成本 提高监督功能的效率

如果监督功能前置问题能够成立的话,并逐渐成为人们的基本共识,那么,谁来监督,监督什么,如何监督或怎样监督,就成为人们日益关注的新问题。那种仅限于体制内的监督,即“同体监督”需要亟待改观了。我国宪法明确规定,国家的一切权力属于人民。人民在本

① 邓小平. 邓小平文选:第 3 卷[M]. 北京:人民出版社,1993. 225.

质上拥有批评政府、监督政府的权利。温家宝总理在2011年的《政府工作报告》中也指出，要努力建设人民满意的服务型政府，要创造条件让人民批评政府、监督政府，同时充分发挥新闻舆论的监督作用，让权力在阳光下运行。可是，现实中人民的监督权却难以发挥作用。一方面，政府"不能正视问题，不敢接受群众的监督和批评"；另一方面，"现在群众监督政府的渠道看似很多，除了法律规定的来信来访、行政复议、行政诉讼等方式，还有新闻发言人、市长信箱、监督电话、电子邮箱、博客微博等形式，但一些群众似乎还是觉得批评政府的渠道不畅，这是为什么呢"，"关键是一些监督渠道变成了'聋子的耳朵'——摆设。"①这些复杂的现象不能不引起我们的深思。

原因是相当复杂的，可能的细节原因盖出于具体选举行为之前的失检、失监或失察，以至于具体选举过程中的监督流于形式，致使选举过程后的"监督"乏力，结果导致监督成本高，监督代价大，监督效果差。提高监督效果本是行使监督权的出发点和目的。为此，我们必须发挥功能意义上的监督权，让监督行为前置，尽可能将"同体监督"与"异体监督"相结合，警惕选举前和防治选举中的不民主现象，将可能的腐败消灭在萌芽之中，从而降低后置监督的反腐成本，不断增强监督的自觉性，减少监督的盲目性、被动性、依附性，提高监督的实效。

我们期待着用民主监督前置功能制约民主选举，用民主监督政府的权利规约政治权力，让民主批评政府的权利成为社会生活的常态。实践证明：事实上而不仅仅是价值上的经常可触摸的民主监督与法制（治）才是有效的反腐倡廉之本。

---

① 用"监督"规范权力，让"批评"成为常态[N]．文汇报，2010－03－13．

关于"民政"问题的理论探微*

一、 民政问题的理论探究不可或缺

伴随着我国改革开放所取得的巨大而又举世瞩目的成就,多年积淀的"旧民生问题"正在逐步有效地加以解决。与此同时,更为复杂、层次趋高、面广量大且呈现需求多元化的"新民生问题"正在日益凸显,由此,民政、民政职能等问题被提上议事日程,引起政界、学界及广大"民政人"的热切关注,因而解决新旧民生问题比较直观地成为民政部门工作系统的"第一要务"。这就比较客观地提出民政理论、民政实践及其民政政策的相互关系问题。

然而,长期以来,政界,学界及不少的"民政人"认为,民政"无理论",即民政没有什么理论、学问可以探讨,民政工作也就等于情况加政策(民政工作 = 情况 + 政策);相比之下,民政部门、民政系统是不那么重要的部门和系统,从事民政工作的人其官职、地位也"卑微三分"、低人一等。其实,这些认识是非常片面的。它导致的直接后果之一,就是使民政、民政职能问题的理论研究长期处于滞后状态,对于相对先行的民政实践缺乏民政理论的总结、升华与前瞻性的民政理论指导。就我所知,目前相关研究文献中,比较早的成果有:孟昭华、王明寰著《中国民政史稿》①;刘伟能、刘国林主编《民政理论与实务》②;民政部人事教育司主编《民政理论与实务培训教材》③;张良礼、刘爱莲著《民政运行体系探索与构建》④;民政部办公厅、民政部政策研究中心的《民政政策理论研究优秀论文集》(2008 年上、下)⑤;中国民政理论与实践编委会的《中国民政理论与实践》⑥等。此外,还有相关的民政院校、民政学会,民政刊物,如《中国民政》《江苏民政》等。这些相关研究及相关载体属于开拓性的,为我国民政理论研究和民政实际工作开展奠定了良好的基础。

从现有的相关文献看,民政问题的研究主要存在两方面的不足。一方面,绝大多数民政问题的研究成果都是基于民政工作实际的描述和碎片化的经验总结。例如《民政理论与实

---

* 原载《上海行政学院学报》2012 年第 2 期;中国人民大学复印报刊资料·中国政治·D4,2012(6)全文转载。

① 孟照华,王明寰. 中国民政史稿[M]. 哈尔滨:黑龙江人民出版社,1986.

② 刘伟能,刘国林. 民政理论与实务[M]. 北京:中共中央党校出版社,1993.

③ 民政部人事教育司. 民政理论与实务培训教材[M]. 北京:中国社会出版社,2006.

④ 张良礼,刘爱莲. 民政运行体系探索与构建[M]. 北京:社会科学文献出版社,2007.

⑤ 民政部办公厅,民政部政策研究中心. 民政政策理论研究优秀论文集(2008 年上、下)[G]. 北京:中国社会出版社,2009.

⑥ 中国民政理论与实践编委会. 中国民政理论与实践[M]. 北京:光明日报出版社,2009.

务》，在其《实务篇》就有 10 章内容构成，分别是民间组织管理、优抚与双拥、安置、救灾救济、最低生活保障、基层政权和社区建设、行政区划与地方管理、社会福利、社会事务管理、民政财务与统计 10 项工作，侧重于“应景”的政策、法规口号等的宣传层面。这方面固然需要或重要，因为没有民政实际工作、民政实践经验，便没有民政理论。但是所有这些并不能简单等同于民政理论的研究。另一方面，即使在民政理论的研究内容方面，还是存在一些欠缺或不足。例如，《民政理论与实务》这本教材，在其《理论篇》中列出的 4 章内容，分别为民政概述、社会学、社会心理学、社会工作；再如《中国民政理论与实践》共列 7 章内容，分别为绪论、社会福利、民间组织管理、社会救助、民政行政法律与行政监督、民政信息工作、民政职业道德建设。这些研究成果给人的印象是民政似乎没有相对独立的研究对象、概念、术语系统和理论体系。在民政、民政职能问题的研究中，“民政职能”、“职能发展”、“民政部组织机构与职能发展史”、“优化民政职能”、“民政理论”、“民政实践”、“民政学”、“民政政策理论”、“民政理论与实践”、“民政理论与实务”等概念术语常被人们使用，但就是没有或少见“民政职能理论”、“民政职能发展”、“民政职能发展研究”等这样的术语或概念，更没有比较系统的理论研究成果。

这里应当特别指出的是，其一，现有的这些成果似乎与政治学、行政学、公共管理学等理论无涉；其二，现有的这些成果对民政理论、民政实践、民政政策的相对关系的界限未加以厘清。其实，这些问题是需要认真加以辨析的。民政理论与民政实践、民政政策是有联系和区别的。其中，民政理论关涉到多学科领域的相关理论，除了社会学理论外，还有哲学、法学、政治学、行政学、公共管理学、医学、生命科学等的理论，尤其是关涉到政治学、行政学、公共管理学的相关理论。民政理论源于民政实践，又高于民政实践、指导民政实践，没有民政理论的民政实践是盲目的民政实践；民政实践是民政理论、民政政策的事实载体和依据，无论是民政理论还是民政实践，都不是目的本身，民政理论和民政政策的目的在于及时发现、研究、解决民政实践的问题，把整体社会推向前进，没有民政实践的民政理论是空洞的民政理论，同样，没有民政实践的民政政策也是空乏的民政政策；民政政策是介于民政理论和民政实践之间的“桥梁”和“纽带”，兼具民政理论和民政实践的“二重性”。往往民政实践要经过民政政策升华为民政理论，民政理论要通过民政政策能动地作用于民政实践。我们既不能将民政政策视为民政理论（当然，民政理论与民政政策的关系问题需要展开较为深入的研究），也不能将民政政策等同于民政实践。相比之下，应当突出民政理论、民政政策对于民政实践的能动作用。

由此可见，一方面，民政理论、民政政策不能脱离民政实践；另一方面，民政实践更不能脱离正确的民政政策和科学的民政理论。科学的民政理论、正确的民政政策，能够确保民政实践工作取得事半功倍的效益。正是从这个意义上说，科学的民政（尤其是政治学、行政学、公共管理学）理论、正确的民政政策应当先行而不是被动地从属、滞后于民政实践。

二、民政与“人政”

什么是民政或民政是什么，这是一个历久而又弥新的问题。“民政”概念的内涵极为广泛，在特定的历史阶段往往有特定的内容，在不同的历史时期有着不同的理解，以致很难对民政给出简明而又贴切的定义。有的研究者引用国家领导人的谈话以界定民政。如毛泽东曾指出，民政工作就是做人的工作；朱德曾经说过，民政部门是人民群众的组织部；陈毅则认为，民政工作上为中央分忧，下为群众解愁。这是从宏观意义上说的。曾担任过民政部领导的同志，如崔乃夫认为，民政工作由三个“一部分”组成，即政权建设的一部分，社会保障的一部分，行政管理的一部分；多吉才让认为，民政工作分为四个部分，即一是社会行政管理方面的工作；二是基层民主政治建设方面的工作；三是为军队和国防建设服务方面的工作；四是维护和保障弱者特殊群体的基本生活权益方面的工作。这是从微观意义上说的。有学者认为，所谓民政，是指以基层社会为中心，以广大人民群众为对象，以基层社会保障和社会行政事务为主要内容，以稳定社会、稳定统治秩序、稳定政权为目的的一种社会行政管理。[①]以上所列举的对民政的界定或释义，基本上都侧重于民政的实践、实务或工作层面，而不是理论层面。其共同性的问题是把“民政”解释为只与人民群众的生活，与民政部门的工作，与民政部门工作的功能、作用，与社会基层、社会底层民众相联系，似乎“民政”与“非人民群众”的干部、官员，与政党、国家，与政府的非民政部门，与社会的“中层”、“上层”，没有关系与联系。很显然，关于民政的这方面的理解、介说与界定是值得进一步商榷的。

“民政”一词是由“民”与“政”组成的。其中，“民”多与“君”、“臣”、“官”、“干部”相对应，有时与“人”、“人类”相联系。无论是在古代中国，还是在古代西方，“民”一般都有别于“庶民”、“黎民”、“百姓”、“民众”、人民、平民、公民、国民等，他（她）们是作为“人”的主体或绝大多数。而“政”，一般指家庭、团体、集体、政党、国家、议会、政府、司法、军队、社会、企业、学校等的组织系统中的事务、事情、政策、政务或公务，亦即孙中山先生所说的，政即众人之事。从这个意义上说，“政”的特质在于“公”、“共”、“公共性”，与民具有“同质性”，而与“个人”、“私”相对应。此外，“政”还指从政者的德行，所谓“政者，正也，子帅以正，孰敢不正”。由“民”与“政”组成“民政”（公元 1064 年，司马光把“民”与“政”合二为一，出现了真正意义上的“民政”）一词，是一个特定的概念，专指的“民政”与民之政，民之事，民之政策、政务，与“君政”、“官政”、“吏政”相对应，泛指的“民政”与诸如“家政”、“党政”、“国政”、“议政”、“行政”（府政或政府）、“司政（施政）”、“军政”、“社政”、“企政”、“学政”（校政）、“城政”、“市政”、“乡政”、“邮政”、“路政”、“渔政”、“荒政”等相区别。可见，“民政”只是种种“政务之林”中的一种类型。

但是，不管哪一种“政”，公共性是其本质。各种“政”的核心问题都是围绕着“人”展开的，而各种“政”又是以“民政”为主轴的，正是从这个特定意义上说，政、民政亦即“人政”。民政本质上是“人政”。这种民政、人政，并不简单地等同于“仁政”、“德政”或“善政”。“民政”所关涉的对象不仅仅是“民”，不仅仅是“人民”、“百姓”、“群众”，也不仅仅是“基层社会”的成员。“民政”的实际工作对象包括社会、国家生活中的任何一个人。（广义、狭义）政府系统中的任何一个部门（不仅仅是作为专职的民政部门）、任何一个层级中的公务员，都是为着人而产生，而建立，而存在、发展和运作的。由于民政并不局限于狭义的“民”，不局限于政府的民政部门，也不局限于社会基层群众，国家或政府的一切理念和实际工作都应当围绕着人展开。人有生、老、病、死，民政及其工作要与所有人的生老病死打交道。民政为了一切人（但不是为了人的一切）。由此可见，“民政”可被定义为或解释为“人政”。

我们之所以主张将“民政”在本质上界定为“人政”，主要的理论依据有三：一是毛泽东

---

① 汪小红. 民政学概论[OB/EL]. 百度文库，wenku. baidu. com/view/f30f59c58bd63186bcebbcce. html.

关于“民政”与“人”的关系的思想;二是我国的政府叫“人民政府”,以为人民服务为宗旨,以人为归宿点、落脚点。“人民政府”不仅仅是“民”的政府,首先是“人”的政府,是把“民”视为“人”的政府;三是党的十六届三中全会确立的“以人为本”的科学发展观。这里的以人为本,是从现实的、具体的人出发的,既以现实的人为本,又以最广大人民群众为本,也以“每个人”为本;将人的本体论意义和价值论意义进行统一,将人的个体和群体相统一,将“人民”和“每个人”相统一,将人的全面发展作为民政工作的出发点和落脚点。进而言之,以人为本的“人”表征在三个层面上:横向上的“全体人”(不是“部分人”或“多数人”);纵向上的“多代人”(不同于当代人);内核上的“多需人”(不是“单需人”)。

既然“民政”在本质上可以释定为“人政”,那么,民政事务是随着人的产生而产生的,随着人的存在而存在,并随着人的发展变化而发展变化的。只要有人存在,就有人政或民政。可见,民政或人政是同人类社会与生俱来的,并同人类社会共始终,民政并不局限于国家、政府的历史范畴,当原来意义上的国家和政府消亡走出历史舞台的时候,民政依然存在,除非人类社会走向灭亡。正如马克思曾指出的:理论只要说服人,就能掌握群众,而理论只要彻底,就能说服人。所谓彻底,就是抓住事物的根本。但是,人的根本就是人本身。① 如果民政或民政学要想成为彻底的理论,就应当抓住“人”这个根本问题。民政理论的根本就是研究人政,研究人学。

由此可见,民政问题可表现在四个层面上,即作为社会层面的民政;作为国家层面的民政;作为政府层面的民政;作为政府职能部门,即民政部门的民政。不同层面的民政问题都是围绕着不同层面的人展开的人政问题,它们遵循的是共同但有区别的履职原则,相互联系,各司其职。

三、民政与政府

当我们从字面上或本质上把“民政”新释为“人政”的同义语时,并没有刻意把“人政”同“民政”加以区别。其实,“人政”具体表现在多方面,如党政、国政、行政、军政等都只是人政的不同分工或不同类型,都是围绕着人展开的。但是当民政作为一项职能和一个工作部门来说时,“人政”与“民政”的区别是不能忽视的。“人政”大体可分为两类:一类是具体的个人必须凭借自己的能力自我处理、料理,也能够自我处理、料理的事务(类似于父母对孩子说的“自己的事情自己做”);另一类是具体的个人自己不能做、不会做或不愿意做的事务。前者不归口于民政部门工作;后者则归口于民政部门工作,成为公共性事务由政府的专门职能部门处理、料理。这样民政与政府便发生直接的关联。那么,民政与政府的关系怎样呢?

有民政系统的“民政人”认为,作为国家或政府职能部门的民政是政府(广义或狭义)的“缩版”或“二政府”,民政是“人民政府”的缩略语,实为“政府”的同义语,人民政府去“人”、去“府”即为“民政”。这种对民政与政府关系的理解虽然形象且也不无新意,但是,这种理解似乎通过“放大”民政和“缩小”政府而把民政与政府混淆或等同起来,既不利于阐明国家、政府产生以前有没有民政和国家、政府消亡以后有没有民政存在的问题,也不利于阐明国家、政府存在的历史时期内,国家政府的其他职能部门同民政职能部门的职责及其分工合

---

① 马克思,恩格斯. 马克思恩格斯选集:第1卷[M]. 北京:人民出版社,1995.9.

作关系。我以为,一方面,在国家、政府产生以前就有民政,在国家、政府消亡以后仍有民政;另一方面,在国家、政府存在的历史时期内,民政首先和主要的是政府的一个相对独立的职能部门,但同时又不局限于这个相对独立的民政职能部门,其他的职能部门都是围绕着民政或人政而展开工作的职能部门。这里关系到对"政府"的新解说。

作为概念或术语的"民政"和"政府"都迟于作为实体的民政和作为实体的政府的存在。在我国,作为概念的"民政"一词在先秦古籍中没有,但有近似于民政意义的"民事"之说,该词最早见于《两汉会要》,其中把民政作为 15 个门类的社会事务中的一种。在《宋史》中有民政的记载。明清以降,学者和官方普遍使用民政一词。① 然而,作为实体的民政却要早得多。如上所说,最宽泛意义上的民政事务同人类社会与生俱来。也有学者认为,民政事务萌发于原始社会末期,而到了奴隶社会中后期,民政事务就有了明显的发展。作为概念或术语的"政府",在我国的古籍《资治通鉴》中有"李林甫领吏部尚书,日在政府"的记载。在唐代政府指"政事堂"。《宋史·欧阳修传》有明确的"政府"概念,指"枢密院"和中书省,合称"二府"。② 然而作为实体的政府,尤指作为国家机构的政府,是随着社会分工、私有制、阶级、国家的出现才产生的③。作为国家机构的政府最终要回归社会,走向消亡。而民政则要与人类社会共存。

通常人们认为,只有政府的民政部门才是为了民政而存在的,政府的其他部门则并非如此。其实这是把民政"缩微"了。无论从历史还是从现实看,都是把民政视为政府的一个组成部分,都认为是民政隶属于政府,是民政小于政府,而不是政府小于民政。但是,如上所述,如果从民政的发生学,从民政的性质和民政的本质以及民政的未来发展趋势看,倒是民政部门应大于政府的其他部门,民政部门的地位应高于政府的其他部门,而不是相反。因为民政是常态(在)的,与时俱进的,然而作为国家机构的政府则是非常态的或历史的。作为国家机构的政府的其他部门将随着历史的发展而趋向消亡,唯独民政部门却是常在的,并随着社会的发展而不断发展并臻于完善,除非人类社会走向终结。

需要强调指出的是,应当对民政及其民政部门的职能、地位与作用进行再思考,再认识。虽然民政和政府都是一个历史的范畴,但是,民政的历史范畴可视为人类社会的历史范畴,它是被"发现"的,具有恒久性;而作为国家机构的政府则同属于阶级、国家的历史范畴,它是被"发明"的,具有某种暂时性。从民政和政府的起源看,民政的起源要远早于作为国家机构的政府的起源。作为国家机构的政府自行消亡以后,民政仍将伴随人类社会而存在。然而,问题的关键在于,在民政和作为国家机构的政府彼此共存同在的历史时空范围内,它们的职能如何定位。从大历史观来看,在民政与作为国家机构的政府共存的整个历史时期内,它们的基本关系应表现为:作为国家机构的政府,具有统属性,侧重于"大民政"④,为了

---

① 汪小红. 民政学概论[M]. 百度文库;孟昭华,王明寰. 中国民政史稿[M]. 哈尔滨:黑龙江人民出版社,1986. 1—7.

② 乔耀章. 政府理论[M]. 苏州:苏州大学出版社,2003. 2.

③ 乔耀章. 政府理论[M]. 苏州:苏州大学出版社,2003. 6—12. 我把政府分为"作为国家机构的政府"和"非国家机构的政府",认为前者是一个历史范畴,有其产生、发展、消亡的过程;后者则同人类社会与生俱来并同人类社会共始终。因此,它也担当一定程度的作为国家机构的政府以外的民政使命。

④ 这里的"大民政",不完全等同于郑杭生先生的"大民政"概念。他的"大民政"限于政府职能部门的民政;大在统筹经济社会协调发展;大在统筹城乡一体化发展;大在以人为本,关注和服务对象扩大到穷人、边缘人群和流动人口;大在既兼顾过去的发展基础,也着眼今天的现实和未来的发展战略;大在既讲制度创新,也讲服务创新,更讲价值创新。参见阚宝光. 大民政的三大观念[J]. 改革视窗,2009(4).

特定历史阶段的所有人,包括强势人群和弱势人群在内;而作为政府职能部门的民政,具有某种隶属性,侧重于“小民政”和以弱者特殊人群为对象。它们之间的互动过程是一个彼消此长的历史过程,作为政府职能部门的民政工作是政府其他职能部门工作的出发点和落脚点,它不应当成为整个政府系统(政府之“木桶”)的短板。换言之,政府其他职能部门的工作归根结蒂都是为着民政,当作为政府职能部门的民政工作做大、做强①之时,就是作为国家机构的政府逐渐回归社会,逐渐走向自行消亡之日。

由此可见,当“政府”被逻辑地区分为作为国家机构的政府与非国家机构的政府之时,民政与政府的关系会出现不同的情形。历时态的民政与政府的关系往往呈现出社会民政—(国家)政府化—民政社会化的变迁趋势;共时态的民政与政府的关系往往呈现出互动趋势。如果说民政实质上是人政的阐释能够成立的话,那么由此可以推断:凡人政的不一定都是民政的;凡民政的都是政府的,但不一定都是作为国家机构的政府的,从(公共)行政现代化、治理与善治的理论视野看,非国家机构的政府(或 NGO)也承担着一定范围的民政;凡作为国家机构的政府的民政,也不只是政府职能部门之一的民政部门的专职,从一定意义上说,民政是政府的聚焦或缩影,政府则是民政的拓展或放大。

四、民政与民本

现代民政有赖于民本基础上的民主和以人为本,而传统中国社会有的只是民本,恰恰缺乏的是民主和以人为本。历史上的民政,务在“弱民”,本在“制民”。② “民唯邦本,本固邦宁”,是我国传统的治国理念。“民本”相对于“君本”、“官本”而言,其原意是指我国古代的明君、贤臣为了维护和巩固统治阶级的根本利益而提出的一种统治观,其基本思想主要在重民、贵民、安民、保民等。作为一种治国理念,一方面,民本思想揭示了较为深刻的执政或统治的规律;另一方面,也客观存在着历史的和阶级的局限性,这种局限性主要表现在它与“民主”和“人本”有着本质的区别。

先看民本与民主的主要区别。民本强调的是整体概念,是个伦理道德的范畴,往往与“为政以德”相通,实质上是君主“君本”的另一种表达法。从政治统治角度看,国家的主权在君,视民为国家之本,是以民作为君主的统治对象为前提的,君主统治不对民负责,民本只是构建了“民贵君轻”的政治伦理道德关系。民主则是张扬个体概念,是个政治范畴,强调权力制约与法律基础,设定国家的主权在民,民是国家政治之基,主张“民有、民治、民享”,统治者首先应当对人民负责。从理论上说,民本思想是封建专制时代的产物,是为专制政治统治服务的,它与君主思想、忠君思想、官本思想密切联系,已深植于中国社会的土壤或骨髓之中,渗透到中国人的血液里,只要有适当的机遇,民本思想就会顽强地表现出来,影响、控制和规约着中国社会和中国人的思想与行为。民主思想则是后君主专制时代的产物,是为现代共和政体服务的,对于中国来说,它还是一个舶来品。它被引进到中国以后,首先遭遇到中国传统的民本思想的顽强抵制,难以在中国社会和中国人的思想中扎根。因此,在当今中国的民政理论与实践工作中,怎样珍惜民本思想文化的历史传统,正视民本思想有余、民

① 赵顺盘.民生:和谐社会的根基[M].北京:中国社会出版社,2007.

② 商鞅.商君书·弱民[M].北京:中华书局,2011.

主思想欠缺的现实,努力开拓从民本趋向于民主的未来,把民本提升、推进到民主,而不是让民主的历史选择"返祖"回到民本的历史,仍然是一个需要直面研究的严峻课题。

再看民本与人本的区别。这里的"人本"有两种指向,一种是指"人本主义";另一种是指"以人为本"。其中,"人本主义"是西方资产阶级、资本主义的思想体系,在西方,"人本"是相对于"物"和"神"的"物本"、"神本"而言的,由此在理念上确立了"人主神次",以及"人本物末"的主客体关系。在西方社会发展进程中,人本及人本主义肯定了人的主体、本位地位,颂扬了人的个性解放,颠覆了封建神权,催生了现代社会的民主法治政治,起到了独特的历史进步作用。这种人本与人本主义、人道主义有着密不可分的历史联系。西方社会人本主义中的"人",一般说来都是抽象的人,人本主义中的"本",一般说来就是资本,所以人本主义实质上是以资本为本位的,一切以资本的有无与大小为转移。但是"人本主义"与"以人为本"是不能相混淆的,其细微之处的区别不可忽略。"以人为本"是以胡锦涛为总书记的党中央提出的科学发展观理论中的核心内容。这是中国共产党人的理论制高点和执政新理念。科学发展观中的以人为本中的"人"首先和主要的是指最广大人民群众,在当代中国就是以工人、农民、知识分子劳动者为主体,包括社会各阶层在内的最广大人民群众;以人为本中的"本"即指根本、出发点、落脚点,在当今中国首先和主要的就是最广大人民的根本和长远利益。以人为本的科学理念超越了"官本"和"民本"以及"人本"和"资本"的历史局限,突出了包括官员在内的人的社会本位和"民主"趋向的最高价值目标。

由此可见,如果历时态和共时态地考察"民本主义"、"人本主义"和"以人为本"三者之间的关系和联系,我们就会发现,一方面,它们分别处于人类社会发展进程中的前后相继的封建社会、资本主义社会、社会主义社会三种形态,从民本到人本再到以人为本,以此消彼长的历史承继关系展示其基本的发展态势,但是另一方面,它们又往往共存于同一个时态,当今之中国尤其如此。在当今中国的民政理论与实践工作中,怎样处理好一定程度的民本主义、人本主义的事实与以人为本的价值取向之间的历时态与共时态的关系,依然是一个需要直面研究的严峻课题。

五、民政与民权

如果民政有赖于民主的观点能够成立的话,那么,民政、民主也有赖于民权。由于传统中国缺乏民主,只是比较富有"民本",那么民本与民权能否勾连呢?有关学者的研究表明,在古代中国民本思想里,有一定的民权观念已经发育出来,只是受制于民本思想的表达形式,还缺乏明确的行为制度操作概念的民权。按照价值法则、政治法则和程序法则三分法,在古代中国,由于程序法则主要是专制体制,致使在价值法则、政治法则层面孕育的比较"微弱"的民权思想不可能发育完整,这是古代中国民权思想与近代西方民权思想的本质区别所在。这个区别,不是有无的区别,而是多少的区别。到了西学东渐,欧洲启蒙思想(主权在民的思想)与先秦民本思想相接引,开始推进民权的诉求。多少仁人志士为此长期不懈地求索,孙中山、陈独秀、李大钊、毛泽东等贤达人士认为,民权思想当是不言自明的,要逐步创造条件把民权理念提上议事日程,并逐步把民权从价值层面推向政治操作层面。如孙中山倡导"三民主义",其中"民权主义"是其核心和旗帜,他主张"民权革命",认为民权主要就是人民的力量,强调要把民权落脚在"民治"上。又如,倡导人民当家做主、实现人民民主是毛泽东思想的重要内容,关于著名的“周期率”的“窑洞对”就是证明。

正如民政与人政既有联系又有区别一样,民权与人权也是既有联系又有区别的,限于篇幅本文对此不作具体辨析。民权同民主一样是一个多义词,涉及多领域。例如,民主就有经济民主、政治民主、文化民主、社会民主等领域的“四大民主”;民权亦即主权在民,就有经济主权、政治主权、文化主权、社会主权等领域的“四大民权”。它们之间的相互关系是非常复杂的。根据马克思主义关于政治是经济的集中表现这一基本原理,通常人们一提起民主,认为就是政治领域的民主,人们一提起民权,认为就是政治领域的民权,似乎民主、民权就是政治民主,就是政治权利,刺激政治家们高度敏感的政治神经。其实,这是值得商榷的。因为政治是经济的集中表现的原理,政治反作用于经济的原理,是取决于经济决定政治这一唯物主义的根本原理的。没有经济民主,没有经济主权,特别是没有生产资料的所有权、占有权、支配权,哪来真正的政治民主,哪来真正的政治主权,哪来真正的政治权利。因此,民权,尤其是生产资料所有制方面的民权更具有归根结蒂的决定意义,当然,生产资料所有制的性质及其实现形式取决于其自然历史过程。我在2005年发表的《从“造福”到“谋福”再到“谋权利”》一文,曾经特别强调领导者要牢固树立为老百姓“谋权利”的观念,这是贯彻落实以人为本的科学发展观,构建和谐社会的客观要求。同样,我认为民政也应当为人谋人权,为民众谋民权,这是民政理论和实践工作一切立论的依据。

由此可见,民政离不开民权,而民权与民主密切相关,民主、民权是公民社会的产物。民权存乎社会。民权的表现形式之一是公民在公民社会的政治领域享有的民主权利。民权是根本的民利。民权、民主权利才是人民、公民、公众、民众的最高、最根本的利益,不同于一般的人民群众利益。按马克思主义的基本观点,民主权利总是具体的历史的,亦即是有条件的。因为权利永远(决)不能超出社会经济结构以及由经济结构所制约的社会的文化发展。① 在当今中国社会主义初级阶段怎样才能最大限度地保障人民群众的基本权利,是民政理论与实践工作中又一个需要直面研究的严峻课题。

六、民政与民生

一般说来,相对于民生问题而言,民政的民本、民主、民权问题并不是目的,切实解决民生问题才是目的。在我国,“民生”与“国计”相提并论。在现代社会中,民生和民主、民权相互倚重,分为两个基本序列:其一,民主、民权→民生;其二,民生→民主、民权。一方面,民主、民权是民生的前提、基础或保障,没有民主、民权,民生就难以真正实现和保障。如孙中山的“三民主义”中“民生主义”就是以“民族主义”、“民权主义”作为前提和基础的,“民生主义”是民族主义、民权主义的落脚点或归宿,主要有平均土地与节制资本两大问题构成,其实质是最大限度发展中国资本主义经济,同时带有一定程度的主观社会主义的色彩。该实质问题关涉到民生问题之根本。另一方面,在民主、民权问题基本或根本解决之后,民生问题当适时适度地跟进,通过民生问题的逐步解决,进而使民主、民权问题落到实处。我曾经在《人民日报》华东版上发表短论②,认为民生问题实质上是民主、民权问题,认为人们可

---

① 马克思,恩格斯. 马克思恩格斯选集:第3卷[M]. 北京:人民出版社,1972. 12;1995. 305.

② 两会:我们关注什么?[N]. 人民日报(华东版),2007-03-03.

以从民生问题反观民主、民权问题,检测民主、民权建设,达到或实现的程度,认为以民主促民生是民政事业发展的总的趋势。

《辞海》对“民生”的解释是“人民的生计”,这是一个带有人本思想和人文关怀的词语,其语境中显然渗透着一种大众情怀。“民生”一词有广义和狭义之分。广义的民生是指凡同民众生活相关的事情都属于民生范围内的事情,涉及人的需求的不同层面、不同方面;狭义的民生是指社会层面上的民众基本生存和生活状态,以及民众的基本发展机会、基本发展能力和基本权益的保护等。一般说及民生问题,首先是从“民生”的狭义着眼的。就我国目前来说,人们最关心、最直接、最现实的民生问题,主要有就业、教育、分配、社保、住房、社会稳定等。它包括民众的衣、食、住、行、用、教育、就业、生老病死等方面的事宜。例如,《国民经济和社会发展第十二个五年规划纲要》提出,坚持民生优先,完善就业、收入分配、社会保障、医疗卫生、住房等保障和改善民生的制度安排,推进基本公共服务均等化,努力使发展成果惠及全体人民。有学者研究认为,在民生问题的相互关系上,就业是民生之本,即“就业”是人民生存和生活的根本;分配是民生之源,即“分配”是人民休养生息的源泉;社保是民生之依,即“社保”是人民生存和发展的依托;稳定是民生之盾,即“稳定”是人民安居乐业的可靠保障和坚强后盾。当然,民生问题涉及面相当广泛,并不是所有的民生问题都是民政问题。如前所述,民政可从人类社会层面,国家、政府层面以及职能部门这几个层面加以考量。不同层面的民政问题,有其不同的内容及其表现形态,它们有所区别,又有共同之处,这个共同之处就是凡是民众自己能够自我解决、自我处理的民生问题,就不必成为民政问题。也就是说,一方面凡民众不能自我解决和处理的民生问题,即要成为“公共民生问题”或“民生的公共问题”,亦即成为民政问题;另一方面,不同层面的民政问题,直接对应不同层面的民生问题,相比之下,作为政府职能部门的民政部门面对的民生问题更加直接,更加稳定,也更加普遍。正是从这个意义上,我赞成这样的观点:“虽然民生的全部不是民政,但民政工作的全部是民生。”①把“民生为本”作为民政的出发点和落脚点,应切实把促进就业放在经济社会发展的优先位置,实现居民收入和劳动报酬的两个“同步”增长,推进基本公共服务均等化,使发展成果惠及全体人民。

由此可见,我们应当站在中国共产党的宗旨、国家的社会主义性质、政府的人民本色的价值高度,勇于和善于认识与处理好民政理论与实践中的民主、民权和民生的相互关系问题。切实做到以民主、民权保障民生,有民主、民权保障的民生才是幸福有序的;以民生促进民主、民权,有民生基础的民主、民权才是真实牢固的。

七、民政的生态

民政生态是民政理论与民政实践的前提、依据和实施影响的对象。民政生态与民政工作的有机统一,是民政生态学的基本要求,也是我们党实事求是思想路线在民政领域的贯彻执行。

民政生态是民政理论的重要组成部分,也是研究民政职能问题的逻辑前提。生态(ecology)一词,一般是指生物有机体的生存或生活状态,尤指生物之间和它们与环境之间

① 苏州市民政局.民政全部是民生 做好民政保民生[J].江苏民政,2009(7).

环环相扣的关系。1869 年,美国生物学家 E. 海克尔最早提出生态学的概念,它是研究植物及其环境之间,动物与植物之间及其对生态系统的影响的一门学科。此后生态学已经渗透到各个领域。“生态”一词涉及的范围也越来越广。应当指出的是,我们在解释“生态”一词时,再次用了“环境”这个概念。环境一词是指周围的一切事物。相比较而言,“环境”概念要比“生态”概念宽泛。它们主要的不同点在于:“生态”一般指有机事物,而“环境”有时指无机事物,前者如“森林”,后者如“堆木”。为了叙述方便起见,我们常把生态与环境合为“生态环境”。具体可细分为内生态环境和外生态环境两类。这种分类也只具有相对意义。

一方面,由于上文分析了民政与政府相联系的问题,所以有必要首先分析“政府生态”的相关问题。政府生态,又称“行政生态”,是指政府自系统产生、存在和发展的外部生态、环境各要素和条件的总和。自 1947 年美国公共行政学家、哈佛大学教授约翰·高斯发表《政府生态学》一文之后,作为政府生存、发展的外部条件的政府生态才逐步引起人们的广泛重视和研究。我国学者也非常重视政府生态问题的研究。① 学术界一般把政府与国家相联系,即把作为国家机构的政府,视为国家的派生物、代表者。这有三个维度,即宏观政府亦即广义的政府,指整个国家机构包括立法、行政、司法等在内的国家机关;中观政府亦即狭义的政府,指国家机构的一部分,也就是国家机构中依法行使权力的行政机关;微观政府即指国家(立法或行政或司法)机关中的个人,如具体官员等。如果我们将政府自系统定格在中观政府即狭义政府的层面,那么,政府生态就由自然、社会、国家、政党、市场、企业、社团、公民、国际社会等要素构成,由此形成政府管理的可持续发展和政府生态安全链,初步建构出宏观生态理论的基本框架。② 由此形成自然、社会、政治、国家与政府的关系③和宏观政府生态要素。④ 可见,从民政与政府关系的联系视角看,民政生态亦即政府生态。

另一方面,又由于上文分析了民政与政府相区别的问题,所以还有必要进一步探析作为政府职能部门之一的民政生态与政府生态之间相区别的方面。前面已经述及民政与人、人类社会的关系,在这个意义上说,民政亦即人政、人类社会之民政,民政的生态环境首先是指民政的自然生态环境,亦即人类社会民政的“外”生态环境。

相比之下,民政的“内”生态环境是由社会系统内部的诸层次子系统构成的,大体可分为社会民政系统、国家(立法、司法)民政系统、政府(行政)民政系统和政府职能部门的民政系统,它们构成“同心圆”。对于作为政府职能部之一的民政部门来说,社会系统、国家系统和除民政部门以外的政府系统其他部门又构成其“外”生态环境。

进而言之,政府系统的其他职能部门则又成为政府职能部门之一的民政部门的“外”生态环境,民政部门又自成为“内”生态环境系统。如就全国而言的民政部,各省、自治区、直辖市的民政厅,各地、市、州、盟的民政局,各县、市、旗的民政局,各乡镇、民族乡镇的民政所,又自然构成由上而下或由下而上垂直互动的民政系统的内生态环境。

依据唯物辩证法的基本原理,一方面,民政生态决定、影响、制约着民政理论与实践,有

---

① 王沪宁. 行政生态分析[M]. 上海:复旦大学出版社,1989.

② 乔耀章. 政府理论[M]. 苏州:苏州大学出版社,2003. 136—181.

③ 朱光磊. 现代政府理论[M]. 北京:高等教育出版社,2006. 18.

④ 俞可平. 政治学教程[M]. 北京:高等教育出版社,2010.

什么样的民政生态环境就可能有什么样的民政理论与实践。民政的自然生态环境决定、影响、制约着民政的社会生态环境、民政的国家生态环境和民政的政府生态环境;民政的社会生态环境决定、影响、制约着民政的国家生态环境和民政的政府生态环境;民政的国家生态环境决定、影响、制约着民政的政府生态环境;民政的政府生态环境决定、影响、制约着作为政府职能部门之一的民政的历史类型、民政理论和民政实践、民政职能和民政制度等。另一方面,作为政府职能部门之一的民政自系统不会消极被动地存在,它也能动地反作用于政府的其他部门,能动地反作用于公民、社团、企业、市场、政党、政府、国家、社会及国际社会和自然生态环境。民政自系统对民政生态环境诸方面要素的能动的反作用力的大小及其方向和程度,直接关涉到民政系统存在和发展的理由、价值及其目的。

附:民政生态示意图

Ⅵ 政府自身建设

政府创新与政府自觉*

一、几个概念

何为国情、政府、创新,在研讨“中国国情与政府创新”这个主题时,为了防止和避免议论的混乱,很有必要而且首先应该关注的是对“中国国情”、“政府”、“创新”这几个基本概念有一准确的理解和认识。何为中国国情呢?在万象纷呈、林林总总的中国国情中,我们认为最大的带有根本性质的国情莫过于目前中国还将长期处于社会主义初级阶段。正如中国国家主席江泽民在庆祝中国共产党成立八十周年大会上的讲话中所指出的那样:“我国现在处于并将长期处于社会主义初级阶段。社会主义初级阶段,是整个建设有中国特色社会主义的很长历史过程中的初始阶段。随着经济发展和社会全面进步,将来条件具备时,我国社会主义建设会进入更高的发展阶段。”应该说,对我国国情及其社会主义发展目标的过程性、长期性、阶段性阐明得如此透彻,这还是第一次。这就要求我们做一切事情,都要进一步强化一切从中国特色社会主义初级阶段这一最大的实际、最大的国情出发的意识,而不能淡化这种意识。

社会主义初级阶段是指中国的社会主义还是初步的、不发达的、不完全的、不完善的或“不够格”的社会主义。其现实的历史进程很难说比现实的资本主义历史进程要高。这说明,中国社会主义的不成熟性和非社会主义因素的存在与发展的合理、合法性。这种“二重性”进一步证明中国现处在由传统社会向现代社会转型时期,具有“多质性”。这种多质性主要表现在:社会生产力发展水平及状况参差不齐的多层次性;多种所有制经济并存且相互作用;人对人的依赖关系、人对物的依赖关系与人的自主性全面发展关系要素并存且相互作用;自给自足的自然经济、一定程度社会化的商品经济、市场经济与一定程度社会化的产品经济要素并存且相互作用;农业社会的技术形态、工业社会的技术形态与信息社会的技术形态要素并存且相互作用,等等。对此,我们曾把现阶段的中国比喻为一座大“熔炉”或活的“博物馆”,几乎人类社会形态的不同阶段、不同领域的各种要素都共存于中国现实的社会之中。这种多质性的社会,既含有作为过去遗迹的前资本主义的因素,又包含作为现实基础

---

* 原载《学术界》2002 年第 4 期;《新华文摘》2003(2)转载;中国人民大学复印报刊资料·公共行政·D01,2003(1)全文转载。

本文是作者 2002 年 8 月 20 日出席北京大学政治学、国际政治学博士生导师赵宝煦教授从教 55 周年暨 80 华诞庆祝会及“中国国情与政府创新”理论讨论会上的发言.

的社会主义的因素和非社会主义因素,还包括未来社会主义的因素。在这些因素当中,现实的社会主义因素与非社会主义的因素相比,前者应当占主导面,这是由中国社会发展的质的规定性决定的。正是从这个意义上,我们把中国国情的质理解为“社会主义定向性”。① 这种作为定向的社会主义同非社会主义的成分或因素长期共存与竞争、互动与互补,在整个社会主义初级阶段共存共荣,达成“命运共同体”。正因为如此,中国国情与政府创新存在着内在的本质的关联性。政府创新是由中国特色社会主义初始阶段政治、经济、文化的“多质性”发展规律使然,中国特色社会主义初始阶段的政治、经济、文化不能不决定着、制约着、影响着中国的政府创新。从“应然”层面说,中国的政府创新应该是社会主义的或社会主义定向的政府创新;从“实然”层面说,中国的政府创新只能是社会主义初始阶段的政府创新。

何为政府、何为中国政府呢?中外学者对这个问题进行了多方面的研究与讨论。中国学者一般从广义和狭义上理解和使用政府概念。如中国改革开放恢复重建政治学以后,由赵宝煦先生主编的第一本政治学教科书《政治学概论》中就明确地指出:“政府一词,历来就有广义和狭义两种不同的解释。在资本主义世界,实行总统制的国家,政府通常是指中央和地方政府全部的立法、行政和司法机关。这就是所谓广义的解释。在实行议会内阁制的国家,政府通常是指中央和地方的行政机关。这就是所谓狭义的解释。”②赵先生关于政府的这个界定在中国政治学界产生了比较广泛的共识和影响。但同时也提出一个值得商讨的问题,即政府是否只同国家相联系?我们带着这个问题,在广泛阅读学习、借鉴中外学者研究政府问题所取得的成果的基础上,提出和初步论证了“非国家机构的政府”问题。③ 在国内,关于中国政府的法定含义有两种:一是建国初年“共同纲领”规定的集立法、行政、军事、司法于一体的广义的政府,一是始于1954年宪法规定的狭义的政府,即指国家权力机关的执行机关,或国家行政机关。④ 值得一提的是,国内学者关于中国政府的狭义解释几乎没有大的分歧,而对于广义政府的解释则存在着较大的分歧,主要表现在:一些学者将对政府概念的界定从国家机关的立法、司法、行政机关扩大到所有国家机关,包括军队、警察等暴力机构。如芮明春主编的《政府学》,高民政主编的《中国政府与政治》等就是持这种解释;另一些学者则将对政府的概念界定从国家机关扩大到国家机构以外的社会领域,这里又有三种情形:一种是把政府 = 国家 + 社团 + 民间组织 + 社区政治机构,如辛向阳在其著《红墙决策:中国政府机构改革深层起因》一书中,关于政府的五级定义的前两级定义就是如此。另一种是把中国共产党纳入中国政府定义之中,如王敬松著《中华人民共和国政府与政治》一书中,就基于中国政府的特殊结构,把中国共产党放在了广义的政府之中;胡伟著《政府过程》一书认为,共产党组织是当代中国政府机构的核心,无论就广义的政府还是狭义的政府都是如此;朱光磊著《当代中国政府过程》一书主张政府等于国家机构的总体与执政党之和,认为这反映了当代中国的实质。第三种是提出更大的政府概念,它超越了国家机构的总体与执政党之和,而提出“政府体系”概念,并主张用“政府体系”概念等同或取代政府概念,如由曹沛霖、林尚立教授等编著的《当代中国政府理论研究丛书》在总论中就使用了“政府

---

① 乔耀章.中国社会主义特色纵横谈[M].苏州:苏州大学出版社 1996;略论作为社会主义定向的政治发展[J].江苏社会科学,2002(2).

② 赵宝煦.政治学概论[M].北京:北京大学出版社,1982.103.

③ 乔耀章.政府理论[M].苏州:苏州大学出版社,2000.5—12.

④ 陈红太.当代中国政府体系与政治研究法[M].北京:经济日报出版社,2002.16.

体系"概念,作者把政府体系优化的基本组成概括为10个方面;陈红太研究员认为,"政府体系"这一概念是一个非常宽泛的概念,它是对当代中国政治组织及其相互关系,或制度、体制的极高度的逻辑概括,认为应该用"政府体系"的概念替代"政府"概念。①

以上对政府概念所作出的"超国家"机构的解释不同于我们提出的"非国家机构的政府"概念,把政党等纳入政府的研究对象虽有事实根据,但是值得商榷。我们既不能简单地认为,将政府概念的解释限定在国家机构范围内就是受西方学者的影响而不能自拔,也不能简单地认为,如果不把中国共产党作为执政党纳入政府概念就是无视当代中国政府的实质,就是不可想象的。事实上,"政府"与"政府体系"是既有联系又有区别的概念,不能简单等同。非国家机构的执政党、政协和"单位"也不能同政府相提并论,它们只构成政府的生态环境和履行职能的工作对象,虽然过去和现在仍然在一定范围和程度上还存在着"党政不分"、"政企不分"、"政事不分"等现象,但是随着改革开放和社会主义市场经济向纵深发展,这些现象会逐步淡出政府,做到各自相对独立,各就各位,各司其职,各务正业,逐步理顺党政关系。通过政府创新逐步达到"解放政府",这也应是政府创新的内容和基本走势之一。由此可见,作为政府创新中的"政府",应当是指同国家机构相联系的政府,首先和主要的是指狭义的政府。

创新,是人类智慧之树上最为璀璨的花朵,也是当今知识经济时代人们大力弘扬的理念。然而,"创新"是一个很严肃的大字眼,人们不要轻易言"创新"。因为创新是很不容易的,它对创新者的素质提出了很高的要求。那么,何为创新呢?在这里,我们有必要对"发现"(discovery)、"发明"(invention)、"创造"(creation)、"创新"(innovation)等几个概念进行辨析。

有学者研究证明,如果没有发现,便不会有人类的发明。人类的每项发明都是建立在发明者对某种特定自然规律的发现性认识的基础之上的。发现可以分为自发性发现与自觉性发现。前者是人类对自然规律现象外在性的首次感性认识,后者亦即通常所说的科学发现,是人类对自然规律内在性的首次理性认识。如果溯人类文明之河而上,就会发现古代社会时期的发明大多是在自发发现的基础上获得的,而近代的发明则多是自觉的发现。然而我们也应看到,对于理性的科学发现来说,发明起着极其重要的决定性作用,科学发展史也同样证明发明亦为发现之母。从这个意义上说,发现与发明是互相促进、互相发展、紧密联系的两种过程。发现引发新的发明,发明同时导致新的科学发现。发明是科学发现的基础。②至于创造与创新,学者们有两种不同的看法,一种看法是,创造和创新在本质上没有什么区别,都是指通过革新、发明产生新的思想、技术和产品,另一种看法是,创造的意思是原来没有的,通过创造,产生出新的可称为"无中生有";而创新则是指对现有的东西进行变革,使其更新,成为新的东西,可称为"有中生新"。创造与创新的联系在于,创造性最重要的表征是创新,亦即创造概念包含着创新。既然创造具备了新颖、独特的属性,那么,表征创造核心价值的创新,就更应该表现出"首创"和"前所未有"的特点,这是不言而喻的。与创造的词源不同,创新是一个外来词,创新的含义有两点:引入新的概念、新东西和革新,亦即"革故

① 陈红太.当代中国政府体系[M].北京:华文出版社,2001;陈红太.当代中国政府体系与政治研究法[M].北京:经济日报出版社,2002.

② 郭成安.发明与发现[J].新华文摘,2001(9).

鼎新”(前所未有)与“此入”(并非前所未有)都属于创新。熊彼德曾给创新下过定义,他把“新的或重新组合的或再次发现的知识被引入经济系统的过程”称之为创新。这种定义要比“首创”、“前所未有”的创造指称更宽泛,它包容了前所未有,也包容着对原有的重新组合和再次发现,并且把新知识“引入经济系统”才算完成,才能使发明者成为创新者。[①] 我们可以对“发现”、“发明”、“创造”、“创新”这些概念不作严格的区分,而只需注重它们的共性:非教条性、非守旧性、非封闭性、非片面性和狭隘性。我们认为,创新的基本内涵可包括:其一,创新应当表征出自觉地合规律性,以免创新主体的自发性、盲目性和随意性;其二,创意虽无穷,资源则有限,创新应当拥有原创性或首创性即前所未有,这是创新的原义或本义;其三,与合规律性和原创性相适应,创新应当努力站在前人的肩上,具有文明、健康、进步和发展性或不可逆性、传承文明与开拓进取的统一性,不可庸俗地将任何“新”都赋予“创新”字眼;其四,创新应当立足在梯度发展的现实基础上,有条件地将已有的创新进行重组或再现,万事不必另起炉灶,从头做起,这是合规律性的一种具体体现,对于后来者来说也是一种创新,但不等于简单的“拿来主义”;其五,创新应当将创新精神与创新能力有机地结合起来,使任何一种创新都能够进入可操作性的过程,并使之转化为现实的社会生产力。这五个方面是我们对创新的初步理解。

二、政府“综合创新”浅析

政府创新是政府改革、政府发展的题中应有之义,或是政府改革、政府发展的合历史逻辑的引申。根据上文对中国国情、政府和创新的理解,我们认为政府创新是一项艰巨的系统工程,无论是从狭义的或广义的抑或是“政府体系”的角度看,政府都需要辩证的“综合创新”,而不能孤军奋战,搞“单一创新”,也不能“毕其功于一役”。本文所指的政府综合创新至少包括以下三方面的内容:

第一,历时性与共时性相统一的政府综合创新。

历时性与共时性相统一的政府综合创新同上文论及的中国国情的“二重性”、“多质性”相关联。一方面,历时性的政府创新是一种综合性、纵向整体性的政府创新。从生产关系角度或“五种社会形态”角度看,就是要处理好作为社会主义定向性的政府创新与资本主义的政府传统(在中国还有封建社会,半封建半殖民地社会,即旧中国的政府传统)和未来中国特色社会主义更高发展阶段政府创新的关系。从生产力角度或“三大社会形态”角度看,我国社会发展基本上还处于第一大社会形态,即人对人依赖关系的社会向第二大社会形态,即人对物依赖关系的社会转变过程之中,商品经济、市场经济仍然是我们这个时代的主旋律。我国的政府创新就是要建立在这一历史发展的真实进程基础之上,处理好社会主义市场经济的政府创新与继承计划经济的政府传统的关系。这种历时性政府创新具有宽广深厚的历史基础的优点,基本属于“重组”性、“引入”性、“有中生新”性创新,但这一优点也可能蜕化为一种惰性力量从而成为制约政府新的创新的阻力。另一方面,共时性的政府创新,是一种综合性、横向整体性的政府创新,其实质就在于开创未来,创造新的“传统”,从而把社会历史推向前进。也就是说,社会主义市场经济条件下的政府创新既不能教条主义地对待计划

① 叶平.“创新教育”解析[J].新华文摘,2000(3).

经济条件下的政府传统,也不能教条主义地对待资本主义市场经济条件下的政府传统,而只能是"革故鼎新"的"无中生有"的原创性创新。共时性政府创新涉及中外政府创新之综合,国内不同层次,如中央政府与地方政府,不同区域,如东部、中部、西部等,不同领域,如经济、政治、文化等领域的政府创新之综合。无论是历时性的政府创新,还是共时性的政府创新,都不能孤立地进行,只有把历时性政府创新与共时性政府创新相结合,才能实现政府综合创新。通过历时态和共时态的政府综合创新,逐步形成古今中外优势互补的政府创新机制,以保障政府不竭的生机与活力。

第二,广义与狭义及"政府体系"的综合创新。

为了叙述的方便起见,我们把这个问题分为三个层次。首先,作为狭义政府的综合创新。如上文所述,对于狭义的政府,学术界没有大的争议,一般是指各级人民政府。狭义政府的综合创新可以从多方面来论证,大体上可分为纵横"十字"型创新和政治与行政统一性创新这两个方面。纵横"十字"型创新,主要是指纵向的政府层级及其行政区划方面的创新,如改革开放以来,随着社会经济文化的发展,我国设立特别行政区,建立海南省和重庆直辖市,地市合并,撤县建市,撤乡建镇,以及调整中央和地方关系等就属于这方面的创新;横向的各级政府部门的机构设置、改革和调整,转变政府职能,改革政府人事制度等就属于这方面的创新。纵横"十字"型创新是政府创新统一过程的两个方面。政治与行政统一性创新,主要是指随着社会和政府的发展、扩延,政府的"双重性"日益显现出来。一是政府的政治性,二是政府的行政性,即政府是政治性和行政性的统一。如西方的政务类公务员和业务类公务员;我国的领导职务和非领导职务公务员从一个侧面反映出政治与行政的统一。有必要指出的是,自伍德罗·威迩逊创立现代行政学以后,特别是古德诺提出著名的政治与行政"二分法"以后,似乎政府只与行政相关,而与政治无关,这是一种有着广泛而且深远影响的误解。事实上,政府中的政治与行政是不可分割的。中国政府的政治与行政不分由来已久。"政府"的政治表现为是非、善恶,而行政则表现为效率、优劣。随着现代化的进程,在政府中,政治和行政之间的联系更为密切,它们日益显现出相互支持的趋势。① 既然如此,中国政府的创新就不能局限于政治创新(计划经济时代)或行政创新(市场经济时代),而只能将政府的政治创新与政府的行政创新并举,显示政府综合创新特征。如目前中国政府贯彻落实江泽民主席的"三个代表"重要思想,引进新公共管理、治理理念等就是政府综合创新的重要举措。其次,作为广义政府的综合创新。广义的政府一般是指所有国家机关,主要包括国家的立法机关、司法机关和行政机关。所谓广义政府的综合创新,从理论上讲是指政府立法创新、政府司法创新和政府行政创新(狭义政府创新)三者之间的"同步"创新,三者之间相互作用、相互促进。但是,广义政府的诸方面发展是不平衡的,它们的改革和创新将分轻、重、缓、急进行。实践证明,随着经济体制改革的深入和社会主义市场经济体制的初步建立,首先对政府改革和创新的呼声最大的是作为狭义政府的改革和创新。正因为如此,人们往往对政府改革、创新问题最为关注的就是狭义政府的改革和创新,很少联想到广义政府的改革和创新,这是带有片面性的。事实上,如果没有广义政府的配套改革和创新,狭义政府的改革和创新就很难顺利进行并卓有成效。在中国,人大的创新、司法的创新与政府的创新同等重要,一个都不可或缺。再次,作为"政府体系"的综合创新。前文已述及,学界提出

① 陈红太:当代中国政府体系与政治研究法[M].北京:经济日报出版社,2002.259—260.

“政府体系”概念,这也是一种创新,并有学者主张用“政府体系”替换“政府”概念,这是值得商榷的。不过,使用“政府体系”概念,旨在将“政府”概念扩大到国家机构以外,把政党,尤其是执政党,把企业,把社团、群众自治组织等,也包括在“政府”之内,这在一定程度上反映了当下的中国国情。目前,被学者们列入“政府体系”的各主体无一不面临改革创新的历史性选择,尤其是政党、执政党、企业等的改革和创新,其中,执政党的改革和创新最为核心和关键。通过它们的创新,一方面,借此理顺它们同国家、政府的关系;另一方面,也作为政府(狭义和广义的)创新的生态环境创新来同政府(狭义和广义的)创新产生互动效应,将政府综合创新推向新阶段。

以上三个层次的政府综合创新,自然形成三个同心圆,最中心的圆是狭义政府综合创新,其他两个圆都是它的生态环境的综合创新。这三者之间互动互补,任何一方面的创新都不可或缺,由此构成当代中国政府综合创新体系的全景式画面。

第三,政府理论、制度、技术、实践的综合创新。

中国国家主席江泽民2000年6月在宁夏、甘肃考察工作时,提出了“体制创新”、“科技创新”、“理论创新”的概念。6月30日,江泽民在为美国《科学》杂志撰写的社论中提出要“推进知识创新、技术创新和体制创新,提高全社会创新意识和国家创新能力,这是中国实现跨世纪发展的必由之路”。2001年在庆祝中国共产党成立80周年大会上的讲话中,他又用“制度创新”替换了“体制创新”的提法。国家副主席胡锦涛在有关讲话中,还与理论创新相适应,提出了“实践创新”的概念,要求各级领导干部充分发挥历史主动性和革命创造性,不断研究新情况、解决新问题、创造新经验,努力推进党的理论创新和实践创新。根据国家领导人的讲话精神,我们拟把政府综合创新的具体内容概括为:政府理论创新、政府制度创新、政府技术创新和政府实践创新。只有将这四方面创新有机地结合起来,才能较完整地构成政府综合创新。其中,政府理论创新,主要是关于政府起源、政府性质、政府目的、政府规范、政府环境、政府结构、政府功能以及政府发展等方面的知识、观念的创新;政府制度创新,主要是关于政府民主制度、政府法律制度、政府经济制度、政府文化制度以及政府体制、政府运行机制等方面的创新;政府技术创新,主要是关于政府现代化的工具、技术、网络、手段、方式、方法方面的创新;政府实践创新,主要是关于政府公共管理活动中对国家事务、社会事务以及自身内部事务进行治理,解决公共问题、提供公共服务、取得公共收益最大化的行为创新。这四个方面的政府创新是一个有机的整体,缺一不可。相对于政府理论创新来说,政府的制度创新、技术创新和实践创新可归结为实践创新范畴。政府理论创新源于政府实践创新,而政府实践创新又有赖于政府理论创新先行,政府实践创新检验政府理论创新,推动和发展政府理论创新。政府理论创新的实现程度,取决于政府实践对于政府理论创新的需要程度。既然政府制度创新和政府技术创新属于政府实践创新范畴,那么,为什么又将它们从政府实践创新中凸显出来呢?这是因为相对于政府理论创新和实践创新而言,政府制度创新和政府技术创新是介乎其中的桥梁或纽带。一方面,政府理论创新不能直接作用于政府实践创新,而只能通过政府制度和技术创新的中介间接地作用于政府实践创新。同样的政府理论创新可以作用于各种不同的政府制度创新和政府技术创新,进而作用于不同的政府实践创新。另一方面,政府制度和技术及其创新的缺失或不完善(体制性障碍)可能误导或反向作用于政府的实践及其创新,产生消极的负面影响,导致偏离政府公共管理实践的价值取向。

因此,一旦政府理论创新问题解决之后,能否有政府制度、政府技术创新及时跟上去就是起决定性的因素。也就是说,我们不能仅仅停留在倡导和尽可能实现政府理论创新层面,还要努力通过政府制度和技术创新将政府理论创新贯彻到政府实践中去,进而实现政府实践创新。除了政府理论创新和政府实践创新的关系、政府制度和技术创新中介于政府理论和实践创新的关系外,还有政府制度创新和政府技术创新之间的关系。简言之,政府制度创新(选择)不能超越政府技术创新、变迁内在规律,政府技术创新依赖于政府制度创新。总之,一方面政府理论创新不能超越政府制度创新的内在规律,政府制度创新不能超越政府技术创新的内在规律,政府技术创新不能超越政府实践创新的内在规律,这体现着唯物论;另一方面,政府实践及其创新依赖于政府技术创新,政府技术创新依赖于政府制度创新,政府制度创新依赖于政府理论创新,这体现着辩证法。政府理论创新、政府制度创新、政府技术创新的出发点和归宿点都在于政府实践创新。政府理论创新领先,政府实践创新第一,做唯物论和辩证法的统一论者,这是我们研讨政府创新问题必须确立的一个基本理念。

三、政府创新有赖于"政府自觉"

在中国,政府综合创新势在必行,但是,政府综合创新是不可能自然而然地实现的,而只能有赖于"政府自觉"。如果我们不刻地意思考一下"政府创新"与"创新政府"这两个汉语词汇有什么不同,还以为这两个词义很相近或相同,其实不然。"创新政府"属于被动态概念,它置政府于被创新的客体地位,谁来创新政府,创新主体不一定是政府;而"政府创新"则属于主动态概念,它置政府于创新的主体地位,内含政府自创,发挥政府自觉的主观能动性。事实上,政府创新动力来自内外两方面。外部动力有政党特别是执政党、有国家、有社会、有公众等,内部动力则主要来自政府主体能动作用的发挥,来自政府自觉,这是具有决定性意义的。政府创新的外动力只有通过政府创新内部动力才能发挥作用。如果没有政府主体能动作用的正确发挥,如果没有政府自觉,政府综合创新就难以实现。

费孝通先生在《经济全球化和中国"三级两跳"中的文化思考》一文中明确提出"文化自觉"概念。费老认为,"文化自觉"是当今时代的要求,它指的是生活在一定文化中的人对其文化有自知之明,并对其发展历程和未来有充分的认识。也许可以说,文化自觉就是在全球范围内提供"和而不同"的文化观的一种具体体现。① 费老的"文化自觉"概念对我们思考政府创新问题,进而引申并提出"政府自觉"具有重要的启迪作用。在坚持中国共产党领导下的政府创新,代表着当代中华民族对于自身的创造性潜能的一种深度发展和自觉运用,古老的中华民族正在创新中逐步找回自信,酝酿着伟大的复兴。自政府被创造发明以后,创造力、创新力就是政府特有的能力,它直接地是以潜能的方式存在的,必须通过政府的自觉开发和积极运用才能发挥作用,政府在开发和运用自身创造、创新能力的自觉程度、广泛程度和深刻程度与政府的创造性潜能的实现程度之间成正比递进关系。是因循守旧,还是锐意创新,对政府来说,则表明其自觉性水平,特别表明其公共精神和对于未来的责任与态度。

政府创新本质上是对社会、国情认知的结果,必须基于对社会、国情发展规律的认识和再认识。社会、国情发展规律决定着政府创新的基本性质。有什么样的社会,国情发展规律

---

① 费孝通.经济全球化和中国"三级两跳"中的文化思考[N].光明日报,2000-11-07.

就产生什么样性质的政府创新。社会、国情发展规律作用的好坏,决定着政府创新效能的高低。但这并不等于说政府创新总是消极被动地适应社会、国情发展规律。事实上,政府创新具有相对独立性,它对社会、国情发展规律能够起到巨大的能动作用,这种能动作用的大小及其作用力的方向,取决于政府创新是自发还是自觉的及其自发性和自觉性的程度。所谓"自发",是同"自觉"相对的,原指人们未认识、未掌握客观规律的一种活动,在这种活动中,人们无远大目的,盲目地为客观必然过程所支配,往往不能预见其活动的后果;而"自觉"则是指人们认识并掌握一定客观规律时的一种活动,这是人们有计划的有远大目的的活动,在这种活动中,人们一般能预见其活动的后果。同理,政府创新也可分为"自发的政府创新"和"自觉的政府创新"。前者是指政府在未认识和掌握社会、国情发展规律时的一种创新活动,其创新成本往往比较高;后者则是指政府在已经认识并掌握了社会、国情发展规律时的一种创新活动,其创新成本往往比较低。前者或迟或早必然向后者发展,后者则必须以前者为历史前提和基础。因为政府创新也必然是一个不断从自发走向自觉的自然历史过程,从"自发"的政府走向"自觉"的政府,从"自在"的政府走向"自为"的政府。一般说来,与公有制社会相联系的政府创新比私有制社会的政府创新更具有自觉性,因为政府有领先的理论指导,通晓历史发展规律。但是在中国,由于特殊的历史条件,选择了以社会主义为定向的发展道路,由于缺乏其成长、发展的自然历史前提和基础,从而使这种"自觉"大打折扣。如何使"政府自觉"立足于现实的科学的基础之上并发挥得适度,这是摆在我们理论工作者和实践工作者面前的一项重大课程。①

在现代社会、国家和市场经济条件下,现代政府的主体能动性有不断增长、上升的趋势,这是必然的,也是十分必要的。中国政府的一个突出特点就在于它特别强调政府的主体能动性。这是由多方面的原因决定的,如有亚细亚生产方式及历史传统的影响,有人民革命方式的影响,有苏联模式的影响,还有因为落后而追赶发达国家的后发需要等。在中国人民革命胜利后,由于落后,急于改变"一穷二白"的面貌,自然就诉诸政府主体能动作用,运用国家政权的力量,选择了政府主导型发展模式,以高度组织化方式进行社会动员和管理社会生产,实现国民经济超常规的跳跃式发展,尽快消灭贫穷,逐步实现共同富裕,这正是社会主义制度优越性的生动体现,本无可指责,人们应当历史地、公正地评价中国计划经济时代的政府主导作用,不应当全盘否定。从历史的角度看,这也是一种有历史责任感的自发的"自觉性"。但是,问题在于当时政府的主体能动性作用或自发的"自觉性"发挥得失度,产生了影响广泛又深远的负面效应。随着经济全球化、产业微软化、IT 化的逐步发展,政府主导型发展模式注定会渐显极限,中国不可能永远超然自得地维持旧的发展模式。目前中国正在进行的政府改革,就是在调适政府主体能动性作用的力度,规范政府主体能动性作用的方向和价值坐标,实现由政府推动型向社会自主型转变,由"自发政府"到"自觉政府"、积极政府的转变。②

在既定的历史条件下,提倡"政府自觉"对于实现政府综合创新非常重要,它意味着对

① 乔耀章:公共行政与公共哲学[J].江海学刊,1999(3);新华文摘,1999(8)全文转载.在该文中作者提出并初步论证了"自发的公共行政"与"自觉的公共行政"问题。

② 乔耀章.政府理论[M].苏州:苏州大学出版社,2000;乔耀章,孙枝俏.论积极政府——市场经济条件下政府模式比较研究[J].江南社会学院学报,2001(3).

于政府创造、创新本性的深度发掘和自觉运用,将对中国产生极为现实和深刻的积极影响。要使可能的"政府自觉"成为现实的"政府自觉",我们认为有许多工作要做。其中,最为紧要的是要积极处理好政府与政党、政府与社会、政府与国家、政府与市场、政府与企业、政府与公民的关系;确立政府"独立人格",即政府必须从某种依附性的、从属性的地位中解放出来,独立依法行使属于自己的职能和行政权力,做到政府"自立"和"自治";弘扬政府"公共精神"——相对于传统意义上的效率观念和价值目标的一种多元化的"公共精神":民主行政的精神,公平、公正、正义的精神,为最广大人民利益和公共利益服务的精神;增强政府责任感、使命感,积极回应社会,包括对执政党负政治责任,对国家权力机关负执行责任,对司法机关负法律责任,对自身系统负行政责任,对公民和社会负公仆责任;提升政府能力,主要表现为政府能否制定切合实际的现代化公共政策,能否有效地推行和贯彻这种公共政策,以及能否持续稳定地将这种公共政策引向深入的能力。①

① 乔耀章.政府理论[M].苏州:苏州大学出版社,2000;乔耀章.政府职能转变滞后的表现和成因[J].社会科学战线,1996(6);张成福.论公共行政的公共精神[J].中国行政管理,1995(5);施雪华.政府权能理论[M].杭州:浙江人民出版社,1998.

政府行政改革与现代政府制度*

——1978 年以来我国政府行政改革的回顾与展望

一、政府行政改革的理论当先行①

德国诗人海涅曾说过,思想先于行动就像闪电先于雷鸣。毛泽东也曾说过,没有实践的理论是空洞的理论,没有理论的实践是盲目的实践。是否可以如是说,没有行政改革的理论便没有行政改革的实际行动。在我国,"行政改革"这一命题几乎是同行政学的恢复、重建与时俱来的。1982 年以来,我国政府平均 4 ~5 年进行一次的机构改革证明,我国政府行政改革的理性程度以及有效程度不够高,这就需要进一步寻求、建立和丰富关于当代中国政府的行政理论或原理。20 多年来的实践证明,行政改革的理论源于行政改革的实践,行政改革实践必须在行政改革的理论指导下才能正确有效地进行,行政改革实践中存在的问题往往同行政改革的理论供应不足有关,或行政改革实践脱离行政改革的理论有关。从这个意义上说,行政改革的理论应当先行于行政改革的实践。本文对于行政改革理论的思考和探究主要集中在对行政、行政改革的界定及其内容和动力方面。首先对"行政"的界定和理解,至今学术界对行政的理解尚无统一的定论。就我所知,国内外学者对行政的理解可以概括为三个层面,即作为社会层面的行政、作为国家层面的行政、作为狭义政府层面的行政。

作为社会层面的行政,亦即"社会行政"或"宏观行政",是对行政做了最广泛的理解。如美国行政学家赫伯特·西蒙、唐纳德·史密斯和维克多·汤普森在其所著的《行政学》一书中写道:有一块石头,任何一个人都无法搬动,现在两个人通力合作去滚动它,这时,雏形的行政便已发生。因此,就广义来说,行政就是指通力合作,完成共同目标的团体行动。根据这种理解,任何形式的人类组织中都存在行政,因为所有的人类组织都面临如何有效地管理各种事务的问题,任何一个组织都是有计划地通过协调合作的方法来实现某些目标或完成某些工作的。②美国行政学家德怀特·沃尔多在其《公共行政学研究》一书中指出:行政是具有高度理性的人类合作努力的一种。即行政不是具有理性的人类合作的唯一类型。在

---

* 原载《管理世界》2003 年第 2 期。

① 当年发表本文时,由于篇幅问题,编辑将本文的第一部分删除。由于这部分内部很重要,故将原文的这部分内容在此一并出版。

② 任晓. 中国行政改革[M]. 杭州:浙江人民出版社,1998. 1.

他看来,"合作"有自愿性合作,也有对抗性合作。如果人类行为能够产生影响,那么它是"合作"的;如果合作并不存在,那就不可能产生影响。"高度理性"这个问题需要注意。它的意义取决于这样一个事实,即人类的合作随目标实现的有效性的不同而不同;也取决于我们是否按照正式的目标、领导的目标或者一切参与合作行为的人的目标来思考。一个行政系统的显著特征可以归纳为两个概念,即组织和管理。组织是行政的解剖学,是结构,管理是行政的生理学,是功能运行。二者相互依存。① 可见,沃尔多是基于高度理性的人类合作,从"结构—功能分析"角度理解行政的。我国著名行政学家夏书章教授在其主编的《行政管理学》一书中也论及把国家机关和非国家机关,如企业事业单位和社会团体中的某些管理活动,包括领导决策、办公室、人事、后勤等工作称为行政。② 人们还进一步把立法、司法、行政乃至党、团、工会、妇联等整个政府体系的全部管理活动都包括在行政之列。可见,这种社会行政观涵盖着国家行政,但又超出了国家行政的论域。在社会行政层面上,"政党行政"起着主导作用。政党行政决定于阶级以至民众。这就在客观上要求处理好国家与社会的关系、政党和国家的关系、政党和社会的关系、政党和民众的关系。

作为国家层面的行政,亦即国家行政或"中观行政",是对行政做了广义的理解。这种理解认为,行政是随着阶级和国家的产生而产生的,在阶级和国家产生以前的原始社会是没有行政的,有的只是管理活动。这种理解的另一种表达法就是国家产生以后就产生了行政,即国家行政,非国家的行政并不存在,行政为国家所专有和独有。行政亦即作为全部政治设施的国家,主要包括国家的立法、行政和司法在内的整个国家机构的行政管理活动,即把广义政府部门的活动都视为行政活动。这就把国家、政府和行政视为同义语,视为同一事物的不同名称。特别需要提出的是,从某种意义上说,现代行政学的创始人伍德罗·威尔逊和后来的弗兰克·古德诺关于政治—行政"二分法"在本质上也是一种"国家行政观"。他们的这种国家行政观长期以来被人们有所误解和忽视。首先,威尔逊是基于广义政府论"三权分立"学说中的行政机关,他的一个著名的观点就是:行政机关是行动中的政府,而且是政府最明显的部分。这里他没有排除广义政府的其他部门,即立法、司法机构具有行政性质的迹象。其次,威尔逊竭力建立一门行政科学的原因之一,就在于为肯定和总结美国文官制度改革运动的经验,力求使政府不走弯路,使政府专心处理公务,减少闲杂事务,加强和纯洁政府的组织机构,为政府的尽责带来美誉而提供理论依据。为此,他把政府与行政作了适当区别,指出,政治是重大而且带普遍性的事项方面的国家活动;而行政是个别和细微事项方面的国家活动。在威尔逊看来,政治和行政都是国家活动,有所不同的是,政治是政治家(即西方国家的政务官员)的特殊的活动范围,而行政则是技术性职员(即西方国家的业务官员或常任文官)的事情。③ 政治与行政的这种关系和区别不仅表现在国家行政机关,而且也表现在国家的立法机关和司法机关。再次,为了避免人们误解,后来的古德诺在提出著名的政治是国家意志的表达、行政是国家意志的执行的观点时,他特别强调这里的"政治"不是大多数政治著述家所认为的那种含义,而是通过公民中的政党组织,指导或影响政府政策的行

---

① 彭和平等编译. 国外公共行政理论精选[M]. 北京:中共中央党校出版社,1997. 1—32.

② 夏书章. 行政管理学[M]. 广州:中山大学出版社,1998. 1—2.

③ 彭和平等编译. 国外公共行政理论精选[M]. 北京:中共中央党校出版社. 1997. 1—32.

为或职业[①],即指政党政治。也就是说政党的意志或政党政治的意志是通过国家的意志来表达的,政党意志亦即国家意志,反之亦然。国家所有机关包括立法、司法和行政机关都在执行着国家意志,亦即执行着政党的意志。归根结蒂是执行着阶级的意志,执行着主权在民的意志。否则,如果认为只有行政机关,即狭义的政府才是"行政的",执行着国家的意志,就不是"政治的",就不必"讲政治";相反立法机关、司法机关就不是"行政的",可以不执行国家的意志,因为它们是"政治的"。这显然是对古德诺"二分法"的曲解。事实上,古德诺是对"三权分立"说持批判态度的。他认为,分权原则的极端形式不能作为任何具体政治组织的基础。因为这一原则要求存在分立的政府机构,每个机构只能限于行使一种被分开了的政府职能。然而,实际政治的需要都要求国家意志表达与执行之间协调一致。而政党体制由此保证了政治职能与行政职能之间的协调,而这种协调是政府成功地开展工作所必需的。[②] 这就是说,相对于政党、政党政治来说,国家、政府及其立法、司法、行政机关都是"行政的",而相对于国家、政府自系统来说,无论是立法机关还是司法机关,抑或是行政机关都既是"政治的"又是"行政的",只是它们的角色、职责和功能、作用各有所不同罢了。即没有无政治的行政,也没有无行政的政治,虽然政治主导行政、行政从属于政治。可见,这种国家行政观揭示了所有国家机关兼具政治与行政的二重性,国家行政及其政治与行政的关系有赖于政党来协调,这就在客观上要求处理好各国家机构之间的关系,关键在于处理好政党同各国家机构之间的关系。

作为狭义政府层面的行政,亦即政府行政或"微观行政",是对行政做了狭义的理解。对行政作此种理解的人主要的理论依据有二:一是从国家的"制衡原理"和"三权分立"学说出发。近代西方许多国家按照"三权分立"的理论组建国家机构,立法、司法、行政三权分立并互相制约,行政机关位于立法、司法之外,行政职能可以相对独立地存在和发挥作用,而且政府行政是在与立法和司法规定的范围内运行的。但是现代西方国家"三权分立"体制已经发生了很大的变化,行政权与立法、司法部门之间愈来愈多地相互渗透,在实际过程中都存在很强的内在联系性和功能的交叉性,都不存在截然的职能划分或不可逾越的界限。这说明,从"三权分立"的角度理解"行政",显得过于狭隘,与实际行政活动并不一致。二是根据马克思的解释。马克思在揭示普鲁士国家社会疾苦的根源时指出:所有的国家在行政机关无意识地或有意识地办事不力这一点上去寻找原因,于是他们就把行政措施看作改正国家缺点的手段。为什么呢?就因为行政是国家的组织活动。[③] 从马克思这篇文章的上下文看,有两层意思。其一,马克思所说的行政仅仅是指国家的行政机关,即狭义政府,这就明确指出了行政的范围,从行政机关揭示行政概念的内涵,因此成为人们界定行政的理论依据之一。其二,也是马克思的本意,仅依靠行政措施去解决社会疾苦问题是不可能的,因为社会疾苦的根源是现存的社会结构,而不是行政机关的无能,行政只是国家的组织活动。可见,马克思的这段话给我们的启迪不仅在于阐释行政就是对国家事务的组织和管理,明确了行政与国家的关系,而且还在于行政活动是国家活动的一个组成部分,行政具有从属性,无论是国家还是行政出现的问题,如果单从行政和行政机关找原因是不能解决的。就如同行政

① 彭和平等编译.国外公共行政理论精选[M].北京:中共中央党校出版社.1997.187—196.

② 彭和平等编译.国外公共行政理论精选[M].北京:中共中央党校出版社.1997.187—196.

③ 马克思,恩格斯.马克思恩格斯全集:第1卷[M].北京:人民出版社,1961.479.

改革实践中出现的问题，不能仅仅从行政和行政系统本身寻找原因及其出路一样。可见，政府行政是国家行政的一个子系统，是有别于立法和司法的一种国家权力，是国家权力机关的执行机关为了一定的目的而依法对国家事务、社会公共事务及其内部事务进行有效管理的活动。这个界定涉及行政主体、行政客体、行政依据、行政目的及行政价值等问题。按照现代行政理念，政府行政应该集中精力做好决策工作，即掌好舵，而不是"划桨"。①

以上对行政三个层面的理解构成了一种行政生态环境观。一方面，社会行政决定、影响、制约着国家行政、政府行政，有什么样的社会行政，就有什么样的国家行政和政府行政；同样，国家行政决定、影响着政府行政，有什么样的国家行政，就有什么样的政府行政；或者换句话说，对于政府行政来说，社会行政和国家行政是其运作的行政生态，政府行政最终取决于或受制于社会行政和国家行政的运作状况。从这个意义上说，社会行政及其改革，尤其是政党的改革和国家行政及其改革应当先于政府行政及其改革。但是，另一方面，对于社会行政和国家行政来说，政府行政对它们有着巨大的能动的反作用，政府行政的好坏直接影响到社会行政和国家行政。"行政国家"的出现就足以说明这一点。从这个意义上说，政府行政及其改革应当居于优先地位。因此，行政改革首先和主要的就是指政府行政改革，虽然政府行政改革离不开社会行政改革和国家行政改革推进，但那是从政府行政改革的动力结构和动力体系上提出和认识问题的。

行政改革是世界各国行政管理的恒新课题，已成为一个世界性的普遍现象。那么，什么是行政改革呢？中外学者有多种定义。美国学者蒙哥马利从行政与政治的密切关系将行政改革定义为：行政改革是一个政治过程，是指调整行政机构与社会其他要素之间的关系，或者行政机构内部的关系，改革的目标和提出的各种弊病随着政治情势的不同而改变。② 这个定义似乎是可以接受的。首先，这个定义涉及的是调整国家行政机构与社会其他要素，尤其是政党要素之间的关系，说明行政改革不仅仅是国家行政机构或狭义政府行政机构改革的事。其次，这个定义还涉及调整行政机构内部的关系，这种内部关系包括调整行政机构与立法机构的关系和行政机构与司法机构的关系，以及行政机构内部的纵向和横向的关系；并且，这个定义还揭示了政治及其改革同行政及其改革的统一关系和行政改革从属于政治改革的问题。国内学者一般认为，行政改革是政治领导人支持行政主体有意识地适应社会政治、经济、文化环境的变迁，在政府行政管理范围内进行的自我调整、变革的过程。但对行政改革的具体含义的理解存在分歧。有的从狭义仅指政府机构改革，有的从广义包括行政责权的划分、行政职能、行政组织、人事制度、领导制度、行制方式和行政运行机制等方面的改革。

本文认为，我国行政改革的内容主要包括三大方面：政府行政职能改革、政府行政机构改革和政府行政体制改革。认为政府行政职能因政府行政生态环境及公共事务的变化而转移和设计；政府行政机构及其人员因政府行政职能的转移而变革和再设计；政府行政职能和政府行政机构的改革都有赖于政府行政体制中的领导关系、权限划分、权力分配的变革和再设计。从社会有机系统论角度看，良好而又有效的行政改革必须使这三方面内容均衡发展。当然，在社会经济政治发展不平衡规律的作用下，行政改革的这三方面的内容不可能在一个

---

① 戴维·奥斯本，特德·盖布勒. 改革政府——企业精神如何改革着公营部门[M]. 上海：上海译文出版社，1996.

② 任晓. 中国行政改革[M]. 杭州：浙江人民出版社，1998. 15.

特定时期内被强调到同样重要的地位,会有轻、重、缓、急,会有所侧重。这就使行政改革不仅在不同的国家有很大的差异性,就是在同一国家的不同时期,行政改革的内容也很有可能是不同的。因此,不同国家不同时期的行政改革的具体内容、具体方式是各不相同的,在行政改革中应根据实际情况权衡利弊作出抉择。

行政系统是一个不断新旧更替、不断发展的新陈代谢过程。当行政系统与其环境保持某种平衡情况时,行政系统能够充分吸收环境提出的要求,并能有效地作出反应,满足这种要求。随着系统环境的转变和系统内部状态的深化,这种平衡逐渐地被打破,出现非平衡状态,于是行政系统就要求改变内部状态,使之与环境保持新的平衡。这种从平衡—不平衡—新的平衡过程是通过行政改革来实现的。对于政府行政改革来说,直接动力可分为内部动力和外部动力两种。其中,内部动力即政府行政体系内部产生的动力,其主要动因有:行政新观念和新意识的出现,行政新技术的产生和行政利益需求,这些就构成了行政改革的内驱力。这种内动力与推动行政改革,往往是为着调整和完善既有的行政运作系统,所以通常叫做“政府改革”和“行政改革”。根据“帕金森定律”,行政体系内天生有一种因循守旧、故步自封的倾向,以及布坎南揭示的“公共选择”现象,行政改革的内部动力常常是有限的,并且会由于各种各样的原因受到侵蚀。因此,行政改革的动力在很大程度上表现为外部动力。政府行政改革的外部动力主要由政治动力、经济动力、意识形态动力、社会动力、人口动力、文化动力等构成。这种由内外动力推动的行政改革,往往是在改革深入发展到一定阶段以后,对既有的行政系统进行革命性的改造或重塑,通常可以叫做“改革政府”或“改革行政”。内部动力是政府行政改革的根据,外部动力是政府行政改革的条件。政府行政改革的外部动力通过政府行政改革的内部动力而起作用。此外,从全球化视野来看,民族国家范围内政府行政改革的内外动力因素,也仅仅是一种内部动力结构或动力系统,一个国家行政目标的确定及其行政改革的内容选择总是或多或少、或直接或间接地受到国际因素的影响和制约,这种来自国际影响和制约的因素又构成对一个国家政府行政改革宏大的外部动力。这种外部动力对该国政府行政改革的内外动力都会产生重要影响,形成国内政府行政改革的内部各动力因素的“合力”和外部各动力因素的“合力”以及内部和外部各动力因素的“合力”,在此基础上再形成国内政府行政改革各动力因素与国际各动力因素的“总合力”,并最终作用于该国的政府行政改革。

总之,从以上对行政的理解到对政府行政改革内涵的界定和内容的把握再到政府行政改革动力系统的分析,揭示了政府行政改革内外动力的合力作用,为的是研究和说明两个方面的问题:一是政府行政及其改革是如何重塑着政府行政并影响着国家行政和社会行政,尤其是政党行政及其改革的;二是反过来社会行政,尤其是政党行政改革、国家行政改革又如何作用和影响着政府行政改革与改革政府行政的变迁和发展的。从这两个视角来回顾和展望我国的政府行政改革是非常有意义的。

二、20 多年来我国政府行政改革的回顾

我国的行政改革是与新中国同步行进的,总体上可以分为两个大的历史阶段。从1949—1978 年中共十一届三中全会以前 30 年为一个历史阶段,我国曾进行过多次行政改革,但都是在不触动高度集中统一的行政体制的前提下进行的。这种高度集中统一的行政

体制有三大支撑点，这就是工作中心以阶级斗争为纲，追求纯粹的公有制和计划经济体制，所以它不易被触动。1978 年 12 月召开的中国共产党十一届三中全会标志着我国的行政改革进入了新的历史时期。随着由高度集中的计划经济体制向社会主义市场经济体制转变的逐步深化，行政改革迈出了新的步伐。行政改革的重点是政府下放权力，转变职能。在学术界，有将这 20 多年的政府改革过程以 1992 年提出建立社会主义市场经济体制为界，分为前后两个时期或阶段的，也有基本上以中共党代表大会的年限来划分阶段的，还有以国务院四次重大的机构改革来划分阶段的。在此基础上，本文把行政改革的自然历史过程逻辑地归纳出如下一些主要内容。

(一) 政府行政改革的基本出发点和原动力

中国政府行政的根本动力，来源于中国经济、政治和社会的发展，但不同时期的根本动力或出发点是不同的。从 1949 年新中国成立到 1978 年，这个时期可称之为“政治的经济”时期。毛泽东关于“抓革命，促生产”就是这个时期党和国家工作重心的最突出的概括(政府的工作重心在政治运动和阶级斗争方面，政府的工作重心先后在建立新中国，恢复国民经济，消灭私有制，建立社会主义的政治、经济制度，“抓革命，促生产”，搞无产阶级专政条件下的“继续革命”)。这个时期的政府行政改革都是围绕着政治运动和阶级斗争展开的，所以每次的改革都收效甚微。1978 年党的十一届三中全会以来，我国进入新的发展时期，这个时期可称之为“经济的政治”的时期。① 邓小平关于“社会主义现代化建设是我国当前最大的政治”就是对这个时期党和国家工作重心的最经典的概括。党的十一届三中全会作出把党和国家的工作重心从“以阶级斗争为纲”转移到社会主义现代化建设上来的战略决策，并指出实现四个现代化，要求大幅度地提高生产力，也必然要求多方面地改变与生产力发展不适应的生产关系和上层建筑，改革一切不适应的管理方式、活动方式和思想方式，因而是一场广泛而深刻的革命。中国政府的行政改革正是在这样一个历史背景下展开的。此后，党中央、国务院又实施了西部大开发战略，我们可称之为党和国家工作重心的深度转移或党和国家工作重心的第二次较大转变。② 把党和国家的工作重心转向社会主义现代化经济建设上来，作为政府行政改革的基本出发点和归宿点，这是不同于以往任何一次政府行政改革的一个最显著特点和根本性区别，由此成为以后我国一切改革的内源性原动力，当然也成为我国政府行政改革的内源性原动力。政府行政改革的最深刻的原动力来自于经济发展所引发的政治要求。因为随着经济基础的变更，全部庞大的上层建筑也或慢或快地发生变革。没有动力，就不可能确定改革的目标和路向，改革无从发生。当然，政府行政改革的速度、质量、效果乃至成败取决于动力和阻力这两种力量的对比和相互作用。不仅如此，社会经济的持续稳定发展也是我国政府行政改革的战略取向，1982 年的机构改革就是 1978 年以后经济建设引发的结果，虽然这次改革还是在政府控制经济，即计划经济体制下的改革。

(二) 政府行政改革的最初设计

政府行政改革是一项艰巨而复杂的系统工程。20 多年来，我国的政府行政改革始终是

① 乔耀章. 中国社会主义特色纵横谈[M]. 苏州：苏州大学出版社，1996. 145—224.

② 乔耀章. 政府理论[M]. 苏州：苏州大学出版社，2000. 53—56；论获得性政府职能及其重点位移[J]. 江海学刊，1996(4).

在邓小平行政理论和改革理论的指导下进行的。在党的十一届三中全会奏响了“总体改革”的号角以后,随即就提出一个问题,我国总体改革从何着手,必须寻找一个“薄弱环节”,寻找一个突破口,进行总体设计。这个薄弱环节和突破口就是政府行政改革。我国改革开放的总设计师邓小平早在1977年就指出:现在一提出要解决什么问题,就要增加机构、增加人,这不行。1978年又指出:我们的经济管理工作,机构臃肿,层次重叠,手续繁杂,效率极低,政治的空谈往往淹没一切。这并不是哪一位同志的责任,责任在于我们过去没有及时提出改革。1980年,邓小平在《党和国家领导制度的改革》这篇著名讲话中再次强调:目前党和国家领导制度中存在的机构臃肿、人浮于事、办事拖拉、不讲效率、不负责任等现象,说到底是因我们长期认为社会主义制度和计划管理制度必须对经济、政治、文化、社会都实行中央高度集权的管理体制有密切关系。我们的各级领导机关都管了很多不该管、管不好、管不了的事。1982年,邓小平在《精简机构是一场革命》讲话中又指出,政府机构难以为继的状况,确实到了不能容忍的地步,人民不能容忍,我们党也不能容忍。① 其策略思想是,对行政改革要有急迫感、危机感。邓小平从1977年到1982年,几乎每年都讲到这个问题。正是这个时期,作为中国改革开放的总设计师邓小平为行政改革确立了总体框架、基本原则和主要内容。邓小平在谈到政治体制改革的目的时指出:总的目的是要有利于巩固社会主义制度,有利于巩固党的领导,有利于在党的领导和社会主义制度下发展生产力。对中国来说,就是要有利于贯彻执行党的十一届三中全会以来所制定的一系列路线、方针、政策。要做到这些,我个人考虑有三条:第一,党和行政机构以及整个国家体制要增强活力,就是说不要僵化,要用新脑筋来对待新事物;第二,要真正提高效率;第三,要充分调动人民和各行各业基层的积极性。② 根据邓小平多次讲话精神,他关于行政理论和改革理论的要点有:行政改革是为了解放和发展生产力,行政改革要服从于经济建设这个中心;行政改革要调动群众的积极性,着眼于健全民主法制;行政改革要有助于克服官僚主义,建立精简高效的政府机构,行政改革要创建人才脱颖而出的机制,建设一支德才兼备的行政干部队伍;行政改革要建立监督机制,加强廉政建设;行政改革要循序渐进。③ 邓小平行政理论和改革理论的精神实质是通过转变政府职能、下放权力、政企分开、精简机构与人员等一系列措施,实现一场管理体制上的革命,最终建立起与我国社会生产力相适应的全新的行政体制。④

(三)政府行政改革对经济体制改革的推动与回应

在把现代化的经济建设以及解放和发展生产力作为党和国家、政府的工作中心以后,党和政府采取各项积极的经济政策推动生产力的发展。这种发展了的新的生产力必然要求有新的生产关系与之相适应,必然与既有的生产关系产生矛盾和不适,势必要求进行生产关系的调整与改革,由此必然引起所有制关系、所有制结构和经济基础的变革,进而推动上层建筑的改革。在整个上层建筑中,对中国经济改革涌动着的春潮最先感知的是人民政府。因此,政府在整个上层建筑变革中必然充当“领头羊”的角色。一方面,主动推进经济体制改

① 邓小平.邓小平文选:第2卷[M].北京:人民出版社,1994.76,150,328,396.
② 邓小平.邓小平文选:第3卷[M].北京:人民出版社,1993.240—241.
③ 郭济.中国行政改革的现状和趋势[J].中国行政管理,2000(9).
④ 中国行政管理学会.新中国行政管理简史(1949—2000)[M].北京:人民出版社,2002.320.

革；另一方面，政府不得不在生产力上发展进而生产关系变革，亦即经济基础的变革的推进下进行适度的行政改革，通过适度的政府行政改革，积极能动地反作用于经济基础的变革以适应生产关系的变化，最终适应新的生产力的发展要求，其显著的标志就是政府经济体制改革。受中国革命走农村包围城市道路历史经验的启迪，经济体制改革也是走出一条“农村包围城市”的道路。首先进行农村经济体制改革，即在农村推行的以家庭联产承包责任制为主要特征的农村生产组织形式的改革，充分调动农民的生产积极性，解放农村生产力。党的十一届四中全会正式通过了《关于加快农业发展若干问题的决定》，此后连续几年的党中央、国务院的一号文件都是为深化农村经济体制改革而下发的。农村经济体制改革主要采取的措施是：调整农村经济政策，调整农业生产体制，提高农副产品收购价格，适当扩大自留地和发展家庭副业，恢复和发展农村集市贸易，发展多种经营，确立家庭联产承包责任制，建立乡镇企业，发展农业社会化服务体系，改变政社合一体制，以村民自治为基础推进农村基层民主政治建设。① 在农村经济体制改革中，广大农民得到了实惠，为中国农村的经济体制改革做出了巨大的历史性的贡献，也为促进城市经济体制改革积累了丰富的经验，为城市经济体制改革提供抗御风险的资本。

1982 年，党的十二大明确提出了有系统地进行经济体制改革的任务，并提出计划（主要是指导性而非指令性计划）调节为主、市场调节为辅的原则，已经是对传统理论和观念的重大突破，对于在国民经济管理中冲破旧体制的束缚，引入市场机制，焕发国民经济的生机和活力，起到了历史性、开创性的作用。1984 年，党的十二届三中全会通过的《中共中央关于经济体制改革的决定》提出了“中国的社会主义经济是在公有制基础上的有计划的商品经济”的新论断，克服了党的十二大提出的“计划经济为主，市场调节为辅”的原则的局限性，奠定了经济体制改革的理论基石，确立了市场导向型社会主义经济改革的战略目标和大方向。对此，邓小平高度评价这个《决定》是写出了一个新政治经济学的初稿，是马克思主义基本原理和中国社会主义实践相结合的政治经济学，解释了什么是社会主义，有些是我们祖宗没有说过的话，有些是新话。② 1987 年，党的十三大阐述了中国社会主义初级阶段理论，制定了党在整个社会主义初级阶段的基本路线，提出了计划与市场内在统一的论断，探讨新的经济运行机制。这对于建设有中国特色社会主义的政府行政改革具有深远的指导意义。其中，政府在改革方面的主要举措是，以增强国有企业的活力为中心，扩大企业自主权，推进多种形式的经济责任制，发展多种所有制形式，进行价格体制、财税体制、商品流通体制、对外贸易体制改革等，充分发挥城市多功能的作用。③ 在农村和城市经济体制改革的推动下，1988 年出台了改革开放后第二轮政府机构改革。这个时期的改革是由政府控制经济，即计划经济向政府主导经济或双轨制经济体制转变的历史阶段。

（四）政府行政改革与社会主义市场经济体制的构建

市场经济是我国政府行政改革的经济基础。如果说，城市经济体制改革主要是针对传统的所有制关系的变革，构建新的所有制关系以适应新的生产力的发展，那么，这种新的所

① 中国行政管理学会. 新中国行政管理简史（1949—2000）[M]. 北京：人民出版社，2002. 323—347.

② 邓小平. 邓小平文选：第 3 卷[M]. 北京：人民出版社，1993. 83，91.

③ 中国行政管理学会. 新中国行政管理简史（1949—2000）[M]. 北京：人民出版社，2002. 348—383.

有制关系的运行模式和运行机制是什么呢？随着经济体制改革与政府行政改革的互动的进一步深入，被历史地提出来了。1992年春，邓小平的南方谈话，以及党的十四大正式确定了我国经济体制改革的目标是建立社会主义市场经济体制。这是一个认识上的飞跃，也是一种创新的理论。它把"社会主义"和"市场经济"创造性地、有机地结合起来，涵盖着经济制度、经济体制和经济运行机制等内容，其中市场被定义为我国经济体制的主要形式。以此为标志，我国的改革开放和社会主义现代化建设事业进入了新的发展阶段。1993年3月，第八届全国人大第一次会议以修宪的方式把社会主义市场经济写进宪法，用宪法的形式把它固定下来。同年11月，中共十四届三中全会作出了《关于建立社会主义市场经济体制若干问题的决定》，把经济体制改革目标具体化、系统化，成为建立社会主义市场经济体制的总体规划和行动纲领。社会主义市场经济体制的基本框架已经形成。1997年，党的十五大进一步提出了以调整所有制关系为基础，以资本为纽带发展市场经济的理论和任务。党的十五大报告对行政改革作了进一步明确规定：要按照社会主义市场经济的要求，转变政府职能，实现政企分开，把企业生产经营管理的权力切实交给企业；根据精简、统一、效能的原则进行机构改革，建立办事高效、运转协调、行为规范的行政管理体系，提高为人民服务的水平；把综合经济部门改组为宏观调控部门，调整和减少专业经济部门，加强执法监督部门，培育和发展社会中介组织。深化行政体制改革，实现国家机构组织、职能、工作程序的法定化，严格控制机构膨胀，坚决裁减人员。深化人事制度改革，引入竞争激励机制，完善公务员制度，建设一支高素质的专业化国家行政管理干部队伍。

在经由政府控制经济即计划经济、政府主导经济即双轨制经济的历史阶段之后，我国的经济体制开始加速走向政府宏观调控经济，即市场经济阶段。与此相联系的政府行政改革也由政府机构改革、政府职能转变阶段进入政府行政体制改革，亦即政府行政体制创新阶段。

（五）政府行政改革首先从机构改革着手

如前所述，政府行政改革主要包括政府职能、机构和体制三方面内容，如果按照行政生态决定政府职能，政府职能决定政府机构，政府职能和政府机构决定于政府体制的逻辑，那么，政府行政改革的序列自然是先转变政府职能，其次改革政府机构，再改革政府行政体制。但实际的改革历程是复杂的，每一方面的改革都同时包含其他两方面的内容，不可分割，只是每一方面改革的侧重点有所不同罢了。

1978年以来，先后经过了1982年、1988年、1993年、1998年四次较大的政府机构改革。

党的十一届三中全会以后，我国行政改革是从政策调整开始的，用强化旧体制执行新政策，是1982年以前的基本特征。① 当时改革的重点还主要在农村，经济体制改革还处于起始阶段，总体上还是在计划经济体制的前提下开始了1982年的国务院机构改革。这次机构改革重点解决的问题是：明确各部门及其所属机构的任务和职责范围，选贤任能，配备和建好领导班子；建立离退休制度；切实加强干部的培训工作，提高整个干部队伍的素质。这次改革，由于决策者下了极大的决心，并且对行政方面某些问题的认识有新的进展，改革的主要措施比较得力，因而取得了一定的成效，主要表现在：改革国务院领导体制，国务院副总理

① 汪玉凯. 中国行政体制改革20年的回顾与思考[J]. 中国行政管理，1998(12).

由13人减为2人，设置国务委员，由国务院总理、副总理、国务委员和秘书长组成国务院常务会议；精简机构，将原国务院工作机构由100个裁并为60个，新增国家体改委共61个部门；精干领导班子，按“四化”方针选贤任能，减少部委司局副职人数，规定正副部长和司局长的任职年龄；废除实际存在的领导干部职务终身制，实行干部退休、离休制度；紧缩编制、轮训干部，确定按25%精简国务院及所属各部门机关人员。

1984年，党的十二届三中全会通过的经济体制改革的《决定》，首次明确我国的社会主义经济是公有制基础上的有计划的商品经济。要求政府机关实行政企职责分开，正确发挥政府机构管理经济的职能，要求国家机构按照政企分开、简政放权的原则进行改革。1986年，根据经济体制改革的实践，邓小平多次指出要搞政治体制改革，认为不搞政治体制改革，经济体制改革难以贯彻。1987年党的十三大提出了政治体制改革的七项具体任务，改革政府工作机构就是其中的一项。1982年机构改革后不久又迅速出现“反弹”现象。到1988年国务院工作机构又增到了72个，此外还成立了12个部委归口管理机构，增设了一批非常设机构和政企不分的公司、政事不分的事业单位等。第二轮机构改革又势在必行。

1988年机构改革的主要内容集中在转变政府职能，下放权力，调整机构，精简人员，搞好配套改革。在改革政府机构的同时，推出干部人事制度改革，抓紧建立和逐步实施国家公务员制度，开办行政学院，培养行政管理人才。这次机构改革在数量上把国务院工作部门由72个整减为68个，变化不大。但是，此次机构改革的重要性在于按照转变职能的方向和原则，本着加强综合管理与宏观调控，减少直接管理与部门管理原则，着重对国务院的专业经济部门和综合部门中的专业机构进行了适当的调整、合并，为建立一个适应经济体制和政治体制改革要求的行政管理体系打下了基础。

1993年国务院进行的第三次机构改革是在党的十四大提出，在我国建立社会主义市场经济制度理论指导下进行的。这次机构改革的指导思想是把适应建立社会主义市场经济体制和加快市场经济发展作为机构改革的目标，按照政企分开和精简、统一、效能的原则，在转变职能、理顺关系、精兵简政、提高效率方面取得明显进展。主要内容是对国务院综合经济部门、专业经济部门、社会管理部门、直属机构、办事机构等，根据不同情况，分别提出不同的改革要求，进行具体的改革调整。这次机构改革是在经济体制改革取得重大理论突破的指导下进行的，因此可以认为1988年的改革是在更高认识基础上的继续。其主要成就在于，在充分发挥市场在资源配置中的基础性作用的条件下，对传统的计划、财税、金融、流通、社会保障等体制进行了改革。初步构建了政府宏观调控体系，有效地抑制了通货膨胀，实现了国民经济的软着陆。随着《国家公务员暂行条例》从1993年10月1日起在全国正式实施，初步建立了对国家行政人员进行科学管理的规章制度。

在党的十五大报告中关于建立办事高效、运转协调、行为规范的行政管理体系的精神指引下，1998年进行新中国建国以来规模最大的一次政府机构改革，它把政府机构改革、政府职能转变与政府体制改革融为一体，因此，实际上是一次具有全面行政改革含义的政府行政改革。其全面性就在于这次改革提出了“一个确保”、“三个到位”、“五项改革”的内容。其中，“一个确保”就是在面临东南亚金融危机挑战的情况下，确保1998年经济增长率达8%，通货膨胀率少于3%，人民币不贬值。“三个到位”就是全面推进国有企业改革，大多数国有大中型企业争取3年时间脱困，继而建立现代企业制度，彻底改革金融系统，整顿金融秩序，化解和防范金融风险；进行政府机构改革，机关人员精简分流一半。“五项改革”就是粮食购销的体制改革、投资融资体制改革、城镇住房制度改革、医疗制度改革和财税制度改革等。这次改革是在我国政府管理体制等面临严峻挑战的背景下启动的,这些挑战主要有政府管理、国有企业、金融体制、国际竞争力、国家和民族的文明进步及国家财政等六个方面面临挑战。这次改革具有力度大、时机选择合理、制度创新与整合、目标明确且期望值高及速度型等新特点。由此改革的难点主要在于,转变行政观念难,恰如其分地处理集权、分权存在的悖论难,改变国民包括政府官员的关于社会责任观难,大幅度精简人员尤其精简地方人员难,机构改革与"五项改革"同期启动难,以及在动态的过程中建立关于改革的共识性难等。① 此次改革的重点是国务院组织部门,即宏观调控部门、专业经济管理部门、教育科教文化、社会保障和资源管理部门以及国家政务管理部门确定各自的主要职责。国务院各部门的"三定"方案在1998年底前实施完成,省级政府"三定"方案则在1999年内完成。其他方面的改革有的目前还处在攻坚阶段。根据2000年九届人大第三次会议的政府工作报告精神,国务院各部门要巩固机构改革的成果,地方政府机构改革要按照中央的部署和要求抓紧进行。

(六) 政府行政改革的核心问题是政府转变职能

转变政府职能是我国政府行政改革的重点之一,所谓政府职能,就是政府的职责功能和作用,是政府行政的核心。它包括政治、经济、文化、社会等方面的职能。它回答的是政府应该干什么,不应该干什么。1978年以来,我国改革开放的基本取向决定了我国政府行政职能转变的方向,即从一个适应传统公有制的计划经济政府转变为一个适应以公有制为主体的社会主义市场经济的政府。整个过程我称之为政府职能重心位移过程。1988年以前,政府职能转变是在计划经济框架内的调整,即在计划管理体制方面缩小了政府下达的指令性计划范围,扩大了指导性计划和市场调节的范围;在财政体制方面通过"利改税"、"分级包干"等改革措施,增加了地方政府的财权;在农村实行了家庭联产承包责任制,做到了政府与农业经营的分开。这些改革未从根本上触动计划经济体制。这是1982年机构改革出现"反弹"现象的一个重要原因。1988年的政府机构改革,一个突出的贡献就是第一次明确提出了"转变政府职能"这个关键性的命题。这标志着我国的政府机构改革,开始突破只注重数量增减和单一组织结构调整的局限,向政府职能的重新选择、重新定位的转变。这次改革是以强调政府职能转变为特征的,是在我国改革开放进入第10个年头并取得显著成果的基础上进行的,在认识和实践上都达到了以往历次改革不可能达到的水平。1988年以后,尤其是1993年以来,政府转变职能立足于全面突破计划经济樊篱,中心内容是按发展社会主义经济的要求,实行"政企分开",即政府职能与工商企业经营职能分工,政府管理从微观转向宏观,由直接指挥企业生产经营转向间接管理;由政府管治为主转向既实施管治又监督服务;由政府机关办社会转向机关后勤服务社会化,等等。在此基础上,1998年的政府机构改革不仅从总体上提出建立"办事高效、运转协调、行为规范"的行为管理体制的总目标,而且对政府职能转变的内涵作出了三项规定:宏观调控、社会管理和公共服务。这与以往一般地提出政府职能转变,在目标模式选择上取得了重要进展。这既是对政府职能的科学定位,也是对传统行政思维的重大突破。当然,政府转变职能问题仍伴随着经济体制改革、政府机构

① 张国庆.1998年中国政府机构改革的若干理论问题[J].中国行政管理,1998(12).

改革和政府行政体制改革而长期存在,中央多位领导同志多次在不同的场合都强调提出要进一步转变政府职能,所有这些都是为了进一步推进政府机构改革和政府行政体制改革。

(七)政府行政改革中的行政体制改革

行政体制、政府体制、行政管理体制等就其实质来讲都是一回事,是指政府的责权结构及其运行方式。中国政府的行政体制改革不是一个孤立的事项,它的启动、发展和有效推进离不开其他系统的支持、配合,这是一种行政生态观。行政体制从属于政治体制,与经济体制有着密切联系,处于政治体制和经济体制的结合部与交汇点。我国改革开放以前的行政体制主要的积弊是权力高度集中。从20世纪70年代末起,我国行政改革全面展开,主要是针对传统的权力过分集中的行政管理体制进行改革。做到有领导地大胆下放,让地方(政府)和工农业企业在国内统一计划指导下有更多的经营自主权。理顺政企、政事和中央与地方关系。从80年代初开始,中央政府不断地向地方政府下放了经济管理权限、财政收支权限、人事管理权限,中央政府主要掌握国民经济的重大决策权,即宏观调控权,包括货币的发行、基准利率的确定、汇率的调节和重要税种税率的调整等,以保证经济总量基本平衡和经济结构优化。地方政府有权按照国家法律、法规和宏观政策制定地方性法规或政策;通过地方税收和预算,调节本地区的经济活动;运用地方资源,促进本区域经济和社会进步,特别是推动直接为大众服务的教育、卫生、住房和社会保障事业的发展。在理顺中央和地方事权关系、合理下放权力的同时,还要切实维护中央权威。围绕着权力下放、转变政府职能,我国各级政府对行政管理体制、管理机构、管理方式、人事制度进行了不断深入的改革。行政体制和机构的改革,是按照精简、统一、效能的原则,建立办事高效、运转协调、行为规范的行政管理体系,提高政府为人民服务的水平;依法治国,依法行政,并逐步实现国家机构、组织、职能、编制、工作程序的法定化;精减政府机构,把综合经济管理部门改为宏观调控部门,即减少乃至取消其行政审批权限,调整和撤销专业经济管理部门,加强执法监督部门,培育和发展社会中介组织,加强廉政建设,建立行政监督、政务公开、惩治腐败的机制,促进政府运行的公正、公开、公平;完善国家公务员制度,引入竞争机制,建设一支高素质的专业化行政干部队伍。① 政府行政体制改革在中国改革总体战略中处于经济体制改革和政治体制改革的结合部。目前,改革的难点在于经济体制改革、行政体制改革、政治体制改革并未形成良性互动,行政体制本身的改革并不配套和适应,改革在操作层面上有很多阻力。政府行政体制改革已远远滞后于整个经济体制改革的进程,并产生了许多影响国民经济高效发展、危及社会稳定的问题。因此,我国政府行政体制改革已发展到了政府整合其内外功能的关键阶段,从这个意义上说,政府行政体制改革的政府整合取向已成为现行政治体制改革的突破口。

(八)政府行政改革中的国家结构、行政区划等问题

1978年以来,政府行政改革过程中,在国家结构、行政区划及行政层次和行政的法治化、国际化方面也发生了一些变化和变革。

我国是实行民主集中制的单一制国家。在少数民族聚居的地方实行民族区域自治政策。民族区域自治体现了国家充分尊重和保障少数民族管理本民族内部事务的权利,体现

---

① 转引自任晓.中国行政改革[M].杭州:浙江人民出版社,1998.1.

了国家实行各民族平等、团结和共同繁荣的原则。改革开放以来,我国少数民族和民族地区的面貌发生了翻天覆地的变化,经济文化事业迅速发展,民族区域自治制度进一步完善,少数民族干部队伍发展、壮大,群众生活水平普遍提高。国家实施西部大开发战略,有利于加快少数民族和民族地区经济与社会全面发展,促进各民族共同繁荣和进步。在祖国统一问题上,邓小平同志创造性地提出了"一个国家,两种制度"的构想。根据这一构想,中央成功地解决了历史遗留下来的香港问题和澳门问题。1997 年 7 月 1 日我国已经胜利收回香港,1999 年 12 月 20 日我国又顺利实现澳门回归祖国。香港和澳门回归祖国后实行高度自治,继续保持了香港、澳门的繁荣与稳定。实践证明,"一国两制"的构想和"和平统一,一国两制"的基本方针是完全正确的,按照这一构想和基本方针,也可以解决台湾问题,最终实现祖国的完全统一。

在地方政府的改革中,省、自治区和直辖市是地方的最高级行政建制。其一,改革开放后,增设了海南省与重庆直辖市。目前,我国共有 23 个省(不含台湾省)、5 个自治区、4 个直辖市,共计 32 个省级行政单位。其二,在 1983—1989 年,中共中央、国务院先后批准重庆、武汉、沈阳、大连、哈尔滨、广州、西安、青岛、宁波、厦门、深圳、南京、成都、长春等 14 个省辖大(中)城市实行了"计划单列",即将这些城市的国民经济和社会发展计划,在国家计划中单列出户头。这是我国行政改革出现的"新生事物",作为一种探索取得了一定的成效,也引发了不少矛盾,这些矛盾深刻地反映出中国地方行政变革中的一些带有共性的问题,即地方、部门利益的强化必然会引致利益冲突。解决这些问题的出路是要用法律制度规范各行政主体的行为,而这将会是一个长期的过程。① 其三,1983 年 2 月 15 日,中共中央、国务院发出《关于地市州党政机关机构改革若干问题的通知》,提出"积极试行地、市合并"。市领导县的改革,在实践中表现为地市合并或划县入市和建市领县式三种基本模式。实践证明,实行市领导县的体制,以经济发达的城市为中心,带动广大农村的发展,是完全可行的。经过改革,中国的地级体制出现了三种形式:一是地市合并或地改市,实行市领导县的体制;二是地市并存,即地区和地级市并存于一地;三是地区管县(市)。这样,省、县之间出现了一级政府,形成一种前所未有的地方行政体制。即地市合并、市领导县的体制,使部分地方形成了省—市—县—乡四级政府格局。实行这种体制的地方,都是经济相对发达的地区。而在经济相对不发达的地区,则是另一种情况。其四,县制已成为国家行政体系中不可缺少的重要组成部分。改革开放以前,基层行政建制由县一级变为乡一级,县的地位变为省和乡之间的中间环节,转而起承上启下的作用。改革开放以后,原先城乡分治的体制开始向城乡合治转变,越来越多的地方实行了市领导县的行政体制,从而使这些地方的县成为省辖市所属的农村分治单位。在仍实行由省的派出机关管县的地方,县的自主权一定程度上受到截留和钳制,出现两种县级行政体制的并存。县级行政有基础性、完整性、直接性、相互独立性等特点。这些特点表明,县级在国家行政体系中的功能主要是"执行",即贯彻执行上级政府的方针政策。因此,有学者主张在县级及县以下,不必过多地强调党政分开。其五,1949 年后到改革开放期间,农村"草根行政"实行的是乡制。其间 20 多年曾为人民公社及其革命委员会所取代。1983 年,中共中央、国务院《关于实行政社分开建立乡政府的通知》指出,随着农村经济体制的改革,现行农村政社合一的体制显得很不适应。宪法已明确规定,在农

① 任晓. 中国行政改革[M]. 杭州. 浙江人民出版社,1998. 15.

村建立乡政府,政社必须相应分开,当前的首要任务是把政社分开,建立乡政府(发达地区建立镇政府),同时,按乡建立乡党委。乡的规模一般以原有公社的管辖范围为基础。随着乡政府的建立,应当建立乡一级财政和相应的预决算制度,明确收入来源和开支范围。这项工作在1985年初全部完成。原作为行政机构的生产大队和生产队被撤销,村一级组织的性质确定为群众性自治组织。"草根行政"的正常建制得到恢复。①

如果说计划经济是人治经济,那么,市场经济就是法治经济,它要求行政管理法治化。行政管理法治化的本质在于用法律规定行为活动的机构、权限、手段、方式和后果,行政管理必须遵守法律并在法律授权的范围内进行,体现为行政活动遵循"有法可依、有法必依、执法必严、违法必究"的方针。我国行政管理有着浓厚的"人治"色彩。为了根除"人治"行政,做到行政管理法治化成为紧迫任务和必然要求。改革开放以来,我国在行政法制(治)化方面做了大量的工作。在此基础上,党的十五大报告中明确提出了"依法治国"的方略,它的根本要求就是依法行政,实现行政管理法治化,其要旨是在全社会树立一种"法治精神",亦即弘扬法的精神。

我国政府行政是在开放中改革,又在改革中进一步扩大开放。这种改革开放既是国内政府的改革,也是国际政府间的改革。尽管行政改革具有中国特色,但是许多改革的重大举措,乃至行政改革的总体思路,中国与国际上的行政改革相互接近并有许多共同点。我国政府行政改革的国际性既表现在学习、借鉴国外的先进经验,又表现在我国政府行政改革具有一定的国际意义。这方面的主要举措就是创办经济特区、扩大沿海开放城市和设立经济技术开发区,如开发开放上海浦东新区、建立海南大特区、建立中新苏州工业园区,形成全面对外开放新格局。这些先行区在学习、借鉴国外先进的行政管理经验,进行区域内的政府职能转变,政府机构改革、政府管理方式改革等方面,为全国的全面的政府行政改革积累了经验,作出了贡献。随着我国主动加入世界贸易组织,必将为我国政府行政改革注入新的活力因素。

三、我国政府行政改革的展望

展望我国政府行政改革的未来,我们看到了机遇与挑战并存。概括地说,我们面临的问题主要在于:一方面有些政府行政改革的理论不完全符合政府行政改革的实际和实践,既表现为滞后情形,也表现为不当的超前情形。这两种情形表明,政府行政改革理论的空泛、不到位、软弱和无力。另一方面,有些政府行政改革的实践不符合政府行政改革理论的要求,表现为政府行政改革的实践脱离政府行政改革的理论。解决的办法可能在于政府行政改革的理论和实践都要从我国政府行政管理的实际出发,做到与时俱进。单有理论趋向于实践还不够,更重要的还在于政府行政改革的实践要趋向于政府行政改革的理论。用政府行政改革的理论创新和制度创新来指导和规范政府行政改革的实践。

我国的政府行政改革向何处去?许多仁人智士都在献计献策。比如,有学者认为,中国2005年以前面临的改革难题之一,就是如何推动"改造政府职能"的改革。回顾和总结中国20多年来改革开放的经验和教训,不难得出这样一个结论:为什么一项看似十分简单的改

① 转引自任晓.中国行政改革[M].杭州:浙江人民出版社,1998.275—286.

革却要绕很多弯子,付出很大代价,枉缴很多“学费”,其根本原因就在于政府职能与市场机能的错位,政府决策与市场需求的错位,资源配置与企业发展的错位。在中国加入 WTO 之前,这种状况可以存在很长时间,而且即使错位了再改也有机会,但在加入 WTO 以后,改正错误的机会将越来越少。因此,“改造政府职能”已成为中国在全球化背景下,在国际市场公平竞争环境下发挥自身优势不可逾越的一项“政治任务”。关键在于要把握关键问题和关键环节,能作出“开明决策”①。再如,有学者认为,自 1982 年以来,中国政府历经四次集中式的改革,已经发生了广泛而深刻的变化。但是,历次改革基本上是按照“政府改革”而不是“改革政府”的单一模式进行的。这就使得中国政府行政改革面临一系列“两难抉择”的公共政策问题:国家崇拜还是市场崇拜,政治政府还是技术政府,全责(重责)政府还是分责(轻责)政府,直接责任政府还是非直接责任政府,稳定政府还是改革政府,激进政府还是渐进政府,廉洁政府(国民政府)还是腐败(特殊利益)政府,集权政府还是分权政府等。

在可预见的将来有可能越来越强烈地困扰政府行政改革,“两难抉择”的公共政策选择问题是:大政府与小政府、强政府与弱政府、大众政府与精英政府、国际化政府与本土化政府、经济政府与均衡政府。② 同时,制约中国政府行政改革的最重要的变量及其相互关系主要集中在 10 个方面,即行政改革理论规范与行政改革政策阐释的关系;行政改革基本价值标准与行政改革政策选择的关系;行政典范革命与转变行政观念的关系;机构改革与行政制度创新的关系;法制行政与法治行政的关系;集权与分权的关系;政策制定系统与政策执行系统的关系;他事务管理与自事务管理的关系;公共行政目的与公共行政管理方式的关系;公共行政管理通则与中国公共行政管理特殊性的关系等,由此衍生出了相应的宏观公共政策选择问题。③ 还有人认为,21 世纪中国行政改革的目标轮廓已经比较清晰,这就是:在总目标方面,建立与社会主义民主政治体制相配套、与社会主义市场经济体制相适应的,有中国特色社会主义的行政管理体制。主要包括:建立办事高效、运转协调、行为规范的行政管理体系;造就高素质的专业化行政管理干部队伍;把依法施政贯穿于行政管理的全过程;建设廉洁、廉政、务实、高效为人民服务的政府。在主要内容方面,从政府职能角度而言,主要是转变职能,政企分开;从组织结构角度而言,主要是加强宏观调控部门,减少专业经济部门,加强执法、监督部门,并适当调整中央政府与地方政府的事权。从运行机制角度而言,主要是改革管理方式、转变作风,加强廉政建设,提高行政效率。从行政规范角度而言,主要是按照依法治国、依法行政的要求,健全行政法制,规范行政行为,实现政府机构、职能编制工作程序的法定化。在配套措施方面,包括培育和发展社会中介组织,减少政府部门办理的有关中介事务;推动事业单位改革,实现政事分开,即政府职能与事业单位职能分开,逐步实现事业单位社会化;设立法定机构,把政府包揽的决策与执行两种职能加以分离,属于决策权的仍归政府,属于执行权的交给法定机构;加快国有企业改革步伐,并推进金融体制、投融资体制、社会保障体系诸方面的配套改革,以营造行政改革必要的良好的外部环境。中国行政改革是一个长期的过程,其任务繁重而艰巨,必须认真学习理论,不断进行探索,坚决而稳定

---

① 江濡山. 中国 2005 年以前面临的改革难题[J]. 战略与管理,2002(6).

② 张国庆. 中国政府行政改革的“两难抉择”及其应对理路[J]. 北京行政学院学报,2001(5).

③ 张国庆. 21 世纪初中国行政改革的十大关系及政策选择[J]. 中山大学学报,2001(6).

地把改革推向前进等。① 所有这些计策都是我们继续推进我国政府行政改革向纵深发展的不可多得的财富,都应当用以指导我国的政府行政改革的实践。

我国的政府行政改革,是中国共产党执政主导型的政府行政改革。根据党的十六大报告的精神,我们认为我国的政府行政改革要进一步处理好以下五个方面的关系。第一,要进一步按照党的十六大关于深化行政管理体制改革的要求,处理好政府行政改革自系统的各种关系,尤其是中央与地方的关系。第二,要进一步处理好政府行政与国家行政的关系,即政府行政改革与人大行政改革和“两院”行政改革的关系。第三,要进一步处理好政府行政与执政党行政的关系,即政府行政的改革与执政党行政改革的关系,亦即行政体制改革与狭义的政治体制改革的关系。第四,要进一步处理好政府行政改革与经济体制改革的关系,政府行政改革取决于经济体制改革的性质及其价值取向,归根结底取决于我国现实生产力发展的水平和状况。第五,要进一步处理好我国政府行政改革之特殊与世界行政改革之一般的关系。

总之,政府行政改革是一个系统整体的过程,也是一个循序渐进的进程,还是一个应具法律和制度保障的过程。围绕着现代化经济建设这个中心创建与现代企业制度相适应的具有中国特色的现代政府制度,是深化政府行政改革的必然要求,也将是政府行政改革的理论工作者和政府行政改革的实践工作者共同的历史任务。

① 郭济.中国行政改革的现状和趋势[J].中国行政管理,2000(9).

政风建设浅探*

鉴于我国比较特殊的党政关系,人们通常习惯于使用加强和改进“党风”或党风建设、“廉政”或廉政建设、或“党风廉政建设”这样的概念和术语,却很少使用“政风”或“政风建设”这样的概念和术语,以致在一些常用的工具书里尚未收入这些词汇并加以固定化。可以如是认为,现在人们把“政风”及其建设问题从一般的“党风”及其建设问题中剥离出来,进行相对独立的认识、研究、探讨和建设,也是一种创见和创新,具有十分重要的理论意义和实际意义。

所谓“政风”,可视为“政”与“风”的集合概念,可将“政”与“风”分别言之。“政”,指政治、政事。布政治事,各得其所。泛指有关施政的一切事务。家庭有家政,学校有校政,企业有企政,国家有国政。政、政治、政事尤指国家和社会的公共事务,其特质在于它的公共性。然而,政也通“正”,所谓“政者,正也”。所以政、政治,政事的特质也在于它的公正性。可见,公共性、公正性本是政、政治、政事的题中应有之义。“风”,指一种作风、风气、风尚、风范、社会流行习气等。作风是指工作或生活上一贯表现的态度和行为,如作风正派等。风气中有与“邪气”相对的“正气”,本指刚正的气节,也指正派的作风或良好的风气。用“政”来修饰、限定“风”,以“风”从“政”,构成“政风”一词,其本意应该是指一种政治主体在处理政治事务的实践活动中所应该具有的一种公共性、公正性的正派的作风和正气。正是从这个意义上可以说,“政风”亦即“正风”。然而这种政风或者正风又是具体的、历史的、阶级的、动态的和发展的,不同的社会、不同的历史、不同的社会制度及同一种社会制度的不同的历史时期或不同的历史阶段有不同的政风。也就是说,政风必须合乎一定历史阶段的社情、国情和民情。只有社情、国情、民情才是衡量、检验政风好与坏、正当与否的唯一尺度。如果一种政风偏离或失去其公共性、公正性、正派性、正气性,就有悖于它的社情、国情和民情,就需要及时地通过适当的途径、手段、方式和方法进行斧正或匡正、建设。应当实事求是地认为,我们的党和政府历来高度重视党风和政风建设,形成并坚持发扬了理论联系实际、密切联系群众、批评与自我批评等优良作风,并且在改革开放的实践中又与时俱进,有所创新。对我国政风状况要有清醒的全面的估计,看不到主流,悲观失望,是错误的,看不到问题的严重性,丧失警惕,不下大气力加紧解决,是危险的。那么,政风建设从何做起呢? 我认为,每一个政治主体都应当在从我做起的基础上齐抓共建,共同营造政通人和、国泰民安的政风局面。

根据我们对政风原意的理解,政风及其政风问题大体上属于政治领域或论域的问题,它

* 原载《中共南京市委党校南京行政学院学报》2003 年第 1 期。

是经济及其经济问题的集中表现，具体体现在三个层面上。首先，最广义的政风，包括党风、政（府）风、军（队）风、行（业）风、民风和社（会）风等。其次，广义的政风，即广义政府的政风，包括各级人大的政风，各级政府的政风，各级“两院”的政风，老百姓常把它们通称为“官风”。再就是狭义政风，即狭义政府的政风，亦即作为各级国家权力机关执行机关的政府的政风。由这三个层面的政风构成作为整体的政风，构成一个“政风体系”。在这个体系中起主导作用的是党风和作为广义与狭义政府的政风建设。所谓加强和改进政风建设，不是宣布将哪一年作为转变作风年、调查研究年，不是做几件事就算完成任务了，实际上，政风建设是一项长期的、艰巨的、复杂的系统工程。它至少在政风观念上、政风理论上、政风规范上、政风行为习惯上有许许多多的事情要做。如果能够在把政风建设作为一项系统工程来抓这一点上达成共识，那么，首先就应该把各层面、各方面的政风作为一个子系统的政风建设来加强和改进，进行合理分工，自觉地从本系统、本领域、本单位、本部门做起，从我做起，不能以为政风建设只是他人的事，与己无关。在此基础上进行宏观协调，齐抓共建，以便降低政风建设的成本，提高政风建设的整体效率和效益。加强和改进政风，重在建设。根据我对政风内涵的分层，所谓政风建设从我做起，齐抓共建，可以在以下三个层面上展开。

从最广义的政风建设层面上看，无论是党风、政风，还是军风、行风、民风和社风，它们之间有区别，都应该分别从符合自身性质、特点、内容和形式进行建设，它们发展又不平衡，不能相互取代。其中最为重要的当数执政党的党风建设，这是不言而喻的。因为执政党的党风关系党的形象，关系人心向背，关系党和国家的生死存亡。党风主要表现在“五风”，即思想作风、学风、工作作风、领导作风和干部生活作风。在这“五风”中，思想作风又带有根本性。目前，在党风方面存在的一些亟待解决的问题，主要是：在一些地方、部门和领导干部中，教条主义、本位主义滋长，形式主义、官僚主义盛行，弄虚作假、虚报浮夸严重，独断专行、软弱涣散问题突出，以权谋私、贪图享乐现象蔓延。这些问题归根到底都是脱离实际，脱离群众，其消极影响和后果不可低估。为解决这些突出问题，中共十五届六中全会提出的任务和措施是“八个坚持、八个反对”。广泛涉及党的思想理论建设、组织建设、制度建设、政权建设乃至领导水平、执政能力、管理方法等方面存在的作风问题，从作风建设切入，全面推进党的建设。可见，党风建设中的“五风”建设，“八个坚持、八个反对”在实际建设的进程中虽有轻、重、缓、急，但是都不可或缺，必须互动，互相促进，这是党风自身建设的齐抓共建。同时，党风建设对于政风、军风、行风、民风和社风建设事业又具有率先垂范的主导作用，既不可或缺也不可替代。另一方面，党风以外的政风、民风等各自的建设又起主体作用，能动地反作用于党风建设，构成党风建设的生态（硬的和软的，好的和坏的）环境，对于党风建设来说既不可或缺，也不可分割。比如，普遍开展公民道德建设对于民风建设，特别是对党风建设有着极其重要的意义，从而形成最广义层面上政风建设的齐抓共建局面。

从广义政府的政风建设层面上看，无论各级人大及其常委会，还是各级人民政府和各级人民法院、检察院，都应该加强和改进各自的政风建设。它们既体现着不同的角色、不同的职能和作用，有着不同的内容和形式，相对独立，各司其职，它们又都与党风建设密切相关，都体现着政府的本质与宗旨。它们的政风建设得好坏，能否做到廉洁从政、执政为民，不仅关系到政府的形象，也关系到党的形象和执政地位，两者互相促进，不可偏废。这也是由我国特殊的党政体制决定的。党的“五风”建设问题和“八个坚持、八个反对”同样也适用于作为广义政府的政风建设。这也是党政齐抓共建的有力证明。如果没有党风建设的加强和改进,政风建设的加强和改进是不可想象的。同理,广义政府的政风建设对于除党风建设以外的军风、行风、民风及社风建设来说,也具有率先垂范的主导作用,既不可或缺也不可替代。同时,军风、行风、民风和社风建设又能动地反作用于政风建设,同党风建设一道构成政府政风建设的生态(硬的和软的、好的和坏的)环境,对政府政风建设既不可或缺,也不可分割;既形成广义政府自身政风建设齐抓共建的局面,又形成广义政府政风建设与党风、军风、行风、民风和社风建设互相促进的不可偏废的齐抓共建局面。

再从狭义政府的政风建设层面看,有许多道理或理由是同前两个层面的政风建设是相通的。有所不同的是,就狭义政府自系统内部纵向的自上而下的各层级政风建设和横向的各领域、各地域、各部门政风建设之间的齐抓共建,主要侧重于上级政府的政风建设,在领导职务公务员与非领导职务公务员之间、领导职务公务员之间、非领导职务公务员之间的政风建设的齐抓共建,侧重于领导职务公务员的政风建设。因为上级政府和领导职务公务员的政风建设对于下级政府和非领导职务公务员的政风建设来说,具有率先垂范的主导作用,既不可或缺也不可替代。另一方面,下级政府和非领导职务公务员的政风建设又起主体作用,能动地反作用于上级政府和领导职务公务员的政风建设,构成它们政风建设的生态(硬的和软的,好的和坏的)环境,既不可或缺也不可分割,从而形成狭义政府自系统纵向间、横向间及纵横之间的政风建设齐抓共建的局面。

政风建设的齐抓共建除以上三个方面以外,我认为还应该体现在其他方面。比如,在党风、广义和狭义政府的政风齐抓共建过程中,党风建设最为关键,正如邓小平同志告诫我们的那样:中国要出问题,还是出在共产党内部。只有搞好党风,才能转变社会风气。同样,在党风、广义和狭义政府的政风齐抓共建过程中,思想作风、学风、工作作风、领导作风、生活作风建设既要齐抓共建,又要突出思想作风建设对于其他作风建设的极端重要性。在政风、行风、民风、社风建设的齐抓共建过程中,突出政风建设对行风、民风、社风建设的极端重要性,因为在一个传统的“以吏为师”的国度里,治国先治吏更为本。与此同时,在上下级政府的政风齐抓共建过程中,应突出上级政府政风建设的极端重要性;在领导职务公务员和非领导职务公务员作风的齐抓共建过程中,应突出领导职务公务员政风建设的极端重要性。在依法治国、以德治国的齐抓共建过程中,应该更加突出依法治国的极端重要性。在思想政治教育与制度建设齐抓共建的过程中,应突出制度创新,健全和完善制度建设,用好的制度和机制选人的极端重要性。在干部的选举(竞争、竞选)、监督(内外监督)和罢免(能上能下)等环节的齐抓共建过程中,应突出真正民主公开选举、坚决防止和纠正用人上的不正之风的极端重要性。在政风建设处理各种矛盾的过程中,应突出正确处理新形势下人民内部矛盾的极端重要性。因为政风建设的关键就是要从根本上解决党和政府与人民群众的关系问题,永远保持同人民群众的血肉联系,真心实意地代表好、实现好、维护好、发展好最广大人民群众的根本利益。

总之,加强和改进政风建设,是一项长期而复杂、艰巨的系统工程,必须从我国社会主义初级阶段的实际出发,齐抓共建,整体推进,突出重点,从严要求,标本兼治,从源头上预防和治理各种不良政风,永葆政风的人民之本色!

略论政府和谐*

一、“和谐社会”的新视域

从和谐的本意看，和谐社会是指一种社会关系的协调，一种社会关系的相宜，一种社会关系美的状态。一般从人自身的身心和谐、人与人之间的人际和谐、人与社会之间的群己和谐和人与自然之间的天人和谐等四类关系来论证和谐社会问题。和谐社会，既是一个理论问题，又是一个实践和实际问题；既是一个应然问题，又是一个实然问题；既是一个社会形态问题，又是一个社会状态问题，是理论问题、应然问题、社会形态问题和实践问题、实然问题和社会状态问题的有机统一。因此，和谐社会是一个有机整体，构建和谐社会是一个巨大的系统工程。这主要体现在以下三个层面：

从价值层面看，和谐社会一直是人类追求的一种理想，一种渐进的社会成长的历史过程，也是人类社会文明进步的一种状态，它在不同的时代、同一时代的不同历史时期有着不同的内容与形式。我们所说的和谐社会，应当是指在承续着人类和谐社会思想与现实基础结合的和谐社会状态。这种和谐社会，在当今中国，则表现为中国特色和谐社会，中国特色社会主义和谐社会，中国特色社会主义初级阶段和谐社会，以及中国特色社会主义初级阶段小康社会的和谐社会这几个层面。党的十六大以来，胡锦涛总书记在多次讲话中科学概括了社会主义和谐社会的基本内涵。具体讲，其一，和谐社会是民主法治的社会，即人人享有充分的民主和权利，一切都依法行事；其二，和谐社会是公平正义的社会，即社会公平和正义成为人们秉持的一个基本原则，其中社会公平主要表现为权利公平、机会公平、规则公平、效率公平、分配公平和社会保障公平等；其三，和谐社会是诚信友爱的社会，即人与人之间平等友爱，融洽相处，互帮互助，诚实守信；其四，和谐社会是充满活力的社会，即每个人的意识、劳动、创造和才能得到充分的尊重和发挥；其五，和谐社会是安定有序的社会，即老百姓安居乐业、社会秩序良好；其六，和谐社会是人与自然和谐相处的社会，即富足的生活与优美的环境相得益彰。由此可见，第一，建设社会主义和谐社会的这六个方面的基本特征，是根据我国社会主义建设，特别是改革开放以来的经验教训所揭示的，是中国共产党在全新的历史条件下对马克思主义关于社会主义建设理论的重大贡献，不仅对于中国社会主义社会建设，而且对于世界社会主义事业的发展具有重要的理论意义。第二，建设社会主义和谐社会的六

---

* 原载《江苏行政学院学报》2006 年第 2 期；中国人民大学复印报刊资料 · 公共行政 · D01，2006(6)全文转载；新华文摘，2006(10)论点摘编。

方面特征,是指社会主义社会的总体、整体而言的,不是指整个社会主义初级阶段,尤其不是指全面建设小康社会历史时期就已经达到的或实现了的,而更多的是指社会主义本质层面所要达到的一种未来情景,既要建设眼前的和谐社会,更要着眼于长远的中国特色社会主义初级阶段的和谐社会建设。第三,建设和谐社会,惠及社会每个成员的生存与发展的利益,它不会凭空而至,也坐等不来,它要靠社会每个成员的理性思考和实际行动。正是从这个意义上说,建设和谐社会,人人有责。要使社会的每一个成员都能够自觉意识到一切损人利己或损人不利己的事都不能做、不能为,自觉做到"惠己悦人,立己立人,达己达人,己所不欲,勿施于人"。很显然,要使得处于建设中国特色社会主义初级阶段小康社会的每一个社会成员都能达成这种价值认同,是不太现实的,但是,它确能够对每个人的言论与行为起着一定的价值规范和价值引领的作用。

从时间维度看,如上所说,和谐社会是一种渐进的社会成长的历史过程,也是人类社会文明进步的一种状态。不仅如此,和谐社会还是一种对人类生存共同体相互尊重的意识,一种社会价值变迁的现象,一种构建社会秩序的行动,一种人与人相互关系的变革,一种社会可持续发展的过程。一方面,这种过程表现为历史的社会和谐、现实的社会和谐和未来的社会和谐,表现为古人、今人和后来人的代际关系的和谐,这种和谐从根本上说是社会发展所内含的自我否定式的和谐,是一种后浪推前浪式的承续性和谐,这种承续性和谐具有革命的性质。另一方面,就某一特定的现实社会或现存社会而言,它往往表现为三种质态,这就是历史遗迹(积极的和消极的)、现实的基础和未来的萌芽。① 一个现实社会的和谐问题,在一定程度上应反映出这三种质态之间的共生、共存及其相互作用而形成暂时的和谐社会状态。这种共生、共存性的和谐往往具有妥协性或改良的性质。这种共生、共存的社会往往具有过渡性或转型性的特点。按照美国著名的行政学家弗雷德·W.里格斯的观点,这种过渡性社会的突出特点就在于它同时具有的异质性、重叠性和形式主义。② 其中,异质性特点表明,那种本质上属于历史遗迹的社会特质,由于某种条件的不成熟,它还不能真正走出历史舞台,而新的生长着的未来萌芽的社会特质,也由于某种条件的不成熟,它还不能真正成为现实社会有机构成的主体而不得不在性质上成为主导性、未来性因素而隶属于现实的基础而存在。正如马克思所说:"无论哪一个社会形态,在它所能容纳的全部生产力发挥出来以前,是决不会灭亡的;而新的更高的生产关系,在它的物质存在条件在旧社会的胎胞里成熟以前,是决不会出现的。"③例如,从历时态的观点出发,我国社会的历史方位还处于中国特色社会主义初级阶段的小康社会,属于一种转型社会或过渡社会,是一种多质性社会。它好像是人类社会历史形态的"大熔炉"和"博物馆",既有过去封建社会的遗迹,更有现实社会主义、资本主义社会形态的基础(正是这种现实基础决定着我国必须坚持社会主义的道路、原则和方向),还有未来共产主义社会形态的萌芽。目前,我们所构建的和谐社会,首先和主要的就是指这种多质性、异质性共生、共存的社会,它首先和主要关涉的是我国社会能否和怎样才能可持续发展的问题,因为它既不是纯而又纯的社会主义社会,也不是资本主义社会,更不是前资本主义社会。因此,它们之间必然有矛盾,有冲突甚至还有斗争,要使它们之

---

① 乔耀章.中国社会主义特色纵横谈[M].苏州:苏州大学出版社,1996.246—248.
② 丁煌.西方行政学说史(修订版)[M].武汉:武汉大学出版社,2004.298—301.
③ 马克思,恩格斯.马克思恩格斯选集:第2卷[M].北京:人民出版社,1995.33.

间的这种矛盾、冲突、斗争维持在一定的秩序范围内,客观上要求构建和谐社会。正是从这个意义上说,正确处理现阶段我国社会中客观存在着的非资本主义因素、资本主义因素、社会主义因素和共产主义因素之间的相互关系,以及共和国自身历史的不同阶段之间的关系,防范历史虚无主义,是构建和谐社会的第一要义或深层次要义。

从空间维度看,和谐社会关系到不同领域、不同区域、不同层次的社会和谐以及统筹、协调发展等问题。就和谐社会的领域而言,社会有广义和狭义之分。广义的社会包括社会的经济领域、政治领域、文化领域和社会领域,狭义的社会是专指与社会的经济、政治、文化领域相并列的社会,特指社会关系、社会管理、社会环境或社会生态等方面的状况,具有相对的独立性。根据对社会的解释,所谓和谐社会,应该包括四方面的基本内容。其一,是指和谐社会经济或经济和谐。随着我国经济体制改革的不断深入,我国正在形成多元经济主体或市场主体。以第四次宪法修正案为标志,已初步形成"新式公有制"与"新式私有制"有机共存的综合经济基础。由此,和谐社会首先和主要的是指社会经济主体,亦即公有制经济与非公有制经济之间的和谐,亦即基于多种生产力之间和谐基础上的多种生产关系之间的和谐,以及各种生产关系与各种生产力之间的适应性和谐,它们决定并制约、影响着其他领域的社会和谐。其二,是指和谐社会政治或政治和谐。随着我国政治体制改革的不断深入,我国正在形成多元政治主体,传统的个人、阶级、阶层、民族、群体、政党、社会团体等都在发生并且还将继续发生着前所未有的深刻变化。由此,妥善处理和解决不同利益集团之间的矛盾、冲突和对抗,从根本上保障最广大人民的根本利益,实现多元政治主体之间的和谐,就成为实现政治和谐首要的和根本的任务,从而为建设和谐社会提供有力的政治保障。其三,是和谐文化或文化和谐。随着我国思想文化体制改革的不断深入,我国正在形成多元文化和多元意识形态,主要有传统的文化和意识形态、西方资本主义文化和意识形态、马克思主义的文化和意识形态,它们之间的共生和共存实际形成着"思想市场的搏杀"和交锋。由此,在坚持马克思主义主流文化意识形态占主导地位的前提下,如何构建主流文化意识形态与非主流文化意识形态之间的和谐关系,就成为实现文化和谐的首要和根本的任务,进而为建设和谐社会提供理论支持和价值引领。其四,是狭义和谐社会或社会和谐。随着我国社会体制改革的不断深入,我国的经济、政治、文化运行存在着越来越社会化的趋向,与此同时,社会领域内的强势群体与弱者特殊群体之间的矛盾、落差日益凸显,危及着社会的长治久安。因此,提出和加强社会建设,实现社会强势群体与弱者特殊群体之间和谐,既是经济和谐、政治和谐与文化和谐的出发点和落脚点,也关涉到我们党和国家、社会性质的旨归。

由此可见,建设中国特色社会主义初级阶段小康社会的和谐社会,是经济和谐、政治和谐、文化和谐和社会和谐的辩证统一。如果说和谐是一种美、一种文明,那么经济和谐就是一种物质文明,政治和谐就是一种政治文明,文化和谐就是一种精神文明,和谐社会或社会和谐就是一种"社会文明"。在以上四种和谐或"四个文明"中,每一种和谐或文明既是相对独立的个体,又是相互作用、相互渗透的整体和总体。其中,经济和谐是政治和谐、文化和谐的基础;政治和谐是经济和谐、文化和谐的保证;文化和谐又是经济和谐、政治和谐的内在动力;经济、政治、文化"三个文明"要以"社会文明"(社会和谐)作"底子":"社会文明",既是经济、政治、文化"三个文明"的基础,又是经济、政治、文化"三个文明"的生态,既是经济、政治、文化"三个文明"的出发点,又是经济、政治、文化"三个文明"的归宿。因此,我们应当在"四个文明"一起抓的历史进程中齐奏"四种和谐"的交响曲。

二、政府和谐不可或缺

从特定意义上说,政府和谐是政治和谐进而是和谐社会的题中应有之义,不仅如此,和谐社会能否构建及其构建的程度取决于政治和谐能否构建及其构建的程度,而政治和谐能否构建及其构建的程度在很大程度上也取决于政府和谐能否构建及其构建的程度。基于对和谐社会主要是指社会关系的协调、社会关系的平衡、社会关系的相宜美与社会文明的解释,政府和谐也主要是指政府关系的协调、政府关系的平衡、政府关系的一种相宜美与政府文明。政府和谐中的"政府",可以有三解:一解是指"政府体系"的政府和谐;二解是指作为广义政府,即作为国家机构整体的政府和谐;三解是指狭义政府,即作为国家机构的行政执行机关的政府和谐。本文主要研究狭义的政府和谐。为便于阐释问题的完整清晰起见,对前两种解释作必要的分析。

作为"政府体系"的政府和谐。关于政府体系问题,笔者曾在《再论作为非国家机构的政府》一文中作过初步分析,有两种情形。其中,一种情形的"政府体系"是指涵盖着各级共产党组织,各级民主党派、各级人民政协,各级国家机构、各级人民团体以及各基层自治组织在内的政府体系。在这个层面上,政府和谐就是指政府体系各组成部分内部及其相互之间为着公共管理事业而达致的和谐。另一种情形的"政府体系"是指由国家机构政府,包括立法、司法、行政机构等和非国家机构政府,包括各级政党组织、民主党派、人民政协、人民团体、各基层自治组织、非政府组织和第三部门在内两个方面构成的政府体系。在这个层面上,政府和谐首先是指国家机构政府与非国家机构政府之间为着公共管理事业达致的和谐,以及它们各自内部各构成要素自身在公共管理过程中达到的和谐以及它们之间为着公共管理事业而达致的和谐关系。①

作为国家机构的政府和谐。这里的政府一般是指广义的政府或"大政府"。但是,作为国家机构的广义政府究竟"大"到什么程度,或国家机构的政府的边际在哪里,这在学界一直存在着争论。按照通常的解释,我国作为国家机构的政府主要包括"党、政、军、法"四个方面。其中,"党"的方面,包括党的中央委员会、中央纪律检查委员会以及已成为历史的中央顾问委员会;"政"的方面,包括全国人大及其常务委员会,国家主席、国务院、政治协商委员会及其全国委员会;"军"的方面,主要是中央军委;"法"的方面,主要包括最高人民法院和人民检察院。② 尽管作为国家机构的政府的组成及其基本原则在不同的国家有所不同,但作为现实的国家机构的政府各具体组成部门之间,实际上存在着协调和平衡等问题,这种协调、平衡问题也就是作为国家机构的政府和谐问题。在我国,作为国家机构政府的党、政、军、法各自内部及其相互之间的协调、平衡、和谐问题也是客观存在着的,而且需要着力去营造和建设。从这个意义上说,没有作为国家机构政府的和谐,便无和谐社会。

作为国家机构的狭义的政府和谐可分为外部政府和谐和内部政府和谐两个方面。外部政府和谐,主要是指政府自系统与作为政府政治生态环境各要素之间的和谐。这主要表现在:第一,政府与自然的和谐。在打造环境友好、建设生态文明方面,政府应当有许多作为。

① 乔耀章.再论作为非国家机构的政府[J].江苏行政学院学报,2005(2).

② 朱光磊.当代中国政府过程[M].天津:天津人民出版社,2002.29—53.

第二，政府与社会、国家、政党、市场、企业及公民的国内和谐。在政府与社会和谐问题上，主要应处理好政府本位与社会本位的关系；在政府与国家和谐问题上，主要应处理好政治统治与政治治（管）理的关系；在政府与政党和谐问题上，主要应处理好执政党与国家权力机关的关系，亦即执政党与宪法、法律、归根结蒂与人民群众的关系；在政府与市场和谐问题上，主要应处理好政府功能与市场功能的“强强联合”和“优势互补”的关系；在政府与企业和谐问题上，应处理好作为上层建筑的政府与竖立其上的经济基础的关系。第三，国家间的府际和谐。在对外尊重不同文明的基础上，谋求和平，建立和谐世界是中国共产党在21世纪的基本走向。政府在处理好以上八大关系谋求与自然和谐、国内和谐以及和谐世界的过程，实际上也就是政府履行公共管理或公共治理的过程。在全球化态势下，政府与自然的和谐已经越出国界而同时具有世界历史的意义。政府国内和谐是对外和平、建立和谐世界的前提基础和保障；建立和谐世界则是政府国内和谐的外在生态环境。

内部政府和谐，主要是指政府自系统各要素之间的和谐，亦即微观政府结构之间的和谐。第一，表现为纵向垂直层面的中央政府与地方各级人民政府之间的和谐。上下共振，令行禁止是检测这种政府和谐程度的表征之一。第二，表现为横向水平层面的各级政府各部门之间的和谐，这里的各级政府和谐主要是指同一行政层级政府，如省际政府、市际政府、县际政府、镇际政府、乡际政府、自治区际政府、特别行政区际政府等的政府之间的和谐，实际上是指不同区域政府或地域政府之间的和谐。政府各部门主要因社会和国家的公共事务的领域与性质而设立，政府各部门和谐主要是为着增进政府管理公共事务的效率与效益，避免画地为牢、部门壁垒、山头主义，是检测这个层面政府和谐程度的表征之一。第三，表现为各级人民政府多种政府职能之间的和谐。社会生活涉及经济、政治、文化和社会各个领域，与此相应的政府职能也涉及政府经济职能、政府政治职能、政府文化职能、政府社会职能。政府在履行其职能的历史过程中，只有轻、重、缓、急之分，没有厚此薄彼之别。换言之，政府职能的四个方面是互为条件、互为目的的，哪一个都不能少，不能顾此失彼，而且，不同层级的政府履行职能的侧重点、手段及方式、方法都是有所不同的，如上层政府侧重于宏观调控，下级政府侧重于微观搞活，否则，政府职能就有失和谐。第四，表现为政府组织结构和谐。政府组织结构是由政府职能结构决定的，有什么样的政府职能结构，就有什么样的政府组织结构。政府组织结构和谐表现在纵向结构、横向结构，功能结构、边际结构及其相互之间的和谐，那种机构臃肿、人浮于事的现象，就是政府组织结构有失和谐的表征之一。第五，表现为政府权力结构和谐。政府职能、政府组织不能自行，它们需要政府权力推动。政府权力不能孤立存在，它同国家的公共权力、政治权力、行政权力、社会权力、政府权威等问题密切联系在一起。政府权力本质上具有公共性特质。政府公共权力与政府公共责任的有机统一，是政府权力结构和谐的重要表征之一。第六，表现为政府利益结构和谐。政府利益结构是政府权力结构的更深层次的动力。政府的利益是同阶级的、国家的、社会的、公共的利益紧密相联系，它是中央政府利益，地方政府利益，区域、地域政府利益，政府部门利益等的有机统一。在我国，各级各区域、地域政府始终代表最广大人民的整体利益，是政府利益结构和谐，乃至政府和谐，直至社会和谐的重要表征之一。此外，还表现为政府运行结构和谐。政府运行结构可以从多角度进行分析研究。从动态的角度分析研究政府运行过程中各环节（如政府决策、执行、监控、评估等）、各种运行机制的和谐，实质上就是在探讨和揭示政府运行过程及其规律。政府运行过程的合规律性是政府和谐的终结表征。

构建外部政府和谐和内部政府和谐是同一个历史过程互动的两个方面。内部政府和谐是外部政府和谐的根据,外部政府和谐则是内部政府和谐的条件,外部政府和谐通过内部政府和谐而起作用。如果在现实的政府公共管理活动的过程中,能够实现外部政府和谐和内部政府和谐的互动,那么就能够为政府尽职尽责带来美誉或营造"政府美"的形象,塑造为公民提供优质的公共产品、公共服务和公共管理的良好政府,确保政府行政管理的可持续发展。

三、政府和谐何以可能

从政府与社会的政治学视野以及历史唯物主义的观点看问题,有什么样的社会就有什么样的政府,和谐社会决定、制约、影响着政府和谐的状况,但从辩证法的角度看,政府和谐不总是处于消极被动地位,它也能够能动地反作用于和谐社会的建设。在构建社会主义和谐社会历史过程中,确实需要形成一个复杂的合力系统。在这个合力系统中,政府的角色、政府的地位、政府的作为、政府是否和谐及其程度,直接关系到构建社会主义和谐社会的成败。从公共治理的角度看,政府是建设和谐社会的关键,政通才能人和。各级政府应当把构建和谐社会当作是自己的重要职责,努力维护和实现社会公平,努力推进公共权力与公民社会对社会事务的公共管理,带头成为民主的表率、法治的表率、善治的表率、宽容的表率、合作的表率。① 为此,我们认为,要构建政府和谐或和谐政府,就必须加强政府自身建设,从政府自身做起,做到政府自觉、政府自主、政府自律。只有这样,才能在建设社会主义和谐社会的历史过程中,发挥政府应有的历史作用。

政府自觉,是相对于政府自发或政府不自觉而言的。社会是一个自然历史过程,历史的必然性往往要通过实践主体的历史主观能动性才能体现。作为社会实践主体之一的政府,是一个有机体,具有主体能动性。社会和国家的进步或落后都离不开政府主体能动性的发挥。这种主体能动性或主动因素是相对于政府的客体被动性或被动因素而言的。政府主体能动性或主动因素就作用的实际结果可分为正面积极的主动因素和负面消极的主动因素。当政府正面积极的主体能动性的发挥同社会规律或政府规律作用力的方向相一致,政府就推动着社会向进步的方向发展;反之,当政府负面消极的主体能动性的发挥同社会规律、政府规律作用力的方向相背离时,政府的作为就会阻碍社会进步,对社会资源造成极大的破坏与浪费。② 可见,政府自觉首先和主要的是指政府对社会及其自身发展规律的认知与掌握,政府自觉能动性发挥的大小及其方向要以认识和掌握社会与政府发展规律为限度。因此,构建政府和谐,有赖于政府自觉,亦即要求政府能通晓人类社会发展规律,通晓社会主义的发展规律,通晓中国特色社会主义的发展规律,通晓中国特色社会主义初级阶段的发展规律,通晓中国特色社会主义初级小康社会的发展规律以及相应的政府自身发展规律,按照客观规律办事。从这个意义上说,政府和谐,亦即政府作为的合规律性。

政府自主,是政府自觉的题中应有之义。没有政府自觉便没有政府自主。邓小平在党的十二大开幕词中总结历史经验时曾指出:独立自主、自力更生,无论是过去、现在和将来都

---

① 俞可平.社会公平与善治:建设和谐社会的基石[N].光明日报,2005-03-22.

② 乔耀章.政府理论[M].苏州:苏州大学出版社,2000.49—53.

是我们的立足点。同样道理，政府和谐，政府建设，也要有政府的独立自主性，它表现在政府对内的独立自主和对外的独立自主两个方面。本文主要论及政府对内的独立自主问题。政府对内的独立自主表现在两个层面上：其一，从大政府层面上看，处理好政府与其环境的关系，特别是政府与政党的关系，以保持政府相对独立办事的品格。近代以来，政党与政府的作用都是至关重要的，但在我国构建社会主义和谐社会历史过程中的角色、地位和作用是有所不同的。政府作为社会政治上层建筑中最显著的公共管理主体，是党的领导和执政能力的有效载体，正确处理和调适政府与政党的关系，通过政府的主导作用，才能把政党的领导作用和领导能力落到实处，以便有效发挥。其二，从小政府层面上看，应处理好政府与立法、司法的关系。伍德罗·威尔逊关于"行政机关是行动中的政府"的名言，形象地揭示了政府所应具有的"独立人格"。政府通过这两个层面的独立自主，有利于改变政府的从属和依附地位，充分发挥强政府的潜能。①

政府自律，是相对于政府他律而言的。政府自律是政府和谐、政府建设、政府自觉、政府自主的保证，主要表现在"民治、法治、德治"三方面。政府自律、政府自主、政府自觉、政府建设、政府和谐本身并不是目的，真正的目的在于要求政府切切实实做到民主行政、法治行政和道德行政，以此来兑现对最广大人民所许下的服务行政、责任行政的总体诺言，以避免政府成为不廉洁、不稳定、不和谐的社会矛盾之"源"。如果没有政府自律，也就没有政府自主、政府自觉，就没有政府建设和政府和谐，而没有政府建设、政府和谐，也就难以构建社会主义和谐社会。

① 乔耀章. 政府理论[M]. 苏州：苏州大学出版社，2000. 57—59.

政府建设导论*

一般说来,社会革命的最终目的是为着社会建设。中国特色社会主义初级阶段的社会建设正处于前所未有的全面建设或总体建设、整体建设过程之中,它既是对以往新民主主义革命成果的消化、继承、巩固和发展,也是对现实社会主义实践的肯定、纠偏、补充和完善。政府建设是中国特色社会主义政治建设进而是中国特色社会主义社会全面建设的题中应有之义和不可或缺的重要组成部分。本文拟就政府建设问题及其所涵盖的基本内容作初步探讨。

一、政府建设界定及基本内容

本文的"政府",从作为国家机构的政府的狭义,即作为国家权力机构的执行机构的各级人民政府。把"政府建设"作为一个实践问题和理论问题提出来,是改革开放发展到一定历史阶段的事,它适应了从"建设型政府"转向"服务型政府"的客观要求。

1949 年新中国成立以后,党和国家及各级人民政府的历史任务就从总体上转向了率领各族人民建设社会主义国家。在以后的计划经济年代以及改革开放以后的一个时期,政府处在自发的"自在政府"阶段,政府的主要职能在于集中人力、物力、财力发展经济,搞经济建设,发展和解放作为物的生产力,政府要建设这,也要建设那,政府可以也能够建设这、建设那。需要特别说明的是,即使在"抓革命,促生产"的年代,政府也还是搞经济建设的。由此,人们称政府为"建设型政府",尤其指称是"经济建设型政府",唯独没有想到政府自身也要建设,如果政府自身不建设好,又何以能够建设好这、建设好那!随着改革开放和社会主义现代化建设事业的不断深入发展,这种"经济建设型政府"的历史局限性开始日显,越来越要求"服务型政府"与之相适应。于是,什么是服务型政府?政府服务什么?政府为谁服务?政府如何服务?以及如何提高政府素质、加强政府自身建设等新问题,就历史地提上了议事日程。一旦政府认识到自身建设的重要性,就表明政府已经开始从"自在政府"阶段向"自为政府"、从"自发政府"向"自觉政府"的发展或转变。①

理论往往是滞后于实践的。政府建设作为实践问题,早在"经济建设型政府"时期就开始了。事实上,新中国建国以后的不同历史时期,在政府自身建设方面还是做了大量实际工作的,只是不占主导方面,也很少有人从思想理论乃至学术上提出和论证政府建设问题。把

---

* 原载《江苏行政学院学报》2007 年第 6 期;中国人民大学复印报刊资料·公共行政·D01,2008(2)全文转载。

① 乔耀章,芮国强.政府创新与政府自觉[J].学术界,2002,(4);新华文摘,2003,(2);公共行政,2003(1).

政府建设作为理论问题初步提出，就我所知，是在 20 世纪 90 年代初期，在国内报纸杂志上就出现过“政府建设”这个概念①，不过，这还是隶属于“建设型政府”问题的。直到 1997 年，中国行政管理学会举办“周恩来行政思想与政府建设研讨会”时②，“政府建设”才作为一个相对独立的理论或学术概念问题被正式提出并开始引起理论界、学术界的关注。此后，就有某一方面关于政府建设（如“法治政府建设”、“网络政府建设”、“电子政府建设”）的文章陆续发表。③

在党和国家的正式文献中较早明确提出政府建设问题的是朱镕基总理在 2003 年 3 月 5 日所作的《政府工作报告》。他指出，这几年，我们在加强政府自身建设方面取得很大进展。我们深刻体会到，只有不断加强政府自身建设，才能更好地适应改革开放和现代化建设的新形势，使各级政府成为人民群众真心拥护和满意的政府，因此，要切实加强政府自身建设。④ 此后，温家宝总理在 2004 年 3 月 5 日所作的《政府工作报告》的第三部分更加明确地用“加强政府自身建设”为题。温总理在 2005 年 3 月 5 日所作的《政府工作报告》的第六部分，“加强行政能力建设和政风建设”中，实事求是地指出，政府自身建设还有不少差距，要加快政府自身改革和建设步伐。温总理在 2006 年 3 月 5 日的《政府工作报告》中，直面政府工作的缺点和不足，再次强调必须大力加强政府自身改革和建设问题。从近五年的《政府工作报告》可见，无论从力度还是速度上，加强和加快政府自身建设，已经成为党和政府高度重视的现实问题，学术界，尤其是政治学界、政府理论和政府实际工作者都不能等闲视之。

政府建设本质上属于政治建设，它同政党建设、国家建设等同属于政治建设领域或政治建设系统，成为社会全面建设的一个子系统或重要组成部分，它既不同于一般的政治建设，又不同于政党建设，也不同于国家建设。相对于政府建设来说，政党建设、国家建设等政治建设是政府建设的政治生态建设，而社会的经济建设、文化建设和社会建设则分别构成政府建设的经济生态、文化生态和社会生态。一方面，政府建设是经济建设、政治建设、文化建设、社会建设及其经济、政治、文化、社会生态使然；另一方面，政府建设也能动地反作用于经济建设、政治建设、文化建设、社会建设及其经济、政治、文化、社会生态的变迁。如同教育者应当首先受教育的道理一样，政府要在经济建设、政治建设、文化建设、社会建设过程中发挥应有的、积极的、能动的反作用，首先应当加强政府自身建设，从而使政府从自在、自发阶段逐步发展到自为、自觉阶段。政府自身建设也应是全面建设。那么，全面的政府建设应包括哪些内容呢？

对政府建设基本内容的认识是一个过程。早在 2003 年 3 月 5 日朱镕基总理所作的《政府工作报告》中，将政府建设的主要内容集中在政府机构改革、转变政府职能、重视公务员队伍和作风建设这几方面。2004 年 3 月 5 日，温家宝总理在《政府工作报告》中指出，按照执政为民的要求和建设法治政府的目标，突出政府建设着力抓好五方面工作，即推进政府职能转变，坚持科学民主决策，全面推行依法行政，自觉接受人民监督，加强政风建设和公务员队伍建设。2005 年 3 月 5 日，温总理在《政府工作报告》中强调，加快政府改革和自身建设

① 四川省政府建设库券单背面五十元券考[J]. 文物，1994(3).

② 中国行政管理，1997(12).

③ 衡阳师范学院学报，2001(1)；北京科技大学学报（社会科学版），2001(4)；全球科技经济瞭望，2001(9)；国家行政学院学报，2002(10).

④ 十六大以来重要文献选编（上）[M]. 北京：中央文献出版社，2005. 177—179，187.

步伐,抓好六方面工作:深化政府机构改革,加快转变政府职能,改进经济管理方式方法,努力建设服务型政府,提高依法行政能力,大力加强政风建设。在此基础上,在2006年3月5日的《政府工作报告》中,温总理针对政府工作中存在的缺点和不足,对政府建设又提出了一些新要求。从以上历届总理所作的《政府工作报告》可见,关于政府建设的内容提得都比较抽象和原则。所有这些建设内容落实到地方各级人民政府那里,就应当显得比较实际和具体,这既体现了不同层级政府建设、不同区域政府①建设方面的共性特征,又体现出不同层级政府②建设、不同区域政府建设的个性与特色。例如,上海市市长韩正在上海市第十二届人民代表大会第五次会议上所作的《政府工作报告》中的第五部分,围绕建设服务政府、责任政府、法治政府的目标,以转变政府职能为中心环节,全面推进依法行政、严格规范政府行为,继续完善政府工作制度和运作机制,进一步提高行政透明度,切实建设,努力建设一支素质高、能力强、作风好的公务员队伍。③ 根据政府建设的历史和现实的实践经验,以及对政府建设相关理论的思考,我们认为,比较全面的政府建设内容应主要包括:政府理念建设、政府基础建设、政府制度建设、政府组织建设、政府能力建设、政府作风建设和政府人建设等。其中,根据中国有靠理念支配政府施政行为的政治传统,政府理念建设当先行,政府基础建设是政府建设现实的出发点,政府制度建设是保障,政府组织建设是载体,政府能力建设、政府作风建设是关键,政府人的建设是落脚点,政府建设归根结蒂是政府人的建设。以下我们着重对其中政府理念建设、政府基础建设的基本内容略加分析。

二、政府理念建设

从辩证思维角度解释,政府理念之"理",亦即政府之"规律"或"政府规律"、政府之"道理"或"政府道理",政府理念,亦即"政府思想"、"政府观念",属于政府价值知识层面,相对于政府之客观存在,亦即"政府存在"而言,政府理念、政府规律、政府道理、政府思想、政府观念,同属于"政府意识"范畴。一方面,"政府意识"是由"政府存在"决定的,归根结蒂是由社会存在决定的;另一方面,"政府意识"也能动地反作用于"政府存在",根据恩格斯关于国家权力对于经济作用力的方向的思想④,政府意识对于政府存在的能动作用也可表现为三种情形,即积极的推进作用,消极的阻滞作用,以及介于两者之间的积极与消极皆有之的作用。为着政府意识对政府存在尽可能起到第一种情形的能动作用(虽然是属于理想状态的)或至少在总体上积极作用大于消极作用,就必须加强政府意识建设,也即加强政府理念、政府道理、政府思想、政府观念建设。政府理念应当先行,政府理念只有运用到政府实践

① 区域政府主要是指一定区域内的两个以上的促进区域发展而寻求相互协调与合作进而促进区域公共事务综合治理而构建横向的政府组织机构的集合体。笔者早在2001年申请江苏省政府重点学科——政治学理论建设的《计划任务书》中就提出研究"区域政府与政治"问题,此后,我还为政治理论硕士生、博士生开设"区域政府与政治"这门课程,并发表了《区域政府管理问题初探》一文。参见乔耀章.区域政府管理问题初探[J].领导理论与实践,2006(2);另见,新视野2006,(6);对区域政府的概念和相关管理问题进行了初步探讨。随后,我的学生周义程、芮国强等人分别发表了相关论文,对该问题进行研究。参见周义程、胡晓芳.区域政府:概念异说及其建设构想[J].中国人民大学复印报刊资料·公共行政,2007(2);芮国强、郭风旗.区域公共管理:理论基础与结构要素[J].中国人民大学复印报刊资料,公共行政,2007(2).

② 层级政府是对基于行政层级角度进行分类时所包含的政府之统称。

③ 文汇报,2007-02-05.

④ 马克思,恩格斯.马克思恩格斯选集:第4卷[M].北京:人民出版社,1995.701.

中去才具有生命力。

政府存在决定政府意识。政府存在往往具有或表现为多质态性，这就决定着政府理念、政府意识同样具有丰富多样性。根据初步的研究，我们把政府理念分为四个层面：政府哲学层面的理念、政府理论层面的理念、政府性质层面的理念和政府机制层面的理念。每个层面的政府理念又有四个主要因子构成，其中，政府哲学层面的理念主要有公共理念、公平理念、正义理念、无为理念；政府理论层面的理念主要有科学理念、民主理念、法治理论和伦理理念；政府性质层面的理念主要有秩序理念、管理理念、安全理念、服务理念；政府机制层面的理念主要有责任理念、竞争理念、成本理念、效益理念。我们认为，政府理念建设主要是由上述四个层面、十六个因子构成的政府理念系统。

政府哲学层面的理念建设，主要彰显政府的公共性、公平性、正义性性质，以及由此达到政府"无为而治，道法自然"的境界。这些理念意境重宏，经久不衰，是整个政府理念建设乃至整个政府建设的灵魂，起着统领的作用。我们倡导使用"政府哲学"这一术语，旨在研究和阐明政府哲学是关于政府观的学问，是基于对政府实践的反思和升华而生成的政府理论的再反思与再升华。作为国家的代表或象征的政府，其首要的特质就在于它的"公共性"，主要体现在政府管理主体即公共部门的公共性、政府管理手段即公共权力的公共性、政府管理目标即公共利益的公共性等方面。政府的公共性总是具体的、历史的和发展着的，不同的社会历史时期，不同的社会制度或社会形态、同一社会制度或社会形态的不同发展阶段，政府公共性的具体内容与形式都会有所不同。政府公共性应当同特定社会历史发展阶段的社会性相一致。有什么样的社会性质就会有什么样的政府的公共性。政府不是、不应当是也不可能是天使。没有超然于具体的、历史的社会性基础之上的政府的公共性。对公共性的不断获得、维持与增进，防范公共性的缺失或流失，是政府公共理念建设的基本要求。相对于政府的公共性理念来说，政府的公平性理念、正义性理念具有一定的从属性。一般说来，基于公共性前提，有什么样的政府公共性理念，就有相应的政府公平性理念和政府正义性理念，而不是相反。政府的公平性、正义性理念寓于政府的公共性理念之中，政府的公共性理念则要通过政府的公平性、正义性理念来体现与展示。人们可以通过政府的公平性、正义性理念及其程度来检视政府的公共性理念及其程度。简言之，通过加强政府的公共性、公平性、正义性理念建设和以"无为而治"理念进行决策与管理，从而匡正政府工作人员公平、正义地实施政务的行为，并力求达到有效治理国家和社会的目的。

政府理论层面的理念建设，主要彰显政府的科学性、民主性、法治性和伦理道德性，它源于政府的实践理念，是政府哲学层面理念建设的"原生态"，在政府理念建设中处于核心地位。其中，政府的科学理念主要包括政府的科学思想、科学观念、科学精神、科学态度、科学方法、科学思维等。政府的科学理念主要强调政府的理论和实践行为的合规律性和合目的性的统一，强调政府要按照客观规律来推行和执掌政务、政事。政府科学理念中的"科学"是同时涵盖自然科学与人文社会科学的"科学"，意即政府既要按照自然规律办事，也要按照社会规律办事。一旦政府不具备科学理念，无视或违背自然和社会发展规律，就会干出许多傻事、蠢事。在这方面我们已有太多的教训需要加以认真总结。那么，政府怎样才能树立科学理念，按照客观的自然和社会发展规律办事呢？我们认为，主要的途径在于民主和法治，也就是说政府的科学理念离不开政府的民主理念和政府的法治理念。政府的科学理念与政府的民主理念是并行不悖的。如果说政府的科学理念是政府的公共性、公正性、正义性及其无为性理念的必然要求与具体体现,那么,政府的民主理念则是政府科学理念的必然要求与具体体现,如果离开民主理念便难以保证政府始终坚持按照客观规律办事,使政府行为有失科学性。政府的科学理念与政府的民主理念本质上具有互承关系。但是,相比而论,政府的科学理念更具有"自在"的客观性,而政府的民主理念则带有某种"自为"的主观回应性色彩。正是从这个意义上说,凡科学的一定带有民主性质的,但凡民主的不一定必然具有科学的性质。再就政府的民主理念而论,政府的民主理念较之于政府的民主制度、政府的民主体制以及政府的民主机制、政府的民主行为来说,更具有先导性、前瞻性意义。现实社会政治生活中的政府民主制度、民主体制、民主机制、民主行为方面存在的问题与不足,往往源于政府民主理念方面的缺位或失度。加强政府的民主理念建设,不仅对于巩固和坚守政府的科学理念是重要的,而且对于生成、巩固和坚守政府的法治理念也同样是十分重要的。政府的法治理念是政府的民主理念的规范化、固定化。一般说来,有什么样的政府的民主理念,就会有什么样的政府的法治理念,加强政府民主及其政府民主理念建设就是一种更好的或更带有根本性的加强政府法治及其政府法治理念建设。但不能由此得出结论说,加强政府法治及其政府法治理念建设就是加强政府民主理念建设,因为古往今来、古今中外都不乏缺失政府民主或政府民主理念的政府法治或政府法治理念的实例。进而言之,如果说,政府的科学理念主要强调政府的言行要尊重自然和社会发展的客观规律性要求,政府的民主理念、政府的法治理念,主要强调政府的言行要尊重外在的制度性要求,那么,政府的伦理理念则主要强调政府的言行要尊重政府自组织系统内在约束要求。一方面,政府的伦理理念建设取决于或决定于政府的科学理念、民主理念、法治理念的建设;另一方面,政府的科学理念、民主理念、法治理念又在很大程度上取决于政府伦理理念建设及其建设的程度。政府的伦理理念建设有其特殊的规律,这就需要从政府人的社会本性中,归根结蒂要从社会历史的深处,追寻问题的答案。

政府性质层面的理念建设,是政府理念从抽象走向具体的一个重要环节,是政府哲学层面的理念建设和政府理论层面的理念建设的进一步展示,它直接表明了政府理念建设所具有的鲜明的政治色彩,关涉到政府为什么而存在,为什么要建设等问题。我们将政府性质层面的理念建设内容主要分为秩序理念、管理理念、安全理念和服务理念这四个方面。其中,政府的秩序理念是相对于政府的统治理念而言的。人类有文字记载以来的历史表明,政府的统治职能是不可或缺的,但政府的统治只能寓于秩序之中。政府的秩序理念主要是指政府的政治秩序理念,可分为政府自身的政治秩序和作为政府生态与作用对象的社会政治秩序两方面。通过政府自身的秩序建设,达到或实现相对稳定的社会政治秩序,以期得到大众普遍的认同与支持,这是政府秩序理念建设的重要标志,也是实现政府有效管理的前提,没有秩序的管理是难以想象的。我们之所以强调政府的秩序理念建设、政府的管理理念建设,也是出于对政府安全理念建设的考量。毫无疑问,安全问题也必将涉及诸多领域,与政府建设休戚相关的除了政府的自身安全以外,首先和主要的是关于社会安全、国家安全、公共安全以及政治安全、经济安全、文化安全、生态安全等的安全,由此形成政府"综合安全理念"。通过倡导政府安全理念建设,对于彰显政府的公共责任,突出政府服务理念,即要求政府及其官员牢固地树立起服务政府的理念,明确自己的角色定位,特别是与其服务对象的主仆关系、委托代理关系定位,构建"服务型政府",都具有十分重要的意义。

政府机制层面的理念建设,是以上几个层面的政府理念建设的进一步具体化以及借以实施的有效保障，主要包括政府的责任理念、竞争理念、成本理念和效益理念等。责任同权力是紧密相连的。现代宪政制度中的责任政府或政府责任，主要是指政府的政治责任，即指政府必然就其施政行为及其结果直接对代议机构并间接对选民负责，特别是要承担其执政所带来的不利结果的责任。在我国，政府的责任理念本质上是由政府与人民之间的基本关系所决定的，它既是一种政府理念，也是一种政府原则，还是一种政府制度。人民政府应当在理念（意志、精神）上、原则上、制度上保证对赋予它权力的全体人民负责。竞争是有组织的社会生活的一个重要组成部分，与合作相对而言。我们之所以突出政府竞争，而不是政府合作，主要原因之一在于相对于政府合作而言，政府竞争更是一种常态。"竞争能在政府行为中创造奇迹。"政府竞争理念是一个综合、系统、多层次的理念，大体可分为政府自系统的竞争和政府与他系统的竞争。前者主要表现为不同层级政府（尤指中央与地方政府）之间、同层级政府之间、政府各部门之间、政府前后任期之间的竞争、博弈等；后者主要表现为政府与社会、政府与国家、政府与公共组织、国家间政府之间的竞争、博弈等。强化政府竞争理念、加强政府竞争理念建设的主要目的在于降低政府施政成本，提高政府施政效益。成本概念本指为了获得某种收益而必须为之付出的代价。现代政府的成本理念不仅仅指政府施政过程中的财政支出，还应包括政府施政行为的机会成本和社会成本、生态成本等。树立政府成本理念，加强政府成本理念建设，对于政府机构改革、减少政府决策失误、提高政府施政效率等都具有十分重要的意义。政府效益理念与政府责任理念、竞争理念、成本理念直接相关，甚至政府效益理念是由政府的责任理念、竞争理念和成本理念决定的，有什么样的政府责任理念、竞争理念、成本理念，就有什么样的政府效益理念。政府的效益理念有别于政府的效率理念。效率主要涉及投入与产出的关系，而效益主要涉及政府提供服务的影响和质量，看政府的服务是否达到预期的目的，它所关心的是目标和结果。政府效益理念建设涉及政府的经济效益、政府的政治效益、政府的文化效益、政府的社会效益等方面。政府的效益理念建设是所有政府理念建设的归宿点，它在很大程度上决定着人民、公民对政府的满意程度。

三、政府基础建设

从唯物主义视角看问题，相对于政府理念、政府意识来说，政府基础是一种客观的社会存在。它对政府的产生、存在和发展具有决定性意义。但是，究竟什么是政府基础，学术界尚未有明确的界定。在西方政治思想史上，虽然使用过"政府的基础"而没有使用过"政府基础"这个概念，但"政府基础"这个词的思想偶尔能看到，如在亚里士多德的《政治学》、洛克的《政府论》、边沁的《政府片论》、休谟的《休谟政治论文选》、罗尔斯的《正义论》等许多政治理论著作中一般将"正义"、"人民同意"、"大众信念"、"作为公平的正义"等作为政府建基原则。近年来，我国政治学界的谢庆奎等著的《中国政府体制分析》、施雪华的《政府权能理论》、商红日的《政府基础论》等，都不同程度地阐述了政府基础问题。从静态和动态的结合上视政府基础为原则和条件。

从历时态或线性维度看，政府有其自身的基础，或政府的时间基础，政府总是由传统政府发展为现代政府，相比较而言，传统政府是现代政府的历史基础，亦即政府的自身基础。政府自身基础主要包括历史地形成和发展起来的政府理念、政府制度、政府体制、政府机制、政府组织机构及其人员等,加强政府自身的理念建设、制度建设、体制建设、机制建设、组织建设、机构建设及政府人员建设等,就是加强政府自身基础建设,它有利于政府建设的可持续发展。

政府自系统外部的政府基础,可称为政府的空间基础、领域基础或生态基础。我曾在《政府理论》一书中,从政府与自然、政府与社会、政府与国家、政府与政党、政府与市场、政府与企业、政府与公民及国际政府间关系等八个方面分析论证宏观政府生态问题。这八个方面内容也可视为"综合政府基础"。本文侧重于政府与社会关系中论述政府基础及其建设问题。如前文所述,社会系统是由经济、政治、文化、社会这四个子系统构成的。政府作为政治社会的上层建筑,相应的政府基础就由政府经济基础、政府政治基础、政府文化基础和政府社会基础这四个部分有机构成。

其一,政府的经济基础,是整个政府基础的基础。政府的经济基础主要由生产力、生产关系、所有制、经济结构等组成,具有最终起决定作用的意义。政府作为政治社会上层建筑的重要组成部分,其存在的形式与运行模式是由其现实的经济基础决定的,归根结底是由社会现实的生产力发展水平和状况决定的。由于决定社会性质的主要是生产关系及其所有制性质,所以政府的经济基础主要是由生产关系的总和构成的,其中生产资料所有制的性质和结构形式、产权关系等起着决定性作用,是政府的经济基础而不是计划或市场决定政府的职能、决定着政府行政管理体制,而不是相反。要加快转变政府职能,深化政府行政管理体制改革,最根本的问题在于重构政府的经济基础,创建"新式公有制"与"新式私有制"有机统一的"综合经济基础"①,进而为解放生产力、发展生产力,消除两极分化,逐步达到共同富裕提供基本经济制度支撑。通过政府经济基础建设,逐步实现社会经济领域的和谐。

其二,政府的政治基础,是整个政府基础的重要组成部分。政府属于政治社会的上层建筑范畴。政治社会有多元政治主体构成,如群众、阶级、政党、领袖;国家、政府、社会团体、公民;立法、行政、司法等。相对于政府来说,群众、阶级、政党、国家、社会团体、公民、立法、司法等都是作为政府的政治基础而存在的,它们的状态决定着政府的政治基础的状况,它们的建设程度,尤其是政党建设、国家建设、议会建设、司法建设决定着政府建设的程度。当然,政府建设在一定程度上能够对社会政治团体的政治建设、公民政治建设及其公民素质的提高等起着率先垂范的作用。通过政府的政治基础建设逐步达到社会政治领域的和谐。

其三,政府的文化基础,也是政府基础的重要组成部分,政府的文化基础建设决定和影响着政府基础的发展方向。政府文化基础建设主要包括文化价值和文化知识两个层面。在文化价值层面,在全球化背景下,在我国社会主义初级阶段主要有三种文化价值共存,这就是传统文化价值、马克思主义文化价值与西方文化价值,它们之间的和谐共存构成政府的文化价值基础,其中占主导地位的是社会主义核心价值体系,主要包括马克思列宁主义的共同思想理论基础、中国特色社会主义共同理想、爱国主义的民族精神、改革开放的时代精神和社会主义荣辱观。在文化知识层面,政府知识基础建设不仅需要现代化的自然科学知识,还需要现代化的人文社会科学知识。实践已经证明并将继续证明,在构建社会文化和谐以及和谐政府的历史过程中,注重知识和谐,加强自然科学与人文社会科学的和谐尤其是人文社

---

① 乔耀章.重构政府经济基础——对转变政府职能问题的深度思考[J].浙江学刊,2004(4).

会科学内部各分支学科之间的和谐，对于政府建设和政府发展具有十分重要的意义。① 通过政府文化基础的建设逐步达到社会文化领域的和谐。

其四，政府的社会基础，是政府基础的落脚点与归宿。政府的经济基础建设、政治基础建设、文化基础建设，均有赖于政府社会基础的建设。社会建设既是政府建设的社会基础，又是政府建设及其经济建设、政治建设、文化建设的价值旨归，通过政府建设推进政府的社会基础建设，不断为政府回归社会、政府还政于社会创造条件。在政府的社会基础的建设过程中，我们应当勇于和善于在理论和实践的结合上，处理好封建主义社会、资本主义社会、社会主义社会、共产主义社会四种“社会”或四种“主义”之间的关系以及处理好新民主主义社会、中国特色社会主义初级阶段、小康社会、市民社会的关系。中国特色的社会主义市民社会建设可能是当代中国政府建设的不可或缺的社会基础之一。通过政府社会基础建设逐步达到社会领域的和谐局面。

以上对政府建设中的政府理念建设、政府基础建设作了初步的探索和论述，限于篇幅，对政府制度、政府组织、政府能力、政府作用及政府人的建设论述有待于另文展开。

---

① 乔耀章，姚尚建．论政府的知识基础[J]．云南行政学院学报，2007(3)．

论政府的知识基础*

——一种知识政治学的补充解释

知识政治学是近年来国内政治学界正在兴起的一门学科。作为一种介于政治学与知识学之间的交叉学科,其主要体现在一种研究视角与方法的转换。从知识变迁来解说政治变迁,是知识政治学的一个基本研究方法。① 从一定意义上说,人类的历史确实是以知识为导向的发展过程。政府过程也是一种建立在知识基础之上的特殊的人类行为过程。这一点即使在神学政治学那里也承认。在神学政治学那里,人受双重的治理——既有内在心灵与永生的治理;又有民事判断和统制行为的政治。② 而这些治理和统制恰恰依赖着知识的变迁,而知识的变迁又赋予了这种治理与统制以合法性基础。而世俗的政府更是依赖于知识的发展,这种发展既体现在政府治理对象的变化,也体现在知识对政府自身的改造。

一、基于知识的政府结构

什么是政府,这是一个众说纷纭而难以解决的问题。截至目前,关于政府的定义主要有三种说法,即一般意义的政府、国家机构的政府、非国家机构的政府;阶级社会的政府和无阶级社会的政府;原生型政府和次生型政府等。③

从一般意义上看,这样的划分法背后存在一种方法论的差异,但是从知识政治学的分析框架来看,这背后只是由于知识基础的不同而导致的政府过程的变迁。

1. 城邦时代的政府及其知识基础。如果说一般意义上的政府是一种超越国家阶级的政府,那么这种政府是和古希腊的政治学尚未从伦理学中分离出来有关。在《理想国》之前,甚至一直到了《政治学》,对政治的分析是基于伦理学道德批判之上的,因此在古希腊,会得出最好的国王应当由哲学家来担当的基本结论:“只有在某种必然性碰巧迫使当前被称为无用的那些极少数的未腐败的哲学家,出来主管城邦(无论他们出于自愿与否),并使得公民服从他们管理时,或者,只有在正当权的那些人的儿子、国王的儿子或当权者本人、国王本人,受到神的感化,真正爱上了真哲学时——只有这时,无论城市、国家还是个人才能达

---

* 原载《云南行政学院学报》2007 年第 3 期。

① 郭剑鸣.从传统知识转型到传统政治转型:晚清译书业发展的逻辑与功能——种知识政治学的解读[J].人文杂志,2005(2).

② [德]马丁·路德,[法]约翰·加尔文.论政府[M].吴玲玲译.贵阳:贵州人民出版社,2004.82.

③ 谢庆奎.政府学概论[M].北京:中国社会科学出版社,2005.3.

到完善。"①

当我们对柏拉图"哲学王"思想进一步分析后发现,这种以道德的自我实现而实现国家治理的"善"本身也是基于柏拉图对知识的认识的。在柏拉图的视野里,世界分为可见世界和可知世界。可见世界包括实物的本身和影像;可知世界主要是指理念世界和实物的本质,而可知世界的理念世界和实物的本质从根本上讲是一种理念——"逻各斯本身凭着辩证的力量而达到的那种知识"②。因此,正是这种知识的抽象性与深刻性,一般人不能领略,而只能借助于哲学家的力量。

在上帝之城不能与世俗之城分离的时代,依靠高尚的灵魂自净实现政府治理的善只能是一种不得已的选择。柏拉图在世界的最深处隐藏了知识,这种隐藏既给后来的亚里士多德乃至后来的政治学家提供继续分析的动力,也给后来的政府提供了合法性基础——即得到民众支持的政府一定是掌握了这种知识的政府,而失去了支持的政府则可能是失去了对这一知识的正确解读。同样,《理想国》还告诉了我们一个基本的道理,即在政府形成的初期,对知识的依赖也是初步的,在知识体系分化尚不成熟的古希腊,作为那一时期知识顶峰的哲学和伦理学也必然成为政府的基础。同样需要指出的是,这种知识也同时成为了那一时代一个政府合理性批判的标准。

2. 工业时代的政府及其知识基础。16 世纪欧洲的文艺复兴和启蒙运动解放了人类,把大写的人从上帝的束缚中彻底剥离出来,工业革命以摧枯拉朽的姿态昭示着一个属于人的现代政府的现实可能。科学和理性从而成为政府的内在要求和运行基础。

文艺复兴和思想启蒙运动催生着政治学、文学、心理学、经济学、物理学、生物学等学科的巨大发展,而这些知识先后以平等、合同、人性、理性等内容成为了现代政府的知识基础。当世俗之城获得了统治合法性不久,霍布斯、洛克、卢梭先后在这些合法性中塞进了经济学中的契约因素。霍布斯告诉人们,物体是独立的客观存在,物质永恒存在并处于运动之中。他指出:"在人类的天性中,有三种造成争斗的主要原因存在。第一是竞争,第二是猜疑,第三是荣誉,在没有一个共同权力使大家慑服的时候,人们便处在所谓的战争状态之下。"③为了保证安全,人们通过契约成立国家和政府,于是伟大的"利维坦"诞生了。人的力量经过洛克进一步放大,在洛克那里,国家已经与市民社会能够截然分离。而卢梭的呐喊则是破天荒的,"人生而自由,但无往不在枷锁之中,自以为是其他一切主人的人,反而比其他一切更是奴隶"④。

文艺复兴以来的政府同样经历了主要学科发展的碰撞和交织,这一点在卢梭那里最为明显。卢梭是一个在神学政治学中痛苦挣扎的使者,在卢梭的逻辑中,个人空间走向了公共人格,也走向了道德共和体。⑤ 而众所周知,他的理想导致了罗伯斯庇尔的出场,导致了一个留下争议的大革命的政府框架。而洛克的分权学说经过孟德斯鸠的改造,也最终成为了美国政府的知识基础。

工业革命最终催生了世界市场的一体化趋势,应当说,在现代政府的建立过程中,经济

---

① [古希腊]柏拉图. 理想国[M]. 郭斌和,等译. 北京:商务印书馆,1986. 251.
② [古希腊]柏拉图. 理想国. 郭斌和,等译. 北京:商务印书馆,1986. 270.
③ [英]霍布斯 · 利维坦[M]. 黎思复,等译. 北京:商务印书馆,1985. 94.
④ [法]卢梭. 社会契约论[M]. 何兆武译. 北京:商务印书馆,1980. 4.
⑤ 朱学勤. 道德理想国的覆灭——从卢梭到罗伯斯庇尔[M]. 上海:三联书店,2003. 85.

学作为政府的知识基础起着无可替代的作用。伦理学、哲学的光环逐渐退去,经济学以工业革命和市场全球化为载体成为一种世界话语。经济学中的理性与效率原则成为19—20世纪上半叶的政府过程的重要原则。以古典自由主义理论为基础的政府成为"最小"意义上的政府,政府在市场资源的配置中显得似乎无足轻重。但是在遭遇世界性经济危机以后,在美国,以古典自由主义经济学为政府的知识基础遭遇了巨大的挑战,也正是在这种条件下,罗斯福"新政"启动了政府知识基础的变革——以政治学逐步取代经济学,以政治学强硬的干预与保障取代自由放任的经济学的软弱与退缩,而强政府也成为美国"新政"时期的主题词。

3. 治理时代的非国家机构的政府。如果单单从字面上讲,非国家机构的政府只是一种特殊的政府表现形式,或者说是一种与国家暂时分离的政府,如18世纪美国大陆会议与美国国家,20世纪法国戴高乐将军的"自由法国"流亡政府与法国国家的关系。① 但是我们所说的非国家机构的政府主要是指一种价值指向。

在后工业化时代,市民社会的理论开始凸显其在政府理论中的特殊地位。国家机构的政府理论开始出现了其知识性危机。在传统的思维模式中,政府总是一定具体的、可见的机构。西方政治学对于政府的产生给出了许多假定,但不管是契约论还是神创论,他们都认为政府是伴随人类社会的历史产生的。因为人类社会存在和发展必须伴以良好的社会秩序,"社会一旦组成,政府就必然产生,它对于保持和维护社会秩序是必需的"②。谢庆奎教授也持相同的观点。他指出,公共权力是人类社会与生俱来的,只要人类社会存在,就会有公共权力的行使③,而公共权力的行使是出于控制私人权力、维护公共秩序的目的。"上帝确用政府来约束人们的偏私和暴力。"④

由此可以看出,政府只是和社会秩序的维持有关,而不同一定具体的表现形式有关。因此,我们讨论政府是国家机构还是非国家机构,主要是讨论社会秩序的行使者在特定历史时期是否存在的问题,而不是其表现形式的问题。正因为如此,我们认为政府在不同的时期可以有其不同的表现形式,既存在着国家机构的政府,也存在着非国家机构的政府。⑤ 在史前社会,人民需要政府,即使在人类社会发展的最高阶段,当人类社会成为马克思所说的自由人的联合体,人民还依然需要政府——即前文所指的非国家机构的政府,不同的是在这一时期,由于社会进入高度自治的理想状态,社会中"所有人参加了一切业务(职能)"⑥,因此,政府是伴随着人类社会始终的。

事实上,从知识政治学的视角,非国家机构的政府只是想说明一个简单的方法论视角,现有的市民社会、治理理论和网络技术、信息革命已经使政府不可能仍然停留在古典时期、工业革命时期,原先的知识体系不能简单地构建现代政府,甚至后现代政府的基础,非国家机构的政府理论试图把现有的政府的知识基础引向更加久远的思考。

---

① [美]迈克尔·罗斯金,等.政治科学[M].林震,等译.北京:华夏出版社,2001.34.
② [英]边沁.政府片论[M].北京:商务印书馆,1996.128.
③ 谢庆奎.当代中国政府与政治[M].北京:高等教育出版社,2004.8.
④ [英]洛克.政府论(下篇)[M].北京:商务印书馆,1996.10.
⑤ 乔耀章.政府理论[M].苏州:苏州大学出版社,2000.6—12.
⑥ [古希腊]亚里士多德.政治学[M].吴寿彭译.北京:商务印书馆.366.

二、基于知识的政府过程

如果说政府是一种维护公共秩序、分配公共利益的公共机构,那么,研究政府这一机构的功能就不能不关注到它的运作过程——政府过程。所谓政府过程,有广义和狭义之分,就广义而言,政府过程意味着在特定的政治共同体中获取和运用政府权力的全部活动,它几乎是“政治”的同义词。而就狭义而言,政府过程特指政治学的一个研究领域,也是政治学的一种研究方法。作为一个研究领域,政府过程一般被理解为政府决策的运作过程,主要包括政府的政策制定与执行等功能活动及其权力结构关系。作为一种研究方法,政府过程是相对于传统政治学强调研究法定的政治制度和正式的政府结构的一种反动而出现的。① 本文取的是狭义的政府过程概念,即政府决策的运作过程。我们认为,正是政府过程才是基于一定知识的认识和理解的过程,或者说,不同的政府知识基础也必然体现为不同的政府过程。

1. 政府知识基础的单一化与政府过程的简单化。政府系统的形成总是基于一定的知识体系的,在古代希腊,政府过程是比较简单的,因为根据亚里士多德的判断,人生来就必须依附于城邦,并在城邦中才能实现人之所以为人的本质。那么,城邦及其政府也总是为了共同的目的而组建的,“对全体希腊人来说,城邦就是一种共同生活……因此,整个希腊政治学说中的基本思想是:求得这种共同生活的和谐。这个基本思想涉及的各个不同领域在当时希腊人的心目中是没有什么区别的。如果按照现代较精确的概念来看,希腊人的城邦学说不仅是政治学,而且同时又是伦理学、社会学和经济学”②。

正是基于知识的统一性,希腊城邦的政府过程也是简单而直接的。希腊的公民是自豪的,因为他们可以直接参加政府过程,如果他愿意,他甚至可以直接进入政府,伯里克利将军的演讲体现了这种人人可以直接进入政府的自豪感,“任何一位公民只要有所作为,他就会被推荐担任公职;这不是一种特权,而是对功绩的报偿。贫穷绝不是一个障碍,一个人不论他的身世多么寒微都能为他的国家造福”③。

知识的统一甚至单一化造就了简单的政府过程,在公元前5世纪,雅典人似乎都成为了政治学家和政治家,他们热衷于辩论政治问题,政府过程在一定程度上本来是一个积极的公开讨论的过程,而这些讨论之所以能够取得一致,仍然在于他们共同的知识体系。在“史学之父”希罗多德的笔下,曾经有关于这种讨论的记载,他记载了七个波斯人的一个关于政体的讨论:诸如君主往往蜕化为僭主,而民主政体推行的是法律面前人人平等。但民主政体容易变成暴民统治,因此由一些最贤明的人来治理国家肯定是可取的,然而最好还是由一个最贤明的人来实行统治。萨拜因指出,这恰恰不可能是波斯人的论调,而必然是雅典人的地道的论调。因为在雅典,当政治哲学产生以前,这种对政体形式的标准分类在当时多少具有一般推理的性质。当这种分类法在柏拉图和亚里士多德的著作中出现时,它已经成为老生常谈而无需过于认真加以对待了。④

---

① 胡伟. 政府过程[M]. 杭州:浙江人民出版社,1998. 1.
② [美]乔治·霍兰·萨拜因. 政治学说史[M]. 北京:商务印书馆,1986. 33.
③ [美]乔治·霍兰·萨拜因. 政治学说史[M]. 北京:商务印书馆,1986. 34.
④ [美]乔治·霍兰·萨拜因. 政治学说史[M]. 北京:商务印书馆,1986. 45.

2. 政府知识基础的复杂化与政府过程的理性化。虽然萨拜因肯定了古希腊单一政治思想中存在复杂性的内容,但是在这些知识作为学科独立出来后,政府单一的知识基础就逐渐被打破了。雅典城邦被野蛮国家征服,打断的不仅仅是一种文明,更是宣告一种政府单一知识基础的终结。早在波里比阿的调查中,政府权力就可以有不同的配置形式,这起码在当时就说明雅典形式并不具有终极目标性的价值。

数学、物理学、经济学、化学、生物学、生态学以基本学科的发展闯入了政治学和哲学、伦理学的领地,政府过程不再是一种道德的神性的审视,而是一种可以计算与控制的组织活动。在这一组织活动中,理性被提上了历史前台。

自亚里士多德逻辑学以来,分析的理性思维就成为西方人的思想基础。18 世纪的启蒙运动中,"理性"还一度成为伏尔泰、卢梭和狄德罗等人高举的旗帜。启蒙主义认为,在人性和自然中存在理性,只要循着这样的理性,人类社会和自然界就有无穷的"可完善性",就必然走向完美。所谓理性,是指人们判断、衡量个人和社会的思想及行为的一种价值尺度,是最有效地对公共事务处理的制度安排。虽然在《政治自由主义》中,罗尔斯进一步区别了合理与理性的区别,他强调:"它们的区别在于,不能认为两者间存在任何相互推导,尤其是不能认为可以从合理的[理念]中推导出理性的[理念]。"①

既然理性与合理不能互相推导,那么,政府的过程就一定不能从以往的道德和伦理中简单得出。科学的精神告诉我们,一定存在一个最优的政府方案,这一方案不是存在于人们的想象中,而是存在于科学的分析与比较中,多学科的发展为这种分析和比较提供了可能。于是,政治科学从多学科的融合中独立出来,它区别于政治哲学的神学来源而突出政府过程的工具理性。

3. 政府知识基础的弥散化与政府过程的模糊化。政治科学的发展在 20 世纪伴随着工业革命的发展而进入了顶峰,但是政府过程,注定同时受到政治哲学和政治科学的双重制约,价值在多大程度上引导着政府过程,既取决于获取知识自身的融合与发展,也取决于获取知识途径的成本。信息革命使知识不再成为少数人垄断的资本,而成为一种容易获取的弥散性的基本财富。弥散性的知识使得政府过程的边界模糊化,从权力结构、政府主体、政府内容、信息反馈、政策执行等来考察政府变得困难了,政党、政府、利益集团、公民在政府过程中互相交织,共同参与政府过程。

与此同时,在信息时代,作为学科的知识越来越难以区分,一些边缘性学科被催生出来,物理化学、生物化学、政治生态学、文化政治学、行政美学、管理数学等,这种快速的知识结构性变化深刻地影响着政府过程。在知识结构不能明确划分边界的时代,政府过程传统的单向的线形结构也趋向扁平化、网络化,因为这样的政府过程结构更便于吸收各种学科知识。而在这一吸收过程中,政府的过程趋向模糊。

但是需要指出的是,这种模糊并不意味着一种实质性物理意义——非透明性、非公开性,正好相反,由于知识的弥散与政府过程的复杂、扁平、网络化,普通公民都可能在某一个知识点直面政府的某一过程,并对这一过程进行或多或少的干预;如果把建立在相对静止的知识基础上的政府过程比喻为一颗轨道严谨的行星,那么,建立在弥散性知识基础上的政府过程则是一颗轨道相对稳定的巨大星云。

---

① [美]约翰·罗尔斯. 政治自由主义[M]. 万俊人译. 南京:译林出版社,2000. 110.

三、基于知识的政府发展

我们把政府定义在知识之上并不是为了简单地说明政府这一系统的产生及一般过程，而是试图说明，在政府发展的过程中，知识的主动衍变与被动选择促成了政府发展的路径依赖。

1. 知识与真理——两种定义与两种解释。《中国大百科全书·哲学卷》这样解释知识，知识“是人类认识的成果。它是在实践的基础上产生又经过实践检验的对客观实际的反映。人们在日常生活、社会活动和科学研究中所获得的对事物的了解，其中可靠的成分就是知识。依据反映对象的深刻性和系统性程度，知识可分为生活常识和科学知识。生活常识是对某些事实的判断和描述。科学知识是通过一定的科学概念体系来理解和说明事物的知识。科学知识也有经验的和理论的两种不同水平。科学知识是全人类认识的结晶，又是人类实践和社会发展的必要的精神条件。知识与无知相对立。从无知到有知识，知识由少到多、由浅入深、由片面到全面的不断运动，是人类思维发展的基本过程。知识的发展表现为在实践基础上不断地由量的积累到质的飞跃的深化和扩展。这种处在辩证运动中的知识具有历史继承性、不可逆性和加速度增长等特点”①。

《中国大百科全书·哲学卷》这一解释揭示了知识的来源及变化的趋势，应该说是十分准确的。那么，知识是如何促进人们的生活乃至国家的发展的呢？知识注定了必须和真理相关，也就是说，当知识无限接近于真理时，或者说当我们掌握的知识本身就是真理的一部分时，基于知识的人类行动就必然是符合人类发展的合目的性与合规律性的统一了。而实用主义大师杜威则认为，世上没有绝对的真理，真理是相对的，能解决问题为真，不能解决问题即为假；知识的功能就是协助我们在多变的世界中，继续不变的运作，产生实用的功能，亦即知识是生活的工具，知识工具的任务是用来协助我们改善生活的；知识的价值全赖知识的效能，知识绝非事物以外的旁观者。②

因此，结合知识这一概念的规范性描述和实用描述，我们基本可以厘清作为政府基础的知识的发展轨迹：一方面，知识自身的发展影响着政府发展；另一方面，政府对于知识的选择也影响着政府发展的程度、维度和向度。前者是知识政治学的一种比较普遍的解释，而后者就是我们试图在本文中作出的补充性解释。

2. 知识的转向与政府发展。知识的融合与分裂意味着一种特殊时代的结束，也影响着政府的发展趋势。也正是从这样的视角，有学者认为，正是政治学知识的转向影响着政府治理方式的演变。在一定意义上，包括近代以来在内的一切政治学知识都在这一框架下实现了新的整合，无论是在事实上还是在判断上，政治学知识体系都在悄悄地脱离统治这一核心而转向个人对公共事物的关心这一主题，由此导致现代政治类型在三个维度上发生重大转向：从高级政治向低级政治变迁；从暴力政治向规劝政治变迁；从等级政治向复合政治

---

① 中国大百科全书总编辑委员会，哲学编辑委员会. 中国大百科全书·哲学Ⅱ[M]. 北京：中国大百科全书出版社，1987. 1169.

② 陈建华. 论知识经济时代的学校知识教育[J]. 宁波大学学报(教育科学版)，2003(5).

变迁。①

虽然知识转向是否仅仅导致了政治类型的三种转向尚有值得商榷之处,但是作为一种方法论的角度,这一解释是有力的。知识以自在的传播方法引导了政治生活,无论是统治、管制、公共行政还是公共管理和治理,无不是从知识的发展中寻找到了出路,知识的变迁也从此成为知识政治学的立论基础。

3. 政府对于知识的选择也影响着政府发展的维度。在肯定上述解释框架价值的同时,我们也看到了自身存在的逻辑缺陷。因为,上述的知识变迁有个前在的假设,即知识发展的轨迹是假定的,只有一种或少数几种知识会脱颖而出,并深刻影响着政府的发展。但是事实上,这一假设是有缺陷的,知识论也告诉我们,古典哲学、古典经济学、古典伦理学、古典物理学等,这些所有的知识体系都有一个发展和变迁的过程,都在不同的角度可能对政府发展起着重要的影响与作用。那么,在诸多知识体系面前,我们如何判断知识的变迁对政府发展的内在规定性是困难的,简单地把政府发展依赖于知识变迁也是存在偏差的。

事实上,政府一方面受到知识的制约,一方面也在积极寻找合适的知识。从特定的历史阶段和政府任务来说,政府选择的知识与真理无关,而与问题有关;知识的选择更接近于工具理性而非价值理性。罗斯福总统的"新政"就是一种典型的知识选择的过程,当自由放任的政府理论导致资本主义世界经济危机时,国家干预的手段就是对另外一种政府理论的选择。这一选择是由当时的政府面对的任务决定的,并不是说自由放任的政府理论已经走向衰落。事实上,罗斯福的单一的知识选择最终带来了美国的经济滞胀,自由放任的政府理论重新在一定时期返回了政治舞台。

4. 知识的融合与政府的发展。历史一次又一次地给人们开了玩笑,当我们选择了一种知识并促进政府发展时,我们发现"总是使一个国家变成人间地狱的东西,恰恰是人们试图将其变成天堂"②。单一知识体系在许多国家造成了政府发展的停滞乃致解体,在社会主义世界,苏联的极权政府的解体、新中国的人民公社制度的失败都和单一的知识基础有关。在资本主义世界,古典经济学的复活无法解决"公地悲剧"、"囚徒困境"和"集体行动的逻辑"等悖论。科斯的研究证明了集体物品排除政府直接供给的可能性,从而直接催生了公共管理理论,但是这一政府管理理论的崛起仍然是基于一种单一的学科知识,不过是这一知识已经转换为新制度经济学罢了。知识没有实现融合,政府发展仍将陷入轮回。

由此可见,从特定意义上说,政府的发展在很大程度上取决于可资利用的知识的发展,取决于从单科知识到"全科"知识的协调、和谐与融合,取决于政府对这种知识发展的回应及选择的程度。

四、中国的视角

作为世界最大的发展中国家,中国注定不能游离出政治学的视野。在对中国的政府体系、政府过程、政府发展进行知识政治学的分析时,我们发现确实其中存在一条知识主脉。

1. 中国的政府架构。从宏观来看,中国的政府架构是基于对马克思主义国家学说的理

① 孔繁斌. 政治学知识的转向:治理理论与公共管理[J]. 南京社会科学,2001(9).

② [英]弗里德里希·奥古斯特·哈耶克. 通向奴役之路[M]. 王明毅,等译. 北京:中国社会科学出版社,1997. 29.

解而形成的,人民代表大会制度、共产党的绝对领导、单一制等都是一种知识的政治运用。如果说中国政府发展存在一个原点①,那么这一原点一定包含着马克思主义政治学的基本知识。

当然,中国的政府架构是建立在一种对马克思主义政治知识的理解上,知识的理解不仅不等于知识本身,甚至有可能形成一种知识的反动。人民公社、革命委员会等政府架构都可以看作是对这一知识的误读。而只有当我们正确地认识到了马克思主义政治学说的发展性内涵以后,才能承认社会主义的政府架构也存在一个不断改革的过程,这也成为我国政府机构改革的持续动力。

2. 中国的政府过程。新中国成立以来,中国的宏观政府过程可以用从“政治的经济”走向“经济的政治”来加以概括。在新中国建国初期,政府主要通过一系列的经济政策来实现新中国的经济增长和发展的。在这一时期,政府通过行政手段,对其所掌握的所有社会资源进行配置,对经济生活和社会生活实行全权化管理。这种党政一体化、政经一体化、政治一体化、政社一体化的经济模式又被称为“政治的经济”②。但是,由于回避了市场经济制度,1956 年通过对生产资料私有制的社会主义改造,基于苏联模式建立的传统公有制在 20 多年的经济运行中很快暴露了其深层的基因缺陷。以 1978 年中共十一届三中全会为标志,中国政府开始对传统的公有制经济进行改革,即由单一的社会主义公有制经济向以社会主义公有制为主体、多种所有制经济共同发展的基本经济制度的转变,建立社会主义市场经济体制。但是由于我们缺少建设社会主义市场经济的经验,造成了国有资产的大量流失。在这场国资流失大潮中,又造成了企业倒闭、工人下岗、权力寻租出现等新的社会问题。

同样,在微观政府过程的分析中也不难发现,当作为政府基础的知识结构出现一种单一倾向性时,用在政府微观过程中也必然是存在缺陷的。改革开放以来,我国政府及时调整政策,提出“以经济建设为中心”的基本思路。但是在这一时期的政府过程中,作为一门知识的经济学地位陡然上升为显学,作为经济学代言人的经济学家大量进入政府决策过程;同样作为政府行为主体的政府官员也对经济学出现了一种偏爱,经济学成为我国政府过程的最重要的知识基础,而这在微观的政府过程——决策、执行、评估中得以充分体现。由于单一的知识背景,经济学对于效率、利益最大化需求的缺陷在政府过程中并不能轻易地被发现出来。然而,在这方面的缺陷与政府不同程度地忽略了法学、政治学、伦理学等方面的专家意见不无关系。

3. 中国的政府发展。在世界范围内,中国的政府发展只是世界范围内政府治道变革的重要组成部分,中国的政府发展既依赖于知识的发展、也依赖于知识的选择。在知识经济的视角下,中国的政府发展就是要建立一个可持续的知识型政府。所谓“知识型政府”适应知识经济的挑战,通过知识管理带动政府的创新服务、提升执政能力和行政效能与竞争力的政府,是一个以知识的吸收、开发、应用、创新、评估、整合为基础,通过对个人价值、组织行为以及制度创新与重塑来实现公共利益最大化的国家政权体系,依法享有行政权力的组织体系。③ 而这离不开各种学科知识的协调、和谐与共同支撑。正是从这一含义上说,公平与效

① 夏东民. 原点结构:社会转型的路径依赖与模式选择——从发展哲学的视角探析[J]. 社会科学,2005(3).

② 乔耀章. 从“政治的经济”转向“经济的政治”——邓小平政治思想主要之点初探[J]. 苏州大学学报,1997(4).

③ 郗永勤,张其春. 知识型政府:一种新型的政府治理模式的构建[J]. 中国行政管理,2006(10).

率之争并不仅仅来自于经济学内部的不同意见,更是来自社会学、伦理学、政治学、哲学等知识对"经济学帝国主义"的深刻批判。

秋风在《经济学的悲喜剧》中这样评论政府与经济学家的关系,"严格说来,政府所应追求的目标与经济学的目标是不相同的。经济学家进行各种研究主要就是为了实现社会资源的高效配置。然而,对于政府来说,这却不应当是唯一的目标,甚至不是首要的目标。政府首要的责任应该是公正地执行法律,平等地保障每个人的自由与权利,也即政府首先要听法学家的专业意见"①。但是事实上,在政府发展的过程中,我们仍然需要经济学家的支持,也同样需要政治学家、伦理学家、哲学家、法学家、文学家、数学家等的知识共享,否则,这场仅仅由经济学家来主演的悲喜剧也同样会发生在政治学家、伦理学家、哲学家、法学家、文学家、数学家身上。

五、余　论

知识的共享性、平等性注定任何一种知识都不能简单地垄断一种制度,无论它是政府制度还是经济制度、文化制度。任何经济学帝国主义、文化学帝国主义、政治学帝国主义的倾向都是应该被警惕的。在中国社会转型和政府转型的关键时期,在建立社会主义和谐社会的历史时期,和谐政府的建立是必要的,而在和谐政府的建立过程中,如何实现非歧视性的知识的和谐则不仅仅是学界的任务,也是政府实践界的使命。

① 秋风.经济学的悲喜剧[J].中国图书评论,2006(3).

略论政府包容性①

政府有没有包容性？我国政府有没有包容性？如果有，有哪些鲜明的特色？这些问题是客观存在的，但长期没有引起人们的重视和研究，以致对政府存在许多片面的认识，对政府存在不少误读。多数观点在政府是“必要的恶”还是“普遍的爱”或“普世的爱”之间，在“大政府”还是“小政府”之间，在“强政府”还是“弱政府”之间，在“公平”还是“效率”之间，在“腐败”还是“廉价、廉洁”之间，在“掌舵”还是“划桨”之间，在“管理”还是“服务”之间，在“德治”还是“法治”之间……游移。对此，笔者在2010年11月召开的江苏省政治学学会第七次代表大会暨学术研讨会上，以《略论政府包容性（提纲）》一文，从政府包容性问题的提出、政府包容性的基本生态及政府包容性何以可能这三方面作了最初的设问。近两年来，又进一步思考，现将仍然不成熟的一些看法陈述如下，以求教于方家。

一、政府包容性问题的缘起和释义

“政府包容性”问题缘于“包容性”及“包容性增长”问题的提出。“包容性增长”（Inclusive Growth）是2007年亚洲开发银行最早提出和使用的概念。目前，无论是政界还是学界，还没有对“包容性增长”给出准确而又共识性的界定。“包容性增长”的主旨是指寻求社会和经济的协调发展、可持续发展。与单纯追求经济增长相对立，它倡导机会平等地增长，公平合理地分享经济增长成果。2008年爆发的世界金融危机是各国官方认可、采纳“包容性”理念的助推器，它使“包容性”成了联合国千年发展目标中提出的观念之一。“包容性”观念深刻地揭示了当今世界的全球化是一种实然的趋势，这种趋势必然要求世人超越民族国家视阈，逐步树立“全球利益观念”。在这个趋势下，所有的国家都有自己的位置，都有自己发展的权利，也都应当从各自的国情出发谋求自身的发展，但任何国家的利益都不能超越全球的利益，都应当相互包容和协调。可见，“包容性”问题的原初意义主要侧重于经济但又不仅限于经济领域的问题。

中国是最早响应、接受“包容性”这一科学理念的国家。国家主席胡锦涛同志曾先后几次提到并论及“包容性”问题。例如，他在亚洲经合组织的《合力应对挑战　推动持续发展》的重要讲话中，强调“统筹兼顾，提倡包容性增长”；他在第五届亚太经贸组织部长级会议上作了《深化交流合作　实现包容性增长》的致辞。这两次讲话和致辞，虽然使用了“提倡”和“实现”这两个略有不同的概念，但都是围绕着“包容性增长”问题，在洲际与国际两个层面

① 原载《江苏行政学院学报》2012年第6期。

上表达了包容总是相互的这一深邃理念,即既要做到中国包容亚洲、包容世界,也希望世界、亚洲等国包容中国。在2011年博鳌亚洲论坛上,"包容性发展"成为会议主题,为此,胡锦涛讲演将"包容性"的主语由"增长"改为"发展",表明"包容性发展"(Inclusive Development)不仅是指经济"增长",还包括社会、教育、医疗等各个方面的共同发展,更突出了"包容性发展"的价值指向性,即要使全球化、地区经济一体化带来的利益和好处,惠及所有国家,使经济增长和发展所产生的效益和财富惠及所有人群,特别是要惠及弱势群体和欠发达国家。他在党的十七届五中全会报告及"十二五"规划中,将"包容性增长"、"包容性发展"的理念用于国内,提出为国内市场经济建构自由而又规范的竞争环境,提高经济社会发展的和谐度,增强人民对政府的信心,以实现国家和社会的科学发展。这就使之与"科学发展观"、"和谐社会"、"和谐世界"等概念一样,成为全新的时代命题。

可见,"包容性"、"包容性增长"、"包容性发展"问题的提出与演进的基本线路是从国际到国内,但其立足点和生长点应当首先和主要在国内。无论是"增长"还是"发展"的"包容"、"包容性",主要不是泛指作为个人的德或行,而主要是指作为组织的道德或行为规范,其所传递的基本信息是,无论中国还是世界的经济"增长"和"发展"方式都要有所改变,这里所关涉到的不仅是经济社会的差距问题,还关涉到经济社会以外或非经济非社会层面、领域(如政治)的价值导向问题。存异求同,公平合理,共同但有区别等,是其必须遵循的基本原则。

然而,谁来"包容","包容性"的主体是谁?由"包容性增长"、"包容性发展"问题联想到"政府包容性"问题,不仅是合逻辑的也是合历史与现实的。无论是经济或社会的"包容性增长",还是经济或社会的"包容性发展",如果离开"政府的包容性"都是不可想象的。由于政府在社会大系统中属于政治领域,所以"政府包容性"首先和主要的是指其所具有的政治性。那么,什么是"政府包容性"呢?

"包容",本指客观事物所具有的一种性质、性能、本能、范围等。包容的字面意思是宽容、容纳大度之意,由此,"包容"亦即"宽容"、"容纳"。正所谓"海纳百川,有容乃大"。"包容"的主、客体是多元、多样性的,而且总是相互的。"包容"可分为人类对大自然的包容,大自然对社会的包容,社会对人、人类的包容,社会对国家、政党、政府、人民、公民……的包容。有学者研究认为,作为政治生活的"包容"或"宽容",是一个外来的现代词汇。按照哈贝马斯的说法,宽容是在16世纪宗教教派分裂的历史语境下,从拉丁语和法语中借用而来的。其原初的含义主要是指教会对异己信仰的容忍,后来逐渐扩展并演变成为一个与自由理念高度相关的法律原则,被大多数国家写入宪法条文。保罗·利科在其《宽容的销蚀和不宽容的抵制》一文中认为,更为切中内核的说法莫过于:宽容是宽容者有权力和能力对被宽容的对象持否定性的评价,然而"宽容是行使权力时的一种禁欲主义的结果"①。据此,我们是否可以进一步推理,认为"具有不绝对排他性"可视为包(宽)容的应有的特质。显然,"包容"、"宽容"、"包容性"是相对于"排他"、"排他性"而言的,是有其特定的内核、层次与边界的。从治理国家、治理社会的层面看,"包容"、"宽容"是国家、政府、政党与社会及其公众之间互动的一种理念引领、制度安排和整合过程。

---

① 张凤阳等.政治哲学关键词[M].南京:江苏人民出版社,2006.龙太江.论政治妥协——以价值为中心的分析[M].武汉:华中科技大学出版社,2004.266—280.

“政府包容性”是一个由“政府”与“包容性”构成的新词汇,其主导性、引领性的包(宽)容者是政府。国内外学术界对政府有多种界定。笔者在《政府理论》一书中认为,从字面上看,政府就是处理政务,即社会公共事务的地方和场所,应从学理上把政府界定为:政府是由现实的少数人员组成的以一定传统、习惯、规范、法令、规章约束公共事务管理行为的制度化了的行使公共权力的组织机构体系;并将政府分为“国家机构的政府”与“非国家机构的政府”。① 本文论及的政府包容性中的“政府”,是指作为国家机构的政府。我国的政府属于名副其实的“大政府”,即政府=国家机构(立法机构、司法机构、行政机构等)的总体与执政党之和。② 如果按照“大政府”的理念来界定政府,那么,“政府包容性”就可以列出这样的公式:“政府包容性=立法包容性+司法包容性+行政包容性+政党包容性+……”在我国,这个公式就可引申为:“政府包容性=人大的包容性+两院的包容性+行政的包容性+共产党的包容性+……”根据我国的具体国情,共产党的包容性在这个公式中的位置还要适当前置。“大政府”还可分为不同时态的政府(如历史的政府、现实的政府与未来的政府),不同层级的政府(如中央政府、地方政府),不同区域或地域的政府(如东、中、西部的区域政府、地域政府等)以及不同职能、领域的政府(如政府的经济、政治、文化及社会职能)等。“大政府”各构成要素在纵向和横向之间具有各自的包容性,它们之间既有联系又有区别。例如,各级人大及相互间的包容性,各级政府及相互间的包容性,各级政党组织及相互间的包容性以及各级人大、政府、政党组织相互间的包容性。一些老百姓眼中的“官官相护”在一定程度上可称为“消极的包容性”。不同分类的政府在其纵、横包容性的联系与区别中遵循着共同但有区别的原则,本文对此不加具体区别析论,统称为“政府包容性”,这主要不是指国家、政府、政党之间的包容性,而是指它们“一体化”为“大政府”进而对社会的包容性,以既区别于“政府排他性”,又区别于“包容性政府”。

二、政府包容性与社会的多质共存性

社会似水,政府如舟。从历史唯物主义的观点来看,无论是国家还是政府抑或是政党都是社会发展的产物,有什么样的社会就会有什么样的国家、政府及政党。社会发展的不同阶段、不同领域决定着社会质量的高低及其多样性与不平衡性,同时决定着国家、政府及政党的多样态。从这个意义上说,社会包容着国家、包容着政府、包容着政党。但是,从辩证的视角来看,包容总是相互的。在社会包容国家、政府、政党的历史过程中,国家、政府、政党也能动地反作用于社会,这种反作用可称为“反包容”。这种“反包容”在很大程度上制约、影响,甚至决定着社会文明的进化与发展的程度。根据“行政机关是行动中的政府”的基本理念,相对于国家和政党对社会的“反包容”来说,政府对多质性社会的“反包容”更具有“实际行动者”的价值与意义。基于社会与人的关系,政府与社会的关系以及政府与人的关系,政府对社会的“反包容”实质上是政府对人的包容。因此,以人为本,既是政府包容性问题的出发点,也是政府包容性问题的归属点,因为特定的社会质量发展的程度归根结底受制于“现实的人”的质量,即受制于人的全面发展的程度。笔者认为,政府包容性主要是指政府对社

① 乔耀章.政府理论[M].苏州:苏州大学出版社,2003.8—9.
② 朱光磊.现代政府理论[M].北京:高等教育出版社,2006.2—5.

会的"反包容"。政府对社会的"反包容",可分为政府对社会的历时态的"社会发展阶段"意义上的包容性和对社会的共时态的"社会发展领域"意义上的包容性,本文侧重于分析前者。

根据马克思主义的基本观点,社会是以一定的物质生产活动为基础而互相联系的人们的总和。社会问题涉及面相当广泛,主要包括社会生产、社会结构、社会发展动力及运行机制、社会形态及其发展过程,等等。所有这些问题都和政府发生着关系和联系,尤其是社会形态及其发展与政府包容性问题的关系十分密切。社会形态理论是马克思唯物主义历史观的核心。虽然马克思、恩格斯没有就社会形态问题撰写过专著,但在他们的著述中围绕这一问题留下了大量论述。从历时态的角度切入,马克思、恩格斯对社会形态的研究主要有三个维度:其一,是根据生产关系的不同性质,把人类社会历史发展过程分为原始社会、奴隶社会、封建社会、资本主义社会、社会主义社会与共产主义社会这五种依次更替的经济社会形态;其二,是根据作为社会主体的人的发展程度,将人类社会历史划分为人对人的依赖性社会、人对物的依赖性社会、人的全面发展的社会,以及分别以自然经济、商品经济、产品经济为基础的三种依次更替的社会形态;其三,是根据生产力和技术发展水平以及与此相应的产业结构为标准来划分社会发展阶段和社会类型,人类社会依次经历着石器时代、铜器时代、铁器时代、蒸汽机时代、电气时代和电子时代,与此相应的是渔猎社会、农业社会、工业社会、信息社会等。应当强调指出的是,这三种维度的社会形态观在本质上是不矛盾的,它们共同论证了同一个问题,即社会形态的依次演进、更替是一个不以人们的意志为转移的自然历史过程。不过,它们强调的侧重点有所不同。其中,维度三侧重强调社会生产力的发展,马克思通过对分工和生产工具的考察,揭示了人类社会的自然历史过程;维度一侧重强调社会生产关系,认为人们在生产活动中形成的生产关系是最基本的社会关系,尤其是侧重强调社会所有制关系的变更,揭示了私有制的历史暂时性;维度二侧重从"现实的人"——作为一定生产关系基础上一切社会关系总和的人——辩证发展方面阐明社会发展的自然历史过程中人自由全面发展的途径。人类社会历史发展已经并且将进一步证明:在任何一种特定的社会形态或社会发展阶段(尤其是现代社会也不例外),都有三种或多种社会质态同时共存,如过去社会的遗迹、现实社会的基础和未来社会的萌芽同时并存,这就势必要求立足于该现实社会基础之上的政府,一方面对于寄生性的过去社会的遗迹和自身孕育着的未来社会的萌芽予以包容、宽容;另一方面在此基础上对于各种生产关系要素、各种生产力要素以及各种参差不齐的人的发展程度予以包容、宽容。唯有如此的政府,方能确保该社会形成稳定而存续的有效秩序。

我国政府的包容性除了具有一般政府的包容性特征以外,还有其自己的特色。我国政府包容性的特色主要是由当今我国多质态的社会特色决定的。笔者认为,当今中国是名副其实的多种社会质态共存的社会,犹如一座人类社会形态的"大熔炉"和"活的历史博物馆",几乎人类社会形态的各种要素都客观地存在其中,特质纷呈,它不可能属于或难以归类到一种已知的纯粹理论的社会形态,而是具有某种"过渡性"、"综合性"、"混合性"、"模糊性"或"混沌性"的社会质态。例如,生产关系、所有制性质决定着社会的性质。如果按照所有制形式划分,我国经济形式分为公有制经济和非公有制经济。其中,公有制经济包括国有经济、集体经济以及混合经济中的国有成分和集体成分;非公有制经济包括个体经济、私营经济、港澳台投资经济、外商投资经济以及混合经济中的非国有成分和非集体成分。非公有制经济的主要市场主体是非公有制企业,非公有制企业是非公有制经济组织的主要组成部分,也是占主导或相对主导地位的部分。可见,当今中国的社会还不是"够格"的社会主义社会,还处在社会主义初级阶段,或"后新民主主义社会",这是我们一切立论的基础。多质态并存的社会,一般不能相安无事,能否相安无事则要取决于各种社会质态的成长度、发展度、文明度以及各种社会质态之间的包容度、宽容度。为着中华民族的伟大复兴,一方面,各种质态都应当和谐共处、和谐共存,共同营造中华民族智(志)力(立)于世界民族之林的命运共同体。对内,坚持科学发展观,建设社会主义和谐社会;对外,倡导全球化治理理念,助推和谐世界的历史进程。另一方面,主要矛盾的主要方面决定着事物的性质。当今中国多质态社会的现实基础应当是秉持社会主义的质态。是否能够始终坚持社会主义的理想、道路,决定着当今中国社会的根本性质和发展方向,于是才有关于以"社会主义为核心价值"的理论和实践问题的提出。①

由此可见,正是当今中国社会多质态的历史方位,中华民族复兴的伟大历史使命,建设以社会主义价值为核心与定向的和谐社会的历史任务,呼唤着前所未有的政府包容性。

三、政府包容性与国家的民主共和性

作为我国多质态社会生成物的"三位一体"的国家、政府与政党如何"反包容"于社会呢?中华民族历史性地选择了社会主义,选择了人民共和。创造条件发展社会主义,建设共和,这既是政府包容性内在的本质要求,也是政府能动地反作用于现实社会的制度安排与现实路径。从特定意义上可以说,政府包容性或宽容性与人民共和国的共和性是互为表里的。

一般说来,社会产生国家是一个具有"普世价值"性的共识。但在国家、政府与政党的生成关系上,西方与我国有着不同的序列。在西方近代史上,国家生成政府,政府代表国家,因此把政府视同国家;与此同时,国家生成政党,亦即国家建党。然而,在近代中国,尤其是1911年辛亥革命以来的中国,其生成序列则是"党建国家"。与其说是国家派生政府、国建政府,倒不如说是通过党建国家进而"党建政府"更为符合实际。通过党建国家、党建政府,进而达到党治国家、党治政府、党治社会。新中国成立以来,党建国、治国、理政、回应社会实际或实践的基本历程,实质是从统治走向管制、管理和治理、服务;从集权、极权走向适度放权、分权;从专政、专制走向法制、法治和民主。实现这些转变的所有举措都是在"共和"的旗帜或民意的名义下实行的。

人类社会历史发展已经证明,共和有多种历史类型和实际表现形式,其中"人民"与"共和"、"民主"与"共和"并没有直接的必然的历史联系。例如,有君主共和,有贵族共和,有民主共和等。近代以来,特别是资本主义制度和资产阶级政治统治确立以来,民主共和就成为世界历史发展的主潮流。正如马克思、恩格斯所论述的,民主共和国是资产阶级实现和维护其政治统治的最好的政治形式,也是值得无产阶级革命胜利后传承并加以革命性改造的现

① 有关我国多质态的社会历史方位、"主体社会主义"、"社会主义定向性发展"、"后新民主主义社会"、"以社会主义价值为核心"等问题的思考与研究,主要可参见:中国社会主义特色纵横谈[M].苏州:苏州大学出版社,1996;江苏社会科学,2002(2);江苏科技大学学报,2008(1);阅江学刊,2011(6);南京社会科学,2012(2);湖北行政学院学报,2012(2).

成的政治形式。1848年2月《共产党宣言》发表,标志着马克思主义的诞生,宣告了一个新时代的来临,由此开启了人类社会从资本主义社会向社会主义、共产主义社会漫长过渡的历史新时期。新中国的人民共和政体经历了一个艰难的摸索和选择的过程。一方面,源自马克思主义共和思想理论,源自巴黎公社的创举和列宁开创的苏维埃制度的实践经验,源自新民主主义革命时期根据地政权建设的局部经验;另一方面,源自学习欧美资本主义国家成功的政治经验,源自先行者孙中山先生的三民主义、五权宪法和建国方略的实践经验,在此基础上,形成了以毛泽东为代表的中国共产党的人民民主理论与实践。这种以社会主义为取向的人民民主理论与实践,最初设计并定格为"中华人民共和国"。

现象是本质的反映,名称是内容的概括。国名或国号是庄严的。一个国家的国名或国号就是一面公开树立起来的旗帜,人们可以从这个名称来判断这个国家的社会载体的基本性质及其基本政治构成、政治方向、政治形象、政治力量等。我认为,对我国的国名进行政治解读需要加强研究的问题主要有两个方面:其一,国名与之赖以存在的社会历史方位的关系。"中华人民共和国"是在1949年10月定名的,那时的中国正处在新民主主义革命胜利和新民主主义社会的初创时期。这是共和国得以定名的现实社会基础,只要这个现实社会基础的性质没有根本改变,矗立其上的国名就不会改变。然而,如果按照毛泽东建国前的思想预设,新民主主义社会最主要的一个特征就是社会主义经济与资本主义经济的并存而成为"命运共同体"。判断新民主主义社会的建设、发展是否成熟,以及能否告别新民主主义社会,这不取决于我们的意愿,而要看现实的历史或真实的国情。共和国至今已经60多岁了,其间经历了生产资料所有制的社会主义改造、"文化大革命"、改革开放等重大历史事件。社会主义经济与资本主义经济并存的局面有没有根本改观呢?主流观点认为,我国是社会主义国家,我国已经进入社会主义社会(即已告别了新民主主义社会),是中国特色社会主义,只是还长期处在初级阶段。但是问题可能在于,我国的国名、国旗、国徽、国歌等却都没有改变,或者说,国名没有变,决定于国名的社会现实基础却发生了变化,这有可能导致思想理论上的混乱和实践上的严重过失。这绝对不是什么国名一般具有的相对稳定性、战略性、前瞻性问题所能够解释得通并足以能够说服人的。例如,"美利坚合众国"之国名自立国以来200多年一直没有变动过,它的确具有相对稳定性,但这主要是由于美国国名的社会载体,即资本主义社会的性质没有根本改变。再如,从"俄罗斯苏维埃联邦社会主义共和国"(1922年12月30日—1991年12月25日)蜕变为"新俄罗斯"的"俄罗斯联邦",所改变的不仅仅是国名、国号,首先改变的是其社会性质及其价值导向。由此两例能否证明:我国的国名没有改变,是由于我国国名的现实基础之社会性质尚未根本改变,需要通过国名的坚守来确保我国社会的基本性质及其价值导向。这就是笔者论析我国多质态社会并提出"后新民主主义社会"的主要的立论依据之一。其二,国名中的基本政治元素及民主与共和的关系。笔者曾在对共和国国名所涵盖的基本政治元素的解读过程中,先后列出三个公式:①

中华人民共和国 = (共产党 + 民族 + 人民 + 共和)^{民主}

中华人民共和国 = (政党 + 民族 + 人民 + 共和)^{民主}

中华人民共和国 = 主权 + (政党 + 民族 + 人民 + 共和)^{民主}

其中,公式一与公式二的区别主要在于突出共和国中的共产党与其他民主党派之间的

---

① 乔耀章. 中华人民共和国的社会形态、历史方位及其基本政治元素辨析[J]. 阅江学刊,2011(6).

"党际民主"、"党际共和"问题;公式一、二与公式三的区别主要在于突出共和国的外部特征或特色。总的说来,这三个公式共同关注或强调的问题主要是:"中华人民共和国"国名具有鲜明的中国特色,如果直接从字面上解读,强调的是全民族特色、全体人民特色、真正(实)共和特色以及国家的主权、独立、统一特色;但在字面的背后还潜藏着共产党领导特色(通过国旗图案表征)、各族人民民主特色(通过人民合逻辑演绎)、社会主义取(定)向特色。虽然在确定国名时,社会主义还不是现实的,但已表明我们有信心有决心选择社会主义、坚持社会主义、建设社会主义、发展社会主义、巩固社会主义、完善社会主义。循名责实,在此分析基础上,本文尝试将"中华人民共和国"国名中基本政治元素的认知推向新境界,列出第四个新公式:

中华人民共和国 = 主权 + (政党 + 民族 + 人民 + 共和 + 社会主义)^{民主}

这个新的公式更能够把对国名的坚守与对社会主义的价值取向的坚守有机地结合起来。同时还要关注和强调的是,中华人民共和国是一种"新型的民主共和国",但并不表明国名中有了"共和"就在事实层面上实现了共和。其实,国名中的"共和"只是表明我们有信心有决心践行共和,走向共和。同样,国名中字面上是缺少"民主"的,不要简单地把"人民"视同为"民主",以为有了"人民"就自然有了"民主",或在事实上实现了民主,其实,用"人民"取代"民主"最多也只是表明我们有信心有决心践行人民民主,走向人民民主。而且,无论是"人民"(民主)还是"共和"都不仅仅是"人民"的事,而是关涉到每个政治主体的事。共和国事实上的民主不可或缺。没有事实上的民主就没有中华人民共和国的长治久安,没有事实上的民主就没有中国特色社会主义的发展和完善。

由此可见,中华人民共和国国名中的"人民"性、"民主"性、"共和"性,事实上演绎着政府的国内包容性和国际包容性。切实践行政府包容性,是兑现国名中涵盖的各政治主体内部及各政治主体际民主与共和总体诺言的具体表现。

四、政府包容性与政府的公共妥协性

社会多质态共存景观既定,国家民主共和方略已决,政府包容性既已必要,那么,政府包容性又何以可能呢?我们认为,政府包容性及其程度取决于政府所具有的公共性、妥协性或公共妥协性的程度。

政府性质及政府公共性问题的探讨是政府问题研究中历久弥新的话题①。政府产生和存续的目的是为了实现公共利益和公共目标,提供公共服务,创造公共精神,等等。作为国家机构的政府,其所具有的公共性是其产生、存续及发展的前提或必要条件。依据马克思主义的基本观点,无论是国家还是政府抑或是政党,都是社会发展到一定历史阶段的产物,都是一种有组织的表面上凌驾于社会之上的物质力量,这种力量应当缓和冲突,把冲突保持在有"秩序"的范围内。② 可见,将"社会秩序"置于至上的公共性是国家、政府、政党得以产生

---

① 学术界研究公共性问题的成果很多,以政府公共性为题的成果可参见:王振海,政府公共性的历史演进[J].中共福建省委党校学报,2002(1);论政府的公共性[J].上海行政学院学报,2003(3);王同新.政府公共性的学理探源与当代回应[J].行政论坛,2010(3);陈国权等.论政府的公共性及其实现[J].浙江社会科学,2004(4);黄显中.政府公共性理论的谱系[J].湘潭大学学报,2004(3);何颖.政府公共性与和谐社会的构建[J].社会科学战线,2005(4).

② 马克思,恩格斯.马克思恩格斯选集:第4卷[M].北京:人民出版社,1995.170.

和存续的合法、合理、合情性的充分必要条件,也是国家、政府、政党有效履行公共职能的具体体现,这是就“大政府”的整体或总体而言的。从特定意义上说,无论是国家还是政府抑或是政党,都是一种“公器”,都具有公共性。但在公共性问题上,“大政府”中的国家公共性、政府公共性以及政党公共性是既有联系又有区别的,各自的侧重点有所不同。人们通常认为,公共性问题只存在于政府,不存在于国家或政党;认为国家只有阶级的“私共性”,政党也只有阶级或集团的“私共性”,甚至认为政府也不是独享“公共性”美誉的天使,政府也时常在“公共性”与“自利性”或有组织的“私共性”中博弈、徘徊。虽然这些认知或观点不无道理,但其偏激性显而易见。一般说来,无论是国家还是政府、政党都有其阶级性和社会性两重属性。其中,阶级性属于“私性”、“自利性”或“私共性”范围,而社会性总体说来则属于“公性”、“公利性”、“公共性”范畴。在国家、政府、政党存在的历史时期内,阶级性与社会性或“私共性”与公共性的矛盾无时不在、无处不有。一方面,从社会文明进步的视阈看,国家、政府、政党的社会性、公共性应当居于先在性地位,呈现一个不断地产生、获得、实现的“此长”过程,亦即国家、政府、政党的阶级性、“私性”、“自利性”、“私共性”应当服从或者后置于国家、政府、政党的社会性、公共性,呈现一个不断地由强变弱直至消亡的“彼消”过程。另一方面,从国家、政府、政党及其组织、机构、人员的历史局限性视阈看,国家、政府、政党的公共性的限度往往止于国家、政府、政党的阶级性、“私性”、“自利性”或“私共性”。这就使这个此消彼长的过程往往呈现出“拉锯状态”,即如果国家、政府、政党的社会性、公共性获得或实现得好,呈张扬、生长之势,那么,国家、政府、政党的阶级性、“私共性”就呈现被抑制之势;相反,如果国家、政府、政党的社会性、公共性难以获得、难以实现或其社会性、公共性缺失,社会风气往往会呈现出正不压邪现象,那么,国家、政府、政党的阶级性、“私共性”就会一时甚嚣尘上,大有挤压、侵犯甚至取代社会性、公共性之势,从而就会在国家、政府、政党组织机构的人员中较大面积地存在腐败现象。依我看来,腐败大致可分为阶级内部个体“私性”对阶级“私共性”或公共性的侵蚀的所谓“害群之马”的腐败和强势阶级尤其是统治阶级的代表忘却公共性、侵蚀公共性,把公共性转化为“私性”、“自利性”或“私共性”的所谓“有组织腐败”两类,限于篇幅不在此展开论述。

由此我们可以如是说,政府包容性的实现在很大程度上取决于政府的公共性抑或社会性。其历时态演进的基本历程是:从侧重于阶级性包容社会性或公共性——到阶级性包容与社会性包容并重——再到侧重于社会性或公共性包容阶级性直至阶级性从属于、融合于社会性。换个角度审视,政府包容性主要是指特定社会历史阶段的主流价值或核心价值对其共时态的非主流价值或非核心价值的包容,而主流价值或核心价值是通过其应当具有的社会性或公共性对非主流、非核心价值所表征的阶级性的包容。如前所述,我国政府是国家、政府、政党三位一体的“大政府”。由于我国还长期处在社会主义初级阶段或后新民主主义社会,因此我国政府仍然具有较为明显的阶级属性;与此同时,我国政府又是坚守以社会主义核心价值为定向发展的,因此,我国政府的阶级属性又是趋向于社会性和公共性的,是阶级性与社会性和公共性的有机统一,这种有机统一又逐步与人民性趋于一致。因此,我国政府的社会性、公共性的同义语就是“包容性”,就是“人民性”。① 这就警示我们应当努力做好“人民”这篇大文章!

---

① 乔耀章.政府理论[M].苏州:苏州大学出版社,2003.15—16,35—38,176—181.

政府的妥协性是同社会的多质性、国家的共和性、政府的公共性、人民性问题密切联系在一起的。妥协是人类社会生活中的常见现象，随时发生，其核心的含义就是折中、让步，即相关各方通过互让来寻求一致点、共同点，从而消解对立，实现相互性利益。妥协也是人类社会生活的普遍现象，社会生活各领域无处不在，政治妥协就是妥协的一种。在革命年代，政治妥协是革命斗争的一种重要策略，是革命的副产品。在和平年代，政治妥协成为一种政治生活的常态，特别是在现代社会的民主政治下，政治妥协正是一种达成社会一致的重要机制，它在许多方面对社会政治的健康运行起着积极的作用。①

笔者认为，政府一定是政治的，但政治不一定是政府的。政府妥协是政治妥协的一种。在社会国家化、国家政府（行政）化、政府（行政）国家化的当今社会，政府妥协及其妥协程度在很大程度上决定、影响、制约着政治妥协、社会妥协的程度。在我国现实社会基础上，政府妥协是对零和政治的否定，是依法治国、依法行政的必然内容，是推进民主政治建设的必要条件，当然也是实现人民群众个体自由与权利或公民自由与权利的必要条件。通过政府自系统的妥协达到政府自系统的和谐，通过政府妥协、政府和谐增进政治妥协、政治和谐，才能切实推进社会主义初级阶段或后新民主主义社会的和谐社会建设，推进中华民族伟大复兴的历史进程。

---

① 张凤阳等. 政治哲学关键词[M]. 南京：江苏人民出版社，2006；龙太江. 论政治妥协——以价值为中心的分析[M]. 武汉：华中科技大学出版社，2004. 251—265.